Bretagne

Jules Janin

PARIS
ERNEST BOURDIN, ÉDITEUR
rue de Seine

MDCCCXLIV

LA
BRETAGNE.

HISTOIRE.—PAYSAGE.—MONUMENTS.

BRETAGNE

A MONSIEUR

LE VICOMTE DE CHATEAUBRIAND.

Monsieur,

Vous avez bien voulu permettre que votre nom, illustre entre tous les noms célèbres, fût inscrit au frontispice de ce livre, entrepris à la louange de *la Bretagne,* qui vous place, avec tant d'orgueil, à la tête de ses plus dignes enfants.

Cette autorisation, que vous nous avez accordée avec

la bienveillance qui vous est naturelle pour les entreprises honnêtes et sérieuses, a été pour nous tous, pour l'écrivain et pour les artistes, un encouragement précieux. Les uns et les autres, à force de zèle, de travail, de persévérance, ils ont voulu élever un monument qui ne fût pas trop indigne de mériter votre intérêt et d'attirer vos regards. — Votre nom sera le premier nom de ce livre; votre nom fermera l'histoire de cette province *de Bretagne* que vous nous avez appris à aimer de si bonne heure, vous le poëte du quatrième livre *des Martyrs*, vous l'historien qui racontez à la façon de Bossuet lui-même les annales de la patrie française, vous qui venez, récemment encore, car votre plume est infatigable comme votre esprit, de rendre à *la Bretagne* une famille qui est sienne, en écrivant *la Vie de Rancé*.

Vous êtes notre maître, vous êtes le maître de ce siècle. Vous avez indiqué de nouveau, avec la conscience de la probité et du génie, la voie abandonnée par le siècle passé, la voie chrétienne. Votre parole austère et poétique s'est élevée la première —avec quel éclat et quelle énergie, l'histoire le dit déjà ! — au milieu des ruines amoncelées, sur les débris du vieux trône et des autels sacrés. — Votre souffle puissant a rendu la vie et l'honneur à tout ce qui était l'histoire, la poésie, les vieux noms glorieux, les conquêtes d'autrefois. — Vous avez démontré, à la façon d'un poëte et d'un Père de l'Église d'Orient, le génie de l'Évangile; aussi êtes-vous compté, par cette nation que vous avez sauvée, non-seulement au rang des plus illustres poëtes, mais encore, et c'est une gloire qui vous touchera davantage, à la tête de ses plus excellents bienfaiteurs.

Non, le monde n'est pas ingrat; ce monde, il est vrai, *a joui des travaux achevés par d'autres que par lui*, mais il a connu ce que ces travaux ont coûté : « Il a trouvé le ridicule que
« Voltaire avait jeté sur la religion effacé, les jeunes gens osant
« aller à la messe, les prêtres respectés au nom de leur mar-
« tyre; » mais ce vieux monde *n'a pas cru que cela était arrivé seul, que personne n'y avait mis la main*; au contraire, il sait

---

* Préface du *Génie du Christianisme* pour l'édition de 1828.

très-bien, et il n'oubliera jamais, le nom de l'homme illustre qui a accompli cette révolution salutaire, et qu'il s'appelle *Chateaubriand*.

Non, le monde « n'a pas senti d'éloignement pour celui qui « a rouvert la porte des temples en prêchant la modération « évangélique, pour celui qui a fait aimer le christianisme par « la beauté de son culte, par le génie de ses orateurs, par la « science de ses docteurs, par les vertus de ses apôtres! » Au contraire, la reconnaissance est universelle comme le bienfait ; au contraire, les honneurs et le respect unanimes sont venus chercher dans sa retraite le rude et éloquent jouteur dont la vie n'a été qu'un combat « contre tout ce qui était faux en reli- « gion, en philosophie, en politique ; contre les crimes ou les « erreurs de son siècle, contre les hommes qui abusaient du « pouvoir pour corrompre ou pour enchaîner les peuples. » Et la preuve de la reconnaissance publique, c'est que cet homme a été suivi par son siècle *dans le chemin qu'il a tracé*. « Une « jeunesse généreuse s'est jetée dans les bras de qui lui prê- « chait les nobles sentiments qui s'allient si bien aux sublimes « préceptes de l'Évangile, » et après *s'être ému du combat*, le monde a rendu *à la victoire et au victorieux* tous les hommages qui leur sont dus.

Voilà pourquoi, dans toute œuvre littéraire un peu sérieuse, c'est vous que l'on invoque le premier. Vous êtes l'exemple, vous êtes l'encouragement, vous êtes la consolation, vous êtes le conseil. Le philosophe, le poëte, l'historien, l'orateur, le prédicateur de l'Évangile, tous les hommes qui parlent à l'intelligence et à l'âme des peuples, s'abritent à l'ombre de votre gloire. Ce qu'ils savent vous le leur avez enseigné ; ils n'expriment que les sentiments que vous leur avez appris; le peu de style qu'ils possèdent, ils l'ont puisé dans vos livres; le peu de courage qui les soutient leur vient de vous; ils sont éclairés de votre soleil, ils marchent dans votre sentier.

Ce livre *sur la Bretagne* est écrit sous vos auspices; il est écrit dans les mêmes sentiments que cette histoire de *Normandie* pour laquelle vous n'avez pas été sans quelque indulgence.

A force de soins, de zèle et de travail, nous avons essayé de retracer l'image ressemblante d'une province que vous avez souvent dessinée d'un seul trait, et qui se retrouve vivante dans votre poëme, dans votre histoire. Dans tout le cours de ce récit, on s'est efforcé de ne pas sortir des bornes les plus strictes de la vérité, de la justice, de la croyance. Puisse ce livre être accepté par vous, comme un nouvel et sincère hommage du respect que nous portons à votre génie, et de notre admiration profonde pour votre vertu!

J'ai l'honneur d'être, monsieur le Vicomte, je devrais dire

MONSEIGNEUR,

Avec le plus profond respect,

Votre très-humble et très-obéissant serviteur,

Jules JANIN.

LA BRETAGNE

PAR

M. JULES JANIN

ILLUSTRÉE PAR

MM. H^{TE} BELLANGÉ, GIGOUX, GUDIN ISABEY, MOREL-FATIO, J. NOEL,
A. ROUARGUE, SAINT-GERMAIN, FORTIN ET DAUBIGNY.

PARIS

ERNEST BOURDIN, ÉDITEUR

RUE DE SEINE, 51.

CHAPITRE PREMIER.

Origines. — Limites de la Bretagne. — Les Celtes. — Les Druides. — Velléda. — Tacite. — Jules César. — Pline le naturaliste. — Division des Gaules par les Romains.

Pour l'homme habile et de bon sens qui tient à se rendre compte des diverses parties dont se compose la patrie française, il n'est pas de meilleure méthode que celle-ci : jetez un vaste coup d'œil sur l'ensemble, et quand enfin vous aurez compris par quelle suite régulière et providentielle de progrès, de conquêtes, d'alliances, de grands hommes, d'heureux hasards; par combien de prévoyance et de sagesse a été formé et s'est composé le royaume de France, alors vous pourrez revenir tout à l'aise sur les parties diverses de cette grande histoire. Après avoir étudié dans ses développements magnifiques cette terre bénie du ciel et fêtée des hommes, le lecteur en étudiera les diverses contrées avec soin, avec zèle, avec respect. Noble étude, qui consiste à remonter de la province au royaume, à savoir le royaume pour mieux savoir la province; noble étude, à laquelle l'histoire préside, et avec l'histoire tous les grands hommes qui l'ont faite, les hommes de la paix, les hommes de la guerre, le soldat et le poëte, le philosophe et l'artiste, les belles personnes et les gentilshommes, le peuple et le roi; œuvre immense de la patience et du génie, à laquelle tout contribue, le temps qui passe, le législateur qui fonde, le peuple qui obéit, le souverain qui commande, le soleil qui éclaire, la mer qui féconde, la liberté qui agrandit la terre, la Providence qui mène le monde. Ainsi vue de très-haut, l'histoire n'a pas de landes stériles, elle est la même pour chacun et pour tous. L'histoire du village qui se repose à l'ombre nourricière de la charrue, n'a pas moins d'intérêt et ne porte pas en elle-même moins d'émotions, que les annales de la cité superbe tout occupée à repousser des siéges ou à porter l'invasion chez les peuples voisins; le paysan dans sa cabane n'est pas moins digne de notre étude et de notre sympathie, que le baron dans son manoir féodal. Entendez-vous toutes ces voix diverses qui s'élèvent de chaque partie de la France? Que de bruits, que de clameurs, que de travaux, que de haltes laborieuses, les armes à la main! Que d'épées brisées, que de charrues fatiguées! que de génie et de courage dépensés à combler la distance qui sépare les provinces de la France! Eh bien! pour être justes envers toutes les parties de ce grand territoire, il les faut interroger l'une après l'autre; il faut rechercher patiemment leurs titres de noblesse, et leurs travaux passés, et les espérances présentes, et les luttes d'autrefois, et les mœurs et les croyances, et le paysage, et tout ce qui fait dire aux cœurs bien nés : *Que la patrie est chère!* Et, croyez-nous, ce sera un grand jour quand chaque fragment de la patrie commune aura rencontré son historien actif et studieux; alors seulement de ces provinces bien étudiées et de cette réunion d'études faites avec soin et conscience, se composera la grande histoire, — l'histoire de toutes ces races diverses, de toutes ces villes, de tous ces hameaux, de ces fleuves, de ces mers, des sceptres et des épées, et en un mot de tous les nobles outils de la civilisation humaine : — serfs attachés à la glèbe, soldats qui suivent leurs capitaines, magistrats qui fondent les lois, prêtres qui enseignent l'Évangile, peuple qui se réveille, bataille, tumulte, royaume, république, empire, liberté!

L'histoire que nous écrivons aujourd'hui est une des histoires les plus difficiles et les plus curieuses qui se puissent entreprendre. A l'ouest de la France s'étend d'une façon formidable une grande presqu'île ; elle va s'allongeant entre deux mers, et elle forme à l'occident la pointe la plus avancée du continent européen. Cette contrée, qui appartient autant à la poésie qu'à l'histoire, tour à tour république fédérale, royaume, duché, province du royaume de France, c'est la Bretagne. Depuis les temps de Jules César jusqu'au dixième siècle, elle a défendu ses libertés par toutes les résistances de la parole et des armes. Elle a tenu à ses priviléges comme les honnêtes gens tiennent à l'honneur de leur nom. Ses soldats se sont battus sur tous les champs de bataille ; ses grands capitaines ont contribué autant que les plus grands rois de France à l'établissement du royaume. Les Bretons ont été les plus hardis conquérants de la mer ; ils ont leur part dans toutes les gloires pacifiques et guerrières de la nation française, par Duguesclin, par Abeilard, par M. de Chateaubriand. Province austère, elle eut pour ses premiers historiens et pour ses premiers architectes les vieux druides. Vastes forêts, landes stériles, bruyères, torrents, mer qui gronde, bardes qui chantent, philosophes qui rêvent, illustres penseurs, énergiques précurseurs de la croyance et du doute, qui s'arrêtent à M. de Lamennais comme à leur héritier le plus illustre et le plus direct.

La côte nord de la Bretagne commence aux grèves du Mont-Saint-Michel, qui la séparent de la Normandie, son ancienne et formidable rivale. La limite est digne des deux provinces : forteresse imprenable, voilà pour la Normandie ; formidable écueil, voilà pour la Bretagne. A partir de ce point terrible, le regard, épouvanté, s'arrête sur une côte hérissée de rochers et percée de baies profondes ; vous comprenez, rien qu'à suivre ces choses bouleversées, que le flot de la mer s'en est rendu maître par la violence. En effet, le continent a perdu tout l'espace, aujourd'hui recouvert par les flots, qui s'étend entre la Normandie, les îles de Jersey et la côte bretonne. Là s'élevait, profonde, remplie de ténèbres et de mystères, la forêt de Scissy, cette terre des fables et des miracles dont parlent les légendes. On trouve encore, le long de ces grèves, à quelques pieds sous le sable, des arbres entiers ensevelis par la mer, irrécusables vestiges de ce déluge dont l'histoire n'a gardé qu'un vague souvenir. Le cap Fréhel, pâles rochers que l'on prendrait de loin pour autant de fantômes, grottes profondes habitées par des géants, est la partie la plus pittoresque de cette côte, dont le sillon de Talberg est le point le plus avancé. Des îles nombreuses, des écueils noirs et tranchants, des bruits d'une ardeur sauvage, semblent défendre cette terre solennelle, où viennent se briser incessamment les vagues vertes et saccadées de l'océan Britannique.

A l'ouest et au sud de la Bretagne se déroulent les flots de l'Atlantique. Cette fois encore le paysage prend un aspect plus sauvage, les côtes s'élèvent plus désolées et plus menaçantes, ce ne sont que souvenirs lugubres, tristesses infinies, histoires de funérailles et d'horribles catastrophes. Qui pourrait compter les marins engloutis entre le cap Saint-Matthieu et la baie des Trépassés ? qui pourrait dire

Vue du cap Saint-Matthieu.

les naufragés massacrés par les pilleurs de mer entre les brisants de l'île de Sein et l'embouchure de la Loire ? Ce fleuve, qui sépare le Poitou de la Bretagne, continue au midi les limites de cette province, dont les marches de l'Anjou, du Maine et de la Normandie forment la frontière continentale.

Le sol de la Bretagne est tout hérissé d'accidents pittoresques : collines, plaines, montagnes, ruines, déserts, fraîche verdure, pro-

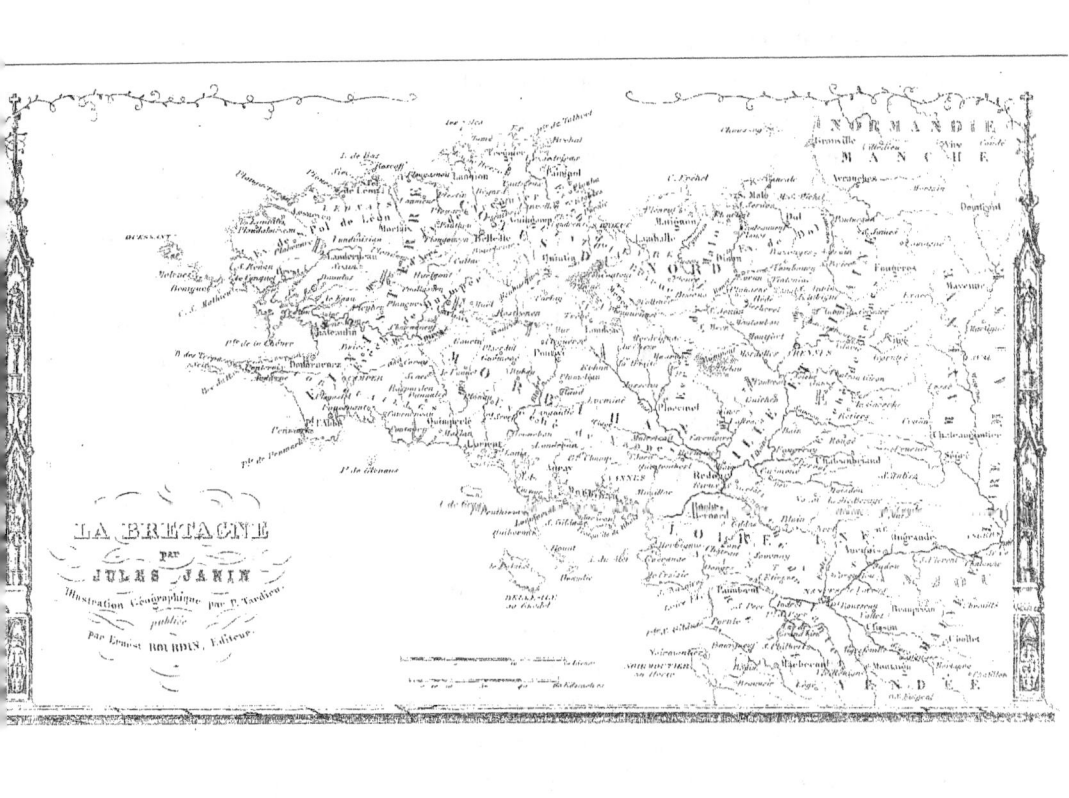

fonds silences, vaste campagne, vaste nature. La province est traversée, dans la direction de l'ouest, par deux chaînes de montagnes peu élevées. De ces hauteurs plus humaines descendent toutes sortes de petits ruisseaux sans nom qui arrivent à la mer aussi inconnus qu'au départ. Ces beaux petits filets d'eau, d'une limpidité si charmante, rafraîchissent le paysage : paysage rempli d'une sauvage grandeur, de surprises naturelles, de souvenirs; les bruyants orages passent sur la tête du laboureur sans la toucher; ciel nuageux; mais, quand le rayon vainqueur perce la nue, toute la limpidité éclatante des soleils du Nord.

La question des origines de la race bretonne a été le sujet inépuisable de dissertations sans nombre et de livres sans fin [1]. Les uns parlent, à propos de la Bretagne, d'une colonie phénicienne qui s'était établie sur la côte occidentale de la Gaule, favorisée par le commerce que la reine des mers entretenait avec Thulé et les îles Cassitérides. Cette colonie devint riche et florissante; elle s'étendit de proche en proche, elle finit par peupler toute cette île et par coloniser à son tour les îles Britanniques. Ce système repose principalement sur une prétendue analogie entre la langue celtique et l'ancien idiome des Phéniciens et des Carthaginois. Malheureusement, il paraît que la langue phénicienne est tout à fait perdue, et même il est impossible de juger à quel point les hypothèses fondées sur les étymologies entassées par le savant Bochart et par les étymologistes à sa suite, méritent la confiance des bonnes gens qui, même en fait d'origines, n'aiment pas à remonter trop haut.

Voici la seconde hypothèse; au moins elle repose sur un son, sur une analogie, sur quelque chose de plus que rien, et on peut l'adopter à tout hasard. Donc les philologues modernes ont découvert, et non sans quelque surprise, que les mêmes sons qui se répètent depuis deux mille ans dans les chaumières de la Bretagne et du pays de Galles se conservent depuis bientôt trois mille années dans la langue sacrée des pagodes de l'Inde. S'il en est ainsi, un fait précieux resterait acquis à la science : la race celtique, comme presque toutes les races occidentales, appartient à la race indo-germanique; elle se lie au berceau commun du genre humain, par les Romains, par les

---

[1] Un digne historien breton, avoue naïvement qu'il ne sait rien de ces origines : « A l'égard de l'origine des Bretons, j'avoue que je ne la connais pas. »
Abrégé de l'Histoire de Bretagne, de M. d'Argentré, par M. Lesconvel, p. 2.

Grecs, par les Germains, et non pas par les Phéniciens et les races sémitiques, comme on l'a cru longtemps. Mais par quelle suite d'événements inexplicables cette race orientale est-elle venue s'égarer au milieu des brouillards de notre Europe? Quelle route a-t-elle suivie? A quelle époque s'est accompli ce long pèlerinage? Tel était, à tout prendre, le point important de la question, et, en ceci encore, les nouvelles recherches des savants n'ont pas été sans résultats. Ils ont retrouvé dans Hérodote que vers la fin du septième siècle avant Jésus-Christ, la guerre éclata entre les Scythes et les Cimmériens, qui habitaient alors les vastes plaines situées entre la mer Caspienne et le Pont-Euxin. Les Cimmériens furent vaincus, et tandis que les uns portaient le ravage dans l'Asie-Mineure, les autres franchissaient le Dniester et se dirigeaient vers les contrées de l'Ouest. Ces Cimmériens, de l'aveu de tous les historiens grecs, sont les mêmes peuples que les Cimbres, dont nous voyons les établissements divers se déplacer de siècle en siècle sur la carte du monde, sans doute à mesure que de nouveaux flots de populations asiatiques refoulaient ce peuple, débordé à son tour, vers les limites occidentales de l'Europe. Bientôt, par le rapprochement qui se doit tirer des notions que nous fournissent les historiens grecs, les récits des histoires romaines, et enfin les traditions nationales de la race celtique, les hommes habiles à retrouver la suite des faits dans la suite des âges sont parvenus à renouer un à un les chaînons brisés de la généalogie de ce peuple et à établir l'identité des Cimmériens, des Cimbres, des Kimbres et des Celtes modernes. Tout cela sans doute appartient encore quelque peu à l'hypothèse, que l'on pourrait appeler, sinon la mère, du moins l'aïeule de l'histoire; mais les preuves sont fortes, le système est vraisemblable, et, bien plus, la marche analogue suivie quelques siècles plus tard par les barbares qui ont renversé l'empire romain, donne à cette hypothèse glorieuse pour tous, tout l'aspect, sinon toute la force, de la vérité.

Pendant que la race celtique, chassée de son berceau, allait d'exil en exil prendre possession de ses nouveaux domaines, tout porte à croire que les Pélages, ce peuple mystérieux qui se montre sur divers points de l'empire dans le crépuscule de l'histoire, et dont les monuments de Pœstum attesteront longtemps encore la toute-puissance et le génie, avaient précédé les Celtes sur la terre de Bretagne; les Pélages y avaient même séjourné (mais à quelle époque perdue dans le nuage des temps?) avant de se répandre dans le Midi, où ils ont engendré les Ibères, ces peuples de vieille date, que longtemps aussi on a voulu rattacher aux races sémitiques.

Quoi qu'il en soit de toutes ces hypothèses, au temps où l'histoire commence enfin à jeter une clarté plus vive sur la situation des peuples placés entre le Rhin, les Alpes, les Pyrénées et l'immense Océan, les Celtes occupaient déjà toute la lisière maritime de cette contrée et les grandes îles situées à l'ouest. Il semble toutefois que quelques-unes de ces tribus soient restées en arrière, égarées sans doute dans les forêts de la Germanie; car un grand siècle avant l'ère chrétienne, nous rencontrons des Cimbres qui ne savent plus où les pousse la fortune. Ils sont venus du Nord, ils se sont réunis aux faibles restes des peuplades germaniques tombées sous les coups de Marius dans les plaines ensanglantées d'Aix et de Verceil. De ces batailles de Romains à barbares, de cette lutte terrible entre les deux peuples, les historiens nous ont transmis d'horribles et éloquents souvenirs. La taille énorme, les yeux farouches, les armes et les vêtements étranges des barbares avaient d'abord jeté l'épouvante dans le camp des Romains. L'armée des Cimbres occupait la longueur d'une lieue, et les rangs de leur infanterie étaient liés ensemble par des chaînes de fer. Les Cimbres vaincus, leurs femmes, qui les accompagnaient toujours dans ces lointaines excursions, demandèrent grâce au vainqueur. Le Romain répondit à ces femmes, filles, femmes et mères des héros, par l'ironie et par l'insulte. Aussitôt les voilà qui relèvent la tête : elles priaient pour leurs enfants, non pas pour elles; mais plutôt que d'en faire des esclaves, elles les étranglent et les jettent sous les roues de leurs chariots; puis, leurs enfants morts, elles se pendirent elles-mêmes par un nœud coulant aux cornes de leurs bœufs. Cependant la victoire des Romains n'était pas complète : les chiens des Cimbres défendirent longtemps les cadavres de leurs maîtres; il fallut tuer le chien à côté du soldat.

Le peuple qui occupait la contrée comprise aujourd'hui sous la dénomination de Bretagne se composait de plusieurs peuples. Il y avait les Kimbres, les Celtes purs, pressés sur la côte, et les Galls ou Goëls, qui habitaient l'intérieur. Nous aurons occasion de faire remarquer plus d'une fois les oppositions de ces races, dont la rivalité n'est pas complétement éteinte encore. On retrouve la trace de ces vieux ressentiments dans la haine héréditaire qui subsista de tout temps entre la haute et la basse Bretagne, entre les vrais Bretons de pure race et ces Gatloët, qui ont oublié la langue et négligé les mœurs de leurs pères.

S'il vous plaît, nous laisserons les savants[1] se reconnaître dans ces races diverses, et retrouver avec cette patience qui tient du génie les diverses branches de la famille gauloise : ici les Kimbri de la première invasion et les Kimbri de la seconde invasion ; plus loin, sur les faîtes des Pyrénées, sur les bords de la Garonne, sur les rives de la Méditerranée, les *Aquitani* et les *Ligures* ; laissons-les saluer dans l'ancienne Provence la famille *grecque-ionienne*; en Corse, la famille *græco-latine*, la RACE ARABE dans les synagogues, la RACE GERMANIQUE dans les campagnes de l'Alsace et dans les villes de la Lorraine : tout ce que nous pouvons faire, c'est d'accepter ces origines si bien débattues ; nous n'avons pas la prétention de deviner comment s'est opéré le mélange de toutes ces races diverses avec les Celtes, les pères de nos pères. Celtes et Gaulois : voilà de quels peuples nous sommes sortis — *Celtæ-Galli* ; leurs titres de noblesse se retrouvent dans Strabon[2], et surtout dans *les Commentaires* de Jules César. Ces Celtes-Gaulois ont déjà quelque chose de l'esprit français : ils sont hardis et goguenards, impétueux et frivoles, très-braves et très-légers, hospitaliers, généreux, avides de justice et de liberté. Rome, qui n'estimait guère ce qui n'était pas la république romaine, porte aux Celtes une grande estime ; elle en parle avec de sérieuses louanges, et, ce qui est le plus sûr hommage, elle en parle avec une certaine terreur : elle trouve que ces barbares sont pleins d'intelligence et de hardiesse ; que rien ne les étonne, non pas même la civilisation, l'organisation et les beaux-arts de la ville éternelle. Quand Rome disait cela, elle se rappelait qu'il y avait dans les forêts de la Gaule d'intrépides soldats sept cents ans avant la fondation de Rome ; même à Rome toute-puissante, il avait fallu soixante années d'une guerre acharnée et les plus rudes travaux de ses plus grands capitaines pour dompter cette race celtique, et pour faire de la terre des Celtes une province romaine. C'est la gloire de Jules César d'avoir soumis à ses armes la Gaule transalpine. Il s'est battu tour à tour contre les *Celtes*, contre les *Aquitains*, contre les *Belges*, contre les *Kimbri* ; et quand enfin tous ces enfants de la même famille eurent cédé pour un temps au génie de Rome, alors les Romains n'eurent pas de cesse qu'ils n'eussent divisé la Gaule d'abord en quatre provinces : *la Belgique*, *la Celtique*, *l'Aquitanique*, *la Narbonnaise* ; puis en sept provinces, puis en douze ; Valentinien

---

[1] Amédée Thierry, *Histoire des Gaules*, tome II.
[2] Strabon, liv. **IV**, chap. IV.

en fit quatorze; l'empereur Gratien en fit dix-sept : quinze de ces provinces renfermaient le territoire actuel de la France; mais pour se bien rendre compte de ces divisions importantes, il est nécessaire de les bien expliquer.

La *première Narbonnaise* était formée du Roussillon, d'une grande partie du comté de Foix; la *seconde Narbonnaise* comprenait la plus grande partie de la Provence; les *Alpes maritimes* se composaient d'une partie du Dauphiné, de la Provence et du Piémont. La *Novempopulanie* occupait le territoire de la Gascogne, de l'Armagnac, du Béarn et de la basse Navarre. — Dans la *première Aquitaine* étaient compris : le Quercy, le Rouergue, l'Auvergne, le Bourbonnais, la Marche, le Limousin, le Velay, le Gévaudan, une partie du Languedoc, le Berri et une partie du Poitou. — *La seconde Aquitaine* contenait l'autre partie du Poitou, la Saintonge, l'Angoumois, le Périgord, l'Agenois et le reste de la Guienne. — La *Viennoise* renfermait une partie de la Provence et tout le comtat Venaissin, partie du Dauphiné, avec la principauté d'Orange, du Languedoc et de la Savoie, y compris le territoire de Genève. — *La grande Séquanaise*, c'est-à-dire une partie de la Bourgogne, de la Franche-Comté, du pays de Basigny, d'une portion de l'Helvétie. — *La première Lyonnaise*, le Lyonnais, le Beaujolais, le Forez, une partie de la Bourgogne, du Nivernais, de la Franche-Comté et de la Champagne. — *La deuxième Lyonnaise*, à savoir la Normandie, le Vexin français, la plus grande partie du Perche. — *La troisième Lyonnaise*, pays des *Redones*, sur le territoire de Rennes; des Vénètes, peuple puissant et navigateur, sur le territoire de Vannes; des *Namnetes* à Nantes, des *Arvii* sur les bords de l'Arve, qui se jette dans la Sarthe; les *Cenomani*, aux environs du Mans; les *Anedandecavi*, habitants d'Angers; les *Turones* habitants de la Touraine : telle était *cette troisième Lyonnaise*, qui sera le théâtre de cette histoire et qui comprenait la *Bretagne*, le *Maine*, l'*Anjou*, la *Touraine*. Quelle que soit notre envie de nous renfermer dans le cercle de cette entreprise, il nous est impossible, puisque ainsi nous avons commencé, de ne pas poursuivre le dénombrement de toutes les forces dont se compose la vieille France; le lecteur comprendra beaucoup mieux, nous le répétons, tout l'ensemble de cette histoire, quand il en aura bien étudié tous les détails. Il ne faut pas oublier que *la quatrième Lyonnaise* renfermait la Beauce, l'Ile-de-France, la Brie, une partie de la Champagne, de la Bourgogne et du Nivernais, le Gâtinais et l'Orléanais; — *la première Belgique*, seulement en France, renfermait le *pays* Messin, Verdun, Bar, Toul et une partie de la Touraine. — *La deuxième Belgique* comprenait le Cambrésis, une partie de la Picardie, la Flandre française, le territoire d'Amiens, le Beauvoisis, le Valois, le Soissonnais, une partie de la Champagne, le territoire de Reims, de Laon et de Châlons. — *La première Germanie*, qui s'étendait sur les deux rives du Rhin, comprenait, dans notre province d'Alsace, Strasbourg, Saverne et Neuf-Brisac. Et notez bien que chacune de ces contrées avait ses peuples à part; ces peuples avaient leurs noms, leurs origines, leurs histoires, leurs grands hommes, leur dialecte enfin.

Les Celtes *Armoriques* [1] se rappelaient confusément les Phéniciens, qui, les premiers, avaient touché ces rivages, pendant que les Celtes de l'Irlande se servaient, non pas des caractères grecs, mais d'un alphabet de leur invention. De tous ces idiomes mêlés et confondus, est résulté le *galique*, une langue qui se parle encore dans plusieurs des îles Britanniques. Le galique se divise en plusieurs idiomes : le *kumbre* (*kimri*, ou le celto-Belge, dont on rencontre des traces dans la Belgique et dans la Flandre), enfin le *breyzad*, ou le bas-breton, que parlent encore les paysans de la Bretagne [2].

Le bas-breton même n'a pas moins de quatre sous-dialectes qui répondent à la langue vulgaire du Finistère; du Morbihan, d'une partie des Côtes-du-Nord : le *léonard* ou *léaunais*, qui se parle sur le territoire de Saint-Pol-de-Léon; le *trécosien*, qui est le patois de Trégué; le *cornouillé*, fêté à Quimper-Corentin; le *valteux*, qui est la langue du territoire de Vannes; quatre langues différentes qui ne se parlent qu'aux lieux mêmes où elles ont eu leur origine, à ce point que le paysan de Trégué serait à peine compris par le paysan de Cornouaille. Langue simple et primitive, énergique, austère, tout entière consacrée à parler de l'agriculture, des travaux des champs, des périls de la mer. A peine si de tous ces dialectes est sortie par hasard une chanson populaire; et parmi toutes ces chansons, à peine si l'on en cite une ou deux qui soient restées fidèlement dans la mémoire de ces campagnes; seulement il en est une qui est célèbre, elle commence par

---

[1] Du mot breton armorik, composé de la préposition *ar*, sur, et du substantif *morik*, diminutif de *more*, mère.

[2] Le breyzad s'écrit avec vingt-deux lettres : on y remarque l'*n* nasale, le *j*, le *ch*, l'*l* mouillée des Français et le *ch* des Allemands. Cette langue n'a pas de voyelles muettes à la fin des mots, comme en français, en allemand, etc. Elle a plusieurs lettres aspirées. On n'y prononce pas toujours toutes les consonnes écrites, et quelques-unes même se changent en d'autres consonnes plus douces. — Voyez l'*Atlas ethnographique* de M. Ad. Balbi.

ces mots : *an ini coz;* et sur l'âme du paysan breton, ce simple chant, d'une mélodie plaintive, n'est pas moins puissant que le *ranz des vaches* sur les enfants de l'Helvétie; souvenir de la patrie absente, de la jeunesse évanouie, des premières amours, des veillées de l'hiver et des printemps de là-bas.

Mais si parmi tous ces peuples différents, la langue n'était pas la même, ces peuples étaient réunis par les mêmes intérêts à défendre, par la même liberté à sauver. Figurez-vous la Gaule celtique comme une réunion intelligente et vivace de petits États et de petites Républiques, les uns gouvernés par des magistrats à vie qui s'appellent des rois, les autres par des magistrats électifs qui ne gardent la puissance que pour un temps limité; chaque année, au printemps, ces diverses fractions de la Gaule se réunissent, représentées par leurs députés, dans une assemblée générale où se débattent les intérêts de tous. Là, tout homme libre était le bienvenu; l'assemblée était silencieuse, austère, intelligente; elle savait écouter en silence, et quiconque troublait la délibération solennelle, était averti qu'il eût à prendre garde à sa langue et à son manteau; à la troisième interruption, l'homme perdait la moitié de son manteau. Si parfois les colères étaient trop vives, les passions trop bruyantes, soudain les bardes chantaient, et leurs voix respectées calmaient cette émeute. Le poëme de ces temps primitifs serait beau à écrire; ces hommes des bois, comme l'indique leur nom, évitaient l'enceinte des villes; leurs cabanes étaient çà et là éparses dans les forêts, sur le bord des fleuves; l'homme libre avait seul le droit de porter des armes; il abandonnait l'agriculture à sa femme et à ses esclaves. Quand il n'avait pas à se battre pour son propre compte, il louait son courage à qui lui promettait de la gloire et du butin. La bataille était terrible, la victoire féroce; les guerriers buvaient le vin, la bière et l'hydromel dans le crâne de leurs ennemis. Le Celte avait pour juge son épée, pour ornement sa longue chevelure blonde et ses colliers d'or; il n'épousait qu'une seule femme, qui lui disait : « Vous êtes mon maître et je suis votre esclave! » Sur cette femme, en effet, le mari avait le droit de vie et de mort, et le droit de divorce; la femme adultère était brûlée vive. Quant à la croyance, ces barbares, comme des peuples intelligents à qui l'avenir était réservé, adoraient l'intelligence suprême qui a créé le monde et le soleil; mais point de temples; leur temple c'était la forêt, leur dôme c'était le ciel; seulement, pour témoigner de leur passage sur la terre et de leur croyance en la puissance invisible, ils ont laissé des pierres inexplicables; des cercles mystérieux, des monuments tout bruts dont personne encore aujourd'hui n'a trouvé le sens véritable; mystères des générations passées dont nous savons à peine le nom : *dolmen, cromlech, peulven, menhir* [1].

De ces monuments étranges d'un aspect si nouveau, la Bretagne tout entière est remplie. Entre les baies de Brest et de Douarnenez, des bords de la rivière d'Aûn (Aulne) jusqu'à la pointe de Toulinguet, la presqu'île de Crozon attire l'attention et tous les regards de l'antiquaire. Cette presqu'île, célèbre dans l'histoire du druidisme, se divise en trois fractions principales : la *presqu'île de Quelern*, l'*île Longue*, la *pointe de la Chèvre*. Le paysan breton vous dira le nom de toutes ces anses battues par la mer : Poulmic, le Fret, Roscanuel, Camaret, qui sert d'abri contre la tempête. Dans ce groupe d'îlots, d'anses, de presqu'îles, de curiosités naturelles, témoin l'arche immense de Morgatte, les druides avaient transporté leurs mystères, loin des regards profanes. Des plus curieux monuments de la religion des Celtes, la péninsule de Crozon est remplie : autels, tombeaux, sanctuaires, tombelles, pierres vacillantes, cimetières. Les anciennes traditions du Nord racontaient que les alignements angulaires du Leuré étaient jadis le souvenir des guerriers morts à cheval : *Ordo cuneato equestrium designans sepulturas*. La presqu'île de Quelern, toute chargée de verdure, riches bosquets, jardins fertiles, frais paysages, possède un menhir de quatorze pieds. Les paysans disaient que le menhir renfermait un trésor, mais personne n'eût consenti à porter sur cette antique pierre une main impie. Un soldat qui passait en Bretagne fut plus hardi que les gens de Quelern; il se mit à la recherche du trésor, mais la pierre croulante s'abattit sur le téméraire, qui resta enseveli sous cette masse. — Vous retrouvez les mêmes pierres à la pointe de Toulinguet, sur les

---

[1] *Dolmen*, ou *dolmin*, signifie en breton table de pierre; *cromlech*, lieu courbe, lieu voûté; *peulven*, pilier de pierre, et *menhir*, pierre longue. Le *dolmen* est composé d'une pierre plate ou de forme tabulaire, élevée sur plusieurs autres enfoncées en terre. On croit qu'il servait d'autel sur lequel on sacrifiait les victimes. Le même nom s'applique encore à une réunion de pierres larges, plates et hautes, disposées à côté les unes des autres, de manière à former une enceinte carrée, fermée de trois côtés et couverte de pierres plates; c'était une sorte de sanctuaire, dans lequel le pontife se plaçait pendant les cérémonies religieuses.

Le *peulven* ou *menhir* est un obélisque, ou plutôt une pierre placée verticalement sur le sol.

Le *cromlech* est composé d'un nombre plus ou moins considérable de *peulven* ou d'obélisques disposés en cercle, quelquefois sur deux ou trois rangs, et dominés par un *peulven* plus élevé, placé au centre. D'autres fois cette dernière pierre manque; alors le monument druidique n'est plus qu'une enceinte sacrée, dont l'entrée était interdite aux profanes, et qui recevait le nom de *mallus*.

côtes de la Pallue, au nord du Bec-de-la-Chèvre (Beg ar C'haor); la rivière de Labes est chargée sur ses deux rives de ces dolmens; une de ces tombelles s'appelle *la tombe d'Artus*. Mais quel Artus? Le chef illustre, le digne chef de la *Table-Ronde*, l'homme qui a donné le signal à tant de vaillants hommes, le véritable Artus, est enterré non loin du château de Keruel, dans l'île d'Aval. Mais qui pourrait compter tous les monuments du même genre dans la Cornouaille Armorique?

Pierres druidiques de Meneck près Karnac.

A la pointe du Raz, le point le plus reculé du vieux monde, sur ce rocher miné, à cette hauteur de trois cents pieds qui domine sept lieues de côtes, existe un menhir. — Dans l'île de Sein existait, il n'y a pas cinquante ans, un monument celtique renversé par les Anglais; c'est l'île célèbre, la demeure des vierges sacrées. Les poëtes ont fait de cet inculte rocher le collége des druides. En langue celtique, *sen* veut dire *vieillard*. — Au village de Primelen, une source d'eau fraîche et limpide sort en murmurant d'une vieille pierre druidique; la pierre, c'est l'autel; la source cachée, c'est la divinité inconnue. Un long bassin, formé de longues pierres, reçoit cette eau murmurante, dans laquelle le monument druidique prolonge son ombre vénérée. Dans la baie d'Audierne, à la pointe du doch, non loin de la petite crique de Poulhant, s'élève le plus imposant dolmen de tout le

Finistère. La plate-forme du monument est portée sur seize pierres verticales; le monument n'a pas moins de quarante-trois pieds de long sur six pieds et demi de large. — Lieu sauvage tout rempli de silence et de mystère ! pas un troupeau et pas un pâtre; pas une cabane dont l'ondoyante fumée vous promette l'accueil hospitalier et le repas du soir. Les cris de l'oiseau de proie se mêlent aux grands bruits de la mer :

Goëlands ! Goëlands !
Rendez-nous nos maris ! rendez-nous nos enfants !

A la pointe de Penmarc'h, à travers les débris d'une ville dont le nom même n'est pas resté, il serait difficile de compter tous les monuments celtiques. Le menhir de la plaine est remarquable par sa hauteur; masse informe et glorieuse, qui a demandé, pour être placée là, la force de toute une armée. Le chef vainqueur dort sous ce rocher élevé à sa gloire. Un peu plus loin, près du bourg, deux menhirs de vingt pieds. Près du manoir de Gouenac'h, une table de pierre; sur cette table ruisselait le sang des victimes humaines; un de ces monuments s'appelle *ty ar Gorriket*, la maison du Nain; car ces masses de pierre, à en croire le paysan breton, ont été portées là par les nains et les mauvais génies. De même que dans tout le reste de la France on croit aux géants, la Bretagne croit aux nains; le nain est le roi de ces contrées; il a la malice des petits êtres : il est railleur, il est taquin, il a les caprices et les colères d'un enfant à qui rien ne résiste.

A Quimper, le premier évêché de la Bretagne, les évêques de l'Église primitive ont fait une guerre assidue aux souvenirs des vieilles idoles; seulement, les plus gros rochers sont restés immobiles; apportés là par des mains inconnues, pas une force humaine ne les a pu arracher de cette place. Non loin de Pontaven, l'antique forêt de Lusuen (du mot celtique *lusu, lousou*, gui, fougère, verveine, plante salutaire) prolonge encore son ombre fatidique; c'est toute l'histoire du passé, cette forêt de Lusuen; sa forteresse n'a pas été renversée tout à fait par le temps et par les hommes. Le plus beau dolmen de Lusuen s'élève à quarante pieds; de chaque côté de cette pierre solennelle a grandi un chêne séculaire; dans une fente du milieu, dans cette pierre des vieux siècles, un autre chêne a poussé. Que de siècles représentent ces pierres et ces arbres ! combien de générations se sont agenouillées à cet ombrage ! A Saint-Yvi, dans les genêts qu'agite incessamment le vent du nord, se rencontre un dolmen incliné, le plus curieux de la contrée. Sur les côtes de Kerlouan, tout au sommet de la stérile colline, vacille sur son pivot, aussi agitée que les genêts de Saint-Yvi, une immense pierre vacillante posée, pointe pour pointe sur le roc vif : miraculeux équilibre, pivot de diamant qui ne s'est pas encore usé! A Plouescat, entre la chapelle de Brelevenez et le village de Cléder, la pierre des sacrifices contient un bassin carré. — Mais qui pourrait compter tous les vestiges laissés par ses premiers prêtres sur cette Bretagne croyante et sauvage? La plaine de Tregune, à elle seule, suffirait à fatiguer toute une académie d'antiquaires. Dans tout le cours de cette histoire, nous rencontrerons bien d'autres débris de la même époque et de l'époque romaine, et les vestiges du moyen âge, et toutes les ruines qu'entraînent après elles la guerre et l'émeute. Le monument druidique est resté dans ces campagnes reculées, sinon un monument sacré, du moins un objet de vénération et de respect. Sous ces larges toits de granit, aujourd'hui chargés de mousse et de lichens, le paysan breton s'abrite contre l'orage, non pas sans dire sa prière à la bonne Vierge, la patronne de tous les humbles cœurs; priant ainsi, le Breton ne songe ni aux Celtes, ni aux druides, ni au sang des victimes immolées; il a peur du mauvais génie habitant de ce lieu; il évoque le couriquet ou le couril, caché dans ces ruines; il se le figure porté sur deux ailes de chauve-souris; tête difforme, sourire malin, poussant de petits cris d'ironie et de joie. Malheur à qui tombe dans la danse infernale de ces malins génies! Il faut aller encore, il faut aller toujours; il a beau résister, le tourbillon l'emporte; les malins diables l'enlacent dans les anneaux de leur queue traînante. Trop heureux encore de se tirer d'affaire, une fourche à la main, en récitant ces paroles cabalistiques :

> Les hi, les han!
> Baz ann arar a zo gant han;
> Les han, les hi!
> Baz ann arar a zo gant hi.
> Laisse-la, laisse-le, laisse-le, laisse-la,
> Le bâton du char le voilà.

Vous savez l'histoire du petit tailleur de Coad-Bily. Il était si bossu, si trapu, si chevelu, si barbu, qu'il dit un jour : « Pourquoi donc n'irais-je pas danser au clair de la lune avec les couriquets, les cournils, les cournicanets? » Il dit, et il va. Justement la lune était sombre, le vent bruyant, la bruyère agitée, les follets un peu moins fous que d'habitude; la danse commençait à peine. On fait place au nouveau venu; seulement on le trouve un peu laid pour un couriquet. Vous savez ce que disaient les follets en dansant? trois mots qui sont toute leur joie : *dilunn*, lundi, *dimeurs*, mardi; *dimerch'er*, mercredi; lundi, mardi, mercredi, ainsi disait le tailleur. La ronde était triste et monotone, la joie commençait à peine; elle allait de *dilunn* à *dimeurs*. Enfin le petit bossu ajoute aux trois journées des follets : jeudi et vendredi, *dialiaou na digwener*. A ce moment, la danse devient un tourbillon, c'est la ronde infernale dans toute sa joie; on reconnaît le petit bossu, on l'embrasse, on l'étouffe; il était parti avec une bosse, il revient avec deux bosses : digne charge de couriquets! — Beaux petits contes populaires! ils ont donné une vie nouvelle aux vieux monuments de la race celtique, ils ont rajeuni ces vénérables pierres que le christianisme avait ébranlées; ils ont rendu à ces quatre mille années couchées sous ces dalles funèbres, un peu d'intérêt et de passion. Souvenir des races celtiques, et tenant au plus antique honneur de la Bretagne, le monument druidique est l'ornement de ces bruyères roses, de ces ravins, de ces rocs, de ces rivages; il a conservé (à Loc-Mariaker) quelques-unes des lettres de cette langue, plus vieille de mille années, que la langue d'Homère. Race austère et dévouée, cette race des vieux Bretons, française par le cœur, elle a toutes les vertus de la France, elle a peu de ses défauts. Que de fois la Bretagne a sauvé la France! Les premiers, les Bretons de Nomenoé ont résisté à l'invasion des hommes du Nord! Qui donc a chassé les Anglais de la France au quinzième siècle? Duguesclin, le Breton! Au quinzième siècle? le Breton Richemond! Qui a battu les Anglais sur toutes les mers? Duguay-Trouin, le Breton!

Dans le département du Morbihan, non moins que dans le Finistère [1], les monuments des druides sont nombreux et d'un intérêt puissant. Un vieux Celte sortirait aujourd'hui de son tombeau de pierre, il reconnaîtrait la vieille patrie; aujourd'hui comme autrefois, la bruyère entoure de sa fleur empourprée les têtes grisâtres des pierres placées sur la tombe des héros; la fontaine sacrée murmure sa douce complainte sous le feuillage du hêtre; l'autel du dieu Thor et d'Esus attend le sacrifice; du haut du dolmen, le druide peut haranguer tout son peuple; debout au centre de ces grands cercles taillés dans le roc, la prêtresse peut se livrer, le soir à minuit, à

---

[1] *Antiquités de la Bretagne*, par M. le baron de Fréminville.

ses incantations magiques. C'est vous que j'atteste, pâles rochers de *Kerhan*[1], dolmen de Locmariaker (lieu de la belle Marie), *Men ar Runn*, pierres de la colline, qui dominez l'entrée du golfe du Morbihan, nobles traces, fiers souvenirs, chantés par Ossian, le poëte des Celtes : « Place-moi, Fingal, sous quelque pierre mémorable qui « atteste la gloire de Calma..... Cathula, dresse ma tombe sur la « colline, et place sur ma tombe *cette pierre grise*.... Ici repose, sous « ce bloc, le chef de la race de Dermid. — Ces pierres diront aux « siècles à venir : Ici se rencontrèrent Ossian et Cathmor, et ils se di- « rent des paroles de paix ! — Pierres, vous parlerez aux années qui « s'élèvent derrière les siècles ! » — Dans ces chants du barde, le tombeau se retrouve toujours aussi souvent que paraît la gloire; mais à tant de distance, qui donc pourrait dire à ces pierres : « *Levez votre tête grisâtre, et dites-nous les noms des héros que vous cachez?* »

Cependant, si la pierre druidique n'a pas gardé le nom du héros qu'elle recouvre, elle a gardé son nom à elle, et ce nom-là sert à la désigner et à la faire reconnaître : Kerguelvan (*pierre des pleurs*), Kerroch', *lieu des rochers*; ou bien le christianisme naissant s'est emparé des pierres druidiques, tout comme il s'est emparé du Capitole romain. La croix et l'image de la Vierge protégent plus d'une pierre de

Vue de la plaine de Karnac.

la plaine de Karnac; Karnac, le cimetière aux tombes éternelles! Les

---

[1] *Kerhan*, en breton, le champ de bataille.

Romains, jaloux de tout ce qui n'était pas Rome, appelaient Karnac *le camp de César.* Mais le savant et vaillant homme à qui était réservée une si belle mort, l'antiquaire le plus illustre du Morbihan, le premier grenadier de France, Latour-d'Auvergne, dans ses *Origines gauloises,* se demande avec juste raison si les Romains ont jamais retranché leurs camps par un pareil entassement de rochers. Un autre antiquaire [1], pour échapper aux Celtes sans tomber dans les Romains, affirme que les roches de Karnac sont l'œuvre des Égyptiens, et la preuve ; c'est que parmi les ruines de Thèbes s'élève une ruine appelée Karnac ! J'aime tout autant les traditions des habitants de la Cornouaille, qui appellent les pierres de Karnac les soldats de saint Corneille. (*saint Corneli; soudard*). C'est tout un poëme de pierres ce Karnac, lugubre poésie, silencieuse, solennelle, imposante. Suivez toujours la trace druidique, elle vous conduira à Kennebon, à Cloukinec, landes désertes, sombres forêts, aspect sauvage. La plaine d'Ardven est inculte comme aux premiers jours; les pierres d'Ardven sont disposées dans un ordre régulier et sur neuf files parallèles. Le dolmen de Kerkouno est le plus vaste du Morbihan; les villages voisins en ont fait un lieu de réunion et de plaisir ; c'est le cabaret du village les jours de *Pardons,* depuis que le *Pardon* a cessé d'être une fête toute religieuse. Une de ces pierres s'appelle *la pierre du diable,* et même on raconte la chronique de *la pierre du diable.* C'est un véritable peulven celtique, destiné à rappeler une histoire oubliée à jamais; la légende seule est restée. Comme les manœuvres chrétiens élevaient la cathédrale de Saint-Pol, le diable, pour écraser l'église naissante, prit cette pierre et la jeta sur le clocher, qui déjà s'élevait dans les airs ; mais la pierre, lancée avec trop de violence, est retombée à cette place. Et en preuve, le diable a laissé dans le roc la double empreinte de sa griffe de fer.

A une demi-lieue d'Auray, se rencontre le *Manë Korriganet* (la montagne des petits hommes), apportée là par les Korrics; cette montagne, presque aussi abrupte qu'un monument celtique, est une des premières forteresses de la Bretagne féodale. Mais, dans ce premier chapitre, nous n'irons pas plus loin que les Celtes ; nous retrouverons plus tard les antiquités françaises, les vieux manoirs, les châteaux forts, les tours féodales, les inscriptions, l'inscription de la tour d'Elven, par exemple : « *Ci-gît Erec, fils d'Alain de Broerec,*

---

[1] M. de la Sauvagère.

dont Dieu ait l'âme. » C'est une belle histoire à écrire et à entendre, cette histoire de Bretagne. Dieu vienne en aide à notre esprit!

C'est ainsi que les vieilles pierres druidiques, longtemps négligées comme les vains caprices d'un peuple enfant, sont devenues autant de pages d'une histoire sérieuse, importante, et pour ainsi dire authentique.

Rien qu'à voir ces monuments d'une simplicité si grande, ces dalles grisâtres en guise d'autel, ces vieux chênes qui devenaient tout un temple, on comprend quel grand peuple a passé dans ces campagnes. Quant à deviner le dieu qu'ils ont adoré, de ce dieu-là les Celtes n'ont pas laissé l'image; à peine s'ils ont laissé le nom : il s'appelait *Teutatès*. C'est le nom du dieu pacifique qui présidait à l'agriculture et aux beaux-arts; le dieu de la guerre s'appelait *Hésus*, du mot celtique *goez*[1].

Au reste, chaque dieu des Celtes avait son nom, ses attributs, ses fantaisies. Le dieu qui présidait à la joie, qui avait apporté la vigne dans les Gaules, le Bacchus gaulois, avait nom *Kernunos*, du mot celtique *korn*; et l'on sait en effet que le Bacchus venu de Phénicie portait des cornes. Le dieu d'où venait l'inspiration poétique avait aussi son nom propre, et il tenait sa place à côté des deux autres. Quant aux divinités secondaires, les génies inférieurs, les fées, le lutin familier, les farfadets, tous les petits génies qui président à la poésie populaire, ils avaient noms *Drâc*, *Gripi*, *Fada*. Ces peuples adoraient aussi l'eau et le feu, la terre et les vents, et les montagnes. Chacune de ces divinités avait ses prêtres; parmi les prêtres, les uns étudiaient les lois naturelles, les autres s'occupaient de l'histoire vivante des temps passés; ils rappelaient dans leurs chants la mémoire des héros, ils célébraient les vainqueurs de la bataille, ils chantaient l'hymne funèbre; la jeunesse prêtait l'oreille à ces chants de guerre et sentait s'allumer son courage aux récits des exploits de leurs pères. Après les bardes, venaient les sacrificateurs, et au-dessus de tous ces prêtres, les *druides*[2].

Les druides étaient les sages de la nation. Ils étaient les maîtres de la loi, les chefs de la justice, le conseil de ces peuples, la loi vivante,

---

[1] *Forêt* qui fait *es* par contraction, ou du mot *euz* terreur.

[2] Le nom de *druide* est *derwidda* en langue kimrique, il dérive du mot par lequel les Gaulois désignaient le chêne, c'est-à-dire *derv* en kimrique, *deru* en armorique, et *duer* en gaélique. Il est à remarquer que Diodore de Sicile traduit *druides* par un mot grec qui signifie *hommes des chênes*.

pour tout dire. Ils enseignaient toute la morale, toute la politique. Qui manquait à la loi, qui manquait de courage, était chassé, par les druides, de l'assemblée universelle. A la voix de ces prêtres vénérés, la nation prenait ou déposait les armes ; la femme du druide, le type de la femme gauloise, était, comme son mari, éloquente, inspirée, entourée de terreur et de respect. La voix des prêtresses était écoutée à l'égale de la voix de Dieu ; elles ont créé des prodiges : devant elles marchait la terreur. Au sommet des roches escarpées, sur le bord de la mer furieuse, au pied du chêne gaulois, la prêtresse se tenait debout, et, l'œil au ciel, elle prédisait l'avenir. La foudre et l'éclair et la tempête gardaient la demeure de la druidesse. La mer obéissait à sa voix, le vent à sa parole ; elle prenait toutes les formes, elle passait comme une ombre, elle se montrait surtout quand la patrie était en danger. Rappelez-vous à ce propos cette femme poétique, cette Velléda inspirée dont M. de Chateaubriand a écrit l'histoire. C'est la plus vaillante héroïne, et ce n'est pas la moins touchante, du poëme des *Martyrs*.

Dans l'Armorique, les prêtres portaient le surnom de *Belhec*, parce qu'ils étaient vêtus de lin [1], et les prêtresses celui de *Léanes*, parce qu'elles étaient toujours habillées de laine blanche [2].

Mais à propos de la Velléda et du poëme de M. de Chateaubriand, trop heureux sommes-nous de rencontrer, au commencement de ce livre, ce grand poëte, l'honneur de la Bretagne moderne, pour nous guider à travers les Gaules primitives, dans cet étrange mélange de mœurs, de religions, de civilisation, de barbarie.

C'en est fait, le vieux monde va se retremper dans la religion nouvelle ; le christianisme a commencé son œuvre éternelle, le vrai Dieu s'est montré à l'univers lassé de ces fausses grandeurs. Nous sommes sous le règne de Dioclès ; la longue voie romaine se déroule à travers la forêt des druides. Au milieu des bois sauvages, tout à côté de la hutte du Gaulois, entre ses forteresses de solives et de pierres, les Romains ont élevé les plus beaux monuments de l'architecture grecque et latine. Pourtant, la forêt domine encore tout cet ensemble ; de temps à autre, vous rencontrez les vestiges du camp de César, vous retrouvez les plantes semées par les vainqueurs ; quelques restes de cette civilisation armée se rencontrent même dans les endroits les

---

[1] *Belh*, en langue gallique, signifie *lin*. — En Bretagne on désigne encore sous le nom de *belhec* un prêtre.

[2] *Gloan*, et par contraction *léans*, signifie *laine* en langue gallique.

plus sauvages. Le héros de M. de Chateaubriand, Eudore, arrive enfin dans cette belliqueuse Bretagne dont M. de Chateaubriand se souvenait avec tant de joie et d'orgueil quand il écrivait son poëme. Suivons Eudore, il nous guidera par la main dans les sentiers et dans les villes de l'Armorique. Il arrive chez les *Rhédons* (les peuples de Rennes), et laissez-le décrire tout à l'aise cette terre de la résistance et des miracles :

« L'Armorique ne m'offrit que des bruyères, des bois, des vallées
« étroites et profondes, traversées de petites rivières que ne remonte
« point le navigateur, et qui portent à la mer des eaux inconnues;
« région solitaire, triste, orageuse, enveloppée de brouillards, re-
« tentissant du bruit des vents, et dont les côtés hérissés de rochers
« sont battus d'un océan sauvage.

« Le château où je commandais, situé à quelques milles de la mer,
« était une ancienne forteresse des Gaulois, agrandie par Jules César
« lorsqu'il porta la guerre chez les *Vénètes* (les peuples de Vannes),
« et les *Curiosolites* (peuples des environs de Dinan). Il était bâti sur
« un roc, appuyé contre une forêt et baigné par un lac. »

Ceci dit, le poëte raconte l'histoire de Velléda, la prêtresse des Bretons. Que pourrions-nous ajouter, nous autres, à cette histoire ainsi racontée ? Quels détails M. de Chateaubriand, le Breton, n'a-t-il pas appris dans son enfance? Quel récit n'a-t-il pas retrouvé dans ses souvenirs? Dans notre premier livre, *la Normandie*, plus d'une fois, quand l'histoire nous manquait, nous avons appelé les poëtes à notre aide. Shakspeare et Walter Scott[1] nous ont raconté les passages les plus difficiles et les plus obscurs des vieilles annales ; M. de Chateaubriand ne fera pas moins pour l'histoire de ces peuples bretons parmi lesquels il a vu le jour, pour cette noble terre où il a choisi sa sépulture. L'épisode de Velléda, c'est toute l'histoire de la vieille Bretagne. — « Les habitants de l'Armorique avaient conservé leurs
« mœurs primitives et portaient impatiemment le joug romain. Bra-
« ves, comme tous les Gaulois, jusqu'à la témérité, ils se distinguaient
« par une franchise de caractère qui leur est particulière, par des
« haines et des amours violentes, et par une opiniâtreté de sentiments
« que rien ne peut vaincre. » Tel est ce portrait des Bretons; il est traité de main de maître, à la façon de Chateaubriand ou de Jules César. Bientôt paraît Velléda la prêtresse. Est-ce une femme ? est-ce une

---

[1] LA NORMANDIE, *le Roi Jean*, p. 129; *Ivanhoé*, p. 284.

ombre qui passe, emportée par la vague? Elle est seule dans sa barque; elle jette aux flots de la mer des toisons de brebis et de petites meules d'or et d'argent. « Sa taille était haute; une tunique noire,
« courte et sans manches, servait à peine de voile à sa nudité. Elle
« portait une faucille d'or suspendue à une ceinture d'airain; elle
« était couronnée d'une branche de chêne. La blancheur de ses bras
« et de son teint, ses yeux bleus, ses lèvres de rose, ses longs che-
« veux blonds qui flottaient épars, annonçaient la fille des Gaulois,
« et contrastaient par leur douceur avec sa démarche fière et sauvage.
« Elle chantait d'une voix mélodieuse des paroles terribles, et son sein
« découvert s'abaissait et s'élevait comme l'écume des flots.

« Je la suivis à quelque distance : elle traversa d'abord une châtai-
« gneraie dont les arbres, vieux comme le temps, étaient presque
« tous desséchés par la cime; nous marchâmes ensuite, plus d'une
« heure, sur une lande de mousse et de fougère; au bout de cette
« lande, nous trouvâmes un bois, et au milieu de ce bois une bruyère
« de plusieurs milles de tour. Jamais le sol n'y avait été défriché, et
« l'on y avait semé des pierres pour qu'il restât inaccessible à la faux
« et à la charrue. A l'extrémité de cette arène s'élevait une de ces ro-
« ches isolées que les Gaulois appellent *dolmen*, et qui marquent le
« tombeau de quelque guerrier.... La nuit était descendue; la jeune
« fille s'arrêta non loin de la pierre, frappa trois fois des mains en
« prononçant ce mot mystérieux : *An gui, l'an neuf!* A l'instant je vis
« briller dans la profondeur du bois mille lumières[1]. »

Bientôt, l'assemblée est complète; les Gaulois arrivent la torche à la main. Les Eubages marchaient les premiers, conduisant deux taureaux destinés au sacrifice; les bardes suivaient en chantant les louanges de Teutatès. Trois sénavis (philosophes) venaient ensuite; la prêtresse marchait la dernière. L'autel est dressé au pied d'un jeune chêne où la prêtresse a découvert le gui sacré, que l'Eubage coupe avec la faucille d'or; sur le dolmen monte la prêtresse[2].

Quand la foule a fait silence, la prêtresse prononce d'austères paroles : « Où sont, dit-elle, ces États florissants, ce conseil de fem-
« mes auquel se soumit le grand Annibal? Où sont les druides qui
« élevaient dans leurs conseils sacrés une nombreuse jeunesse?....
« O île de Syane, ô île vénérable et sacrée! je suis demeurée seule des

---

[1] *Les Martyrs*, liv. IX et suivants.
[2] « Au pied du dolmen étaient appuyées deux autres pierres qui en soutenaient une troi-
« sième couchée horizontalement. »

« neuf vierges qui desservaient votre sanctuaire! » En même temps elle annonce à ces Gaulois que les tribus des Francs qui s'étaient établis en Espagne retournent maintenant dans leur pays; leur flotte est à la vue des côtes; ils n'attendent plus qu'un signal pour marcher sur Rome. Puis, quand elle a parlé et remué profondément tous ces courages, la prêtresse demande la victime humaine que réclame Teutatès. Sur un bassin de fer, elle va pour égorger un vieillard; mais l'aube matinale paraît enfin, et nos Bretons se séparent en chantant ce chant funèbre :

« Teutatès veut du sang; il a parlé dans le chêne des druides. Le « gui sacré a été coupé avec une faucille d'or, au sixième jour de la « lune, au premier jour du siècle. Teutatès veut du sang; il a parlé « dans le chêne des druides! »

La scène est belle, elle est grande; à cette hauteur, la poésie, c'est de l'histoire. M. de Chateaubriand a écrit, en effet, l'histoire de ces bruyères et de ces solitudes. Il a retrouvé les titres de noblesse de la Bretagne, et il les lui a rendus. Il me semble que ces quelques passages du poëme nous en apprennent beaucoup plus sur la religion des druides que bien des gros livres. Voilà ce que c'est que de voir de très-haut et de tout embrasser d'un coup d'œil : c'est le privilége des hommes de génie!

Notez bien que ces poétiques récits dont personne ne songerait à lui demander les témoignages, M. de Chateaubriand les appuie sur les preuves les plus complètes : non-seulement il a vu et parcouru dans tous les sens cette terre de Bretagne, mais encore il a lu tous les livres qui en parlent. Parle-t-il des factions qui ont divisé la Bretagne, et des révoltes des Bretons contre leurs maîtres, il salue en passant le nom du Breton Caractacus défendant la Bretagne contre Plautius, général des Romains. Caractacus le héros tombe dans le piége romain; il est conduit devant l'empereur, et, à la vue des palais de Rome, il s'écrie : *Les voilà donc, ces avides possesseurs de tant de palais, qui sont assez à plaindre pour désirer une chaumière dans nos bois!* En même temps il rend hommage à la reine Boadicée, ce digne soldat de la Bretagne dont parle Tacite dans ses *Annales*. L'instant d'après, M. de Chateaubriand va chercher dans Strabon la description de l'Angleterre, qui se peut si bien appliquer à la Bretagne : « Plus d'ombre que de soleil, moins de neige que de pluie. » En même temps il vous explique ce que les anciens entendaient par ces mots *contrées armoricaines*, c'est-à-dire la Normandie, la Bre-

tagne, la Saintonge, le Poitou; et il ajoute : « Le centre de ces con-
« trées était la Bretagne, dite par excellence l'Armorique. Lorsque les
« dieux des Romains et les ordonnances des empereurs eurent chassé
« des Gaules la religion des druides, elle se retira au fond des bois de
« la Bretagne, où elle exerça encore longtemps son empire : on croit
« que le grand collège des druides y fut établi. Ce qu'il y a de certain,
« c'est que la Bretagne est remplie de pierres druidiques. Pomponius
« Mela et Strabon placent sur les côtes de la Bretagne l'île de Syane,
« consacrée au culte des *dieux* gaulois. »

Il a aussi retrouvé, dans un chapitre de Diodore de Sicile, cet usage des Gaulois d'attacher au cou de leurs chevaux les têtes des ennemis qu'ils ont tués à la guerre. Ils font porter devant eux toutes sortes de dépouilles sanglantes, et ils décorent de ces terribles trophées la porte de leurs maisons. Quant aux forêts des Gaules, elles sont célèbres dans toutes les histoires. Pline, le grand naturaliste, cite avec éloge le chêne, le bouleau, le frêne et l'ormeau des forêts gauloises; Strabon vante les glands de la Gaule. César et Tacite ont décrit avec complaisance les forêts des Gaules. Dans la langue celte, *cel*, un mot qui revient à la fin de tous les mots, *cel* veut dire forêt; comme aussi, dans Ammien Marcellin, nous trouvons de la femme gauloise le portrait suivant : « La femme gauloise est encore plus forte que son
« mari; ses yeux sont encore plus sauvages. Est-elle en colère, sa
« gorge s'enfle, elle grince des dents ; elle agite ses bras aussi blancs
« que la neige; elle porte des coups aussi vigoureux qu'une arme
« de guerre. » Arrangez donc ce passage avec ce mot-là de Diodore de Sicile : *Feminas licet elegantes habeant!* — l'élégance gauloise!

Le cri de Velléda : *an gui, l'an neuf*, a été retrouvé, par le poëte, dans le livre de Sainte-Foix. Pline l'Ancien, au livre XVI de l'*Histoire naturelle*, parle du gui druidique; nous traduisons :

« N'oublions point l'admiration des Gaulois pour le gui. Les
« druides, tel est le nom de leurs mages, ne voient rien au monde de
« plus sacré que le gui, et que l'arbre sur lequel il se produit, quand
« c'est un chêne; aussi choisissent-ils des bois de chêne, et ne font-
« ils aucun sacrifice sans avoir des feuilles de cet arbre; si bien qu'on
« peut croire que leur nom de druides vient du mot *gui*, qui signifie
« *chêne*. Lors donc qu'ils trouvent la plante parasite sur cet arbre,
« ils s'imaginent que c'est un présent du ciel, et croient que l'arbre
« est favorisé des dieux. Le gui se trouve rarement; aussi ne le cueille-
« t-on qu'avec un grand appareil religieux, et choisit-on surtout

« pour cette opération le sixième jour de la lune, jour par lequel
« commencent leurs mois et leurs années, ainsi que leurs siècles, qui
« ne renferment que trente ans. Ils choisissent ce sixième jour, parce
« qu'alors l'astre, sans être au milieu de son cours, est dans toute sa
« force d'ascension. Le nom de gui, dans la langue des Gaules, veut
« dire remède universel. Lorsque les objets nécessaires pour les sacri-
« fices et le banquet sont prêts sous le chêne, ils amènent des tau-
« reaux blancs qui n'ont jamais été soumis au joug, et dont les cornes
« sont liées pour la première fois. Le prêtre, vêtu d'une robe blanche,
« monte sur l'arbre, tranche avec une serpe d'or le gui, qui est reçu
« dans un sagum blanc. Ils immolent ensuite les victimes, et prient
« les dieux de rendre ce don propice à ceux qui le reçoivent. Ils pen-
« sent que le gui donne la fécondité à tous les animaux stériles qui le
« prennent en boisson, et que c'est un contre-poison universel, tant
« les nations sont promptes à révérer comme divins les objets les
« plus frivoles. » Dans le dictionnaire *franco-celtique* du père Rostra-
ném, il est dit, à propos des dolmens : « Lieu des fêtes et des sacri-
« fices ; pierres plates fort communes dans la Bretagne. » Ammien
Marcellin parle des bardes en ces termes : « Leurs poëtes, qu'ils ap-
« pellent bardes, s'occupent à composer des poëmes propres à leurs
« cantiques ; ce sont eux-mêmes qui chantent, sur des instruments
« presque semblables à nos lyres, des louanges pour les uns et des
« invectives contre les autres. Ils ont aussi chez eux des philosophes
« et des théologiens, appelés *saronides*, pour lesquels ils sont remplis
« de vénération... C'est une coutume établie parmi eux, que personne
« ne sacrifie sans un philosophe ; car, persuadés que ces sortes
« d'hommes connaissent parfaitement la nature divine, et qu'ils en-
« trent pour ainsi dire en communication de ses secrets, ils pensent
« que c'est par leur ministère qu'ils doivent rendre leurs actions de
« grâces aux dieux, et leur demander les biens qu'ils désirent... Il ar-
« rive souvent que lorsque deux armées sont prêtes d'en venir aux
« mains, ces philosophes se jetant tout à coup au milieu des piques
« et des épées nues, les combattants apaisent aussitôt leur fureur
« comme par enchantement et mettent bas les armes. C'est ainsi que
« même parmi les peuples les plus barbares, la sagesse l'emporte sur
« la colère, et les Muses sur le dieu Mars. » (*Diodore de Sicile*,
livre V, trad. de Terrasson.)

On ne saurait croire tout l'intérêt de cette histoire des Gaules,
même avant qu'il n'y ait une France. La France n'est pas là encore,

mais elle y doit régner, et le regard charmé s'arrête avec orgueil sur le théâtre où se passera le grand drame de la nation française. Tous les vieux peuples seront les bienvenus sur cette terre qui sera nôtre ; ils nous précèdent, donc ils sont quelque peu nos ancêtres. Voilà pourquoi ce noble débris des populations celtiques nous tient attentifs et nous trouve empressés, car ce débris sera bientôt la race bretonne. A l'heure où nous sommes, la Gaule est occupée par deux peuples, les Barbares et les Celtes. La nation celte obéit aux druides et aux nobles, et pourtant chaque année il fallait procéder à un nouveau partage des terres de la nation ; car c'était la loi, dit César, que pas un homme dans ce peuple ne fût plus riche que son voisin. De la langue des Celtes bien des mots sont restés dans notre langue [1]. La Bretagne, de toutes les nations gauloises, a parlé le plus longtemps la langue celtique. Elle était placée au bout du monde (*finis terræ*, Finistère) ; elle était éloignée du théâtre de ces guerres de Romains à Barbares ; elle obéit longtemps à un chef indépendant ; à plusieurs reprises, quand la Bretagne va être envahie par Rome, vous verrez les insulaires de la Grande-Bretagne apporter de leur île le vieux langage et le remettre en honneur. Nous avons dit où en était l'art des Celtes ; ils se sont contentés d'entasser des pierres presque au hasard, les mêmes pierres que vous retrouvez en Danemark, en Suède, en Norwége, en Irlande ; jouets d'enfants qui ne savent pas se bâtir un temple. Leur architecture, c'est comme leur poésie, dont rien ne reste, sinon des fragments, pierres détachées d'un édifice qui n'a jamais été construit. Où sont les chants des bardes ? Ils se sont évanouis avec les colères qu'ils soulevaient. Et les hymnes sacrés, et les chants de guerre, et les satires contre les lâches ?... tout cet esprit s'est perdu, emporté par l'oubli.

Lucain, le grand poëte, s'est souvenu des bardes dans *la Pharsale*; et il parle de leurs chants nombreux (*carmina plurima*) ; de ces chants nombreux pas un seul ne s'est conservé dans la mémoire des hommes. La poésie s'est perdue en même temps que s'effaçait le respect qui entourait les poëtes. Après avoir été longtemps chef parmi les chefs, et l'égal des druides, le barde devint plus tard un mercenaire que l'on faisait venir au milieu du festin pour amuser les convives : le *vates* avait fait place au comédien. C'est là sans nul

---

[1] Exemples : *bancs, fin, parc, cri, fi! drud, héros* (dru), *bren,* corruption ; *truand,* misérable.

doute le motif de l'oubli qui pèse sur les chants des bardes; l'orgie a dévoré cette poésie de parasites. Au dixième siècle, sous le roi Houël *le Bon*, nous vous dirons la résurrection des bardes; mais si le barde est ressuscité, la poésie est morte, morte à ces joies si vraies, à ces douleurs si vives. — L'Irlande, plus heureuse en ceci que l'Armorique, a conservé le nom de ses bardes : Ossian et Fingal, et même un assez bon nombre de ses poésies nationales, ont-elles surnagé, pour qu'un habile esprit (Mac'pherson) refît quelques-uns de ces étranges poëmes, élégies guerrières mêlées d'amour, où se retrouve toute la pâle mélancolie du Nord. — Des bardes gaulois, nul ne dit le nom, pas même Ausone, le poëte chrétien, qui se souvient avec tant de joie des dieux du paganisme quand il écrit ses vers. Comme il ne pouvait pas, et comme d'ailleurs il n'eût pas voulu peut-être se prêter à une supercherie à la Mac'pherson, le savant M. Delarue a tenté du moins de retrouver, dans les jongleurs et les trouvères, les enfants des bardes de l'Armorique; il a voulu élever le *lai breton* à la dignité de poëme des Celtes [1]. A cette découverte, on ne voit pas ce que la Bretagne peut gagner. Vous avez vu une noce de Bretagne : quand la noce, toute parée, sort de l'église, deux hommes précèdent, celui-ci le jeune époux, celui-là la mariée, et chacun de ces hommes s'en va célébrant, le premier la beauté de la femme, le second les vertus du mari; autant vaudrait dire que ce sont là des *bardes*. Il est plus facile de convenir tout de suite que cette poésie s'est perdue, et que l'écho des vieux âges s'est lassé de la répéter.

Les lois des druides, plus que les chants bardes, ont échappé à ces ravages. Dans un livre écrit en toute naïveté de style et d'opinions philosophiques [2], nous retrouvons les *ordonnances des druides:* S. P. Q. G. — En peu de mots, nous pouvons résumer ces divers commandements : — « Sur toutes choses, honorons celui qui nous a
« mis sur terre. — Défendons aux Gaulois de faire aucun sacrifice
« sans les prêtres. — Que le druide vive pur et chaste. — Sera chassé
« des sacrifices, qui aura manqué à la loi, et nul ne sera si hardi que
« de s'y montrer sans pardon. — Assistez à la parole du druide; qui
« troublera la parole du prêtre, perdra partie de son manteau. — Ne
« parlez ni de religion ni des affaires publiques. — Qui sait une nou-
« velle intéressante pour la république, la rapportera à l'instant même

---

[1] *Lai, led*, en latin de la grande décadence, *leudus*.

[2] *Histoire de l'Estat et Républiques des anciens François, depuis le déluge universel jusques à la venue de Jésus-Christ en ce monde.* (Noël Taillepied, cordelier.) — 1585.

« au magistrat. — Soyez muet devant l'étranger. — Le jour du sacri-
« fice, le dernier eubage arrivé à l'autel sera immolé pour qu'on lise
« l'avenir dans ses entrailles. — Le barde, l'eubage, le druide, sont
« exempts de tout tribut. — Que le juge soit un vieillard à barbe grise
« et longue, et couvert d'honorables vêtements. — Nous absent, chaque
« village a le droit de se nommer des chefs qui nous représentent. —
« Les femmes peuvent être juges et arbitres. — Vous n'irez pas com-
« mercer au loin. — Défense aux marchands étrangers d'apporter le
« luxe chez nous. — Prenez soin des malades. — Le voleur sera
« sacrifié sur l'autel de Mercure. — L'usure est un vol, à l'usurier
« tu ne dois rien. — Épouse ta femme sans dot. — Toute puissance
« tu as sur ta femme. — La femme *accusée* d'avoir empoisonné son
« mari sera brûlée vive. — Point d'enfants dans les villes. — L'en-
« fant, pour devenir un homme, sera élevé au village, sinon la répu-
« blique n'en veut pas. — A l'âge de vingt-cinq ans, le jeune homme
« qui aura le ventre trop gros, sera tué en châtiment de sa gourman-
« dise. — Ton ami mort, tu es le maître de le suivre dans sa fosse
« ou sur le bûcher. »

Ce fut Annibal qui indiqua aux Romains le chemin des Gaules, mais les Phéniciens avaient tracé à l'avance l'admirable sentier qui côtoie les rivages de la Méditerranée jusqu'à Marseille; plus tard, César se chargea de dompter les Gaules. Si vous voulez avoir, non pas une idée complète de la cruauté et de la perfidie des légions romaines, mais une juste idée du courage et de la résistance des Bretons, vous lirez le troisième livre des *Commentaires*. César, après ses pre-mières victoires dans les Gaules, croyait les Gaules pour long-temps pacifiées; le sénat avait décrété quinze jours d'actions de grâces à rendre aux dieux, ce qui ne s'était jamais fait; *quod ante id tempus, accidit nulli*. Les Belges étaient battus, les Germains repoussés, les Séduniens vaincus dans les Alpes; César lui-même, tranquille de ce côté, était parti au commencement de l'hiver pour l'Illyrie, dont il voulait visiter les nations et reconnaître le ter-ritoire. Mais tout à coup les Bretons raniment la guerre dans les Gaules. Le jeune P. Crassus hivernait avec la septième légion chez les Andes (*les habitants de l'Anjou*), près de l'Océan. Comme il man-quait de vivres, il avait envoyé ses tribuns militaires en réquisition chez les peuples voisins : chez les Curiosolites (peuples de l'Ar-morique), chez les Vénètes (dans le territoire de Vannes). Ce dernier peuple était, au temps de César, le plus puissant de toute cette côte maritime. Les Vénètes possédaient un grand nombre de vaisseaux, sur lesquels ils trafiquaient en Bretagne, et la Bretagne les regardait comme ses plus habiles navigateurs. Ils occupaient d'ailleurs, sur une vaste mer, féconde en naufrages, tous les ports, et tout navire étranger leur devait son tribut. Comme ils virent venir à eux les tribuns militaires Silius et Velanius, les Vénètes les retiennent, disant qu'ils ne les rendront que contre les otages confiés à la garde de Crassus. Cet exemple est suivi dans toutes les villes où s'adressent les Romains. Dans les Gaules, toute résolution est prompte et vive; si bien qu'à l'instant même, le peuple se remet à la guerre, et que César revient en toute hâte. A la nouvelle de son retour, les Bretons s'encouragent les uns les autres; ils se fortifient, ils équipent des vaisseaux, ils coupent les chemins, ils affament l'armée romaine. Abandonnés à eux-mêmes dans ce pays peu connu, sans vaisseaux pour tenter cette mer perfide, les Romains s'interrogent avec inquiétude. Dans quel port, sur quelle rade, dans quelle île se fortifier? Comment se reconnaître dans cette mer sans bornes, qui ne ressemble en rien à cette mer italienne que la terre entoure de toutes parts? Car les Romains ne connaissaient que la Méditerranée; sur cette mer domptée par tant de victoires et par tant de grands hommes, ils étaient les maîtres tout-puissants. Mais aux Romains l'Océan faisait peur: les peuples même les plus braves ont toujours peur de l'inconnu. En même temps les Bretons fortifiaient leurs villes; ils appelaient à l'aide de la chose commune tous les peuples d'alentour : les Osismiens (*Finistère et Côtes-du-Nord*), les Namnètes (*Nantes*), les Ambiens (*Amiens*), les Morins (*le Boulonnois*), les Diablintes (*le Perche*), les Runœpères (*partie du Brabant vers la Gueldre*), la Bretagne (*Angleterre*), les Trévires (*Trèves*), l'Aquitaine (*Garonne et Gascogne*), les Coralliens, les Coriosilites, les Lexicoviens (*Coutances, Quimper et Lisieux*). A la nouvelle de cette révolte, César prend soudain toutes les dispositions d'un général habile; il accourt, il arrive, et pendant qu'il opère une diversion puissante à l'aide de ses capitaines, lui-même il se porte contre les Vénètes. — Rude voyage! « La « plupart des villes de cette côte sont situées à l'extrémité de langues « de terre et sur des promontoires; elles n'offrent d'accès ni aux gens « de pied quand la mer est haute, ni aux vaisseaux que le reflux « laisse à sec sur le sable [1]. »

---

[1] *De Bello Gallico*, liv. III.

Il était donc impossible d'assiéger les villes de la Bretagne; ou bien si, en fin de compte, la ville assiégée était serrée de trop près, soudain les Bretons, montés sur leurs légers navires, emportaient, en fuyant, tous les biens et toutes les personnes de la ville assiégée. Ajoutez que les vaisseaux des Bretons étaient construits tout exprès pour obéir aux caprices et aux fureurs de cette mer turbulente; moins que les navires des Romains ils redoutaient le flux et le reflux et les bas-fonds de l'Océan. La proue, plus haute, résistait davantage aux vagues et aux tempêtes; le bois de chêne pouvait supporter les chocs les plus rudes : « Les ancres sont retenues par des chaînes de fer au lieu de cor-
« dages ; les voiles sont de peaux molles, amincies, bien apprêtées,
« soit qu'ils manquent de lin ou ne sachent pas l'employer, ou plutôt
« qu'ils croient impossible de diriger avec nos voiles des vaisseaux aussi
« pesants à travers les tempêtes et les vents impétueux de l'Océan.
« Dans l'action, notre seul avantage est de les surpasser en agilité et
« en vitesse ; du reste, ils sont bien plus en état de lutter contre les
« mers orageuses et contre la violence des tempêtes. Nos vais-
« seaux, avec leurs éperons, ne pouvaient entamer des masses
« aussi solides, et la hauteur de leur construction les mettait à
« l'abri des traits. Comme aussi craignent-ils moins les écueils.
« Si le vent vient à vibrer ; ils s'y abandonnent avec moins de
« périls, et ne redoutent ni la tempête, ni les bas-fonds, ni, dans
« le reflux, les pointes et les rochers : tous ces dangers étaient à
« craindre pour nous. » Vous le voyez, dans ces premiers chapitres de leur histoire, ces peuples de la Bretagne montrent tout d'abord une grande énergie; cette idée de se battre contre les Romains de César enflamme leur courage. Quand arrive la flotte romaine, les Bretons se précipitent sur deux cent vingt navires tout prêts au combat, et les Romains les attaquent non par la force, mais par la ruse. Ils coupaient avec de grandes faux les voiles et les agrès des barques bretonnes ; ce n'était plus une bataille navale, c'était un combat corps à corps, sous les yeux mêmes de César, qui, du rivage, encourageait les siens de la voix et du geste. Cette fois encore les Romains furent vainqueurs, mais César souilla lui-même sa victoire sur les Vénètes, il fit mourir tout le sénat, et les soldats, qui n'étaient pas sénateurs, il les vendit à l'encan.

Les plus belles pages des *Commentaires* sont consacrées à raconter ces guerres si vives avec la vaillante Bretagne. César, à force de s'en occuper dans son livre, comme il s'en était occupé les armes à la main, a fondé l'illustration des anciens Bretons. La constance de ces braves gens est égale à leur courage; vous les croyez vaincus, ils reparaissent

plus puissants et plus forts. Les trêves qu'on leur accorde, ils les emploient à rétablir leurs armées. A la fin, César est forcé d'abattre les forêts pour voir venir l'ennemi, et de ces forêts renversées il se fait des remparts. C'est un admirable récit, cette histoire de la guerre des Gaules, écrite par le grand homme qui les a domptées; les Français ne sauraient la lire avec trop d'enthousiasme et d'orgueil; car, à chaque pas que fait César dans cette terre, qui est la nôtre, César rencontre ce qu'il appelle de grandes nations, *maximas nationes*. En même temps il raconte les mœurs de ces peuples : les uns se battent pour la cause générale, les autres cultivent les terres; la terre est commune à tous, ils consomment peu de blé, ils vivent en grande partie de laitage ou de la chair des troupeaux, ou des bêtes tuées à la chasse. Ces têtes, si fières et si hautes, sont impatientes de tout joug, l'enfant lui-même est déjà un homme indomptable, ils sont grands et forts; habitués au froid, à peine couverts de quelques peaux, ils se baignent chaque jour dans les fleuves glacés. Si les marchands étrangers viennent chez eux, c'est plutôt pour acheter à ces hardis soldats le butin qu'ils font à la guerre, que pour leur vendre des objets futiles. Leurs chevaux sont laids, lourds et difformes, au témoignage même de Tacite[1]. Mais ils s'en contentent, car ces chevaux sont infatigables, et ils auraient honte d'acheter bien cher les beaux coursiers si recherchés par les jeunes et riches sénateurs. Dans la bataille, et quand l'affaire est bien engagée, le cavalier descend souvent de son cheval, qu'il monte sans selle, et il se bat à pied ; ils ne boivent pas de vin. Pour savoir les nouvelles, ils arrêtent quiconque passe dans leur ville, et si vous voulez pénétrer plus avant, répondez à leurs questions. L'île de la Grande-Bretagne fournit à ces peuples des auxiliaires toujours prêts à combattre. César, pour visiter la Grande-Bretagne, se porte sur le pays des Morins (le Boulonnois et une partie de la France maritime), il arrive et il trouve toutes les collines couvertes de troupes ennemies. La descente fut difficile et il ne fallut rien moins que le courage et l'habileté de César pour planter ses aigles sur ce rivage. A peine débarqué, et comme il attendait le reste de son armée, la tempête disperse ses vaisseaux. Tout à coup l'armée romaine voit arriver les sauvages insulaires traînés dans leurs chariots de guerre ; la résistance fut périlleuse, et César lui-même s'estima heureux de rejeter ces hordes terribles dans les forêts qui les avaient vomies. On croirait lire un poëme épique où tout au moins quelque chose qui ressemble à l'invasion de Guillaume le Conquérant. En effet, tout comme *le Conquérant*, Jules César rend toute justice à l'énergie et au courage des hommes du comté de Kent ; c'est à peu près la même guerre, avec les mêmes incidents. Des deux côtés, c'est la même ardeur à attaquer, la même ardeur à se défendre. Que de noms de peuples aujourd'hui inconnus ; que de villes renversées, dont on n'a plus retrouvé même les vestiges ! Mais aussi que de soldats employés à cette guerre, dont le nom est resté dans l'histoire ! Tremutius, un des meurtriers de César ; Minutius Plancus, qui devait fonder la ville de Lyon plus tard ; Quintus Cicéron, le frère de l'orateur ; Cneius, le fils du grand Pompée, toute l'histoire romaine se passe à cette heure sur ces rives sauvages. Gloire à nous ! la Gaule est le théâtre sur lequel se portent toutes ces forces réunies. C'est un immense conflit dans lequel l'esprit peut suivre à peine le progrès des vainqueurs, les luttes des vaincus ; mais de cette lutte importante la grande nation française devait surgir.

Nous arrivons ainsi à la résistance de Vercingétorix, ce jeune homme qui s'est généreusement chargé de la vengeance de tant de peuples. A

---

[1] *Equi non formâ, non velocitate conspicui.* Tacite, *Germ.* IV.

peine César a-t-il quitté les Gaules, que Vercingetorix appelle à lui tous ces peuples divers. Ceux de l'Auvergne, du Poitou, du Querci, de la Touraine, de la Sarthe, de l'Eure, du Limousin, du Berri, de l'Agenois, du Dauphiné, du Vivarais, et surtout les soldats de l'Anjou et de toutes les villes qui bordent l'Océan. Les Gaules entières répondent à l'appel du héros ; à ce bruit d'armes, César arrive ; il comprend que cette fois encore la puissance romaine, dans les Gaules, est remise en question. A l'approche des Romains, les Gaulois redoublent d'ardeur, ils se pressent près de leur chef, qu'ils appellent le grand général : *summum ducem*. Ils défendent les villes assiégées, ils attaquent les Romains dans leurs remparts. Vercingetorix est partout, combattant par l'épée et par la parole, car Jules César, qui se connaissait en éloquence, n'a pas dédaigné de rapporter dans son livre les discours du jeune Gaulois. Les guerres romaines n'ont rien de plus grand que cette guerre. César s'y montre dans toute sa force et dans toute son intelligence, et Vercingetorix est pour le moins à la taille de César. Parmi tous ces peuples qui se distinguent, nous retrouvons nos amis du Vexin, de la Normandie, de Rennes, d'Avranches, et les Osismiens, et les Curiosolites, et les Vénètes. Jamais les Gaulois n'avaient été plus près de la liberté, jamais ils n'avaient fait de plus grands sacrifices pour redevenir les maîtres. Mais, hélas ! c'était le dernier effort de l'indépendance nationale ; la fortune était pour César, les Gaulois sont battus sans retour. Leur chef illustre, ce vaillant homme d'un si ardent génie, pris vivant, est conduit à Rome, où il est égorgé dans le cachot encore tout rempli du sang de Jugurtha. Grande douleur dans les Gaules, profonde misère, dernier coup porté à cette confédération puissante qui avait enfanté tant de héros.

Voilà, à coup sûr, cette nation gallo-bretonne dont les commencements sont dignes d'un grand peuple. A lire cette histoire, non pas dans les chroniques écrites au hasard par des plumes ignorantes, mais écrite par le plus grand historien de Rome, celui-là qui était un aussi habile écrivain qu'un habile capitaine, combien nos ancêtres nous paraissent grands, forts, et dignes de nos louanges, dignes de nos respects ! Ils commencent, tout simplement, par être des héros, pendant que les Romains et les Normands ont commencé par être des voleurs et des pirates. A peine arrivés, ils se précipitent sur les vieilles phalanges de la Rome guerrière et souveraine, leur courage ne recule devant rien et devant personne ; ils ont besoin de bruit, de mouvement, d'invasion, et l'on dirait qu'ils entendent sans cesse retentir à leurs oreilles ce grand mot de Bossuet : *Marche! marche! marche encore!* Enfants naïfs d'un peuple nouveau, ils ont tout le courage et toute la grâce de l'enfance : rien ne les trouble, rien ne les étonne; pour eux le grand malheur, ce serait de reculer devant un obstacle, même pour le mieux franchir. Ils veulent être les maîtres, par vanité, non par ambition ; ils veulent tout conquérir, par orgueil, non par nécessité; car ils n'ont besoin de rien, et pourvu que le ciel ne tombe pas sur leurs têtes, ils sont contents. Qui a voulu se poser sur leur terre a été chassé tout au loin, témoin les Ibères, refoulés par les Celtes jusqu'aux Pyrénées. Vous avez vu passer dans les Gaules, pâli par les excès de la débauche et du travail, ce fabuleux Jules César ; dites-nous si vous n'êtes pas restés épouvantés devant tant de vices, tant de courage, d'éloquence et de génie? Dans les derniers temps de son séjour dans les Gaules, Jules César s'attachait uniquement à cultiver la bienveillance des cités, à leur ôter tout désir et tout prétexte de reprendre les armes, car il ne voulait pas, à la veille de quitter le pays conquis, courir les chances d'une guerre nouvelle. Voilà par quels motifs, pris dans la peur même du conquérant, les Gaulois furent traités tout autrement que ne l'avaient été les habitants de la Narbonnaise. César, en effet, n'établit pas de colonies militaires dans la Gaule, et ces mêmes peuples, dont le courage, même abattu, tenait Rome en respect, ne furent dépouillés ni de leurs terres ni des formes essentielles de leur gouvernement.

Bien plus, les faveurs les plus éclatantes furent prodiguées aux vaincus. Le sénat romain vit un jour, non pas sans stupeur, les fils de Brennus quitter les braies nationales pour venir prendre place, vêtus du laticlave, à côté des fiers descendants de Camille, de Quintus Maximus, et de vous tous, les anciens vainqueurs des Gaulois.

Par cette politique habile (la seule qui puisse convenir aux véritables grands hommes), César enchaîna la bouillante indépendance des peuples domptés. Ils accoururent en foule sous les drapeaux du dictateur. Lui-même il nous apprend qu'en marchant sur Rome avec la petite armée qu'il avait sous ses ordres, il fut rejoint, non loin du Rubicon, par deux cohortes levées dans les Gaules.

En Afrique, à Alexandrie, en Espagne, le Gaulois se battait loyalement pour la cause de Jules César. Toutes les douleurs, toutes les calamités de la patrie, ils les oubliaient sur les champs de bataille;

César les voyait combattre, il applaudissait à leur courage, et ils se trouvaient assez payés. On vit un jour, en Afrique, trente de ces cavaliers des Gaules chasser devant eux deux mille hommes de la cavalerie numide, et les mener battant jusque sous les murs d'Adrumète.

Héroïsme mal employé, courage inutilement dépensé! C'était ajouter encore à l'épuisement dans lequel deux années d'une lutte acharnée avaient jeté la Gaule.

« Qu'on se représente, dit Orose, un malade pâle, décharné, dé-
« figuré, après une fièvre brûlante qui a épuisé son sang et ses
« forces, pour ne lui laisser qu'une soif brûlante qu'il ne lui est
« pas donné de satisfaire. Voilà l'image de la Gaule, subjuguée
« par César, de la Gaule d'autant plus altérée de l'amour de la
« liberté perdue, que ce bien précieux semblait lui échapper pour
« toujours. »

Cette déclamation, d'une vérité si frappante, nous explique pourquoi, pendant toutes les guerres civiles qui éclatèrent après la mort de César, et bien que l'occasion fût belle, la Gaule ne fit aucun effort pour reconquérir ses antiques libertés.

Plus tard, sous Octave, le malaise de la servitude, l'inaction, l'ardeur naturelle à ces courages oisifs, produisirent quelques explosions sans résultat. Agrippa battit les Aquitains révoltés; puis, courant aux bords du Thin, menacés par des bandes germaniques, il mit cette frontière de l'empire à l'abri de nouvelles invasions ; le moyen était simple : donner aux Ubes, peuplade admise au nombre des alliés de Rome, une partie du territoire des Trévires, livrer aux Tongres les terres désertes des Éburons.

Cependant, après cette illustre et décisive victoire d'Actium, Auguste, devenu maître absolu de l'empire, vint lui-même dans les Gaules pour y régler selon ses vues les formes de l'administration; alors fut introduit dans le gouvernement de l'univers romain ce système de fiscalité impitoyable qui, bien plus que les invasions barbares, devait contribuer à la ruine de tout l'empire.

Le premier soin de l'empereur fut de briser le lien de confédération qui unissait entre elles les différentes nations gauloises; il voulait établir, à la place de cette confédération nationale, l'unité romaine. Cette fois, toutes les anciennes divisions territoriales furent bouleversées. La Gaule était, avant la conquête, partagée en grandes sections longitudinales qui s'étendaient du nord au midi;

l'empereur Auguste, par une nouvelle division, établit des sections transversales de l'est à l'ouest[1].

Ces sections, ou provinces, furent au nombre de trois : l'Aquitaine, la Belgique, la Lugdunaise. Lugdunum (Lyon), ville de fondation récente, devint le siége des Gaules, à la place de la cité des Carnutes (Chartres), l'antique métropole nationale. Ce fut de la nouvelle capitale que partirent, ouvertes à toutes les forces et à toutes les concussions de l'empire, les grandes voies qui devaient couper la Gaule des Alpes au Rhin, à l'Océan, aux Pyrénées, et à la frontière narbonnienne.

Cependant les Gaulois, malgré tant de bouleversements, ou, pour mieux dire, à cause même de ces changements qui dérangeaient leurs espérances, acceptaient le joug des vainqueurs.

L'esprit national s'agitait encore sous l'empire des enseignements druidiques. Auguste, en politique consommé, comprit qu'il fallait ruiner les mœurs publiques pour arriver à modifier profondément le génie de cette indomptable nation qui, jusque-là, avait placé au premier rang les vertus guerrières. Rien ne fut épargné pour parvenir à ce but d'un maître absolu qui veut assurer le repos de son règne. Le prince résolut de détruire sourdement l'antique croyance dans laquelle, suivant Jules César, les Gaulois puisaient à la fois l'amour de la patrie et le bouillant courage qui les précipitait même dans les résistances impossibles. Sous le prétexte spécieux de mettre un terme à des coutumes barbares, l'empereur frappa d'interdiction certaines pratiques du culte druidique. O la rare humanité de ces maîtres du monde ! Ils protestaient contre les sacrifices humains ! Ils ne voulaient pas que le prêtre des druides immolât sur l'autel de son Dieu les coupables que la loi eût frappés à défaut du prêtre ! L'effusion du sang de quelques vils scélérats faisait horreur à l'homme du triumvirat, au bourreau qui avait ordonné de sang-froid le meurtre des plus illustres citoyens de Rome !

A la fin, l'univers indifférent apprend que son maître vient de mourir, après avoir demandé aux amis rassemblés autour de son lit de mort *s'il n'avait pas bien joué le mime de la vie!* Un comédien non moins habile le remplace sur le théâtre du monde, et, pendant neuf années, il s'y fait applaudir avec le même succès.

Les premières années du règne de Tibère ne semblèrent pas présa-

---

[1] Passim.

ger les temps affreux que le pinceau de Tacite a décrits dans ses annales immortelles. Mais le moyen de contenir le tigre affamé? Bientôt les instincts dépravés du maître éclatèrent et ne connurent plus de frein. Nulle garantie, à partir de ce moment, pour les malheureuses provinces. Les *présides*, sûrs de l'impunité, s'abandonnèrent à tous les excès, et ces excès de la force avide furent poussés si loin, que la Gaule, dont Germanicus proposait l'obéissance pour modèle à son armée révoltée, se souleva, indignée de tant de cruautés et d'insolences. Julius Florus, chez les Trévires; Julius Sacrovir, chez les Éduens, se mirent à la tête de ce mouvement, qui n'était pas encore une révolution.

Au même instant, et par l'effet de l'indignation unanime, toutes les cités des Gaules entrèrent dans le complot. L'impatience des Andegaves (Angevins) et des Turones (Tourangeaux), qui se levèrent avant le signal, déjoua tous les projets des conjurés. Ces deux peuples furent écrasés, l'un par Aviola, accouru de Lyon avec une légion; l'autre par des légionnaires envoyés de la Germanie inférieure, et dont les rangs s'étaient grossis d'une troupe de *principes* gaulois qui, pour masquer leur défection, affectèrent toutes les apparences d'un zèle ardent.

Pendant ce temps, Florus poursuivait ses projets. Il voulait appeler à son aide un corps de cavalerie gauloise que les Romains avaient levé à Trèves; mais, trompé dans son attente, le chef gaulois se vit forcé de se diriger vers la forêt des Ardennes. Là, il rencontra les légions commandées par Silius et par Varron; alors il fallut combattre. La discipline romaine fit promptement justice de cette *bagaudie* gauloise.

La révolte des Éduens ne fut pas moins rapidement comprimée. Sacrovir, qui la dirigeait, ne voulut pas survivre à sa défaite.

Ceux-là vaincus et morts, tout rentra dans le calme. La Gaule, fatiguée, se laissa dépouiller patiemment par Caligula, qui avait franchi les monts pour arriver à cette victoire devenue facile. A ce moment de l'histoire, on se demande où sont les Gaulois. — Ils obéissent à qui commande; ils sont soumis même à l'empereur Claude. A l'exemple d'Auguste, le nouvel empereur s'attaque à la religion des druides. En vain l'histoire a répété à travers les siècles les louanges que valut au successeur de Caligula l'abolition du druidisme; il est permis de douter que des motifs d'humanité aient seuls inspiré l'empereur. Tout comme Auguste, Claude ne songeait sans doute qu'à éteindre chez les Gaulois cette énergie vigoureuse que l'homme puise dans l'austérité de ses croyances, dans le respect qu'il se porte à lui-même et qu'il porte à la religion.

Néron régnait depuis quatorze ans, et l'univers le souffrait, *patiente mundo*, selon la belle expression de Pline, quand tout à coup le bruit se répandit que la Gaule était en armes. La province lugdunaise avait alors pour gouverneur un Gaulois issu de race royale. Ambitieux d'une espèce bien rare, Vindex n'aspirait qu'à une seule gloire, la délivrance de la patrie. Il fit un appel énergique au vieil esprit gaulois, et soudain la plus grande partie de la Gaule vint se ranger sous les drapeaux de cet homme généreux.

Éclairés cette fois sur les dangers de l'isolement, les révoltés tendirent la main aux légions d'Espagne :

« Viens, écrivait Vindex à Galba ; la Gaule est un corps vigoureux « auquel il ne manque qu'un bras pour le diriger. »

L'avénement du vieux Galba fut le premier signal de la délivrance du monde.

Après avoir tenté, mais en vain, d'arracher le Capitole de sa base éternelle, les Gaulois comprirent enfin qu'il était plus facile de transporter, en quelque sorte, le centre de l'empire romain dans les Gaules que d'ébranler cette organisation formidable.

Ce fut là, durant quatre cents ans, le noble rêve de nos ancêtres. La Gaule a toujours eu l'ambition de dominer le monde.

Après Galba vint Vitellius, proclamé sur le Rhin par les légions gauloises et germaniques. Vers le même temps, un fanatique, qui se prétendait envoyé de Dieu pour venger le pauvre peuple des ravages que les divers partis exerçaient dans les campagnes, réunit sous son drapeau de hasard plusieurs milliers d'hommes ; ces hommes obéissaient à deux mots d'ordre tout-puissants et qui reparaissent toujours dans les époques malheureuses : « *Vengeance et Liberté!* » Telle fut la première étincelle de ces terribles révoltes populaires que la misère et le désespoir vont désormais multiplier sous le nom de *bagaudie* [1]. Maricus, fait prisonnier, fut massacré par les soldats de Vitellius ; mais une nouvelle révolte, la plus terrible de toutes, éclata chez les Bataves, et l'on put espérer un instant que ce serait la dernière. La trahison des Rhêmes et le génie de Cérialis sauvèrent l'empire. — Repos d'un jour ! la semence était jetée dans l'âme des Gaules,

---

[1] Voir *l'Histoire des Origines et des Institutions de la Gaule armor.*, par M. de Courson.

et tôt ou tard elle devait porter ses fruits. Civilis et Vindex avaient laissé après eux leur exemple et leur souvenir. La Gaule, toujours frémissante sous le joug, ne cessa de protester, par des révoltes continuelles, en faveur de son indépendance. Réduits à l'inertie pendant plus d'un siècle et demi, les Gaulois se mirent à s'agiter de nouveau en **193**, lorsque Claudius Albinus traversa le détroit avec les légions bretonnes pour venir combattre son rival.

Sous le règne ou plutôt sous le joug de Caracalla, de Macrin et d'Héliogabale, les Gaulois attendent en silence l'heure de l'action; ils abandonnent l'empire à tous les troubles qui l'agitent; plus tard seulement nous voyons cet empereur malheureux, vertu qui ne sait pas se défendre, Alexandre Sévère, tomber sous les coups des légions du Rhin; dans ces légions violentes les soldats gaulois se faisaient remarquer par leur humeur intraitable et leur indiscipline. *Verùm gallicanæ mentes, ut sese habent, duræ* ET SÆPE IMPERATORIBUS GRAVES *severitatem hominis nimiam... non tulerunt*, dit Lampride dans sa Vie d'Alexandre Sévère.

Le règne de Gallien fut pour l'empire romain une suite non interrompue de calamités de tous genres; en revanche, il fournit à la Gaule une occasion de réaliser ses rêves d'indépendance. Les *tyrans*, ainsi Rome les appelait, se montrèrent de toutes parts, et plusieurs de ces chefs nationaux, que les historiens à gages couvraient de tant d'insultes, furent de brillants modèles de vertus et de courage. Posthume, entre tous ces princes, sut mériter l'amour et l'admiration de ses sujets. Maître de toutes les Gaules durant sept années, il en chassa les Germains, il fit même construire des forteresses au delà du Rhin, et mérita le glorieux surnom de restaurateur de son pays.

Victorinus, Lollius, Marius et Tetricus, qui remplacèrent tour à tour ce grand homme, s'efforcèrent de soutenir le poids du nouvel empire... la lâcheté et la trahison du dernier de ces princes firent écrouler cette monarchie des Gaules rêvée par le Batave Civilis, fondée par le génie de Posthume, et dont la durée ne put dépasser quatorze ans.

Sous l'empereur Probus, on vit Proculus et Bonose entraîner une partie des Gaulois dans leur révolte. La Gaule, gouvernée comme une province détachée par les princes qu'on plaçait à sa tête sous le titre de César et d'Auguste, formait une sorte d'empire indépendant. Obligée qu'elle était de défendre son Auguste ou son César contre l'ambition de leurs compétiteurs, son énergie s'exalta jusqu'à l'enthousiasme, et sur ces champs de bataille où les Romains ne savaient plus mourir, la *magnanimité gauloise*, pour parler le langage d'Ammien, se retrouva ce qu'elle avait été à ses plus beaux jours.

C'est à l'épée des Gaulois et des Bretons que Constantin dut sa victoire contre Maxence, et Crispus sa victoire sur les Francs.

Julien appelait nos pères ses grands compagnons d'armes (*magni commilitones*). Sous Valentinien Ier, l'intrépidité et l'indépendance d'esprit des troupes gauloises étaient encore proverbiales. *Ces troupes,* dit Ammien Marcellin, *étaient d'ordinaire assez peu soumises à leurs princes légitimes et toujours prêtes à accueillir les nouveautés.*

Gratien, jeune prince à peine âgé de dix-sept ans, succéda à Valentinien. Ce jeune homme, dont la douceur et la bonté attiraient tous les cœurs, dont les vertus faisaient l'admiration de saint Ambroise, devint tout à coup odieux à ses sujets ou plutôt à ses armées.

Mais avant de raconter la catastrophe qui précipita du trône le jeune Gratien pour livrer l'empire des Gaules au Breton Maxime, il est indispensable que nous jetions un coup d'œil rapide sur l'histoire des Gaulois armoricains et des Bretons insulaires.

Cette fois, si notre tâche s'agrandit, notre travail se simplifie. A cette heure, grâce à l'intérêt que cette histoire de *la Bretagne* soulève de toutes parts, nous avons rencontré un guide sûr, énergique, austère, infatigable ; ce noble guide, un des savants les plus distingués de la jeune Bretagne, nous conduira, comme par la main, à travers ces ténèbres qu'il a éclaircies, à travers ces landes stériles qu'il a cultivées, par ces sentiers peu fréquentés que le premier il a découverts dans les annales de sa patrie bien-aimée. Fiez-vous donc à lui tout comme nous nous y fions nous-même, et suivez-le avec le zèle et l'ardeur qu'il met à nous conduire et à nous pousser en avant.

CHAPITRE II

Ce que les anciens entendaient par le mot armorique. — Divisions territoriales. — Confédération armoricaine. — Son histoire. — Lutte contre les Romains et contre les tribus germaniques.

Nous revenons quelque peu sur nos pas, et c'est prudence ; pour toucher ce but lointain et difficile d'une histoire comme celle que nous tentons, on ne saurait commencer par être trop exact et trop clair.

Le mot Armorique (ou Armor), lorsque César fit la conquête des Gaules, était une appellation qui s'étendait à toutes les contrées limitrophes de l'Océan ; plusieurs siècles après César, sous Dioclétien, ce mot-là désigna toutes les contrées placées sous le commandement de l'officier chargé de la défense des côtes de la Gaule. Suivant la Notice des Gaules publiée vers la fin du quatrième siècle, le *Tractus armoricanus* comprenait cinq provinces, à savoir :

La première Aquitaine ;

La deuxième Aquitaine ;

La Sénonaise ;

La seconde Lyonnaise ;

La troisième Lyonnaise.

Il peut sembler étrange, au premier abord, qu'un arrondissement maritime s'étende aussi loin dans l'intérieur des terres que Bourges et Troyes ; mais il faut se rappeler que l'intérêt de la défense du pays avait été l'unique origine des divisions militaires qui partageaient la Gaule.

Au cinquième siècle, les limites de l'Armorique se resserrent. Plus tard même, ce mot ne s'appliquera plus qu'à la presqu'île occupée par les Bretons, ainsi que l'expliquera la suite des événements ; bornons-nous, quant à présent, à l'histoire de la confédération armoricaine.

Les révoltes qui éclatèrent sous le faible Gallien avaient brisé, avons-nous dit, presque tous les liens qui unissaient la Gaule à l'Italie. Le génie d'Aurélien et les victoires de Probus arrêtèrent quelque peu cette première dissolution de l'empire romain ; mais tous les efforts des princes, leurs successeurs, furent impuissants à restaurer le vieil édifice qui tombait en ruines. Le génie administratif de Dioclétien, célébré par quelques historiens modernes, ne fit qu'ajouter à tant de désordres et de calamités.

En divisant l'univers romain en quatre parts, l'empereur multipliait les armées dans la même proportion. Or, comme chaque prince s'efforçait de rassembler autour de sa personne le plus de soldats et le plus de créatures qu'il pouvait réunir, le nombre de ceux *qui prenaient* devint bientôt tellement supérieur à ceux *qui payaient*, que les colons, écrasés par les impôts, désertèrent leurs champs, chassés par la plus affreuse misère. Les agents du fisc, comme une nuée d'oiseaux de proie, dévoraient la substance des provinces. Lactance nous a laissé un tableau déchirant de cette effroyable époque. Tant de souffrances jetèrent enfin dans le désespoir les petits cultivateurs, réduits à un état voisin de l'esclavage. Armés des instruments de leur profession, et poussés par une fureur aveugle, ils attaquent leurs ennemis et massacrent tout ce qui leur résiste. Les laboureurs combattent à pied, les pâtres montent à cheval. Ces bandes, qui rappellent celles de Maricus, et dont nous retrouverons plus tard l'indomptable énergie et le même sentiment national chez les vaillants compagnons des chefs révoltés de la petite Bretagne, portèrent dans toutes les Gaules le carnage et la dévastation. Les rebelles avaient pour chefs Ælius et Amandus, chrétiens tous deux, s'il faut en croire une antique tradition. La discipline des légions commandées par Maxime obtint une victoire facile sur cette multitude confuse et mal armée ; mais la bagaudie, vaincue à Saint-Maur-des-Fossés, ne fut pas étouffée.

La révolte des provinces armoricaines, au commencement du cinquième siècle, ne fut, en effet, que le triomphe définitif de toutes ces insurrections nationales.

Nous allons laisser l'historien Zozime raconter cette grande révolution, qui rétablit non-seulement dans l'Armorique, mais même dans une grande partie des Gaules, l'ancien état de choses antérieur à la conquête :

« Comme la plus grande partie des troupes de Constantin étaient « employées en Espagne, il arriva que les barbares d'outre-Rhin en- « vahirent à leur gré les provinces ; ils forcèrent les habitants de l'île « de Bretagne et certaines nations celtiques à se séparer de l'empire « romain, à secouer le joug de leurs lois et à vivre selon leurs pro- « pres institutions. En effet, les Bretons prirent les armes, et, voyant « qu'il y allait de leur salut, ils parvinrent à mettre leurs villes à « l'abri des insultes de ces barbares. A l'exemple de la Bretagne, « toute l'Armorique et les autres cités gauloises proclamèrent leur « indépendance ; après avoir expulsé les magistrats romains, elles se « constituèrent en une sorte d'état indépendant[1]. »

Enfin l'Armorique était libre. Mais il fallait lutter incessamment contre la double attaque des légions impériales et des barbares, qui se montraient de tous côtés.

Dès l'année 416, un préfet du prétoire des Gaules essaya de ramener les nations armoricaines à l'unité romaine. Un peu plus tard, Littorius les attaqua ; Sidoine Apollinaire, le seul historien qui ait raconté cette expédition, ne nous dit pas quel fut le résultat définitif de la campagne. Ce qui est certain, c'est que *cette nation toujours mobile et indomptable*[2] ne craignit pas de porter ses armes jusque sous les murs de Tours, en 445 ; même cette ville de Tours serait tombée au pouvoir des Bretons si Majorien n'était pas arrivé en toute hâte au secours de la ville assiégée. Ce grand homme battit

---

[1] Zozime, l. VI, chap. v, in fine. — [2] Const. *in Vit. sancti Germ.*

les confédérés, mais il ne réussit pas plus que ses devanciers à faire rentrer dans le devoir ces peuples belliqueux et indépendants[1].

Aétius, furieux d'une résistance dont il lui était impossible de prévoir le terme, prit enfin le parti d'exterminer ce peuple. Il avait établi, peu d'années auparavant, une colonie d'Alains sur les bords de la Loire, pour tenir en respect les bagaudes armoricaines. Ce fut au chef de ces païens, nommé Eocarik, que le patrice romain confia la mission de châtier l'Armorique.

La confédération, attaquée à l'improviste, allait être infailliblement écrasée, lorsque Dieu lui suscita pour défenseur saint Germain d'Auxerre. Germain, descendant d'une famille sénatoriale, avait étudié la jurisprudence à Rome, et plaidé avec un grand succès. Revenu à Auxerre, son pays, avec le titre de duc et de commandant des troupes que la révolte de l'Armorique obligeait d'entretenir dans ces provinces, il y vivait en grand propriétaire gaulois, ne s'occupant guère que de chasse quand son service ne l'appelait pas aux armées. Mais cet homme, marqué du doigt de Dieu, était réservé à de plus hautes destinées[2]. Un jour qu'il était entré armé de toutes pièces dans la basilique d'Auxerre, Amator, évêque de cette ville, vint à lui, et lui ayant fait déposer ses armes, il le prit par la main et le proclama son successeur. Après la mort d'Amator, Germain, malgré sa résistance et ses supplications, fut en effet élevé à l'épiscopat. Depuis ce jour une transformation complète s'opéra dans les habitudes du nouvel évêque. Il ne vivait plus que de pain d'orge qu'il pétrissait lui-même; l'eau de la citerne était toute sa boisson. Un cilice avait remplacé le brillant costume du chef militaire.

L'évêque d'Auxerre revenait de l'île de Bretagne, où il avait confondu l'hérésie pélagienne et relevé les espérances des Bretons assaillis par les barbares, lorsque les députés de l'Armorique rencontrèrent le saint prélat. Malgré toutes les fatigues qu'il venait d'éprouver, saint Germain n'hésita pas à se mettre en marche pour aller trouver le roi des Alains.

« Devant ce roi, ministre des idoles, s'écrie le biographe du saint
« évêque dans un beau moment d'enthousiasme et de respect, devant
« ce peuple si belliqueux se présente un vieillard; le vieillard est
« sans armes, il est seul, mais fort et plus puissant qu'eux tous par
« le divin secours du Christ. Il emploie d'abord les supplications à

---

[1] Sid. Apoll. Carm. — [2] Constant, in Vit. sancti Germani, l. II, ch. v.

« l'aide d'un interprète ; mais, voyant que le roi barbare refuse de
« l'écouter, il lui adresse de vifs reproches, et saisissant d'une main
« ferme la bride de son cheval, il arrête dans ce lieu même l'armée
« entière avec le chef. »

Éocarik, étonné de tant de courage, et plein de vénération pour un prélat *dont la vue seule imprimait le respect*, consentit à retourner sur ses pas.

Comment s'étonner, après ce grand triomphe de la vertu sur la force brutale, que les évêques fussent à cette époque les arbitres et même les directeurs temporels des peuples ! Les opprimés auraient-ils donc pu trouver ailleurs, sinon dans le ciel, de plus puissants protecteurs ? Héros de la foi chrétienne, nobles courages, saints vieillards, ils ont été toute la consolation sinon tout le courage des peuples opprimés !

Cependant les Armoricains, après la mort de saint Germain, avaient de nouveau pris les armes. L'arrivée d'Attila ne permit pas au patrice Aétius de tirer vengeance de tant d'insultes. *Le fléau de Dieu*, après avoir passé le Rhin et saccagé les principales villes des Gaules, s'était mis en marche vers la Loire. A cette nouvelle, Aétius, avec une célérité qui tient du prodige, marche sur la ville d'Arles, il entraîne Théodoric, et parvient à soulever contre l'ennemi commun toutes les petites nations éparses sur le territoire gaulois. Les Armoricains combattirent avec tous ces peuples aux plaines catalauniques. Tandis que ces luttes se passaient dans les Gaules, l'île de Bretagne devenait la proie des barbares. Trahis par les Saxons, dont ils avaient imploré l'assistance contre les Pictes et les Scotts, les insulaires se virent réduits à chercher un asile, les uns dans les montagnes de la Cambrie, les autres au delà des mers, dans la péninsule armoricaine, d'où leurs ancêtres étaient primitivement sortis.

Ici se termine l'histoire des Gallo-Armoricains; mais avant de dérouler les annales des Bretons, qui vinrent au quatrième et au cinquième siècle s'établir dans la péninsule gauloise, nous devons jeter un coup d'œil rapide sur les révolutions dont la Grande-Bretagne fut le théâtre. Ces révolutions elles-mêmes, pour que le lecteur les puisse suivre sans confusion, ne se peuvent expliquer qu'en remontant aux origines des Bretons insulaires.

A coup sûr, les autorités ne nous manqueront pas, il ne s'agit que de les chercher avec zèle, avec dévouement, avec respect. « La partie « intérieure de la Bretagne est habitée, si l'on s'en rapporte à la tra-« dition, par des peuples indigènes; le littoral est occupé par des « tribus auxquelles les joies de la guerre et l'appât du butin firent quit-« ter la Belgique. Les émigrés ont presque tous conservé les noms des « cités auxquelles ils appartenaient lorsqu'ils vinrent, les armes à la « main, s'établir dans la contrée sur laquelle aujourd'hui la charrue « se fait sentir [1]. »

Ainsi parle Jules César; vous voyez qu'il nous vient en aide de nouveau; et que partout où il a passé il a laissé sa trace. Tacite confirme, sur ce point, le témoignage du grand capitaine : « Ceux des habitants de la Gaule qui sont les plus rapprochés des Gaulois conservent entre eux toutes les ressemblances de la commune origine, à moins qu'il ne soit permis de dire que, pour les Bretons, cette ressemblance ne soit un caprice de la nature. Cependant, tout porte à croire que les Bretons sont venus s'établir sur une côte si voisine de leur île; le culte est le même, ils parlent la même langue à quelques différences près; également braves dans les dangers, et désespérés dans la défaite. Toute la différence est à la louange des Bretons, qu'une longue paix n'a pas énervés [2].

Quoi de plus vrai? la science moderne, après bien des recherches,

---

[1] Tacite, Agricol. XI. — [2] Cæs. de Bell. Gall., l. V, ch. XII.

est arrivée aux conclusions de Jules César, aux jugements de Tacite. Un savant du premier ordre, que nous ne pouvons trop citer dans les premières années de cette histoire, a retrouvé, avec la patience de la science nouvelle, les preuves qui manquaient à l'histoire écrite par Tacite et par Jules César. Voici ces preuves :

1° Le géographe Ptolémée nous apprend qu'il y avait des Atrébates, des Parisiens et des Belges parmi les émigrés gaulois établis dans la Grande-Bretagne [1]. Beaucoup d'autres tribus, émigrées de la Gaule, avaient conservé dans l'île *les noms des cités d'où elles étaient sorties*, par exemple, les Morini, les OEdui, les Rhemi, les Cenomani, les Menapii (Irlande, etc.).

2° La peuplade des Britanni elle-même, qui donna son nom à l'île tout entière, avait habité antérieurement les côtes actuelles de la Flandre et de la Picardie, s'il en faut croire le témoignage de Pline et de Denys le Périégète [2].

3° Enfin les triades historiques du pays de Galles (d'accord en ceci avec les assertions des deux grands historiens) rapportent que les Brythons qui vinrent s'établir dans l'île de Bretagne sortaient de cette partie de la Gaule qui est située entre la Seine et la Loire. Véritablement, et à partir des temps les plus reculés, nous trouvons des *Veneti* établis sur le continent, dans la péninsule gauloise, et au delà des mers, aux extrémités de la Grande-Bretagne. Or, comme ces peuples étaient les rois des mers qui baignaient leurs rivages, on comprend que les habitants de la péninsule armoricaine et ceux de la côte opposée devaient en quelque sorte ne former qu'un seul et même peuple.

Dans les premiers temps de l'invasion des Gaules, César avait compris que cette confraternité presque invincible des peuples de la Bretagne et de la Gaule armoricaine lui imposait l'obligation de soumettre les insulaires à ses armes. Ainsi fit-il. Nous avons vu plus haut quel avait été le résultat des deux campagnes mémorables de cet habile capitaine contre les intrépides Bretons. Auguste, Tibère, Caligula, laissèrent en paix les peuples domptés par César. L'empereur Claude, poussé par Béric, prince exilé de la Bretagne, entreprit la conquête de cette île, que César, suivant la vive expression de Tacite, n'avait fait qu'indiquer à ses successeurs [3]. Aulus Plautius, avec quatre légions, traversa le détroit et battit les Bretons. Ostorius Scapula, successeur de Plautius, eut à défendre contre les insulaires toutes les conquêtes accomplies.

[1] Ptolém. géog. l. II, ch. III. — [2] Plin. Hist. nat. IV, ch. xxxi; — Dionys. Perieg. v. 280 et seq. — [3] Tacit. Agric. XIII.

Les Icènes qui avaient pris les armes furent domptés, et les Romains fondèrent une colonie à Camalodunum. Ceci fait, ils attaquèrent les Silures, nation indomptable que gouvernait un prince nommé Caradoc (Caractacus). Caradoc se trouva, tout brave qu'il était, le moins fort. Il résolut d'attendre les Romains, non pas dans la plaine, mais derrière un retranchement formidable qui s'appelle encore aujourd'hui Kaer-Caradoc (citadelle de Caradoc). Sur cette montagne aux retranchements solides Caradoc fut poursuivi, et il se défendit à outrance. Cette fois encore la vieille discipline des légions romaines triompha de l'énergie et de l'héroïsme des Bretons. Caradoc fut vaincu; sa femme, sa fille, ses frères, tombèrent au pouvoir de l'ennemi. Lui-même, il avait espéré trouver un refuge chez sa belle-mère; mais cette femme vendit son gendre aux soldats romains. Abandonné et trahi par qui devait le défendre, le malheureux capitaine est traîné à Rome pour orner le triomphe du vainqueur. Le peuple entier avait été convié à cette fête, fête imposante en effet. La ville entière est dans la joie; les prétoriens, sous les armes, sont rangés en bataille dans la plaine qui borde leur camp. Quand tout fut prêt, commença le triomphe; les clients du chef prisonnier, ses trophées d'armes, son cheval de bataille, puis ses frères, sa femme, sa fille, furent indignement livrés en spectacle à la plèbe romaine; — spectacle dont Rome pouvait se repaître, car elle n'avait plus longtemps à se réjouir ainsi.

Ce grand triomphe remplissait la ville entière; Caractacus parut le dernier de tous, comme le plus irrécusable témoignage de la victoire. Il marchait le front calme, la tête haute, le regard assuré. Claude l'attendait, assis sur ce trône déjà menacé par le crime qui devait y placer Néron. Arrivé au pied du trône impérial, écoutez le discours que prononça l'illustre Breton; Tacite l'a conservé avec soin, et ce discours tient sa place à côté des chefs-d'œuvre de Tacite :

« Si ma modération dans la prospérité eût égalé ma naissance et
« ma fortune, on me verrait, ici même, l'ami de Rome et non pas son
« captif. L'empereur n'eût pas dédaigné l'alliance d'un homme qui
« descend d'une longue suite d'aïeux et qui commande à plusieurs
« nations. Maintenant le sort m'humilie autant qu'il vous élève. Na-
« guère encore, je ne savais pas le nombre de mes coursiers, de mes
« soldats, de mes richesses : quoi d'étonnant que j'eusse voulu défen-
« dre tous ces biens? Si votre ambition veut donner des fers à tous, est-ce
« donc une raison pour que tous les acceptent? Au reste, une prompte
« soumission n'eût illustré ni votre victoire, ni moi-même. Tuez-

« moi, ma mort reste illustre! laissez-moi la vie, votre clémence est
« immortelle. »

Si l'empereur Claude ne se connaissait guère en fait d'héroïsme,
en revanche, il se connaissait en éloquence. Il pardonna à ce héros
qui parlait si bien, il lui rendit ses enfants et sa femme, mais sans lui
rendre la liberté. Au reste, privés même de leur roi, les Silures n'en
continuèrent pas moins la guerre, et Suétonius Paulinus, le rival de
Corbulon, fut envoyé dans la Bretagne pour dompter les rebelles.

L'île de Mona était alors le refuge de tous ceux qui fuyaient la Bretagne pour échapper au joug de l'étranger, lieu d'asile, position excellente, dont Paulinus résolut de se rendre maître. Là, en effet, les Bretons fugitifs transportaient leurs dieux, leurs croyances, leurs libertés. La cavalerie romaine reçut l'ordre de traverser le détroit à la nage, tandis que l'infanterie le franchissait sur des bateaux plats. Lutte admirable! rude épouvante! En approchant de l'île sacrée, les Romains aperçurent l'armée ennemie qui offrait aux regards comme une forêt armée; c'était une multitude d'hommes furieux, et dans cette foule ameutée, convaincue, se tenaient, hurlantes, des femmes en longs habits de deuil, échevelées, furieuses, et portant à la main des torches enflammées. Tout autour de cette masse, les druides, les mains levées au ciel, vomissaient d'horribles imprécations.

C'était effrayant à voir, terrible à aborder, sauvage à entendre. A l'aspect de cette résistance de la voix, des armes, de la superstition, de la croyance, l'armée romaine se trouble et s'épouvante; les soldats s'arrêtent, éperdus. Ils regardent, ils interrogent l'espace, ils pâlissent; leurs mains défaillantes laissent tomber l'arme prête à frapper... Le courage leur revint à la voix de leurs chefs! Eh quoi! reculer devant des femmes, devant des prêtres, eux, les descendants des Scipion, des Camille et des Brutus! Obéissant à la voix de leurs chefs, les Romains marchèrent en avant, et précipitèrent les druides dans les flammes qu'ils avaient eux-mêmes allumées.

Ce fut à peu près vers la même époque qu'une nouvelle et terrible insurrection éclata dans l'île de Bretagne. La femme du roi des Icéniens avait été battue de verges; ses filles, sous les yeux de leur mère, avaient été déshonorées par des soldats romains. A la nouvelle de ces atroces exécutions, voici qu'une grande partie des insulaires courent aux armes et se ruent dans la vengeance. La colonie de Calomadunum, dont les soldats exerçaient sur les indigènes d'horribles brigandages, se trouve attaquée la première. Vieillards, femmes, enfants, tous sont passés au fil de l'épée. De cette ruine sanglante, vingt mille Bretons marchent sur Londinium et sur Vérulam. Vainement Cérialis veut leur barrer le chemin, il est écrasé; les deux villes sont emportées d'assaut; tous les habitants sont égorgés sur la place. Cette fois, sans l'énergie de Suétonius, les Romains étaient chassés à tout jamais de la Bretagne indignée. Cet habile général, par un effort de valeur incroyable, avait percé, au travers des ennemis, jusqu'à Londinium, dont il voulait faire le centre de ses opérations; mais, considérant la faiblesse de son armée, il prit le parti de sacrifier une ville pour sauver la province. Avec dix mille hommes, il courut se poster à l'entrée d'une gorge étroite dont les derrières étaient fermés par un bois. Là, il attendit l'ennemi de pied ferme. La bataille fut longue et vaillamment disputée; mais enfin tous les efforts du courage et du patriotisme breton vinrent se briser contre l'admirable discipline des légions.

Après tant de défaites, la Bretagne refusait encore de se soumettre. Il ne fallut rien moins que le génie d'Agricola, pour établir définitivement la domination romaine dans cette indomptable contrée.

La louange d'Agricola, par le grand historien qui a été son gendre, est restée dans toutes les mémoires; l'illustre général n'a pas été au-dessous de cette louange. Il avait le courage qui gagne les victoires, il avait la sagesse qui les conserve. Il savait très-bien que la violence peut tout perdre, et même les causes gagnées; et comme il vit que le peuple breton ne pouvait pas être seulement dompté par les armes, il résolut d'en venir à bout par la bienveillance et par la justice. Aussitôt, grâce à ce sage conquérant, l'administration civile et militaire est ramenée violemment dans les limites de l'autorité et de la justice; les concussions et les tyrannies des agents du fisc sont punies avec une sévérité inflexible; bien plus, à l'exemple d'Auguste lui-même, dont le souvenir dominait même les consciences les plus honnêtes, Agricola, et c'est là ce qui souilla sa victoire tout en l'affermissant, n'hésita pas à appeler à son aide les plaisirs et les infâmes voluptés de Rome. Il comprenait, comme un homme qui veut réussir à tout prix, et qui s'inquiète peu que sa victoire ne dure qu'un jour, que le grand moyen de dompter ces peuples austères, c'était de déshonorer leurs mœurs. Aussitôt — voyez la honte! et comme les peuples vaincus étaient traités même par ceux qui les devaient protéger et défendre! — le vice romain vient en aide à la victoire; Rome se met à corrompre les peuples qu'elle ne peut pas dompter; le luxe et la mollesse débordent de toutes parts dans ces contrées primitives ; les poésies efféminées, les licences, les temples profanes, les portiques où l'on causait d'art et de poésie, les bains, les théâtres, tout l'attirail des corruptions dont parle Juvénal, envahissent la province souillée.

« Insensés ! s'écrie Tacite, (après avoir loué son héros), qui ne s'apercevaient pas que toutes ces élégances formaient comme une partie de leur servitude ! [1] »

Plus encore que tous ces vices, la bataille des monts Grampiens, gagnée sur les Calédoniens de Galgacus, consolida la puissance romaine dans la Bretagne.

Cependant, après le départ d'Agricola, les tribus du Nord n'avaient pas tardé à franchir les forts dressés entre les deux détroits. En moins d'un demi-siècle, la situation de l'île devint si précaire, que l'empereur Adrien se vit contraint de faire, en personne, une campagne contre les Bretons. Un monument construit par les ordres de ce prince a bravé jusqu'ici les ravages du temps : nous voulons parler du rempart qu'il fit élever, à partir de la baie de Solway, sur la côte occidentale, jusqu'à l'embouchure de la Tyne, sur la côte orientale. Un peu plus tard, Lollius Urbicus, pour résister aux attaques des Ordovices et des Brigantes, fit élever une autre muraille de plus de trente mille pas d'étendue ; à ce rempart il donna le nom de mur d'Antonin.

Si l'obstacle était grand, il ne put guère arrêter les ravages exercés par les tribus indépendantes de la Bretagne. L'empereur Sévère, dont les lieutenants réclamaient à grands cris la présence, fut obligé de traverser le détroit à la tête d'une armée formidable. Il arrive ; battus par lui, les Calédoniens implorent la paix du prince irrité ; Sévère pardonne, et cependant il fait construire, à la place du mur de gazon élevé sous Adrien, une muraille toute en pierre, haute de douze pieds, et dont les fondations variaient de deux à trois verges [2].

A partir de cette époque jusqu'au règne de Gallien, l'histoire ne fait plus mention de la Bretagne. L'état de trouble et de faiblesse dans lequel se trouvait l'empire à la fin du troisième siècle inspira de nouveaux projets de pillage et de dévastation aux barbares qui, sous le nom de Francs et de Saxons, ne cessaient de ravager le littoral des contrées que baigne l'Océan. Pour s'opposer à ces hordes sauvages que poussait le pressentiment de l'avenir, Dioclétien fit équiper une

---

[1] Tacit. Agric. XXI. — [2] Bed. hist. I, xii.

flotte à Gessoriacum (Boulogne), et de cette flotte il confia le commandement à Carausius, Ménapien de basse origine. Ce Ménapien avait les instincts d'un brigand et l'intelligence d'un prince. Il était à la fois un voleur et un grand capitaine ; pour échapper au châtiment réservé à ses effroyables brigandages, il se fit indépendant de l'empereur, il s'embarqua pour la Bretagne, il embaucha les troupes qui s'y trouvaient, et enfin il se revêtit de la pourpre. Étrange époque, où pour se sauver il fallait se faire empereur.

Voilà donc Carausius devenu césar ; et ce qui est plus étrange, c'est que le règne de ce tyran fut heureux et plein de gloire. Les Calédoniens s'enfuyaient devant ses aigles ; ses flottes victorieuses couvraient le détroit, elles commandaient les bouches du Rhin et de la Seine, et portaient la terreur du nom breton jusqu'au détroit de Gibraltar. Dioclétien et son collègue se virent contraints de reconnaître le tyran. Mais dès que les deux empereurs Galérius et Constance se furent associés à l'empire, Constance reçut la mission d'arracher la Bretagne aux mains de l'usurpateur. La prise de Boulogne fut le premier exploit de Constance. Carausius fut tué, mais non pas en bataille rangée ; après sa mort, la Bretagne, qui déjà se croyait libre, retomba sous la loi des Romains.

A cette heure, le père de Constantin le Grand, prince équitable, habile et sage politique, accorde quelque trêve aux misères des peuples vaincus. La Bretagne, un instant calmée, rêve des jours meilleurs. — Hélas ! l'heure de la paix et de la liberté était encore bien loin. A défaut de la tyrannie politique, elle tomba dans la persécution religieuse. Depuis Caradoc, la Bretagne s'entretenait des vérités de l'Évangile. La loi nouvelle, la loi salutaire et sainte, soit qu'elle ait été introduite par le tyran Carausius, au dire des traditions galloises, soit qu'elle ait été enseignée par la femme du proconsul Plautius, Pomponia Gracina, si l'on en croit de plus graves témoignages, pénétrait déjà de toutes parts, avec sa puissance et sa force invincibles, dans l'âme et dans la conscience de ces peuples austères. — Dioclétien et Maximien — vanité de la toute-puissance ! — lancèrent leur édit contre le christianisme naissant. Tout d'un coup la persécution s'étendit, sanglante, acharnée, impuissante, contre la Bretagne chrétienne. Le martyre commençait pour cette contrée heureuse, et, sans le savoir, elle entrait ainsi, à la clarté de l'aurore chrétienne, dans l'affranchissement universel, dans cette délivrance tant rêvée des nations vaincues. Parmi les premiers martyrs de la croyance chrétienne, généreux courages qui donnaient l'exemple aux peuples à venir, la Bretagne cite, avec un orgueil reconnaissant, saint Alban et deux généreux citoyens de Kaerléon, Julius et Aaron. Les bourreaux, lassés, s'avouèrent vaincus par tant de courage; le christianisme grandit, fécondé par ce noble sang. Longtemps spectateur de ces violences qu'il ne pouvait empêcher, Constance fut enfin proclamé empereur, et aussitôt il laissa en paix ces consciences patientes et convaincues. Délivrés de la persécution, les Bretons payèrent à Constantin la dette de reconnaissance qu'ils avaient contractée envers son noble père; aussi se trouvèrent-ils dévoués et fidèles, quand il fallut chasser Maxence. Ces Bretons, vainqueurs de Maxence, s'il en faut croire Guillaume de Malmesbury, auraient reçu comme récompense de leurs services des terres à cultiver et à défendre dans la péninsule armoricaine. Mais ce fut surtout vers la fin du quatrième siècle (383) que l'Armorique se remplit d'insulaires. Comme nous l'avons dit, Gratien avait soulevé contre sa faible autorité les légions romaines, indignées de la préférence que le jeune empereur accordait aux barbares. Les troupes qui tenaient garnison dans l'île de Bretagne, se voyant abandonnées à elles-mêmes et regrettant les joies de Rome, ou, mieux encore, la vie abondante et facile de l'Orient, mirent à profit les défections qui entouraient l'empereur; pour revêtir de la pourpre leur général, nommé Maxime. Maxime accepta ce grand titre que lui décernait toute une armée, et du même pas il passa dans la Gaule, à la tête de ses légions et d'une foule de jeunes Bretons accourus sous les drapeaux de ce hardi aventurier, qui promettait de les mener en triomphe jusqu'au palais des Césars. Ces Bretons insulaires étaient intrépides, ambitieux. Le chef ou *conan* de leur nation qu'ils s'étaient choisi, s'appelait Mériadog. Un historien moderne, d'un esprit très-ingénieux, a tenté de prouver que l'existence de ce conan était une fable, et qu'il était impossible de retrouver la trace de la donation qui fut faite par Maxime, à ce prince imaginaire des terres désertes de l'Armorique; un autre historien, non moins persuasif, a répondu à ces assertions faites avec art par des preuves heureusement trouvées. Nous n'avons pas le droit de nous mêler à ces débats historiques, nous écrivons pour raconter, et non pas pour prouver : *ad narrandum, non ad probandum;* seulement il nous semble que, tout bien considéré, il ne serait guère facile de nier que Maxime, le meurtrier du jeune Gratien, ait en effet établi des Bretons, non-seulement dans la péninsule armoricaine; mais encore de l'autre côté des Pyrénées, où dix-sept églises bretonnes existaient encore au septième siècle autour du *monastère de Maxime*[1].

Où en était cependant l'île de la Bretagne?

Privée des bras qui la pouvaient défendre, elle était restée abandonnée à toutes les insultes des barbares. En vain elle appelait à son aide les jeunes Bretons qui avaient suivi Maxime; en vain eût-elle appelé les Romains, occupés à se disputer ce qui restait de l'empire du monde; abandonnés à eux-mêmes, ces peuples se firent libres (409), pour avoir au moins leur liberté à défendre contre les barbares. D'abord cette résistance ne fut pas sans quelques succès. Les Pictes, les Scotts, sentirent le courage des Bretons; mais le moyen de se défendre contre le flot qui monte toujours? Repoussés, les Pictes revenaient, et les Scotts, et avec eux les pirates de race germanique. Il fallut qu'à la fin Rome elle-même envoyât des troupes dans l'île de Bretagne, car la Bretagne se sentait impuissante à chasser toutes ces hordes qui l'assiégeaient, et en désespoir de cause, elle appelait l'empire romain à son aide; en effet, mieux valait être Romain que barbare. Mais lorsque les Romains, après avoir relevé le mur construit naguère par Sévère et renversé par les barbares, furent contraints de quitter pour jamais ces rivages, à la suite d'une dernière victoire remportée sur les Pictes, ils déclarèrent aux Bretons que désormais ils eussent à se défendre et à se protéger eux-mêmes. Rome, occupée à sa propre défense, ne pouvant rien de plus pour ces peuples placés au bout du monde. Ainsi partirent, de la Bretagne insulaire, les derniers soldats de Rome; ils se sauvèrent comme des soldats que tout décourage et même la victoire, et qui d'ailleurs s'inquiètent peu d'une île perdue, d'un peuple impuissant à se défendre. A peine la dernière voile romaine disparaissait dans le lointain, que soudain, dans cette île abandonnée, reparaissent les montagnards. Cette fois ils sont les maîtres; la Bretagne ne peut plus se défendre; tous ses soldats sont morts ou sont allés chercher des destinées nouvelles; Rome n'est plus là pour chasser les barbares. Entendez cependant les faibles restes de ces populations naguère indomptables, voyez-les tendant aux Romains qui s'enfuient leurs mains suppliantes, et implorant l'appui des légions d'Aétius : « Les barbares nous refoulent vers la mer, et « la mer nous repousse vers les barbares! Alternative horrible! ici « le fer qui extermine, plus loin le flot qui engloutit! [2] »

---

[1] C'est dans la collection des conciles d'Espagne que M. de Courson a retrouvé les preuves de ce fait, qu'il était important de rétablir. — [2] *Gildas, De excidio Britanniæ*, cap. xvii.

Ces gémissements, — et c'est M. Guizot cet homme au ferme coup d'œil, à qui rien n'échappe dans les mystères de l'histoire[1], qui parle ainsi, — ont été considérés comme un monument de la mollesse des Bretons; on les a taxés de lâcheté pour avoir imploré l'assistance d'Aétius et demandé comme une grâce la protection d'une légion romaine : ce reproche est injuste, il est cruel. Mais, au contraire, ces Bretons dont on a fait des lâches, soldats négligés par les grands capitaines, et moins habitués à se servir des armes romaines que les autres sujets de Rome, ils ont résisté aux Saxons, et cette résistance difficile, elle a laissé son chapitre et sa trace dans l'histoire. A la même époque, des Espagnols, des Italiens, des Gaulois, l'histoire ne parle guère[2]. Mais allez donc arrêter les flots dans leur course; faites revenir sur leurs pas ces Romains qui ne songent qu'à retourner du côté des fêtes, des grands débats et du soleil! Si touchante que fût la plainte des Bretons, cette plainte ne fut pas écoutée. Hélas! il fallut céder à la force; le Picte et le Scott chassèrent le propriétaire légitime de sa terre et de sa maison; on vit alors les maîtres de l'île de Bretagne errer çà et là dans les sombres forêts, se cacher dans les cavernes ou dans les marécages de l'Ouest. Ce fut alors qu'un Wortigern[3], élu dans l'assemblée générale du pays, poussé à bout par tant de misères, résolut — triste remède! — d'appeler à l'aide de l'île écrasée une troupe de guerriers saxons. Nos Bretons insulaires savaient cependant quel était le Saxon; ils avaient appris à le connaître dans la mêlée; ils le savaient féroce, indomptable, avide, enfant d'une race nombreuse qui n'attendait plus qu'un signal pour se ruer sur toute proie à sa convenance. — Au premier appel, les Saxons répondirent; d'abord ils ne demandaient qu'une récompense convenue, et dès la première bataille contre les Pictes, ils gagnèrent vaillamment la récompense promise; mais de même que le flot appelle le flot, le Saxon appelle le Saxon; alors vous eussiez vu, de tous les côtés du Nord et sur tous les rivages de l'île, accourir les Saxons plus nombreux que les Pictes, que les Scots, que tous les barbares maîtres de l'île. A ce moment le danger change; il faut que les Bretons chassent à main armée leurs terribles défenseurs; la guerre commence de part et d'autre, acharnée et favorable d'abord aux Saxons. La lutte était sanglante et féroce des deux parts. *Les débris de nos tours ren-*

---

[1] Essai sur l'histoire de Fr. p. 2.
[2] L'illustre écrivain ne s'est pas souvenu de l'Armorique.
[3] Wortigern n'est pas un nom propre, mais le titre d'une dignité; Mor ou Wor, *grand*; Ighern, ou tiern, *chef, roi*.

versées nageaient dans le sang, disent les anciens poëtes; la chronique saxonne est encore plus énergique : « En ce temps-là, Ælla et Cissa assiégèrent Andérida, et ils firent un tel carnage de ses habitants, que c'est à peine si un seul Breton réussit à s'échapper [1]. Les chefs nationaux déployèrent dans toutes ces guerres de grands talents militaires : Ambrosius, Arthur, Urrien, ne se montrèrent ni moins braves ni moins habiles que jadis Caswallanw ou Caradoc. Courage donc! Vues à cette distance, ces luttes terribles donnent à cette histoire je ne sais quel intérêt tout-puissant. La férocité de ces rudes jouteurs disparaît pour ne laisser voir que leur courage. Mais le courage ne suffit pas toujours, la force a de grandes chances de succès; dans ces mêlées de peuple à peuple, celui qui attaque a ce grand avantage sur celui qui se défend, que la nécessité le pousse, et que ses vaisseaux sont brûlés. L'histoire des Bretons insulaires sera l'histoire des Saxons, plus tard. Donc aujourd'hui les Saxons restent les maîtres, les Bretons cèdent la place, la victoire du Saxon fut complète, la fuite des Bretons fut sans retour; chassés de la plaine, qui est le beau pays, ils furent réduits à chercher un asile dans les montagnes de Cornwall et de la Cambrie. Les Saxons laissèrent les fugitifs dans leurs derniers retranchements, mais ils firent main basse sur tout le reste. Le fer et la flamme se mirent de la partie dans cette occupation d'une terre volée à ses maîtres légitimes. Tout ce qui voulut se défendre fut mis à mort; qui fut pris, fut vendu comme esclave. Pauvre île et célèbre de la Grande-Bretagne! par combien d'invasions encore, et par combien de massacres, et par quels *conquérants* il te fallait passer, avant que d'arriver à remplir le monde de ta gloire, de ton égoïsme et de ta grandeur!

---

[1] *Chronique saxonne,* p. 15.

CHAPITRE III

État des personnes dans les Gaules. — Mœurs et coutumes des Gaulois et des Bretons. — Gouvernement. — Établissement des Bretons dans l'Armorique (cinquième siècle). — Le récit d'Ernold le Noir (Nigellus). — Haine implacable des Bretons contre les Saxons et les Francs. — Règnes d'Eusèbe et de Budic. — Houël, roi de Bretagne. — Victoires sur les Frisons. — Partage de la Bretagne. — Cruautés de Canao. — Chramne en Bretagne. — Les Francs s'emparent des comtés de Rennes et de Nantes. — Héroïsme de Warroch. — Avénement des Carlovingiens.

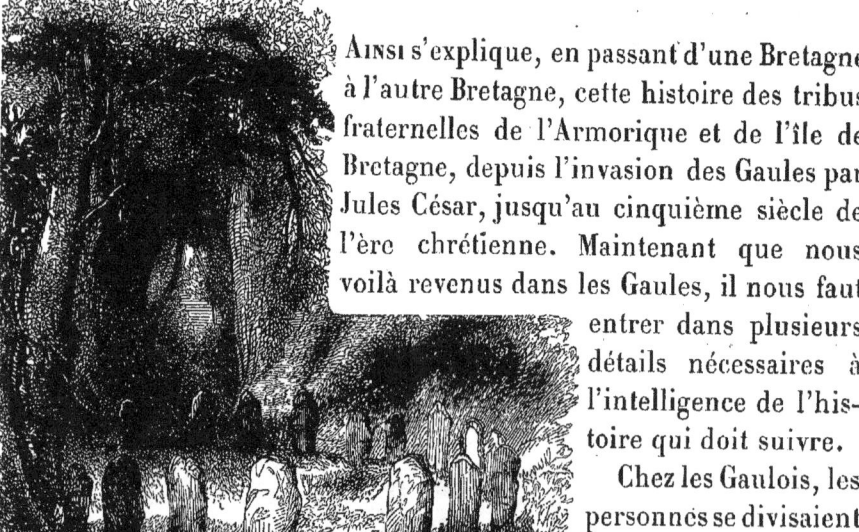

Ainsi s'explique, en passant d'une Bretagne à l'autre Bretagne, cette histoire des tribus fraternelles de l'Armorique et de l'île de Bretagne, depuis l'invasion des Gaules par Jules César, jusqu'au cinquième siècle de l'ère chrétienne. Maintenant que nous voilà revenus dans les Gaules, il nous faut entrer dans plusieurs détails nécessaires à l'intelligence de l'histoire qui doit suivre.

Chez les Gaulois, les personnes se divisaient en trois classes : les druides, les équites ou les nobles, le peuple enfin. Nous avons déjà parlé des druides, nous en reparlerons tout à l'heure; ils tenaient le premier rang dans la hiérarchie; après le prêtre venait le noble, entraînant, comme un témoignage de son autorité, une troupe nombreuse et fidèle de compagnons *inféodés* à sa personne. L'éclat des services, la grandeur du courage, pouvaient donner la noblesse gauloise; la noblesse était héréditaire; les nobles composaient une classe à part. Après les prêtres, après les nobles, tout au bas de l'échelle sociale et placé dans une *quasi-servitude*, comme disent les *Commentaires*, se tenait le peuple. Le peuple ne pouvait rien par lui-même, il n'avait pas de place au conseil, et cependant, qu'on y prenne garde, le peuple gaulois avait son influence dans les affaires de la nation. Tout comme à Rome, si les nobles seuls exerçaient directement le pouvoir, la souveraineté résidait dans les mains des hommes libres. — « Telle est, disait le roi des Éburons aux Romains, telle est la nature de mon autorité : la *multitude* a autant d'autorité sur moi, le roi, que moi sur elle. » — La condition de cette multitude était loin d'être la même pour tous; les uns (les petits propriétaires) s'engageaient, en qualité d'*ambacte* ou de *soldure*, au service de quelque guerrier puissant; telle était la condition de ces soldats volontaires, s'il faut en croire Jules César, *qu'ils jouissaient de tous les biens de la vie, protégés par les capitaines à qui ils s'étaient consacrés par un pacte d'amitié*. Les autres, comme les *liti* germaniques et certains colons du moyen âge, étaient soumis à de plus dures conditions; les patrons exerçant sur un grand nombre *presque tous les droits du maître sur l'esclave*. Cependant ce n'était pas là, tant s'en faut, la servitude telle qu'elle existait à Rome, mais, ainsi que l'a démontré notre savant maître, un véritable servage tout pareil à la condition des serfs du moyen âge. En effet, ce système de *recommandation* pratique porte en lui-même son caractère, et doit nous servir à retrouver, d'une façon incontestable, l'origine des bénéfices et la conversion des alleux en bénéfices; ce système adopté et reconnu comme loi de l'État, parmi les nations de race gauloise, était déjà établi dans la plus haute antiquité. César, durant la guerre des Gaules, et le prêtre marseillais Salvien, dans son livre *du Gouvernement de Dieu*, attestent ce fait de la manière la plus formelle, d'où il suit que le régime politique de la Gaule, à l'époque où César en fit la conquête, différait peu du système qui régissait ces contrées sous les premiers rois mérovingiens.

Pour ce qui regarde les mœurs et le gouvernement des Gaulois, il est impossible de ne pas retrouver dans ces détails les dignes commencements d'un grand peuple. Il est vrai qu'un assez bon nombre de plagiaires parmi les historiens modernes, gens à courte vue, peu sérieux, très-disposés à l'ironie, ce qui est une très-commode façon de se délivrer des labeurs de la science, et d'ailleurs tout remplis des préjugés du siècle qui a produit l'*Essai sur les mœurs* et le *Dictionnaire philosophique*, auraient cru faire outrage à la dignité du temps présent, s'ils n'avaient pas représenté nos pères, les Gaulois, comme autant de bêtes sauvages à peine marquées du doigt de Dieu. On dirait que toute cette sauvagerie donne une bonne apparence à l'histoire, et pourtant quelle plus excellente origine, pour un peuple, que de descendre d'une nation qui était intelligente il y a déjà tant de siècles? Les historiens de l'antiquité sont plus justes pour nos pères que les historiens modernes. Pline *l'Ancien* cite les Éduens et les Bituriges comme autant d'ouvriers habiles à qui l'on devait d'intéressantes et ingénieuses découvertes. Ceux-ci avaient trouvé l'art du placage, ceux-là avaient enseigné l'art salutaire d'étamer le cuivre. La Gaule était renommée pour ses belles étoffes brochées et pour ses riches teintures. On attribue à ses habitants l'invention de la charrue à roues, des cribles en crin, des tonneaux en bois cerclés pour conserver les vins. Ils furent les premiers, parmi tous ces peuples, qui firent usage de la marne comme d'un engrais puissant; les premiers, ils firent lever leur pain avec l'écume de la bière. — Nous avons vu combien était formidable la marine de la Gaule, la marine guerrière aussi bien que la marine marchande, disposées l'une et l'autre pour tirer le meilleur parti de cette mer orageuse et de ces côtes formidables; les cent vingt vaisseaux des Vénètes étonnèrent César. La richesse gauloise était passée en proverbe, et en preuve, Posidonius rapporte qu'un prince des Arvernes, qu'il nomme Luern, ne se montrait jamais en public sans jeter d'une main libérale des poignées d'or et d'argent à la foule amenée. Là ne s'arrêtait pas sa magnificence : il donnait souvent de grands festins, et, dans l'enceinte des douze stades carrées préparée pour les convives, il faisait creuser des citernes qu'il remplissait d'hydromel, de vin et de bière. Le voyageur grec nous a laissé de ces repas gaulois une description tout à fait homérique. Homère n'eût pas mieux dit, Achille n'eût pas mieux fait.

« Voici, dit-il, les mets qui sont placés sur la table : peu de pain et
« beaucoup de viandes bouillies, rôties, grillées; on est servi très-
« proprement, dans des plats de bois ou de terre cuite, chez les pau-

« vres ; vaisselle de cuivre ou d'argent chez les riches... Les serviteurs
« nombreux font circuler à la ronde une large coupe, et dans cette
« coupe d'argile ou d'or, selon la fortune du maître, les convives
« peuvent s'abreuver soit du vin généreux de la Gaule, soit des vins
« plus recherchés de l'Italie, ou tout au moins de bière et d'hydro-
« mel. Dans les repas d'apparat, LA TABLE EST RONDE (ce point est à
« noter); les convives se rangent en cercle tout autour. La place du
« milieu est réservée au plus brave, au plus noble, au plus riche. A
« côté du roi de la table s'assied le maître du logis, et ensuite cha-
« que convive prend sa place *d'après sa dignité personnelle et sa classe*:
« c'est là le cercle des patrons. Derrière ceux-ci se tient, attentif et
« silencieux, le cercle des fidèles, compagnons d'armes des chefs mi-
« litaires. Une rangée de ces fidèles porte les boucliers ; l'autre rangée
« porte les lances ; tous sont traités comme leurs maîtres eux-mêmes :
« ainsi l'exige l'hospitalité gauloise. »

Le repas était suivi d'une fête ; la fête rappelait de son mieux les joies de la guerre ; les convives s'amusaient à lutter de force et d'adresse ; peu à peu le jeu s'animait, ce qui avait commencé comme un duel à armes courtoises devenait bientôt une bataille véritable ; les coups étaient portés en pleine poitrine ; à la fin, la colère se mêlait au vin, le feu montait au regard, et si vous ne vouliez pas qu'un des convives restât sur la place ensanglantée, il fallait séparer les combattants. Tels étaient les plaisirs des hommes ; le vin et le sang, le festin et le carnage. Que devenait cependant la femme gauloise? Elle restait la femme dévouée, sérieuse, fidèle ; elle gardait dans sa pureté et dans son respect le foyer domestique ; elle nourrissait l'enfant, elle était la joie modeste et sainte de la maison. Du reste, la condition de la femme gauloise ne se peut comparer en rien à la condition précaire de la dame romaine. La femme gauloise est l'amie de son mari, non une esclave ; elle obéit, mais elle obéit comme une femme née pour commander. Le bien est commun entre les deux époux, et cette égalité seule est déjà pour la femme un témoignage de déférence et de respect. En quoi donc ces élégances gauloises et presque romaines, cette magnificence héroïque, ces fêtes même et ces luttes brillantes où le génie guerrier reparaît dans les fumées du vin; en quoi donc, je vous prie, cette sage constitution de la famille, la chasteté gardienne du foyer domestique, ces femmes laborieuses et respectées, ressemblent-elles à la barbarie? En un mot, où se rencontre l'état sauvage en tout ceci?

Au contraire, il nous semble que César lui-même, qui s'y connaissait, retrouve dans tous ces détails, qui ne sont pas sans poésie, tous les caractères d'une civilisation très-avancée : les villes des Gaules sont bien bâties, les maisons sont nombreuses, maisons bâties en bois de chêne et recouvertes du chaume, ami de la paix intérieure. Çà et là, aux plus beaux endroits, vous rencontrez des villages consacrés à la grande culture, et non loin de ces villages l'*oppidum*, la citadelle féodale, pour ainsi dire, dans laquelle, au premier bruit de guerre, le laboureur venait abriter sa femme et sa charrue, ses

bœufs et ses enfants. En quel lieu loge le chef du clan ou de la tribu ? Il loge, non pas comme un sauvage, blotti dans sa hutte, mais comme un baron du moyen âge, dans un château fort ! Il est l'abri, il est la force ; il prête aide et protection à qui les réclame ; plus il est sage et plus il entoure sa demeure, ouverte à tous les siens, d'embûches, d'eaux profondes, de marécages. On reconnaît, on retrouve déjà quelque chose, en tout ceci, de la France des enfants de Charlemagne. Le gouvernement des Gaulois s'explique très-bien par la famille gauloise : le père est le commencement du maître ; de l'autorité paternelle toute loi est dérivée; du foyer domestique viennent le droit et le devoir. La division politique n'est pas d'une explication plus difficile : chaque cité se subdivisait en quatre *pagi* ou cantons, chaque *pagus* comptait cent bourgs. A la tête de la cité était le chef ; les historiens romains donnent à ce chef le titre de REX, pendant que les Gaulois, dans leur idiome, le désignent sous le nom de Brenin (Brennus). La naissance, condition préalable de l'éligibilité tout comme chez les Germains, désignait aux suffrages publics les rois de la cité. A côté de cette royauté secondaire, il existait une autre royauté que, dans certaines circonstances, le peuple déférait au plus habile capitaine ou au plus vaillant. Cette charge, les traditions bretonnes la désignent sous le nom de *royauté suprême du pays.* Vercingétorix, Adcantanus, Viridovix, dans les Gaules; Caswallawn, dans l'île de Bretagne, furent revêtus de cette dignité, à laquelle les Gaulois avaient recours seulement dans les circonstances difficiles de l'invasion, et qui finissait aussitôt que le danger était passé ; à proprement dire, c'est la dictature gauloise. En un mot, les mœurs et les usages des Bretons insulaires, ainsi que le témoignent les historiens anciens et les antiques coutumes, différaient à peine des mœurs et des coutumes de leurs voisins du continent. Seulement, Strabon fait observer que les mœurs de certaines peuplades de l'île étaient plus sauvages que tout le reste, et en ceci l'historien fait sans doute allusion aux tribus des Mactes et des Calédoniens, braves peuplades qui furent les dernières à se soumettre à la civilisation romaine.

Toutefois, cette institution de villes, de villages, d'*oppida*, de lois certaines et reconnues, ce n'est pas là l'état général des nations bretonnes. Il faudra bien du temps encore pour que chaque contrée ait sa ville et son bourg ; si la civilisation même compte et redoute ses sauvages, à plus forte raison la barbarie a les siens. Il est donc juste de dire que plus d'une nation, parmi les nations bretonnes, se peut comparer aux Germains de Tacite : ils fuient l'enceinte des villes, ils auraient honte de se cacher derrière un rempart ; cela leur paraît un métier d'esclave de cultiver la terre ; ils vivent noblement de leur chasse, des herbes de leurs jardins et des fruits que leur fournissent les arbres des forêts. « Ce que nos pères nous ont enseigné, disait la reine
« Boadicée à son armée prête à en venir aux mains avec les légions
« romaines, ce n'est pas la science de l'agriculture, ce ne sont pas
« les arts de la paix, mais la façon de faire glorieusement la guerre à

« l'ennemi. L'herbe suffit à notre nourriture, l'eau à notre boisson,
« l'arbre à notre toit. »

Naturellement, nous avons consacré aux druides les premières pages de cette histoire; c'est la faute des Romains, maîtres de la Gaule durant tant de siècles, si l'histoire n'en sait pas davantage sur la religion de nos pères. Mais tel était le dédain de Rome pour tout ce qui n'était pas Rome, que ses historiens s'occupent fort peu de raconter l'histoire des peuples conquis. Le peuple est dompté, la cité est prise, les lois sont changées, et quant aux dieux de la nation soumise, Rome les emporte avec elle, puis, sous prétexte d'adoption, elle les cache dans un coin obscur de son Capitole. L'histoire romaine est muette à propos du druidisme; nous avons retrouvé à grand'-peine quelque mention des druides dans les vers des poëtes. Resteraient, pour nous guider dans cette étude, les documents nationaux; mais, chez les Gaulois, la religion est un mystère, c'est une tradition orale, non pas écrite. A cette distance et dans ce nuage, la religion d'un peuple s'entoure de je ne sais quoi d'imposant et de solennel qu'elle n'aurait pas peut-être si elle était vue au grand jour. Dans le dogme druidique, l'âme est immortelle, le corps seul doit mourir; au-dessus de ce monde, il y a un autre monde dans lequel l'âme est attendue. En vain Diodore de Sicile et Valère Maxime ont raconté que les Gaulois croyaient à la métempsycose, les Gaulois sont plus avancés que cela; ils croient à un seul Dieu et à l'âme immortelle. Il est vrai que dans les triades historiques du pays de Galles, il est parlé de trois cercles, de trois sphères d'existence. Dans la première se tient, immuable, la Divinité elle-même; la seconde sphère est habitée par l'homme, à l'heure de l'épreuve, de la lutte, du combat; enfin, dans le troisième cercle, *le cercle de la félicité*, l'épreuve est accomplie, et, de ce degré sublime, l'homme s'élève jusqu'au ciel. D'où il suit que, toute métempsycose à part, le druide enseignait à ses disciples que l'homme, jugé indigne d'aller au ciel, était rejeté sur la terre et recommençait l'épreuve sous une autre forme humaine. Or, quel était le crime qui vous éloignait ainsi de la demeure bienheureuse? — L'ignorance — l'indifférence pour le bien — la passion pour le mal. — Voilà pour la doctrine fondamentale de cette religion austère, sérieuse, imposante.

Vous savez déjà, et M. de Chateaubriand lui-même nous l'a raconté, la hiérarchie des druides : les bardes, les ovates, les druides; le barde, qui chante, l'ovate, qui prie, le druide, qui est le grand juge de la nation. Il est l'arbitre des récompenses et des peines, il porte dans le pli de son manteau la paix et la guerre; respectés de tous, les druides obéissent eux-mêmes à un pontife souverain. Plus l'autorité des druides est grande, et plus on exige de ferveur, de travail, de zèle, d'abnégation de l'aspirant à cette dignité religieuse. Il lui faut vivre, pendant vingt ans, dans la solitude, dans la prière; il habite les cavernes profondes, les impénétrables forêts. La persécution romaine, loin d'abattre ces fiers courages, les fit grandir; en même temps ces vieux Celtes, fiers de leurs croyances, se sentirent pénétrés d'admiration et de reconnaissance quand ils virent les dépositaires de la loi divine rester fidèles à la croyance nationale. Et d'ailleurs, quel dieu, parmi leurs dieux licencieux et profanes, leur Vénus souillée, leur Jupiter adultère, leur Junon furieuse, les Romains eussent-ils donné à ces peuples, en échange de Teutatès? Peuples d'un génie grave et mélancolique, les Armoricains et les Bretons insulaires méprisaient de toutes les forces de leur bon sens ces récits de galanterie et de licence dont les peuples antiques faisaient leurs croyances stériles; pas un ne voulut reconnaître les dieux de Rome, niés par Cicéron lui-même et par tous les philosophes de l'école. Même le mépris est si grand pour ces dieux de la mythologie païenne, qui déjà succombent sous le faix des années et de l'orgie, qu'une fois hors de l'enceinte des colonies romaines, vous aurez beau chercher dans les deux Bretagnes, du premier au deuxième siècle de l'ère chrétienne, un seul monument, un seul, élevé par les fils des druides aux dieux de Rome! — La religion primitive resta souveraine en Bretagne, si dominante et si absolue, qu'elle se défendit même contre le christianisme, même contre les apôtres de la loi nouvelle! L'Évangile était prêché dans toutes les Gaules, qu'une grande partie de l'Armorique et de l'île de Bretagne restait fidèle à ses vieilles divinités; pour s'en convaincre il suffit de lire la vie de saint Samson, ou bien la vie de saint Mélaine, un des héros chrétiens du sixième siècle, — et par exemple le passage que voici:

« Un habitant du pays de Vannes avait perdu son fils. Il vint
« trouver saint Mélaine, évêque de Rennes, et, les yeux baignés de
« larmes : — « Serviteur de Dieu, s'écria-t-il, je crois qu'il est en ton
« pouvoir de me rendre mon enfant qui est mort. » A ces mots,
« ajoute le naïf hagiographe, le bienheureux Mélaine se tournant vers
« la foule qui avait suivi ce malheureux père : — « O Vénètes, leur
« dit-il, que vous importent les miracles qui s'opèrent au nom et par

« la puissance de Notre-Seigneur Jésus-Christ, à vous qui, jusqu'ici,
« avez refusé de croire en lui et de suivre ses préceptes ? » *Et, en
« effet, les Vénètes étaient presque tous encore des gentils.* Mais quand ils
« entendirent ces paroles, ils répondirent : « Nous t'en faisons la
« promesse : si tu ressuscites cet enfant, nous adorons tous le Dieu
« que tu adores ! » Or, saint Mélaine ayant ressuscité l'enfant mort,
« de tous ceux qui étaient présents à ce miracle, ce fut à peine s'il y
« eut un seul homme qui refusa de se faire baptiser. »

Et quand enfin l'Armorique à son tour fut chrétienne, l'antique religion ne se trouva pas tout à fait abolie. Si le druidisme ne reparut pas dans les croyances de la Bretagne, il se montra dans les souvenirs. Prudente et sage, bonne mère qui ne voulait pas heurter ces enfants nouveaux convertis, l'Église de Bretagne adopta, des anciens usages, tout ce qui n'était pas en opposition avec la loi de Jésus-Christ. Au sommet des menhirs, l'évêque plaça la croix comme sur un digne piédestal ; sur le bord des fleuves, à la source des fontaines, à tous les endroits vénérés par les ancêtres, l'évêque, le prêtre, le cénobite, ont construit des chapelles, des ermitages, des calvaires ; en un mot, pour nous servir d'une juste et vive expression de M. le comte de Maistre : *L'Église laissa subsister, du druidisme, une certaine racine qui était bonne.*

Permettez-nous de compléter en peu de mots ce chapitre des origines, à propos des grossiers monuments de l'antique religion des Celtes. Nous avons tenté de les décrire, mais il faut que la description cède la place à l'histoire. Ces monuments attribués à la religion des Celtes sont-ils, en effet, des temples et des sanctuaires de la religion druidique? Telle a été longtemps l'opinion des plus savants hommes ; et le moyen de ne pas le croire avec eux ? Mais avant toute autre opinion, et même au hasard de retrancher quelque peu de l'intérêt et du pittoresque de cette histoire, nous ne serions pas éloigné de cette opinion, moins politique, mais plus sage, qui prétend que ces monuments étranges n'ont pas été placés dans la Bretagne par les druides ; de plus savants que nous, logiciens inflexibles, se sont demandé de quel droit on attribuerait aux druides des monuments informes que l'on retrouve, à peu près semblables, dans toutes les parties du globe, par exemple, dans l'île de Corse, dans la vallée de Cauria. Les mêmes dolmens et des menhirs tout aussi informes se rencontrent dans le nord de l'Europe, au sommet des montagnes du Nouveau-Monde, dans toutes les contrées de l'Inde. Les plages lointaines de l'île de Malte offrent aux regards étonnés les mêmes et abruptes monuments qui n'ont pas dit à l'avenir les secrets du passé; d'où il faut nécessairement tirer cette conclusion, qu'à une époque très-reculée, les mêmes symboles religieux existaient chez tous les peuples de la terre. Ainsi donc ces monuments, qu'on appelle encore les monuments celtiques, remontent à des temps antérieurs au druidisme; ils appartiennent à une civilisation disparue dans la nuit des temps; ces pierres sont indignes d'un peuple dont la civilisation était déjà célèbre et reconnue, et qui a laissé dans l'histoire plusieurs des traces que laisse après elle toute nation intelligente : *Philosophia manavit a Gallis*. Qui donc, en effet, voudrait reconnaître dans les monuments inexplicables et fantastiques de Carnac, cette grande nation gauloise, célèbre par son industrie, par son agriculture, par sa sagesse dans les conseils, et dont l'histoire romaine parle avec tant de déférence et de respects? Mais, à ce compte, le sauvage qui se fabrique une idole barbare serait cent fois supérieur à nos vieux pères les Gaulois, qui se seraient contentés de couvrir leurs bruyères de ces rochers mystérieux. Nous en sommes fâché pour les systèmes historiques des antiquaires celtiques ou phéniciens, mais quelle que soit (et nous l'avons prouvé dans les premières pages de ce livre) notre bonne volonté de ne pas donner à la tradition de trop cruels démentis, et de ne pas nous poser comme des historiens-inventeurs, il nous est impossible de ne pas reconnaître tous les motifs sur lesquels s'appuient les sceptiques, quand ils font remonter à bien des siècles au delà du druidisme les pierres de la Bretagne celtique.

Ceci dit, revenons à notre histoire, souvent interrompue, souvent reprise ; mais qu'importe, pourvu que nous soyons rapide et clair?

Nous avons laissé les Bretons insulaires trahis par ces mêmes Saxons qu'ils avaient appelés à leur aide. Écrasés par leurs alliés, les Bretons insulaires se sont réfugiés, les uns dans les montagnes de la Cambrie et du Cornwall, les autres au delà des mers, parmi les peuples de la Péninsule, *d'où leurs ancêtres étaient primitivement sortis.* Gildas, le seul historien national et contemporain qui ait parlé de ces émigrations, ne nous a laissé aucun détail ni sur la prise de possession, ni sur les conditions imposées aux nouveaux venus, par les anciens propriétaires du sol de l'Armorique ; donc l'histoire nous manque, et dans ces questions d'un si grand intérêt, nous en sommes réduits aux inspirations partiales d'un bon moine gallo-franc du neuvième siècle. Ce Gallo-Franc est naturellement un grand admirateur des conquérants germains, et pourtant le poëme dont nous parlons peut, à tout prendre, remplacer l'histoire. En effet, ce poëte, nommé Ermold le Noir (Ermoldus Nigellus), avait fait avec l'empereur Louis le Débonnaire la campagne de 818, dans l'Armorique et, en son chemin tout rempli d'accidents et de découvertes, il avait sans doute recueilli, tout autant que dans les monastères où il s'arrêtait, des traditions vivantes encore, pour ainsi dire, sur l'établissement des Bretons insulaires dans cette contrée.

Voici les premiers vers de cette épopée barbare ; au chapitre suivant vous aurez dans son ensemble éloquent et naïf ce curieux poëme, qui doit jeter une clarté si grande sur les ténèbres de cette histoire ; alors vous retrouverez, nous l'espérons du moins, l'historien exact et véridique sous l'enveloppe grossière du poëte gallo-franc :

« Traversant les mers sur de frêles barques, ce peuple (les Bretons),
« ennemi des Francs victorieux, était venu, des extrémités du monde,
« chercher un asile dans les Gaules. Pauvres et suppliants, ils furent
« jetés par les flots SUR LES RIVAGES QU'OCCUPAIENT ALORS LES GAULOIS ;
« comme l'huile sainte du baptême avait coulé sur leur front, on
« leur donna des terres et ils purent même s'étendre dans le pays.
« Mais à peine avaient-ils obtenu de jouir des douceurs du repos,
« qu'ils allumèrent des guerres meurtrières et présentent à leurs hôtes
« du fer pour tout tribut, le combat pour toute reconnaissance. Les
« Francs étaient alors occupés dans des guerres plus importantes.
« Aussi la conquête de ce pays fut-elle ajournée durant un si grand
« nombre d'années, que les Bretons, couvrant toute la surface du
« pays, ne se contentèrent plus du territoire qu'on leur avait con-
« cédé lorsqu'ils étaient venus, pauvres et fugitifs, demander l'hos-
« pitalité. »

Est-il besoin de nous arrêter longtemps sur ce passage mémorable d'*Ermold le Noir*, cité pour la première fois par l'auteur de l'*Histoire des institutions bretonnes*? Quoi de plus précis et de plus net ? Quand arrivent les émigrés bretons du cinquième siècle, ces rivages *sont occupés par les Gaulois*, les Francs de Clovis n'ont pas encore franchi le Rhin ; mais à peine un demi-siècle s'est-il écoulé depuis que les exilés de l'île de Bretagne se sont mêlés à leurs frères du continent, que d'autres guerriers (ceux-là sont de race germanique) se présentent aux frontières du nouveau royaume. La lutte s'engage, dès le principe, aussi terrible, aussi implacable que la lutte des Bretons de l'île contre les Saxons eux-mêmes. — De ces guerres soudaines et terribles, l'historien ne doit pas s'étonner, non plus que le lecteur. Ces deux terres se rencontrent de bonne heure dans leurs haines aussi bien que dans leurs sympathies. Les deux Bretagnes s'étaient mises à haïr d'une égale ardeur l'oppression étrangère. Sorties du même berceau, et se retrouvant, après tant de migrations, sur la même terre, les deux peuples s'aimaient, autant par la toute-puissance des souvenirs que par le sentiment du danger présent et des destinées à venir. Plus d'une fois, même au plus fort de l'invasion germanique, les soldats de l'Armorique s'en vinrent, sur les rivages de la Bretagne insulaire, pour se battre contre les Saxons, contre *la race maudite*, pour parler comme Gildas. La Bretagne, occupée par le Saxon, était le champ clos de ces entreprises, qui plaisaient au courage des Bretons du continent. Ils débarquaient précédés par les bardes, qui disaient le chant national : *La Bretagne a tout conquis !* En même temps que nos Bretons du continent allaient, pour ainsi dire, à la chasse du Saxon, ils rejetaient fièrement tout accord avec les Francs. Déjà l'orgueil national se montre dans toute son énergie. — Ici commence la royauté bretonne. — Les premiers rois de la Bretagne appartiennent à la légende plus encore qu'à l'histoire. Les plus savants historiens, de leur autorité privée, ont effacé plus d'un nom de cette liste des chefs bretons, et il nous faut obéir à la logique de l'histoire; pourtant, si parmi les noms propres effacés de cette liste glorieuse, nous avions eu le droit de demander grâce pour quelqu'un, nous l'eussions demandée pour le roi Audren, que les Bretons de l'île viennent supplier pour qu'il daigne les secourir et se faire roi de Bretagne. Audren, dit la tradition, ne voulut pas de cette Bretagne, qui, plus tard, sera le rêve illustre et excellent de tous les ducs de Normandie, à commencer par Rollon Ier, jusqu'à Guillaume *le Bâtard*. Après le roi Audren, la légende, qui cherche de son mieux à nous expliquer ce que deviennent ces nations mal affermies sur le sol qui les nourrit avant que le donjon féodal ait remplacé la tente du soldat, nous montre un usurpateur, Eusèbe, assis sur le trône de Bretagne, au préjudice de Budic, comte de Cornouailles et fils d'Audren. Dans la vie de saint Mélaine, écrite au sixième siècle, Eusèbe nous apparaît comme un tyran souillé de sang et de vices; mais c'est là le nom d'un Romain et non pas d'un Breton. Eusèbe mort, Budic, fils d'Audren, est rappelé par les Bretons de la petite Bretagne, qui envoient chercher leur nouveau roi dans le domaine insulaire où il s'était réfugié. Le nouveau roi de Bretagne débarqua dans le duché de Cornouailles avec toute sa famille; il fut accueilli par l'enthousiasme de tout un peuple, et, pour signaler son arrivée, il mit en fuite les Frisons, ces nouveaux venus de la Germanie, qui avaient envahi les côtes de l'Armorique. C'était commencer dignement le nouveau règne; règne trop court pour tant de travaux et de périls. Au roi Budic succéda Houël, son fils. Houël fut obligé de s'enfuir devant l'invasion des races germaniques; mais, à peine arrivé dans l'île de Bretagne, on eût dit qu'il voulait prendre sa revanche sur les Saxons, les ennemis de sa race; si bien que, du roi détrôné de la petite Bretagne, les insulaires, délivrés par lui, firent leur roi. Voilà certes des fortunes bien diverses et dont la légende seule peut répondre. Toutefois, et ceci est un fait incontestable, on ne peut douter que le roi Houël, après quatre ans de cet exil glorieux, ne soit revenu, à la tête d'une petite armée de Bretons insulaires, revendiquer les droits que lui avait transmis son père. Le roi Houël n'a pas régné moins de trente années. Il avait réussi à chasser les barbares qui s'étaient fixés sur quelques points du littoral de l'Armorique, mais il eut, en mourant, la fatale pensée de partager son royaume entre ses fils, à l'exemple des rois francs. De là, des haines et des guerres sans fin. Toutefois, Canao, l'un des héritiers d'Houël, volonté féroce et violente, rétablit, mais à quel prix! l'unité nationale. Trois de ses frères tombent d'abord, assassinés par Canao; le quatrième, nommé Macliau, n'échappa au même sort que grâce à l'intervention de saint Félix, évêque de Nantes, qui fit enfermer son protégé dans un monastère, d'autres disent dans un tombeau, où le malheureux prince s'était caché vivant.

Tandis que ces choses se passaient le roi Childebert était mort; maintenant la France, divisée en plusieurs royaumes, depuis la mort de Clovis, obéit au même maître. Le nouveau roi des Francs, nommé Clotaire, avait un fils, Chramne, dont l'esprit mobile et remuant troublait incessamment le repos de ce royaume tout rempli des plus fougueuses et des plus violentes passions. Chramne, après la mort de Childebert, s'était, il est vrai, réconcilié avec son père Clotaire; mais, impatient du repos, le jeune prince mérovingien ne tarde pas à rentrer dans son ambition et dans ses révoltes. « Comme il vit enfin, dit Grégoire de Tours, qu'il lui serait impossible d'échapper au châtiment que méritait sa rébellion, Chramne se réfugia chez le comte de Bretagne, chez le meurtrier Canao. Aussitôt Clotaire et ses Francs viennent à main armée, pour ressaisir le prince révolté et le fils rebelle, dans cet asile où il se croyait en sûreté. Chramne, de son côté, n'hésita pas à marcher contre son père. » Ce fut dans une lande située entre Châteauneuf et Saint-Malo, si l'on en croit la tradition, que se rencontrèrent (véritable bataille du moyen âge!) le père et le fils. Pendant la nuit qui précéda la bataille, le comte Canao, rapporte Grégoire de Tours, alla trouver Chramne dans sa tente et lui parla ainsi : « Je dis qu'il est criminel à toi de t'avancer « les armes à la main contre le roi ton père. Laisse-moi donc mar- « cher seul contre lui, et je l'exterminerai avec son armée. » Chramne, poussé sans doute et emporté par quelque influence surhumaine, ajoute le saint évêque de Tours, ne voulut pas écouter ce sage conseil et combattit au milieu des siens. La victoire fut longtemps incertaine ; mais les soldats commandés par Canao ayant lâché pied, il s'ensuivit une déroute complète pour l'armée bretonne. Frappé de la malédiction paternelle, Chramne périt au milieu des flammes dans une chaumière où il avait cherché un refuge avec sa femme et ses enfants. Pour compléter son œuvre, le roi Clotaire s'empara des deux comtés de Rennes et de Nantes. Ici il est nécessaire d'établir la séparation de ces contrées d'avec le reste de la Bretagne. Elles ont été repeuplées, en quelque sorte, par des tribus germaniques, et désormais elles feront cause commune avec l'étranger. Désormais le génie breton, les mœurs et les coutumes nationales ne se retrouveront plus qu'aux extrémités de la péninsule, dans cette partie de l'Armorique que défendent ses montagnes, ses marais et les innombrables fossés dont elle est coupée.

Cependant, vaincus par des forces supérieures, et cachés au milieu de l'immense forêt de Brekilien, qui s'étendait des bords de la Vilaine aux confins de la Cornouailles [1], les Bretons, malgré les dissensions civiles qui déchiraient leur patrie, virent encore briller quelques jours glorieux. Ce peuple intrépide que rien ne lasse, et dont on peut dire ce que dit Tacite des Saxons eux-mêmes, que, pour cette nation sauvage, ne pas combattre ce n'est pas vivre : *Ferox gens nullam esse vitam sine armis putat*, semble (les chroniques de France en témoignent à chaque page leur stupeur) puiser une énergie nouvelle après chaque défaite. Plus d'une fois le roi des Francs apprit, non pas sans épouvante, que ses armées, maîtresses d'une grande partie de l'Armorique, venaient d'être taillées en pièces par quelques bandes rassemblées de la veille ; armées éphémères que poussent l'indignation et la

---

[1] Diocèses de Léon et de Quimper (Finistère). Nous parlerons plus tard de cette antique forêt, que les poëtes du moyen âge ont choisie pour le théâtre de leurs fables les plus merveilleuses.

colère du moment, elles rappellent, dans leurs excès mêmes et par la soudaineté de leur attaque, les bagaudes du troisième et du quatrième siècle, en même temps qu'elles nous font songer à des batailles plus récentes, aux luttes terribles soutenues par les soldats de Larochejaquelein et de Cadoudal.

Parmi tous ces chefs que l'on dirait poussés par une inspiration irrésistible, et qui se retrouvent, de siècle en siècle, dans les landes glorieuses de la Bretagne, il en est un dont le génie, sauvage si l'on veut, mais héroïque, était digne d'un plus vaste théâtre. Cet homme était Waroch, fils de ce frère de Canao sauvé par saint Félix. S'il faut en croire Grégoire de Tours, ce prince avait sollicité de Chilpéric le gouvernement de Vannes, qui était tombé entre les mains des Francs. Cependant l'histoire nous apprend que ce fut à la tête d'une armée victorieuse que ce prince fit son entrée dans la capitale des Venètes. A cette nouvelle, le roi Chilpéric, ajoute l'évêque de Tours, fut saisi d'une grande colère ; il fit marcher contre les Bretons toutes les milices de Tours, de Poitiers, de Bayeux, du Mans, d'Angers, et *de beaucoup d'autres cités encore*. Les Francs, cependant, placèrent leur camp sur les bords de la Vilaine ; aussitôt Waroch se présente sur l'autre rive comme pour disputer le passage du fleuve. La nuit vient ; dans l'ost des Francs tout s'endort ; alors Waroch, rassemblant toutes ses bandes, met à profit le silence et l'obscurité de la nuit. La Vilaine est franchie ; le Breton se précipite avec fureur sur les Saxons de Bayeux, qu'il extermine. En ce moment, la victoire était complète, et tout autre capitaine eût pu s'abandonner à ses entraînements ; Waroch, plus habile, songe à profiter de sa victoire. Il sait que les Francs viendront bientôt avec toutes leurs forces, et il s'estime heureux de conclure un traité avec les lieutenants de Chilpéric. Par ce traité, le comte de Vannes promettait de payer le tribut au roi des Francs, et en attendant des conditions meilleures il livrait, comme otage de sa fidélité, son propre fils. Le roi franc ne comprit pas l'habileté du prince breton ; il prit la modération de son ennemi pour de la peur, et telle fut sa dureté, que soudain Waroch s'empara du comté de Rennes et du comté de Nantes. C'en est fait, tout est mis à feu et à sang ; le contrat est déchiré ; les Bretons n'obéissent plus, ils se vengent, rien ne les peut arrêter dans leurs fureurs ; la voix même du saint évêque Félix n'est plus écoutée ; désormais les Bretons veulent être libres sous des rois de leur nation, ils n'entendront à la paix que lorsqu'ils auront repris les contrées envahies par les Francs. En même temps, fureur pour fureur, Chilpéric jette ses soldats et ses torches dans le comté de Vannes; *mais ces terribles représailles ne firent qu'exciter la fureur insensée de ces peuples* [1]. Battus sur un point, les Bretons se montrent à vingt lieues de là, et le lendemain ils battent, à leur tour, l'ennemi qui les croit en fuite. C'est déjà la grande guerre dans toutes ses allures, impétueuse, active, pleine de ruses, violente autant qu'habile. Sur l'entrefaite, meurt le roi Chilpéric; arrive à cette puissance tant rêvée la reine Frédégonde; et, le premier de tous, Waroch le Breton passe du côté de Clotaire II, ou plutôt du côté de la veuve de Chilpéric, contre Gontran, qui déjà songeait à s'emparer du trône de son jeune pupille. Plus ardents que jamais, les Bretons portent le ravage sur la terre des Francs; Waroch les commande en personne, et bientôt il apprend que Gontran lui envoie une nombreuse députation d'évêques, de comtes et autres personnages illustres. «Que le comte de Vannes, dit Gontran, répare tout le « dommage qu'il a causé, qu'il se soumette et paie le tribut, sinon son « pays sera envahi et ses peuples seront passés au fil de l'épée!» L'habile Waroch, cette fois encore, se montra de très-facile composition : il promit tout ce qu'on lui demandait; mais les envoyés de Gontran n'avaient pas encore atteint la frontière de France, que le comte de Vannes marchait sur le comté nantais. On était en automne, la vigne était chargée de grappes mûres; les Bretons se jetèrent sur les vignobles et firent la vendange. Le vin récolté fut ensuite transporté à Vannes. La fureur de Gontran, en apprenant cette nouvelle perfidie des Bretons, n'eut pas de bornes; toutefois, dit Grégoire de Tours, *ce prince s'apaisa*. C'est que, suivant toute apparence, la saison était trop avancée pour que les Francs consentissent à s'aventurer dans les marécages qui environnaient les retraites de l'ennemi. Encouragés par l'impunité, les soldats de Waroch exercèrent, dans les années suivantes, d'effroyables dévastations dans la haute Bretagne. Gontran, poussé à bout, fit enfin marcher contre ces ravageurs une armée formidable sous les ordres des ducs Ébrachaire et Beppolène. Or, pour le salut des Bretons, il se trouvait que ces deux généraux étaient ennemis implacables. Pendant toute la route, les deux rivaux s'accablèrent d'injures. Waroch, instruit de ces démêlés, attire Ébrachaire sur un champ de bataille qu'il a choisi, il extermine les Francs avec leur chef, puis il envoie faire des propositions de paix à Beppolène, qui n'avait pas voulu prendre part au combat. — La paix est conclue. — «Retire-toi, dit Waroch au « général des Francs; maintenant je suis prêt à me soumettre, de

[1] Grég. de Tours.

« mon plein gré, aux conditions imposées naguère par ton maître. ».

Les Francs commencent leur retraite, contents d'avoir la victoire à si bon compte; ils marchaient sans défiance, lorsque Waroch, qui se joue des traités, jette à travers cette retraite inoffensive l'embuscade qu'il avait placée sur les bords de la Vilaine. Une partie de l'armée ennemie n'a pas encore traversé le fleuve, que déjà les Bretons tombent sur l'arrière-garde et la taillent en pièces. Ce fut la dernière trahison comme la dernière victoire de ce hardi Waroch, qui mourut peu de temps après. En souvenir des exploits de ce prince, les Bretons donnèrent son nom au comté qu'il gouvernait : *Provincia Warochi*, disent les anciens actes, pour désigner cette contrée qui, de nos jours, a vu naître Georges Cadoudal.

Après Waroch, Alain Ier, surnommé, sans injustice, Alain *le Fainéant*, transmet ses droits au trône de Bretagne à son fils aîné Judicaël. Ce prince, tranquille désormais du côté de la France, prit le nom d'Houël III et se fit proclamer roi suprême de Bretagne; c'était un titre que les souverains de ce pays n'avaient pas osé prendre depuis le règne de *Houël le Grand*.

Houël III mourut après un règne paisible de vingt-trois ans. Ce digne prince avait mis à profit cette longue paix, et il laissait pour en jouir à sa place, vingt-deux enfants qui se vouèrent, pour la plupart, à la vie du cloître, une vie de prière et de méditation. Salomon II, le quatrième fils de Houël II, après de longs débats avec son frère aîné Judicaël, monte sur le trône de Bretagne, et de son frère Judicaël il fait un moine. — La paix la plus florissante semblait alors entourer l'Armorique de toutes ses faveurs; à peine si les Bretons eurent à soutenir une guerre étrangère sous cet usurpateur Salomon, pacifique et ami du peuple, tout autant qu'un roi légitime.

Edwin et Cadwallon, princes cambriens, avaient été élevés à la cour du roi de l'Armorique. Nés tous deux d'un même père, élevés l'un près de l'autre, ils avaient appris à s'aimer dans leur enfance, mais quand ils furent devenus des hommes, l'ambition les poussa l'un sur l'autre, les armes à la main. Rentrés dans leur patrie, ces deux princes se disputèrent avec acharnement l'héritage paternel. Cadwallon, roi de Galles, ayant demandé des secours à Salomon II, ce prince lui fit passer un renfort de deux mille hommes; Edwin, attaqué par les confédérés, fut fait prisonnier, et son frère le fit mourir.

A la mort de Salomon II, Judicaël, son frère aîné, dont Salomon tenait la place, sortit du cloître qui lui servait de prison. Par un bonheur providentiel, ce moine se trouva un prince habile. Toutefois le roi Dagobert, qui s'intitulait « Roi des Francs et Prince du peuple ro-« main, » se remit en mémoire les droits que lui donnait, sur l'Armorique, la conquête des Gaules par Clovis. Avant que d'en venir aux mains, entre les deux princes s'élève un long et difficile débat, Judicaël défendant avec hauteur l'indépendance de sa terre, pour laquelle tant de braves gens s'étaient battus, et depuis si longtemps. Cette loyale résistance et ce courage, dans un prince qui sortait du cloître, irrita le roi Dagobert, et il fit marcher une armée en Bretagne; l'armée fut battue sans trop de peine par le Breton Judicaël, et, du même pas, le roi de Bretagne envahit le territoire des Francs. La guerre commençait donc sous d'heureux auspices; Judicaël avait pour lui le bon droit, la première victoire, et la chance heureuse de combattre sur le territoire même de l'ennemi. Mais le roi Dagobert recule devant la guerre que lui-même il avait provoquée; il envoie au roi de Bretagne un ambassadeur souvent écouté, habile à force de vertu, grand politique à force de probité, Éloi, évêque de Noyon. A la vue du prélat, le roi des Bretons sent tomber toute sa colère, il pardonne au roi des Francs son injuste agression, il retire son armée du royaume envahi, et lui-même, comme s'il eût voulu prendre sa part de cette paix généreusement accordée, content d'avoir affermi de nouveau l'indépendance de la Bretagne, il revient librement et avec des actions de grâces au Seigneur, dans ce monastère de Gaël où il avait été jeté par son frère. C'est une belle et glorieuse vie, la vie de ce roi de Bretagne, pieux dans le cloître, brave à la guerre, sage dans le conseil, et rentrant dans la paix du monastère, après avoir donné la paix à son peuple.

Sous le règne d'Alain II, l'un des fils du pieux monarque, Cadwalestre, roi du pays de Galles, passa dans l'Armorique avec une partie de ses sujets que l'épée saxonne venait de chasser du dernier coin de terre qui leur servait de retraite. La plupart de ces insulaires se fixèrent sur les côtes occidentales de la péninsule armoricaine (671); ainsi, de siècle en siècle, des essaims d'émigrés bretons traversent les mers pour venir chercher un refuge sur les rivages mêmes d'où étaient partis les premiers colonisateurs de l'île de Bretagne!

A ce moment de notre récit, et quand s'éteint dans l'indolence et dans la peur la race mérovingienne, l'histoire de Bretagne n'est plus qu'une suite lamentable et confuse de meurtres, de fratricides, de violences, de crimes; on se perd dans une nuit sans clarté, dans un abîme sans fond; l'épouvante est au comble, comme la honte.

C'est que, en effet, cette fin du huitième siècle est remplie d'hésitations et de malaise; cette société demi-romaine, demi-barbare, a bien de la peine à déchirer les langes qui l'enveloppent comme ferait un suaire. Rois et leudes, Francs et Gaulois, évêques et moines, ne savent guère où commence, où finit leur autorité, leur influence; les éléments romains et germaniques se heurtent et se confondent partout, luttant et transigeant au hasard; en un mot, les Francs ne sont pas encore parvenus à fonder un État; ils sont mêlés aux Romains, aux Visigoths, aux Bourguignons; ce vaste territoire manque de centre, d'unité, il n'a pas le même nom, il ne parle pas la même langue. Chaque peuple voisin veut avoir sa part dans les Gaules conquises; à l'Orient, les Frisons et les Saxons consentent à faire partie de la confédération franque, mais sans vouloir reconnaître l'autorité suprême du roi Pépin; à l'Occident, les Bretons menacent sans cesse les frontières de la Neustrie, pendant que l'Aquitaine se fait indépendante au Midi; donc le royaume est à faire, la société reste à fonder; Pépin d'Héristal et Charles Martel fonderont le royaume, Pépin *le Bref* et Charlemagne fonderont la société.

Pépin, le premier de tous les rois francs, donne à sa royauté un caractère sacerdotal et presque divin. Chef d'une race nouvelle, il voulut être sacré roi, afin que le sacre lui servît tout autant que le baptême servit à Clovis. A sa voix, l'Église endormie se réveille, le clergé marche au-devant de la civilisation qui s'avance; les évêques ont leur place dans les conseils de la nation, non pas seulement comme possesseurs du sol, mais comme princes de l'Eglise, et ils amènent avec eux, dans ces assemblées turbulentes, le calme, la paix, la belle langue latine, les souvenirs de la législation romaine. Pépin mort, arrive le maître et le chef souverain de l'histoire moderne, celui qui doit achever l'œuvre commencée par ses trois prédécesseurs, quand ils tentèrent de faire, du camp des Francs, un royaume. Laissez faire ce grand homme; sa main puissante, soit au Nord, soit au Midi, arrêtera les envahisseurs; depuis tantôt huit cents ans que l'univers est entré dans la décadence et dans la torpeur, Charlemagne saura tirer le monde de cet abîme et remettre un peu d'ordre dans cette société aux abois. Mais que de soins! que de labeurs! — Cinquante-trois guerres suffisent à peine à rallier tous les habitants des Gaules, à soumettre les populations romaines, encore impatientes du joug des barbares, à subjuguer les peuples germaniques, à pousser tous à la fois les vaincus, les vainqueurs, les Germains, les Romains. contre les derniers envahisseurs.—Ces cinquante-trois guerres, entreprises dans un but de civilisation plus encore que de conquête, l'histoire les compte ainsi : dix-huit contre les Saxons, sept contre les Sarrasins d'Espagne, cinq contre les Sarrasins d'Italie, quatre contre les Arabes, cinq contre les Lombards, deux contre les Grecs, une contre les Thuringiens, deux contre les Bretons.

Mais il ne faut pas anticiper sur les événements; tout ce qu'il est possible, en ce moment, d'entrevoir dans les vicissitudes du trône de Bretagne, ce sont des rivalités d'ambition, et la nécessité pour les princes vaincus de se jeter dans les bras des Francs, naguère repoussés loin du sol avec tant d'héroïsme et de constance, jusqu'à l'heure terrible où, des murs de la cité d'Aleth jusqu'aux rivages de Pentir, retentira le cri de guerre des enfants indomptés de l'Armor.

CHAPITRE IV.

Fin de la race des Mérovingiens. — Charlemagne. — Révolte des Bretons. — Le poëme d'Ermold le Noir. — Morvan. — Ses exploits. — Sa mort. — Nominoé. — Jarnhitin. — Dol, église métropolitaine. — Hérispoé. — Charles le Chauve. — Salomon, roi de Bretagne. — Gurwand et Pascwiten. — Alain et Judicaël. — Les Normands en Bretagne. — Exil dans la Bretagne insulaire. — Erwen, comte de Léon. — Le jeune Alain revient en Bretagne.

Une nouvelle famille de rois puissants venait de succéder à la race avilie des Mérovingiens, et la longue suite des rois fainéants était enfin épuisée, lorsque le maire du palais, Pépin d'Héristal, jugea qu'il était temps, puisqu'il savait la porter, de placer sur sa tête la couronne de France. Pépin, sacré à Soissons par le successeur de Zacharie, mit à profit les dissensions qui régnaient dans la péninsule armoricaine, pour rendre à la France les bornes qu'elle s'était données aux jours de sa force et de sa puissance. La Bretagne était rentrée dans la plénitude de son indépendance depuis l'année 632; toutefois, trois villes importantes de ces contrées : Rennes, Nantes et Vannes, restaient entre les mains des Francs. Soit que l'autorité des comtes eût fait peser trop lourdement sur les vaincus le joug de la conquête, soit que toute autre circonstance que l'histoire n'a pas enregistrée eût réveillé, chez ces derniers, le souvenir de leur nationalité perdue, la révolte éclata dans ces trois villes à la fois.— Au premier bruit de ces soulèvements, le roi Pépin fait marcher contre les rebelles une armée formidable. Vannes, naguère emportée d'assaut par les Bretons, est replacée sous la domination franque. Mais là, suivant toute apparence, s'arrêtèrent les exploits de Pépin et rien ne donne à penser que le nouveau roi des Francs ait mieux réussi, que ses devanciers, à établir sa domination sur la Bretagne. Cependant, une main plus puissante encore que la main qui protégeait Rome et l'Église romaine, allait bientôt courber tout l'Occident sous son sceptre impérial. — Charlemagne vient de monter sur son trône ! A peine le maître de cet empire qu'il allait faire si vaste, Charlemagne, roi d'Italie, roi des Francs, roi des Lombards, roi partout, fit occuper l'Armorique par Andulphe, grand maître de sa maison. Cet Andulphe ne se borna pas, comme les généraux de Pépin, à soumettre les Venètes ; il poursuivit les Bretons dans leurs retraites les plus cachées, renversant les forteresses, brûlant les forêts, interrogeant les marécages. Cette fois, enfin, on pouvait croire que ces peuples étaient domptés ; mais tel est leur usage : — vous les croyez vaincus, ils répondent par une révolte nouvelle. Sur l'entrefaite, le comte Guy, qui commandait les Marches de la Bretagne, reçut de l'empereur la mission de châtier les rebelles ; il part, il réunit ses forces aux forces des autres comtes ses collègues, et parcourant la péninsule dans toute son étendue il soumet entièrement cette vieille terre bretonne *que jusque-là les Francs n'avaient pu dompter.* La chronique ajoute que le général victorieux offrit à Charlemagne, à son retour de la Saxe, les armes des chefs ou mactierns bretons, sur lesquelles étaient gravés les noms de ces derniers, en signe de la soumission des seigneurs du pays, de leurs vassaux et de leurs terres.

Mais, cette fois encore, à peine ont-ils demandé la paix, que, de nouveau, les Bretons se révoltent. Ils se révoltent contre cet empereur, vainqueur des Saxons, protecteur des papes, dont le génie était reconnu par l'Italie, par l'Espagne, en Angleterre, en Allemagne, partout, excepté dans cette petite Bretagne, disposée à tous les héroïsmes comme à toutes les résistances ! Cette nouvelle révolte eut lieu en 809, et d'abord les Francs furent rejetés au delà de la Vilaine. Deux ans plus tard, ce fut à recommencer une conquête qui avait déjà coûté de si grands sacrifices. La patience de Charlemagne était à bout; par ses ordres, l'Armorique tout entière est mise à feu et à sang : l'incendie dévore jusqu'aux églises bâties, au milieu des flots, par les saints de la Grande-Bretagne, qui, au cinquième siècle, étaient venus chercher un refuge chez leurs frères du continent. Cette énergique résistance aux armes du grand empereur, et tant de révoltes qui ne cessèrent d'éclater dans la Bretagne jusqu'au jour où Nominoé plaça sur son front la couronne armoricaine, peuvent nous faire comprendre combien était robuste la nationalité de ce vaillant peuple. L'année même de la mort de Charlemagne, les Bretons, dont ce grand événement avait réveillé les espérances, élevèrent à la royauté suprême un certain Jarnhitin, désigné, dans le Cartulaire de Redon, sous le titre de machtiern. On ne peut dire par quel accident ou par quelle volonté disparaît tout à coup ce prince breton; l'histoire nous apprend seulement que, deux ans après l'élection de Jarnhitin, Morvan, comte de Léon, fut élevé au rang de *chef des chefs* (penteyrn). Il paraît que le choix de ce nouveau généralissime inspira des craintes sérieuses au successeur de Charlemagne, car l'empereur, dans un plaid tenu à Aix-la-Chapelle en 818, se mit à interroger lui-même un de ses capitaines qu'il avait envoyé en Bretagne. Un moine contemporain, dans ce curieux poëme dont nous avons déjà cité quelques passages empruntés à la *Revue de l'Armorique*, cet Ermold le Noir, élevé naguère à la dignité d'historien par M. de Courson, raconte en ces termes la conversation du César germanique et de son lieutenant :

« Eh bien ! dit César, que fait la nation que tu as visitée ? Honore-
« t-elle Dieu et sa sainte Église ? A-t-elle un chef et des lois ? Laisse-
« t-elle nos frontières en repos ? — Cette nation, répond le lieute-
« nant, s'est jusqu'ici montrée orgueilleuse, indomptable et sans
« loyauté. Tout ce qu'elle a de chrétien, c'est le nom; quant à la foi,
« quant au culte et aux œuvres chrétiennes, en vain les chercherait-
« on dans la Bretagne. Là, nul soin de la veuve, des orphelins ou
« des églises. Là, le frère et la sœur s'unissent ensemble, et le frère
« enlève la femme de son frère... Les Bretons habitent les bois et vi-
« vent de rapines, à la manière des bêtes fauves. La justice n'a parmi
« eux ni règle ni tribunal; Morvan est leur roi, si toutefois l'on peut
« donner ce titre à qui ne gouverne personne; on les a vus, plus d'une
« fois, envahir nos frontières, mais ce ne fut jamais impunément.

« — Sais-tu, reprit César, que les choses que tu viens de me rappor-
« ter sont graves? Quoi! une nation de fugitifs possède des terres dans
« notre empire sans nous payer de tribut, et elle pousse encore l'or-
« gueil jusqu'à attaquer nos frontières! A moins que les flots qui les
« jetèrent sur nos rivages ne leur offrent de nouveau un refuge, c'est
« par les armes que nous châtierons leur crime : l'honneur et la jus-
« tice le commandent. Cependant, comme leur chef a reçu le saint
« baptême, il convient que je l'avertisse du sort qui le menace. »

« Or, il y avait par hasard dans l'assemblée un moine franc,
nommé Witchar, homme probe et d'une sagesse éprouvée. Ce religieux possédait, près des frontières mêmes des Bretons, une abbaye
et des richesses dignes d'un roi. L'empereur choisit Witchar pour
porter son message à Morvan. Aussitôt le bon moine monte à cheval,
et le voilà sur la route de Bretagne. L'habitation de Morvan était située
au milieu d'un vaste espace fermé d'un côté par une rivière et, de tous
les autres côtés, par des bois, par des marécages et des haies impraticables. Dans ces lieux naturellement fortifiés se plaisait le Breton
Morvan; là, il trouvait repos et sécurité. En ce moment les Bretons
accouraient en armes vers la demeure de leur chef; Witchar s'y présente à son tour et demande à voir le prince. Morvan, à cette nouvelle,
entre dans une grande inquiétude; toutefois, impatient de connaître
le but de ce message, il ordonne que le moine soit introduit. Ici nous
reprenons le pittoresque récit d'Ermold *le Noir* : »

« Morvan, je te salue, dit Witchar, et je t'apporte aussi le salut
« de César, le pacifique, le pieux, l'invincible. — Salut à toi, Witchar,
« répond Morvan, après lui avoir donné le baiser d'usage, et puisse
« le pacifique César gouverner son empire durant de longues années! »

« Tous deux s'asseyent alors et, sur un signe de Morvan, ses compagnons se retirent. Witchar expose en ces termes le message de
l'empereur :

« L'empereur Louis m'envoie vers toi et vers les tiens, et voici ce
« qu'il m'a chargé de vous transmettre : « Vous cultivez dans mon em-
« pire un vaste territoire où la mer vous a jetés pauvres et exilés, et
« pourtant vous me refusez le tribut qui m'est dû, vous insultez les
« peuples que je gouverne, et vous vous préparez à porter la guerre
« sur leurs terres. Il est temps que toi et ton peuple vous cessiez de
« vous abuser; hâtez-vous donc de venir implorer la paix. — Tel a été
« le langage de l'empereur; et moi je dirai, avec ta permission,
« quelques conseils inspirés par l'intérêt que je te porte. Accepte,

« crois-moi, et sans délai, les conditions que t'offre César. Songe à
« ton peuple, à ta patrie, à tes enfants, à la femme qui partage ton
« lit. Va trouver Louis, pars à l'heure même ; le pieux monarque,
« sois-en sûr, te permettra de régner dans cette contrée, devenue
« alors ta propriété légitime. Pars, Morvan, car malheur à qui atta-
« que les Francs ! Les Francs n'ont pas d'égaux en courage, *et leur*
« *fidélité à leur religion leur assure toujours la victoire !* »

« Morvan, attentif et le front incliné, frappait la terre de son pied,
« en écoutant ces paroles. Witchar, par son langage insinuant, par
« ses adroites menaces, avait presque réussi à fléchir ce cœur ir-
« résolu, quand tout à coup la femme de Morvan se présente pour
« donner, selon l'usage, le baiser du soir à son mari. La première,
« elle lui baise les genoux, la barbe et le cou ; elle presse de ses lè-
« vres son visage et ses mains. Elle va, vient, tourne autour de son
« époux et lui prodigue, en femme habile, les caresses les plus tendres
« et les plus hardies. Morvan la reçoit dans ses bras, la serre contre
« son cœur, et s'abandonne à ses douces étreintes. Elle alors, jetant
« sur le moine un regard de mépris : — O roi des Bretons ! dit-elle,

« toi dont le bras a élevé si haut la gloire de tes ancêtres, de quelle

« contrée vient donc cet étranger? Comment a-t-il pu parvenir jus-
« qu'à toi? Que nous apporte ce messager de malheur? Est-ce la paix?
« est-ce la guerre? — Ce moine m'est envoyé par le roi des Francs,
« répond Morvan en cherchant à dissimuler les sombres pensées qui
« l'oppressent. Qu'il apporte la paix ou la guerre, c'est l'affaire des
« hommes; pour vous, femme, occupez-vous des travaux de votre
« sexe. — Witchar, comprenant toute la puissance de cette femme sur
« l'esprit de son mari, s'efforce alors d'obtenir sans retard une ré-
« ponse. — Il est temps, dit-il, que je rapporte à César le message
« dont tu dois me charger. — Donne-moi la nuit pour y réfléchir,
« répond Morvan.

« Au point du jour, Witchar se présente à la porte de Morvan, de-
« mandant sa réponse. Morvan paraît; ses yeux, appesantis par l'i-
« vresse, peuvent à peine s'ouvrir, et c'est avec effort qu'il parvient à
« articuler ces paroles : — Voici la réponse que je te charge de reporter
« à ton roi. Cette terre n'a jamais été la sienne et je ne lui dois ni sou-
« mission, ni tribut. Qu'il règne sur les Francs, moi, je régnerai sur
« les Bretons. Les Francs, dis-tu, me déclareront la guerre, qu'ils
« viennent; je pousserai mon cri, et mes ennemis verront si mon
« bras a perdu de sa force. — Nos ancêtres, répond Witchar, ont
« toujours pensé que ta race était légère et inconstante, et tu m'en
« donnes aujourd'hui la preuve.

« Le bon moine, après avoir prédit à Morvan le plus funeste des-
« tin, remonte à cheval et s'éloigne. — Va, lui crie Morvan, bientôt
« tu me verras m'élancer, à la tête de mes chariots armés, sur les
« bataillons dont tu me menaces! N'ai-je pas les vives couleurs de
« mes boucliers à opposer à vos pâles boucliers? — Witchar se hâte
« de rapporter à l'empereur l'insultante réponse du Breton. Louis
« ordonne aussitôt qu'on prépare des munitions et des armes; lui-
« même, parcourant son royaume, il appelle à lui ses guerriers;
« Vannes est assignée, pour lieu de réunion, aux troupes impériales;
« l'empereur s'y rend en personne; là s'étaient déjà réunis des mil-
« liers de Suèves accourus à la voix de leurs centeniers, des Saxons,
« des Thuringiens, des Burgondes et une foule d'autres peuples.

« Avant de franchir les frontières de Bretagne, le pieux Louis dé-
« pêche un second messager au comte de Léon. — Rappelle-lui, dit
« l'empereur, les serments qu'il a prêtés, les obligations qu'il a con-
« tractées jadis avec Charles, mon père. Excité par sa femme, Morvan
« rejette avec dédain ces nouvelles ouvertures; il appelle aux armes

« tous ses Bretons, prépare ses embuscades et se tient prêt à tout
« événement. Cependant les Francs se sont avancés au milieu des
« landes et des bruyères de l'Armorique ; ils s'enfoncent dans les forêts,
« battent les broussailles et déterrent, çà et là, les richesses de toute
« espèce enfouies par les Bretons. Pour ceux-ci, plus de refuge. Du
« fond des bois, des repaires souterrains, des taillis écartés, on amène
« des hommes, des troupeaux, des provisions. Toutes les maisons
« deviennent la proie des flammes ; les églises seules sont respectées.
« Quant aux Bretons, ils ne se montrent nulle part en rase campagne ;
« on les rencontre divisés par pelotons peu nombreux, à l'entrée de
« tous les défilés, au milieu des taillis, sur toutes les hauteurs qui
« dominent les chemins et les sentiers. Du milieu des bruyères s'éle-
« vaient, d'instants en instants, de grands cris, auxquels répondaient
« des cris semblables, dans le lointain. »

« Il paraît que la plupart de ces bandes étaient composées d'hommes de guerre, de *soldurii*, que le chef suprême entretenait à ses frais. Repoussés de poste en poste, ces soldurii se virent enfin refoulés jusqu'au pied des remparts de la forteresse de Morvan. Ce dernier ne s'était pas encore mis à la tête des guerriers d'élite de son clan ; il attendait le résultat du premier choc ; enfin, à l'approche de l'ennemi, Morvan se décide à tenter le sort des armes. Il avait réuni autour de sa personne sa femme, ses enfants, ses serviteurs : — Restez sous mon toit, leur dit-il ; moi, avec un petit nombre d'hommes, je vais rallier mes bandes dispersées, et bientôt je reviens couvert de gloire et chargé de butin. — Ainsi il parle. En même temps il s'élance, à toutes brides, suivi de ses fidèles. — Qu'ils viennent, ces Francs, qu'ils viennent, et je leur paierai le tribut avec du fer. — A la vue des siens qui fuient de toutes parts à travers les campagnes dévastées, Morvan, pleurant de rage et de douleur, s'élance sur les escadrons ennemis. — « Tantôt il les attaque
« de front, tantôt, suivant la tactique de sa nation, il semble fuir et
« revient comme la foudre sur ses ennemis disséminés. Il y avait dans
« les rangs des Francs un Franc nommé Cossus, qu'aucun exploit
« n'avait jusqu'alors signalé. Morvan se précipite sur ce guerrier de
« toute la vitesse de son cheval. — Franc, s'écrie-t-il, voici un présent
« que je te réservais depuis longtemps. Disant ces mots, il lance à
« son adversaire un trait qui devait être mortel. Cossus évite le coup
« fatal, et lui-même : — Tiens, dit-il, présent pour présent. Sous
« la lance de Cossus, Morvan tombe ; et, l'instant d'après, le bruit

« court dans l'armée que le roi des Bretons est mort et que sa tête a
« été apportée dans le camp de César. Les Francs accourent autour du
« sanglant trophée, en poussant des cris de joie; l'on se passe de
« main en main la tête de Morvan, horriblement déchirée par le
« glaive qui l'a séparée du tronc, et Witchar est appelé pour affirmer
« si c'est bien la tête du comte de Léon. Le moine jette de l'eau sur
« cette face livide, il écarte la longue chevelure, et du premier coup d'œil
« il déclare qu'il reconnaît les traits de Morvan. Cependant, au fond

« des forêts où sont retirés les Bretons, se répand la fatale nouvelle.
« Toute résistance cesse aussitôt, les vaincus s'empressent de venir
« implorer la clémence du très-pieux empereur. La femme, les enfants,
« tous les parents de Morvan se présentent eux-mêmes devant le
« prince, dont ils reconnaissent la puissance. La Bretagne, qui, depuis
« tant d'années était perdue pour la France, est de nouveau placée
« sous sa dépendance. »

Il était impossible de mieux raconter et d'une façon plus claire, plus nette, plus vraie enfin, une lutte plus décisive. Notre Bretagne se sert du poëme de ce clerc gallo-franc, tout comme la Normandie s'est servie du *Roman de Rou*. Le difficile, c'est de savoir trouver l'histoire dans les poëmes, dans les chroniques, dans les légendes, dans les souvenirs d'un peuple, et même dans ses chansons. Ce poëme d'*Ermold le Noir* est toute une découverte, et des plus importantes; il complète, à la façon d'une épopée barbare, les récits héroïques des expéditions des Francs en Bretagne, et, ceci dit, il n'est pas nécessaire que nous relevions les calomnies du clerc gallo-franc, qui, dans son dévouement aux intérêts du César germanique, ne craint pas d'accuser cette terre de Bretagne de vol, d'inceste et de rapines. Toute haine à part, cet *Ermold le Noir* mérite véritablement l'honneur que notre historien vient de lui faire. Il a parcouru la terre de Bretagne; il a franchi les rochers, il a battu les broussailles, il a entendu la mer grondante. — Quittons le poëme, pour revenir aux annales écrites en prose : Morvan, mort comme un soldat et comme un roi, est remplacé par Wiomarc'h; ce Wiomarc'h n'est autre, selon toute apparence, que le fils de Morvan; à coup sûr il est l'héritier de son courage. A peine roi, Wiomarc'h ravage les frontières des Francs, et il faut que le comte Guy se porte de nouveau sur la Bretagne. Bientôt le comte Guy ne suffit pas, trois armées conduites par trois chefs, par l'empereur et ses deux fils en personne, viennent pour combattre ce petit peuple, et encore fallut-il quarante jours pour venir à bout de ces Bretons de Morvan et de Wiomarc'h. — A la fin, il fallut se soumettre. — Au plaid d'Aix-la-Chapelle, en 825, le héros de la Bretagne, accompagné des princes et des machtierns de la Domnonée, va se présenter à l'empereur, qui accepte ses hommages. Mais le Breton n'était pas dompté; il voulait que sa terre fût libre; il fallut tuer Wiomarc'h pour venir à bout de cette révolte. Privés de leur chef, les Bretons demandent la paix et jurent de nouveau fidélité à l'empereur. Louis *le Débonnaire* se hâte de pardonner, tant il était las de ces victoires! — Sous le règne du *Débonnaire*, un jeune Breton, fils des rois du pays, Nominoé, avait été fait gouverneur de Bretagne. Ce jeune homme, digne de remplacer Morvan, Wiomarc'h et Waroch, avait autant de patience que de courage. Il attendit l'heure de la délivrance, car il savait que cette heure sonne toujours pour les peuples qui lui prêtent un cœur vaillant et une oreille attentive. — Mais avant que la Bretagne ne soit libre, il faut attendre bien des révolutions dans le palais de l'empereur et dans les destinées de l'empire. Il faut d'abord que Louis le *Débonnaire* perde la reine Hermengarde, tendrement aimée; il faut que la nouvelle impératrice, Judith, dans tout l'éclat et dans toute la fleur de la plus dangereuse beauté, mette au monde un enfant, Karl;

qui sera Charles *le Chauve*. Mère d'un prince, la femme de Louis *le Débonnaire* ne songe plus qu'à faire à son enfant une part dans l'héritage paternel. La part du fils de Judith fut prise sur la part de son frère Lothaire. D'abord, le jeune Charles eut pour domaines l'Allemanie, la Rhétie, quelques cantons de la Burgondie, mais à ce partage s'opposent les fils de l'empereur, et ils forcent le vieillard leur père, le propre fils de Charlemagne, d'abdiquer l'empire !

Dans cette révolte des fils contre leur père, des sujets contre leur maître, l'habile Nominoé, qui comprend quelle diversion puissante est promise à la Bretagne durant ces guerres intestines, se hâte de déclarer que, pour lui, il restera fidèle à l'empereur dépossédé. Gouverneur de Bretagne par la grâce de l'empereur, il ne tiendra qu'au *Débonnaire* le serment prêté au *Débonnaire*! Homme habile, cet illustre Breton, car il abritait sa révolte future derrière la fidélité du serment. A ce moment commence véritablement l'œuvre nationale de Nominoé.

La victoire de Ballon assurait à Nominoé la couronne armoricaine, et les Bretons le reconnurent pour leur roi. Roi par le droit de sa naissance, de son courage, de son génie, Nominoé et son peuple, pour que rien ne manquât aux liens qui les unissaient, n'attendaient plus que la consécration de l'Église. Mais la plupart des évêques de la Bretagne, soit par dévouement aux princes carlovingiens, soit par la peur d'irriter le roi des Francs, hésitaient à donner l'investiture chrétienne au roi Nominoé. — Lui alors, qui veut une Église nationale, il n'hésite pas à faire déposer tous les évêques rebelles; désormais telle est la volonté du prince, la Bretagne aura sa métropole. Justement, dans l'abbaye de Rhedon, vivait en ce temps-là, entouré de toutes les déférences du peuple, un saint homme, nommé Conwoïon. Depuis longtemps, et déjà même sous Louis *le Débonnaire*, Nominoé s'était gagné l'affection et le dévouement de l'abbé de Rhedon. Il le savait plein de courage, plein d'ardeur, très-indigné surtout contre le crime de simonie, et c'est justement en criant, *A la simonie!* que le roi de Bretagne soulève, en sa faveur, le zèle du vieillard Conwoïon. Aussitôt tout évêque de Bretagne qui est resté dévoué au roi des Francs se voit dénoncé pour crime de simonie par le roi Nominoé. Dans cette dispute, le roi breton s'adresse à l'abbé de Rhedon comme à son arbitre naturel; il le fait juge des crimes qu'il dénonce; menacés, les évêques réclament en cour de Rome; de son côté, le roi de Bretagne envoie à Rome l'abbé de Rhedon, demandant qu'il lui soit permis de chasser de leur siége les évêques suspects. De tout temps la cour pontificale s'est hâtée lentement; elle est prudente, elle se consulte, elle ne serait pas infaillible s'il lui fallait obéir aux passions qui s'adressent à sa sagesse. Le souverain pontife fit attendre sa réponse impatiemment attendue; fatigué de ces lenteurs, Nominoé se passera de la décision du souverain pontife; il convoque, dans son château de Coëtlou, les évêques, les abbés, les seigneurs de son royaume. Chacun obéit au prince redouté, et cette réunion a toutes les apparences d'un concile : ici les juges, plus loin les accusés. Le prince avait fait prévenir ces derniers qu'on n'en voulait pas à leurs siéges; on leur demandait seulement un aveu pour la forme; il suffisait qu'ils ne donnassent pas un démenti à l'accusation portée contre eux par leur maître et seigneur; à ce prix, on les laissera vieillir et mourir dans leurs églises. Au jour solennel, et confiants dans la promesse qu'ils ont reçue, les évêques suspects avouent qu'en effet leur évêché n'a pas été obtenu sans quelques apparences de simonie... A cet aveu, dicté par lui et tout bas, le roi breton entre soudain dans une grande fureur; les nobles, qui prennent leur part dans cette comédie, paraissent animés de l'indignation du prince ; — *manger l'herbe d'autrui!* — on se précipite sur les évêques, on les dépouille de leurs insignes, on les menace, et la violence va si loin, qu'ils sont forcés de se réfugier à la cour du roi des Francs. Voilà ce que voulait Nominoé! Une fois délivré de cette gêne, il comprend que son autorité va grandir, maintenant qu'elle est dégagée de cette résistance; et comme le métropolitain de Tours est tout entier à la dévotion du roi franc, Nominoé place à Dol l'évêque métropolitain de la Bretagne. Singulière volonté! étrange courage! incroyable succès d'un prince assez hardi pour oser entreprendre et accomplir cette révolution religieuse, si peu d'années après le règne obéissant et craintif de Louis *le Débonnaire*, ce roi excommunié, déposé par l'Église, et tendant une main suppliante aux évêques, qui daignent à peine jeter un coup d'œil de pitié sur le fils de Charlemagne !

Ne pensez pas cependant que l'Église, ainsi frappée dans sa toute-puissance, s'abandonne elle-même. Un concile se réunit à Tours et fulmine l'anathème contre le prince des Bretons; l'anathème tombe sur Nominoé sans l'abattre. Au contraire, on dirait que cela l'excite et l'enhardit de montrer à ses peuples comment aurait pu se conduire le fils de Charlemagne. Nominoé l'excommunié appelle à son aide tous les soldats de Bretagne ; il porte ses armes sur le territoire des Francs, ses anciens maîtres ; le voilà sous les murs d'Angers, et bientôt la ville est prise ; on le voit jusque dans le Maine, et déjà les hommes, éperdus, prenaient les Brétons pour des Normands. — *A furore Britonum libera nos, Domine!* Il fallut bien que Charles *le Chauve* vînt en aide à son royaume menacé. En effet, il arrive en toute hâte ; d'abord il reprend la ville de Rennes et la ville de Nantes, et il croit que maintenant il peut repartir ; il repart ; revient alors Nominoé ; Rennes est à lui de nouveau, et Nantes tout comme Rennes. Pour cette fois le Breton garde ses conquêtes ; on dit même que dans la joie de ce triomphe, Nominoé fit sa paix avec l'Église ; il rendit aux monastères les richesses dont il les avait dépouillés, il rebâtit les églises renversées dans toutes ces luttes ; sous la loi de cet habile capitaine, la Bretagne s'habituait, peu à peu, à vivre libre et à vivre en paix ; cette paix d'un jour fut troublée par ce même Lantbert, comte des Marches de Bretagne ; poussé par Lantbert, le roi Nominoé se remet en marche ; il prend l'Anjou, il prend le Maine en quelques semaines ; il avait déjà dépassé Vendôme, et il touchait de son épée le pays Chartrain, lorsqu'il se sentit frappé d'une maladie subite qui l'emporta en trois jours. Ce dernier jour les soldats perdirent un grand général, la Bretagne un maître habile, le peuple, un roi qui l'aimait. Le sachant mort, les Francs revinrent sur l'armée des Brétons, mais Lantbert repoussa toutes ces attaques, et par une retraite vaillante, il ramena dans cette Bretagne que Nominoé avait tant servie l'armée et les dépouilles mortelles du héros ! — Toute la Bretagne était en larmes ; elle pleurait son libérateur. Au contraire, du côté des Francs, la joie était grande, ils se sentaient délivrés d'un ennemi puissant ; parmi ces peuples que menaçaient les armes du roi des Brétons, c'était à qui rendrait au ciel des actions de grâces pour avoir été délivré de ce conquérant à qui les villes n'osaient plus résister. Dans le fond des monastères se rencontra plus d'une plume hostile à ce grand homme qui avait fondé l'Église nationale de son royaume. Que d'histoires étranges racontent, à ce propos, les chroniques ! Elles disent, par exemple, que le jour de sa mort, au moment où le roi breton allait monter à cheval, saint Maurille lui apparut, et qu'après lui avoir reproché tous ses crimes, il le frappa du bâton qu'il tenait à la main ; alors Nominoé tomba pour ne plus se relever...

Le fils de ce valeureux et habile roi de Bretagne avait nom Hérispoé ; à la mort de son père, Hérispoé était plutôt un enfant qu'un jeune homme ; à peine est-il assis sur ce trône nouvellement fondé et chancelant, Charles *le Chauve*, qui avait reculé devant le père, espère venir facilement à bout de l'enfant. — Or, il se trouva que ce jeune homme n'était pas moins brave que Nominoé lui-même ; on eût dit le même feu dans le même regard, le même emportement à la bataille, la même patience quand la guerre n'est pas encore engagée ; surtout c'était la haine aussi violente contre les Francs et la ferme volonté d'être le roi libre d'une nation libre. Cependant, Charles *le Chauve* accourait à la tête d'une armée puissante ; il marchait comme s'il ne devait pas arriver assez vite pour reprendre sa Bretagne ; sur les bords de la Vilaine, l'armée du roi Charles rencontre les Bretons du jeune Hérispoé ; la bataille fut sanglante, elle fut décisive ; le fils de Nominoé commença comme avait fini son père, il tailla en pièces cette armée trop vite triomphante ; à ce point, et c'est la chronique de l'abbaye de Fontanelle qui le raconte, que ce fut à grand'peine si quelques-uns des chefs de l'armée franque parvinrent à s'échapper. Battu à la première rencontre, le roi Charles implore la paix du prince breton, et cette paix est signée à Angers. Par ce traité, le fils de Nominoé gardait toutes les conquêtes de son père, et certes il était impossible de se montrer plus hautement son digne successeur. Cette paix d'Angers fut troublée trop vite par la guerre civile ; l'Armorique, après s'être battue contre l'étranger, allait se déchirer de ses propres mains. Le frère de Nominoé, Riwallon, frappé de respect par tant de courage, n'avait été que le premier sujet de son frère ; mais le roi Nominoé et Riwallon étant morts à la même époque, le fils de Riwallon, Salomon, qui se portait tout à la fois l'héritier de son père et l'héritier de son oncle, réclama comme sienne la couronne de Bretagne. Ce prétendant, venu tout d'un coup et comme par hasard, après la bataille, fut traité avec le plus grand mépris par son cousin Hérispoé. Alors Salomon s'en fut demander à la cour de Charles *le Chauve* cet asile intéressé que les rois, aussi bien que les ducs ou les comtes, n'ont jamais refusé aux fils de leurs voisins, quand ces voisins sont des ennemis. A son hôte Salomon, le roi des Francs donne le comté de Rennes, et, malgré tous ses efforts, Hérispoé ne put pas empêcher son cousin de régner sur cette partie du royaume de Bretagne.

Mais les temps étaient difficiles, l'heure était menaçante ; ces descendants dégénérés de Charlemagne et des anciens Francs, que l'on a peine à reconnaître, tant ils ressemblent peu aux terribles soldats des premiers âges, ne sont pas les seul ennemis que la Bretagne ait à craindre. Les Normands; les Normands, ce fléau qui ravage, ce torrent qui déborde, ces nouveaux venus des glaces de la Norwége, ont débarqué sur les côtes de Bretagne. On les a reconnus à l'incendie, au pillage, au meurtre, à toutes leurs fureurs. Ils ont pris et pillé de fond en comble la ville de Nantes; tout fuit devant eux, et, à mesure qu'ils avancent, s'étend la solitude. Non, l'épouvante du moyen âge, à l'annonce de la fin du monde, n'a pas frappé les âmes de cette terreur! Pour comble de misère, une nouvelle flotte de ces pirates vient de se réunir à ceux qui déjà sont les maîtres de Rennes; un de ces pirates s'appelle Cédric, il est entré dans les eaux de la Loire; mais, comme il est trop faible pour s'attaquer aux Normands maîtres de Rennes, Cédric le Normand appelle à son aide le Breton Hérispoé. Il nous semble qu'en ceci le Normand Cédric manquait à l'habileté des gens de sa race; ce n'est guère l'usage de ces bandits de s'attaquer les uns les autres; nous verrons plus tard, il est vrai, dans l'histoire de Normandie [1], Guillaume *le Conquérant* blessé par son fils, et, sous les murs d'une ville de la Sicile, les deux fils de Tancrède prêts à en venir aux mains; mais ces disputes ne durent guère : le fils repentant tombe aux pieds de son père, le frère se jette dans les bras de son frère : c'est le génie du Normand de ne pas diviser ses forces; au contraire, ils s'aiment, ils se protégent les uns les autres, ils s'encouragent dans la bataille, ils se montrent le chemin qui conduit à la conquête et au soleil!

Appelé à prendre sa part dans ce grand débat de Normands à Normands, Hérispoé accepte avec joie l'alliance de Cédric. Réunis, tous ces Normands étaient invincibles; divisés, on les tuera l'un par l'autre. L'affaire s'engage; Cédric et Hérispoé chargent, d'un commun effort, les Normands de Godefroy, qui s'étaient retranchés dans l'île de Bièce; et le combat fut terrible. Mais bientôt reparaît le bon sens normand : Godefroy, plutôt que de prolonger cette lutte qui devait sauver la Bretagne aux dépens des deux armées envahissantes, propose à Cédric, son camarade, de faire la paix, de se réunir en vrais Normands, de partager le butin déjà fait et le danger à venir. La paix conclue, Cédric échappe aux Bretons, il passe à Godefroy, et l'un et l'autre ils quittent la Loire, ils entrent dans la Vilaine, ils portent leurs tentes sous les murs de cette même abbaye de Rhedon fondée par le saint moine qui avait été l'ami et l'ambassadeur du roi Nominoé. Un jour de plus, et

---

[1] *La Normandie*, page 49.

l'abbaye était dévastée de fond en comble; mais, dans la nuit, la foudre gronde, le ciel est en feu, l'orage éclate, la terre tremble; épouvantés par cette double colère de la terre et du ciel, les Normands posent les armes et s'enfuient devant le dieu des chrétiens; cette abbaye dévouée aux flammes, les Normands la sauvent; ces richesses qu'ils voulaient emporter comme des voleurs, non-seulement ils les respectent, comme des chrétiens, mais encore ils ajoutent au trésor du couvent une part de leur butin ramassé à Angers; par leurs soins, l'église se remplit d'encens, les autels se couvrent de cierges allumés, enfin ils remontent sur leurs vaisseaux, non pas sans laisser à la porte du monastère quelques soldats pour le garder. Ils partaient donc en vrais pèlerins qui viennent d'accomplir un vœu solennel, quand ils se virent assaillis par Hérispoé, naguère l'allié de Cédric, et le jeune Breton jette le désordre dans cette armée. Bretons et Normands, la haine nationale était déjà vive; on eût dit qu'ils pressentaient les batailles futures. Peut-être même que le digne fils de Nominoé eût chassé pour longtemps ces terribles pirates; mais Salomon, son cousin, en voulait à la vie du hardi capitaine; il le fit tuer au pied de l'autel, un jour de fête, dans une église du diocèse de Vannes, comme le roi de Bretagne assistait à l'office divin.

A la nouvelle de ce meurtre, qui pouvait être si funeste à la fortune de la Bretagne (857), Charles *le Chauve* est saisi d'un beau zèle; il marche contre les Bretons; mais, sur le point d'en venir aux mains, la résolution manque au roi des Francs, et il traite de la paix avec l'assassin d'Hérispoé! Cette paix ne dura guère; peu d'années après, Charles *le Chauve* marchait contre Salomon, qui avait donné asile à Louis le Bègue, son fils révolté. L'armée franque s'en vint jusque sous le monastère d'Antrêmes (près de Laval). Certes, en pareille occurrence, Nominoé ou son fils Hérispoé auraient vaillamment combattu, cette fois encore, pour l'indépendance nationale. Salomon, mal assis sur ce trône usurpé, et dont le pied glissait dans le sang, trouva qu'il était plus prudent de traiter avec le roi Charles et d'acheter la paix; le prix de ces sortes de trèves était fait depuis longtemps, à savoir: cinquante livres d'argent! — Mais pour ces Bretons intrépides, quelle paix était durable? Nous les retrouvons, l'instant d'après, en compagnie des Normands (pour la seconde fois), et prenant l'Anjou sur Charles le Chauve. Là s'arrête, non pas la renommée, mais la vie et le labeur de Robert *le Fort*, ce *Machabée*, comme on l'appelle. Il préparait, à la façon d'un homme de génie, la dynastie appelée à remplacer la dynastie de Charlemagne; Robert *le Fort* (honneur aux vaincus, autant qu'aux vainqueurs!) tomba sous le fer des Bretons. Privé de son meilleur capitaine, Charles *le Chauve* comprend que désormais il lui est impossible de résister à l'attaque des Normands; en conséquence, il s'adresse au roi des Bretons, implorant son appui contre l'ennemi commun. Pour payer cette alliance, le roi des Francs offrait au roi de Bretagne une partie du territoire d'Avranches et du Cotentin. L'offre était splendide; Salomon accepte, et tout de suite il conduit son armée sur le bord de la Vilaine, en face d'Avezac. Ce fut un rude labeur pour les soldats de la Bretagne; pendant une longue année de batailles sans cesse renaissantes, ils soutinrent l'effort des Normands. Résistance inutile! Charles *le Chauve* oublia de venir en aide au Breton son allié, et le Breton finit par acheter la retraite des pirates du Nord; ils partirent, emmenant avec eux cinq cents vaches en récompense de leur départ. Ce roi Salomon, si l'on pouvait oublier le crime qui souilla sa vie, et les premières actions de son règne, trop prudentes pour un usurpateur, qui surtout a besoin d'audace, n'était pas, assurément, un prince sans intelligence et sans courage; son règne a servi à la gloire et à la liberté de la Bretagne; mais le remords de son crime troubla la vie de Salomon; l'image sanglante d'Hérispoé lui apparaissait dans son sommeil; plus de repos, plus de sommeil : *Macbeth a tué le doux sommeil, cette mort de la vie de chaque jour;* au pied de l'autel, Salomon se rappelait son cousin et son roi, tué par ses ordres. En vain il appelait à son aide la piété et l'aumône, la conscience parlait plus haut que les bonnes œuvres. La bataille seule et ses émotions terribles calmaient pour un instant cet esprit agité; les Normands à combattre lui procuraient la seule distraction du remords; pour apaiser cette fièvre d'un esprit malade, Salomon résolut, entre autres exploits, de prendre la ville d'Angers. La ville appartenait aux pirates; de cette position formidable ils commandaient à la Mayenne; pourtant lorsque Charles *le Chauve* arriva sous les murs de cette ville, qu'il fallait reprendre pour éteindre l'incendie qui menaçait toute la Gaule : *Ad extinguendum commune incendium,* dit la chronique, Charles *le Chauve* trouva que le Breton était arrivé avant lui. Réunis aux Francs, les Bretons pressent la ville avec une activité singulière. A chaque instant, la nuit et le jour, l'assaut se renouvelle; de leur côté, les Normands se défendent comme on les attaque; ils savent que toute retraite leur est fermée, et ils vendront chèrement leur vie. La faim, la maladie, le découragement, menaçaient déjà l'armée coalisée, et le roi des Francs parlait de la retraite, lorsque soudain Salomon eut une de ces inspirations guerrières dignes de Nominoé lui-même. Il fait creuser par ses soldats, autour des murs de la ville assiégée, un large fossé au-dessous du niveau de la Mayenne; le fossé commençait à partir de la tête du pré de l'île des Aubiers et s'arrêtait en face du Maine. Dans ce lit formidable, la Mayenne se précipite, laissant à sec les vaisseaux normands. De cette flotte perdue, les Bretons s'emparent en jetant des cris de victoire; maîtres des vaisseaux, la ville leur appartient, et pour peu que l'on mette à profit cette victoire, pas un seul de ces Normands atterrés ne restera vivant ou libre... Le roi Charles recule devant sa victoire! Il tenait ces Normands, il les sauve; à travers cette armée indignée, les Normands passent, la tête haute, non pas, il est vrai, sans avoir payé au roi des Francs un immense tribut, fruit de leurs rapines, et ils se retirent sains et saufs dans une des îles de la Loire. Pour comble de prudence, Charles *le Chauve* avait fait jurer aux pirates qu'ils respecteraient désormais le royaume des Francs: serment de pirates! A peine fortifiés dans l'île qui leur servait de refuge et à laquelle est demeuré depuis le surnom d'*Ile du carnage*, ils recommencent leurs dévastations et leurs brigandages. C'était bien la peine de les avoir tenus si cruellement courbés sous l'épée des Bretons valeureux!

Vainqueur et couvert de gloire, Salomon était retourné en Bretagne, et, sur la frontière de ce royaume volé par un crime, le premier qui lui fit cortége, ce fut le roi Hérispoé! — c'était l'ombre du roi égorgé! On dirait de l'histoire d'Hamlet! L'ombre était toujours menaçante, le crime restait entier, la conscience retrouvait son trouble, la nuit son insomnie. Si grand et si poignant fut le remords qui lui déchirait le cœur, que Salomon résolut d'abdiquer et de placer la couronne sur le front de son fils Wigon. Dès ce moment, le roi Salomon fut perdu. Courantgen, évêque de Rennes, mit à profit cette abdication volontaire, pour soulever contre l'usurpateur les principaux seigneurs de la Bretagne. L'évêque s'en va trouver Gurwand, comte de Rennes, le gendre du feu roi Hérispoé, et il lui persuade que le glaive doit venger le meurtre de son beau-père; en même temps, il parle au propre gendre de Salomon lui-même, de cette couronne de Bretagne que le gendre de Salomon, Pascwiten, rêve déjà depuis longues années. A tous les seigneurs de Bretagne, l'évêque annonce que Salomon, troublé par ses remords, veut rétablir l'autorité de l'ancien métropolitain de Tours, la créature du roi des Francs; ainsi, plus d'Église de Bretagne, plus d'indépendance nationale! Soulevée par ces paroles pleines de menaces et de promesses, la révolte éclate soudaine et furieuse. A ces colères terribles, Salomon, loin de résister, prend la fuite; il va se cacher, ou plutôt il va se perdre dans un monastère du comté de Poher. Les conjurés le suivent; ils sont à la porte du monastère, menaçant de tout briser; toutefois, ils n'osent pas souiller le lieu saint, et ils font dire à Salomon qu'il ait à sortir de sa retraite, s'il ne veut pas en être arraché de vive force. Celui-ci, pour toute réponse, reste prosterné à l'autel, comme dans un lieu d'asile inviolable. Vain espoir! les conjurés pénètrent dans l'église, l'épée au poing. Alors le courage revient au prince proscrit; il était à genoux, il se relève, et, d'un regard inspiré, d'un front sévère, il va au-devant de la révolte! A la vue de leur prince, les sei-

gneurs bretons se sentent touchés, non pas de pitié, mais de respect. Ils quittent le lieu sacré; ils ne veulent pas ensanglanter l'autel. — Cependant, à l'endroit le plus sombre de l'église, se cachaient quelques-uns de ces vils soldats, prêts à tout crime; chassés de l'armée franque pour leurs méfaits, ils s'étaient réfugiés dans les derniers rangs des Bretons. Ces hommes, quand les seigneurs bretons, frappés de respect, ont quitté l'église, se précipitent sur le roi Salomon, et, d'une main furieuse, ils lui crèvent les deux yeux. En tombant, le roi de Bretagne se rappelle son cousin égorgé, lui aussi, à l'autel! Le lendemain, il rendait le dernier soupir, plein de reconnaissance pour ce Dieu vengeur qui lui envoyait enfin l'expiation de son crime!

— Au dehors du monastère les conjurés s'étaient réunis pour délibérer sur le sort de leur roi, lorsqu'ils apprirent qu'il était mort. Alors ils se partagèrent la Bretagne; Gurwand eut pour sa part tout le nord de l'Armorique; Pascwiten s'établit dans les contrées méridionales; l'ouest devait obéir aux comtes de Poher, de Cornouailles, de Léon, chacun de ces petits princes se réservant dans ses domaines une souveraineté entière. Rien ne manquait à ce partage de la nation; rien, sinon l'accord entre les divers maîtres qui s'emparaient d'elle. Bientôt, en effet, du partage même, vous voyez sortir une lamentable guerre civile; Gurwand et Pascwiten veulent avoir, chacun de son côté, la Bretagne tout entière. Gurwand était le plus faible, son armée était la moins nombreuse, mais il avait, pour lui servir d'armée, une action héroïque et l'assentiment unanime de la Bretagne guerrière. C'était un jour, dans l'oisiveté du camp. On parlait des Normands, et chacun exaltait à l'envi le courage des hommes du Nord.

« Propos de lâches! s'écria Gurwand; pour moi, je n'ai pas besoin
« des soldats du roi de Bretagne, je ne veux que mes vassaux pour
« venir à bout de tous ces Normands trop vantés! » Ainsi il parle, et sa parole ne tombe pas dans une oreille inattentive. A quelques jours de là, un messager venu du camp des Normands se présente au roi Salomon, parlant ainsi: « Nous savons que tu as dans ton armée un chef
« qui se vante de combattre Hasting, notre chef, sans autre secours
« que ses propres vassaux. Hasting m'envoie pour lui dire, à lui, ton
« vassal, que les Normands l'attendront demain dans la plaine qui
« borde leur camp! » Il dit et part. Gurwand est informé que Hasting accepte son cartel, Gurwand sera exact au rendez-vous. En vain le roi Salomon le veut retenir, rien n'y fait; Gurwand, quand l'heure du combat est arrivée, se présente fièrement dans la plaine qui lui est désignée; comme il l'avait promis, le chef breton n'amène avec lui que ses vassaux, à peu près deux cents hommes, pour combattre toute cette armée! Chose héroïque des deux parts! A mesure que les Bretons avancent, les Normands, saisis d'admiration, reculent épouvantés par

tant de courage. Tel était Gurwand, mais aussi tel était Hasting, ce chef des pirates devenu comte de Nantes plus tard, qui avait brûlé une ville de la Toscane, se croyant entré dans Rome. Toute cette histoire ressemble au poëme que le Tasse doit donner à l'Europe chrétienne, le poëme des soldats, des batailles, de la chevalerie et des grands noms du moyen âge qui surgissent de toutes parts, entourés de cette auréole naissante que le temps et la gloire feront grandir.

Cette audace heureuse de Gurwand le rendit populaire par toute la Bretagne; aussi bien, quand il se fut agi de se mesurer contre cet intrépide, Pascwiten, quoique supérieur en forces, n'osa pas l'attendre de pied ferme. Il ne se croyait pas encore assez fort; son armée n'était pas encore assez nombreuse pour combattre le comte de Rennes, et à ces causes il appelle à son aide les Normands : — les Normands accourent, ils sont déjà sous les murs de Rennes; réunis aux soldats de Pascwiten, on pouvait compter trente mille assiégeants; à peine si Gurwand pouvait disposer de quelques mille soldats. — « Allons! dit-il, la victoire n'est pas dans le nombre, c'est Dieu qui la donne, et enfin, quel autre danger courez-vous que la mort? » Il dit, on le suit dans cette mêlée, on le suit avec l'enthousiasme qui donne la victoire. La trouée fut immense dans l'armée de Pascwiten. Les Normands tombaient sous l'épée de Gurwand, *« ainsi tombe l'herbe des prés sous la faucille;* » à la fin les Normands prennent la fuite devant ce lion comme autant d'agneaux timides. Complète, entière, glorieuse victoire! « Jamais l'Armorique n'avait été arrosée de tant de sang! »

Donc Gurwand reste le maître : *Sa seule présence gagnait les batailles,* dit la chronique de Metz. Pascwiten, battu de toutes parts, se retire prudemment de la lutte, jusqu'au jour où le bruit se répand que Gurwand est frappé d'une maladie mortelle; aussitôt Pascwiten, qui se croit délivré de ces ennemis à qui rien ne résiste, envahit le comté de Rennes. — Les vassaux de Gurwand osaient à peine troubler l'agonie de leur illustre chef en lui portant cette funeste nouvelle; cependant ils arrivent jusqu'à son lit, le front morne, le regard abattu : « Ta ville est menacée, disent-ils enfin. — Eh bien! dit « le chef, vous le voyez, je ne puis pas vous conduire; mais prenez « mon étendard et le montrez aux Normands, ils auront peur! » A ce discours du chef, les vassaux restaient immobiles. — Alors Gurwand sortant de son lit, « Marchons donc, marchons ensemble, « mieux vaut mourir sur le champ de bataille que dans un lit! » Il se lève, il prend son épée; ses soldats le portèrent à la tête de son

armée, comme leur véritable étendard. Gurwand expirant assista à sa dernière victoire, il put suivre d'un regard attentif l'armée du comte de Vannes qui s'enfuyait dans le lointain. Mais ce dernier effort, cette dernière émotion, avaient brisé ce reste de vie, l'âme partit au bruit de la victoire, âme invincible, héros digne d'une si belle mort!

Pascwiten fut moins heureux que son rival; ses alliés, les Normands, le voyant inutile, égorgèrent le comte de Vannes. A ces deux princes succédèrent Alain, frère de Pascwiten, Judicaël, fils de Gurwand. Dans cette part de l'héritage, Alain et Judicaël acceptèrent les haines qui avaient divisé les deux comtes. La guerre civile reparut en Bretagne, et de ces guerres malheureuses les Normands profitèrent pour s'emparer du territoire qui s'étend de la Loire au Blavet. — La leçon était rude. Alain et Judicaël finirent par comprendre dans quel abîme leurs dissensions pouvaient jeter la patrie commune, et que s'ils ne réunissaient pas leurs forces contre ces féroces ennemis, la Bretagne était perdue. Réconciliés par cette nécessité de chasser les pirates, les deux princes se donnent rendez-vous sur le champ de bataille. Judicaël arrive le premier, et comme le comte Alain était en retard, il imagine de ne pas l'attendre. On en vient aux mains à l'instant; les Bretons se jettent sur les Normands, et bientôt la victoire est gagnée ; les Normands ont reconnu, à ses coups, le fils de Gurwand; ils fuient, Judicaël veut les suivre, rien ne l'arrête, ni les fossés, ni le courage désespéré des vaincus. On vit les Normands se précipiter, tête baissée, dans l'armée bretonne, où ils firent une immense trouée; lui-même, Judicaël, il tomba dans la mêlée, jeune et brave capitaine fait pour un meilleur sort. Comme les Normands s'en allaient d'un pas moins hâté, ils rencontrèrent en leur chemin Alain, le comte de Rennes; pour arriver trop tard, Alain arrivait juste à temps. Il arrivait pour mettre à profit une victoire toute faite, pour écraser un ennemi déjà vaincu, pour hériter du comté de Vannes, maintenant sans maître par la mort de Judicaël. — Délivrée des barbares par les armes des deux comtes, la Bretagne porta sa reconnaissance, non pas sur le jeune guerrier qui était mort pour elle, mais sur celui qui restait debout. Il y avait près d'un demi-siècle que les Normands troublaient ce royaume, maintenant arraché aux pirates. Dans leur reconnaissance, les Bretons saluent le comte Alain de ce beau surnom donné à bien des capitaines après la victoire, et que bien peu ont conservé dans l'histoire : *Allan-Re-Bras*, Alain *le Grand*.

Cette victoire remportée sur les pirates, *Allan-Re-Bras* la complète bientôt par la prise de Coutances. Chassés de la terre, chassés des rivages de la Bretagne, les Normands laissent en repos cette Armorique qui leur était si terrible. Tant que régna le roi Alain, c'est-à-dire de 877 à 907, la Bretagne fut délivrée de l'invasion normande. Mais Alain mort, soudain l'Armorique indignée vit accourir les barbares; déjà ils sont arrivés sous les murs de Nantes, ils assiègent la ville, la ville est prise, et sur cette proie opulente les hommes du Nord se vengent des victoires d'Alain le Grand.

L'histoire de ces ravages est la même toujours : villes qui tombent, remparts qui s'écroulent, populations égorgées, monastères au pillage, villages en flammes, l'incendie mêlé au sang. Cette fois, la petite Bretagne est frappée tout comme l'a été l'île de la Grande-Bretagne. La torche et le poignard, la rapine et toutes ses violences se sont abattues sur cette terre malheureuse. Hélas! le lien commun, le lien sauveur dans ce grand mouvement des populations et des siècles, l'Évangile, l'Évangile est jeté aux flammes; la divine empreinte du saint baptême est effacée, par le sang, sur ces fronts abrutis par la guerre; le prêtre, faible vieillard chassé de son temple brisé, emporte tout au loin les reliques des saints, et la relique vénérée est suivie des femmes, des enfants, des vieillards, de toutes les terreurs, de toutes les misères... Au plus fort de cet exil des hommes de la péninsule, la Grande-Bretagne reconnaissante se rappelle l'hospitalité qu'elle a reçue dans des circonstances pareilles ; elle offre à l'Armorique l'asile de ses forêts, de ses montagnes et de sa mer bruyante, formidable retranchement. Dans l'île hospitalière, la petite Bretagne envoie ses comtes, ses barons, ses machtierns, son dieu et ses prêtres, ses enfants, ses femmes, ses vieillards ; ne pouvant plus défendre le présent, l'Armorique, du moins, sauvait l'avenir. « Car telle était la volonté de Dieu ! il fallait « que la péninsule armoricaine devînt comme une profonde solitude ; « les pirates en devaient faire un vaste bûcher. Ils passaient comme « la foudre, brisant, renversant, égorgeant ! » Pas un endroit de la contrée ne fut à l'abri de ces dévastateurs venus du Nord, sinon, dit la chronique, une *seule contrée*[1]. C'est que le comté de Léon était défendu par un digne enfant de la Bretagne, Ewen, le descendant du grand comte Morvan. Quand tout fuyait, Ewen resta sur sa terre ; il attendit le Normand de pied ferme ; il appela autour de sa bannière tout Breton qui voulut combattre et mourir en soldat ! Son exemple devait trouver des imitateurs hardis en Angleterre, aussi bien que dans cette Armorique désolée. Parmi les plus jeunes réfugiés que la foule des femmes et des vieillards avait entraînés dans l'île de la Grande-Bretagne, se trouvait un adolescent, le jeune Alain, fils de Matuédoi, comte de Poher. Le jeune Alain, à la cour du roi des Angles, rêvait déjà qu'il reprendrait sur les barbares le royaume d'Alain *le Grand*, son aïeul. Il avait vingt ans à peine, il était exilé, il savait la Bretagne conquise par les hommes du Nord ; à peine s'il avait pu réunir autour de sa jeunesse quelques jeunes Bretons comme lui, et cependant il part pour reconquérir la Bretagne. Chacun, le voyant passer, se met à le suivre. Les Anglais eux-mêmes marchent volontiers avec ce jeune homme qui leur promet de terribles rencontres avec les Normands... On part... on franchit la mer obéissante... on aborde à Cancale... Les premiers Normands se sont retranchés à Saint-Brieuc, et le jeune Alain tombe sur ces barbares avec la rage de la vengeance. De marche en marche et à travers une longue traînée de cadavres normands, nos jeunes Bretons arrivent jusqu'à Nantes ; là s'étaient réfugiés les pirates, c'était leur dernier asile ; la ville est emportée d'assaut ;

[1] Le comté de Léon, qui forme, avec l'ancienne Cornouailles, le département du Finistère.

le Normand est mis en pièces; Alain, tout couvert de poussière et de sang, pénètre dans la basilique de Saint-Félix pour rendre grâce au dieu des armées! — O misère! l'antique église avait à peine conservé ses murailles; le toit était tombé et le ciel servait de dôme; l'autel était brisé, les tombeaux étaient ouverts, les saints avaient été précipités de leurs niches; la ronce croissait dans le sanctuaire, les bêtes fauves se cachaient dans le parvis sacré; solitude, dévastation, ravage! Pour arriver jusqu'à l'endroit où fut l'autel, Alain est obligé de se frayer un chemin à travers ces ronces et ces ruines! Mais le *Te Deum* de la victoire ne se chante pas avec moins de reconnaissance et de ferveur sur les ruines du temple profané que sur l'autel resté debout. Le vainqueur, agenouillé dans ces ruines, pense avec joie qu'il va relever tout ce que l'ennemi a renversé, la liberté de son peuple, le rempart de sa ville, l'autel de son Dieu!

CHAPITRE V

L'Église de Bretagne. — L'Hérésie de Pélage. — Saint Augustin. — Bossuet. — L'Évêque de Tours. — Évêchés de Saint-Brieuc et de Tréguier. — Saint Colomban. — L'Évêché de Dol.

En effet, la paix, cette chose divine, la paix, qui sauve et qui repose, qui fait de l'épée une charrue, de la malédiction une prière, de la misère une espérance; la paix, ennemie des ronces et des ruines, est bientôt rendue à la Bretagne glorifiée; elle retrouve à la fois ses églises et ses chaumières, ses haies vives et ses génisses dans les pâturages, le château fort au sommet de la colline, la barque sur l'Océan, la chanson dans le hameau. Le vieillard revient de son exil, sûr de mourir désormais sur le sol sacré de la patrie, les femmes consolées apportent de nouveaux enfants à l'antique foyer; un frère revient; l'enfant exilé revient avec le courage et les armes d'un soldat. — Revinrent aussi les reliques, les prières et les saints exemples que l'Église bretonne avaient emportés avec elle; Église charitable et laborieuse, elle avait des consolations pour le pauvre, des conseils pour le puissant, des prières pour tous; la dernière à la fuite, la première au retour, vous la retrouvez dans tous les pénibles sentiers, dans toutes les voies difficiles, triomphante ou couronnée d'épines, bienveillante aux jours de sa force, courageuse dans l'adversité, intelligente toujours. De l'Église de Bretagne nous allons dire les origines; cette clarté nouvelle, introduite dans cette histoire, ne peut qu'ajouter à l'intérêt et à l'authenticité du récit.

Nous l'avons dit, et le savant homme qui, jusqu'à présent, nous a servi de guide dans cette histoire, l'a prouvé d'une façon qui nous paraît sans réplique, entre les deux Bretagnes, l'île et la péninsule, entre la grande et la petite Bretagne, se rencontrent des ressemblances si complètes, que l'on dirait une seule et même contrée. Les traditions, les mœurs, les institutions, tout est commun entre les deux Bretagnes. A ces causes, on ne trouvera pas étrange si, même à propos de l'histoire religieuse, et pour retrouver les origines de l'Église bretonne, nous allons chercher nos preuves de l'autre côté du détroit.

Déjà, avant la fin du deuxième siècle, le christianisme avait pénétré et s'était établi dans l'île de la Grande-Bretagne. Ces nouveaux chrétiens, placés à l'extrémité de l'Occident, loin du bruit, des paradoxes et de l'enivrement des controverses religieuses, étaient restés tout simplement fidèles à l'Évangile; c'est à peine si, de temps à autre, ils avaient entendu parler, comme d'autant de nouveautés dangereuses, des hérésies et des schismes qui agitaient les Églises d'Orient. Cependant l'hérésie, ardente, inquiète, qui ne se fie à rien ni à personne, avait fini par aller visiter, à leur tour, les chrétiens de la Bretagne insulaire, et elle leur avait apporté, — présent funeste! — ses doutes, ses fantaisies, ses petites recherches, son audace. Ce fut un moine, sorti, dit-on, du monastère de Bangor, qui propagea ces doctrines déjà condamnées. Cette fois, le syllogisme impétueux et les distinctions subtiles d'Aristote semblèrent ajouter une force nouvelle aux raisonnements de ce rhéteur venu de Cambrie sous le nom celtique de Morgan (*enfant de la mer*), ce Morgan qui, sous le nom de Pélage, s'était fait une si médiocre célébrité. De Rome, où il avait prêché pour la première fois sa doctrine, Pélage s'était rendu en Afrique, et il avait osé aborder à ces mêmes rivages que l'évêque d'Hippone éclairait de son éloquence et de sa doctrine. Le système de l'hérésiarque, auquel ses disciples donnaient plus de crédit par leurs violences que le maître lui-même par son éloquence qui manquait d'inspiration et de génie, anéantissait la grâce de la rédemption en exagérant les forces de la nature; il attaquait la doctrine du péché originel, la liberté de l'homme et l'efficacité du baptême. Cette étrange hérésie inquiéta tout d'abord les plus sages prélats de l'Église. Un premier concile, convoqué à Carthage (en 418), avait condamné Pélage et son disciple Célestius, mais ni l'un ni l'autre ne tint compte de la censure des évêques, et ce fut alors que saint Augustin lui-même entreprit d'opposer une digue puissante à ce torrent qui menaçait déjà d'envahir l'Italie. Ainsi l'avait ordonné saint Jérôme, lorsque du fond de sa solitude il avait désigné l'évêque d'Hippone comme le vengeur de la vérité, contre les artifices de l'enseignement de Pélage. C'est la gloire de saint Augustin, d'avoir été le plus fidèle interprète, et aussi le plus éloquent, des sentiments que l'Église avait professés avant lui, et d'être devenu après sa mort l'oracle invariable des décisions de l'Église, toutes les fois que l'Église a dû se prononcer sur ces difficiles questions. « C'est dans les « livres de ce grand évêque, dit le pape Célestin, qu'il faut chercher « et puiser la doctrine que professe l'Église sur la grâce de Jésus-« Christ, sur le libre arbitre de l'homme et sur la prédestination des « saints[1]. »

Tel était ce pauvre moine, plus obstiné qu'il n'était éloquent et convaincu. C'est surtout pour avoir rencontré en son chemin saint Augustin lui-même, que Pélage l'hérésiarque a été célèbre; du reste, il n'a rien fondé, il n'a rien détruit. Sa doctrine, un instant acceptée et débattue dans la Grande-Bretagne, fut réduite au néant

---

[1] Pascal explique à la façon du génie chrétien cette thèse si cruellement et si souvent débattue du péché originel : « Il est sans doute qu'il n'y a rien qui choque plus notre raison « que de dire que le péché du premier homme ait rendu coupables ceux qui étant si éloi-« gnés de cette source, semblent incapables d'y participer. Cet écoulement ne nous semble « pas seulement impossible, il nous semble même très injuste; car qu'y a-t-il de plus con-« traire aux règles de notre misérable justice, que de damner éternellement un enfant, inca-« pable de volonté, pour un péché où il paraît avoir si peu de part, qu'il est commis six mille « ans avant qu'il ne fût en être? Certainement, rien ne heurte plus rudement que cette « doctrine; et cependant, sans ce mystère, le plus incompréhensible de tous, nous sommes « incompréhensibles à nous-mêmes. Le nœud de notre conviction prend ses retours et ses plis « dans cet abîme; de sorte que l'homme est plus inconcevable sans ce mystère que ce mystère « n'est inconcevable à l'homme. »   (*Pensées.*)

par les prédications des deux évêques, des deux frères chrétiens saint Germain l'Auxerrois et saint Loup, apôtres des Gaules, qui venaient pour enseigner l'Évangile aux chrétiens et aux païens insulaires. Véritablement, on est tout honteux quand on voit quelle importance certains beaux esprits ont donnée à ce Pélage. Ils en ont fait comme le précurseur de Luther, ils ont voulu prouver qu'il était *l'alpha* et *l'oméga*, le *tohu* et le *bohu* de toute philosophie. A les entendre, cet homme est l'héritier direct des anciens bardes de l'Armorique, dont il aurait sauvé la philosophie dans ce naufrage universel de toutes les opinions qui n'étaient pas l'opinion de l'Église catholique. Et comme, une fois dans l'exagération, les plus sensés et les moins hardis ne consentiraient pas à s'arrêter, même devant l'absurde, les faiseurs de grands caractères pour les romans historiques n'ont-ils pas tenté de nous prouver, à force de périodes sonores et vides, et avec le plus grand sang-froid du monde, que dans ce moine Pélage se personnifiait tout le génie breton? A les en croire, toute la Bretagne se résumerait dans l'hérésie de Pélage. Au douzième siècle, ils retrouvent Pélage dans Abeilard; sous Louis XIV, ils le retrouvent dans Descartes; de nos jours ce sera M. de Lamennais, à moins encore que l'on n'en fasse M. de Chateaubriand lui-même. Insigne entêtement, de tout vouloir soumettre au joug du même paradoxe! Bien plus, de l'hérésie de Pélage, cette fausse doctrine mal exposée, mal défendue par un homme sans talent et sans génie, et foudroyée de toutes parts par les voix les plus éloquentes et les plus écoutées, on a fait comme la base des Églises de l'Armorique; on a relevé, tout exprès pour en charger la Bretagne, ce mur de division entre saint Augustin et Pélage. En vain les plus grands docteurs, saint Augustin, et avec saint Augustin, Bossuet, ont-ils prouvé à ces romanciers de l'histoire toute la perturbation apportée par Pélage, l'Église livrée à la discorde, les pasteurs sans autorité sur le troupeau, le troupeau sans pasteur, la vérité sans appui, les esprits flottants et chancelants dans la foi, la ruse et l'imposture de ces pélagiens réclamant un tribunal qui n'est pas, non pas pour être jugés, mais pour se soustraire au tribunal qui est; en vain a-t-on appliqué à cette hérésie misérable cette parole sévère : que ne pouvant pervertir le monde catholique, ils tentent de le soulever (*orbem catholicum quoniam pervertere nequeunt, commovere conantur*), rien n'a pu empêcher les déclamateurs de jeter sur l'Église de Bretagne, qui s'en indigne, ce froid manteau d'hérésie pélagienne! Heureusement de bons et sages esprits, peu disposés à recevoir, les yeux fermés, les inventions des faiseurs de paradoxes, ont-ils accablé sous les sarcasmes du bon sens toutes ces suppositions puériles; ils ont démontré, en se jouant, qu'Abeilard était, en effet, un autre homme que Pélage, et que Descartes n'avait rien de commun avec le moine de Bangor. Quant à l'accusation plus grave, d'une hérésie pélagienne qui eût été apportée par les réfugiés de l'île dans la péninsule armoricaine, cette accusation a été réfutée d'une façon nette et sérieuse, comme doivent l'être toutes les questions qui tiennent à la conscience des peuples. En effet, comment donc se peut-on expliquer, qu'en récompense de son hospitalité, si pleine et si entière qu'elle accepta même le nom de la nation émigrée, l'Armorique ait reçu, pour tout bienfait, de ces réfugiés chassés par le Saxon... une hérésie? Mais de cette hérésie que des Bretons insulaires auraient conservée avec tant de soins et tant de peines, où est la trace? Ni dans les monuments de l'histoire, ni dans la vie des saints de Bretagne, ni dans les actes des conciles, il n'est question de cette hérésie transplantée de si loin et à travers tant de périls. Il est vrai qu'une hypothèse anticatholique a tant de chances d'être acceptée! A ce propos, M. de Courson a découvert, avec ce rare bonheur qui ne le quitte pas, un passage de la chronique de Wotton, qui nous paraît tout aussi décisif que le poëme d'Ermold le Noir : « *Semper inter eos fides remansit integra...* etc. « *Leur foi est restée pure de tout alliage*, malgré l'hérésie de Pélage, « qui a causé de si grands ravages dans l'esprit des Saxons... surtout « dans le pays de Galles et dans la Cornouailles (dans toute la partie « de l'île restée bretonne), l'hérésie fut rejetée avec haine et mépris! » — C'est aussi une des louanges très-méritées que Bossuet accorde à l'Église des Gaules, *que la Providence fut soigneuse de réveiller parmi nous l'ancien esprit et d'y faire revivre les premières grâces.* — Écoutez encore Bossuet vous raconter comment l'Église gallicane resta pure et dégagée de toute hérésie. — « Quand le temps fut arrivé que l'em- « pire romain devait tomber en Occident, et que la Gaule [1] devait « devenir France, Dieu ne laissa pas longtemps sous des princes « idolâtres une grande partie de la chrétienté, et voulant trans- « mettre au roi des Français la garde de son Église, qu'il avait confiée « aux empereurs, il enseigna à la belliqueuse nation des Francs « que le dieu de Clotilde était le vrai dieu des armées! » — Et dans

---

[1] *Sermon sur l'unité de l'Église* (9 novembre 1681), tome XV, page 522, éd. de Lebel.

cet autre passage d'un livre que nous savons tous par cœur [1] :

« Un siècle si malheureux à l'empire, où il s'éleva tant d'hérésies, ne laissa pas d'être heureux au christianisme. Nul trouble ne l'ébranla, *nulle hérésie ne le corrompit;* l'Église, féconde en grands hommes, confondit toutes les erreurs. — La foi chrétienne s'affermissait et s'étendait tous les jours. »

A ces éloquentes et sincères paroles d'un si illustre docteur, que peuvent répondre les écrivains qui ont fait de Pélage un grand philosophe et, peu s'en est fallu, un symbole ? C'est bien le cas de reconnaître, avec Bossuet lui-même, cette *doctrine céleste,* comme il parle en parlant de saint Augustin. Ceux qui veulent à toute force retrouver Pélage dans toutes les opinions et dans toutes les croyances de la Bretagne, ceux-là n'ont pas lu les réfutations victorieuses, non-seulement de saint Augustin, mais de *tous les maîtres de la science en Occident.* Ils ne se rappellent donc pas ce beau et ferme discours prononcé dans l'église de Carthage le jour de la nativité de saint Jean-Baptiste, par l'évêque d'Hippone, quand il défendait avec tant d'énergie la puissance divine des eaux du baptême. Cette doctrine de saint Augustin était reconnue comme la vraie doctrine, en Espagne, où elle était professée par saint Isidore; dans les Gaules, où elle fut enseignée par saint Prosper et saint Césaire d'Arles; à Lyon, par saint Remi; en Allemagne, par le vénérable Haimon d'Alberstadt; en Angleterre, par Bède, le savant historien, et saint Anselme, l'archevêque de Cantorbéry; en Italie, enfin, par les souverains pontifes de l'Église, Célestin, Boniface, Sixte, Léon, saint Grégoire. Ainsi ont pensé les plus savantes institutions religieuses, et surtout l'ordre de Saint-Benoît, qui pendant huit ou neuf siècles a présidé à la doctrine et rempli les plus grands siéges de l'Église. On le voit, le monde chrétien et catholique est unanime à repousser ce Pélage, tout comme l'Église de Bretagne. Il est vrai que plus d'une fois, entre le clergé breton et le clergé gallo-franc, des dissensions se sont élevées, mais ces dissentiments passagers ne doivent être attribués ni à la dissidence religieuse, ni à ce système de résistance anticatholique dont quelques historiens des derniers temps ont voulu honorer l'Église de Bretagne, qui se reconnaît, grâce à Dieu ! indigne de tant d'honneur.

Vers la fin du troisième siècle, saint Gatien, évêque métropolitain de Tours, avait fondé les évêchés de Rennes et de Nantes; mais soit que

---

[1] *Discours sur l'histoire universelle.*

le petit nombre des ouvriers évangéliques eût mis obstacle au zèle des deux évêques de la haute Bretagne, soit que la langue des prêtres gallo-romains fût inconnue aux populations encore *idolâtres* de la pointe occidentale de l'Armorique, il est certain que la conversion des habitants de la basse Bretagne ne date guère que de l'arrivée des Bretons dans la péninsule. Il paraît même que, pour la création des nouveaux sièges de l'Armorique, le consentement de l'évêque de Tours ne fut pas sollicité. C'est qu'en effet, au milieu des bouleversements de l'empire, et dans ce terrible instant de confusion universelle, où la religion même avait à lutter de toutes parts contre les attaques des païens, l'évêque métropolitain de Tours ne pouvait guère songer à faire valoir ses droits ecclésiastiques.

On a prétendu, mais à tort, que les droits de l'archevêque de Tours reposaient uniquement sur une division antérieure du territoire ; ce qui est vrai, c'est que les droits de l'archevêque de Tours avaient pour base un article très-net et très-formel du concile d'Antioche. Telle fut l'origine de cette séparation funeste qui s'établit de si bonne heure entre les évêques bretons et le clergé gallo-franc. De là bien des conflits déplorables entre les deux peuples.

D'autres causes, non moins graves que cette négation de l'autorité métropolitaine, devaient entretenir la méfiance et la discorde entre les deux clergés de Bretagne et de France. Un jour, l'archevêque d'York, saint Samson, étant venu prendre possession du siége de Dol, donna la consécration ecclésiastique à plusieurs prêtres bretons. Peut-être l'évêque venu d'Angleterre croyait-il avoir le droit de consécration en sa qualité d'archevêque : en effet, les évêques et le clergé bretons qui avaient converti la partie armoricaine encore idolâtre, ne reconnaissaient-ils pas la juridiction du prélat avant d'avoir quitté la terre natale? ou bien encore, l'archevêque ne faisait-il qu'obéir au désir du roi Houël de Bretagne? Quoi qu'il en soit, les évêques de Tours se virent forcés de protester hautement contre cette violation des règles canoniques. A cet effet, un concile solennel fut convoqué à Tours, en 566; tous les évêques de l'Armorique y devaient apporter leur expérience et leurs lumières, mais deux évêques seulement, l'évêque de Rennes et l'évêque de Nantes, se rendirent à l'assemblée, tous les autres refusant de prendre part au concile. Cependant le concile, dûment convoqué, se mit à l'œuvre avec autant d'autorité que si l'assemblée était complète. Il établit plusieurs canons relatifs aux objections proposées ; dans l'un de ces articles,

défense était faite qu'à l'avenir aucun prêtre breton ou armoricain (gallo-armoricain) pût être ordonné évêque sans le consentement du métropolitain de Tours, « car, ajoutaient les prélats, ceux-là méri-
« tent d'être séparés de notre communion qui semblent mépriser
« les ordonnances des conciles. » Le texte était clair et précis, la défense était formelle, et nonobstant les Bretons persistèrent dans leur résistance. Trois siècles plus tard, Nominoé foulait aux pieds, avec plus d'audace encore, le privilége du métropolitain de Tours. De sa propre autorité, ce prince créa deux nouveaux évêchés, celui de Saint-Brieuc et celui de Tréguier. La métropole, durant plusieurs siècles, réclama près du saint-siège en faveur de ses droits méconnus; mais elle ne put obtenir gain de cause qu'en 1199, sous Philippe-Auguste, et dans le moment où la Bretagne se trouvait soumise à la domination du roi de France comme le tuteur et bientôt comme le vengeur du jeune duc Arthur.

En résumé il est donc impossible, dans toutes ces dissensions, de retrouver rien qui ressemble à l'hérésie de Pélage ou à toute autre hérésie. En tout ceci la doctrine évangélique n'est pas en cause; ces disputes des Églises de France et de Bretagne sont tout au plus des disputes politiques. La Bretagne est chrétienne, elle est catholique, elle est romaine, tout autant que la France.

« Dieu, dit le père Maunoir, dans son naïf langage, envoya dans
« les limites de la Gaule celtique sept brillantes lumières pour y dis-
« siper les ténèbres de l'idolâtrie : saint Pol, en Léon; saint Tugdual,
« en Tréguier; saint Brieuc, au diocèse de ce nom; saint Malo, à
« Aleth; saint Samson, en Dol; saint Paterne, en Vannes; saint Co-
« rentin, en Cornouailles. Ce sont eux qui dans les commencements
« du royaume de la petite Bretagne, y ont jeté les premiers rayons
« de l'Évangile. Aussi l'Église leur donne-t-elle cette louange, chan-
« tant ces paroles :

> *Septem sanctos Britanniæ*
> *Veneremur, et in ipsis demiremur*
> *Septiformem gratiam!*

Lorsque les Saxons, ces païens indomptables, envahirent l'île de Bretagne, ils s'abandonnèrent à toutes les fureurs; on eût dit qu'ils en voulaient surtout au Dieu des chrétiens : pour échapper à la violence de ces barbares, cette Église naissante, prêtres, solitaires, missionnaires de l'Évangile, les hommes les plus savants et les plus saints des quatre premiers siècles, s'en vint chercher un refuge dans les landes, sur les rivages, dans les îlots de la péninsule armoricaine. Même au plus fort des persécutions et de l'invasion des barbares, l'œuvre chrétienne restait active, attentive, dévouée. Aux premiers jours du cinquième siècle, à l'instant même où il était facile de reconnaître, à l'épouvante de toutes les âmes, que les barbares allaient venir, l'armée des évangélistes veillait la nuit et le jour, comme autant de lampes toujours allumées, tout prêts à convertir les nouveaux païens qui allaient régner sur l'empire, tant était grande la vertu de ces apôtres, tant était dévoué leur courage. A ce point leur abnégation les poussait dans le péril, que bientôt les peuples, éperdus, arrivèrent à considérer cette milice de Jésus-Christ comme autant d'hommes d'une nature supérieure à la nature humaine. Ils étaient la force, ils étaient l'espérance, ils étaient la charité. Dans cet épouvantable naufrage de toutes choses, les chrétiens avaient tout sauvé, et même les œuvres et le souvenir du génie antique. Ils étaient à la fois les historiens et les agriculteurs, les hommes de l'avenir et les hommes du temps présent; ils réunissaient dans leur personne tous les droits à la reconnaissance et à la vénération des peuples, les peuples les suivaient dans leur sentier de moisson et de science, demandant, les mains jointes, leurs bénédictions et leurs conseils. — A peine un monastère, à peine une église étaient construits dans quelques-uns de ces frais et calmes paysages, favorables à la méditation et à la prière, ou bien au milieu de ces landes stériles qui appellent la pénitence et le travail, soudain on voyait accourir une foule d'hommes d'élite demandant à partager cette vie de prière et de travail. Dans cette épouvantable confusion de l'antique société qui s'écroulait, les meilleurs esprits et les plus nobles âmes n'aspiraient qu'à l'oubli et au repos des solitudes chrétiennes: « Quam « pulchra tabernacula tua Jacob! et tentoria tua, Israel! — Que vos tentes sont belles, enfants de Jacob! ô Israël que vos pavillons sont merveilleux! » Ainsi parle le prophète (*Livre des Nombres XXIV*) à la vue du camp d'Israël dans le désert; ainsi parlaient toutes les âmes en peine des premiers siècles de l'Église. Et, je vous prie, quelle plus belle image, et plus vraie, pour représenter l'Église chrétienne, que cette nation d'Israël sortant de l'Égypte et des ténèbres de l'idolâtrie, cherchant la terre promise au sein d'un désert immense; nulle terre, nulle culture, nul fruit; une solitude effroyable, nul pain qu'il ne lui faille envoyer du ciel, nul rafraîchissement qu'il ne lui

faille tirer par miracle du sein d'une roche. « Dans l'horreur de cette
« vaste solitude ont la voit entourée d'ennemis, ne marchant jamais
« qu'en bataille, ne logeant que sous des tentes, toujours prête à
« changer de place et à combattre. Heureuse néanmoins dans cet état,
« tant à cause des consolations qu'elle reçoit durant le voyage, qu'à
« cause du glorieux et immuable repos qui sera la fin de sa course.
« *Voilà l'image de l'Église pendant qu'elle voyage sur la terre*[1] *!* »

Nous autres, nous disons, voilà l'état de l'Eglise *de Bretagne*. Eglise
qui combat en même temps qu'elle enseigne; elle a sa grâce particulière, elle a sa physionomie qui lui est propre, elle a sa beauté qu'elle emprunte à la beauté de l'Eglise universelle, *cette vraie beauté qui vient de la santé et de la force*. En dépit de tant d'accusations, ou, ce qui revient au même, de tant de louanges philosophiques qu'elle n'accepte pas, l'Église de Bretagne n'a rien fait, elle n'a rien dit, elle n'a rien pensé que ne pût avouer l'Eglise universelle; elle a obéi à des règles sévères qui lui ont été tracées à l'avance par des hommes d'une voix éprouvée, d'une vertu éminente, renommés pour l'ardeur de leur charité, saint Grégoire, saint Benoît, saint Colomban. Coulm (en français Colombe) ou Colomban, de l'ancienne race des Neils d'Irlande, avait converti par l'autorité de sa parole et la toute-puissance de ses miracles, les sauvages habitants de la Calédonie, et, son œuvre accomplie, il eut pour sa récompense l'île d'I-Colm-Kil. Dans cette île, la plus petite des Hébrides, saint Colomban avait fondé un monastère célèbre tout rempli de l'esprit de celui qui dit : « *Je tirerai tout à moi!* » De ce monastère sont sortis ces nombreux missionnaires qui vinrent porter dans l'Armorique les lumières de la foi chrétienne, et y répandre l'esprit de piété et de pénitence.

On ne sait pas de plus beau spectacle que le spectacle de la Bretagne pendant les premiers siècles qui suivirent l'établissement des Bretons dans l'Armorique. Également attentive à l'Évangile et à la philosophie, civilisée, croyante, cultivant avec un égal succès les arts de la paix et les arts de la guerre, elle échappe aux ténèbres et à l'ignorance qui déshonorent le reste de l'Europe. Lisez la Légende bretonne, c'est tout à fait de l'histoire; la Légende raconte tout à la fois et avec la même naïveté, le luxe des seigneurs et la pauvreté des apôtres; les fêtes de ces cours corrompues et brillantes, et la mâle activité de ces missionnaires que pousse l'esprit de Dieu; c'est un pêle-mêle édi-

---

[1] *Sermon sur l'unité de l'Église.*

fiant et pittoresque dans lequel se rencontrent, comme dans un tableau plein de variété et d'agrément, la besace du moine et le manteau brodé des seigneurs, le bâton du pèlerin et le voile de la jeune fille, la croix du missionnaire et l'épée du capitaine ; le cantique se perd dans les chants du barde ; tel vieillard, courbé sous le poids des ans et du martyre, est accueilli par la dame châtelaine ; et le soir venu, c'est la fille du comte qui lave les pieds fatigués du voyageur. Laissez passer les pèlerins des deux Bretagnes ! Recueillez ces exilés que vous envoie le Dieu de l'Evangile ! Ainsi firent tous les comtes, les seigneurs, les machtierns de la petite Bretagne. Ils acceptaient cette nation, qui venait s'abriter sur leur sol, et ils l'accueillaient justement parce qu'elle était chrétienne. Pas un fief, pas un comté qui n'ait fondé son prieuré, son monastère, son église, pour que ces chrétiens voyageurs y pussent porter à loisir ce qu'ils savaient des sciences divines et de la science humaine. Admirable partage de la civilisation en Bretagne ! en ce moment chacun est à l'œuvre et prépare l'avenir. Le seigneur va se battre à l'armée, le peuple cultive la terre, le moine et le prêtre viennent en aide à tous ceux qui souffrent, le pauvre, l'orphelin, l'ignorant, le vieillard ; le prêtre devient l'arbitre et le conseil de ce peuple en l'absence de ses maîtres, il panse les blessures du corps, il guérit les maladies de l'âme, et comme il est bien difficile que cette puissance chrétienne et intelligente ne se mêle bientôt aux plus graves affaires de la société civile, il arriva que ces réfugiés de l'Evangile furent reconnus comme une autorité presque souveraine. Par la vie et par les travaux de saint Félix, évêque de Nantes, on peut comprendre à quel point s'étendait l'autorité d'un évêque dans la Bretagne. A la voix du saint pasteur, un temple s'élève qui était la merveille des Gaules, dit le poëte Fortunatus ; le cours de la Loire est changé ; l'Erdre, au cours tortueux, devient un fleuve obéissant, et court dans un lit creusé par la main des hommes ; le prélat embellit, agrandit, répare : un roi puissant n'eût pas mieux fait que cet évêque. Dans le conseil du prince la voix de l'évêque est écoutée, car elle parle avec modération et sagesse. L'évêque lui-même est entouré comme un comte de Bretagne, il est prince, il a sa cour, il a son tribunal, sa bannière, son armée, sa terre enfin. Si l'évêque est attendu dans la capitale de son diocèse, on dirait que le roi lui-même est attendu et qu'il arrive dans une pompe toute royale, tant était grand l'empressement et profond le respect des peuples. Dans certaines villes, la ville de Kemper, par exemple, l'évêque était le juge souverain et sans appel de tous les habitants; ainsi vous lisez *dans les Actes de Bretagne*, que Guy de Thouars est cité à comparaître devant l'évêque pour avoir osé bâtir une maison dans l'enceinte du fief de saint Corentin sans le consentement du prélat; Guy de Thouars est excommunié, une partie de ses domaines est frappée d'interdit.

L'évêque de Dol, entre autres droits qui n'appartenaient qu'aux seigneurs suzerains, donnait le champ à ceux qui devaient se battre en duel. — Sans doute c'étaient là de grands priviléges, difficiles à défendre, une autorité difficile à maintenir; l'Église se préparait bien des inimitiés et bien des haines à être devenue si puissante; mais cependant craignons de tomber dans les excès puérils de l'histoire écrite par ces mêmes hommes qui ont tout détruit sans rien rétablir. Rien n'est si facile que la déclamation; rien n'est plus populaire que cette récrimination du temps présent contre le passé, et en ceci nos historiens déclamateurs avaient le champ d'autant plus vaste, que les plus graves docteurs de l'Église, saint Bernard et le pape Grégoire VII, s'étaient inquiétés les premiers de cette prospérité du clergé catholique. — Il faut dire aussi, pour être juste envers tout le monde, que cette force morale du clergé, dans ces temps malheureux où la violence était le droit, où la nécessité écrasait les plus faibles au profit des forts, était devenue le seul refuge et l'unique protection des faibles contre toutes les injustices, contre toutes les violences. De toute nécessité, quand le seigneur était injuste, il fallait que l'évêque fût puissant; quand le château fort devenait prison, l'église devenait lieu d'asile; et comment donc le clergé eût-il résisté à ces violences, comment eût-il consolé ces misères, s'il n'eût pas été, lui-même, propriétaire et seigneur? Plus l'ordre manquait à cette société barbare, et plus il était nécessaire que l'Église rétablît quelque peu l'harmonie entre ces forces imprévoyantes, injustes, brutales. Cette pitié pour les pauvres, cette charité pour les faibles, le clergé de Bretagne, non moins que le clergé de l'Irlande, l'exerçait avec un dévouement qui n'a pas eu de bornes; noble clergé, dévoué aux malheureux, fidèle aux faibles, ami des libertés nationales, se recrutant parmi les pauvres aussi bien que parmi les riches; de là, en partie, cette égalité de tous les hommes d'esprit et d'honneur dont le clergé catholique a donné l'exemple au monde, étonné et charmé de voir plus d'une fois le prêtre studieux devenir l'évêque de son peuple, le fils du laboureur devenir prince de l'Église ou chef de la chrétienté!

Si l'Évangile a dit avec raison : rendez à César ce qui est à César, il serait juste, ce me semble, de rendre au souverain pontife Grégoire VII la part d'admiration et de louange qui lui revient pour avoir donné à l'Église universelle cette organisation toute-puissante autour de laquelle se sont agitées toutes les forces du monde moderne. Ce fut le rêve de cette ferme volonté de réaliser dans la personne du souverain pontife la double qualité d'empereur et de pontife, dont se vantaient les césars, avec cette différence, toutefois, que Grégoire VII faisait passer le titre de pontife avant le titre d'empereur. Quand les empereurs furent devenus les fléaux du monde, à l'heure où le christianisme naissant jetait au loin ses premières et ineffables clartés, ce grand titre d'empereur-pontife se divisa, le césar restant à peine empereur, pendant que le vrai, le seul pontife, le successeur de saint Pierre, ne songeait qu'à devenir la consolation et le refuge des peuples écrasés par les barbares. Cependant l'avenir appartenait à l'autorité pontificale ; en 774, le pape Adrien Ier, d'une famille patricienne, appelle à l'aide de l'Italie Charles, le roi des Francs, et Charlemagne accourt à la première parole de l'évêque. Sur la tête de ce fils aîné de l'Église, le pape Léon III pose la couronne, et Charlemagne ne la trouve que plus précieuse, ainsi donnée. Sous le roi Charles *le Chauve* (875), sous le roi Charles *le Gros* (885) et pendant tout le dixième siècle, l'ordre n'est plus nulle part, et avec l'ordre l'autorité est partie. On ne sait plus à quoi se tenir ; le régime féodal a changé tous les principes, la corruption des mœurs est au comble. Le clergé, qui a si longtemps donné tous les bons exemples, s'abandonne à des scandales infinis. Le pape lui-même n'est plus que la créature subalterne de l'empereur ou de tout autre monarque dont il faut payer la protection par la plus extrême obéissance. Le pape donnait la couronne à qui lui avait donné l'anneau pastoral ; ce n'était pas une élection libre et spontanée, c'était un échange de bons offices ; puis la vénalité descendant du haut en bas, envahissait les derniers rangs de la hiérarchie. Jusqu'à la moitié du onzième siècle, cette honte et cette plaie de l'Église furent maintenues. Mais enfin le législateur de l'Église entière allait sortir des ténèbres austères et savantes de l'abbaye de Cluny. Cet homme d'un si rare génie, Hildebrand, était né en Toscane ; son père était un charpentier, lui-même il fut élevé à Sainte-Marie du mont Aventin, et pour son maître, il rencontra Gratien, qui devint pape sous le nom de Grégoire VI ; l'abbaye de Cluny, en France, acheva l'éducation reçue à Sainte-Marie, à Rome. Savante était cette abbaye de Cluny, qui a fourni tant de lumières à l'Église. Ses études achevées, le moine Hildebrand devint le précepteur du fils de l'empereur Henri *le Noir* (Henri III). Ainsi l'élève d'un pape devenait le maître d'un empereur. Le pape Grégoire VI, quand il fut sur le trône de saint Pierre, voulut avoir dans son conseil son élève chéri, Hildebrand, qui apprit ainsi, et de bonne heure, l'art de régner. Dangereux moment pour l'Église! Elle avait résisté avec un égal bonheur à la persécution, depuis Néron jusqu'à Constantin; aux hérésies et aux schismes qui divisaient les chrétiens depuis six cents ans, et maintenant elle semblait énervée et comme perdue par la corruption des mœurs, qui, sous les descendants de Charlemagne, avait fait des progrès si rapides. La simonie, c'est-à-dire la vente effrontée de tous les biens, de toutes les dignités ecclésiastiques, menaçait de tout envahir; peu de cœurs étaient restés honnêtes, peu d'âmes étaient sans corruption, peu de consciences sans reproche. L'évêque n'était souvent que le flatteur du prince; on le voyait à la cour, dans la foule des courtisans les plus avides, prendre sa part de toutes ces haines et de tous ces crimes. Pourtant, les meilleurs esprits du monde chrétien comprirent bien vite que la régénération religieuse était possible; l'Evangile ne devait pas mourir; il fallait se mettre à l'œuvre, il fallait que la réforme partît de Rome, et que le siège de saint Pierre donnât au monde consolé l'exemple de toutes les vertus. Telle fut l'œuvre du pape Grégoire VII. Toute sa vie il a été fidèle à la tâche illustre qu'il s'était imposée : agrandir la puissance de l'Eglise en la purifiant, prouver à l'empereur que le pape était au-dessus de sa tête, mettre Rome à l'abri des ambitions qui menaçaient à chaque instant la dignité pontificale, conjurer tous les malheurs dont l'Eglise était menacée après tant de scandales; en un mot, régénérer spirituellement le saint-siége en doublant sa puissance temporelle, ce sont là autant de travaux accomplis par ce grand pape, souverain pontife et empereur! Toute la vie de ce grand homme s'est passée à combattre l'incontinence et la simonie du clergé. Le premier il a défendu ouvertement, et sous peine d'excommunication, les investitures des évêchés et des abbayes que les rois donnaient aux ecclésiastiques en leur remettant la crosse et l'anneau. Il a délivré Rome de tous ses tyrans subalternes retranchés naguère dans leurs forteresses inaccessibles.— Il a résisté à toutes les violences et à toutes les colères de l'empereur d'Allemagne, et le monde étonné a pu voir ce monarque superbe, Henri, roi de Germanie, un des plus puissants rois de l'Europe, attendre vainement pendant trois jours, dans la cour du château de

Canossé, les pieds nus et le corps couvert d'un cilice, que le pape voulût jeter sur sa misère un regard de pardon et de pitié.

Grégoire VII montra dans sa vie tout ce que peut accomplir une âme grande et fière. Il étendit aussi loin qu'elle pouvait s'étendre la domination pontificale. Ce fut lui qui donna à Guillaume le *Conquérant* la bannière que portait Guillaume sur le vaisseau qui le jetait à l'Angleterre. — Il a résisté à toutes les violences. — Il a fait taire toutes les injures. — Il a brisé tous les schismes; — au pied de son trône se sont courbées les têtes les plus hautes. — Il a donné et repris les couronnes. — Il n'a pas présidé à moins de cinq conciles. — Il a soutenu un siége de deux années contre toutes les forces de l'empire, et enfin quand il est mort dans le château de Salerne, à l'âge de soixante-quatorze ans, il a pu se rendre à lui-même cette justice, sans craindre que pas un ne le démentît dans tout l'univers chrétien, « qu'il avait toujours aimé la justice et haï l'iniquité ! » *Dilexi justitiam, et odii iniquitatem! — Propter ea morior in exilio;* « et voilà « pourquoi je meurs dans l'exil ! »

Il est mort comme il a vécu, persuadé, au fond de son âme, que tous les trônes temporels devaient être soumis au saint-siége; que Rome, la tête du monde, devait dominer tous les royaumes, et que les rois étaient les premiers serviteurs des ordres immuables de l'Église de saint Pierre. C'est à proprement dire la réalisation de cette parole du pape Anastase : « L'épiscopat est autant au-dessus de la « royauté que l'or est au-dessus du plomb ! » Au reste, le résumé de la vie et des travaux de Grégoire VII, la doctrine, ou ce qui est plus juste, l'ambition de toute l'Église à venir se rencontre dans les vingt-sept sentences : *Dictatus papæ*, que l'on peut traduire ainsi : — L'Église romaine est fondée par Notre-Seigneur Jésus-Christ. — Le pape est le seul *pontife universel*. — A lui seul le droit de déposer les évêques et de les réconcilier avec l'Église. — Dans les conciles, le légat du pape siége au-dessus des évêques, et il peut les déposer. — Le pape peut déposer les absents. — Nul ne doit habiter la maison de l'excommunié. — Le pape est le maître, il peut faire de l'abbaye un canonicat, diviser un évêché en plusieurs, ou bien de plusieurs en faire un seul. — Lui seul il porte les insignes impériaux. — Les princes baisent les pieds du pape, et du pape seulement. — Seul, le nom du pape est prononcé dans les églises. — Lui seul il s'appelle *le pape !* — Il dépose les empereurs. — Il transfère les évêques. — Il peut ordonner un clerc de quelque église que ce soit. — Le clerc ordonné par le pape ne doit recevoir aucun degré supérieur de quelque évêque que ce soit. — Le pape seul convoque les synodes *généraux*. — Sans l'ordre du pape, pas de conciles canoniques. — Il réforme toute sentence. — Son jugement est sans appel. — Il n'a pas de juges sur la terre. — Qui en appelle au tribunal apostolique ne peut être jugé par aucun autre juge. — Les causes majeures de toute Eglise lui sont déférées. — L'Eglise romaine est infaillible. — Le pape devient saint infailliblement par les mérites de saint Pierre. — Quand le pape le permet, l'inférieur peut accuser son supérieur. — Le pape établit ou dépose les évêques de sa seule autorité. — Nul n'est catholique en dehors de l'Eglise romaine. — Le pape peut délier les sujets du serment de fidélité prêté à des injustes.

Qui voudrait raconter l'œuvre entière de *Grégoire VII*, entreprendrait une tâche de longue haleine; seulement, à propos de l'Eglise universelle, il est impossible de ne pas parler de ce grand homme. La simonie et l'incontinence rencontrèrent enfin l'obstacle salutaire de cette ferme volonté; le prêtre fut soumis au célibat, et désormais il fallut que sa vie fût austère et chaste pour être respectée; ainsi protégé par cette loi rigoureuse, le clergé catholique n'eut plus pour toute patrie et pour toute famille que l'Eglise universelle; le prêtre devint pour l'Eglise comme le soldat d'une armée qui partait du Capitole, emportant pour tout bagage des croyances authentiques. — Saluez donc Grégoire VII comme le pontife suprême! Il a donné, le premier, à l'Eglise catholique l'éclat, la puissance, l'autorité, la majesté enfin, toutes ces grandeurs qui ont devant elles quatre cents ans de durée avant l'arrivée de Luther.

Disons aussi, car il faut qu'à chaque ouvrier catholique toute justice soit rendue, que dans cette entreprise immense de Grégoire VII, Grégoire VII n'a pas eu toute la gloire; il faut ajouter, à tant de travaux immenses, les travaux de saint François d'Assise et de saint Thomas d'Aquin. François d'Assise n'avait pas vingt ans, que déjà on l'appelait *l'homme de Dieu*. Il prêchait la loi stricte enseignée par les apôtres. Il prit pour le fondement de sa *règle* l'Evangile. Il enseignait le *renoncement*, la pauvreté, l'humilité, la chasteté. Le disciple de saint François ne portait ni sac, ni valise, ni pain, ni argent, ni bâton. S'il entrait dans une maison: — Paix à cette maison, disait-il: *Pax huic domui!* Il buvait et mangeait ce qui lui était offert; sans jamais se plaindre, il devait supporter toute injure; frappé sur une joue, il présentait l'autre joue; s'il rencontrait un pauvre, il donnait au pauvre, même l'habit qui le couvrait. Voyager à pied, travailler à la terre, telle était la loi pour le frère mineur; seulement il ne devait être le domestique de personne; le disciple de saint François ne doit pas tendre la main au salaire, il doit tendre la main à l'aumône. — Soyez humble, soyez pauvre, demandez l'aumône sans honte, dites *merci* même à qui vous refuse, car celui-là vous donne au moins une humiliation salutaire. — Aimez Dieu, aimez Dieu! telle était la loi, tel était le fondateur des ordres mendiants. — Sa loi faite, François d'Assise la soumet à l'approbation du chef de l'Eglise, et lui-même il s'en fut à Rome, suivi de ses frères. Ils allaient à pied, et chemin faisant ils venaient en aide aux malades, donnant l'exemple de la charité et de l'aumône. L'entrée à Rome de ces pèlerins inattendus produisit une sensation immense. — Le clergé était si puissant et si riche! il avait poussé si loin la parure extérieure, l'éclat et la richesse des habits! Le pape lui-même, Innocent III, recula d'abord, comme s'il eût été épouvanté de tant de misère et d'humilité. — Mais bientôt Innocent III fut frappé de cette abnégation profonde; le cardinal de Saint-Paul, touché du dévouement de François d'Assise, s'écria que si l'on rejetait ce mendiant, *on rejetait l'Évangile même.* — Le pontife approuva donc l'institution nouvelle, et ces mendiants héroïques reprirent leur course à travers les nations pour enseigner l'Evangile. On les vit donc dans toute la chrétienté, en Espagne, en Provence, en Allemagne, en Lombardie, en Toscane, en France enfin, soutenus par la conviction et par l'éloquence qui vient d'en haut.

À l'instant même où saint François d'Assise rendait cette belle âme qui avait répandu tant de bienfaits (**1226**), venait au monde Thomas d'Aquin, le plus célèbre disciple de l'abbaye du mont Cassin. Comme savant, comme philosophe, comme théologien, il mérite la première place dans la reconnaissance du treizième siècle. Il montra de bonne heure la plus rare intelligence unie à une grande vertu. À vingt-deux ans il renonçait aux séductions du monde où l'appelaient son nom, sa jeunesse, ses talents, et il prit l'habit de saint Dominique. — Son éloquence était égale à sa volonté, il était pieux autant que savant, et si l'on voulait citer le plus parfait théologien de la chrétienté, son nom arriverait tout d'abord. Il savait, en effet, toutes les paroles de la théologie, il les avait coordonnées avec une sagacité égale à sa science. La théologie a été le travail de toute sa vie, c'est surtout à l'activité et au zèle du saint docteur que l'Église universelle est redevable de cette règle fixe, de cette unité disciplinaire auxquelles le catholicisme devait se conformer. — L'Université de Paris est fière de compter saint Thomas d'Aquin au nombre de ses plus illustres professeurs, tout comme elle est fière du docte Abeilard. — La vie de Thomas d'Aquin a été trop courte, et cependant l'esprit se refuse même à compter tant de travaux accomplis en si peu d'années. En moins de dix-sept ans il a écrit ces dix-huit tomes qui contiennent dans leur ensemble toute la science théologique, et surtout ce livre immense, *la Somme de saint Thomas*, dans lequel l'auteur a renfermé toutes les questions qui se rattachent aux trois divisions de la science sacrée. Caractère admirable et sincère, modestie incomparable, étranger aux choses du siècle et ne s'inquiétant que du triomphe de cette religion chrétienne ; d'une probité à toute épreuve, lui aussi il a dit tout comme disait le pape Grégoire VII : *Vivre de l'autel et non par vendre l'autel !* — Il a touché à tous les points de la controverse et de la politique, mais il y a porté une main sage, prudente, modeste, chrétienne ; tel a été cet homme dont la vie fut pour l'Église une grande occasion de triomphe et d'espérance. Il a complété par sa science et son génie l'œuvre entreprise par la volonté de Grégoire VII, et soutenue par la charité de saint François d'Assise.

Nous n'ignorons pas que ce n'est plus guère l'usage de parler avec respect de ces institutions formidables, traitées si lestement par l'école historique du siècle passé ; mais avant tout, et même au hasard de ne pas passer pour des philosophes, nous voulons parler gravement des choses graves, nous voulons parler avec reconnaissance des forces et des intelligences qui ont abrité et sauvé les vieux siècles. Et, d'ailleurs même cette déférence pour l'Église et pour ses grands pontifes, même ce profond respect que les peuples portent au clergé qui les nourrit, qui les défend, qui les protége, c'est tout simplement la reconnaissance du faible, du pauvre, du serf, pour l'appui juste et fort, pour l'inépuisable bienveillance qu'il rencontre en son chemin. Frappées de toutes parts, ces populations malheureuses pensaient avec orgueil qu'il y avait à Rome le père des chrétiens qui pouvait jeter l'anathème sur les tyrans ; elles se sentaient encouragées par ces humbles moines, enfants du peuple. Le monastère était ouvert à qui n'avait pas d'asile ; plus d'une fois, quand tout fuyait devant les pirates normands ou tout autre barbare sans foi, sans patrie et sans aveu, quand le seigneur lui-même était en fuite, trop heureux d'éviter le châtiment de ses vassaux poussés à bout, on vit l'évêque attendre de pied ferme le barbare qui s'avançait, et, d'un geste, d'un regard, faire tomber à ses pieds toute cette colère. En un mot, depuis tantôt dix-huit siècles, le paysan et le prêtre ont mangé le même pain, ils se sont agenouillés au même autel, ils ont défendu les mêmes libertés et les mêmes croyances, ils ont supporté les mêmes douleurs et subi les mêmes persécutions; quoi d'étonnant qu'ils soient restés unis et confondus dans les mêmes croyances, dans le même espoir? Voyez l'Irlande catholique! Si la foi soulève les montagnes, c'est la force catholique qui fait de ces montagnes soulevées un inexpugnable rempart.

Dans toute histoire, mais surtout dans une histoire de Bretagne, le chapitre de l'Église est d'une haute importance, car il domine tous les autres. C'est par l'Évangile, et par l'Évangile seulement, que commence l'histoire de la civilisation moderne. M. de Chateaubriand l'a dit avec raison : « Aucune religion sur la terre n'a offert « un pareil système de bienfaits, de prudence et de prévoyance; de « force et de douceur, de lois morales et de lois religieuses [1]. Rien « n'est plus sagement ordonné que ces cercles qui, partant du der- « nier chantre de village, s'élèvent jusqu'au trône pontifical, qu'ils « supportent et qui les couronne. L'Église, par ces différents de- « grés, touchait à nos divers besoins : arts, lettres, sciences, légis- « lation, politique, institutions littéraires, civiles et religieuses, « fondations pour l'humanité, tous ces magnifiques bienfaits nous ar- « rivaient par les rangs supérieurs de la hiérarchie, tandis que les « détails de la charité et de la morale étaient répandus, par les degrés « inférieurs, chez les dernières classes du peuple. Si jadis l'Église « fut pauvre, depuis le dernier échelon jusqu'au premier, c'est que la « chrétienté était indigente comme elle. Mais on ne saurait exiger « que le clergé fût demeuré pauvre, quand l'opulence croissait au- « tour de lui. Il aurait alors perdu toute considération, et certaines « classes de la société, avec lesquelles il n'aurait pu vivre, se fussent « soustraites à son autorité morale. Le chef de l'Église était prince « pour pouvoir parler aux princes; les évêques marchant de pair « avec les grands, devaient les instruire de leurs devoirs; les prêtres « séculiers et réguliers, au-dessus des nécessités de la vie, se mêlaient « aux riches dont ils épuraient la vie, et le simple curé se rappro- « chait des pauvres, qu'il était destiné à soulager par ses bienfaits et à « consoler par son exemple. »

Et plus bas, car le grand poëte dont la Bretagne est fière, quand

[1] *Génie du christianisme*, tome III, chap. II.

il écrivait ces lignes, pensait avec orgueil aux paysans de sa patrie bien-aimée : « Le paysan sans religion est une bête féroce ; il n'a « aucun frein d'éducation ni de respect humain ; une vie pénible « a aigri son caractère ; la propriété lui a enlevé l'innocence du sau- « vage ; il est timide, grossier, défiant, ingrat surtout. Mais, par un « miracle frappant (ici apparaît la Bretagne!), cet homme, natu- « rellement pervers, devient excellent dans les mains de la religion. « Autant il était lâche, autant il est brave ; son penchant à trahir « se change en une fidélité à toute épreuve, son ingratitude en un « dévouement sans bornes, sa défiance en une confiance absolue. « Comparez ces paysans impies profanant les églises, dévastant les « propriétés, brûlant à petit feu les femmes, les enfants et les « prêtres, comparez-les aux Vendéens défendant le culte de leurs « pères, et seuls libres quand la France était abattue sous le joug « de la terreur ; comparez-les, et voyez la différence que le ciel peut « mettre entre les hommes ! »

Calvaire de Plougastel.

CHAPITRE VI

Les Normands de la Seine. — Charles le Simple. — Réfutation des historiens de Normandie.—Alain Barbe-Torte, duc de Bretagne. — Hoël et Guereeh. — Conan I. — Alain, duc de Bretagne. — Conan II. — Les Bretons en Angleterre. — Alain Fergent. — Il fait lever le siège de Dol. — Henri I, roi d'Angleterre, et les Plantagenets. — Conan IV. — Henri II. — Il envahit la Bretagne. — Ligue des Bretons. — Geoffroy, duc de Bretagne.—Il se révolte contre son père, le roi d'Angleterre. — Il meurt à la cour du roi de France Philippe-Auguste. — Les obsèques du comte Geoffroy. — Mort de Henri II.

Revenons aux luttes glorieuses de la Bretagne héroïque et chrétienne que nous avons laissée sous les lois ou pour mieux dire sous les drapeaux d'Alain Barbe-Tort, et se battant avec une rare énergie contre les Normands de la Loire. Voici donc qu'un jour, jour funeste et terrible, sur la Seine, à l'embouchure du fleuve, à l'endroit où la mer jette son dernier flot sur le rivage de France, les peuples effrayés ont signalé les Normands. Ceux-là, les Normands de la Seine, ils sont plus redoutables que tous ceux que vous avez rencontrés déjà le fer et la torche à la main; le flot qui les a apportés ne les remportera pas, ils garderont, ils agrandiront la terre qu'ils ont prise, et si de nouveau vous les voyez passer l'Océan, c'est qu'ils n'affrontent ces nouveaux orages que pour s'emparer d'un royaume nouveau.

Nous l'avouons, arrivés à ce moment de notre histoire, nous nous trouvons arrêtés par un de ces grands embarras dont il serait bien difficile de se tirer si l'on n'y mettait une grande, une entière bonne foi. Ce récit de la Normandie envahie par Rollon, son premier duc, ces pirates qui s'arrêtent à Jumiéges, qui de là remontent jusqu'à Paris, où ils trouvent une rançon, le traité de Saint-Clair sur l'Epte, Charles le Simple donnant sa fille Gisèle au chef des pirates, en un mot, les premiers chapitres de cette histoire de Normandie telle que nous sommes habitués à la lire dans les livres des historiens les plus graves; nous-mêmes nous l'avons racontée naguère avec toute la complaisance d'un écrivain qui puise les faits aux meilleures sources et qui n'a pas peur d'être démenti [1].

Mais quoi! à peine allais-je revenir sur les détails de cette histoire de l'invasion des Normands, que voici notre guide dont la voix austère se fait entendre : — Y pensez-vous, nous dit-il, et de quel droit allez-vous répéter des contes historiques, d'autant plus dangereux qu'ils ont pour eux les autorités les plus graves? Que les Normands se soient emparés de la Seine, qu'ils aient battu Eudes lui-même, le vaillant comte de Paris, que Charles le Gros ait éloigné à prix d'argent (700 livres) la flotte des pirates, que de Paris ces farouches pillards se soient portés à Meaux et qu'ils aient mis à rançon Eudes lui-même, ce sont là des faits acquis à l'histoire. Il faut croire, sans nul doute, au traité de Saint-Clair sur l'Epte et à la cession de la Normandie, la plus belle des provinces de France, faite aux Normands par Charles le Simple, quoique cependant nul ne puisse dire avoir jamais retrouvé ce traité fatal de Saint-Clair sur l'Epte; seul, le doyen de Saint-Quentin, Dudon, parle du traité fait par Rollon avec *le Simple*, et encore ce Dudon écrit sous la dictée et par l'ordre du duc de Normandie, son doux maître. Quant au reste de cette histoire, prenez garde; si ce reste-là est vraisemblable, il n'est pas vrai. Certainement ce n'est pas Franco, l'archevêque de Rouen, qui a baptisé Rollon en 912, car, en 912, l'archevêque de Rouen s'appelait Vito. Le mariage de la petite-fille de Charlemagne avec un pirate venu des glaces de Norwége, donnerait à coup sûr le sujet d'un beau roman ou d'une touchante tragédie, je le veux bien, mais je ne vois en tout ceci qu'une petite difficulté : Charles le Simple, marié en 912, depuis sept ou huit ans à peine, ne pouvait pas donner sa

[1] *La Normandie*, chapitre I, page 4.

fille au duc de Normandie. — Cette princesse Gisèle, pour laquelle vous avez eu tant de pitié, à l'exemple de tous les historiens de Normandie, elle était la fille, non pas de Charles le Simple, mais de Lothaire; elle avait épousé, non pas Rollon le pirate, mais Godefroy le voleur! Vous voyez donc qu'il faut se méfier des histoires les mieux faites, et par les esprits les plus difficiles. Quant à la cession de la Bretagne faite à Rollon par Charles le Simple, sous le prétexte que la Normandie, cette terre fertile par excellence, ne suffisait pas à nourrir tous ces Norwégiens, méfiez-vous de cette annexe au traité de Saint-Clair sur l'Epte; les Bretons n'y ont jamais cru, les Normands eux-mêmes n'y croient plus, maintenant qu'ils n'ont plus aucun intérêt à y croire. Tout ce que je vous puis accorder, pour ne pas trop détruire les premiers chapitres de votre histoire de la Normandie, c'est qu'en effet, devenus les voisins des princes normands par le droit de la conquête, les ducs de Bretagne aient été astreints à faire hommage aux successeurs de Rollon, mais seulement pour cette partie de leur territoire concédée jadis par les rois francs aux ducs de Bretagne, et qui était limitrophe de la Normandie. De cette parcelle d'un hommage tour à tour accordé, refusé, imposé, étendu tout au loin ou ramené dans ses plus strictes limites, de longues guerres devaient surgir : à savoir, trois siècles de combats, d'invasions, de vengeances entre les princes bretons et les princes normands!

Ainsi parle notre maître en fait d'histoire, et comme il a toujours les preuves à la main, comme il est d'une analyse inflexible, comme ses déductions sont nettes et précises, il faut bien le suivre, tout en regrettant les récits bien arrangés, les drames tout faits, les paroles mémorables, les descriptions et les anecdotes consacrées par tant d'assentiments unanimes. La vérité est souvent d'un aspect bien austère; mais enfin elle est la vérité, elle a des droits imprescriptibles, et quand elle commande il faut obéir.

Sur l'entrefaite, et quand la Bretagne, exposée à ses rudes voisins les Normands, avait besoin, pour se défendre contre les envahissements de la violence ou de la ruse, de toute sa prudence, de tout son courage, Alain, le vaillant Barbe-Torte, venait de mourir. Il laissait, pour unique héritier de ses longs travaux et de ce royaume à défendre, un enfant, un fils au berceau, nommé Drogon, triste et nouvelle occasion de dissensions intestines, de guerres civiles, de crimes sans fin pour la Bretagne! A peine veuve, la femme d'Alain prend un nouveau mari, elle se donne à Foulque; ce fameux comte d'Anjou, d'exécrable mémoire. Il était lâche autant qu'il était ambitieux; une couronne volée par un crime lui paraissait achetée à meilleur prix que si elle eût été gagnée loyalement par la patience et par le courage. A peine marié à la veuve d'Alain, Foulque réclame la tutelle du jeune Drogon, et peu après cet enfant, ce prince de Bretagne confié à la garde de son beau-père, sa mère le trouve étouffé dans son berceau. En même temps, les Bretons de la Barbe-Tort apprennent, non pas sans indignation et sans colère, que pour la cinquième fois les Normands assiégent la ville de Nantes, et que le mari de la reine ne va pas au secours de la ville assiégée. — Ah! dit la veuve d'Alain, on voit bien *que le grand pieu qui naguère fermait l'entrée de la Loire est renversé!* — Heureusement, toute la race d'Alain n'était pas morte étouffée dans le berceau de son fils légitime. Alain avait laissé deux bâtards destinés à châtier le comte d'Anjou : l'un s'appelait Hoël, et il prit à main armée le comté de Vannes et de Nantes ; l'autre, Guerech, était l'évêque de Nantes en personne. Hoël, à peine maître de ce comté où il était protégé par son frère l'évêque, se voit exposé aux perfidies de Conan I, comte de Rennes. Ce Conan était un politique de la force de Foulque lui-même, et il s'y prit de la même façon pour se défaire de son rival ; Hoël fut assassiné par le comte de Rennes. Aussitôt l'évêque de Nantes, ce Guerech, le frère du prince égorgé, se dépouille de la robe du prêtre pour revêtir le manteau du comte ; il jette le bâton pastoral et il prend l'épée; Guerech avait véritablement du sang d'Alain dans les veines... il meurt assassiné, comme son frère, par le comte de Rennes. C'en en fait, ce n'est déjà plus la Bretagne de nos premiers chapitres ; tous ces crimes, tous ces meurtres, toutes ces misères tiennent la place de la liberté et de la gloire. Il faut que l'histoire se hâte pour arriver enfin à quelque action d'éclat et de courage, à un beau caractère, à quelque dévouement généreux. A ces titres, nous attendons que vienne à nous Alain V, duc de Bretagne. Il a eu l'honneur de refuser l'hommage à ce célèbre Robert III, duc de Normandie, le père de Guillaume le Conquérant, Robert le Diable, pour tout dire [1]. Dans cette lutte contre le Normand, le Breton fut vaincu ; mais il céda avec gloire, témoin ce château fort que fit construire pour se défendre contre les Bretons le duc Robert le Diable, ou, si vous l'aimez mieux, le Magnifique : château formidable qui avait pour fossés la rivière de Coësnon. Sur cet emplacement pittoresque s'élève aujourd'hui la ville de Pontorson.

[1] Voyez *La Normandie*, page 51; toute la vie de Robert le Diable.

La paix faite entre les deux cousins, Alain de Bretagne et Robert de Normandie, fut une paix fondée sur l'amitié et sur l'estime. Comme ils s'étaient battus bravement l'un contre l'autre, il arriva que le duc de Normandie, quand poussé par la fantaisie et par ce besoin d'aventures qui annonçait la fièvre des croisades, Robert III voulut visiter l'Italie et la terre sainte, saluer à la fois le pape et l'empereur du Bas-Empire, n'alla pas chercher un autre homme que le duc son ancien ennemi, pour lui confier tout à la fois son duché de Normandie et son fils Guillaume, Guillaume le Bâtard, le fils d'Arlette, la belle fille de Falaise, cet enfant de huit ans à peine, qui devait être de si bonne heure Guillaume le Conquérant :

« Le duc Robert manda Robert, son oncle, archevesque de Rouen,
« et les autres prélats de la duchié de Northmandie, et tous les ba-
« rons et princes de la dite duchié, et leur dist qu'il voulait aller au
« saint sepulchre d'oultre-mer, en pelerinage pour le salut de son
« âme. — Sire, répondirent iceulx, ce ne ferez-vous pas. Qui nous
« garderait et nous gouvernerait? Vous n'avez nul hoir (héritier) de
« votre chair issu; si savez comme Alain, le conte de Bretagne et
« celui de Bourgogne, qui sont vos prochains de lignage, tiennent
« chacun d'eulx entre les plus prochains. Si vous merez (mourez),
« nous sommes perdus. — Par foy, dist le duc, sans seigneur ne
« vous lairay-je pas. J'ay ung petit bastard qui croist. Il sera prud-
« homme, si Dieu plaist, et je suis certain qu'il est mon fils. Si vous
« prie que vous le recevez en seigneur, car je le fais mon hoir; et
« vecy Alain, conte de Bretaigne, qui gouvernera et sera sénéchal de
« la duchié, tant que mon fils Guillaume sera en âge, et le roi de
« France le gardera. »

Le duc de Bretagne, ami fidèle, allié généreux, tuteur d'un enfant qui était un bâtard et qu'il maintint duc souverain, sénéchal de cette illustre province qui menaçait la Bretagne, Breton lui-même, fut à la fois un père pour le jeune duc, un bon prince pour la Normandie. Enfin, le jour même où, dans le duché du duc Robert III, arriva la nouvelle que le prince était mort et que la fièvre l'avait tué au sortir de la Palestine, sur les bords de cette douce mer d'Italie qui ressemble si peu à l'Océan, Alain de Bretagne entrait en Normandie à la tête d'une armée; sur ce trône dont plus d'un baron normand eût fait sa proie, Alain assecit son pupille, et il se retire quand il a vu le jeune Guillaume la couronne au front, l'épée au côté, le sceptre à la main.

Les choses se passaient moins bien en Bretagne. Pendant que les fiers seigneurs de Normandie obéissent à un enfant, petit-fils d'un bourgeois de Falaise, le noble prince Alain V est empoisonné dans cette Bretagne qu'il a défendue par ses armes, qu'il a honorée par sa probité. C'est toujours la même histoire d'usurpation et de violence. Conan II, un enfant de trois mois ! remplaçait Alain, son père. Eudes, l'oncle paternel de Conan, s'empara de la tutelle de l'enfant et du royaume de Bretagne, et sans tenir compte de la juste réclamation des seigneurs. Conan II avait quinze ans lorsqu'il fut arraché à la dangereuse protection de son oncle : — nouveau prétexte d'une guerre civile de cinq longues et sanglantes années. A peine sur le trône, à peine reconnu par l'attachement unanime des Bretons, Conan II est exposé, et certes le danger était imminent, à l'ambition de ce grand capitaine, Guillaume *le Bâtard*. Guillaume avait été appelé par les mécontents de la Bretagne ; il était dans l'âge des vastes ambitions et des projets immenses ; il partit pour la Bretagne, sûr de vaincre ; mais, digne fils de son père, digne héritier de tant de valeureux capitaines, Conan II, attaqué dans ses États, lève aussitôt une flotte nombreuse, et il s'en va attaquer à l'embouchure de la Seine ce vaillant et habile capitaine dont l'ambition devait remplir deux royaumes. En même temps le duc de Bretagne envoyait à Guillaume de Normandie ce hardi cartel :

« J'apprends que vous vous disposez à passer la mer pour faire la
« conquête d'Angleterre : je m'en réjouis ; mais je vous prie de me
« rendre la Normandie. Lorsque le duc de Normandie, ce Robert le
« Magnifique, dont vous dites que vous êtes le fils, dont vous êtes à
« peine le bâtard, partit pour Jérusalem, il confia son héritage au roi
« Alain de Bretagne qui véritablement est mon père et qui était son
« cousin. Vous cependant, vous l'étranger, avec l'aide de vos com-
« plices, vous avez brisé la vie de mon père par le poison ; vous avez
« traîtreusement envahi une terre qui est mienne, et que je ne pou-
« vais défendre à cause de la faiblesse de mon jeune âge, et vous
« l'avez retenue jusqu'à présent. Mais aujourd'hui que je suis un
« homme, ou vous me rendrez la Normandie, qui m'appartient, ou
« j'irai vous porter la guerre avec toutes mes forces. ».

Ainsi parle Conan II ; paroles dignes d'un chevalier et remplies d'une indignation bien sentie. A vrai dire, le duc de Bretagne n'avait pas d'autre droit sur le duché de Normandie, que du chef de son aïeule ; bien plus, son père Alain avait été le premier à mettre en possession de sa noble province son pupille Guillaume, le premier

il l'avait salué duc des Normands; mais, d'autre part, Guillaume ne songeait qu'à s'emparer de l'Angleterre, il savait tous les obstacles qui s'opposeraient à cette conquête illustre, il avait besoin, pour l'entreprendre, de l'assentiment général; il lut donc avec attention le manifeste du duc de Bretagne, en même temps qu'il se demandait si l'invasion de cette courageuse province était une entreprise sage et prudente. — L'histoire ajoute (elle est sans pitié) que le duc Guillaume se tira de cette difficulté par un crime! Ce qui est vrai, c'est qu'en 1066, peu après sa déclaration de guerre, le jeune prince de Bretagne expira dans d'horribles convulsions, et mourut du poison, tout comme son père était mort. Grande délivrance pour le duc de Normandie! Il revint de plus belle aux préparatifs de sa conquête. Avec quels soins il l'a préparée! avec quelle habileté infinie! Comme il fait servir à ses projets les soldats, les capitaines, les comtes, les barons, les évêques, le pape enfin! Il appelle à son aide quiconque veut avoir sa part dans cette gloire et dans ces dépouilles. Les Francs sont les bienvenus et aussi les Bretons, et en un mot quiconque sait tenir une épée. A cet appel héroïque les Bretons ne sont pas les derniers. Guillaume de Poitiers, l'historien véridique, rend à la Bretagne cette justice qu'elle est véritablement *la patrie des hommes d'armes*. « Les Bretons de ce temps-là, dit Guillaume
« ne s'occupaient que d'armes et de chevaux, ils dédaignaient
« la culture de la terre, ne mangeaient presque pas de pain, et vi-
« vaient de laitage. Dans la paix, ils s'exerçaient au carnage sur
« les bêtes fauves, et la guerre déclarée, ils s'élançaient avec en-
« thousiasme sur le champ de bataille; ils combattaient avec fu-
« reur. Prompts à rompre les rangs des ennemis, difficiles eux-
« mêmes à enfoncer, ardents et féroces dans la mêlée, tels étaient
« les Bretons. »

Vous pensez si le duc de Normandie accueillit avec joie des soldats de cette trempe! Il leur promit qu'ils se battraient au premier rang; il leur promit la plus noble part dans le partage de cette Angleterre qu'il allait prendre pour s'en faire un royaume. A l'appel du *Bâtard* (*Ego Guillelmus cognomine batardus*; c'est le duc lui-même qui parlait ainsi), répondent les plus illustres parmi les Bretons et ceux du meilleur lignage : les deux fils du comte Eudon, les comtes de Léon et de Porhouët, les seigneurs de Dinan, de Vitry, de Fougères, de Gaël, de Châteaugiron, etc.; en véritables soldats ils ont accompli leur mission guerrière, et ils sont revenus de la conquête, riches propriétaires dans cette île de Bretagne dont *le Conquérant* fit un des plus grands royaumes de l'Europe moderne.

L'histoire de la conquête d'Angleterre n'entre pas dans notre récit, nous l'avons racontée autre part [1]; nous avons dit combien ce fut là une proie facile, opulente, féconde en fortunes soudaines, fortunes conservées, encore aujourd'hui, dans la famille des premiers soldats qui l'ont conquise. Le récit de cette pompeuse victoire, de cette domination complète sur ce vaste royaume partagé entre tous les compagnons de Guillaume, et ces vachers normands, et ces pâtres bretons qui deviennent la souche des plus illustres et des plus nobles familles de l'Angleterre, devait exciter, au delà de toutes les bornes, la cupidité et le courage des aventuriers d'outre-mer; l'émotion ne fut pas plus grande, même en Espagne, après la découverte du nouveau monde. Aussi l'émigration en Angleterre fut-elle générale. Les plus hardis ne rêvaient plus qu'un beau comté dans le royaume de Guillaume le Conquérant. Bretons, Normands, Français, des Allemands même, ils s'abattaient sur cette Angleterre conquise comme font les oiseaux de proie sur un champ de funérailles. Cette fureur de nouveauté fut poussée si loin, que les plus riches manoirs de Bretagne, abandonnés par leurs propriétaires, restèrent en friche, faute de bras pour labourer. Le Breton quittait sa maison pour n'y plus revenir. Même à ce propos, la chronique, qui s'égaie parfois en vraie commère un peu bavarde, nous raconte la bienvenue d'un petit seigneur, nommé Guillaume de Cognisby, lequel s'en vint en Angleterre avec sa femme Tiphaine, sa servante Mansa, et son chien Hardi-Gras. Cette transplantation d'une Bretagne dans une autre Bretagne, de la petite dans la grande, se faisait avec aussi peu de cérémonie que se peut faire un déménagement de nos jours.

Pourtant si l'établissement fut facile, la nécessité de défendre la terre que chacun avait eue en partage, l'absence de droits bien reconnus, l'envie naturelle à tous ces propriétaires devenus propriétaires par hasard, amenèrent bientôt les violences et les révoltes. Un des Bretons nouvellement établis de l'autre côté du détroit, Raoul de Gaël, comte de Norfolk, leva, le premier de ces titulaires de fraîche date, l'étendard de la révolte. Ce Raoul de Gaël avait été fiancé à la jeune Emma, sœur de Roger, comte de Hereford. Cette alliance, on ne sait pour quelle raison, déplut à Guillaume le roi d'Angleterre, et Guillaume, qui était alors dans son duché de Normandie, où il allait

---

[1] *La Normandie*, page 65.

fréquemment, poussé par un vent propice et par les nécessités d'une guerre immense, envoya dire, à qui de droit, qu'il s'opposait à ce mariage. A cet ordre, les deux familles établies dans le royaume du *Conquérant* n'avaient plus qu'à se résigner et à obéir ; au contraire, elles ne tinrent pas compte de la lettre du roi, et, le jour fixé pour le mariage, la jeune fiancée fut conduite en grande pompe à Norwich, ville principale du comté de Norfolk. A cette fête, disent les chroniques, afflua toute la noblesse des comtés environnants : des Normands, des Saxons et même des Bretons du pays de Galles, que le comte de Hereford avait invités en l'honneur de son beau-frère de Gaël. La fête fut splendide ; les discours furent remplis de mépris et d'insultes pour le prince normand ; enfin, les têtes s'échauffant au choc des coupes souvent remplies, souvent vidées, et mauvaises conseillères, ces chevaliers s'emportèrent en injures contre la tyrannie de ce duc de Normandie qui avait osé s'opposer à une alliance entre deux familles bretonnes. « Guillaume, disaient les convives, est « occupé outre-mer par des affaires interminables, faisons en sorte « qu'il ne repasse plus le détroit. » A cette déclaration de guerre de bruyantes acclamations répondirent ; les comtes Raoul de Gaël, Roger de Hereford et une foule de clercs, de barons et de guerriers saxons et normands, se promirent, dans un serment unanime, de s'opposer de toutes leurs forces aux envahissements du roi Guillaume ; ce serment, fait dans l'ivresse du festin, fut tenu dès le jour suivant ; soudain le drapeau de l'Armorique est levé en pleine Angleterre ; c'est à qui se hâtera de se réunir à la révolte, pas un Gallois qui ne s'estime heureux de se battre pour la bonne cause avec ses frères de la petite Bretagne. A la première nouvelle de cette émeute des Bretons et des Gallois, accourent les Normands de Guillaume, soldats et capitaines également dévoués à la fortune de leur chef, car ils n'ont pas d'autre intérêt que l'intérêt même du *Conquérant*. Ces Normands, d'ailleurs, n'étaient guère contents d'avoir partagé tant de gloire, et surtout de si belles terres, avec les gentilshommes de la Bretagne, et ils brûlaient de rentrer dans cette part de la conquête. En effet, l'armée des rebelles se rencontra avec les troupes royales, non loin d'un lieu appelé Jadagon, et la défaite des conjurés fut complète. A grand'peine, le chef de la révolte, Raoul de Gaël, parvint à s'échapper et à se mettre à l'abri dans sa citadelle de Norwich ; c'était une défaite sans rémission. Pendant qu'il retourne en Bretagne pour en ramener des soldats et des armes, la jeune femme de Raoul défend contre les soldats de Guillaume la citadelle confiée à sa garde; Norwich ne fut pris que par famine. « Loué soit Dieu, disait l'archevêque Lanfranc au roi Guillaume, loué soit Dieu, qui a purgé votre royaume de cette écume des Bretons (*spurritia Brittonum*). »

Cette révolte des Bretons fit rentrer dans le partage général une grande quantité de fiefs qui avaient été donnés par le nouveau roi aux soldats venus de Bretagne; toutefois les Bretons ne perdirent pas toutes leurs terres anglaises à la révolte de Raoul; de nombreuses familles bretonnes ont fait souche en Angleterre et conservé les terres de la conquête, et ce ne sont pas les maisons les moins considérables de l'île de Bretagne. — Maître de cette révolte, révolte insensée, tant il était fort et puissant, Guillaume le Conquérant, avant de revenir dans son royaume d'Angleterre, résolut de châtier la Bretagne tout entière. Il se rappelait les résistances du prince Conan, et surtout il se rappelait que la Bretagne, déjà même du temps de Rollon, était un vaste sujet d'ambition pour les ducs de Normandie. Donc le roi Guillaume s'en va mettre le siège sous les murs de Dol, la ville métropolitaine; et sans l'armée du roi de France, la ville de Dol était prise. La France, en effet, lorsqu'à son duché de Normandie le roi Guillaume eut réuni l'Angleterre, était devenue l'alliée naturelle des Bretons. Bretons et Français, ils s'inquiétaient à bon droit de ce formidable voisin qui disposait de tant de forces réunies. C'est la gloire d'Alain Fergent, fils de Hoël V, d'avoir forcé le roi Guillaume Ier à lever le siège de Dol et à renoncer à cette Bretagne qu'il regardait déjà comme l'appoint nécessaire de sa conquête d'Angleterre. Cette victoire, illustre et bien gagnée, non moins que le droit de sa naissance, plaça sur la tête d'Alain la couronne ducale de la Bretagne (1084). Plus que jamais les temps étaient difficiles; la province était déchirée par des guerres intestines depuis plus d'un siècle; ses finances étaient épuisées, son armée était perdue; telle était la pénurie du trésor public, que le nouveau duc, vainqueur des Anglo-Normands, fut obligé, à son avénement au trône (vous pouvez lire cet acte dans le Cartulaire de Quimperlé), de changer l'une de ses terres avec les moines de Quimperlé, contre mille sols d'or et un cheval de bataille. Le roi Guillaume, qui ne négligeait aucun des moyens utiles, eut bientôt appris par ses espions que l'argent, que les soldats, que l'espérance même, que tout manquait en Bretagne, et en conséquence il exigea, plus impérieux que jamais, l'hommage que lui devait, disait-il, le duc de Bretagne. Ainsi provoqué, Alain Fergent refuse l'hommage; de son côté, Guillaume, irrité, se montre de nouveau sous les murs de Dol, à la tête d'une armée nombreuse. Cette fois encore il se croyait sûr de la victoire, mais voilà que tout à coup les Bretons, conduits par leur duc, se précipitent dans le camp des assiégeants; ils sont terribles, rien ne peut résister à l'impétuosité de cette attaque soudaine; les Normands sont enfoncés de tous côtés, ils sont battus, dispersés, en fuite, et — quelle gloire! le conquérant de l'Angleterre s'enfuit à toutes brides devant son vassal, laissant tout son bagage, évalué à plus de 15,000 livres sterling, entre les mains des vainqueurs!

Depuis ce jour, disent les chroniqueurs normands, Guillaume, plein d'estime pour le courage d'Alain, renonça à toute idée de conquête dans la Bretagne. Le premier, il demanda la paix au duc de Bretagne, et il lui donna sa fille Constance en mariage. Toute cette gloire, tous ces honneurs n'emplirent pas le cœur d'Alain Fergent. Tranquille désormais sur le sort de la Bretagne, il voulut porter en Palestine ce courage dont il avait donné tant de preuves. Le duc de Bretagne est en effet un des premiers pèlerins qui ait indiqué à l'Europe chrétienne le chemin laborieux des croisades. A peine fut-il de retour de la terre sainte (1112), qu'il entra dans le cloître pour finir dans l'obscurité et la pénitence une vie si noblement commencée. Il mourut dans le monastère de Redon, et fut remplacé sur le trône de Bretagne par Conan III, Conan *le Gros*, bien peu digne de toucher à cette épée qui avait fait reculer Guillaume *le Conquérant*.

Conan III, successeur d'Alain Fergent, et son fils du second lit, avait été marié, du vivant de son père, avec Mathilde, fille naturelle de Henri Ier, roi d'Angleterre. De ce mariage étaient nés deux enfants, un fils nommé Hoël, et une fille qui portait le nom de Berthe. Grand fut l'étonnement des seigneurs bretons, lorsqu'ils entendirent leur duc, à son lit de mort, désavouer publiquement le jeune homme qu'ils avaient tous regardé jusqu'alors comme l'héritier direct du duché de Bretagne, et déclarer qu'il reconnaissait la jeune princesse Berthe pour le seul enfant légitime de son mariage. Cette déclaration inattendue devait être, pour la Bretagne, une cause de calamités sans nombre; à savoir cinquante ans de guerre civile qui ont pesé sur cette malheureuse contrée, victime du caprice ou de la vengeance d'un prince inquiet et jaloux. Cette fille, Berthe, trop aimée de son père, avait été mariée à Alain *le Noir*, fils du comte de Penthièvre. Alain, plus ambitieux que brave, voulait rétablir l'antique monarchie de la Bretagne; il meurt, assassiné, dit-on, par Berthe sa femme. En même temps, Hoël *le Déshérité* réclame l'héritage de Conan III, le mari de sa mère Mathilde. Hoël était appuyé dans sa réclamation par le comte de Cornouailles et par le comte de Nantes ; de son côté Berthe, la princesse reconnue par son père, au lit de mort, comme son enfant unique, avait choisi pour son mari et pour le défenseur de ses droits (on dit même qu'elle n'avait pas attendu la mort de son premier mari), Eudes de Porhouët, vicomte de Rennes, le chef de cette illustre maison de Rohan, qui tient une si grande place dans l'histoire de France et de Bretagne. Ici les événements prennent une nouvelle importance, et il est nécessaire de bien comprendre cette suite de faits et d'idées pour ne pas se perdre dans les plus étranges confusions.

Hoël, que les villes de Nantes et de Quimper avaient reconnu pour leur prince, est battu par le mari de sa sœur, Eudes de Porhouët, fils du comte de Rennes, et partant soutenu par les vassaux de son père; mais après la bataille, les Nantais, également indifférents aux destinées des deux compétiteurs, que ne recommandaient ni leurs services ni leur courage, ferment la porte de leur ville ; ils ne veulent ni du vaincu ni du vainqueur ; en effet, que leur importe le comte de Vannes ou le comte de Rennes? Nantes est plus française que bretonne; plus d'une fois elle s'est placée sous la protection immédiate de la France ; elle a plus de rapports avec les rives de la Loire qu'avec les déserts de la Bretagne, et d'ailleurs c'est le moment où la famille des Plantagenets est toute-puissante ; elle possède l'Anjou, le Maine, la Touraine, elle commande à l'Angleterre, à la Normandie, à l'Aquitaine enfin, et naturellement ces Plantagenets doivent désirer avec ardeur quelque partie de la Bretagne. Par toutes ces causes réunies, la ville de Nantes repousse Hoël et Eudes, pour se donner à l'Angevin, à Geoffroy, fils du comte d'Anjou et frère du roi d'Angleterre Henri II. Comme on le voit, c'était là une scission véritable; pis que cela, ce fut un prétexte que donnait la ville de Nantes, sans le vouloir, au roi d'Angleterre, qui devait réclamer bientôt Nantes comme l'héritage du comte d'Anjou. Geoffroy ne jouit pas longtemps de sa nouvelle dignité ; il mourut (1158), et celui-là à peine mort, Conan IV, fils de Berthe et d'Alain *le Noir* son premier mari, se présenta pour recueillir l'héritage de son aïeule. Conan IV disait : d'abord, que son oncle était un enfant illégitime ; et en second lieu, que Berthe sa mère ne pouvait pas transmettre à son second mari les droits de l'enfant du premier lit. A peine Conan IV, sou-

tenu par Henri d'Angleterre, était-il proclamé duc de Bretagne, qu'une ligue de seigneurs bretons se forma contre le protégé des Anglais, et alors celui-ci se vit réduit à implorer le secours du roi d'Angleterre. Aussitôt Henri II, qui ne demandait pas mieux que d'intervenir, passe la mer, il envahit la Bretagne à la tête d'une armée nombreuse, et les seigneurs confédérés sont mis en pièces. Pour prix de sa victoire, le prince anglais réclamait la principauté de Nantes qui, disait-il, lui devait revenir comme l'héritier de son frère Geoffroy. Tous ces appuis des princes étrangers, ce sont les nations qui les paient. Le lâche Conan IV n'osa pas résister aux prétentions de l'ambitieux monarque. Ce n'était donc pas assez, pour Henri Plantagenet, de la Normandie, de l'Anjou, de la Touraine, et enfin de la Guienne, qu'il tenait du chef de sa femme Éléonore d'Aquitaine, il lui fallait encore réunir la Bretagne à ses nombreuses provinces du continent! Ce projet, d'une ambition sans frein et sans justice, qui sera plus tard entre les deux peuples l'occasion d'inimitiés implacables, ne tarda pas à se réaliser par le mariage du fils de Henri II avec Constance, fille et héritière de Conan de Bretagne. A ce moment, et quand il eut bien compris toute la domination qui allait peser sur sa tête, et qu'il tombait sous le sceptre anglais, après s'être affranchi de la protection de la France, le peuple breton, dans son désespoir, reporta sur les Anglo-Normands toute la haine qui l'avait animé jadis contre les Saxons, persécuteurs de sa race; alors aussi le Breton se rapprocha de la France, l'ennemie jalouse et la rivale attentive de l'Angleterre. Les barons de Bretagne, que la couardise de leur duc indignait, ne désertèrent pas, comme lui, la cause nationale. Pour l'honneur du pays, non moins que pour la défense de leurs priviléges, méconnus ou menacés par l'Anglais, ils prirent les armes. Les vicomtes de Léon, ces dignes descendants de Morvan, se montrèrent les plus intrépides champions de l'indépendance de la Bretagne. On les vit, renfermés dans leur cité de Morlaix, braver toutes les attaques du roi d'Angleterre, tandis que, dans la haute Bretagne, Raoul, baron de Fougères, mettait en déroute les Brabançons de Henri. Cette résistance de tout un peuple mérite qu'on l'admire et qu'on le loue; mais hélas! il fallut céder au nombre. La Bretagne, accablée, dépose les armes en frémissant; au même instant le roi d'Angleterre, qui les voit écrasés, abandonne les Bretons à ses lieutenants, et lui-même il revient dans son royaume, qui était plein d'agitation et de malaise; mais à peine est-il rentré dans sa tour de Londres que les Bretons, impatients du joug, courent aux armes.—La vengeance de Henri II fut digne d'un Plantagenet; il voulut que le fer et la flamme fissent expier à la noble province sa légitime révolte. Tout est brûlé, tout est brisé, tout est vendu. Les moissons sont détruites dans leur germe, les châteaux sont arrachés jusqu'en leurs fondements. Bien plus, ce féroce Henri II, pour mettre le comble à tant de misère, n'a pas honte de déshonorer une enfant, un otage, Alix, la fille du comte de Porhouët confiée à ce roi chevalier! Lâche et féroce attentat qui a souillé la gloire de cet homme! Tout écrasée qu'elle était dans sa fortune et dans sa dignité, la Bretagne trouve encore de la colère contre ce tyran; une nouvelle insurrection éclata dans toute l'Armorique; l'Anjou même, la patrie des Plantagenets, fournit ses soldats et ses armes à la province insultée. La ligue bretonne avait pris pour patron le roi de France, Louis le Jeune, cet indolent monarque, si peu intelligent et si peu brave. Ce roi-là ne comprit pas que la cause de la Bretagne était la cause de la France; il ne comprit pas, qu'à aucun prix, la France ne devait et ne pouvait tolérer que la Bretagne passât dans les mêmes mains qui tenaient l'Angleterre, qui tenaient la Normandie, et qui bientôt allaient tenir l'Écosse et l'Irlande. Ce triste prince, élève indigne de l'abbé Suger, au lieu de combattre Henri d'Angleterre jusqu'à la mort, accepte la paix proposée; il consent à une entrevue avec ce Plantagenet, maître de l'Océan; l'entrevue des deux monarques eut lieu à Montmirail. Le roi d'Angleterre, accompagné de ses trois fils, Henri au *Court mantel*, Richard et Geoffroy, se présenta devant Louis de France. — « Mon seigneur et mon roi, « lui dit-il, en ce jour (c'était le jour de l'Épiphanie) où trois rois « de la terre viennent offrir leur hommage au Roi des rois, je mets « à votre disposition moi, mes enfants, mes terres, mes armées, mes « trésors, pour en user et en abuser à votre volonté, les retenir ou les « donner à qui et comme il vous plaira. » — Louis répondit : « Puis- « que ce Roi qui reçut les offrandes des trois mages vous a inspiré « ainsi, que vos fils se présentent et qu'ils tiennent désormais de « ma bénignité les terres qu'ils possèdent. »

Henri au court mantel s'avança et fit hommage au roi pour le comté d'Anjou, le Maine *et la Bretagne*, après quoi il reçut à son tour l'hommage de son frère Geoffroy pour la Bretagne, qui était remise à Geoffroy à titre d'arrière-fief.

Cette dérision nous rappelle, et d'une autre façon, l'hommage de Rollon au roi Charles *le Simple*, quand un des pirates, sous prétexte de porter à ses lèvres le pied du roi de France, jeta dans la poussière le petit-fils de Charlemagne. Abominable façon de rendre hommage à un roi qui vous donne la plus belle part de son royaume!

En conséquence, la Bretagne, trahie par le roi même qui la devait le plus défendre, car la cause de la Bretagne était la cause de la France, fut envahie par ce Plantagenet qui l'avait si souvent et si vainement vaincue. Ce qui anéantit la nationalité du peuple breton, ce fut l'accord funeste des deux rois d'Angleterre et de France. L'un devint le seigneur direct des Bretons, l'autre en fut le seigneur suzerain. Jamais plus grande iniquité ne fut accomplie avec aussi peu de résistance; la Bretagne était vaincue et sans espoir; le duc qui la tenait, n'eut même pas l'honneur d'être détrôné, Henri II le méprisant à ce point qu'il le laissa vivre en paix dans son comté de Guingamp. Plus tard, et quand son rival d'Angleterre se fut bien établi dans le duché de Bretagne, ce triste roi de France comprit qu'il avait trahi la cause même de la monarchie; il eut peur du duc de Normandie, dont il avait doublé les domaines sur le continent, alors enfin il s'inquiéta de la Bretagne, et — voyez la toute-puissance de la nationalité d'un peuple! — il arriva que le propre fils du roi d'Angleterre, lui qui avait été placé par son père et par son frère dans le duché de Bretagne, voyant que le roi de France se décidait à secourir les Bretons, prit fait et cause, de son côté, pour les Bretons contre les Anglo-Normands! Véritablement ce Geoffroy, duc de Bretagne, accepta l'alliance de la France; il fut tout à fait un prince breton; il résolut de briser, lui fils du roi anglo-normand, le joug de l'Anglais! Il est vrai d'ajouter que l'histoire n'offre peut-être pas d'exemples d'une famille plus divisée que celle des Plantagenets, par les ambitions, par les haines et les discordes. « C'est une loi, dans « notre maison, disait Geoffroy à un prêtre qui l'exhortait à s'humilier « devant son frère; c'est une loi que les haines divisent les enfants « et que les enfants détestent leur père. »

En effet, dans les dernières années de ce grand règne, les fils de Henri Plantagenet ne cessèrent de guerroyer contre leur père. Après la mort de Louis *le Jeune*, et quand la France eut passé sous la loi d'une royauté intelligente, quand le roi de France s'appela (bientôt!) Philippe Auguste, alors ces guerres intestines des Plantagenets signalèrent, pour l'Angleterre, un danger tout nouveau. Habile à profiter des dissensions de ces terribles adversaires, Philippe se servait également de l'indignation du roi, de la douleur du père, de l'ingratitude des fils. Quand Geoffroy, duc de Bretagne, pour compléter le duché où il se faisait aimer à force de haïr son père et de lui résister, voulut forcer le roi Henri d'Angleterre à lui céder le comté d'Anjou, ce fut à la cour de France que le duc Geoffroy alla chercher un asile et des secours. Philippe Auguste traita son jeune vassal en fils bien-aimé; les fêtes succédaient aux fêtes, les tournois aux tournois; toutes les magnificences et toutes les séductions du nouveau règne éblouissaient à l'envi le fils rebelle; mais au milieu de ces fêtes, on dirait que le ciel voulait châtier le parricide. On donnait un tournoi, la cour était brillante et parée, les capitaines portaient leurs plus riches armures, les belles dames leurs plus frais atours; ces jeunes gens, enflammés sous le regard de la reine de beauté, se battaient à armes courtoises, quand soudain, au milieu de la lice remplie des acclamations et des cris de joie, Geoffroy de Bretagne tombe renversé par

son cheval; il meurt à la fleur de l'âge, il meurt regretté par ces mêmes Bretons qui l'avaient accepté pour leur duc avec tant de répugnance; il meurt sur le point d'hériter pour sa part de quelqu'une de toutes ces couronnes qui chargeaient le front de son père. Événement sinistre! Grave malheur que le saint archevêque de Cantorbéry, Thomas Becket, avant de tomber assassiné dans son église, avait prédit jadis au roi Henri!

Voilà comment mourut ce jeune duc Geoffroy, que le roi Louis *le Jeune* avait laissé sans trop de crainte, et comme si Geoffroy n'eût pas été un Plantagenet, s'établir dans la Bretagne, et dont le roi Philippe-Auguste eût tiré un grand parti contre Henri II, si le duc de Bretagne eût vécu. En effet, des fils du malheureux roi Henri II, le duc Geoffroy n'eût pas été le dernier à ruiner la grandeur de cette illustre maison et à briser les liens de fer avec lesquels Guillaume *le Conquérant* et le roi Henri Ier avaient réuni violemment tant de royaumes et tant de duchés des deux côtés de l'Océan. Témoin intéressé de toutes ces fureurs, la France, qui d'ailleurs portait peu d'intérêt aux peuples de Bretagne, s'habituait à regarder ces Anglo-Normands comme autant d'ennemis de Dieu et des hommes. Le roi Philippe Auguste[1] ne rêvait à rien moins qu'à établir en même temps la royauté et le royaume de France. Le premier il avait dit cette grande parole qui affranchissait la couronne de France de tout hommage : « Nous ne pouvons ni ne devons rendre hommage à personne. » Il assistait d'un regard attentif à la décadence des Plantagenets. En vain se débattait le roi Henri II contre les trahisons de ses enfants, si méchants et si débauchés, qu'ils s'appelaient eux-mêmes les *fils du diable*, le roi Henri II sentait son bonheur s'en aller avec sa vie. Son fils Henri était mort, son fils Geoffroy venait de mourir, Richard *Cœur-de-Lion* s'emportait en toutes sortes de révoltes, Jean, Jean *Sans-Terre!* le favori de son père, n'attendait que l'heure de la trahison. Après la mort de son fils Geoffroy, Henri II avait demandé aux états de Bretagne la tutelle de ce duché, qui relevait du duché de Normandie ; les seigneurs bretons répondent fièrement par une protestation unanime ; ils ne veulent pas que la Bretagne soit traitée par le roi d'Angleterre comme un fief de sa famille ; ils ont, Dieu merci, une duchesse, et d'ailleurs le duc Geoffroy lui-même n'était-il pas prince des Bretons, du chef de sa femme? La question était grave ; le roi de France et le roi d'Angleterre avaient un intérêt égal à se voir investis de la garde du duché pour toute la durée d'une longue minorité. Le roi de France prétendait que le duc Geoffroy avait placé sous sa garde royale son duché, sa femme, ses enfants et lui-même, lui, le fils de Plantagenet. Henri II, de son côté, réclamait la garde du duché comme père de Geoffroy et comme duc de la Normandie. Aux

---

[1] Tout ce mouvement de l'histoire de la royauté française est expliqué dans la *Normandie*, page 301, et aussi toute la suite du travail de la royauté française et de son influence sur la destinée des peuples voisins.

prétentions de l'un et de l'autre roi, les Bretons répondaient que sur le trône de Bretagne est assise une duchesse, souveraine de son propre chef, et qu'à elle seule appartient la garde et la tutelle de la Bretagne. Dans toute autre circonstance, plus sûr de lui-même et moins abattu par cette adversité croissante qui a pesé sur lui jusqu'à la fin de sa vie, le roi Henri II n'eût pas cédé aux seigneurs bretons, mais il sentait la fortune échapper à ses mains, et, n'osant plus commander, il appela l'habileté à son aide. Sous le prétexte que le comte de Léon, depuis la mort du duc Geoffroy, avait repris Morlaix, Henri II entre en Bretagne, et de la veuve de son fils, de cette duchesse de Bretagne, de cette mère du jeune Arthur qui venait de naître à peine (30 avril 1187, son père était mort le 19 août 1186), Henri II fait la femme d'un sujet à lui, de Ranulphe, comte de Chester. A vrai dire, ce comte de Chester était un trop petit compagnon pour oser aspirer à la main d'une duchesse de Bretagne, mère d'un prince qui avait des droits si directs à la couronne d'Angleterre ; mais par le nouveau mari qu'il imposait à sa bru, Henri II comptait dominer les volontés de la duchesse Constance. Privé de la tutelle de son petit-fils, le roi d'Angleterre y rentre par une de ces habiletés dans lesquelles il est passé maître : bien plus, il veut que le comte de Chester devienne duc de Bretagne. — Vain espoir ! Pour les fidèles Bretons il n'existait qu'un prince légitime, Arthur, le fils de Geoffroy et de Constance, ce noble enfant promis à des destinées si brillantes, et devenu le héros infortuné d'une lamentable tragédie. Deux filles seulement étaient nées du mariage de Geoffroy et de Constance, et la Bretagne avait tout d'abord salué la princesse Éléonore comme sa duchesse légitime ; mais quand elle apprit que la veuve de son duc Geoffroy allait être mère une troisième fois, la Bretagne tout entière se sentit animée d'une vive passion. Elle attendit, avec l'impatience d'une nation qui espère, l'enfant qui allait venir ! Elle priait le ciel que cet enfant fût un duc de Bretagne ! A la fin, — toutes les prières étaient ardentes, — la veuve du duc Geoffroy donna le jour à cet enfant tant désiré, et qui devait décider de la destinée de tout un peuple. La Bretagne battit des mains, ivre de joie et d'orgueil. En vain le roi Henri II veut qu'on appelle son petit-fils Henri, la Bretagne appelle cet enfant Arthur, Arthur, le nom du héros populaire, le nom populaire dans les souvenirs du peuple breton et de l'histoire, le nom du fondateur immortel de la *Table ronde*, le héros des légendes nationales. Le voilà enfin de retour, cet Arthur, l'espoir et l'amour de la terre! ainsi s'accomplissent les prédictions de Merlin l'Enchanteur, ainsi la Bretagne verra bientôt à l'œuvre cet enfant qui doit continuer d'une main vaillante l'œuvre de ses premiers défenseurs! — *Seclorum nascitur ordo.* — Décevantes illusions d'un peuple qui sent en lui-même fermenter le vieux levain des antiques libertés, et qui attache ses espérances aux appuis les plus frêles, — voire au berceau d'un enfant!

Notons ceci, en passant, que ce fut sous le règne du duc Geoffroy, en 1185, que les états de la Bretagne s'assemblèrent pour régler la succession des nobles. Dans cette année 1185 furent réunies ces assises célèbres, — *les assises du comte Geoffroy*, dans lesquelles il fut établi qu'à l'avenir la totalité de l'héritage noble, partagé autrefois entre les enfants du même père, serait recueillie par l'aîné seulement; comme aussi nous devons faire remarquer que cette ordonnance eut plutôt un effet politique qu'un résultat civil. Le prince, lorsqu'il établit l'hérédité d'un seul, voulait empêcher que les seigneuries chargées de fournir des soldats ne fussent délivrées, par la division même des héritages, de cette obligation essentielle. Le texte de ce règlement, qui porte le sceau et la signature de la duchesse Constance (et c'est le seul de tout son règne), est rapporté dans le recueil des *Historiens de France* « *faisant ce gré, aux évêques et aux barons, ouï le commun assentiment.* » Les évêques, c'étaient ceux de Rennes, de Vannes, de Nantes et de Saint Malo.

Depuis deux ans à peine, les Bretons obéissaient à regret au nouveau maître que leur imposait le roi Henri II, lorsque tout d'un coup ils déclarent qu'ils n'ont pas d'autre maître et seigneur que le jeune Arthur; ils renvoient, d'un commun accord, le protégé du roi Henri; Constance elle-même, honteuse du mari qu'on lui impose, chasse de son lit ce comte de Chester, pendant que ses sujets le chassent du trône. Trop heureux fut ce Ranulphe de regagner l'Angleterre sain et sauf, car dans l'intervalle, son protecteur et son maître, le roi Henri, venait de mourir. Dévoré de chagrins cuisants, battu de toutes parts, courbé sous une paix humiliante, forcé de se reconnaître, lui, le roi de tant de terres, *l'homme lige* de Philippe, le roi d'Angleterre avait peu de regrets à la vie; son reste de courage l'abandonna lorsqu'en jetant les yeux sur la liste des seigneurs qui l'avaient trahi, de son premier regard il put lire le nom du prince Jean, son fils bien-aimé : « Ah! dit-il, que m'importe le monde « entier? honte sur moi, le vaincu! maudit soit le jour où je suis

« né ! Maudits soient les fils que je laisse ! » Lui mort, expira la puissance des Plantagenets, pendant que la race des Capétiens s'emparait de la France et de l'avenir.

Nous devons remarquer ici qu'à ce moment de l'histoire fut réglée enfin, par le souverain pontife, la contestation qui existait entre l'évêque de Dol et l'archevêque de Tours, réclamant, l'un et l'autre, la juridiction sur toutes les églises de Bretagne. Après tant de discussions sans résultat, le souverain pontife se décida en faveur de l'archevêque de Tours ; cependant il envoya encore à l'évêque de Dol le *pallium*, avec le titre d'archevêque, ordonnant aux évêques bretons d'obéir à la juridiction de l'évêque de Dol, jusqu'à ce que Rome eût définitivement réglé leurs rapports avec le métropolitain de Tours.

Mais il est temps de vous raconter la vie et la mort du jeune Arthur, dont la naissance avait été pour la Bretagne le sujet de triomphantes acclamations.

CHAPITRE VII

Les Croisades. — Les noms et armoiries des gentilshommes bretons qui se sont battus en Palestine. — Législation de la Bretagne. — Le Serf. — Le Colon. — Le Bourgeois. — Le Seigneur. — Constance, duchesse de Bretagne. — Son second mariage. — Arthur, duc de Bretagne. — Traité entre le roi de France et le roi d'Angleterre. — Captivité d'Arthur. — Il est assassiné par Jean Sans-Terre. — Gui de Thouars, duc de Bretagne. — Jean Sans-Terre condamné par la Cour des Pairs.

A son père Henri II, succéda, sur le trône d'Angleterre, Richard *Cœur-de-Lion*, le frère du feu duc de Bretagne, Geoffroy. A peine roi, Richard fait alliance avec le roi de France, et l'un et l'autre ils partent pour la Palestine. La croisade était alors dans toute sa ferveur; la monarchie universelle de l'Église était arrivée à son apogée. La royauté de Charlemagne, restée vivante dans tous les esprits, s'était déjà élevée à la dignité du poëme épique. C'était le siècle des aventures sans fin, des voyages aux pays lointains, des ambitions de toutes sortes, ambitions de l'esprit, de la révolte, du pouvoir, de la conquête. Déjà depuis longtemps (1087) le génie du pape Grégoire VII avait vu, non sans épouvante, que l'Évangile, banni de l'Afrique, était poursuivi en Asie par les disciples de Mahomet, que le Coran pénétrait en Europe par les Pyrénées, la Sicile et le Bosphore; le pontife avait entendu les cris de détresse de la Grèce et de l'empire d'Orient : *Salva nos, Domine! perimus!* Seigneur! Seigneur! sauvez-nous, nous périssons! — Et tout ce qui se perdait, Grégoire VII le voulait sauver. A ces causes, il s'était fait le centre de toutes ces luttes qui devaient décider de la croyance du monde; il avait soulevé toutes les haines généreuses de l'Occident, il avait appelé à l'aide de l'idée chrétienne les seigneurs, les rois, les peuples, posant l'Église comme la tête de la monarchie universelle. Pendant vingt ans de cette œuvre immense, Grégoire VII s'était abandonné à ce beau rêve qu'il avait légué à ses successeurs. Quelle cause plus juste, en effet, et plus digne de réunir dans la commune vengeance tous les peuples chrétiens! Les infidèles n'ont-ils pas été les premiers à attaquer les enfants de Jésus-Christ? D'ailleurs, il était temps de défendre l'Évangile menacé; la loi de Mahomet s'était organisée à l'égale de la foi chrétienne; Bagdad était la capitale des fils de Mahomet, tout comme la ville de Rome était la capitale de la race et de la loi des chrétiens; ici le chef des croyants, là-bas le pape, c'est-à-dire deux peuples et deux religions qui devaient combattre l'un contre l'autre, jusqu'à la mort. Songez donc que sans l'épée, ou plutôt sans le marteau de Charles Martel, l'Europe tombait sous la domination des Sarrasins; des plaines d'Arles les Sarrasins avaient passé en Italie, et déjà ils menaçaient les murs de Constantinople! C'était une lutte immense engagée désormais entre l'Europe et l'Asie, entre le Christ et Mahomet; guerre légitime et populaire, dans laquelle le christianisme vainqueur devait nécessairement l'emporter sur cette croyance d'emprunt qui déjà menaçait de crouler sous les désordres et les discordes de ses sectateurs. La croisade, c'est le cri universel dans toutes les nations chrétiennes; à la voix du pontife, qui proclamait le danger de la foi catholique, le monde chrétien prend les armes; les rois oublient toute ambition personnelle, le clergé se reforme, les peuples accourent, les chevaliers rêvent la gloire et les contrées lointaines, et les royaumes à conquérir, et le saint sépulcre à protéger, et les aventures, les poésies, les combats à outrance. Au même instant, et pour porter le dernier coup à l'enthousiasme universel, vous voyez revenir de la Palestine, le crucifix à la main et les pieds nus, le grand prédicateur des croisades, Pierre l'Ermite; il raconte à qui veut l'entendre les misères des chrétiens de l'Orient; il parle aux peuples, ivres de colère, des insultes dont le Bas-Empire est entouré; bientôt, juste ciel! le Coran, si on n'y prend garde, l'emportera sur l'Évangile. Cette parole de Pierre l'Ermite produit sur les âmes l'effet d'une lampe ardente jetée sur des gerbes de blé; l'Italie, la première, tout occupée à constituer ses petites républiques, ne demande qu'à partir aussitôt que l'ordre sera rétabli dans cette terre agitée de tant de passions diverses; la France accepte avec enthousiasme les batailles qu'on lui promet, elle sauvera le sang chrétien, elle prendra en pitié *la chair chrétienne;* Dieu le veut! il faut délivrer l'Europe et l'Asie du joug de Mahomet, il faut sauver la cité du Christ! Telles sont les paroles de Pierre l'Ermite; on l'écoute en frémissant; les femmes, les enfants, les vieillards se jettent à ses pieds en criant : Vengeance! Les prêtres, les nobles, les serfs, le chevalier et le bandit, prennent la croix et jurent de partir, les uns pour la gloire, les autres pour le butin, tous pour le ciel! La misère pousse les moins braves dans ces nobles hasards qui promettaient la fortune ici-bas, et là-haut la vie éternelle!

Ce fut là la grande passion du moyen âge. Pour arriver plus vite au tombeau du Christ et aux richesses de l'Orient, l'artisan vendait son métier, le seigneur son château, le laboureur son champ, ensemencé déjà pour la moisson prochaine; les villes, plus prudentes, rachetaient à vil prix leurs droits féodaux; l'Europe était remplie de pèlerins qui partaient pour la croisade. On partait au hasard, sans même savoir de quel côté il fallait marcher; le malade lui-même se mettait en route, comptant sur un miracle pour toucher le but lointain. Vile cohue, illustre mêlée, gentilshommes et populace, ces croisés s'avançaient à travers les débris des villes et des nations. Pierre l'Ermite marchait devant eux, essayant, mais en vain, de s'opposer à tous ces brigandages. Cette foule imprévoyante s'en fut tomber sous le coup des Turcs. En même temps, trois armées régulières s'avançaient par trois sentiers différents jusque sous les murs de Constantinople; l'une, l'armée du Nord, venait de la Flandre, de la Lorraine, des bords du Rhin, sous la conduite de Godefroy de Bouillon, qui était parent de Charlemagne par sa mère; l'armée du centre, Français, Normands, Bretons, Bourguignons, avait pour chefs Hugues, comte de Vermandois, et Robert, comte de Normandie; l'armée du Midi, enfin, composée de Gascons, de Provençaux et de Toulousains, obéissait à Raymond de Saint-Gilles, comte de Toulouse. Tous ces hommes, couverts du double airain, la foi et le fer! quand ils se trouvèrent sous les murs de Constantinople, furent bien près d'oublier que Constantinople était une ville amie et chrétienne, et peu s'en fallut qu'ils ne s'emparassent de cette capitale de l'empire d'Orient. La ville fut sauvée par la loyauté des Francs et l'habileté de l'empereur Alexis. — Sortie de cette tentation, l'armée chrétienne poursuivit sa route, et cette marche fut d'abord une suite de victoires. Maîtres sur tous les points, les croisés arrivent en Syrie. Après neuf mois de siége, la ville d'Antioche est emportée. Mais nous ne dirons pas toutes ces guerres; le siége de Jérusalem, à lui seul, c'est tout un poëme. Godefroy de Bouillon, maître de la ville, se prosterne, nu-pieds et sans armes, au tombeau du Sauveur. Soixante mille Sarrasins tombent dans cette défaite; et, sur tant de cadavres, Godefroy de Bouillon est nommé roi de Jérusalem. Mais ce royaume fondé, il fallut le défendre, il fallut créer les lois de ce nouvel empire. Alors la féodalité de l'Europe fut résumée dans un corps de lois élaborées dans ce conseil, qui a conservé le nom d'*assises de Jérusalem*. Les lois de Godefroy de Bouillon ont soutenu pendant deux siècles cet empire éphémère, et pendant deux siècles, tant qu'il y eut un roi chrétien à Jérusalem, la terre sainte fut le but des plus nobles ambitions et des plus hardis courages que contenait l'Europe. Cette fois donc, du monde entier, le pontife romain était le maître; il avait appelé tous les peuples chrétiens à l'œuvre commune, et les peuples avaient obéi; il avait fait taire toute querelle privée, il avait suspendu toute guerre de peuple à peuple; la grande guerre, elle était là-bas. La poésie agissait tout autant que la croyance; tel qui arrivait de la terre sainte avait à raconter tant de merveilles, tant de combats glorieux, et aussi tant de misères! Voilà par quels travaux et quelles batailles la féodalité chrétienne poussa ses domaines jusqu'à l'Euphrate, après avoir fondé quatre royaumes chrétiens, comme autant d'avant-postes que l'Europe posait là contre l'Asie. Cette guerre utile et généreuse avait mis Constantinople à l'abri des Turcs; elle avait rendu à l'empire d'Orient une partie de l'Asie Mineure et des îles voisines; elle avait enchaîné pour trois cents ans la puissance musulmane, qui menaçait de tout envahir; surtout, et c'est là un de ses plus excellents bienfaits, la croisade avait prouvé aux divers peuples de l'Europe chrétienne qu'ils n'étaient qu'un seul et même peuple; elle avait agrandi leurs idées, leurs passions et leur courage, et comme elle avait forcé la féodalité de sortir de ses retranchements, de vendre à vil prix ses châteaux forts, elle prépara, plus que tout autre secours, l'affranchissement des communes. Elle ouvrit au commerce des routes inconnues, enfin elle agrandit la renommée de la France. La France a joué le beau rôle dans les croisades; sa bannière a flotté plus haut que toutes les bannières, dans le ciel de l'Orient. La langue française, déjà parlée en Angleterre et en Sicile, fut encore parlée en Syrie pendant deux siècles. Les rois de Jérusalem étaient Français; qui dit *un Franc*, dit encore un chrétien; donc il nous faut parler toujours avec reconnaissance et avec respect des croisades, comme l'œuvre de l'Europe entière, dans laquelle la France a la plus belle part.

Puisque nous sommes arrivés dans cette salle des croisades, au cri : *Dieu le veult ! Montjoie ! Saint-Denis !* cherchons, s'il vous plaît, à reconnaître, parmi ces bannières flottantes, parmi ces casques, ces armures, ces boucliers, ces devises, quelques-uns des noms glorieux de la Bretagne militante et chrétienne. Certes, la liste de ces héros est longue, honorable, bien remplie; mais aussi les Bretons n'y manquent pas.

En effet, parmi les nobles bannières qui brillèrent au soleil des croisades, dans les plaines de Ptolémaïs, sous les murs de Saint-Jean-d'Acre et de Jérusalem, les bannières des enfants de l'Armorique se montrèrent avec éclat. Si les soldats qui les portaient, moins ambitieux ou moins habiles que les Normands, ces fondateurs de royaumes, n'ont point fondé ou conquis des empires, ils n'étaient cependant ni les moins braves ni les moins croyants. Si nous la voulions faire complète, la liste serait longue de ces Bretons illustres, mais, Dieu merci ! nous avons pour nous borner et pour nous conduire, la liste des croisés telle qu'elle est écrite sur les murs reconnaissants du musée de Versailles. Donc, pénétrons, s'il vous plaît, au milieu de cette histoire, peinte en or et en émail sur les murs, sur les colonnes, sur les frises, sur les plafonds de ces salles magnifiques; dans ces nobles pages, toutes remplies de la gloire et de l'histoire des diverses croisades, vous retrouverez la science, l'équité, l'étude sérieuse et patiente, le goût exercé et sévère d'une royale princesse, Madame la princesse Clémentine. Savante dans l'art du blason, qu'on pourrait appeler la broderie et la dentelle de l'histoire, la digne sœur de la princesse Marie a recueilli, pour venir en aide à l'œuvre paternelle, le nom, les alliances, les armes, les devises des plus nobles maisons de l'ancienne monarchie; elle sait les combats de chacun, et après le combat, elle dit la récompense. Plus d'un titre de noblesse égaré dans la nuit des temps, la noble dame l'a retrouvé avec une patience infatigable. Elle a écrit, à elle seule, le chapitre sinon le plus important, du moins un des plus difficiles de cette longue histoire que renferme aujourd'hui le palais de Louis XIV, comme si le grand roi était le seul qui fût digne de présider à cette longue épopée de toutes les vertus privées et publiques, pacifiques et guerrières. Nous, cependant, pour cette histoire de l'armorial breton, nous n'avons pas choisi d'autre guide que la princesse Clémentine elle-même; car nous savons la justice, la loyauté et la sincère vérité qui ont présidé à cette glorification de tant de combats, de tant de courages, de ces grandes victoires, de ces héros.

Des soldats croisés, les plus nombreux et les plus braves, ce furent les gentilshommes de la Bretagne. Comme nous l'avons dit, le duc ALAIN FERGENT, tout couvert de *l'hermine* de Bretagne, marchait en tête des héros de la première croisade; venaient ensuite :

2 HERBERT, vicomte de Thouars : *d'or, semé de fleurs de lis d'azur, au franc quartier de gueules.*

3 GUY de Laval et ses cinq frères : *de gueules, au léopard d'or.*

4 HERVÉ de Léon : *d'or, au lion de sable.*

5 CLOTARD d'Ancenis : *de gueules, à trois quintefeuilles d'hermine.*

6 CONAN de Lamballe : *d'hermine, à la bordure de gueules.*

7 RIOU DE LOHÉAC : *de contre-vair de six pièces.*

8 RIVALLON de Dinan ; il portait : *de gueules, à quatre fusées d'hermine, posées en fasce et accompagnées de six besants du même, trois en chef, et trois en pointe.*

À la seconde croisade, les chevaliers bretons sont moins nombreux, ils ont d'autres combats à soutenir. Les troubles qui agitaient la patrie commune ne permettent guère aux chevaliers bretons de suivre les drapeaux de Louis *le Jeune* dans cette expédition qui fut si funeste au roi de France, s'il est vrai qu'il y perdit l'estime de la reine Éléonore d'Aquitaine, qui devait apporter en dot au roi d'Angleterre, son nouveau mari, tout le beau midi de la France. Toutefois, les chevaliers bretons ne furent pas si fort occupés de leurs dissensions intestines qu'ils n'eussent leurs dignes représentants à la guerre sainte.

9 JEAN de Dol y déploya sa riche bannière, *écartelée d'argent et de gueules.*

10 Des témoignages authentiques attestent aussi la présence de GEOFFROY WAGLIP ou GAYCLIP, l'aïeul de Du Guesclin ou Duguesclin, qui portait à ses armes : *d'argent, à l'aigle éployée de sable, couronnée d'or.*

Nous trouvons, parmi les chevaliers qui prirent part à la troisième croisade, les noms suivants, qui appartiennent à la Bretagne :

11 ALAIN, vicomte de Rohan ; il portait à ses armes : *d'argent, à sept macles d'or* (le nombre en a été porté à *neuf* depuis).

12 GUETHENOC DE BRUC : *d'argent, à la rose à six feuilles de gueules, boutonnée d'or.*

13 RAOUL DE LANGLE : *d'azur, au sautoir d'or, cantonné de quatre billettes du même.*

Quant à la quatrième et à la cinquième croisade, le *Musée de Versailles*, cet admirable arsenal de tant d'événements et de grands souvenirs, ne contient aucun des noms de la Bretagne guerrière, mais, en revanche, nos Bretons se dédommagèrent hardiment à la sixième croisade. D'abord :

14 PIERRE de DREUX, dit *Mauclerc*, duc de Bretagne ; blason : *échiqueté d'or et d'azur, au franc-quartier d'hermine, à la bordure de gueules.*

15 GILLES de RIEUX : *d'azur, à dix besants d'or.*

16 GEOFFROY de Chateaubriand : *de gueules, semé de fleurs de lis d'or.*

17 GUILLAUME DE GOYON : *d'argent, au lion de gueules.*

18 ALAIN DE LORGERIL : *de gueules, au chevron d'argent, chargé de cinq mouches d'hermine, et accompagné de trois molettes d'or.*

19 HERVÉ DE SAINT-GILLES : *d'azur, semé de fleurs de lis d'argent.*

20 PAYEN FERON : *d'azur, à six billettes d'argent.*

21 GEOFFROY DE GOULAINE, *mi-partie de France et d'Angleterre.*

22 GUILLAUME DE KERGARIOU : *d'argent, fretté de gueules, au franc quartier de pourpre.*

23 HERVÉ CHRÉTIEN : *de sinople, à la fasce d'or, accompagné de trois heaumes du même, tarés de profil.*

24 HERVÉ DE BUDES : *d'or, à l'arbre de pin de sinople, accosté de deux fleurs de lis de gueules.*

25 OLIVIER DE CARNÉ : *d'or, à deux fasces de gueules.*

26 PAYEN FRESLON : *d'argent, à la fasce de gueules, accostée de six ancolies d'azur, tigées de gueules.*

27 EUDES DE QUELEN : *d'azur, burelé d'argent et de gueules.*

28 JEAN DE QUÉBRIAC : *d'azur, à trois fleurs de lis d'argent.*

29 RAOUL DE LA MOUSSAYE : *d'or, fuselé d'azur.*

30 GEOFFROY DE BOISBILLY : *de gueules, à neuf étoiles d'or.*

31 ROLAND DES NOS : *d'argent, au lion de sable, armé, lampassé et couronné de gueules.*

32 HERVÉ DE SAINT-PERN : *d'azur, à deux billettes percées d'argent.*
33 MACÉ DE KEROUARTZ : *d'argent, à la roue de sable, accompagnée de trois croisettes du même.*
34 BERTRAND DE COETLOSQUET : *de sable, semé de billettes d'argent, au lion morné du même.*
35 RAOUL DE COETNEMPREN : *d'argent, à trois tours crénelées de quatre pièces de gueules.*
36 ROBERT DE KERSAUSON : *de gueules, au fermail d'argent.*
37 HUON DE COSKAER : *écartelé, aux un et quatre d'or, au sanglier effrayé de sable, aux deux et trois, contre-écartelé d'or et d'azur.*
38 HERVÉ et GEOFFROI DE BEAUPOIL, deux frères, ils portaient : *de gueules, à trois accouples d'argent, posées en pal, les laisses d'azur tournées en fasce.*
39 HERVÉ DE SÉSMAISONS : *de gueules, à trois maisons d'or.*
40 HENRI et HAMON LE LONG : *d'or, à une quintefeuille de sable.*
41 OLIVIER DE LA BOURDONNNAYE : *de gueules, à trois bourdons d'argent.*
42 HERVÉ DE BOISBERTHELOT : *écartelé d'or et de gueules.*
43 GUILLAUME DE GOURCUFF : *d'azur, à la croix pattée d'argent, chargée en cœur d'un croissant de gueules.*
44 GUILLAUME HERSART : *d'or, à la herse de sable.*
45 HENRI DU COÉDIC : *d'argent, à une branche de châtaignier, à trois feuilles d'azur.*
46 ROBERT DE COURSON : *d'or, à trois chouettes de sable, becquées et membrées de gueules.* Une branche de cette famille s'est établie en Angleterre sous le *Conquérant*. — Les armes sont les mêmes, seulement les émaux sont renversés.
47 HERVÉ DE KERGUELEN : *d'argent, à trois fasces de gueules, surmontées de quatre mouches d'hermine.*
48 RAOUL AUDREN : *de gueules, à trois tours crénelées, maçonnées de sable.*
49 GUILLAUME DE VISDELOU : *d'or, à trois têtes de loup arrachées de sable, lampassées de gueules.*
50 PIERRE DE BOISPÉAN : *écartelé, aux un et quatre d'argent, semé de fleurs de lis d'azur, aux deux et trois d'or, fascé de gueules.*
51 MACÉ LE VICOMTE : *d'azur, au croissant d'or.*
52 GEOFFROY DU PLESSIS : *d'argent, à une bande de gueules, chargée de trois macles d'or, surmontées d'un lion de gueules, armé, lampassé et couronné d'or.*
53 AYMERIC DU VERGER, de cette souche illustre est sortie la noble maison de La Rochejaquelein, qui porte toujours : *De sinople, à la*

LA BRETAGNE, PAR M. JULES JANIN. PL. II.

25. Olivier de Carné.

26. Payen de Freslon.

27. Eudes de Quélen.

28. Jean Quebriac.

29. De la Moussaye.

30. De Boisbilly.

31. Roland de Nos.

32. De Saint-Pern.

33. De Kérouart.

34. Coëtlosquet.

35. Coëtnampren.

36. Kersauson.

37. Huon de Coëtaer.

38. De Beaupuil.

39. De Sesmaisons.

40. Hamon le Long.
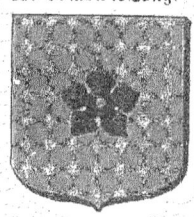

41. de la Bourdonnaye.

42. Boisberthelot.
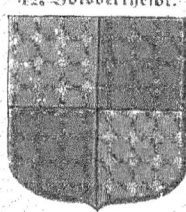

43. De Goureuff.
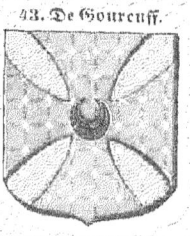

44. Hersart.

45. Henri du Coëdic.
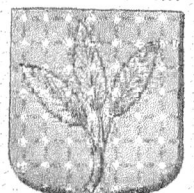

46. De Courson.
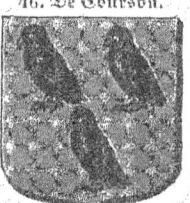

47. De Kerguelen.
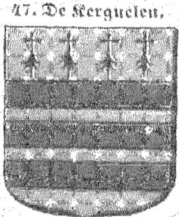

48. Raoul Andren.

Narat del. et sculp. Imp. de G. Silbermann, à Strasbourg.

PUBLIÉE PAR ERNEST BOURDIN, ÉDITEUR.

croix d'argent, cantonnée de quatre coquilles du même, et chargée en cœur d'une coquille de sinople.

54 Geoffroy de Kersaliou : fascé d'argent et de gueules, au lion de sable, armé et lampassé d'or.

55 Aymeric et Guillaume de Montalembert. Cette famille, originaire de Bretagne et qui suivit *Mauclerc* à la croisade, s'est établie depuis dans le Poitou. Elle porte : *d'or, à la croix ancrée d'azur*.

A cette phalange guerrière se joignaient encore :

56 Payen Gauteron, qui portait : *d'azur, à six coquilles d'argent*.

57 Alain de Bois-Baudry : *d'or, à deux fasces de sable, chargées, la première de trois, la seconde de deux besants d'argent*.

58 Hervé de Siochan-Kersabiec : *de gueules, à l'annelet d'or, traversé par quatre fers de lance réunis en sautoir*.

N'oublions pas, puisque nous en sommes à suivre les chevaliers bretons de cette sixième croisade :

59 André de Vitré, qui fut tué à la bataille de la Massoure : *de gueules, au lion contourné et couronné d'argent*.

60 Thomas Taillepied : *d'azur, au croissant d'or, accompagné de trois molettes du même*.

Ajoutons, pour clore cette longue liste remplie de noms illustres et glorieux à bon droit :

61 Geoffroy de Monboucher : *d'or, à trois channes ou marmites de gueules*.

62 Thomas de Boisgélin : *écartelé, aux un et quatre de gueules, à la molette d'argent, aux deux et trois d'azur*.

Enfin, dans ce musée consacré à toutes les gloires de la France, nous rencontrons, parmi les chevaliers de la septième croisade, le nom et les armes de :

63 Prégent, sire de Coëtivy : *fascé d'or et de sable*.

64 Geoffroy de Rostrenen : *d'hermine, à trois fasces de gueules*.

65 Pierre de Kergorlay, *airé d'or et de gueules*.

Tels étaient les plus illustres croisés de la Bretagne; ils ont eu leur bonne part, sinon dans la récompense, du moins dans la bataille et dans la gloire. Ces noms-là, vous les retrouvez dans toutes les vieilles histoires, dans les chroniques d'Albert d'Aix et de Guillaume de Tyr; dans les livres de Ville-Hardouin et du sire de Joinville. — Ces nobles Bretons étaient à toutes les villes conquises; ils étaient à la bataille de Tinchebray; ils ont été les dignes compagnons des plus excellents capitaines; les premiers à l'attaque, les derniers à la retraite. Grâce à tant de labeurs, l'Orient était devenu une seconde patrie chrétienne; c'était comme le reflet de la France chevaleresque. Les chevaliers du Temple, de l'Hôpital, de Saint-Jean-de-Jérusalem, soldats qui faisaient vœu de pauvreté, de chasteté et d'obéissance, moines-chevaliers, puissants à l'égal des rois, avaient fait de cette guerre comme une croisade permanente.—La colonie chrétienne était arrivée à son apogée; les Français, aidés des Génois, avaient pris Ptolémaïs, ils s'étaient emparés de Tyr à l'aide des Vénitiens. Le roi de Jérusalem (1131) était alors Foulque, naguère comte d'Anjou, le père de Geoffroy Plantagenet. Mais bientôt la prospérité, qui vient à bout des plus hardis caractères (Annibal à Capoue!), les disputes religieuses, qui portent le trouble dans les âmes les plus honnêtes, les licences des chevaliers du Temple et de Saint-Jean, amenèrent une cruelle décadence. Les Sarrasins reparurent, et, dans une seule ville (la ville d'Éden), ils égorgèrent trente mille chrétiens et ils firent vingt mille

esclaves. Ce fut alors que poussée de nouveau par le spectacle lamentable de ces chrétiens vendus comme des bêtes de somme, et surtout poussée par l'éloquence passionnée de saint Bernard, la France se précipita dans la deuxième croisade, malgré la volonté de son grand ministre Suger. Mais nous avons raconté cette deuxième croisade

LA BRETAGNE, PAR M. JULES JANIN.   PL. III.

49. G. de Visdelou.
50. Pierre de Boispean.
51. Mace le Vicomte.
52. Geoffroy du Plessis.

53. Aym. du Verger.
54. De Kersalion.
55. Montalembert.
56. Payen Gauterou.

57. De Bois-Baudry.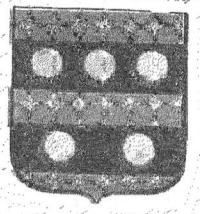
58. Kersabiec.
59. André de Vitré.
60. Th. Taillepied.

61. Monboucher.
62. Boisgelin.
63. De Coetivy.
64. De Nostrenen.

65. Kergorlay.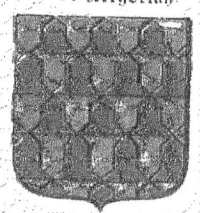
Marhallac. Rennes. Nantes.

Nantes.  Quimper. Saint-Brieuc. Brest.

Naval del. et sculp. Imp. de G. Silbermann, à Strasbourg.

PUBLIÉE PAR ERNEST BOURDIN, ÉDITEUR.

dans un autre livre [1], et comme nous avons la juste prétention de ne faire qu'un même ouvrage, en deux tomes, nous renvoyons nos lecteurs à la *Normandie*, tant nous avons hâte de revenir, par ce détour nécessaire, au point où nous nous sommes arrêté tout à l'heure, pour interroger les croisades. Tout affaiblie qu'elle vous paraisse par la puissance redoutable de ce Henri Plantagenet, vassal trois fois plus puissant que le roi de France, son suzerain, la couronne de France l'emportera tôt ou tard. A cette heure, Louis VII et Henri Plantagenet vous représentent deux rivaux qui s'étudient pour savoir lequel des deux restera le premier roi de l'Europe. Des deux côtés on parle la même langue, ce sont les mêmes mœurs, les mêmes idées. Henri possède dans son entier la partie la plus occidentale de la Gaule, depuis l'embouchure de la Somme jusqu'à celle de l'Adour, moins la Bretagne. La lutte est donc toute française, et l'Angleterre n'a encore rien à y voir, car les fiers barons de race normande ou angevine estiment trop peu cette illustre conquête, pour en faire leur séjour habituel. Eh bien! dans cette lutte si inégale du vassal et du roi, vassal tout-puissant et d'une habileté admirable, qui se bat contre un roi faible et inhabile, c'est la royauté qui finira nécessairement par l'emporter. Dans cette lutte étrange, qui vous fera comprendre la toute-puissance de cette force appelée la légitimité, la Bretagne était un obstacle pour le roi Henri II. La Bretagne rompait la continuité des États du roi d'Angleterre; en vain elle était fief de la Normandie, elle n'avait presque rien de commun avec cette province, pas plus qu'avec le reste de la France, tant elle était occupée de ses dissensions intestines. Et c'était là encore un vaste espoir pour le roi d'Angleterre; toute l'activité, tout le courage de la Bretagne, se dépensaient inutilement dans les guerres qui séparaient la ville de Nantes et la ville de Rennes, rivalités dont l'explication est facile : le comté de Nantes, voisin de l'Anjou et du Maine, s'occupait d'agriculture, de navigation et de commerce, pendant que le reste de la Bretagne, encore tout gallique, était resté à demi sauvage. Une très-curieuse étude, mais compliquée et difficile, ce serait de se reconnaître dans ces divers intérêts si longtemps débattus entre ces seigneurs, ces abbés, ces barons, ces évêques, et le peuple de Bretagne; ce serait d'indiquer les phases diverses de ce territoire partagé si souvent, et tour à tour occupé par les Bretons insulaires, par les Francs, par les Normands. Peut-être ferions-nous bien d'expliquer ici les diverses insti-

---

[1] *La Normandie*, page 252.

tutions qui régissaient et nobles et bourgeois et paysans en Bretagne, mais ce travail trouvera naturellement sa place ailleurs. Bornons-nous à dire que dès la fin du dixième siècle, toute trace de servitude *réelle* avait disparu de la Bretagne.

Le duc Conan III eut l'honneur d'apporter quelque soulagement aux misères de son peuple; les seigneurs qui résistèrent aux lois du prince furent traités sans ménagement; le vicomte de Donges eut sa tour rasée, Olivier de Pont-Château fut enfermé dans la tour de Nantes, en châtiment de ses tyrannies. Les pauvres gens, se voyant défendus et protégés enfin, se mirent à aimer le pouvoir salutaire qui leur venait en aide et protection. — Bientôt toutes ces petites lueurs de liberté se réunissent et projettent une clarté plus vive dans ces ténèbres. Les villes firent alliance entre elles; les administrations municipales se formèrent; la nation, moins maltraitée, devint elle-même plus clémente, et cet odieux *droit de bris*, ce crime qui donnait, à l'homme assis sur le rivage, la vie et les biens du naufragé que la mer jetait,

hurlante, sur ces côtes inhospitalières, le droit de bris, dans un concile assemblé à Nantes en 1127, et présidé par l'archevêque de Tours, fut frappé de l'excommunication de l'Eglise. — C'est un des faits caractéristiques de l'histoire de Bretagne, ce droit du paysan breton de courir sus, comme ferait un sauvage, sur les dépouilles que lui jette la mer irritée. Ceux qui trouvent une excuse à toute chose, prétendent que les vaisseaux des pirates normands tombèrent, les premiers, sous la rapacité vengeresse des paysans de la péninsule; le droit de bris avait donc commencé par être de bonne guerre, mais, les pirates disparus, l'habitude resta; le naufrage fut considéré comme un crime; les paysans sauvages se précipitèrent sur cette triste curée que leur apportait la tempête; nul ne rougit de manquer à la loi la plus sainte des hommes, le respect dû au naufrage, témoin ce vicomte de Léon, qui se vantait de posséder une pierre plus précieuse que toutes les pierreries qui paraient la couronne de France. Cette pierre, c'était un écueil!

Plus que jamais, maintenant que par la rivalité des deux couronnes, la voilà mêlée aux affaires de la France, la Bretagne subit l'influence de la monarchie française; où l'une ira, l'autre veut aller. Le souffle qui pousse celle-ci poussera celle-là; à ces causes, l'intérêt historique s'en va augmentant toujours.

Si la guerre sainte a beaucoup contribué à fonder l'estime et l'amitié réciproques des deux peuples, en revanche les misères de la Bretagne n'ont pas peu servi à la jeter dans les bras de la France. Surtout la vie et la mort du jeune Arthur ont beaucoup avancé les intérêts français dans la Bretagne.

Rappelez-vous la croisade de 1189; les nouvelles d'Orient étaient funestes, Saladin venait d'envahir la plaine de la Tibériade, peu d'instants après il s'emparait de Jérusalem. L'Occident était consterné, le pape Urbain III mourait de douleur. Alors et de nouveau l'Europe chrétienne s'engagea dans la croisade, et certes il y avait lieu de se hâter, car Saladin menaçait de conduire ses soldats en Europe, et déjà quatre cent mille barbares, venus de l'Afrique, s'étaient jetés en Espagne. Excités par cette épouvante du monde chrétien, le roi de France et le roi d'Angleterre prennent la croix. Avant le départ de Philippe et de Richard pour la Palestine, il y eut entre les deux princes un serment solennel, Philippe jurant de défendre la terre de son rival comme il défendrait sa ville de Paris, Richard comme il défendrait sa ville de Rouen. A peine arrivés dans la Sicile, cette amitié si bien jurée était déjà rompue. Richard n'avait pas hérité de l'habileté du roi Henri, son père, il avait toute la fougue et tout l'emportement d'une jeunesse royale ; autant il était fier et superbe, autant le roi de France était patient et rusé. Pendant que l'un s'abandonnait à ses instincts pleins d'énergie et de violences, l'autre préparait l'abaissement de l'Angleterre et la grandeur de la France. Il faut dire toutefois que Richard, et avec lui la noblesse d'Angleterre et de Bretagne, se montrèrent les premiers et les mieux faisant dans cette deuxième croisade, qui coûta plus de sang qu'il n'en fallait pour conquérir l'Asie entière. Si donc Philippe Auguste eut le rôle de l'homme habile dans cette guerre, le rôle brillant et glorieux resta au roi Richard. La vie de ce poétique chevalier est dans toutes les mémoires. Vous savez comment, après ces exploits, qui touchent à la fable, Richard quitte la Palestine, comment il est jeté sur les côtes d'Allemagne et fait prisonnier par le duc d'Autriche, qui le livre à l'empereur Henri VI, fils de Frédéric Barberousse. Que faisait cependant la Bretagne? La Bretagne, en l'absence du roi Richard, avait proclamé pour son duc le fils de Geoffroy, le jeune Arthur, sous la tutelle de Constance, sa mère. En même temps, Guillaume, évêque d'Eli, chancelier et régent d'Angleterre, avait fait reconnaître le jeune duc Arthur comme l'héritier présomptif de la Grande-Bretagne. En effet, les droits de ce royal enfant étaient incontestables, et derrière lui se tenait, prêt à mourir pour son prince légitime, le vaillant peuple qui l'avait adopté. Le malheur voulut que, sur le deuxième échelon du trône d'Angleterre, fût assis un de ces princes qui suffiraient pour déshonorer tous les trônes de ce monde. Ce prince, la honte des chevaliers, avait été le plus mauvais des enfants de ce malheureux père, le roi Henri II; sa jeunesse c'est une longue trahison mêlée de lâcheté et d'envie. Trop loin du trône d'Angleterre pour y monter sans résistance, trop près du trône pour y renoncer jamais, il avait choisi pour aller à son but les ténèbres, les trahisons, les sentiers détournés ; les vices honteux, et chemin faisant, il était prêt à tout céder pour poser sur sa tête avilie cette couronne usurpée que son grand-père et son aïeul avaient faite si brillante. Traître envers son père, le prince Jean devait trahir son frère et son roi, le roi Richard, et pour accomplir sa trahison, il choisit justement l'instant où le *Cœur-de-Lion* s'abandonnait aux plus fougueux excès du courage. Voilà sous quelles couleurs, et plus tristes encore, dans un livre impérissable (*Ivanhoé*), Walter Scott nous a présenté le roi Jean; Shakespeare n'en parle pas avec plus de respect; M. Guizot, dans la préface du *Roi Jean*, voue cet homme abominable à l'exécration et à la honte. Quand donc le prince Jean eut appris que le chancelier d'Angleterre avait reconnu pour l'héritier de la couronne le jeune duc Arthur de Bretagne, le fils de Henri II chassa violemment l'évêque de son siège, et lui-même il se posa comme le seul qui pût hériter du royaume de son frère. De ces tentatives ambitieuses, Richard fut averti au plus fort de ses batailles, et voilà pourquoi, même au hasard d'être chansonné par les chansonniers de la croisade, il voulut revenir en toute hâte. Il partit donc sur une barque, ce maître absolu d'une si grande flotte, — tout seul, ce seigneur de tant de seigneurs, — sous l'habit d'un pèlerin, ce vaillant capitaine qui commandait à trois armées; plus l'aventure était périlleuse, et plus elle plaisait au roi Richard. Le reste de cette histoire, c'est plus qu'un drame, c'est véritablement un poëme; mais à quoi bon le redire? La tempête jette sur les bords de l'Adriatique la faible barque qui portait le *Cœur-de-Lion* et sa fortune; rejeté par la mer en courroux, le roi Richard s'imagine qu'il pourra traverser l'Allemagne entière sans être reconnu par personne; mais sa haute mine, son fier maintien, son geste impérieux, ce vif regard dont les hommes des croisades, amis ou ennemis, avaient peine à soutenir l'éclat et l'énergie, eurent bientôt fait reconnaître le roi d'Angleterre, duc de Normandie et suzerain de la Bretagne. Suivi à la trace par les satellites du duc d'Autriche, Richard fut arrêté dans un cabaret, assis au coin de la vaste cheminée, et le duc d'Autriche (contre le droit des gens et des rois!) vendit son captif à l'empereur. Pendant une longue année, l'Europe chrétienne se demandait avec épouvante ce qu'il était devenu, le héros des croisades. Hélas! il attendait, dans les ténèbres d'une forteresse, que l'empereur et le duc d'Autriche consentissent à lui rendre sa liberté.

Cependant le roi de France, Philippe Auguste, et le prince Jean d'Angleterre, avertis de bonne heure de la captivité de Richard, se hâtèrent d'en profiter, le premier pour l'agrandissement de son royaume, le second pour l'usurpation du royaume de son frère. L'un et l'autre, Philippe et Jean, ils envahirent, d'un commun accord, la Touraine, le Vexin et la Normandie, et, par une dérision insultante, le roi de France fit signifier au prisonnier du duc d'Autriche sa déclaration de guerre. — Que faire alors? que devenir? comment retrouver ce royaume au pillage? comment châtier ce voisin redoutable? comment faire rentrer dans le devoir ce frère infidèle? La violence était grande; Richard *Cœur-de-Lion* accepta, pour en sortir, des conditions étranges acceptées par un roi si puissant naguère, par le hardi chevalier qui était le modèle et l'orgueil de la chevalerie.

Enfin, comme l'écrivait le duc d'Autriche au prince Jean : « *Prenez garde, le lion est lâché!* » à prix d'argent, le lion était lâché ; Richard était rentré dans son royaume à travers les sombres forêts où vivaient encore, errants et vagabonds, sous les lois de Robin Hood, les derniers restés des Saxons vaincus par *le Conquérant.* L'Angleterre, qui s'était épuisée à payer la rançon de son roi captif, était divisée en deux partis ; l'un tenait pour le roi chevalier, pour le héros de l'Orient, pour l'aventurier généreux et brave ; l'autre, c'était le parti des habiles, tenait pour le prince Jean qui, tôt ou tard, à force de crimes, de lâchetés et de violences, devait monter sur le trône de son frère. De ces divisions, la Bretagne avait profité pour retrouver un peu de force et de liberté ; un instant la duchesse Constance, mère et tutrice d'un jeune prince dont les destinées pouvaient être si grandes et si belles, avait montré, à la faveur de cette trêve, qu'elle savait porter une couronne. Le retour du roi Richard déjoua toutes ces espérances. Quand le roi eut appris que, lui vivant, et malgré la tendre jeunesse de son neveu Arthur, Arthur avait été reconnu par les états de Bretagne pour leur prince légitime, le roi Richard se sentit profondément blessé dans son orgueil ; toutefois il cacha sa colère, il fit taire son orgueil ; il savait quel prix la nation des Bretons attachait à ses libertés, et quel amour ils avaient voué à cet enfant. Pour venir à bout de ce peuple et de sa duchesse, *le Cœur-de-Lion* prit cette fois des détours tout au plus dignes de Jean, son frère ; on eût dit que sa loyauté chevaleresque était restée dans les prisons de l'Autriche, tant c'est un grand malheur d'avoir à compter avec sa fortune ! Voici donc que le roi Richard passe le détroit, il arrive au château de Pontorson, et de là il envoie dire à la duchesse de Bretagne qu'elle ait à venir conférer avec lui des intérêts de son duché. Le piége était bien tendu, la loyauté passée de Richard servait sa perfidie présente. A l'ordre du roi, la duchesse arrive sans défiance, mais à moitié chemin elle est arrêtée par Ranulphe, par ce mari inattendu que lui avait imposé le feu roi Henri II, et ce Ranulphe, l'associé de Richard, enferme la duchesse de Bretagne dans le château de Saint-James de Beuvron. Grand éloge que le roi Richard faisait à la duchesse Constance, l'estimant assez pour se dire à lui-même, qu'une fois privés de leur princesse, les Bretons se soumettraient au roi d'Angleterre, sans plus songer à leur jeune duc Arthur.

Ce calcul de Richard d'Angleterre fut trompé par la loyauté, par la fidélité et le courage de la Bretagne tout entière. A cette nouvelle que sa duchesse était la prisonnière de Ranulphe, et qu'elle était tombée dans un infâme piége tendu à sa bonne foi par le roi chevalier, soudain la Bretagne est en feu. Les évêques se réunissent, le peuple s'agite, les chevaliers préparent leurs armes, les temples sont remplis de prières, d'armes les châteaux forts, tous les cœurs de colère. En même temps, des ambassadeurs sont envoyés au roi Richard, réclamant la liberté de leur souveraine. Richard répond qu'avant peu la duchesse sera libre, pourvu qu'elle consente à se laisser guider par son seigneur, le roi d'Angleterre ; le délai expiré, comme leur duchesse ne leur était pas rendue, les Bretons reviennent, et cette fois leur parole est menaçante. Parole méprisée, colère dont le roi anglais ne tient pas compte ; bien plus, Richard fait envahir par ses mercenaires le duché de Bretagne ; il veut que le duché, d'un bout à l'autre, soit livré à la fureur de ses Brabançons. La Bretagne a osé se plaindre, qu'elle soit livrée aux flammes ; elle a redemandé sa duchesse, tout sera passé au fil de l'épée ; elle entoure de ses sympathies le jeune Arthur, on fera de ses villes un désert. Telle est la volonté de Richard. Ah ! les héros du roman et même les héros de l'histoire, vus de près, ne sont pas toujours ce que pense le vulgaire. Cette dévastation de la province à laquelle les Plantagenets devaient tant de reconnaissance, ne pèse pas autant qu'elle devrait peser sur la mémoire de Richard *Cœur-de-Lion*. Sa captivité, ses malheurs, son courage, ses poésies, cette histoire de Blondel aveugle, sa mort enfin, entourent *le Cœur-de-Lion* d'une auréole mensongère ; mais à cette gloire couverte du sang des Bretons, la Bretagne ravagée donne un démenti formel. Que de vieillards égorgés ! que d'enfants tués au berceau ! Même les cavernes profondes et les souterrains cachés dans les bois, ne mettaient pas à l'abri de ces barbares. On enfuma les malheureux Bretons comme des lapins dans leur terrier, et plus d'une fois, riant aux éclats, on vit le roi Richard qui regardait comment ces malheureux allaient sortir de leurs cavernes incendiées. Digne fils, ce jour-là, de ce roi Henri II qui livra ses deux petites-filles au gouverneur de la tour d'Ivry pour qu'il leur fît crever les yeux, couper le nez et les oreilles ! digne fils de ce même Henri II abandonnant sa fille Julianne, sa propre fille, à la risée et aux sarcasmes de ses soldats !

C'en était trop pour la patience de la noble patrie de Waroch et de Nominoé ; la Bretagne, poussée à bout par ces fureurs, se révolte enfin; ses plus nobles enfants accourent, empressés, à la défense de la mère patrie. L'histoire sait leurs noms, elle les a retenus, ils brillent encore dans le souvenir du peuple, ils ont conquis cette couleur historique qui donne un si grand relief aux vieux tableaux, aux vieilles médailles, aux pieux respects des peuples. Voici quelques-uns de ces noms populaires : Alain de Dinan, le vicomte de Rohan et le vicomte de Léon, le baron de Fougères, les seigneurs de Dol et de Vitré. Le courage de tous ces braves gens ne se porta pas au hasard et à l'aventure, mais au contraire il fut plein d'habileté et de bon sens. Même dans leur emportement et dans leur colère, les Bretons comptaient avec l'ennemi, comme ils le firent voir au roi Richard, quand il rencontra, près de Calais, les chevaliers et les hommes d'armes de la basse Bretagne, force imposante à laquelle rien ne résiste. Battu de ce côté, Richard apprend que son rival, Philippe de France, s'avance dans la Normandie, et qu'il assiége le château d'Aumale. A cette nouvelle, Richard se rend, en toute hâte, au-devant de Philippe; mais cette fois encore, et près du roi de France, le roi d'Angleterre rencontre des Bretons, accourus pour le combattre en personne. Le vaillant capitaine du parti national, Alain de Dinan, se jette dans la mêlée, demandant où est Richard. Il le rencontre enfin, il le presse, il le pousse, il le combat corps à corps, et Richard, ce hardi, ce vaillant, ce héros, à qui pas un ne résistait dans les joutes ou dans les combats

des croisades, Alain de Dinan le jette à bas de son cheval; déjà le glaive était tiré, déjà le coup était porté, c'en était fait du *Cœur-de-Lion*, il allait expirer sous l'épée d'un Breton ses pilleries et ses ravages, lorsqu'un escadron anglais vint arracher le roi chevalier des mains d'Alain de Dinan. Certes, il eût mieux valu mourir ainsi d'une noble épée, que frappé de la flèche d'un archer, et pourquoi? pour conquérir un morceau d'or ou d'argent trouvé dans un sillon par un laboureur normand!

Durant ces guerres et ces bouleversements de sa noble province, le jeune Arthur avait été confié à la garde du roi de France. Le temps était loin déjà où les rois de France confiaient leurs enfants à la garde et à la loyauté des ducs de Normandie, où le duc Robert *le Diable* remettait au duc de Bretagne son fils Guillaume. Ajoutez que le temps n'était plus où ces précieux dépôts étaient gardés par l'honneur des couronnes. Certes, Philippe Auguste a beaucoup fait pour l'agrandissement de la monarchie; il tient sa place parmi les rois les plus utiles de notre histoire; mais quand nous le voyons, lui, le tuteur du jeune Arthur, se vouloir servir de cet enfant pour agrandir son propre royaume, il nous est impossible de parler, sans en rougir, de cette habileté du roi de France. Les barons et les soldats de Bretagne comprirent, de leur côté, les dangers d'une pareille tutelle; ils savaient ce que valait la protection de cet habile voisin pour un duc de Bretagne à peine entré dans les premières années de sa jeunesse. Aussi bien, quand ils virent le roi Richard devenu plus traitable, les Bretons firent-ils avec lui une alliance nouvelle. Le traité entre le roi Richard et ses vassaux de Bretagne s'est perdu dans les ténèbres de l'histoire; seulement il est certain que par ce traité entre le duc et les seigneurs bretons, la duchesse Constance fut rendue à ses sujets, et que désormais, Anglais et Bretons, ils devaient se battre les uns et les autres contre la France.

La France, cependant, ou plutôt le roi Philippe Auguste, car le temps n'est pas encore proche où l'on dira : *la France!* avait gardé comme un otage précieux le jeune duc de Bretagne. C'est l'histoire du jeune Richard *sans Peur*, gardé à vue par Louis *d'Outremer*, et que le fidèle Osmond de Centvilles arrache au roi de France, caché dans une botte de foin. On ne dit pas par quelle ruse le jeune Arthur fut délivré de la tutelle de Philippe Auguste, mais ces détails suffisent pour nous faire prendre en pitié, et de très-bonne heure, ce fils, ce petit-fils des ducs, des princes et des rois, ce descendant direct d'une maison illustre entre toutes les maisons régnantes du moyen âge. A l'aide de ce beau jeune homme, pâli par les douleurs de la captivité et par la fatigue des batailles, le grand poëte Shakespeare a composé son plus beau drame ; peut-être aussi le poëte aura vu ce pauvre Arthur, comme nous le voyons nous-même, proscrit dès le berceau, exposé d'abord au mauvais vouloir de son grand-père Henri, maltraité par son oncle le prince Jean, menacé par son oncle Richard, partout malheureux, partout menacé ; aujourd'hui l'hôte du roi de France, et le lendemain son otage ! Enfant qui trace à l'avance le sentier de larmes et de sang par lequel marcheront les enfants d'Edouard ! Ainsi Jane Gray a préparé l'échafaud fatal sur lequel devait tomber la tête de Marie Stuart !

De la cour du roi Philippe Auguste, voilà donc le jeune Arthur qui passe dans le camp de son bel-oncle le roi Richard, naguère son ennemi et l'ennemi de sa mère. Le roi fut touché, sans doute, des grâces et du courage naissant de son neveu Arthur, et quand il le vit combattre sous sa bannière, il sentit s'évanouir quelque peu ses inquiétudes ; on peut croire qu'il en fut ainsi à voir la bonne intelligence qui s'établit alors entre la duchesse Constance et le roi Richard. Pour tous ces gens, Bretons, Anglais et Normands, la France n'était plus qu'une ennemie à combattre, à envahir. A ce moment les haines entre les deux nations d'Angleterre et de France ne sont pas encore excitées comme elles le seront plus tard, après Crécy, après Azincourt, mais déjà elles se dessinent d'une façon très-vive et très-nette, et elles ne peuvent que grandir. D'abord Philippe Auguste est battu par les Anglais, aidés des Bretons ; il est battu à Rouen, il est battu à Gisors. A chaque victoire, Richard, fier de retrouver son bonheur d'autrefois, retrouvait en même temps sa vaillance. On le reconnaissait à son courage, à son ardeur, à ses grands coups d'épée... un événement inattendu, un accident vulgaire, moins que rien, le bas-relief d'argent, d'autres disent le trésor trouvé dans les champs du vicomte de Limoges, et dont le vicomte de Limoges n'offre que la moitié au roi Richard, voilà toute la cause de cette mort qui va changer la face de l'histoire. Pour avoir cette trouvaille à lui seul, voilà le puissant roi d'Angleterre qui a donné tant de millions au duc d'Autriche et à l'empereur d'Allemagne, qui s'en va faire le siége du château de Châlons! Sous les murs de cette bicoque, l'homme qui avait élevé la quadruple forteresse de Château-Gaillard, reçut au bras une flèche, et il fut tué de cette piqûre! C'est bien le cas de répéter avec l'histoire et le psalmiste — *que tout est vanité !*

À la nouvelle de cette étrange mort, le prince Jean se hâte et s'intrigue ; il met à profit l'étonnement de la France et la consternation de l'Angleterre (elle aimait son roi Richard, en raison même du sang et de l'argent qu'il lui avait coûtés) pour se faire proclamer roi d'Angleterre au lieu et place du *Cœur-de-Lion*. Certes, le droit à cette couronne était du côté d'Arthur de Bretagne ; l'évêque d'Éli, chancelier d'Angleterre, tant il prévoyait une mort violente pour le roi Richard, avait désigné à l'avance le prince Arthur pour l'héritier présomptif du royaume. Par son père, le duc Geoffroy, troisième fils de Henri II, Arthur excluait du trône ce même prince Jean, qui n'était que le quatrième fils du roi Henri ; Richard lui-même avait reconnu de nouveau le droit de son neveu Arthur, il l'avait désigné comme l'héritier de sa couronne, et quand il mourut, il commençait à lui apprendre à tenir une épée. Richard est mort avant d'avoir eu le temps d'aimer et de couronner son neveu Arthur. Mais, vous l'avez vu plus d'une fois dans cette histoire, et même dernièrement encore à propos d'Étienne et de Mathilde, le droit n'est pas toujours consulté dans la succession au trône d'Angleterre. Les barons anglais et les barons normands n'ont pas tous le même intérêt dans ces changements de monarque. Le Normand propriétaire en Angleterre, entouré des rancunes toujours vivaces du peuple vaincu, sentait en toute hâte la nécessité d'un roi qui le pût protéger et défendre contre la révolte de la nation écrasée, pendant que le Normand de Normandie, propriétaire légitime de sa terre et maître chez lui, pouvait attendre et choisir son nouveau maître. Cette fois, cependant, la Normandie et l'Aquitaine, à l'exemple de l'Angleterre, reconnurent le prince Jean pour leur maître, pendant que l'Anjou, le Maine, la Touraine, se déclaraient pour le jeune Arthur. Les Poitevins, de leur côté, partagèrent cette défection, ils formèrent avec leurs voisins du nord et de l'ouest une ligue active pour l'attaque et pour la défense. La bataille était engagée, et elle ne demandait pas mieux que d'être acharnée et sanglante. Soutenu par son droit d'abord, et ensuite par les armes de tant de braves gens, Arthur de Bretagne pouvait espérer, sinon une prompte victoire et le trône d'Angleterre, du moins une large part dans les dépouilles du roi Richard. Mais hélas ! à l'instant même où ce prince infortuné avait si grand besoin de l'appui, de l'assistance et des conseils d'une mère, sa mère n'était occupée qu'à se donner un troisième mari ! Pour comble de misère, ce nouveau mari de la duchesse Constance, Guy, vicomte de Thouars, n'était ni assez brave, ni assez intelligent, ni assez puissant pour être de quelque poids dans la défense de la Bretagne et dans la cause du jeune Arthur. Restait pour toute espérance, espérance fragile et menteuse, l'appui du roi de France, Philippe Auguste. Plus que jamais, le roi Philippe avait son regard arrêté sur la Normandie, comme sur une proie assurée et légitime. Il s'était dit qu'il ne mourrait pas sans avoir rendu à la royauté de France ce magnifique royal fleuron que Charles le Simple avait laissé arracher à la couronne de Charlemagne. Dans toutes ces causes diverses qui s'agitaient autour de son royaume, Philippe Auguste ne voyait que la Normandie à conquérir; c'était là son rêve, c'était là sa gloire. Jeune homme, il avait été élevé dans la haine des Plantagenets; devenu roi, il les avait rencontrés partout, comme un obstacle à sa puissance, dans la Bretagne, dans l'Anjou, dans le Poitou, en Angleterre, en Palestine; il s'était battu contre le roi Henri II, il avait jouté contre Richard Cœur-de-Lion, et maintenant que ce brillant Plantagenet, Richard, était tombé dans la poussière, sous la flèche d'un archer, était-ce donc au roi de France à prendre parti pour le prince Jean ou pour le duc Arthur, pour celui qui avait la Normandie ou pour celui qui tenait la Bretagne? Non, Philippe Auguste ne prendra parti que pour la France. Cependant, il encourage les prétentions d'Arthur; lui-même il va, pour le recevoir, jusqu'au Mans; là le jeune duc fait hommage au roi Philippe pour les provinces de Normandie et de Bretagne; par serment, Arthur se reconnaît le vassal du roi de France; il reçoit l'ordre de chevalerie de la main de son seigneur suzerain. En même temps, la guerre approchait; plus le choc sera terrible, et plus le roi de France en saura profiter. Les troupes du roi Jean s'avançaient au nord par la Normandie, au midi par le Poitou; il s'agissait d'arracher au duc de Bretagne les provinces dont il venait de faire hommage au roi de France. On allait en venir aux mains, la bataille était imminente; le roi de France attendait de pied ferme le roi d'Angleterre; les partisans d'Arthur sont pleins de confiance dans la bonté de leur cause, et ils se montreront demain dans la bataille..... Il n'y eut pas de bataille! Les deux rois se rencontrèrent en effet, mais pour se jurer une amitié constante, pour faire une paix doublement déshonorante aux dépens du jeune duc de Bretagne! Dans ce traité, les deux rois furent impitoyables. Arthur, déshérité, vit passer sous le joug du prince Jean le royaume et le duché de son oncle Richard. Alors ce jeune homme n'eut plus qu'à reconnaître pour son roi, pour son maître en Angleterre, en Normandie, en Bretagne, partout, cet homme qui, en bonne justice, n'aurait dû être que son premier sujet. Même il fit hommage au roi Jean, pour le duché de Bretagne! Nous ne sommes pas d'assez forcenés politiques pour expliquer d'une façon légitime la conduite du roi de France envers cet enfant qu'il devait aimer comme un père. Avec la meilleure volonté du monde, on ne comprend pas cet abandon du prince Arthur par le roi Philippe Auguste; on ne voit pas par quels motifs le roi de France fait la paix avec le roi Jean, pour lequel il avait autant de haine que de mépris. Toutefois, vous n'avez pas longtemps à attendre pour que toutes ces colères se réveillent; l'ambition de Philippe est insatiable, les passions du roi Jean sont effrénées. Un jour, tout marié qu'il était, le roi Jean enlève la femme du comte de la Marche; insultés dans l'honneur de leur chef, les barons du pays demandent aide et protection au roi Philippe Auguste. Philippe, content de ce nouveau prétexte, fait citer Jean, son vassal, pour qu'il ait à comparaître devant son trône, et à se défendre de l'accusation du prince de la Marche. A cette citation de son seigneur suzerain, Jean refuse d'obéir. Aussitôt, une armée française entrait en Normandie, tant le roi de France éprouvait en lui-même un remords subit d'avoir abandonné les droits du jeune duc de Bretagne. Maintenant Philippe Auguste reconnaît qu'il a été trop vite, il veut avoir Arthur auprès de sa personne, il l'appelle son pupille; jamais il ne l'a tant aimé, jamais il ne l'a trouvé si aimable et si brave; désormais le roi de France veut être le père du duc de Bretagne, il lui donnera, dit-il, sa propre fille en mariage, et, pour dot, Arthur aura la Normandie, le Maine, la Touraine, l'Anjou. Ceci se passait dans le camp du roi de France, à Gournay. Arthur, confiant comme on l'est à son âge, acceptait avec joie ce magnifique avenir, déjà il était impatient de mériter sa fiancée. Avec une poignée de soldats, il promet de conquérir les cinq provinces qu'on lui donne, et il s'en va, l'imprudent, avec deux cents hommes d'armes, se jeter, tête perdue, contre toutes les forces du roi Jean.

Dans cette circonstance difficile, la Bretagne n'abandonna pas le prince qu'elle aimait. Aux deux cents hommes d'armes du roi de France, se réunirent quatre mille fantassins bretons, et cinq cents chevaliers, l'élite de la noblesse. Même avec ce renfort, la troupe était faible, le chef était imprudent et sans expérience, le sang-froid manquait à ce jeune homme, si souvent victime des plus hideuses conspirations de la politique déloyale. Pour commencer cette campagne, dans laquelle il devait tout envahir, le prince breton va mettre le siége devant Mirebeau, ville située à six lieues de Poitiers. Là s'était renfermée la reine Éléonore d'Aquitaine, l'aïeule et l'ennemie d'Arthur. La ville fut emportée d'assaut, mais le château ne fut pas si facile à prendre : la reine Éléonore le défendait comme une femme habituée à la guerre. En même temps, elle envoyait prévenir son fils de ce qui se passait, pour qu'il vînt en toute hâte pour la délivrer. Le roi Jean ne se fit pas attendre : il se mit en route la nuit même, afin de prévenir l'arrivée des renforts qui accouraient de toutes parts grossir l'armée du jeune duc. Celui-ci, cependant, était sans inquiétude et sans défiance ; dans cette ville nouvellement conquise, les soldats victorieux se livraient au plaisir et à la bonne chère. Aussi le roi Jean surprit-il facilement cette place, autour de laquelle on n'avait pas même eu la précaution de placer des sentinelles. « Là, dit un vieux chroniqueur, les Bretons furent deffaicts sans travail, les seigneurs pris, comme enveloppez en un filé. » Le prince Arthur fut au nombre des prisonniers, et le lendemain il était envoyé au château de Falaise. Alors seulement cet enfant retrouva l'énergie d'un homme ; vaincu et captif, et sachant quel était son oncle, Arthur résista aux volontés du roi Jean. En vain on le menace, s'il ne renonce pas à ses droits sur le duché de Bretagne : le prince reste inflexible. Vous avez lu ou vous lirez l'admirable scène de la tragédie de Shakspeare : *Ne crève pas mes pauvres yeux, Hubert!* S'il en faut croire un historien véridique, Raoul, abbé de Coggeshale, cette scène terrible, où la pitié et la terreur sont poussées aussi loin qu'elles peuvent aller dans l'âme humaine, c'est de l'histoire. Ce qui est certain, c'est que les bourreaux manquèrent pour égorger l'héritier des ducs de Bretagne, et que le roi Jean fut obligé de remplir lui-même l'office de bourreau. On raconte qu'avant de prendre la résolution de ce grand crime, le prince Jean, éperdu et poursuivi par le remords avant-coureur, fut se cacher dans le bois de Moulineaux, situé au-dessus de la ville de Rouen. Là, on ajoute que pour venir à bout de ses incertitudes, le malheureux appela l'orgie à son aide, tant cela lui paraissait horrible, même à lui, de porter des mains criminelles sur ce jeune homme, enfant orphelin de son propre frère, le petit-fils de Henri Plantagenet! Enfin, après trois nuits de cette angoisse et de cette ivresse brutale, la bête féroce sort de son repaire. Minuit allait sonner (1203), Arthur dormait dans son cachot; une main brutale le réveille. — Marchons! dit une voix menaçante. Ce réveil, ce n'est pas la liberté, car on laisse ses chaînes au captif; à peine éveillé, on le conduit au pied de la tour, une barque se montrait près du rivage; il lui fallut monter dans cette barque, et alors l'infortuné se trouvant en présence de son oncle, il devina qu'il allait mourir. — Son courage l'abandonne.—La nuit! la rivière grondante! le château qui projette son ombre massive! ce roi Jean, qui chancelle sous le double vertige de l'ivresse et du crime! — Il y avait de quoi trembler. — Plein d'épouvante, Arthur se jette aux pieds

de son oncle; il prie, il supplie, il pleure, il demande la vie. Sans doute, en ce moment suprême, cet enfant adoré de la Bretagne se rappelait les beaux jours de l'enfance, les vœux de son peuple, les prédictions des bardes nationaux, les espérances de l'Armorique tout entière; toujours est-il que l'enfant pleurait, en suppliant. Dans l'âme du roi Jean, le trône d'Angleterre et la couronne du duché de Bretagne l'emportèrent sur les larmes de son neveu Arthur, et afin que rien ne manquât à ce grand crime, sur le refus de son propre écuyer Pierre de Maulac, le roi, lui-même, tombe sur cet enfant enchaîné, il le poignarde de sa main, et quand il a tué son neveu, son roi, pour mieux dire, il précipite le cadavre dans les eaux de la Seine indignée. Arthur de Bretagne avait seize ans à peine, il mourait victime de l'ambition de deux princes rivaux; il mourait parce qu'il était le roi légitime de l'Angleterre, parce qu'il était le duc légitime de la Bretagne. Ah! ce sont là de ces crimes devant lesquels l'esprit éperdu recule épouvanté; taches de sang, taches funestes dont l'histoire ne peut se laver. Tout ce qu'elle peut faire, c'est de passer vite en se voilant le visage, et de courir au-devant de la gloire et de la liberté.

Le bruit de cette mort blessa la Bretagne jusqu'au fond du cœur; la noble province bondit, à ce coup, comme si elle avait été frappée à mort. Arthur fut pleuré comme on pleure l'enfant de ses rêves. Les Bretons, dans un moment de superstition bien naturelle, avaient attaché à la vie de leur prince la destinée de leur province bien-aimée; tant qu'Arthur serait vivant, ils croyaient qu'ils seraient libres. Arthur égorgé et perdu dans les sables de la Seine, la Bretagne ne songea plus qu'à échapper au meurtrier de son prince, et elle se donna au roi de France; car maintenant qu'Arthur était mort, par l'abandon même de ce Philippe Auguste, l'habile monarque ne songeait qu'à le venger. Pour la deuxième fois, le roi Philippe fait citer à sa barre le roi Jean d'Angleterre, comme son vassal pour le duché de Normandie. Sur l'ordre souverain de son seigneur, il faut que Jean comparaisse devant les hauts barons de France, ou, pour parler comme les romans de chevalerie, devant ses pairs. Avant que d'obéir, le roi Jean demande un sauf-conduit, il fait prier le roi Philippe de lui donner du répit, promettant de comparaître à sa barre. Le roi veut que la sentence s'exécute à l'instant même, sans excuses, sans sauf-conduit, et comme il l'a dictée. Absent, le roi Jean est condamné par ses pairs; la condamnation est absolue, elle est sans réplique; Jean est déclaré traître et déloyal, toutes les terres qu'il tenait du royaume de France sont déclarées *forfaites*, et enfin, quand la sentence est portée, les Bretons sont invités à prendre les armes pour aider à l'exécution; car maintenant que son œuvre s'accomplit, le roi de France, même avec la Normandie, ne sera pas content s'il n'a la Bretagne, en sa qualité de vengeur d'Arthur, le fiancé de Marie de France.

L'indignation universelle contre le roi Jean servit le roi Philippe Auguste au delà de ses plus vastes espérances. Un soulèvement général lui livra le Poitou; les soldats jetaient leurs armes, les places fortes ouvraient leurs portes pour aider à la vengeance du prince Arthur; cependant les Bretons exaspérés s'étaient jetés sur la Normandie, et à chaque homme qui tombait sous leurs coups, on eût dit qu'ils égorgeaient le prince Jean lui-même.

On assurait que le Mont-Saint-Michel était une place imprenable; les Bretons commenceront par attaquer le Mont-Saint-Michel. Située sur un îlot, ou plutôt sur un rocher taillé à pic, au milieu d'une grève perfide qu'on ne traverse jamais sans péril, cette ville, protégée par la mer qui l'environne deux fois par jour, était de plus dominée par un monastère, véritable forteresse, où retentissait aussi souvent le cri de la guerre que le chant religieux des moines. Les difficultés d'une semblable entreprise n'ont rien qui effraie nos Bretons, tant ils sont altérés de vengeance. Ils se précipitent, tête baissée, sur l'unique porte de la ville, et la porte est enfoncée en un moment. Maîtres de la ville, les Bretons la livrent aux flammes, et l'incendie, se communiquant de proche en proche, atteint bientôt cette fière citadelle. Tout fut consumé : l'église elle-même, ce beau monument de l'architecture romane dont on voit encore quelques vestiges, fut enveloppée de cet immense désastre ! La victoire fut complète ; elle fut aussi terrible et sans pitié. Mais les Bretons avaient trop d'injures à venger, le meurtre du jeune Arthur avait soulevé trop d'indignation pour qu'il pût en être autrement. Le Mont-Saint-Michel brûlé, les Bretons se jettent sur Avranches, qu'ils prennent et livrent au pillage ; puis, ravageant tout ce qu'ils rencontrent, villes ou bourgades, ils poursuivent leur marche jusqu'au cœur de la Normandie. — Rassasiés de sang, de butin et de vengeance, ils font leur jonction avec l'armée de Philippe Auguste, qui les attendait sous les murs de Caen. Ce roi guerrier, ce rusé politique, à qui devaient profiter toutes ces guerres, toute cette fureur, n'était pas non plus resté inactif. Il avait pris aussi pour sa part Andelys, Domfront, Lisieux, Évreux, et s'était rendu maître d'une grande étendue de pays. De tout ce vaste domaine de ses aïeux, il ne restait plus au roi Jean, dans la province de Normandie, que Verneuil, Rouen et Château-Gaillard.

Que faisait-il donc ce descendant dégénéré du *Conquérant*, que faisait-il donc, tandis que l'on prenait ainsi, les unes après les autres, ses villes et ses forteresses ? Le roi Jean chassait avec ses amis, dînait splendidement avec sa belle reine, et prolongeait le sommeil du matin jusqu'à l'heure du repas. Puis, comme il fallait de l'argent pour mener cette belle vie de joie et de festins, et que le roi Richard n'avait laissé à son successeur qu'un trésor vide et un pays ruiné, le roi Jean, qui s'était déjà fait tant mépriser, commençait aussi à se faire haïr par ses exactions. Rien n'égalait d'ailleurs l'incurie et l'insouciance de ce prince pour tout ce qui concernait le gouvernement : un seul exemple fera juger combien peu il était capable d'occuper le trône dans ces temps difficiles. Rouen, la ville fidèle des ducs de Normandie, étroitement pressée par les Bretons et les Français réunis, après avoir souffert toutes les horreurs du siége, toutes les extrémités de la famine, envoya demander secours à ce roi Jean, auquel elle se montrait si dévouée. Les ambassadeurs trouvèrent à Londres le prince qui jouait tranquillement aux échecs, et à peine daigna-t-il leur répondre sans quitter sa partie : « Faites comme vous l'entendrez ; pour moi, je « n'ai pas le moyen de vous secourir. » Aussi la ville de Rouen, indignée de cette conduite et de cette réponse, ouvrit-elle ses portes à Philippe Auguste ; et les Bretons virent avec joie tomber les remparts de cette puissante cité, qui avait été si longtemps le siége du gouvernement des princes normands, les implacables ennemis de l'Armorique.

CHAPITRE VIII.

Pierre de Dreux (Mauclerc), duc de Bretagne. — Ses démêlés avec les évêques. — Il fait alliance avec le roi de France contre les Anglais. — Coalition contre la reine Blanche. — Il fait hommage au roi d'Angleterre. — Il obtient son pardon du roi Louis IX. — Il abdique. — Son départ pour la croisade. — Sa mort. — Jean Ier. — Il est à la croisade sous saint Louis. — Lois et règlements du duc Jean Ier. — Jean II. — La Bretagne, duché-pairie. — Arthur II. — Jean III (le Bon). — Canonisation de Saint-Yves. — Mort de Jean le Bon. — 1212-1344.

Une fois qu'ils eurent tiré vengeance de la mort de ce noble enfant, les seigneurs de Bretagne songèrent à se donner un souverain en mariant Alix de Bretagne, la sœur d'Arthur, et désormais la seule héritière du duché. L'homme qui tout d'abord se présentait au choix des Bretons, comme l'époux futur de la fille de Constance, c'était Henri d'Avangour, fils d'Alain, comte de Trégnier, et chef de la maison de Penthièvre. Henri descendait de la race des anciens rois du pays ; il était l'arrière-petit-fils de Gurwand, comte de Rennes, gendre du roi Érispoé ; et, partant, le sang de Nominoé fermentait dans ses jeunes veines. Depuis déjà deux siècles, cette branche cadette des ducs de Bretagne était séparée du trône, et comme elle s'était trouvée exposée aux haines et aux rivalités des aînés de sa maison, elle avait choisi les rois de France pour ses protecteurs naturels. Ce mariage convenait donc à la France ; on y fit consentir le père d'Alix, Guy de Thouars. Le contrat de mariage d'Alix et de Henri d'Avangour avait été dressé à Paris même, avec l'assentiment et la signature du roi de France ; mais bientôt Philippe Auguste s'inquiéta de cette union qui devait relever les plus chères espérances de la Bretagne. Les époux étaient deux enfants ; le mari avait quatre ans, la princesse en avait sept ; et la Bretagne, non plus que la France, ne pouvait guère s'arranger de cette longue minorité. Aussi bien, dès que la princesse Alix eut atteint sa onzième année, le roi choisit pour son lieutenant, pour son duc de Bretagne, un sien cousin, arrière-petit-fils de Louis le Gros. Il s'appelait Pierre de Dreux, et quelle que fût l'illustration de sa race, il avait grand besoin de faire sa fortune. Présenté par le roi de France, il était impossible que le nouveau duc ne fût pas agréé par les états de Bretagne, comme le mari de la princesse Alix. Il faut dire aussi que ces états ne représentaient pas tout à fait la volonté nationale, dominés qu'ils étaient par la chevalerie semi-française des comtés de Rennes et de Nantes. Ce mari de la jeune duchesse de Bretagne se trouva être à la fois un grand capitaine dans la bataille, et un habile politique dans le conseil. Il avait accepté avec l'empressement le plus égoïste les principes du gouvernement absolu qui déjà s'introduisait à la cour de France. De ses qualités brillantes autant qu'habiles, Pierre de Dreux se servit pour opprimer le peuple qu'il était chargé de gouverner. En vain la *Coutume du pays de Bretagne* avait-elle assigné des bornes au pouvoir du souverain, le nouveau duc n'en tint pas compte, et pour prouver qu'il était bien le maître, il s'attaqua tout d'abord aux deux grandes puissances de la province, au clergé et à la noblesse.

Pour être sincère, nous avouerons que les évêques de Bretagne étaient devenus tout-puissants et comme autant de rois dans leurs évêchés. Ils étaient maîtres et seigneurs à Dol, à Nantes, à Quimper, à Saint-Malo ; la justice se rendait en leur nom ; plus d'un abbé réunissait sur sa tête des bénéfices sans nombre, à ce point qu'un jour, l'un d'eux étant mort, le pape fut étonné de la quantité d'abbayes qu'il laissait après lui. « Il faut, disait le pontife, que tous les abbés de Bretagne soient morts à la fois ! » Pierre de Dreux n'était pas homme à supporter cette rivalité. Plus que jamais il était souverain dans le duché ; la mère d'Alix, Éléonore, vivait renfermée dans le monastère de Bristol, sans plus songer aux ardentes ambitions, aux combats, aux enivrements de sa jeunesse ; Guy de Thouars était mort un an après le mariage de sa fille, et même avait-il déjà remis à son gendre son reste d'autorité, tant il aimait le repos, le sommeil, l'oubli de la guerre ; tant il avait trouvé que c'était un rude labeur de gouverner un duché au nom de la femme dont il était le mari ! Ce qui ajoutait encore à l'orgueil de Pierre de Dreux, c'est qu'il pouvait faire valoir près de la France ce duché de Bretagne comme une conquête dont la France devait tenir compte à un prince de la race des Capétiens. Que de motifs pour être superbe et volontaire ! Le nouveau duc commença hardiment la guerre contre le clergé de Bretagne. L'occasion était belle de donner une leçon à l'évêque de Nantes ; l'Anglais était débarqué sur la côte de Bretagne, il fallait mettre Nantes à l'abri ; en conséquence, on creuse des fossés, on élève des remparts, on renverse des couvents, des églises, des maisons appartenant à l'évêché ; c'était de droit commun, et pourtant l'évêque réclame contre les violences de *Mauclerc* (ainsi on appelait le prince, parce qu'autre fois, en sa qualité d'enfant d'une maison où il y avait vingt-sept fils ou filles à pourvoir, il avait étudié pour se faire d'Église). Le *Mauclerc* prouva, par le fait même, qu'il avait eu raison de mettre la ville à l'abri d'un coup de main. D'autres réclamations parties des églises de Dol, de Nantes, de toutes les églises bretonnes, arrivèrent jusqu'au pontife ; Mauclerc maltraitait les vassaux de l'Église ; il faisait mettre les clercs en jugement et les tenait en prison ; enfin, pour tout dire, il était excommunié. Tels étaient ses griefs et bien d'autres. D'abord le duc supporta assez patiemment toutes ces résistances ; bientôt, il appela la noblesse à son aide contre l'envahissement du clergé. A quoi servait-il, en effet, que les barons de Conan III (**1127**) eussent renoncé au droit de succession sur les meubles de leurs vassaux, si aujourd'hui les abbés s'en emparaient ? De quel droit l'Église prend-elle au mort une partie de son bien, même quand le mort n'a pas témoigné de sa volonté dernière ? Des deux côtés, la lutte était vive et pleine d'obstination ; on cherchait, pour s'attaquer, tous les faibles endroits, et nul doute que cette lutte funeste ne se fût prolongée si les barons étaient restés jusqu'à la fin dans le parti du duc de Bretagne; mais quoi? les gentilshommes bretons supportaient impatiemment la loi insolente de Pierre de Dreux : dans le duc de Bretagne, les seigneurs bretons voulaient trouver, non pas un maître, mais un compagnon et un égal. Cette jalousie des seigneurs était un nouveau péril pour Pierre de Dreux ; ce nouveau péril ne lui fit pas peur. Comme il ne pouvait les attaquer de front, il appela la ruse à son aide ; il sait quels dangers le menacent, que les vicomtes de Léon, chassés de leurs terres, ont formé une ligue contre lui, Mauclerc, et que, dans cette ligue sont entrés les Rohan, les Craon, les Penthièvre, plusieurs seigneurs du Maine et de la Normandie ; il sait enfin que la guerre civile peut recommencer ; rien ne l'abat ; pendant dix ans, il résiste à toutes ces forces réunies, et enfin il se réconcilie avec les plus dangereux capitaines de cette ligue. Les Rohan passèrent du côté de Mauclerc ; aidé par ces vaillants et redoutés capitaines, Pierre de Dreux gagna la bataille de Châteaubriant. Mais pour avoir été battue, la noblesse bretonne n'était pas domptée. Malgré leur défaite, ces gentilshommes obstinés à se défendre redemandaient leurs droits aussi anciens que le duché même de Bretagne ; Rome, de son côté, appelée en témoignage par les évêques, lança son excommunication et ses foudres. Un instant le duc courba la tête, il promit ce que demandait le pontife ; mais à peine Rome avait accordé son pardon, que la persécution recommençait pour l'Église de Bretagne. Les curés furent privés de la dîme, les évêques de leur temporel, plus d'un prélat fut chassé de son siége. A ces plaintes nouvelles du clergé, le souverain pontife répondit par une excommunication nouvelle. Les terres du duc furent mises en interdit, ses sujets furent déliés du serment de fidélité, et une fois encore, vaincu par cette force qui brisait toutes les tyrannies, Pierre de Dreux implora son pardon, il se soumit à la volonté du pontife. Puissance active et souveraine, l'autorité pontificale devait au moyen âge être la défense de l'opprimé, une digue aux passions mauvaises, un frein salutaire aux plus indomptables volontés. Sur l'entrefaite mourut Alix, la duchesse de Bretagne, laissant un fils pour héritier de son duché, quand ce fils sera majeur. Inquiet pour l'avenir, et peu disposé à renoncer à cette couronne qui ne pesait guère à sa tête, Pierre de Dreux résolut de s'assurer par un second hymen ce duché que lui avait donné un premier mariage. Rien ne convenait mieux aux projets du prince que la princesse Jeanne, fille du comte de Hainaut ; seulement une petite difficulté se présentait à ce mariage : Jeanne de Hainaut était mariée ; mais Pierre de Dreux comptait faire casser ce mariage par la cour de Rome, qui lui avait rendu ses bonnes grâces. Certes, le projet était vaste, l'alliance était bien choisie : par elle, Pierre de Dreux doublait sa force et ses ressources; la volonté du roi de France fit manquer cette fortune, et le comte de Flandre, prisonnier à Paris, fut remis en liberté par le roi de France lui-même, trop heureux d'arrêter l'ambition de son dangereux voisin, Pierre Mauclerc.

Quand nous disons : le roi de France, nous disons : la régente Blanche de Castille, la mère illustre de Louis IX. En effet, depuis trois ans, Philippe Auguste était mort, remplacé par Louis VIII, et en attendant que son fils, Louis IX, devînt le héros des croisades et l'admiration du monde chrétien, Blanche de Castille dirigeait d'une main ferme et dévouée ce beau royaume, l'orgueil et l'envie de l'Europe. Toutefois, comme c'était l'usage durant les minorités de ces rois qui voulaient être absolus, les grands feudataires de la couronne tentèrent de se révolter contre l'influence irrésistible de la royauté française : déjà la féodalité comprenait qu'elle serait absorbée, quelque jour, par cette puissante monarchie. Dans cette ligue des seigneurs de France contre un roi mineur, Pierre de Dreux prit sa bonne part, poussé qu'il était par la vengeance autant que par l'ambition. La fermeté de la reine Blanche et le dévouement de Thibaut, comte de Champagne, illustre comme soldat, populaire comme poëte, amoureux de la reine Blanche d'un chaste et respectueux amour qui s'exhalait en chansons charmantes, en folles et plaintives élégies, vinrent en aide à cet enfant-roi, à ce royaume. Saluons en passant Blanche de Castille, elle est le type le plus gracieux et le plus fort de la femme au moyen âge. Énergique et tendre, magnanime et dévouée, elle devait réunir, dans sa personne, les plus rares élégances de la chevalerie, la fermeté de la croyance chrétienne. Elle avait compris de bonne heure que cette royauté de la France, telle que l'avait faite Philippe Auguste, n'était pas un fief, mais un pouvoir vivant de lui-même et par lui-même; elle disait que les barons de la France n'en voulaient pas seulement à la tutelle de son fils, mais à la monarchie que Philippe Auguste avait fondée à Bouvines. Cette tutelle de la reine Blanche mérite l'attention et l'intérêt de l'histoire. Pendant que les barons de l'Angleterre arrachaient au roi Jean la grande charte, et se faisaient indépendants de la couronne, Blanche disputait aux seigneurs de France les restes de leurs droits féodaux; pendant que l'aristocratie fondait sa puissance en Angleterre, au contraire, c'était, en France, la royauté qui fondait sa toute-puissante autorité. Disons les noms de quelques-uns des barons conjurés avec le duc de Bretagne : c'étaient Hugues de Lusignan, comte de la Marche; Richard, duc d'Aquitaine; Raymond VII, comte de Toulouse. Un instant, cette ligue formidable pensa l'emporter sur la fortune et le génie des Capétiens; mais heureusement les Parisiens vinrent au secours du roi et de la reine, attaqués de toutes parts. La ligue des seigneurs féodaux se dissipa, et le seul duc de Bretagne, qui avait résolu de châtier l'*étrangère*, continua la guerre commencée. C'en est fait; il oublie qu'il appartient, par le sang et par son serment, au roi de France; il passe du côté de l'Angleterre; il appelle le roi anglais à son aide, et il s'engage à lui faire hommage de son duché, *envers et contre tous*. Cela ne se passait pas ainsi sous le règne du duc Geoffroy, quand le fils de Henri II d'Angleterre implorait l'alliance de la France contre les Anglais et contre son propre père; aujourd'hui, c'est un prince du sang royal de France qui brigue le secours des Anglais contre la Bretagne, contre la France! C'est qu'en effet il est des époques d'aveuglement et de désordres dans lesquelles tout se perd, tout se confond; nul ne distingue plus le juste de l'injuste, la vérité du mensonge. Les plus grands courages et les plus nobles intelligences se pervertissent au point de trahir même la patrie, au point d'oublier les sentiments les plus naturels du cœur humain.

Dans cette circonstance difficile, menacée à la fois par le roi d'Angleterre et par le duc de Bretagne, la reine Blanche ne sentit pas fléchir son courage. Elle eut l'habileté d'intéresser à sa cause le ministre même du roi d'Angleterre, Hubert Dubourg. Le ministre anglais, oubliant les intérêts de son roi et de son pays, s'opposa de toutes ses forces aux instances de Pierre de Dreux. Il fit avorter cette guerre, que l'Angleterre accueillait avec joie, et le duc de Bretagne, abandonné d'un allié sur lequel il devait compter, se vit cité à comparaître à Melun, lui vassal du roi de France, devant Louis IX, son légitime suzerain. Vous avez vu déjà que cette citation directe de la couronne de France est un événement grave et solennel. Pierre de Dreux refusa de comparaître au tribunal de son suzerain. En conséquence, il fut condamné par ses pairs, comme l'avait été le roi Jean. Il fut jugé traître, félon et déchu *de la garde* du duché de Bretagne. A cette nouvelle, le duc de Bretagne s'abandonne aux plus violentes colères, et, par un de ses hérauts, il ose défier le roi de France. En même temps il ouvrait aux Anglais les portes de la Bretagne. L'invasion ne se fit pas attendre, elle aborde sur toutes les côtes, elle remplit toutes les places fortes, elle occupe la province entière; mais cette fois encore les Anglais ont à faire à forte partie, car les Bretons n'ont oublié ni les crimes du roi Jean, ni la mort d'Arthur, ni le carnage et les fureurs de hommes venus de l'autre côté du détroit. Dans une indignation unanime contre l'étranger, les seigneurs bretons prennent les armes et s'en vont du côté de la France, pour rejoindre le roi Louis IX. Celui-ci, de son côté, arrivait en toute hâte, il était déjà sous les murs d'Ancenis quand les Bretons rejoignirent l'armée française. Parmi le peuple breton, l'indignation ne fut pas moindre que parmi les gentilshommes; Mauclerc n'entendit sur son passage que des malédictions. Cette armée d'Anglais qui le suivait, elle prit la fuite, chassée par la faim et par la fièvre; pour cette fois, Pierre de Dreux se trouva un trop petit seigneur; et malgré son insolent défi de se battre contre le roi de France, il s'en fut le trouver, la hart au cou, et les mains jointes, demandant grâce et pardon. « *Mauvais traître!* » dit le roi; mais il pardonna à Mauclerc, *en considération de son origine*. Cette paix, ou plutôt cette trêve, coûta cher au duc de Bretagne : il y perdit le château de Saint-Jacques de Beuvron, toutes ses terres dans l'Anjou et dans le Maine; en même temps il rétracte son serment au roi d'Angleterre, il promet de rendre la Bretagne à son fils le jour où le fils d'Alix sera majeur. Paris, la bonne ville, qui avait eu l'honneur de défendre le roi Louis IX, eut la joie et l'orgueil d'assister à l'humiliation du duc de Bretagne, prosterné aux pieds de ce trône qu'il avait voulu renverser!

Ce terrible, cet ambitieux, ce vaillant Mauclerc, était donc vaincu; il courbait la tête, comme toute la noblesse de France, devant la royauté triomphante. Pierre de Dreux s'était reconnu le vassal de la France (1231), mettant ainsi à néant les prétentions du roi d'Angleterre, Henri III, sur la mouvance de Bretagne, à cause qu'elle était la vassale de la Normandie. Il avait profité de la première trêve pour marier Jean, son fils aîné, à la princesse Blanche, la fille unique de ce comte de Champagne qui, dans tout le cours de cette guerre, avait tant adoré et tant inquiété la reine Blanche; mais à présent qu'il était vaincu sans retour et qu'il se trouvait chargé de l'exécration unanime de la noblesse de son duché, le duc Pierre de Dreux remit le duché de Bretagne à son fils. Jean Ier, duc de Bretagne, fit hommage au roi de France. Désormais, telle est la volonté de Pierre de Dreux, il ne s'appellera plus que : *Pierre de Braisnes, chevalier;* mais soyez tranquilles, ce nom si simple sera grand entre tous les noms de la chevalerie; cet écu, désormais sans devise et sans armoiries princières, brillera au premier rang parmi les soldats du Christ. A la nouvelle que le roi Louis IX partait pour la Palestine, le chevalier de Braisnes prit la croix, non pas le premier, non pas le dernier des barons de la Bretagne. A le voir devenu si humble et resté si brave, les chevaliers bretons oublièrent quelles injures ils avaient reçues de leur ancien duc. Les vieilles haines s'apaisèrent, les rancunes furent oubliées sur la frontière, on partait pour remplir les mêmes devoirs, pour supporter les mêmes fatigues, et comme il fallait un chef à ces nobles enfants de la Bretagne, ils choisirent naturellement le plus intrépide et le plus habile, et ils se rangèrent sous l'étendard du chevalier de Braisnes. Les uns et les autres, ils combattaient ensemble dans les plaines fatales de la Massoure; si les conseils de l'ancien duc de Bretagne eussent été suivis, l'honneur de cette journée était sauvé. C'est une des pages les plus tristes et les mieux senties du sire Joinville, sénéchal de Champagne, l'ami du roi Louis :

« Et pensa l'en (pensa-t-on) que nous estions trestous perdus
« dès celle journée, se (si) le cors le roy ne feust[1], car le sire de
« Courcenay et monseigneur Jehan de Saillenay me contèrent que
« six Turcs estoient venu au frein le roy [2], et l'emmenoient pris;
« et il tout seul s'en delivra aus grans cops qu'il leur donna de l'es-
« pée; et quant ses gens virent que le roy metoit deffense en li, ils
« prestrent cuer et lessèrent le passage du flum (fleuve) et se tres-
« trent vers le roy pour li aider [3]. »

« *A nous tout droit devers la Massoure vint le conte de Bretaigne*, et
« estoit navré d'une espée parmi le visage, si que le sanc lui chéoit
« en bouche. *Sus un bas cheval bien fourni seoit* [4]; ses rênes avoient
« *getées sur l'arçon de la selle et les tenoit à ses deux mains*[5], pource
« que sa gent qui estoit d'arières, ne le getassent du pas [6]. »

Après cette journée de la Massoure, où *lui et ses gens obtinrent grand los*, Pierre de Bretagne quitte cette terre d'Afrique, qui peut encore aujourd'hui attester la gloire et le courage des nobles enfants de l'Armorique [7].

[1] Si le roi saint Louis ne se fût trouvé là en personne.
[2] Six Turcs avaient saisi les rênes du cheval monté par le roi.
[3] Se retirèrent auprès du roi, etc.
[4] Les chevaux de race bretonne sont de petite taille.
[5] Il tenait la bride de son cheval à deux mains, etc.
[6] Pour que les troupes qui le suivaient ne le forçassent pas à précipiter la retraite.
[7] Le général de Lamoricière, le général Bedeau, et avec eux tant de jeunes et braves officiers de la même province.

Les fatigues de la guerre, les blessures, les chagrins de l'âme, l'ennui d'une rude captivité (*nos pieds*, dit le sire de Joinville, *estoient à l'endroit le visage du bon comte de Bretaigne, et les siens estoient à l'endroit le mien visage*), avaient brisé les forces du vaillant capitaine; cependant il espérait vivre assez longtemps pour mourir en Bretagne. Rachetés, lui et les siens, par les soins du roi, ils revenaient dans leur patrie, lorsque Pierre de Dreux mourut des suites de sa blessure, vers la fin de mai 1250; il mourut avec le cou-

rage d'un héros et la résignation d'un chrétien. La mort de ce vaillant capitaine expia, et au delà, les violences et l'ambition de sa vie. Ce prince, qui avait été un instant le tyran et le fléau de la Bretagne, unissait, au plus brillant courage, un esprit vif qui touchait à toutes choses, même à la poésie. Dans cette croisade, ils étaient plusieurs poëtes d'un génie facile, grands maîtres dans l'art de tirer un bon parti d'une langue qui était la langue des princes et des belles dames : Quesnes de Béthune, Thibaut, comte de Champagne, et avec eux *le chevalier de Braisnes*, enseignèrent, les premiers, la route poétique que devaient parcourir le duc d'Orléans et François Villon. — Ses frères d'armes rapportèrent les restes glorieux de Pierre de Dreux dans l'abbaye de Saint-Yves de Braisnes, où son fils lui fit élever un tombeau.

Le fils de ce vaillant *Mauclerc*, Jean *le Roux*, d'autres disent : Jean *le Mauvais*, commença, comme avait commencé Pierre de Dreux lui-même, par une lutte vigoureuse avec le clergé *de sa duché* de Bretagne. Dès le premier jour, le duc Jean avait déclaré la guerre aux évêques, quand dans l'assemblée de la nation, à l'instant même où il jurait de maintenir les libertés des seigneurs, il avait refusé d'accorder ses garanties au clergé. A peine s'il avait daigné prendre des mains de l'évêque de Rennes l'épée et la bannière des ducs de Bretagne.

Cette révolte contre l'Église toute-puissante n'annonce guère un esprit facile, et surtout quand on vient à songer que cette Église, attaquée dans ses droits par un prince d'une puissance secondaire, c'est l'Église d'Innocent III, qui a mis en interdit le roi Philippe Auguste, pour son divorce; elle a frappé d'excommunication le roi d'Angleterre, pour le meurtre de l'archevêque de Cantorbéry; elle a donné, repris, donné encore les principautés et les royaumes! — C'est l'Église d'Honorius III, qui a dépouillé le comte de Toulouse; l'Église de Grégoire IX et d'Innocent IV, qui ont excommunié l'empereur, à quatre fois différentes; l'Eglise d'Alexandre IV et celle d'Urbain IV, qui a donné le trône de Naples à Charles d'Anjou; de Clément IV, qui a fait de la Sicile un bien que le pape donnait et retirait à son bon plaisir : pontifes redoutés, inébranlables; violents génies qui enseignaient l'autorité aux rois, par l'exemple des papes, et l'obéissance aux peuples, par l'exemple des rois! L'excommunication est la grande peine du moyen âge. Elle frappe sur les têtes les plus hautes, elle trouble les consciences les plus fières; dans sa résistance à la toute-puissance du clergé, Pierre de Dreux avait été soutenu par le concours de plusieurs grands vassaux de la couronne, à savoir le comte d'Angoulême et le comte de Saint-Pol. Durant quatre-vingts ans, c'est-à-dire de 1247 à 1329, sous Philippe de Valois, ce grand débat fut maintenu. Pour en finir avec cette lutte acharnée de deux grands principes, du pouvoir spirituel et du pouvoir temporel, force fut enfin au duc Jean de Bretagne, écrasé par cette puissance suprême à laquelle rien ne résiste, de s'en aller demander, à Rome même, au pied du trône pontifical, l'absolution et le pardon. Le duc fut pardonné, à condition qu'il rendrait les droits dont il l'avait privé, au clergé de Bretagne, qu'il forcerait les excommuniés de se réconcilier avec l'Église; qu'il reconnaissait, à l'avance, comme bons et légitimes, les dons faits à l'Église, et même le don des terres nobles. — Enfin, le pays de Bretagne devenait, à dater de ce jour, *pays d'obédience*, c'est-à-dire que le pape pouvait nommer, pendant huit mois de l'année, aux bénéfices vacants.

A peine réconcilié avec la cour de Rome, le duc Jean (car c'est le siècle de tous les extrêmes, les passions les plus contraires se mêlent et se confondent avec une ardeur qui tient du délire), le duc Jean, semblable à son père par ses débats avec le clergé et par son repentir, n'a rien de plus pressé que de partir pour la Palestine. Le roi Louis IX venait d'appeler à la huitième croisade les princes de l'Europe qui voudraient prendre leur part de gloire dans ce dernier pèlerinage dont la fin sera si cruelle. Jean de Bretagne, que devaient retenir tant d'intérêts à régler dans son duché, s'embarqua, l'un des premiers, pour l'Orient; il menait avec lui la duchesse sa femme, le comte de Richemond son fils aîné, et même la femme de son fils; les plus nobles seigneurs de la Bretagne accompagnaient le duc et la duchesse; les uns et les autres, ils arrivèrent en Afrique, juste à temps pour voir mourir sur la cendre, et plein de gloire, ce grand roi que le ciel avait donné à la France et au monde moderne, comme pour leur montrer à quel degré presque impossible un roi chrétien peut pousser la vertu. La mort de saint Louis (donnons-lui son titre dans le ciel!) jeta un trouble immense dans toutes les consciences; les croisés s'accusaient de n'avoir pas accompli l'œuvre qui les poussait en Palestine; ils quittèrent la terre d'Afrique pleins de désespoir; la tempête les jeta sur les côtes de la Sicile; plusieurs moururent, à peine eurent-ils touché les rivages de France; parmi ces morts, il faut compter la femme de Philippe *le Hardi*, Thibaut, comte de Champagne, l'émule et l'ami de Pierre de Dreux, Alphonse, comte de Toulouse, et sa femme, le dernier rejeton de la maison de Saint-Gilles. Le roi Louis IX, victime héroïque, devait clore, par sa mort funeste, la guerre sacrée commencée depuis tant d'années. Cependant, le duc de Bretagne, fidèle à son œuvre jusqu'à la fin, avait gagné la Palestine pour y chercher vainement quelque peu de la gloire que son père avait conquise dans la croisade précédente. Au bout d'une année ils revinrent, lui, sa femme, son fils, sa bru, les seigneurs qui l'avaient suivi, et le croisé commença son métier de prince régnant. Pendant quarante-cinq années d'une paix profonde, l'administration de Jean *le Roux* fit sentir ses prévoyances et sa sagesse au duché de Bretagne. Les règlements du duc Jean sont nombreux et dignes que l'histoire s'en souvienne; à la prière des évêques, abbés, barons et vassaux de Bretagne : *Ad precationem episcoporum, abbatum, baronum ac vassalorum Britanniæ,* il prononce à perpétuité le bannissement des Juifs, « annulant les créances qu'ils pouvaient avoir dans « la terre dudit seigneur, » et le roi de France *étant supplié de confirmer* la présente ordonnance ; ainsi, le roi est appelé à appuyer de son autorité les actes du duc de Bretagne. — Une autre preuve de la vassalité du prince régnant, c'est l'arrêt du parlement de Paris, qui condamne le duc de Bretagne à rétablir sur l'ancien pied sa monnaie, qu'il avait altérée. — Une sage loi fut rendue en faveur de l'aîné de toute famille noble ; les cadets de famille, nommés *juveigneurs,* quand ils mouraient sans enfants, laissaient leurs biens, non plus au duc de Bretagne, mais à l'aîné de leur maison, sous toute réserve de l'hommage qui était dû au suzerain. — La terre noble, qui, d'abord, ne pouvait pas être vendue, fut dégrevée de cette condition moyennant un droit, le droit de *lods et ventes,* perçu par le seigneur duc. — L'usage des appels et ajournements qui arrachaient les seigneurs à la juridiction de leur prince légitime pour les faire passer sous la juridiction du roi de France, fut également aboli par le duc Jean, chacun restant soumis à la juridiction à laquelle il appartenait. — Par ce moyen, en même temps qu'il se privait *de l'appel* à son tribunal, le duc Jean gagnait l'appel de son tribunal à celui du roi de France. — Jean *le Roux* abolit aussi *le droit de bail,* le droit par lequel les biens des mineurs (usage qui avait passé d'Angleterre en Bretagne) étaient administrés par l'oncle paternel de l'enfant mineur, ou, à défaut de l'oncle paternel, par un tuteur nommé *ad hoc.* Or, comme ce droit-là était soumis (ainsi le voulait l'ordonnance du duc Geoffroy) à l'approbation du seigneur, il arriva nécessairement que le seigneur, sous le prétexte de fournir son contingent de soldats à l'armée nationale, prit le bien du mineur, sans payer les dettes de la succession, et sans même veiller à l'éducation de son pupille. Ce droit odieux, Jean *le Roux* le remplaça par une année du revenu.

Avec le même soin qu'il apportait au bien de ses sujets, le duc de Bretagne administrait les intérêts de sa couronne. Il maria son fils avec la fille du roi d'Angleterre, mais en même temps il se fit rendre le comté de Richemont, que Guillaume *le Conquérant* avait donné à Alain *le Roux,* fils d'Eudon, comte de Penthièvre ; ce comté de Richemont devait passer de la maison de Penthièvre dans la maison de Bretagne, par le mariage d'Alain le Noir avec Berthe, l'héritière de Bretagne. — A force de volonté et de persévérance, le duc Jean retrouva plusieurs terres et châteaux que la couronne ducale avait perdus dans les guerres civiles; ce qu'il ne put pas reprendre de force, le duc le racheta des seigneurs ruinés; voilà comment le comté de Léon fut vendu au duc Jean par son propriétaire, écrasé sous le poids de ses dettes. On raconte que l'emplacement magnifique sur lequel s'élève aujourd'hui la ville de Brest, l'inexpugnable rempart, fut vendu par ce même comte de Léon au prix de cent francs de rentes et d'une haquenée blanche. En un mot, le duc de Bretagne, dans son projet d'agrandissement, procède tout à fait comme procédera le roi Louis XI plus tard. Il est vrai que les seigneurs de Bretagne finirent par deviner quel était le projet de leur duc et seigneur, et qu'ils exigèrent de lui et de ses successeurs l'engagement formel de ne plus acheter à l'avenir les biens des Bretons.

Ce long règne, qui se manifeste si brillant au dehors, fut utile et pacifique au dedans. Ce prince habile fut modéré, même dans ses plus justes colères. Il ne voulut rien obtenir par la force, il obtint beaucoup par l'habileté et par la prudence. Il poussa la prudence si loin, qu'il renonça, pour une pension de trois mille livres, à ses droits sur la couronne de Navarre. Il avait épousé en effet la fille unique du roi de Navarre, avec cette clause que la Navarre lui reviendrait, si le roi son beau-père mourait sans enfants du premier lit. — Son fils aîné, le comte de Richemont, succéda au duc de Bretagne, sous le nom de Jean II.

Au moment où le nouveau duc montait sur le trône de Pierre de Dreux et de Jean Ier, la France et l'Angleterre se faisaient une guerre acharnée. Une obscure querelle entre des marchands de Guienne et de Normandie avait amené cette violente rupture entre les deux peuples; la rivalité des deux rois remuait une partie de l'Europe, les uns prenant parti pour Édouard Ier, prince habile, dont la Palestine savait le nom pour l'avoir vu à l'œuvre des croisades, les autres passaient du côté du roi de France, Philippe IV, qui avait fait de son royaume l'État le plus compacte de l'Europe, en réunissant à la France la Champagne, la Brie, la Marche, l'Angoumois et le comté de Bourgogne. Le roi de France n'avait plus à prendre, ou si vous aimez mieux, à reprendre — dignes objets des vœux et des efforts de cette monarchie, — que quatre grands fiefs de la couronne, et le roi voulait commencer par la Guienne. Par une tactique facile à expliquer, chacun des deux rois cherchait ses alliés à côté de son ennemi : — le roi de France avait pour lui les Gallois et les Écossais,

pendant que le roi d'Angleterre était appuyé par Adolphe de Nassau, roi des Romains, et par le comte de Flandre. Entre ces deux nations rivales, la Bretagne devait prendre parti, car à rester neutre elle avait tout à craindre; pour sortir de cette difficulté, le duc de Bretagne servit tour à tour le roi Édouard et le roi Philippe, Anglais aujourd'hui, Français demain, selon la nécessité du moment. D'abord il fut pour le roi Édouard, et suivant le compte qui en est resté sous ce titre : *l'Ost du duc de Bretagne,* il résulte que le duché devait au duc, partant pour la guerre, cent soixante-dix chevaliers, dix-sept écuyers et une compagnie d'archers. — Plus d'une fois déjà, nous avons vu que le Breton n'était pas porté pour l'alliance anglaise. Les habitants des campagnes voyaient arriver, avec rage, ces insulaires insolents, pillards effrontés, véritables sauterelles d'Égypte, qui traînaient la famine avec eux. Aussi, en dépit même de leurs ducs, plusieurs parties de la Bretagne font la guerre aux hommes venus de l'autre côté de l'Océan. Les premiers, et à l'aspect des voiles anglaises blanchissantes dans le lointain, les habitants de Saint-Malo abandonnent leur ville, que les Anglais livrent aux flammes; les habitants de Brest, sentant approcher ce terrible allié, cachent dans la terre leur blé et leurs effets les plus précieux; la haine du nom anglais fut si grande, et si cruel fut le pillage de cette flotte sur ces côtes dévastées, que le duc Jean II, las de cette alliance odieuse à son peuple, passa à Philippe *le Bel* : alors le roi Philippe, habile négociateur, fit de la Bretagne un duché-pairie (1299), en même temps que le duc Jean II mariait son petit-fils avec la jeune Isabeau, fille aînée de Charles de Valois, père de Philippe *le Bel*. La Bretagne devint duché-pairie, par extinction de la pairie de Champagne, la Champagne ayant été réunie à la couronne de France. C'est le premier exemple de la dignité de pair conférée par lettres patentes. Ce nouveau titre, donné à leur terre, devint un grand sujet d'inquiétude pour les seigneurs de Bretagne, car, en fin de compte, ils ne voulaient pas soumettre l'hérédité de leur pays à la loi française; Philippe *le Bel* les rassura, ajoutant par un nouvel acte : « *Que la coustume de la du-*
« *chée de Bretagne ne pouvait être restrécie en aucunes choses, et qu'elle*
« *demeurait en la manière et en la condition qu'elle estoit en l'heure et au*
« *jour que nous en fismes pairie.* »

Ceci était dit, surtout pour rassurer la duchesse Yolande de Dreux sur ses droits éventuels à cette couronne de Bretagne, qui constituait pour ainsi dire une royauté véritable, *mais cependant une royauté mo-*

difiée et limitée par les droits ou prétentions des rois de France, et surtout par leur puissance supérieure[1].

Plusieurs faits attestent cependant que nonobstant toute protestation de la duchesse Yolande et des gentilshommes bretons, ce titre de pair du royaume fut plutôt une chaîne qu'un honneur pour le duc de Bretagne. Il fut soumis, par la couronne dont il relevait, aux exigences qu'elle faisait peser également sur tous les sujets. Par exemple, dans l'embarras financier du roi Philippe *le Bel*, le roi ordonne à ses sujets qu'ils aient à porter à la monnaie du royaume la moitié de leur vaisselle d'argent, et cet ordre est adressé même au duc de Bretagne. Au couronnement du roi Philippe *le Long*, le duc de Bretagne, pair du royaume, pour n'avoir pas assisté à la cérémonie où sa place était désignée par son titre de pair, est obligé de solliciter des lettres de rémission, et quand Philippe *le Bel* supprime l'ordre du Temple, il réclame même à la Bretagne, qui ne voulut pas les rendre, les biens des chevaliers du Temple. — Une fois rentré en grâce avec le roi qu'il avait combattu, le roi Jean II, fidèle à l'exemple de son père Jean Ier, et de son aïeul le duc *Mauclerc*, entra en lutte avec le clergé de Bretagne. C'était un vieil usage que le tiers des biens du père de famille décédé appartînt au prêtre breton; un autre usage lui accordait, pour chaque mariage, une somme égale aux frais du repas de noces; le premier droit s'appelait : *le tierçage*; le second droit : *le past nuptial*, droits contestés par ce prince que l'histoire nous donne comme un modèle de droiture et d'équité, droits que le clergé breton défendait avec énergie. Cette fois encore (c'était le troisième duc de la famille de Pierre de Dreux cité devant le pontife), le duc de Bretagne fut obligé de venir, en personne, porter au pontife lui-même la justification de sa conduite. Ce voyage devait être funeste. Le pape était à Lyon, il revenait en grande pompe de l'église cathédrale, précédé du roi de France, qui tenait la bride de sa haquenée, et suivi du duc de Bretagne à pied, ainsi que les plus illustres seigneurs de la couronne. Le cortége passait au milieu de l'adoration du peuple, quand une muraille, trop chargée d'une foule de spectateurs, s'écroule à l'instant où passait le pontife : le pape est renversé sous les décombres, le père du roi est blessé cruellement, le duc de Bretagne, écrasé, meurt après quatre jours d'une longue agonie. — Jean II était de ces princes habiles et prévoyants qui ne devraient pas sitôt mourir. Plus que tout autre duc de Bretagne, il s'était occupé de la lé-

[1] *Droit public de la province de Bretagne*, chap. I.

gislation de son duché, imitant en ceci le saint roi Louis IX, à qui il a emprunté plusieurs lois, les mieux faites et les plus sages. C'est au duc Jean II que commence la coutume écrite de la Bretagne, chaque canton ayant obéi, jusqu'à ce jour, à des usages particuliers. — Quelques-unes de ces lois annoncent un justicier prévoyant et sage : « Le gentilhomme « ne peut donner à ses fils puînés que le tiers de son héritage, il peut « donner à qui bon lui semble ses acquêts et ses conquêts. — Toute « baronnie, si le père ne la partage entre ses enfants, reste au fils aîné, « qui est obligé d'élever ses frères et de marier ses sœurs. — Qui va à « la taverne sans rien gagner, doit expliquer *pour sçavoir de quoi il* « *vit*. — Gentilhomme ne se bat pas en duel à vingt ans, il en est dispensé à quarante. »

Ce fut sous le règne de ce sage législateur que vint au monde l'un des hommes les plus populaires de la Bretagne, le bienheureux saint Yves, patron des *travailleurs ès procès*, avocats et jurisconsultes :

« Ses parents, dit le vieux dominicain Albert de Morlaix dans le « naïf recueil des légendes qu'il nous a transmises (mais il ne faut « pas abuser de la légende quand on écrit l'histoire), furent très soi-« gneux de l'eslever, surtout sa mère, dame fort pieuse, laquelle avoit « eu spéciale révélation de la sainteté de son fils. Et aussitôt qu'il eust « passé ses premiers ans, le pourveurent d'un précepteur, lequel, en « la maison paternelle, luy donna les premières impressions de la « piété, et luy enseigna les premiers rudimens des sciences, à quoy « l'enfant se portait en grande affection... Ayant suffisamment étudié « au pays, son père, le voyant désireux de continuer ses estudes, l'en-« voya à Paris, l'an du salut 1267 et de son âge le quatorzième. »

A Paris, dans cette Université savante entre toutes, dont nous raconterons tout à l'heure les travaux et les efforts, le jeune Breton devint *maistre ès arts;* il surpassa ses plus studieux condisciples dans la science de la théologie scolastique et du droit canon. Yves étudia ensuite le droit civil à Rennes, cette patrie des plus illustres jurisconsultes, les d'Argentré, les Hevin, les Toullier, les Corbière. Ses études terminées, le jeune légiste s'adonna à la science sacrée, et quand enfin il eut reçu l'ordre de la prêtrise, il vint exercer son ministère apostolique au fond des campagnes de la basse Bretagne, sa patrie. « C'est là, dit « Albert de Morlaix, qu'il s'acquit ce beau et glorieux titre de père et « d'advocat des pauvres veuves et des orphelins. »

« Saint Yves, ajoute Alain Bouchard, ne desprisait pas l'advocation « de patrociner ; car il avoit certaine crédence que, après l'office de

« juge, n'y a point au royaume des cieux de plus sublime gloire que
« ceux qui sont avocats. » La Touraine, l'Anjou et la Bretagne furent
témoins des prodiges opérés par l'éloquence de *l'avocat des pauvres et
misérables.* Yves fut canonisé sur la demande du duc de Bretagne,
honneur, dit Loisel, qui ne fut le partage d'aucun autre avocat. Il
existe un hymne fort ancien consacré à la gloire de saint Yves; cet
hymne se termine par cette strophe où perce, sans fiel, la malice populaire :

>   Sanctus Yvo erat Brito,
>   Advocatus et non latro,
>   Res miranda populo!
>
>   Saint Yves était Breton,
>   Avocat et pas larron,
>   Chose rare, se dit-on!

Telles furent les vertus de ce saint homme, et si grande était la
reconnaissance que lui avaient vouée les populations de la Bretagne,
que son nom, vénéré comme il l'était au treizième siècle, est porté par
l'immense majorité des habitants des diocèses de Saint-Brieuc et de
Tréguier: là il naquit, là il exerça son ministère d'éloquence, de
justice et de piété. C'est la reconnaissance des pauvres et des infortunés, qu'ils préfèrent l'homme bienfaisant au grand capitaine. Interrogez le pâtre breton, à peine s'il pourra vous dire quel était Duguesclin... Au contraire, le plus humble et le plus pauvre, parmi ces
pauvres gens, va vous dire la vie et les bienfaits de saint Yves, le
bon avocat.

Sous le règne d'un bon prince, les belles et bonnes actions ne sont
pas rares; les honnêtes gens non-seulement osent penser, mais encore
ils osent agir. Un prêtre breton, nommé Jean-Nicolas de la Grève, pour
venir en aide à ce besoin d'étude et de science qui déjà se faisait sentir sur cette terre longtemps sauvage, fonda à Paris le *collége de Cornouailles,* où plus d'un jeune Breton fut élevé aux frais du bienveillant
fondateur. Ce noble exemple fut bientôt suivi par Geoffroy Duplessis
Balisson; il donna à la Bretagne une maison qu'il possédait sur les
hauteurs savantes de la rue Saint-Jacques; le célèbre collége Duplessis, qui a fourni tant d'hommes distingués à la science et aux
beaux-arts, n'a pas d'autre origine. A peu près à la même époque,
tant l'émulation des bonnes œuvres est puissante! un bon chanoine
de Tréguier, nommé Guillaume de Coëtmohan, instituait le *collége*

de *Tréguier*, et savez-vous que ce collége de Tréguier est devenu l'endroit célèbre où, depuis deux siècles, se sont fait entendre les habiles, les savants professeurs du *collége de France!*

Arthur II, fils de Jean II, monta sur le trône de son père, en 1305, et à peine s'il régna huit années. Le procès que le feu duc de Bretagne avait porté à Lyon par-devant le pontife, ne fut jugé que cinq ans plus tard, *le droit de tierçage* étant réduit au neuvième, toute dette payée, *le past nuptial* réduit à deux et à trois sols, pour ceux qui avaient plus de trente sols de mobilier. A l'occasion de cette concession du pontife, une assemblée se tint à Ploërmel (1309), et pour la première fois on vit apparaître, dans une réunion politique, les hommes des villes, des députés qui n'appartenaient ni au clergé, ni à l'ordre de la noblesse; c'est que, même en Bretagne, dans ce pays d'aristocratie plus encore que de royauté, le peuple se faisait jour.

Peu s'en fallut que sous le règne d'Arthur II, la Bretagne ne changeât de suzerain et ne payât les frais de cette longue guerre entre le roi de France Philippe *le Bel* et Édouard, roi d'Angleterre. La guerre venait de finir, Édouard, pour mieux cimenter la paix, épousait la princesse Isabelle, fille de Philippe, et en même temps il exigeait que le roi de France lui cédât et transportât sur la couronne d'Angleterre tous les droits de suzeraineté et de vasselage que le roi de France avait sur le duché de Bretagne. A quoi le duc et la duchesse de Bretagne répondirent : *qu'on ne pouvait leur imposer un seigneur moins digne que celui qu'ils avaient.* Cette opinion de leurs princes fut proclamée hautement par les jurisconsultes les plus célèbres de la Bretagne, pendant que les plus vaillants capitaines se préparaient à la soutenir les armes à la main.

Le duc Arthur II mourut en 1312, laissant après lui une famille nombreuse qui devait entraîner la Bretagne dans cette guerre de succession, la plus cruelle et la plus longue des guerres civiles, puisqu'elle a duré plus de vingt-trois années et qu'elle a coûté deux cent mille hommes à la Bretagne. Expliquons en peu de mots l'origine de cette épouvantable guerre civile. Le duc Arthur s'était marié deux fois; de sa première femme, Marie, fille de Guy IV, vicomte de Limoges, il laissait trois fils : Jean III, son fils aîné, Guy, comte de Penthièvre, et vicomte de Limoges, Pierre, mort sans enfants. De sa seconde femme, Yolande de Dreux, comtesse de Montfort-l'Amaury et veuve du roi d'Écosse, le duc Arthur avait eu un fils, Jean de Montfort, et cinq filles.

L'héritier direct de *Mauclerc* et de Jean *le Maurais*, Jean III, monta sur le trône de Bretagne en 1312. Il eut l'honneur d'être surnommé Jean *le Bon* par la reconnaissance même du peuple que la Providence avait confié à ses soins. Il commença son règne par bien préciser quelle était l'autorité du roi de France sur la Bretagne; et afin que l'explication fût nette et précise, il exigea, dans l'assemblée des États convoquée à Rennes en 1315, que les évêques et les seigneurs eussent à déclarer qu'ils ne reconnaissaient que le seul duc de Bretagne pour leur maître et seigneur. Son autorité bien marquée au dedans, le duc de Bretagne voulut montrer son courage au dehors, et il se battit en compagnie du roi de France, non pas comme son vassal, mais comme son *allié*; il se battait pour le roi, contre le comte de Flandre, et il était blessé à la bataille de Cassel. Une seconde fois, toujours contre la Flandre, le duc Jean III amenait à sa suite huit mille Bretons; Froissard en parle avec son admiration naïve pour toutes les choses étoffées et princières. C'est ce même duc Jean qui rendit à la Bretagne l'hermine nationale, antique symbole de la race bretonne, que les ducs de Bretagne avaient quittée pour prendre les armes de la maison de Dreux. Comme Jean *le Bon*, après la trêve (1341), revenait dans ses États, il fut pris dans sa bonne ville de Caen d'une fièvre qui le mit au tombeau en peu de jours. Jean *le Bon* fut enterré à Ploërmel dans le monument de ses ancêtres, le 30 avril 1341. La Bretagne pleura ce digne prince qui, entre autres bienfaits, lui laissait le code appelé *le Code des anciennes Coutumes*. Hélas! si elle avait pu deviner de quelles misères devait être suivie la mort de son duc, si elle avait pu prévoir de quelles batailles sans rémission et sans pitié elle serait désormais le théâtre, la Bretagne eût pleuré Jean *le Bon* avec des larmes de sang! Lui-même, le digne prince, lorsque pour se venger de sa belle-mère Yolande de Bretagne, il mariait Jeanne sa nièce à Charles de Blois, au préjudice de Jean de Montfort, son frère du second lit, certes il ne savait guère que de sang devait couler, que de batailles allaient surgir et de quelles misères infinies serait suivi sitôt ce testament funeste qui plongeait la Bretagne dans un abîme de malheurs!

Ce sont là de tristes pages à écrire, cette ardente mêlée de la France et de l'Angleterre dont la Bretagne sera le champ clos; ces malheurs qui pèsent également sur deux princes également dignes d'intérêt et de pitié, Jean de Montfort, Charles de Blois, prisonniers l'un et l'autre, morts misérablement, celui-ci et celui-là, instruments généreux dont se servent tour à tour la France et l'Angleterre au profit des ambitions et des haines nationales. — Dans ce formidable duel, la Bretagne n'a rien à gagner, elle a tout à perdre. — Elle est exposée doublement au pillage des Anglais, aux représailles de la France. — L'invasion la menace, de quelque côté qu'elle appelle à son aide! — Les soldats de l'un et de l'autre pays, avides de butin et de pillage, disaient chacun dans son âme, que la paix n'était pas faite pour eux : « car « estoit plus profitable que ces guerriers et pilleurs se retrissent en la « duché de Bretagne qui est un des gras pays du monde et bon pour « tenir gens d'armes... dont ce fut péché et mal fait, » ajoute Froissard. — *Un des gras pays du monde!* quel affreux motif de ruiner un peuple! — Mais patience et courage! fiez-vous à la Providence, elle saura bien tirer l'ordre du chaos, compenser par la gloire ces longues et ineffaçables souffrances, et enfin donner à ce peuple éperdu, à cette Bretagne, devenue, comme la Normandie, le champ clos sanglant de la France et de l'Angleterre, quelques-uns de ces hommes, la sauvegarde présente des peuples que la guerre dévore, et leur renommée éternelle dans l'avenir.

CHAPITRE IX.

Abeilard, ou la dialectique. — Des études au douzième siècle. — Les réalistes et les nominaux. — École du cloître Notre-Dame. — Guillaume de Champeaux. — Les amours d'Héloïse et d'Abeilard. — Héloïse en Bretagne. — Le Paraclet. — L'abbaye de Saint-Gildas. — Saint Bernard. — Pierre le Vénérable. — Mort d'Abeilard. — Le tombeau d'Héloïse et d'Abeilard.

Revenons quelque peu sur nos pas, vers l'aurore déjà resplendissante du douzième siècle, quand tout se réveille dans la Bretagne et à côté de la Bretagne, dans cette France qui sera bientôt la patrie commune. Révolution immense, inespérée, le sol devient fertile, fécondé par d'intelligentes sueurs; les villes se chargent des merveilles de l'art chrétien, on parle enfin du droit et de la liberté, et des garanties. L'établissement des communes et les croisades ont réveillé les âmes assoupies; la croyance est partout, elle est dans l'art, elle est dans la poésie, elle est dans la guerre et dans la paix. L'architecture du moyen âge, cette passion nouvelle des peuples modernes et qui n'emprunte rien à l'antiquité, appelle à son aide tous les autres arts dont elle se fait comme autant de chevaliers servants : la peinture, la sculpture, la musique ; en même temps que la foi jetait son divin souffle sur les plus beaux esprits, sur les monuments les plus hardis, sur les forces les plus imposantes du douzième siècle, la théologie se posait comme la mère et la dominatrice des sciences. L'Église, ce grand cercle d'or et d'airain dont la circonférence était partout et le centre nulle part, embrassait dans son ensemble, infini comme la pensée divine, la réunion des sciences humaines ; l'Église donnait leurs rois aux trônes de ce monde, ses ministres à l'autel, ses saints au paradis, ses philosophes au monde, étonné de voir sortir, même du sein de la théologie, une explication plus nette et plus limpide. A ces causes, nous devons nous arrêter avec l'intérêt le plus vif et le plus vrai devant cet illustre enfant de la Bretagne, devant l'homme qui, par l'éloquence et par le raisonnement, par les rares qualités de son esprit et par les fautes de sa vie, par son talent pour l'enseignement et par l'éclat de ses malheurs, a contribué plus que tout autre à fonder l'université de Paris ; cet homme, c'est Pierre Abeilard, le contemporain de saint Bernard, de saint Thomas d'Aquin et de l'abbé Suger.

Quand cet enfant de la Bretagne vint à Paris afin d'essayer, dans les écoles de l'Université, cette passion innée pour la polémique qui a fait la grandeur et le désespoir de sa vie, l'Université de France pouvait à peine prévoir à quelle hauteur elle devait s'élever un jour à l'aide de quelques hommes venus tout exprès pour fonder l'autorité de cette puissance naissante, qui bientôt marchera l'égale des pontifes et des rois. L'heure était bien choisie pour fonder cette discipline universelle des jeunes esprits par l'enseignement commun. Au temps d'Abeilard, la langue française est parlée en tous lieux ; — les Normands l'ont portée en Angleterre et en Sicile, la croisade l'a portée à Jérusalem ; à l'aide de ce merveilleux instrument du bon sens et de la raison, la France est devenue le centre de l'Europe chrétienne, et comme Paris est déjà la tête de la France, c'est à Paris que se rendent, pour y chercher la renommée, l'autorité, la fortune, les jeunes gens qui se sentent poussés par l'inspiration intérieure. Les nobles écoles fondées par Charlemagne marchaient de progrès en progrès. Avant même le douzième siècle l'enseignement comprenait *les sept arts*, la rhétorique, l'astronomie, l'arithmétique, la théologie, la grammaire, enseignement plus littéraire que philosophique dans lequel Homère et Virgile tenaient la grande place, — une place si grande, en effet, que Virgile était cité, en pleine chaire chrétienne, à côté des Pères de l'Église. — A cette étrange nouveauté, de savants docteurs s'inquiétèrent; ce retour chrétien, si l'on peut parler ainsi, à l'antiquité profane, épouvanta les prévoyants et les sages ; un des premiers, dans le sixième siècle, saint Anselme donna l'exemple d'une adoption complète de la langue théologique, en même temps cependant qu'il appliquait au raisonnement le plus rigoureux l'enseignement de la théologie; ainsi avait fait saint Augustin lui-même quand il appelait à son aide Platon et Aristote, le chef suprême de toute dialectique. Saint Anselme, digne disciple de son maître, nous apprend qu'il a voulu n'employer *que le style vulgaire et des arguments à la portée de toutes les intelligences;* qu'il est resté fidèle *aux règles de la plus simple discussion*, même pour démontrer l'existence de Dieu et *le mystère de la très-sainte Trinité*. Il est un des premiers docteurs de l'Église qui ont ouvert la route par laquelle devait passer Abeilard, d'un mouvement plus hardi, sans doute, mais non pas avec moins de dévouement à l'Évangile. Ce saint Anselme n'est pas un novateur, c'est un homme de bon sens, c'est un profond métaphysicien qui, dans ces temps de barbarie, s'élève au plus haut degré de l'intelligence humaine. — En effet, la raison appelée à l'aide de la foi, quel plus admirable auxiliaire et quelle révolution plus importante dans la philosophie! Non pas, certes, que nous soutenions, avec de malheureux novateurs, que Notre-Seigneur Jésus-Christ ait eu besoin de s'abriter à l'ombre protectrice de Platon ; mais quoi! l'alliance rêvée par Boèce il y avait déjà cinq cents ans, entre le fond de l'Évangile et les formes platoniciennes, se montrait possible enfin ; non-seulement elle était possible, mais encore elle était devenue nécessaire : quand bien même il ne l'eût pas voulu, le théologien ne se pouvait plus contenter des saintes Écritures, des saints Pères et des sentences de l'Église ; comme il fallait répondre aux hérésies, aux sectaires, aux disputeurs habiles, le théologien, à l'exemple de ses adversaires, rudes jouteurs, cherchait ses armes partout où il les pouvait trouver, dans la métaphysique, dans la logique; comme elle était attaquée par le raisonnement, il fallait que l'Église se défendît par le raisonnement. Les catégories d'Aristote, Boèce les appelait à bon droit *Organum*, *l'instrument*, l'arme offensive et défensive, l'épée et le bouclier; et enfin par quels moyens, sinon par le raisonnement, aborder la grande dispute des réalistes et des nominaux, grave sujet de préoccupations et de colères infinies pour le douzième siècle? Cette dispute, dans laquelle ont pris part les plus rares et les plus vigoureux génies du moyen âge : Lanfranc, Roscelin, Pierre le Lombard, Guillaume de Champeaux, Gilbert de la Porée, et de plus haut qu'eux tous, car chacun parle de la hauteur de son génie, saint Bernard et Pierre Abeilard, la voici en deux mots :

Les idées existent-elles par elles-mêmes indépendamment des sens? En d'autres termes, l'intelligence de l'homme peut-elle se passer de son corps, ou bien l'idée est-elle le produit des sens? Les réalistes soutenaient la préexistence, la *réalité* de l'idée ; les nominaux affirmaient que les idées sont le résultat des sensations ; la pensée même n'est amenée à l'état d'idée que par le travail de la raison et l'emploi de la parole ; et, chose étrange! réalistes et nominaux, séparés par des abîmes, ils adoptaient, pour débattre cette grande dispute, les règles de la logique telles qu'Aristote les avait enseignées aux deux partis. Roscelin, quand il soutenait le *nominalisme*, ne raisonnait pas autrement que saint Anselme ou l'intrépide Guillaume de Champeaux, soutenant, celui-ci dans ses livres, celui-là dans sa chaire, la cause des réalistes. L'école de Guillaume de Champeaux était la plus suivie des écoles du douzième siècle. Un jour, parmi ses écoliers nombreux, le maître vit entrer un jeune homme d'un vif regard, d'un geste hardi, à la parole prompte et rapide ; l'énergie respirait dans sa personne, l'éloquence dans ses yeux ; son front était le front inspiré d'un poëte. Il n'avait encore rien écrit, et déjà il était célèbre sur la docte montagne de Sainte-Geneviève ; les jeunes gens récitaient ses compositions galantes à leurs maîtresses enamourées ; il savait la langue vulgaire (chose rare) presque aussi bien que l'hébreu, le grec et le latin. Il était fils d'un gentilhomme. Il venait d'un humble hameau de la Bretagne, de Palais, un petit village du comté nantais ; il allait bientôt s'appeler Pierre Abeilard. — A la façon dont le nouveau venu prêtait l'oreille à ses leçons, Guillaume de Champeaux eut bientôt compris que dans ce champ clos de la logique, ouvert à toute discussion, il allait rencontrer un terrible adversaire. En effet, la guerre fut vite engagée. Abeilard s'en prenait tout ensemble à Roscelin *le nominaliste*, à Guillaume de Champeaux *le réaliste* ; son but et sa gloire, c'était de faire honte aux deux écoles de la double extrémité dans laquelle elles s'étaient placées par leur faute, et d'arriver à composer avec l'une et avec l'autre, par de sages concessions, une troisième école, une école médiatrice qui satisfît également et la foi et la raison. Œuvre difficile, travail plein de périls, cendres brûlantes sur lesquelles on ne pouvait marcher avec trop de prudence et de précautions habiles; car, en fin de compte, comment éviter de tomber dans un des deux abîmes que signalait Abeilard? Comment marcher d'un pas égal entre Roscelin et saint Anselme? Par quels tours de force de l'esprit et du bon sens appartenir en même temps à l'école d'Athènes et à l'Évangile, sans que la philosophie nuise à l'orthodoxie des chrétiens? Tâche brillante, impossible! Mais que ne peut la vivacité de la parole, que ne peuvent les grâces éloquentes de l'esprit? Par quelle popularité devait être accueilli le jeune docteur qui, le premier sur la brèche, semblait appeler l'émancipation complète de la pensée humaine! De sa doctrine il a fait un livre intitulé le *Sic et Non*, le *Oui* et le *Non*, le *Pour et le Contre*, et déjà, à la façon des sceptiques, il ne se donne guère la peine de résoudre les cinquante-sept propositions posées dans son livre : l'unité de Dieu, la trinité, le péché originel, le libre arbitre, l'incarnation de Jésus-Christ, et enfin la discipline ecclésiastique, la vie de l'homme en passage sur cette terre. Il y a même cette phrase à la louange du doute : *Il n'est pas inutile de douter de chaque chose en particulier : Dubitare autem de singulis, non erit inutile;* et certes jamais conseil n'a été mieux suivi. Depuis Abeilard les mystères même de la religion chrétienne ont été soumis à l'examen préalable de la dialectique; les divers passages des saintes Écritures ont été comparés l'un à l'autre; les saints Pères et les philosophes de l'antiquité ont été cités par-devant le même tribunal; la raison est devenue la seule limite de la croyance, et telle fut la toute-puissance de l'arme aiguisée par Abeilard, que l'Église s'en inquiéta comme elle eût fait d'une hérésie. Saint Bernard, avec son admirable bon sens, ne s'y est pas trompé, il a pressenti que le doute, une fois lâché dans le monde, ne s'arrête plus; il s'est inquiété, jusqu'à la fin, de cet enseignement d'Abeilard, qui n'a pas duré moins de trente-deux ans (1108-1140), enseignement dont il fallait s'occuper en effet, car nul ne peut dire avec quel succès fut écouté le nouveau docteur. C'est un enthousiasme dont nous n'avons nulle idée, nous autres, non-seulement autour de la chaire de nos professeurs les plus écoutés, mais encore au théâtre où paraissent nos grands comédiens et nos illustres chanteurs. En pleine ville de Paris, entre deux écoles fameuses, l'école du Cloître-Notre-Dame, l'école de Saint-Victor, Abeilard enseigne sa doctrine, et bientôt, autour de cette chaire nouvelle, d'autres chaires s'élèvent, tantôt pour répondre au maître, tantôt pour soutenir sa doctrine; cette réunion d'enseignements et d'écoles est le véritable commencement de l'Université de Paris. On n'est plus populaire comme l'a été Abeilard; sa popularité lui était venue du jour où il avait réduit au silence Guillaume de Champeaux, l'incomparable docteur. A cet instant, Abeilard est le maître; la persécution ne fera que le grandir; si son école est fermée à Paris, il transportera plus loin son école, et ses disciples le suivront, attirés par l'enchantement et par la nouveauté hardie de son discours. Ainsi il allait enseignant, tantôt à Melun, tantôt à Corbeil, et enfin sur la montagne de Sainte-Geneviève, qui se couvrait d'auditeurs, pendant que les écoles de Paris restaient désertes, à la grande honte et indignation des plus illustres professeurs. Un des plus étranges disciples du savant théologien, Jean de Salisbury, qui avait assisté aux éloquentes leçons d'Abeilard sur la docte montagne (la montagne de Sainte-Geneviève, hors des murs, avant Philippe Auguste), raconte, qu'avant tout, l'enseignement d'Abeilard brillait par sa clarté; plus l'explication était simple et à la portée des plus lentes intelligences, et plus le maître l'acceptait avec empressement; il faisait tout pour être compris, laissant aux esprits mal faits les épais nuages sous lesquels s'enveloppait complaisamment la science des professeurs de l'Université naissante. Toutefois, cet enseignement, d'une calme et simple apparence, s'élevait souvent aux plus heureuses hauteurs de l'éloquence. La croyance s'y montrait, de temps à autre, dans ce qu'elle a de grand et de solennel; plus d'un fréquent retour sur lui-même jetait sur le professeur une sympathie mélancolique, dont l'effet était irrésistible. Dans ses heures d'abattement, Abeilard racontait à ses disciples les déceptions de la science et les vanités du génie : « Malheur à moi, disait-il (nous traduisons, et nous croyons que ce passage est traduit en français pour la première fois), malheur à moi cependant, si j'abandonnais mon illustre entreprise pour céder aux clameurs de l'envie! L'envie est forte, mon courage sera plus fort; j'ignore quel avenir est destiné à ces travaux, mais quoi qu'il arrive, je m'abandonne en toute assurance au Dieu puissant qui donne l'éloquence et qui enseigne la vérité! » Noble langage rempli de cette inquiétude si naturelle à l'homme entreprenant qui déjà s'était vu condamner en plein concile (le concile de Soissons, 1121), pour être entré tout armé de syllogismes dans les domaines de la théologie. — En tout ceci, le grand crime d'Abeilard c'était d'avoir suivi Platon de trop près, et déprécié l'idée du Saint-Esprit, *en le considérant comme l'âme du monde.* « Il a fait de Platon « un chrétien! » s'écrie saint Bernard. Ajoutez l'attrait incroyable d'une science qui comprenait dans son ensemble tout ce qu'un homme pouvait savoir au douzième siècle. — Le premier il avait obéi au mouvement intellectuel qui avait commencé par ramener l'Europe chrétienne vers l'antiquité si longtemps oubliée ; le premier il avait recueilli, en disciple dévoué, les restes inanimés de la philosophie ancienne, et il leur avait rendu la vie de son souffle puissant, préparant à l'avance le règne d'Aristote, qui devait dominer la philosophie trois siècles plus tard. Ce génie de la scolastique, comme nous l'avons dit, se révéla pour la première fois dans l'école de Notre-Dame, présidée par Guillaume de Champeaux ; dès la première leçon, Abeilard étonne le maître, il lui arrache une concession importante, et à l'instant même il lève l'étendard de la révolte. Aussitôt la nouvelle bannière est entourée d'une foule obéissante, la nouvelle doctrine se fait jour à travers les fortunes les plus diverses ; elle réussit par la vérité, elle réussit par l'erreur, elle réussit par la sympathie des hommes assemblés, elle réussit par la persécution, et surtout par l'esprit d'indépendance et de critique qu'elle représente et qu'elle propage ; c'en est fait, l'école d'Abeilard éclipse les autres écoles de Paris et de la France, — elle règne, — elle régnera dans l'avenir. Voilà par quels travaux l'illustre docteur marcha l'égal de saint Bernard lui-même ; dignes en effet, celui-ci et celui-là, d'occuper également l'attention et les sympathies des hommes. Le premier représente à merveille l'esprit qui s'inquiète, l'âme qui cherche et qui rêve, la raison qui ne se méfie pas assez de ses propres excès ; l'autre, au contraire, c'est le bon sens pratique, c'est le croyant qui ne voit rien ni en deçà ni au delà de la croyance chrétienne et qui ne veut pas que l'humanité tente la voie dangereuse qui la doit ramener aux doctrines du Portique. Autant saint Bernard est obéi et respecté, respecté à l'égal d'un souverain pontife, autant Abeilard est entouré d'une admiration enthousiaste. Sa méthode est pleine de périls, qui en doute ? Mais elle a été féconde autant que florissante, féconde, hélas ! en persécution et en malheurs.

S'il vous plaît, nous allons chercher l'histoire de cette vie, si remplie par le travail et par l'amour, dans le beau livre qui la renferme. *Les Lettres d'Héloïse et d'Abeilard* ont survécu aux tumultes de la théologie et de la philosophie du moyen âge. Quand il écrivit l'histoire de ses infortunes, *Historia calamitatum suarum*, Abeilard était vieux, il était malade, persécuté, il sentait le besoin de jeter au dehors quelque peu de l'amertume dont son cœur était rempli. Bénissons cette première lettre : répandue aussitôt dans l'Europe entière comme un événement très-grave, cette lettre nous a valu la réponse et les lettres d'Héloïse. Eh! comment donc raconter, si nous étions privés de ces renseignements admirables, la touchante histoire de cette jeune femme précipitée du monde au désert? Avec Héloïse commence l'amour chrétien, c'est-à-dire le redoutable combat de la passion et du devoir, de la croyance et de la tendresse. Pauvre femme! elle est bien à plaindre en effet. A peine s'est-elle abandonnée à la première ivresse des jeunes amours, il lui faut choisir entre Dieu et l'amant qu'elle adore! Jeune, belle, savante, célèbre, elle renonce en même temps à l'amour et à la gloire. Le nom d'Héloïse a grandi de siècle en siècle, et chaque jour l'auréole est plus brillante, plus fraîche, sous les fleurs qui entourent cette tête inspirée. « Elle me ramena à moi-« même, en m'éclairant d'un doux sourire, et elle dit : Tourne-toi, « écoute... ne crois pas que le paradis soit seulement dans mes yeux!» Ainsi parle Dante à Béatrix, la sœur poétique d'Héloïse; c'est qu'en effet le paradis était dans leur cœur!

La première lettre d'Abeilard commence à l'instant même où il obtint, à Paris, cette chaire de philosophie théologique qui était l'objet de sa plus vive ambition. Mais à quoi bon raconter nous-mêmes ce que raconte avec tant d'énergie l'illustre docteur? Laissons-le parler, en choisissant dans cette merveilleuse autobiographie tout ce qu'on y peut choisir :

« A peine installé, je repris les Commentaires d'Ézéchiel, et plus que jamais l'opinion publique reconnut en moi le théologien et le philosophe; l'affluence était grande; j'étais adopté, écouté, entouré; mais la prospérité est cruelle, elle énerve les âmes les mieux trempées. Un instant je me crus le plus grand philosophe de l'univers, et dans mon orgueil, je lâchai la bride à mes passions longtemps contenues. — Plus mes progrès étaient grands dans la philosophie, et plus ma vie était impure. Que j'ai été puni cruellement de ces deux vices de mon âme, — la luxure et l'orgueil!

« Cependant plus d'un obstacle se rencontrait à mes passions. Descendre jusqu'aux plus vils degrés de la débauche? c'était impossible! Rechercher la société des belles dames de la noblesse ou de la meilleure bourgeoisie? mes leçons prenaient tous mes loisirs. Ce fut alors que je fis la rencontre d'une jeune fille nommée Héloïse, la nièce du chanoine Fulbert. Le nom d'Héloïse était déjà un nom célèbre; dans cet âge si tendre de la plus délicate et de la plus chaste beauté, elle réunissait les dons les plus rares de l'esprit et de la science.—Pour moi, j'avais en ce temps-là une grande renommée; j'étais jeune et beau et d'une taille élégante; quelque femme que j'eusse aimée, elle eût accepté mon amour avec orgueil. — J'étais donc sûr de plaire à cette belle jeune fille. — J'écrivis, elle lut mes lettres, elle y répondit, non pas parce qu'elle m'aimait déjà, mais pour faire ses preuves de jeune fille éloquente et savante. — Afin de la voir et de l'entendre tout à l'aise, je fis proposer au chanoine Fulbert de me prendre en pension dans sa maison, et lui, l'imprudent! il accepta, croyant faire doublement un bon marché, car il aimait presque autant sa nièce qu'il aimait l'argent; et, ma pension payée, il attendait un grand profit de mes leçons sur l'esprit d'Héloïse. — Me voilà donc l'hôte de la maison; Héloïse est confiée à ma garde par son oncle, qui me donne toute autorité sur elle; il était rassuré par la régularité de mes mœurs. —Nous voilà sous le même toit, Héloïse et moi; bientôt nous sommes

réunis par le cœur. Sous le prétexte d'étudier ensemble, nous étions tout à l'amour. Les livres restaient ouverts à la même page; mais, entre l'élève et le maître, il y avait plus de baisers que de paroles; ses yeux étaient fixés sur mes yeux plus que sur les pages savantes.—Ainsi nous avons passé par les phases diverses de l'amour heureux, joies si nouvelles pour Héloïse et si charmantes pour moi! — Une fois tombé dans les délices des véritables amours, j'oubliai tout; pour moi, l'étude n'eut plus de charmes; mon enseignement fut sans force, mes leçons n'offraient plus d'intérêt à l'esprit inquiet de mes disciples; le corps d'Abeilard était dans son école, son esprit était ailleurs. L'inspiration m'avait quitté, à peine si la mémoire faisait son office; je ne composais plus guère que des vers d'amour, des chansons, fugitives mélodies chantées dans la France entière par les jeunes cœurs ivres d'amour.

« Aussi vous pouvez juger des lamentations de mes disciples, lorsqu'ils virent leur maître chéri abandonné à ce vain délire. Ce fut un cri unanime dans mon école; et en même temps, car le secret de nos tendresses n'était plus un secret pour personne, Fulbert fut averti de la honte de sa maison. D'abord il ne voulut pas croire à ces tristes confidences, tant il était sûr de l'honneur de sa nièce et des bonnes mœurs de son hôte; mais enfin il fallut se rendre à l'évidence. Le chagrin de ce pauvre homme ne saurait se comparer qu'à la douleur des deux amants, forcés de se séparer et devenus la fable de la ville. Chère Héloïse! elle restait calme et fière sous le coup du déshonneur qui nous frappait publiquement. — Ajoutez qu'à peine séparés, Héloïse reconnut qu'elle était mère; dans notre abaissement, ce nous fut une grande joie. Alors j'envoyai Héloïse en Bretagne, dans la maison de ma sœur, où elle mit au jour Astrolabe, notre fils.

« Que devint Fulbert, lorsqu'en rentrant chez lui, il n'y trouva plus sa nièce Héloïse? Peu s'en fallut qu'il n'en devînt fou de honte et de rage. Il voulait se venger; mais comment se venger? Un attentat sur ma personne laissait Héloïse exposée aux vengeances de mes parents de Bretagne. Me jeter dans un cachot, nul ne l'eût osé, et d'ailleurs j'étais sur mes gardes contre le guet-apens le mieux tendu. A la fin, touché de compassion pour l'oncle, autant que j'étais pris d'amour pour la nièce, j'allai trouver Fulbert, et, comme une réparation volontaire, je lui offris de devenir le mari d'Héloïse. Seulement, par respect pour mon titre de docteur, j'exigeais que le mariage se fît en secret et restât dans le mystère; Fulbert promit qu'il se tairait; il me pardonna, il m'accepta pour le mari d'Héloïse, il me tendit ses bras; désormais je serai son fils. Ce mariage arrangé, j'allai chercher ma femme en Bretagne, et je lui dis mon projet, comptant qu'il serait accepté avec joie; au contraire, et sans hésiter, Héloïse me représenta les inconvénients d'une pareille union. — Avait-elle donc le droit de prendre pour elle seule un homme que la nature avait créé à la gloire du monde entier? Le mariage! quel état pour un philosophe comme Abeilard : l'enfant qui pleure, la nourrice bavarde, les valets bruyants, la maison en désordre, la dépense et le tracas d'un ménage! Telles étaient les répugnances d'Héloïse, si dévouée. Cependant elle céda; nous confions notre enfant aux bons soins de ma sœur, et nous revenons à Paris, où nous fûmes mariés dans l'église, au point du jour, à l'heure de vigiles, en présence du chanoine Fulbert et de ses amis. La cérémonie achevée, et comme je devais compter sur le silence qui m'était promis, Fulbert et les autres témoins de ce mariage n'ont rien de plus pressé que de colporter en tous lieux cette nouvelle. Héloïse, indignée, proteste avec énergie que rien n'est plus faux; elle n'est ma femme que devant Dieu! A ce démenti de sa nièce, Fulbert s'abandonna à mille violences; ses mauvais traitements me forcèrent à conduire ma jeune épouse dans l'abbaye des nonnes d'Argenteuil, où elle prit l'habit complet, moins le voile. Ce fut en ce moment que l'oncle Fulbert, s'imaginant que j'ensevelissais sa nièce dans un cloître, résolut enfin, et à tout prix, de se venger.

« Cruelle, implacable, indigne et féroce vengeance! Une nuit, comme je dormais, de vils exécuteurs sont introduits dans ma chambre par un de mes valets corrompu à prix d'or. O malheur! ô quelle honte! Le lendemain, dans tout Paris, chacun savait mon supplice; on se racontait avec épouvante que j'avais été mutilé dans mon lit, et que j'étais châtié par où j'avais péché. A cette nouvelle, l'indignation fut au comble, la ville entière accourut à ma maison pour savoir de mes nouvelles. Mes ennemis triomphaient, mes amis et mes disciples étaient au désespoir; ma misère, publiée en tout lieu, allait occuper le monde entier de la honte d'un seul homme, et maintenant je n'étais plus digne d'entrer dans le sanctuaire : l'Église me repoussait de son seuil comme une moitié d'homme, je n'avais plus de refuge que dans l'ombre du cloître. Ma pauvre Héloïse, qui m'avait gardé son obéissance et son amour, prit le voile dans le monastère d'Argenteuil, et moi, je devins un des moines de l'abbaye de Saint-Denis. Ma blessure se guérit lentement; mais à peine convalescent, je vis accourir de toutes parts mes disciples ; ils s'écriaient que maintenant je devais à Dieu seul le génie qu'il m'avait accordé. Cependant cette abbaye de Saint-Denis, mon asile, était remplie de désordres contre lesquels je m'élevais avec colère, sans redouter la haine implacable des moines, qui ne cherchaient qu'une occasion de se délivrer de mes censures. Quand donc ils entendirent que mes écoliers redemandaient leur maître, ils me laissèrent partir sans opposition, et je me retirai dans un prieuré, pour y reprendre le cours de mes leçons. L'affluence de mes disciples fut si grande qu'ils ne savaient où se loger, ni comment se nourrir. Ce qui ajoutait à l'empressement général, c'est que j'attirais mon auditoire par un certain avant-goût de philosophie qui n'était pas sans influence pour l'intelligence des divines Écritures : grand sujet d'inquiétude et d'envie pour mes ennemis, deux surtout, Albéric et Lotulfe ; ils s'étaient partagé l'héritage de Guillaume et d'Anselme, nos maîtres communs, et comme ils gouvernaient l'un et l'autre les écoles de Reims, je me vis citer devant un concile tenu à Soissons, pour avoir à leur expliquer l'ouvrage fameux que j'avais composé sur la Trinité[1]. Aussitôt, j'obéis à l'ordre du concile ; j'arrive à Soissons au milieu des injures et des insultes d'une population prévenue contre moi ; je présente mon livre au jugement de l'archevêque et de mes rivaux ; en vain ont-ils scruté le livre d'un bout à l'autre, page à page, et mot à mot, ils n'y trouvent rien qui sente l'hérésie. Plus leur accusation était lente à se dévoiler, et plus mon innocence éclatait au grand jour. A la fin l'archevêque, comme le président du concile, prenant la parole, s'écrie qu'avant de juger cet homme dont le génie étend ses rameaux d'une mer à l'autre, au moins faut-il ne pas le juger sans l'entendre. A ces prudentes exhortations, mes rivaux comprennent qu'ils sont perdus si la parole m'est laissée, et ils forcent le légat à condamner mon livre sans information préalable. Donc je suis condamné en plein concile ; on veut que moi-même je brûle mon livre, et moi-même je le jette aux flammes. Le crime accompli, je suis livré à l'abbé de Saint-Médard, pour que l'abbaye me serve de prison. Les moines de Saint-Médard, me voyant arriver dans leur abbaye, poussent des cris de joie, comme si je devais leur rester jusqu'à la fin de mes jours.

« A peine ma condamnation eut pénétré dans le public, qu'une voix unanime s'éleva contre le légat qui l'avait prononcée. Lui, hon-

---

[1] *Le Pour et le Contre* (*Sic et Non*), *l'Introduction à la Théologie chrétienne* (1122), non moins que le Traité de la *Trinité*, devaient amonceler les orages sur la tête d'Abeilard.

teux de sa faiblesse, il me relâche de ma prison et il veut que je rentre dans l'abbaye de Saint-Denis. J'y fus reçu comme un étranger importun, non pas comme un frère persécuté. Un jour même, ayant démontré à ces moines que saint Denis, le patron de leur abbaye, ne pouvait être l'aréopagite de l'Église d'Athènes, les moines, furieux, vont me dénoncer à l'abbé, et l'abbé porte sa plainte jusqu'au roi, disant que j'insultais le saint patron de la France! Cette fois encore j'étais perdu si je ne m'étais pas enfui au plus vite de ce monastère impitoyable. Le frère du comte Thibaut me donna d'abord un asile, puis il obtint de ma communauté que je pourrais vivre monastiquement dans l'endroit que je choisirais. La proposition fut accueillie avec joie, seulement mes frères de Saint-Denis me défendaient d'entrer dans une autre communauté de moines. J'accepte la convention, et je me retire dans une solitude du diocèse de Troyes, avec le consentement de l'évêque. L'endroit était inculte et sauvage, la campagne stérile; je fus obligé de me construire une cabane de roseaux, mon oratoire était couvert de chaume, je le dédiai à la très-sainte Trinité. — A peine étais-je installé dans mon désert, que soudain mes disciples reviennent plus empressés que jamais, abandonnant les châteaux et les villes pour se construire d'humbles cabanes autour de la mienne; on vivait de pain et d'herbes sauvages, on couchait sur la mousse, on menait la vie du désert comme la décrit saint Jérôme... autre sujet de calomnies et d'envie pour ceux qui s'étaient mis à me haïr! Quoi donc? je remplissais le désert, je peuplais la solitude; pauvre et abandonné que j'étais, la foule venait à moi, et parmi ces disciples empressés, c'est à qui élèvera ma maison ou cultivera mon champ! Rien n'était plus vrai; on avait voulu faire de moi un mendiant, et j'étais riche comme un seigneur; mon oratoire de chaume était devenu une chapelle tout en bois et en pierre; j'avais nommé cet oratoire *le Paraclet*, en témoignage de la bonté divine, qui m'avait accordé enfin un peu de consolation, sinon d'espérance! Perdu dans ce lieu, mon nom remplissait l'univers, semblable à l'écho, grande voix qui n'a pas de corps. A l'aspect de tant de biens inespérés, la haine redoubla d'acharnement et d'insultes; je me vis accablé sous les mensonges les plus graves; le malheureux Athanase n'avait pas été soumis à une persécution plus grave. J'étais inquiet, j'avais peur, il me semblait, à chaque instant, que j'allais être cité devant quelque concile; peu s'en fallut que j'allasse, tout au loin, demander aux infidèles le calme et le repos que me refusaient les chrétiens.

« Pour me tirer de ces angoisses, je me laissai attirer dans un piége abominable. Il y avait en Bretagne, dans l'évêché de Vannes, une abbaye de Saint-Gildas de Ruys, que la mort du pasteur laissait sans direction. Je fus appelé au siége vacant de Saint-Gildas, avec la permission de mon maître, l'abbé de Saint-Denis. Certes, il fallait que j'eusse grand besoin d'un abri, pour accepter une abbaye dans ce pays barbare, au milieu de moines dissolus, d'une population brutale et sauvage. Là s'arrêtait le rivage de l'Océan aux voix effrayantes, la terre manquait à ma fuite. *Des extrémités de la terre, ô Seigneur, j'ai crié vers vous, mon cœur étant dans l'angoisse!* — J'étais entouré de périls pour mon âme et pour mon corps. En vain aurais-je voulu gouverner ces moines sans discipline; et pourtant, si je les abandonne à leurs penchants mauvais, je m'expose à la damnation éternelle. Tout manquait dans l'abbaye, le seigneur du pays avait ravagé nos terres; de leur côté, les moines avaient fait main basse sur tout ce qui pouvait s'emporter; mes périls étaient les mêmes au dedans et au dehors. Ah! comme je regrettais le Paraclet, c'est-à-dire *le Consolateur;* ingrat que j'étais, j'avais abandonné mon premier asile sans pouvoir y laisser, (tant j'étais pauvre!) même un prêtre pour la prière de chaque jour; mais la bonté divine me délivra de ce remords.

« Comme j'étais à regretter mon calme ermitage du Paraclet, Héloïse et ses sœurs de l'abbaye d'Argenteuil furent chassées de leur monastère par l'abbé de Saint-Denis, qui avait des droits sur Argenteuil. Ces pauvres sœurs, privées violemment de leur asile, Dieu m'inspira de leur offrir le Paraclet, c'est-à-dire l'oratoire et ses dépendances; et là, en effet, la Providence accompagna ces saintes filles. Leur détresse toucha les âmes les plus dures, et en moins d'une année, elles eurent fondé ce saint asile que je leur avais indiqué. Ce fut la gloire d'Héloïse, Dieu voulut qu'elle trouvât grâce devant tous; les évêques la chérissaient comme leur fille, les abbés comme une sœur, les laïques comme une mère; tous admiraient également sa fervente piété, sa sagesse et sa patiente douceur. On la voyait peu, elle vivait cachée dans sa cellule, toute à la méditation et à la prière; moi, cependant, pour leur venir en aide, au moins en leur apportant la parole du divin maître, je rendais au Paraclet d'assez fréquentes visites; mais cette fois encore, la calomnie, plus mordante que l'acier, me poursuivait dans ma bonne œuvre. On disait que j'étais rappelé près d'Héloïse par le souvenir de nos amours!

« Les calomnies me rejetaient dans mon cloître le cœur ulcéré, et,

dans mon cloître, je retrouvais d'autres misères. Les moines, mes frères, en voulaient à ma vie : leur rage alla si loin, qu'ils empoisonnèrent le calice, un jour de fête. Une autre fois, chez un de mes consanguins, à Nantes, ils payèrent un valet qui devait m'empoisonner, et telle fut la volonté de la Providence, qu'un moine qui m'accompagnait mourut du poison qu'il avait bu dans ma coupe. De ces miracles, les moines de Saint-Gildas ne tinrent nul compte; ils apostent, la nuit, des assassins à leurs gages, ils me tendent toutes sortes d'embûches; rien ne les arrête dans leurs mauvais desseins, non pas même l'excommunication. A la fin il me fallut renoncer à une entreprise désespérée : prolonger la lutte était impossible ; je partis, et, chemin faisant, je répétais cette parole de consolation et d'espérance: *O mon Dieu, que votre volonté soit faite!* — Telle est en abrégé cette première lettre d'Abeilard, elle trouva l'Europe chrétienne attentive comme à un grand événement; dans sa retraite du Paraclet, Héloïse ne fut pas la dernière à la lire; les douleurs de cette âme en peine, longtemps comprimées, se réveillèrent avec la violence d'une flamme mal éteinte. Héloïse, en relisant cet écrit d'Abeilard, de cet homme tant aimé, revit d'un coup d'œil les chères joies et les transes brûlantes de cet amour par lequel elle avait été, un instant, la plus heureuse des femmes. Alors il faut bien que cette douleur éclate, non pas en sanglots étouffés dans le silence du cloître, mais en vives et éloquentes paroles, expression sincère de cette douleur profonde qui entoure encore aujourd'hui de son auréole inspirée le beau front d'Héloïse. Aussitôt l'abbesse du Paraclet répond à son maître, *non pas à son maître, mais à son père;* à son époux, *mieux qu'à son époux, à son frère,* car elle est sa servante, elle est sa fille, elle est son épouse, elle est sa sœur, elle est tout pour Abeilard. Notez-le bien, c'était la première fois, depuis que l'Évangile avait été apporté à la terre consolée, que la femme chrétienne prononçait ces austères paroles d'un pur amour. Héloïse a donc lu *par hasard* cette lettre de son époux, toute remplie de fiel et d'absinthe, sans qu'il ait daigné se souvenir, l'ingrat, de la félicité passée. Eh quoi! Abeilard n'a-t-il donc que des plaintes et des chagrins dans son cœur? si du moins il confiait ses douleurs, non pas à un ami sans nom, mais à ses sœurs du Paraclet, ce serait une grande consolation pour elles dans leur désert et dans leur solitude !
« O mon maître, ce n'est pas sans un étonnement pénible que j'ai
« remarqué votre oubli pour les commencements de notre conver-
« sion! Vous m'avez abandonnée dans ma foi chancelante et dans le

« triste accablement de mon cœur. Votre voix n'a pas résonné à mon
« oreille, vos lettres n'ont pas consolé ma solitude. » En même temps,
elle lui rappelle qu'elle est sa femme, qu'ils sont unis l'un et l'autre
par le sacrement du mariage, et qu'elle l'a aimé à la face de la terre
et du ciel. Tendre femme, elle pleure sur lui, non pas sur elle; elle
a mis aux pieds de son amant ses souvenirs, ses espérances, sa volonté; quand il a commandé, il a été obéi; elle se fût estimée heureuse,
non pas d'être sa femme, mais d'être seulement sa maîtresse, et de ne
pas entraver, par le mariage, ses glorieuses destinées. Elle se rappelle
les moindres détails des premières années, elle regrette les plus petits
bonheurs, elle voit encore Abeilard, tel qu'il était aux jours de ses
triomphes oratoires : sa renommée égalait celle des rois; les villes les
plus fières ouvraient leurs portes pour le mieux recevoir, on se précipitait pour le voir et pour l'entendre, son nom volait de bouche
en bouche, ses vers tenaient leur place dans les mélodies amoureuses,
pas une femme n'eût résisté à l'amour d'Abeilard. « Oh! que je
suis à plaindre, dit Héloïse, moi qui vous ai coûté si cher. » La malheureuse femme, elle ne voit pas qu'au contraire c'est elle qui est la
gloire d'Abeilard, c'est elle qui le protége de son amour, c'est elle qui
le sauve de l'oubli, en nous ramenant ainsi *aux heures enchantées de
leur pure passion*. A cette première lettre d'Héloïse, Abeilard répond,
non pas comme un amant qui se souvient, mais comme un prêtre
austère qui a tout oublié. Maintenant, c'est le théologien qui parle,
c'est l'abbé, chef de monastère, qui s'adresse à sa sœur en JésusChrist. Il cite, sans doute pour n'en pas trop dire, les Homélies de
saint Grégoire, il s'abrite derrière l'Ancien et le Nouveau Testament.
Hélas! où est le temps où il envoyait à la belle Héloïse ces odes éloquentes d'une gracieuse latinité, qui l'ont faite célèbre entre toutes
les femmes?

Que de baisers jadis! Maintenant, il lui envoie des prières, des conseils, des bénédictions. La pauvre femme, à cette lettre, reconnaît l'écriture d'Abeilard, mais non pas son âme; elle a bien pleuré en lisant
ces lignes austères dans lesquelles son amant parle de la mort, comme
si la mort était proche. — La pénitence! dites-vous, Abeilard, mais
pour que la pénitence soit complète, il faut la ressentir, il faut le remords, et le remords n'est pas entré dans l'âme d'Héloïse. Au contraire,
cette âme est encore remplie d'amour; même dans ses plus ardentes
prières, le bonheur d'autrefois lui apparaît environné de ses séductions riantes. La jeunesse ne s'est pas enfuie si loin, que sa voix ne

se fasse pas entendre, « et s'il reste en moi quelque peu de vertu,
« oh! mon maître, prenez garde, ma vertu ne me sauvera pas du
« souvenir. »

Vain espoir! De son souffle si pur, Héloïse agite à peine ces cendres
éteintes; Abeilard a pris au sérieux le cloître et ses rigueurs; le souvenir lointain des jeunes années n'est plus qu'un souvenir confus
dans l'âme du savant docteur. Héloïse est faible encore, Abeilard
aura du courage pour elle et pour lui! — Il laisse à son épouse chrétienne toute la poésie, gardant pour lui les cendres et les épines. Elle
parle comme une femme passionnée, il répond comme un directeur
des âmes; ce qui vous explique pourquoi nous donnerions toutes les
lettres d'Abeilard pour une lettre d'Héloïse. Cette noble femme est autant qu'une sainte, ou peu s'en faut, car c'est une femme vraie et passionnée. Elle obéit à cet homme qu'elle a tant aimé, comme le valet
du centenier dans l'Évangile : « *Viens ici, et il vient; fais ceci, et il le
fait.* » Le malheur lui va bien, car elle pleure toujours avec des larmes
sincères, quelquefois avec un sourire. Sa vie entière, la voici en deux
mots : « Être aimée d'Abeilard, et puis, — ô misère! — l'avoir perdu
sans retour! » De tout le reste, elle ne sait rien, elle ne sait que ceci,
elle aime encore; elle aime l'ombre de l'époux qui n'est plus qu'une
ombre; sa vie est la vie de la Madeleine pénitente, moins le repentir.
Ni la prière, ni le jeûne, ni l'aumône, ni cette foule attentive à la parole savante de l'éloquente abbesse du Paraclet, ne peuvent calmer les
agitations de ce cœur amoureux. Laissez-la donc s'abandonner à ses
plaintes touchantes! laissez-la se raconter à elle-même ses concerts
d'autrefois! laissez-la pleurer et gémir, et se plaindre avec des larmes à
ce malheureux homme à demi mort, qui ne sait plus quelle langue
on lui parle. Pourtant, ne soyons pas ingrats envers Abeilard, plaignons-le, et ne disons pas qu'il n'aime pas assez Héloïse. — Qu'en
savons-nous?

D'ailleurs le théologien fait place souvent, même dans les lettres écrites du froid couvent de Saint-Gildas, à l'homme qui se souvient
des jours meilleurs. La première fois qu'il est allé voir Héloïse, elle
est venue le recevoir dans le réfectoire du couvent, et dans ce lieu
consacré à la Vierge, ils ont pleuré comme deux amants qui se retrouvent après une absence qu'ils croyaient éternelle. Larmes amères!
larmes inutiles! Le cœur a saigné, le repentir est venu, non pas pour
Héloïse, mais pour Abeilard, honteux de pleurer encore, comme s'il
avait encore le droit d'être ému. — Par la mort, seulement, il revient

à l'austérité du devoir; elle et lui, ils ne sont plus que des ombres. « La cellule est ma tombe; votre voile, ma sœur, est un linceul. »

A ces paroles sévères, Héloïse obéit, non pas sans peine. Puisque son amant l'exige, elle ne sera plus que l'abbesse du Paraclet; à ce titre, elle prie l'abbé de Saint-Gildas de lui écrire ce qu'il pense de la vie monastique, et pourquoi les fondateurs de la vie religieuse se sont si peu occupés des femmes. En même temps (souvenir des anciennes causeries!) Héloïse cite Aristote, et après Aristote saint Augustin, dont elle avait deviné toute la poésie. — Dans cette lettre d'Héloïse, pas un mot d'amour. Il a dit : *ma sœur!* elle répond : *mon frère!* Abeilard sera content. En effet, l'abbé de Saint-Gildas félicite l'abbesse du Paraclet de ce qu'elle a suivi, cette fois, l'exemple de Marthe et Marie. Il écrit à ce sujet plusieurs épîtres, et maintenant qu'il est délivré du souci des allusions au bonheur d'autrefois, sa lettre est moins troublée, sa parole est plus ferme, il ose dire : « Héloïse, naguère *mon épouse chérie dans le siècle*, aujourd'hui ma sœur bien-aimée en Jésus-Christ. » Ce fut le dernier sacrifice d'Héloïse; elle ne parla plus de son amour dès qu'Abeilard le lui eut défendu. Hélas! elle eût été trop heureuse encore, si l'homme aimé eût voulu lui permettre de lui dire encore : *je t'aime toujours, mon Abeilard!* Lui cependant, l'infatigable et malheureux esprit qu'il était, après s'être défendu violemment contre les souvenirs et contre la tendresse de son épouse Héloïse, il revient aux luttes, aux combats, aux disputes religieuses; cette humble vie, cette vie sans autre écho que le cœur d'Héloïse, lui parut insupportable. Il aimait la dispute, et il la recherchait pour le plaisir même qu'elle donne. Et d'ailleurs, après tant de bruit, comment accepter ce silence? Il venait de publier un nouveau livre : l'*Introduction à la Théologie*, et dans ce livre, les ennemis du savant docteur eurent facilement trouvé de damnables hérésies. Nous avons déjà indiqué l'opposition de saint Bernard à cette alliance de la théologie et de la philosophie dont il comprenait confusément toute la portée. Il regardait comme un devoir de chrétien catholique de maintenir la théologie dans ses limites primitives, et il se méfiait de ces hardiesses de l'intelligence, semblable en ceci à saint Anselme de Cantorbéry, déclamant *contre ce rhéteur dangereux qu'animaient le souffle et l'esprit d'Aristote*. Abeilard avait soixante ans, et depuis trente-deux ans il attirait autour de sa chaire les esprits les plus jeunes et les plus ardents de l'Europe, lorsqu'il fut cité à comparaître au concile de Sens (l'an 1140). A cette nouvelle, Abeilard relève la tête; il se prépare pour la bataille ; il sait que Bernard lui-même, ce grand organisateur, doit tenter de le ramener dans la bonne voie. En vain on lui donne le choix ou de nier que l'ouvrage accusé soit de lui, ou de confesser sa faute. Pierre Abeilard répond qu'il est prêt à se défendre !— De son côté, Bernard accepte la lutte, non pas sans quelque hésitation, contre ce terrible argumentateur. Cependant, fort de sa conscience, l'illustre antagoniste d'Abeilard accepte le combat avec toutes ses chances ; il arrive au concile d'un pas calme ; la force qui vient d'en haut le soutient et l'encourage ; d'ailleurs, c'est la seule vérité qui le pousse, ce chrétien qui aurait pu s'asseoir sur le trône de saint Pierre, et qui est resté un simple moine ; il ne recherche ni les joies du triomphe ni les plaisirs de la lutte, mais il sera heureux s'il peut convaincre cet obstiné Pierre Abeilard. — Et pourtant saint Bernard était le maître du concile, le maître d'Abeilard, le maître dans le monde catholique ; il n'avait qu'à faire un signe, et pour lui prêter main-forte, accouraient le roi Louis *le Jeune*, le comte de Champagne, le comte de Nevers, le pape enfin, l'épée, la tiare et le sceptre. — L'illustre apôtre ne voulut pas de secours étranger à sa cause ; il combattit, comme un simple moine, contre le maître de la scolastique, celui chez qui le raisonnement obéissait en esclave ; il fut écouté avec déférence par Abeilard, avec respect et soumission par tous les autres. « Cet homme joue avec la dialectique, s'écrie saint Bernard, « sans s'inquiéter d'entasser ses propres erreurs sur d'autres erreurs ; « il parle comme si en effet il pouvait savoir ce qui se passe ici-bas « et là-haut, et il se croit si bien préparé à rendre raison de toutes « choses, qu'il va vous expliquer ce qui n'appartient à l'explication de « personne ! » Ainsi il parle, et telle est l'autorité de la véritable grandeur, qu'en présence de l'apôtre du douzième siècle, Abeilard hésite, sa logique l'abandonne, son habileté s'arrête, éperdue, devant cet homme grave et austère. Cette fois, Pierre Abeilard est condamné après avoir parlé librement ; condamné, sauf son appel en cour de Rome, appel qui avait des chances de succès ; car, même pour la philosophie, quand elle s'est arrêtée aux limites de la foi, Rome a été juste et bienveillante. Abeilard n'alla pas loin pour savoir sa sentence ; il apprit à Lyon l'arrêt souverain d'Innocent II : il était déclaré hérétique ; ses livres étaient jetés au feu, et lui-même il devait rester enfermé dans un couvent jusqu'à la fin de ses jours. — Hélas ! tout était dit pour ce grand philosophe, qui tient une place si importante dans l'histoire des efforts de l'esprit humain. Proscrit, condamné, loin d'Héloïse, sans asile et sans pain, il ne cherchait plus qu'un lieu d'asile pour y mourir. Ce fut alors que Pierre *le Vénérable*, abbé de Cluny, tendit à cet infortuné une main charitable et fraternelle; il accueillit dans son cloître cette misère éclatante et digne de tant de pitié. L'abbé de Cluny réconcilia son hôte avec saint Bernard, qui pardonna un peu en souvenir de l'abbesse du Paraclet, dont il admirait les vertus et le génie; le pape lui-même accorda à Pierre Abeilard la paix et le pardon de l'Église. — Mais l'âme était brisée, le corps était à bout de souffrances, l'esprit s'était éteint. — La fièvre vint, qui emporta obscurément cet illustre docteur.

Pierre Abeilard mourut le 21 avril 1142, à l'âge de soixante-trois ans. Ce fut, dans l'Europe entière, un concert unanime de regrets et de louanges. « L'abbé de Cluny, le voyant mort en la foi catholique, dressa cette oraison funèbre en témoignage de sa doctrine [1] :

> Gallorum Socrates, Plato maximus Hesperiarum
> Noster Aristoteles, logicis, quicumque fuerunt
> Aut par, aut melior, studiorum cognitus orbi
> Princeps, ingenio varius, subtilis et acer,
> Omnia vi superans rationis, et arte loquendi,
> Abælardus erat : sed hunc magis omnia vicit
> Cùm Cluniariensem monachum moremque professus,
> Ad Christi veram transivit philosophiam, etc.

« Tel était Abeilard! le Socrate de la France, le Platon de l'Occident, « notre Aristote, l'égal sinon le maître des plus habiles logiciens, — « le maître de ce siècle, — génie fécond, varié, prompt à la réplique « et à l'attaque, — d'une raison si haute, que son éloquence seule pou- « vait l'égaler. — Sa retraite et son humble vie dans l'abbaye de « Cluny l'ont fait plus grand encore; il venait de s'élever à la vérita- « ble sagesse, la sagesse de l'Évangile. »

Et, non content de cette louange envoyée à l'adresse d'Héloïse comme une consolation, Pierre *le Vénérable* compose une véritable épitaphe, destinée à être gravée sur la tombe d'Abeilard :

> Petrus in hâc petrâ latitat, quam mundus Homerum
> Clamabat.

« Il est enseveli sous cette pierre, ce Pierre que le monde charmé

---

[1] Bertrand d'Argentré, *Histoire de Bretagne*.

« comparait à Homère. » Et enfin ces deux derniers vers, les seuls qu'Héloïse ait gravés sur le tombeau :

> Est satis in titulo, Petrus hic jacet Abæilardus
> Huic soli patuit, scilicet quidquid erat.

« Pierre Abeilard ! Ce nom suffit à la gloire de cette tombe. — Il « savait, à lui seul, tout ce qu'un mortel peut savoir. »

L'histoire a conservé la lettre de Pierre *le Vénérable*, abbé de Cluny, à sa très-respectable et chère sœur Héloïse, abbesse du Paraclet, et la lettre de l'abbé de Cluny est digne de compléter, tant elle est remplie de grâce et de vérité, le récit des malheurs d'Héloïse : « Femme sage
« vraiment, qui avait laissé la logique pour l'Évangile, la physique
« pour l'apôtre, Platon pour le Christ, l'académie pour le cloître !...
« — Nous avons eu pour notre hôte le serviteur et le véritable philo-
« sophe du Christ, le maître Pierre Abeilard, que la Providence di-
« vine a bien voulu nous envoyer à notre abbaye de Cluny, dans les
« dernières années de sa vie, et nous pouvons dire qu'elle nous a fait,
« dans sa personne et dans ses exemples, un don mille fois plus pré-
« cieux que l'or et les perles. Chacun de nous rend témoignage à la
« modestie et à la dévotion de notre frère Abeilard ; personne n'a été
« plus humble dans sa vie et dans son vêtement ; saint Martin lui-même
« n'était pas plus inculte, saint Germain plus couvert de haillons.
« Dans les processions il marchait si courbé, que nul n'aurait pu dire
« que c'était là ce même illustre docteur qui avait rempli le monde
« du bruit de sa parole ; à peine s'il mangeait pour se soutenir. L'é-
« tude, la prière, le silence, l'austérité, marchaient avec lui ; de temps
« à autre il élevait la voix pour instruire ses frères ; à Dieu seul ont ap-
« partenu ses derniers jours (Pauvre Héloïse !), et jusqu'à la fin, sem-
« blable à Grégoire *le Grand*, il a prié, il a étudié, il a dicté. Quand la
« mort est venue, elle l'a trouvé prêt à partir ; et persévérant dans la
« douceur et l'humilité, il est allé rejoindre, nous devons le croire,
« notre divin Rédempteur !

« Ainsi, notre vénérable sœur, celui auquel vous avez été unie d'a-
« bord par les liens de la chair, et ensuite par les liens plus sacrés et
« plus étroits de l'amour divin, il est maintenant dans le sein du Sei-
« gneur, qui vous le rendra à la voix de l'Archange, au bruit solen-
« nel des trompettes du jugement. » — La réponse d'Héloïse à l'abbé de Cluny est digne de tout le reste. — La sainte femme, maintenant

27

que son mari était mort pour la seconde fois, redemandait le corps d'Abeilard, pour qu'il fût ramené au Paraclet; l'abbé de Cluny consentit au dernier vœu d'Héloïse. Lui-même, quand Abeilard reposa enfin dans sa tombe, il vint visiter au Paraclet la tombe d'Abeilard, couché là, et d'Héloïse vivante encore. — Héloïse n'écrivit plus qu'une fois à l'abbé de Cluny, pour lui recommander son fils Astrolabe : « Veuillez, mon père, je dirais « mieux, mon seigneur, obtenir pour « mon fils une prébende de l'évêque de Paris ou de tout autre dio- « cèse! » — «Votre fils, répondit Pierre *le Vénérable*, qui est aussi le « nôtre à cause de vous, aura une prébende dans quelqu'une de nos « églises! » Mais il ajoute : *Ce sera difficile!* Difficile, une prébende, pour l'enfant d'Héloïse et d'Abeilard! Enfin, vingt et un ans après Abeilard, le 17 mai 1163, âgée de soixante ans, Héloïse descendit dans cette tombe où elle devait être réunie à l'homme qu'elle avait tant aimé. Depuis tantôt sept cents ans, le même cercueil renferme ces nobles cendres; la révolution française, qui a respecté si peu de tombeaux, n'a pas osé briser tout à fait cette sépulture si remplie de souvenirs, elle s'est contentée d'en faire l'ornement d'un musée; ce ne fut que plus tard, et quand la société française, agitée par les désordres et les tempêtes, eut retrouvé enfin quelque repos, que les restes des deux amants furent rendus à la terre consacrée. — Des débris du Paraclet, une main pieuse leur a construit une chapelle au cimetière du *Père-Lachaise;* là ils reposent enfin — Abeilard à l'abri de son génie, Héloïse protégée par son amour!

CHAPITRE X.

Rivalités de Jean de Montfort et de Charles de Blois. — Ils font valoir leurs droits au tribunal des pairs de France. — Charles de Blois soutenu par la France. — Jean de Montfort appuyé par l'Angleterre. — Jean de Montfort fait prisonnier à Nantes. — L'héroïsme et le courage de la comtesse de Montfort. — Défense d'Hennebon. — Second siège d'Hennebon. — Olivier de Clisson décapité à Paris. — Indignation de sa veuve, Jeanne de Belleville. — Prise de Quimper par Charles de Blois. — Il est fait prisonnier au combat de La Roche-d'Ériens. — Jeanne de Penthièvre. — Combat des Trente. — Charles de Blois sort de sa prison. — Bataille d'Auray. — Mort de Charles de Blois. — Traité de Guérande. — 1341-1365.

Jean III, duc de Bretagne, (Jean *le Bon,*) ressentait au fond de l'âme une haine si violente pour sa belle-mère, qu'il avait enveloppé dans cette haine Jean de Montfort, son frère consanguin. De là une grande ardeur à déshériter Montfort et à donner la couronne ducale à la fille de Guy de Penthièvre, le frère de Jean III. — Consultés par le prince, les États répondent qu'ils s'en remettent à la sagesse de leur duc, et cette réponse une fois connue, le prince Jean ne songe plus qu'à trouver, pour sa nièce, un mari qui sache défendre la princesse et la couronne de Bretagne contre Jean de Montfort. Il y avait en ce temps-là, à la cour de France, un prince de la maison de Châtillon, neveu du roi de France, Charles de Blois ; Charles de Blois fut choisi par le duc de Bretagne pour être le mari de Jeanne *la Boiteuse*, l'héritière du duché de Bretagne. A peine eut-il marié sa nièce, Jean III mourut, hors de son duché, et sans avoir eu le temps de désigner Charles de Blois comme l'héritier de sa couronne ducale.— Celui-ci se proclama duc de Bretagne, à la place de l'oncle de sa femme, Jean *le Bon;* et comme il ne pouvait guère compter sur la protection du roi de France, dont son compétiteur était le cousin, il se tourna du côté de l'Angleterre et du roi Édouard III. A cet instant commencent, mais sans les haines violentes qui éclateront plus tard, les rivalités de la France et de l'Angleterre. Dès l'année 1335, Édouard III disputait à Philippe de Valois la couronne de France, qu'Édouard III revendiquait du chef de sa mère. La guerre de succession en Bretagne se présentait, juste à point, pour servir de prétexte aux collisions des deux couronnes. Le prétexte était d'autant mieux choisi, que cette question d'hérédité était plus remplie de difficultés et de nuages ; car le droit public de la Bretagne ne reposait encore que sur des faits. Jusqu'alors (nous ne parlons pas des nécessités que les révolutions entraînent avec elles), la souveraineté s'était transmise de mâle en mâle, suivant le droit d'aînesse, le fils excluant la sœur, même plus âgée, en même temps, qu'à défaut d'héritier mâle, la fille du prince recueillait l'héritage paternel. Ainsi Havoise, la fille d'Alain III (1066), Berthe, la fille de Conan III (1148), Constance et Alix, dans des temps plus rapprochés, avaient porté légalement la couronne ducale. Mais, d'une part, Jean III ne laissait pas d'enfants, son frère était son parent le plus proche, et d'autre part, sa nièce invoquait les droits de son père qui, s'il eût vécu, aurait hérité directement de Jean *le Bon*. Dans cette occurrence, Jean de Montfort s'était emparé de Nantes ; il s'était fait reconnaître par les évêques ; il s'était composé un parti parmi les seigneurs bretons, parti d'abord peu nombreux, parce que les seigneurs étaient tenus en respect par la France, mais bientôt le nombre de ses partisans avait augmenté, à mesure que Jean de Montfort devenait plus puissant, et surtout depuis qu'il se fut emparé des trésors du feu duc de Bretagne. Bientôt Brest, Rennes, Vannes, avaient ouvert leurs portes à Jean de Montfort, et maintenant que l'Angleterre va se mettre de la partie, la lutte deviendra sérieuse; elle sera terrible. En effet, des deux côtés les chances étaient égales, les deux concurrents au trône de Bretagne avaient des droits égaux. Si l'un descendait en droite ligne de Louis le Gros, l'autre, par sa mère, Marguerite de Valois, la sœur du roi régnant, appartenait à une famille qui s'était alliée plus d'une fois à la maison royale de France. Entre ces deux rivaux, Philippe VI devait exercer son autorité de suzerain. A ces causes, le roi de France convoque une cour composée des pairs et des grands du royaume; Montfort y comparut escorté de quatre cents gentilshommes; jamais couronne, avant d'être débattue par les armes, ne fut disputée d'une façon plus légale; la loi divine et la loi naturelle, le droit romain et le droit féodal, les coutumes et les canons, furent invoqués tour à tour par les deux prétendants. Montfort tirait son droit du droit public de la monarchie française; la loi salique, invoquée récemment par Philippe le Long lui-même, Montfort l'attestait en sa faveur, soutenant que si la Bretagne était un fief du roi de France, c'est-à-dire une portion du domaine de la couronne, le droit public de la Bretagne devait rester sous l'empire de la constitution française. D'ailleurs, n'était-il pas le frère du dernier duc, et par conséquent plus proche parent de ce prince, que la fille d'un autre frère, et surtout que le mari de cette même fille, inhabile à recueillir personnellement un fief qui, de sa nature, ne pouvait pas être possédé par une femme? Il est vrai que la Bretagne avait obéi à des duchesses; mais d'abord, ces héritières d'un si grand patrimoine n'avaient possédé la couronne qu'à défaut d'héritiers mâles, et ensuite, en ces temps-là, la Bretagne n'était pas encore ce qu'elle est devenue depuis, une duché-pairie, unie à la France par les liens les plus étroits.

A ces raisons de Jean de Montfort, Charles de Blois répliquait, de son côté, que sa femme, Jeanne de Penthièvre, devait recueillir tous les droits de son père; elle était, disait-il, le seul rejeton de la branche aînée; les femmes pouvaient posséder des fiefs en Bretagne, et certes elles n'étaient même pas exclues de la pairie française, témoin la comtesse d'Artois, à qui la pairie avait été adjugée de préférence à son neveu. — En résumé, pour les uns et les autres prétendants, les motifs ne manquaient pas; mais, ici encore, il s'agissait moins de reconnaître des droits que de défendre des intérêts. Jean de Montfort eut bien vite compris que dans tous ces débats il n'avait rien à attendre du roi de France; et pour ne pas s'exposer à se voir retenir, malgré lui, par la volonté de son suzerain, il renonça à cet injuste protectorat dans lequel sa cause était jugée à l'avance. Alors, chose étrange, et c'est une remarque de Voltaire, on vit un roi de France, héritier du trône par exclusion de la ligne féminine, prendre en main la cause d'un prince qui tenait tous ses droits de sa femme, tandis que l'autre prince, le roi d'Angleterre, à l'instant même où il revendiquait la couronne de France du chef de sa mère, se déclarait le champion d'un principe tout opposé ; — dans la personne du comte de Montfort, Philippe de Valois donnait un démenti formel à la loi salique, pendant que le roi Édouard de son côté en adoptait toutes les conséquences, par sa levée de boucliers contre le comte de Blois ; exemple trop fréquent de la facilité avec laquelle les souverains sacrifient et les principes et les droits sacrés de la justice à l'intérêt de leur ambition !

Ici va commencer cette longue guerre qui a duré plus de vingt années, toute remplie de vicissitudes incroyables, de défaites bientôt oubliées, de nombreuses victoires sans résultat. C'est qu'en effet il ne s'agit pas seulement de savoir à qui restera le trône de Bretagne : il s'agit de savoir qui l'emportera, de la France ou de l'Angleterre ; il s'agit de savoir de quelle terrible façon va s'engager la lutte de ces deux grandes nations, lutte acharnée et qui n'aura pas moins de quatre siècles de durée! Jusqu'au règne de Philippe de Valois, les guerres entre la France et l'Angleterre n'ont pas ce caractère de haine et de violence qu'elles auront bientôt ; c'était de la guerre, ce n'était pas une rivalité nationale, ce n'était pas cette antipathie que rien n'arrête, ce duel sans miséricorde et corps à corps, sur terre et sur mer, cette séparation complète, absolue, sans retour, de deux peuples qui avaient eu jusqu'alors tant d'origines communes, tant de rapports de bon voisinage et d'intérêts ; cette fois, l'Angleterre cessait tout à fait d'être normande, elle renonçait tout d'un coup à ses habitudes françaises, à ses instincts français, même à la langue française, son vieil amour, pour revenir à la langue des esclaves, à l'idiome saxon, que les capitaines de Henri Ier et de Richard *Cœur-de-Lion* avaient en exécration : *Linguam anglicanam abhorrebant.* — Nous le répétons, la guerre de Bretagne ne fut tout au plus que le prétexte, cherché avec tant d'ardeur par les deux peuples de France et d'Angleterre, pour se battre enfin tout à leur aise, jusqu'à ce que les terribles leçons de Crécy, de Poitiers et d'Azincourt, eussent appris aux Français à ne jamais désespérer de la patrie. Aussitôt donc que la cour des pairs de France eut adjugé à Charles de Blois le duché de Bretagne,

il arriva que le royaume entier fut soumis aux destinées d'une seule province. A ce moment aussi la Bretagne ouvrait la France aux Anglais, mais en revanche elle donnait Duguesclin à la France : « La Breta-
« gne, c'est M. de Chateaubriand qui parle, jusqu'alors peu connue
« dans notre histoire, formait à l'extrémité occidentale de la France,
« un état différent du reste du royaume, pour le génie, les mœurs et
« la langue d'une partie de ses habitants. Cette longue presqu'île,
« d'un aspect sauvage, a quelque chose de singulier : dans ses étroites
« vallées, des rivières, non navigables, baignent des donjons en ruines,
« de vieilles abbayes, des tentes couvertes de chaume, où les trou-
« peaux vivent pêle-mêle avec les pâtres. Ces vallées sont séparées
« entre elles, ou par des forêts remplies de houx, grands comme des
« chênes, ou par des bruyères semées de pierres druidiques, autour
« desquelles plane l'oiseau marin, et paissent des vaches maigres
« avec de petites brebis. Un voyageur à pied peut cheminer plusieurs
« jours, sans apercevoir autre chose que des landes, des grèves, et une
« mer qui blanchit contre une multitude d'écueils : région solitaire,
« triste, ombrageuse, enveloppée de brouillards, couverte de nuages,
« où le bruit des vents et des flots est éternel.

« Il faut que le pays et les habitants aient frappé de tout temps l'ad-
« miration des hommes ; les Goths et les Romains y placèrent les restes
« du culte des druides, l'île de Sayne et ses vierges, la barque qui pas-
« sait en Albion les âmes des morts, au milieu des tempêtes et des
« tourbillons de feu; les Francs y trouvèrent Murman et mirent Roland
« à la garde de ses *marches;* enfin, les romanciers du moyen âge en
« firent le pays des aventures, la patrie d'Artus, d'Yseult aux blan-
« ches mains et de Tristan le Léonois. Sur les bruyères et dans les
« vallées de la Bretagne, vous rencontrez quelques laboureurs couverts
« de peaux de chèvre, les cheveux longs, épars et hérissés; et vous
« voyez danser, au pied d'une croix, au son d'une cornemuse, d'au-
« tres paysans portant l'habit gaulois, le sayon, la casaque bigarrée,
« les larges braies, et parlant la langue celtique. »

Tel était le théâtre, tel était le prétexte de la guerre entre les deux grandes nations d'Angleterre et de France : les deux compétiteurs, dans ces luttes acharnées, seront soutenus par des forces à peu près égales ; du côté de Charles de Blois s'avancent les ducs de Normandie, de Bourgogne et de Lorraine, le roi de Navarre, des soldats ramassés en Espagne, à Gênes, partout; du côté de Montfort, arrivent le roi d'Angleterre, Robert d'Artois, beau-frère du roi de France, traître à son roi, traître à son pays, et la plus grande partie des villes de Bretagne. Illustre mêlée, dans laquelle les rois de France, d'Angleterre et de Navarre, croisèrent leurs épées ; capitaines fameux : Beaumanoir, le duc d'Espagne, Clisson, Duguesclin, jeune homme qui faisait ses premières armes ; on se battait sur mer, on se battait sur terre. Les femmes elles-mêmes, les femmes surtout, eurent leur part, et leur bonne part dans la gloire de ces batailles. La guerre commença avec rage. Au début de la première campagne, le duc de Normandie, fils aîné du roi de France, entra en Bretagne à la tête d'une armée de dix mille hommes. La ville d'Ancenis tomba au pouvoir des Français. D'Ancenis on marcha sur Champtoceau, et la forteresse fut vivement emportée. Ces premiers succès encouragèrent à entreprendre le siége de Nantes. Nantes était résolue à se bien défendre ; la ville était forte et brave, elle était entourée de points d'appui qui ne laissaient pas que d'ajouter à sa confiance ; surtout elle comptait sur le château de Valgarnier. Valgarnier avait pour gouverneur le capitaine Ferrand, intrépide Breton, peu disposé à subir les lenteurs d'un siége. Aussi bien, quand il se vit serré de près par le duc d'Athènes, Ferrand propose, pour en finir à l'instant même, que la querelle soit vidée, non pas derrière des murailles, mais en champ clos, épée contre épée, cœur contre cœur. Le château de Valgarnier, Ferrand promit de le rendre au duc d'Athènes si, dans un combat de deux cents chevaliers français contre deux cents chevaliers bretons, ce sont les Bretons qui succombent. De part et d'autre la proposition est acceptée ; on se rencontre, ainsi qu'il est convenu ; on se bat de part et d'autre, pour la France, pour la Bretagne ! — A la fin, ce sont les champions de la France qui l'emportent. Parmi les vaincus on en prend trente à qui l'on coupa la tête, et les têtes sanglantes de ces braves gens sont jetées dans la ville de Nantes, comme un avertissement affreux ! — Alors la ville parla de se rendre ; ces têtes coupées avaient anéanti son courage. Abandonné par ceux même qui avaient juré de le défendre, Jean de Montfort livra la ville au duc de Normandie, à condition qu'un sauf-conduit lui serait donné pour aller trouver le roi de France, devant lequel il voulait lui-même plaider sa cause. Montfort fut, en effet, envoyé à Paris, non pas comme un prince souverain à qui une trêve est accordée, mais comme un vulgaire prisonnier de guerre dont on dispose. La tour du Louvre lui servit de prison.

Certes, à cette heure, il n'est personne qui n'eût pensé que la guerre était finie, Montfort laissant à peine derrière lui un enfant en bas âge, dans les bras d'une femme jeune et inoffensive, dont on ne parlait que pour son esprit tout féminin et sa bonne grâce; — mais cette guerre de la succession de Bretagne, cette grande cause qui se juge au quatorzième siècle, c'est la cause de la rivalité entre la France et l'Angleterre, c'est le duel terrible de la royauté française et de la royauté anglo-normande, qui depuis cinq cents ans se disputent la domination des Gaules; cette femme qui recommence la guerre civile quand on la croit apaisée, c'est Jeanne de Flandre.

La noble dame était à Rennes quand elle apprit la captivité de son mari; à l'instant même, la comtesse de Montfort comprit qu'elle seule elle était appelée à le défendre, à le venger, à relever la fortune expirante de sa maison. Cette princesse, cette noble dame que l'histoire a désignée comme la femme la plus extraordinaire de son siècle, était douée d'une énergie que l'adversité ne devait pas abattre. Sa beauté, son esprit à la fois gracieux et indomptable, faisaient autant d'a-

dorateurs de tous les chevaliers qui combattaient sous sa bannière. « Seigneurs, leur disait-elle, ne vous ebahissez mie de monseigneur

« que nous avons perdu ; ce n'estoit qu'un homme ; vecy mon petit « enfant qui sera, si Dieu plaist, son restorier, et vous fera des biens « assez. » En même temps, Jeanne levait des troupes et parcourait les villes de Bretagne, le casque en tête, et montée sur un cheval de bataille. Elle fit plus, elle conduisit, elle-même, son jeune fils en Angleterre, et elle obtint du roi Édouard III les secours qu'il avait promis à Montfort. A ce propos, le *Livre du duc Jehan*[1] raconte que le roi d'Angleterre protégea la dame de Montfort, *quar il estoit* :

> Droit breton, chacun le sçavoit,
> Et les Bretons, très-bien le sçoie,
> S'entredoivent tous d'un accord
> Amer et craint jusqu'à la mort.

Dès que la comtesse de Montfort eut obtenu le secours qu'elle implorait, on la vit reparaître sur les champs de bataille, et plus brave que jamais, pour disputer, à main armée, cette couronne que Charles de Blois croyait affermie sur sa tête.

Ce prince, maître de la ville de Rennes et d'une grande partie de la Bretagne, voulut terminer la guerre par un effort décisif, et il s'en vint mettre le siége devant Hennebon ; derrière ces remparts restés fidèles à sa fortune, se tenait la comtesse de Montfort, cherchant et préparant les moyens d'engager la lutte de nouveau et de la soutenir. Surprise dans Hennebon, Jeanne de Flandre était perdue si elle eût hésité une heure ; mais, avec le courage d'un vieux soldat, elle accepte le siége ; elle attend l'ennemi de pied ferme ; elle fait sonner le tocsin, elle harangue ses troupes, elle jette dans les âmes l'enthousiasme qui l'anime. C'est en vain que les assauts succèdent aux assauts; les assiégés, inébranlables sur leurs remparts, repoussent les plus vives attaques. Jeanne de Flandre est partout, chevauchant de rue en rue, priant, poussant, gourmandant les soudards. « Qu'on dépave les cours, montez des pierres aux créneaux, préparez la chaux vive et l'huile bouillante ; que les femmes elles-mêmes donnent l'exemple aux soldats ! » Ainsi parlait la dame de Montfort ; on obéit, on accourt, le tocsin fait entendre sa voix puissante, les trompettes font retentir leur cri de guerre ; en même temps Jeanne voit accourir autour de sa bannière déployée Guillaume Cadoudal, Yves de Trésiguidy, le sire de Landerneau, le capitaine de Guingamp, les deux frères de Guirisech, Henri et Olivier de Spinefort, gentilshommes intrépides,

---

[1] C'est le *Livre du bon Jehan*.

heureux de se battre pour une si belle cause, et sous les ordres d'un tel capitaine. Au reste, et c'est la justice que lui rend Froissart :

« La comtesse, qui étoit armée de corps et étoit montée sur un bon « coursier, chevauchoit de rue en rue par la ville, et semonoit ses « gens de bien défendre, et faisoit les femmes, dames, demoiselles et « autres, défaire les chaussées et porter les pierres aux créneaux « pour jeter aux ennemis, et faisoit apporter bombardes et pots pleins « de chaux vive pour jeter sur les assaillants. »

Un jour, enfin, peu s'en fallut qu'Hennebon ne tombât entre les mains des assiégeants. La ville venait de soutenir un assaut qui n'avait pas duré moins de dix heures, elle était attaquée, de trois côtés à la fois, par les troupes du comte de Blois. Jeanne de Montfort, au sommet d'une tour, étudiait les mouvements de l'ennemi ; l'idée lui vint alors que, pendant l'assaut, le camp de Charles de Blois était resté sans défense. Seigneurs, chevaliers, communiers, ils étaient tous aux remparts, résolus d'en finir. En ce moment décisif, la comtesse eut le coup d'œil d'un héros ; elle descend de la tour, elle prend avec elle trois cents lances, et, sortie par une porte opposée à celle qu'on attaquait, la voilà qui tombe sur le camp de Charles de Blois ; le camp est tout en flammes ; le peu de soldats laissés à sa garde s'en vont en criant : « Au secours ! » Où est l'ennemi ? d'où vient-il ? quel secours inespéré arrive à la ville d'Hennebon ? On n'en sait rien, mais les assiégeants sont épouvantés de se voir assiégés à leur tour ; ils venaient pour prendre une ville, et c'est eux qui seront pris tout à l'heure. Vous les eussiez vus alors abandonner en toute hâte ces murailles dont ils occupaient déjà les hauteurs, et chercher, dans l'incendie et le désordre de leurs tentes, l'ennemi qui les était venu surprendre. — Cet ennemi invisible et présent, c'était la comtesse de Montfort. Quand elle voit revenir les troupes de Charles de Blois, Jeanne comprend que la ville est sauvée ; en même temps elle ordonne à ses compagnons de ne pas attendre les Français, et de gagner de toute la vitesse de leurs chevaux la ville d'Auray, située à six lieues de là. Elle-même, heureuse de sa citadelle délivrée, elle pousse en avant, l'épée et le flambeau à la main. Les siens la croyaient perdue, au bout de cinq jours ils la voient reparaître au milieu d'un escadron ramené d'Auray. Avec quel empressement la ville lui fut ouverte au bruit des clairons, au son des trompettes, au *vivat* même de l'armée française, charmée, dans une si belle et fière princesse, de tant d'héroïsme et de sang-froid !

Pourtant, dans cette armée accourue au siége d'Hennebon, comme à une affaire décisive, se trouvaient Charles de Blois, le duc de Bourbon, Bertrand, maréchal de France, le vicomte de Rohan, Louis de La Cerda, capitaine espagnol, brave et expérimenté gentilhomme, qui se battait également bien sur terre et sur mer. — Plus que jamais le siége était poussé avec vigueur ; à la femme courageuse qui défendait la ville, on faisait l'honneur d'une attaque vive et sérieuse. Avec douze machines de guerre, La Cerda battait les murailles d'Hennebon ; rien n'entrait dans la ville, pas un soldat, pas une épée, pas un morceau de pain, pas même l'espérance. Serrés de si près, la ville et le château parlaient de se rendre, enfin. Seule, la comtesse de Montfort espère encore ; elle prie, elle supplie ! Qu'on lui donne encore trois jours, rien que trois jours, au bout desquels, s'il faut la rendre, eh bien ! elle brisera son épée. — Mais, dans trois jours, l'armée anglaise peut venir. Et, en effet, l'armée anglaise viendra, soyez-en sûrs ; le roi Édouard III ne renoncera pas à cette facile entrée d'Angleterre en France que lui offre la Bretagne ; la Guienne est trop éloignée de l'Angleterre ; aussi bien avec quelle joie Édouard III n'a-t-il pas accepté l'hommage de la Bretagne ! D'un coup d'œil, le roi anglais avait compris les avantages de cette domination. A l'aide de la Bretagne, il devait rétablir l'autorité des Plantagenets sur le continent ; la Bretagne l'aiderait à reprendre la Normandie, comme autrefois la Normandie avait aidé le roi d'Angleterre à prendre la Bretagne. Voilà ce que savait la comtesse de Montfort, aussi bien qu'Édouard III lui-même ; voilà pourquoi elle attendait nécessairement la flotte anglaise ! Elle se demandait pourquoi la flotte ne venait pas ; elle repassait en elle-même toute sa mauvaise fortune : son mari captif, sa cause perdue, son enfant bientôt sans asile ; elle-même, Jeanne de Montfort, elle se voyait déjà entre les mains de l'homme à qui elle avait si énergiquement disputé le trône de Bretagne. — Vaines plaintes ! prières inutiles ! Il fallait se rendre ! Jeanne de Montfort n'aura pas ce répit de trois jours ; au dehors l'armée ennemie, au dedans des espions et des traîtres, comment résister à ces forces conjurées ? — L'évêque de Léon était dans la ville d'Hennebon, où il soutenait la cause de Montfort, pendant que son neveu Henri servait le comte de Blois. — C'en était fait, la ville d'Hennebon allait ouvrir ses portes ; déjà même l'évêque de Léon appelait son neveu pour qu'il eût à recevoir la ville au nom de Charles de Blois. — O bonheur inespéré ! — Jeanne sur les créneaux, regardait tout au loin, du côté de l'Angleterre, pour savoir si elle ne verra rien venir : — Aux armes ! s'écria-t-elle, aux armes ! — Fermez les portes ! — Revenez aux murailles ! voilà le secours ! voilà le secours ! — En effet, les voiles anglaises blanchissaient au loin ; l'anse du Blavet était couverte de vaisseaux grands et petits, c'était bien la flotte anglaise retardée par les vents contraires. Au même instant la négociation est rompue, l'évêque de Léon quitte la ville et suit son neveu au camp de Charles de Blois ; les Anglais débarquent sur le rivage, conduits par Gauthier de Mauny, l'un des plus célèbres capitaines de l'Angleterre, et la fleur de ses chevaliers ; Jeanne elle-même, au comble de sa joie, s'en vint recevoir ses libérateurs : « Qui adonc vit la comtesse descendre du châtel et « baiser messire Gauthier de Mauny et ses compagnons, les uns « après les autres, deux ou trois fois, bien peut dire que c'était une « vaillante dame. » (Froissart, liv. I.)

Les Anglais furent reçus comme des libérateurs ; à peine entrés dans la ville ils repoussent l'attaque désespérée de Louis d'Espagne ; toute la nuit la ville fut battue en brèche, mais le jour venu, Gauthier de Mauny se précipite sur l'armée française, l'épée au poing. — Il fallut céder au nombre et le siége fut levé ; Louis de La Cerda, duc d'Espagne, forcé de renoncer au château d'Hennebon, se jette dans la basse Bretagne ; Auray, Guérande, Vannes, Carhaix, Dinan, sont ravagées et pillées par ces mercenaires. Pour ajouter à ces misères, monté sur quelques vaisseaux marchands, ce féroce La Cerda dévaste les côtes ; il arrive par mer à Quimperlé, et il va pour compléter son butin dans ces campagnes désolées, lorsqu'au retour il rencontre Gauthier de Mauny, qui le suivait à la trace des maisons brûlées et des populations égorgées ; cette fois, aux soldats anglais s'étaient réunis les paysans bretons, avides de la vengeance commune. Point de répit, point de pardon : il fallut que l'Espagnol payât ses violences ; on le pousse, on le presse, lui et sa bande ; il est blessé, son neveu est tué dans la mêlée, il veut retourner à ses vaisseaux, les vaisseaux ont été pris par les Anglais ; enfin il se jette dans une barque qui l'emporte jusqu'au port de Rhédon, toujours suivi par le chevalier de Mauny ; de Rhédon, La Cerda, monté sur un petit cheval du pays, arriva sous les murs de Rennes, aussi heureux et aussi fier de l'aventure que s'il n'avait perdu ni ses soldats, ni son neveu, ni son butin. Quant au chevalier de Mauny, une fois qu'il eut renoncé à prendre La Cerda, il voulut revenir par mer à Hennebon ; la tempête jeta ses vaisseaux aux environs de *La Roche-Perriou.* — Alors, pour ne pas être oisif, l'idée vint à l'Anglais de prendre le fort. — La *Roche-Perriou* était défendue par un vaillant homme, Gérard de Maulain. — Au premier assaut, Jean de Bouteiller et Matthieu Dufresnoy, qui s'étaient des mieux battus à Quimperlé, sont blessés grièvement à côté du chevalier de Mauny. — Pour comble d'accident, à une lieue de là, dans un petit fort appelé le *Faouët*, se tenait le frère de Gérard de Maulain. Quand donc René de Maulain sait que son frère est attaqué par le chevalier de Mauny, René accourt à l'aide de Gérard, et, chemin faisant, la première barque qu'il rencontre, c'est la barque qui remportait les deux chevaliers blessés. — Il enlève la barque, il emmène dans son fort Bouteiller et Dufresnoy. — De son côté, Mauny revient pour délivrer ses compagnons, et il met le siége devant le *Faouët*. — A son tour arrive le capitaine de La *Roche-Perriou* au secours du *Faouët* assiégé. — Mauny se retire furieux d'être battu, furieux de laisser aux mains de l'ennemi ses deux compagnons d'armes; seulement, et pour ne pas avoir tous les démentis, il s'empare d'un château fort qui dominait une hauteur boisée. — Puis il revient à Hennebon, où la comtesse de Montfort l'attendait, non pas sans impatience, car le siége d'Hennebon allait recommencer.

En effet, Charles de Blois, maître d'Auray, de Vannes, de Carhaix, était revenu devant Hennebon, promettant de ne pas se reposer qu'il ne l'eût prise. Avec le prétendant était La Cerda, ce noble aventurier ce fantasque Espagnol, naguère et si complétement battu à Quimperlé. Maintenant Louis d'Espagne avait avec lui, non pas des Espagnols mais des Génois. Superbe et plein de rancune, il n'avait pas oublié sa défaite, sa fuite, cette barque de pêcheur, ce cheval de paysan; aussi, à peine sous les murs d'Hennebon, La Cerda s'en va trouver Charles de Blois, et avant toute demande, il lui fait jurer, au nom des services rendus et des services à rendre encore, que la première grâce dont lui, La Cerda, il fera la demande, lui sera sur l'heure accordée ! Charles de Blois, sans méfiance, et qui ne peut guère songer qu'à un prince, chevalier et chrétien, La Cerda puisse jamais faire une demande indigne d'un chrétien et d'un chevalier, jure qu'il fera ainsi que veut Louis d'Espagne ! Alors, celui-ci, sans nulle honte, demande la tête de Jean de Bouteiller et de Hubert Dufresnoy, les deux chevaliers bretons faits prisonniers par René de Maulain.

« Je vous prie que vous fassiez ici, tantôt, venir les deux chevaliers
« qui sont en votre prison du chastel de Favet, et me les donniez pour
« en faire ma volonté, c'est le don que je vous demande ! Ils m'ont

« chassé, d'esconfit et blessé ; ils ont occis monseigneur Alphonse,
« mon neveu. Si ne m'en suis autrement vengé, fors que je leur ferai
« les têtes couper devant leurs compagnons qui céans sont ren-
« fermés.

« Messire Charles, qui de ce, fut moult ébahy, lui dit : Certes, les
« prisonniers volontiers, puisque demandez les aurez, mais il serait
« grand'cruauté et blâme à vous, si vous faisiez deux si vaillants hom-
« mes mourir, et auroient nos ennemis cause de faire ainsi aux nô-
« tres, quand tenir les pourroient; pourquoi, cher sire et bon cousin,
« je vous prie que vous veuilliez être mieux avisé ! » — Noble langage !
et pourtant, comme il avait donné sa parole, Charles de Blois se crut
obligé de la tenir ; il envoya chercher les deux prisonniers que demandait La Cerda, et, à son vif regret, Jean de Bouteiller et messire
Hubert Dufresnoy sont livrés à l'Espagnol, pour qu'il en soit fait à sa
merci. Donc pas plus tard que demain, au lever du soleil, si Dieu ne
leur vient en aide, les deux chevaliers seront mis à mort.

Cette triste nouvelle arrive jusqu'à Jeanne de Montfort, et tout autant que la courageuse dame, le chevalier de Mauny s'en indigne.
Rien qu'à apprendre les lâchetés de l'ennemi, les assiégés sentent
redoubler leur courage ; aux cruautés de La Cerda ils répondent
par des railleries. « *Allez requerre vos compagnons qui se reposent aux
champs de Quimperlé,* » disaient-ils; mais quand il est revenu de la
première surprise, le chevalier de Mauny, encouragé dans ce nouvel exploit par Amaury de Clisson et par Jeanne de Montfort, explique son projet de délivrance : — « Ce serait grand honneur à nous
« si nous pouvions délivrer nos compagnons. — Tentons-le, et si
« nous succombons dans cette entreprise glorieuse, le roi Édouard
« nous en sera gré. » Il dit, ses compagnons l'approuvent. On convient qu'au point du jour, avant l'heure du supplice, deux troupes
de cavaliers sortiront de la place. — L'aube paraissait à peine, que,
d'une part, Amaury de Clisson se précipite sur le quartier de
Charles de Blois; surpris, mais non pas découragés, les Français
arrivent et font face au danger le plus pressant. Clisson soutient
bravement leur attaque, et, par une retraite habile, il attire les
assiégeants hors de leur camp. Pendant ce temps, Gauthier de Mauny
s'élançait avec sa troupe dans la partie du camp qui servait
de prison aux nobles chevaliers qu'attendait le supplice. Où sont-
ils? On les trouve; les gardes sont massacrés, et les prisonniers,
si heureusement délivrés, rentrent dans Hennebon au bruit des

fanfares et des cris de joie. Grand bonheur de se battre ainsi! admirable bataille qui délivre de braves chevaliers! touchant témoignage de la fraternité de la chevalerie! Ces sortes d'histoires héroïques servent merveilleusement à reposer celui qui écoute et celui qui raconte. — Découragé, moins encore par cette sortie heureuse que par la mauvaise action qu'il avait permise, Charles de Blois, une seconde fois, leva le siége d'Hennebon, et la comtesse de Montfort mit à profit cette heure de trêve pour aller en Angleterre chercher de nouveaux renforts.

Vous savez quel était le roi d'Angleterre, Édouard III : bon chevalier, hardi capitaine, héros à son heure, grand ennemi du roi de France, par politique autant que par haine nationale [1]. Son règne commençait à peine, et en attendant les nombreux travaux qui devaient remplir sa vie, il s'était épris de la comtesse Alix de Salisbury. Alix, cette belle dame qui a laissé sa trace brillante et passionnée dans l'histoire d'Angleterre, avait eu l'honneur, tout comme Jeanne de Montfort, car on dirait que c'est le siècle des héroïnes, de défendre le château de Salisbury, attaqué par David, roi d'Écosse, en personne. « Là était la comtesse de Salisbury, qu'on tenait pour la plus belle « dame et la plus sage du royaume d'Angleterre. » Elle-même, Alix, elle avait remis le château, sauvé par elle, au roi Édouard. « Si le « blessa tantôt une étincelle de fine amour au cœur, qui lui dura « par longtemps! »

Une autre circonstance singulière, c'est que les maris de ces deux femmes étaient, en même temps, les prisonniers du roi de France. Si le courage était le même, la haine était égale, comme la beauté. Quand donc la comtesse de Montfort arriva à cette jeune et brillante cour d'Angleterre, le roi Édouard III donnait une fête à la comtesse de Salisbury; à cette fête étaient conviés les plus brillants et les plus hardis chevaliers de l'Europe. Là brillaient, au premier rang, le roi d'Angleterre, le comte de Hainaut, Robert d'Artois, les comtes de Derby, Glocester, Warwich, Cornouailles, Suffolk; de leur côté, jamais les dames qui étaient l'ornement et la parure chatoyante de cette fête n'avaient été plus richement parées et plus belles; seule, Alix était vêtue d'une robe sans ornements. Pour être au niveau de ces rares merveilles de la jeunesse, de la beauté, de l'élégance,

---

[1] Un laborieux et savant magistrat, M. Auguste Vidalin, a écrit naguère dans un style plein d'images, d'intelligence et d'un beau mouvement historique, un très-beau livre intitulé *Édouard III et le Régent*. Nous y renvoyons nos lecteurs.

les beaux jeunes gens des nobles familles, et même les vieux capitaines, jeunes encore tant ils étaient impétueux et braves, s'étaient parés de leurs plus riches armures : le casque d'or, l'épée d'acier, l'armure complète, sans oublier l'écharpe brillante, aux couleurs symboliques. La fête était complète : l'esprit, les yeux, le regard, tout en était! Messire Jean Froissart lui-même, le grand historien et le poëte, avait fait une tragédie d'*Ariane* qui fut applaudie comme plus tard sera applaudi le *Cid* de Corneille. Même, c'était l'instant où la comtesse de Salisbury, triomphante, venait de laisser tomber ce beau petit ruban bleu qui rattachait, d'une élégante façon, son bas de soie. *Honny soit qui mal y pense!* mais ce ruban, ramassé par l'amoureux Édouard, a donné naissance à l'une des plus brillantes chevaleries de l'Europe : *ordre moult honorable, et où tant d'amour se nourrissait*. Ce fut à ce moment que la comtesse de Montfort se présenta dans la fête royale; et telle est l'autorité du vrai courage, qu'au nom seul de la comtesse, soudain toute la cour fait silence. Les chevaliers s'empressent à qui saluera, le premier, cette noble femme; la comtesse de Salisbury elle-même vint baiser cette main qui tenait si bien une

épée, et tout d'abord, dans l'orgueil de cette visite, le roi Édouard III accorda à Jeanne de Montfort un secours de quarante-six vaisseaux, commandés par Robert d'Artois, ce prince du sang royal de France, que nous verrons bientôt mourir, les armes à la main, en combattant contre son roi et contre sa patrie.

Quand cette flotte partit des côtes d'Angleterre, la trêve était expirée. Charles de Blois avait équipé trente-six navires d'une grandeur remarquable, pour s'opposer à la descente des Anglais, et il en avait confié le commandement à Louis d'Espagne. Les deux flottes se rencontrèrent à la hauteur de Guernesey. Les guerriers des deux partis déployèrent sur l'Océan le même courage et la même animosité que sur les champs de bataille de l'Armorique. Cette fois encore, Jeanne de Montfort donna l'exemple; elle combattit de sa personne sur le pont de son navire. On se battit toute la journée avec un incroyable acharnement, jusqu'à ce qu'un épouvantable orage, survenu à la tombée du jour, eût dispersé les deux flottes. La flotte de La Cerda fut jetée sur les côtes de Biscaye, pendant que la comtesse de Montfort, plus heureuse, parvenait à gagner les rivages de Bretagne; elle aborda près de Vannes, et elle résolut d'assiéger cette ville, que le sort semblait désigner à ses armes. En effet, Vannes fut enlevée à Charles de Blois, et presque sans coup férir; mais elle fut reprise presque aussitôt par Hervé de Léon, par Robert de Beaumanoir, maréchal de Bretagne, par Olivier de Clisson enfin, car ces Clisson se rencontrent en chaque bataille. A peine Vannes est-elle reprise, que le roi d'Angleterre arrive au secours de Jeanne de Flandre. Il assiége Vannes, Nantes, Rennes, il prend Rohan et Pontivy; il sait très-bien que l'interminable duel entre la France et l'Angleterre commence à peine, mais il ne dit à personne quels grands rêves s'entassent et s'agitent dans son cœur. En effet, Édouard III ne pense pas qu'il soit impossible de réunir sur sa tête ces deux illustres couronnes : France ! — Angleterre ! Son arrivée sur les rivages de la basse Bretagne avait été signalée par la consternation générale; mais, après les premiers succès, Édouard III s'était trouvé dans une position difficile. Du côté de l'Angleterre, les Communes, déjà menaçantes, n'envoyaient plus au roi anglais, que de rares subsides et des soldats moins nombreux que les exigences et les conseils. D'autre part, Louis d'Espagne tenait la mer avec sa flotte et coupait les convois. Pour ajouter aux embarras de la position, Édouard apprend que le duc de Normandie s'avance à la tête d'une armée de quarante mille hommes. Livrer bataille dans un pays comme la Bretagne, le prince anglais ne l'osa pas; il pensa qu'il était plus prudent de se retrancher près de Vannes, et là d'attendre l'ennemi. Bientôt arrive le roi de France. Les deux armées enfin se trouvaient en présence, et la querelle de la France et de l'Angleterre allait se vider aux plaines illustrées jadis par Waroch ; mais à l'heure du combat, on vit accourir deux cardinaux, légats du pape Clément VI, qui faisait sommer les deux rois, pour qu'ils eussent à déposer les armes. L'ordre pacifique de Clément VI est le bienvenu d'Édouard et de Philippe, l'un et l'autre n'étant guère disposés à jouer de si importantes destinées sur le résultat d'une seule bataille ; entre la France et l'Angleterre une trêve est consentie ; cette trêve devait durer trois ans, mais au premier prétexte la trêve fut violée par les Anglais, et sous le prétexte que voici : Olivier de Clisson, fait prisonnier à la prise de Vannes par le roi Édouard III, avait été rendu à la liberté à condition que, même à la cour de France, lui, Olivier de Clisson, traître à la cause soutenue par son roi, il servirait les intérêts de Jeanne de Montfort. Le même traité avait été conclu avec plusieurs seigneurs bretons et normands, serviteurs de la France. Le secret de ces intelligences fut acheté par le roi de France ; d'autres disent qu'il lui fut donné pour rien, par le mari de la comtesse Alix de Salisbury, et que, pour se venger du royal amant de sa femme, Salisbury avait livré au roi de France les sceaux des seigneurs vendus au roi d'Angleterre. — Froissart, qui n'aime pas à accuser de si puissants seigneurs, s'exprime ainsi en parlant d'Olivier de Clisson : « Je ne sais « s'il en étoit coupable ou non, mais je crois moult enuis (avec peine) « que du si noble et si gentilhomme comme il estoit et si riche homme, « on ne dût penser ni pourchasser fausseté ni trahison. » En même temps que Clisson, furent dénoncés comme ses complices Geoffroy d'Harcourt, le sire d'Avangour, le sire de Laval, Geoffroy de Malestroit, Jean son fils, et Jean de Montauban ; arrêtés au milieu d'un tournoi, le roi de France leur fait trancher la tête, sans autre forme de procès, au milieu des halles de Paris. — Seul, Geoffroy d'Harcourt parvient à s'échapper ; la Normandie paya plus tard à Geoffroy d'Harcourt, la dette du roi de France. — Ainsi périrent de la mort des traîtres, Alain de Quedilhac, les trois frères Guillaume, Jean et Olivier des Brieux, Denis Duplessis, Jean Mallart, Jean de Sénédavi, Thibaut de Morillon et Denis de Calac.

« Et non content, dit Pierre Lebaud, ledit roy Philippe, de celle
« crudélité, fist prendre en Bretagne maistre Henry de Malestroict,
« frère du dessus dit Geoffroy de Malestroict ; lequel Henry estoit clerc
« et diacre ; et pour ce que l'évêque de Paris le demanda comme clerc,
« il le luy fit mener en sa cité, sans chapperon, lié de chaînes de fer,

« en un tombereau, sur un gros bois mis de travers, afin de le vili-
« pender, et que tous le peussent mieux voir à leur aise. Puis après,
« par commission que ledit Philippe impétra du pape, de le dégrader
« de diacre et de tout autre ordre, le fist mettre en une eschelle et
« montrer à tout le peuple de Paris, lequel meu à la fureur de leur
« roy, le lapidèrent, et mourut trois jours après. »

A quoi bon ces terribles supplices, même quand ils sont mérités? et comment donc le roi de France pouvait-il espérer que la tête d'Olivier de Clisson, suspendue aux murailles de Nantes, ne serait pas pour la Bretagne un profond sujet de douleur et de colère? Le roi d'Angleterre témoigna un profond ressentiment de ces vengeances; il écrivit au pape pour se plaindre de ce que le roi de France avait osé porter la main sur des nobles *attachés à sa personne*, et, malgré la trêve, il se déclara leur vengeur immédiat. D'autre part, épouvantés de ces exécutions formidables, les seigneurs chancelants n'hésitent plus à passer au roi Édouard III; même ceux qui étaient fidèles au roi de France hésitent, ils se demandent s'ils doivent continuer à servir ce roi ombrageux et sanguinaire. Ainsi la trêve est rompue; le bourreau des halles de Paris a donné le signal d'une guerre nouvelle et plus impitoyable. De nouveau la Bretagne est invoquée comme l'arbitre de la fureur et de l'ambition des deux peuples d'Angleterre et de France; on dirait que les deux nations s'en viennent chercher dans la vieille Armorique, l'Angleterre ses lettres de noblesse, la France ses chartes de propriétaire. Dans la vieille Bretagne aux landes sauvages, la Bretagne bretonnante, berceau de la mère patrie, les Anglais sont les maîtres. Dans la haute Bretagne, la France domine. Vous le voyez, les Bretons du quatorzième siècle sont invoqués comme juges, soldats et capitaines, dans toutes les causes féodales; la noblesse, les villes, le peuple de Bretagne, apportent leur courage et leur constance dans ce débat commencé d'une façon désespérée pour la France, et qui aboutit cependant à l'expulsion des Anglais, chassés de la terre de France par l'épée de Duguesclin et la sagesse de Charles V. Cependant, soyez attentifs! une autre héroïne va tout à l'heure mériter votre attention et vos respects. Olivier de Clisson, non moins favorisé qu'Amaury de Montfort, aura pour son vengeur, lui aussi, sa veuve elle-même, Jeanne de Belleville, tant le noble exemple de la comtesse de Montfort portait ses dignes fruits de courage et de fidélité. En effet, à la première nouvelle que son mari a subi le supplice des traîtres, la veuve d'Olivier de Clisson appelle à son aide et à sa vengeance; quatre cents gentilshommes dévoués à la fortune de sa maison. Aussitôt commencent les sanglantes représailles : on se met en marche pendant la nuit; une partie de cette petite troupe reste cachée dans une embuscade, pendant que son général, à la main blanche, au sourire charmant, suivi de quelques cavaliers, s'en va frapper à la porte d'un château occupé par les troupes de Charles de Blois. La garnison ignorait le supplice d'Olivier de Clisson ; celui qui commandait pour Charles de Blois, sans défiance, ouvre la porte à cette dame qui demande un asile pour la nuit. — Elle entre. — A peine entrée, un des siens fait retentir les airs des sons du cor ; on pensa que c'était une fanfare : c'était un signal pour les chevaliers restés en embuscade ; et les voilà qui accourent : ils sont sous les murs de la citadelle ; la citadelle est prise, la garnison est égorgée, et quand le roi de France demande à Charles de Blois qui donc cause tous ces revers, Charles de Blois répond au roi de France : — Sire, c'est Jeanne de Clisson qui se venge!

En effet, Jeanne de Clisson avait déclaré la guerre au roi meurtrier de son mari. On la voit, sur les côtes de France, comme autrefois les Normands de Rollon, porter le ravage et la dévastation. A force de prendre des vaisseaux au roi et de piller les villes du littoral, Jeanne de Clisson reconstruit la fortune de sa maison, dont les biens ont été confisqués. Grande louange pour la comtesse de Montfort, de voir son exemple suivi avec tant d'héroïsme! — Et avec quelle joie se rencontrèrent ces deux femmes, quand Jeanne de Clisson vint offrir à Jeanne de Montfort son jeune fils Olivier, enfant de sept ans il est vrai, mais déjà cet enfant se plaisait au choc des armes ; déjà, dans son regard brillait le feu guerrier. La comtesse Jeanne de Montfort accepta avec orgueil l'inestimable présent que lui faisait Jeanne de Clisson ; elle voulut que le fils de Clisson partageât *la bonne nourriture* du fils de Jeanne de Montfort. Ce jeune Clisson, laissez-le grandir, il deviendra le seul homme en France qui osera porter l'épée du grand connétable Duguesclin.

Cependant Charles de Blois avait repris la campagne ; la ville de Kemper fut la première conquête du prince. Quatorze cents habitants tombaient massacrés par une soldatesque altérée de vengeance, et le massacre durait depuis le matin, lorsqu'un chevalier vint dire au prince Charles, qu'on avait vu — chose horrible à voir! — le corps sanglant d'une pauvre femme, sur lequel un enfant à la mamelle se traînait encore, pressant ce sein glacé de ses lèvres innocentes. Saisi d'horreur à ce récit, le comte de Blois versa des larmes et suspendit le carnage. Que ces larmes lui soient comptées ! c'est si rare, un chrétien qui pardonne au milieu de la bataille ! c'est si rare et si beau, un soldat qui pleure sur le sang que répand la guerre autour d'elle ! Cependant un des capitaines du roi d'Angleterre, le comte de Northampton, s'était emparé des places de Carhaix et de La Roche-Derrien ; Charles de Blois, à la tête de quatorze mille hommes, s'en vint mettre le siége devant cette dernière place. Il poussa l'assaut avec tant de vigueur, que bientôt les assiégés demandèrent à capituler. Charles, trop assuré de la victoire, exigea que ses ennemis se rendissent à discrétion. Réduits à une si terrible extrémité, les assiégés répondirent que mieux valait mourir ; et, en effet, ils se battaient encore, lorsque l'Anglais Thomas d'Agworth et Tanneguy Duchastel se montrèrent au loin, à la tête de huit mille combattants qu'ils amenaient au secours de la forteresse. A ce moment, et quand il aurait dû serrer la ville de plus près, Charles de Blois laissa une partie de son armée sous ces murailles dont la résistance est doublée par l'espérance, et avec le reste de ses troupes, il s'en va attendre l'armée anglaise sur les bords de la rivière du Jaudi. — Le moment était bon pour se battre contre la France. Cette grande misère qui a pesé sur notre pays de 1345 à 1366, était si grande en ce moment, que nul ne se pouvait douter que cette misère grandirait encore. L'heure fatale de Crécy, moins fatale cependant que le glas funèbre de Poitiers, avait sonné pour la France ; avec sa gloire, l'ambition de l'Angleterre avait grandi ; il ne s'agissait plus, à cette heure, de savoir qui donc sera duc de Bretagne, mais de savoir comment s'appellera le roi de France. Édouard d'Angleterre, forcé par la tempête de relâcher en Normandie, avait poussé jusque sous les murs de Paris, et maintenant il revenait de cette expédition hasardée, vainqueur et tout-puissant, maître de tout sauver, maître de tout briser sur son passage. Évidemment, la fortune était du côté de l'Angleterre[1]. Quand donc il eut vu Charles de Blois diviser ses troupes pour aller au-devant du grand capitaine qui revenait des plaines de Crécy, d'Agworth mit à profit cette faute sans excuse, il évita les troupes que Charles de Blois avait placées sur son chemin pour lui barrer le passage ; il traversa la rivière au pont Aziou ; la rivière franchie, il tomba comme la foudre, — la nuit était obscure, — sur le camp ennemi, et une bataille effroyable se livra entre les deux

---

[1] *La Normandie*, chap. xii, pag. 332 et suivantes : tout le passage du roi Édouard III à travers les provinces françaises. Plus que jamais les deux récits sont complétés l'un par l'autre ; c'est la même histoire, ce sont les mêmes hommes qui se portent sur des points différents.

partis, à la clarté des torches. D'Agworth, deux fois prisonnier, fut deux fois délivré par ses soldats, qui enfin restèrent les maîtres du champ de bataille. En vain Charles de Blois s'élance sur les pas des Anglais qui emmenaient leur chef, en vain d'Agworth est fait prisonnier de la main même du duc de Bretagne, les Anglais, éperdus, avertirent la garnison bretonne de La Roche-Derrien ; la garnison fit une sortie et délivra encore une fois le vaillant d'Agworth.

En ce moment, l'intrépide Charles de Blois (car il faut rendre justice à ce rare courage uni à tant de fervente et sincère piété), se trouvant attaqué de deux côtés à la fois, ne put soutenir ce double choc. Longtemps il s'efforça de rallier ses troupes dispersées ; la valeur du chevalier ne put réparer la faute du capitaine. Entouré d'ennemis, couvert de dix-huit blessures, le comte ne voulut rendre son épée qu'à Robert du Chastel, chevalier breton. Tel fut le résultat de la bataille de La Roche-Derrien, qui se livra le 18 juin 1347.

> A La Roche-Derrien en Tréguier [1]
> Où mourut maint bon chevalier,
> Maint bon vassal et maint baron
> Et maint écuyer de regnom,
> Furent mors, pris et descoufis,
> Les uns armés les autres esbis.
> Ce fut la nuit à la chandelle,
> La bataille y fut moult belle.
> Je vais nommer les principaux
> Qui là souffrirent tant de maulx :
> Premier le sire de Laval,
> Rohan, Montfort, Rogé, Derval,
> Le sire de Chateaubriand,
> Moururent là, en un moment.
> L'on mena Charle en Angleterre
> Comme prisonnier de droit guerre.

Singuliers accidents de la fortune ! Maintenant c'était au tour de Charles de Blois à rendre son épée, tout comme le comte de Montfort avait rendu la sienne ; des deux compétiteurs à la Bretagne, l'un et l'autre étaient prisonniers de guerre ; également braves celui-ci et celui-là ; mais le plus digne de notre intérêt et de nos sympathies, c'est le protégé de la France, c'est Charles de Blois : il unissait la piété au courage, à ce point que, mort comme un soldat, l'Église en voulut faire un saint dans le ciel. Chaque matin, son aumônier lui disait la messe, et la présence même de l'ennemi ne mettait pas obstacle à ce pieux

---

[1] C'est le *Livre du bon Jehan.*

devoir. Prisonnier des Anglais, Charles de Blois retrouva cette résignation chrétienne à laquelle il s'était habitué de si bonne heure; sa patience fut plus grande que les épreuves n'étaient rudes. C'était, plus que jamais, la guerre sans pitié et sans respect, dont Duguesclin, le premier, devait faire honte aux soldats de la France et de l'Angleterre. Le prisonnier, quel qu'il fût, était soumis au plus affreux dénûment. Prince souverain, gentilhomme chevalier dont l'humanité n'était mise en doute par personne, et, tout blessé qu'il était, à peine si Charles de Blois obtint la faveur d'un lit de paille; telle fut sa pieuse fermeté, qu'à dater de ce jour il ne voulut plus d'autre couche. — Le comte de Blois, prisonnier et traité comme le dernier des serfs, Jeanne de Montfort était sans doute assez vengée; elle tenait l'ennemi de sa maison, car Charles de Blois s'était rendu à un Breton, non pas à un Anglais; il était donc à la comtesse. Pour tout dire, elle usa de la victoire comme une femme qui se venge; elle fit promener son captif dans les villes de Bretagne, à travers les carrefours de Carhaix, de Quimperlé, de Vannes, de Brest, d'Hennebon, et enfin elle fit jeter son ennemi dans la Tour de Londres, où le comte de Blois resta neuf années. Au bout de ces neuf années de captivité et de misère, le roi Édouard III consentit à échanger le prisonnier de La Roche-Derrien. L'offre acceptée, les deux fils de Charles de Blois, devenus les otages de leur père, sont amenés à Londres par une brillante compagnie de chevaliers amis du comte de Blois : le sire de Beaumanoir, Bertrand de Saint-Pern, Martin de Fléchières, quelques-uns disent Bertrand Duguesclin. Le roi anglais fit aux ambassadeurs de son captif une réception toute royale. — A la fin, Charles de Blois quitta la tour de Londres, laissant à sa place ses deux enfants qu'il ne devait plus revoir, et qui restèrent trente années dans cette prison, comme les otages de la paix en Bretagne. Ce fut le beau moment de la vie de Jeanne de Montfort, ennemie de la France; la France était humiliée outre mesure : point de frontières, le pillage partout, l'autorité nulle part, le désordre au dedans, la peur et l'ennemi au dehors, les campagnes sans culture, les villes sans défense, l'Église sans prières, l'armée sans discipline, la féodalité désormais impuissante à protéger ce royaume qu'elle avait divisé en mille parcelles inaperçues; Paris qui déjà s'inquiète et s'agite, aspirant déjà après une liberté qu'il faudra payer de tant de sang : — quel État plus misérable? — surtout si vous comparez l'abaissement de la France à l'orgueil de cette nation anglaise triomphant contre nous sur tous les champs de bataille? — Telle était la joie de notre brillante héroïne : triomphe complet et sans réplique, à ce point qu'un jour enfin, dans le château d'Hennebon, la comtesse de Montfort, — bonheur inespéré! — vit arriver ce mari pour lequel elle s'était battue si longtemps. C'était bien lui, en effet, c'était lui! Montfort avait brisé ses fers, il avait trompé ses geôliers, il retrouvait sa femme enfin, ses amis, peut-être même le duché de Bretagne... la mort l'arrêta dans ce vaste espoir, et Jeanne de Montfort, qui parlait au nom de son mari captif, parla désormais au nom de son fils enfant. Toujours est-il que ce comte de Montfort, qui a régné si peu de temps, qui est mort sitôt après sa délivrance, est un embarras pour les faiseurs de chronologies. Les uns le placent, sans hésiter, parmi les ducs de Bretagne, sous le nom de Jean IV, si bien que son fils devient Jean V et son petit-fils Jean VI ; les autres, par ce motif, qu'en effet, le premier Jean de Montfort n'a pas régné sur la Bretagne, et parce qu'il est mort avant que la querelle entre la maison de Blois et la maison de Montfort eût été décidée par le traité de Guérande, ont fait, du fils de Montfort, *Jean IV*. Ici, et comme si cette guerre de la succession eût été faite pour manifester dans tout son éclat le courage des femmes, nous allons retrouver notre troisième héroïne, cette troisième Jeanne, Jeanne de Penthièvre, la digne émule de Jeanne de Clisson et de Jeanne de Montfort.

Celle-là, elle aussi, elle aimait son mari d'un amour loyal, sincère, dévoué; elle voulait défendre sa gloire ; tout autant que la dame de Montfort ou la dame de Clisson, Jeanne de Penthièvre était brave et hardie ; mais cependant sur qui s'appuyer pour sa vengeance? Car cette fois il ne fallait pas songer à la protection de l'Angleterre, Jeanne de Penthièvre n'en voulait pas, la Bretagne n'en voulait plus.

Peu à peu, en effet, s'était effacée, du côté des Anglais, cette élégante courtoisie d'une nation qui avait vécu si longtemps des mœurs, de l'esprit, des passions de la société française. Peu à peu, l'Angleterre, si longtemps bienveillante pour la France, en était venue à l'irritation insolente qui devait engendrer cette inimitié et ce long divorce entre deux nations longtemps unies par les mêmes intérêts, par les mêmes devoirs. En un mot, et après tant de sincères sympathies, l'Anglais, à force d'user et d'abuser de sa victoire, était devenu l'exécration de la Bretagne. Maintenant, elle supportait difficilement cette alliance, féconde en misères; les villes étaient cruellement rançonnées, les campagnes subissaient les plus affreux ravages; de leur côté, les Français, sous le prétexte que l'Anglais occupait la Bretagne, brûlaient les châteaux qui tenaient pour le comte de Montfort : sanglantes représailles des massacres de La Roche-Derrien. — Les prisonniers eux-mêmes, contre le droit des gens, n'étaient pas respectés dans ces fureurs. Nous savons bien que l'on peut nous opposer la suspension d'armes de 1348, entre les rois de France et d'Angleterre ; mais pourquoi donc acceptez-vous cette trêve, qui a duré plusieurs années, sans donner une heure de repos, une heure ! — à la Bretagne ?

Qui donc a parlé de repos, quand chaque jour, au contraire, amenait une collision nouvelle entre les Bretons de Charles de Blois et les Anglais, alliés de Montfort? Pas un instant de répit, pas un jour sans quelque venin jeté sur ces plaies saignantes! Le brave d'Agworth tombe sous le fer d'un aventurier au service de Charles de Blois, et dès le lendemain, l'ami de d'Agworth, Richard Bembro, gouverneur de la ville de Ploërmel, pour venger son frère d'armes, s'abandonne aux plus violents excès de la colère. Alors l'indignation de la Bretagne ne connaît plus de bornes. Le sire de Beaumanoir s'en va demander, lui-même, compte à Richard Bembro de ses insolences, et l'Anglais répond à Beaumanoir par un défi : — Seul contre seul, ou trente contre trente, — peu importe, pourvu que les épées ne restent pas dans le fourreau, inoccupées? La trêve sera peut-être violée, mais la trêve et la paix jurées doivent passer après la joie d'en venir aux mains et de savoir laquelle des deux nations est la plus brave. L'offre de Bembro est acceptée par Beaumanoir. On se battra donc, tout de suite, demain, dans les landes de la Croix-Hellan, près du chêne de mi-voie, à égale distance de Ploërmel et de Josselin. — On se battra pour savoir (la belle excuse!) *qui a plus belle amie.*

Ainsi fut cette besogne affermée et créantée; mais laissons parler maître Froissart :

— «Quand le jour fut venu, les trente compagnons de Brandebourg ouïrent messe, puis se firent armer et descendirent tous à pied, et ainsi firent les compagnons à monseigneur Robert de Beaumanoir. — Et quand ils furent l'un devant l'autre, ils parlementèrent un peu ensemble tous soixante, puis se retirèrent arrière, les uns d'une part, les autres d'autre part. Puis fit l'un d'eux un signe, et tantôt se coururent sus et se combattirent fortement tous en un tas, et rescouaient (se venaient en aide) bellement l'un et l'autre quand ils voyaient leurs compagnons à meschef.

« Assez tôt aprez qu'ils furent assemblés, fut occis l'un des François, mais les autres ne cessèrent pas de combattre, au contraire; ils se maintinrent de part et d'autre aussi bien que si tous fussent Rolands et Oliviers. Je ne sais dire, à la vérité « s'ils se tinrent le mieux et s'ils le firent le mieux », mais tant se combattirent longuement, que tous perdirent force et haleine et pouvoir entièrement. Il leur convint alors de s'arrêter et reposer, et se reposèrent par accord, et se donnèrent trêve jusqu'à ce qu'ils se seroient reposés, et que le premier qui se releveroit rappelleroit les autres. Quatre François et deux des Anglois étoient morts. Ils se reposèrent longuement d'une part et d'autre, et tels y eut qui burent du vin que on leur apporta en bouteilles, et restreignirent leurs armures, et fourbirent leurs plaies.

« Quand ils furent ainsi rafraîchis, le premier qui se releva fit signe et rappela les autres. Alors recommença la bataille, si forte qu'en devant, et dura moult longuement.

« Ainsi se combattirent comme bons champions, et soutinrent cette seconde reprise moult vassalement; mais finalement les Anglois eurent le pire, car ainsi que je ouï recorder, l'un des François qui étoit à cheval les brisoit et fouloit trop mésaiment, si que Brandebourg leur capitaine y fut tué, et huit de leurs compagnons, et les autres se rendirent en prison, car ils ne pouvoient ni ne devoient fuir. Et ledit messire Robert et ses compagnons, qui étoient demeurés en vie, les prirent et les emmenèrent au château de Josselin comme leurs prisonniers, et les rançonnèrent depuis courtoisement quand ils furent tous resanés (rétablis) car il n'y en avoit nul qui ne fût fort blessé, et autant bien des François que des Anglois. »

Froissart ajoute: « Si fut en plusieurs lieux cette aventure contée et recordée. » La Bretagne chante encore à cette heure le combat des *Trente comme une belle appertise d'armes*. Les poemés, les chansons nationales, les récits de la veillée, nous parlent de cette brillante mêlée que les Anglais ont voulu mettre en doute. Durant plusieurs siècles, on a pu lire sur une pierre placée au bord du chemin qui conduit de Ploërmel à Josselin: — *Que cette pierre était dressée à l'immortelle louange de la bataille des Trente, gagnée par monseigneur le maréchal de Beaumanoir, le 26 mars 1350*. Enfin, et c'est là un témoignage des plus authentique, voici la liste des combattants de la *Croix Haeslan.*

LA BRETAGNE, PAR M. JULES JANIN. PL. IV.

Beaumanoir.	Zire de Tinteniac.	Guy de Rochefort.	Yves Charruel.	Robin Raguenel.
	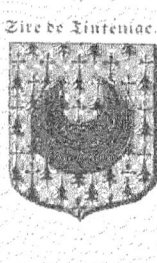	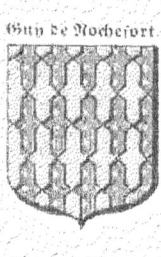		
Huon de St-Yvon.	Caro de Nodegot.	Olivier Arrel.	Geoffroi Dubois.	J. Rousselet.
		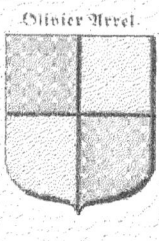		
G. de Montauban.	Alain Tinteniac.	Tristan de Pestivin.	Alain de Keranrais.	Olivier de Keraur.

Louis Goyon.	Geof. de Laroche.	Guy de Pont-Blanc.	G. de Beaucorps.	Maurice du Parc.
			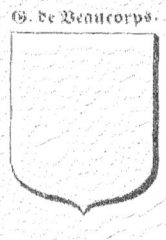	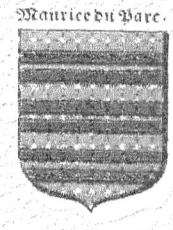
Jean de Serent.	De Fontenay.	Geoffroi Paulard.	M de Tronguidy.	G. de Tronguidy.
		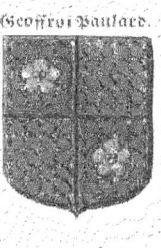	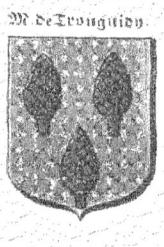	
Guill. de la Lande.	Ol. de Monteville.	Simon Richard.	G. de la Mauche.	Geoffroi Mellon.
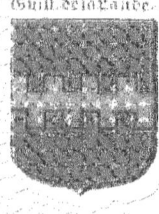			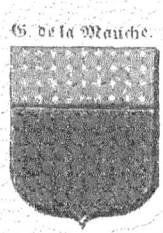	

PUBLIÉE PAR ERNEST BOURDIN, ÉDITEUR.

Plus nous avançons dans ce récit et plus nous trouvons que la cause française est désespérée, en Bretagne, en Normandie, en France. La bataille de Poitiers et la captivité du roi Jean ont comblé la mesure de nos misères. A l'instant même où il croyait tenir le prince Noir, le roi Jean devient le prisonnier de l'Angleterre; Lancastre, qui allait au secours de l'armée anglaise la croyant perdue, s'arrêta et du même pas envahit la Bretagne. La première opération de Lancastre fut le siége de Rennes ; le siége fut long et difficile, la ville était bien défendue et courageuse. Elle aimait le comte de Blois, elle se méfiait de l'Anglais, elle avait pour la défendre au dedans, Bertrand de Saint-Pern, pour la protéger au dehors, le jeune Duguesclin, qui faisait ses premières armes. Le ciel même prit en aide cette cité généreuse. Une nuit que les Anglais s'introduisaient par la brèche, les cloches de Saint-Sauveur sonnèrent à toutes volées, agitées par des mains invisibles; et comme les habitants accouraient en toute hâte, la statue de la Vierge désigna d'un geste de quel côté venait le péril. Repoussé par la force, et malheureux dans ses ruses de guerre, le duc de Lancastre appela à son aide la famine. Il fit serrer la ville de plus près, et enfin cette malheureuse cité, pressée de toutes parts, se demanda ce qu'elle allait devenir. A l'hôtel de ville sont convoqués tous les habitants de Rennes, ils entrent *à portes ouvertes*. Le gouverneur, le sire de Penhoüet prenant le premier la parole, demanda à ces malheureux encore un peu de résignation et de courage ; sa voix n'est pas écoutée, l'assemblée est unanime, elle déclare qu'il faut se rendre ! Ce fut alors qu'un bourgeois de Rennes, un de ces braves gens qui ont prouvé maintes fois que le courage civil n'était pas inférieur au courage des hommes d'épée, parla en ces termes :

« J'ai une femme et des enfants qui vivent encore et qui me demandent du pain ; j'ai perdu mon fils aîné à la dernière sortie, donc je puis dire, autant que le plus malheureux d'entre nous, combien sont grandes les misères de ce siége. Considérez cependant, avant de rien décider, que si vous vous rendez ainsi, le parti de monseigneur le comte de Blois est à jamais perdu, et que l'honneur vous défend de rendre sa dernière ville, au moins sans son aveu. Or voici ce que je propose : je me charge, quel que soit le péril, de faire connaître notre situation au seigneur duc qui est à Nantes. Mieux vaut qu'un seul périsse que toute une cité. Je vais me rendre au camp de Lancastre ; je captiverai la bienveillance du prince, et j'en profiterai pour m'évader. Pour prix de mon dévouement, je ne demande qu'une grâce : si je péris dans cette entreprise, ceux qui sont ici présents feront en sorte de pourvoir aux besoins de ma femme et de mes sept enfants. » Cette proposition généreuse est dignement accueillie. Le jour d'après, on fit une sortie ; le généreux bourgeois, qui s'était mêlé aux soldats, se laisse prendre par les Anglais, et demande à parler à leur général. Le prisonnier est introduit dans la tente de Lancastre. Là, le rusé Breton raconte avec une feinte simplicité une histoire préparée à l'avance : « Un convoi conduit par quatre mille Allemands est attendu à Rennes, demain, au lever du soleil, ni plus tôt, ni plus tard ; ils viendront par tels sentiers. » Les Anglais se laissent prendre à cette feinte ; ils marchent en grand nombre au-devant des routiers allemands, et cependant, le bourgeois s'échappe et gagne la route de Nantes. Justement, Duguesclin chevauchait de ce côté avec sa bande, n'ayant pas pu entrer dans la ville assiégée, bien qu'il en eût fait la demande à Lancastre. Le bourgeois lui raconte sa ruse et le jeune capitaine la met à profit sur-le-champ ; il court au camp des Anglais, gardé par un petit nombre d'hommes ; tout est passé au fil de l'épée, et, vainqueur, il rentre dans la ville de Rennes, précédé d'une longue file de charrettes chargées de provisions enlevées à l'ennemi.

Grâce à ces généreuses résistances, la ville de Rennes fut sauvée, mais la France était bien malade. Peu s'en fallut (1356) que le roi Jean ne donnât sa couronne pour retrouver sa liberté. — Mais, menacée d'être anéantie pour le paiement de cette rançon royale, la France entière s'était soulevée, et Paris avait attendu, de pied ferme, le roi Édouard III, et le prince Noir. Devant Paris et devant Reims, ces fiers Anglais s'arrêtent, étonnés de l'obstacle. Lancastre, sur l'entrefaite, avait été rejoindre son père et son frère ; les Anglais prendront la Bretagne quand il auront la France ; en attendant, une trêve de trois années fut consentie entre Blois et Montfort : trois ans, c'est-à-dire que la trêve sera maintenue tant que les Anglais seront sous les murs de Reims et de Paris, tant que Lancastre sera arrêté en Normandie, tant que le traité de Bretigny sera observé entre les deux peuples. Et cependant, cet instant d'un repos si court soulagea grandement la noble province, car c'est étrange à dire, c'est une chose difficile à croire, et pourtant rien n'est plus vrai, la Bretagne retrouvait, grâce à ce peu de repos, son ardeur, son courage, des ressources pour faire la guerre, des armes pour la soutenir. Noble époque, ce quatorzième siècle ! Rien n'abat ces nations qui se heurtent d'un choc si violent. Vous les croyez brisées dans la mêlée, soudain elles reparaissent plus brillantes et plus fortes. Dans toutes ces ruines grandissent les forces, dans toutes ces batailles se retrouve une exubérance de vie incroyable; une société se fonde sur les débris de la société féodale; le peuple se montre enfin au milieu de ces tumultes. — Le passé n'est déjà plus, mais l'avenir approche. — De ces sanglants tumultes, deux nations vont sortir : la France et l'Angleterre. Véritablement, à cette heure, l'histoire moderne est dans le travail d'un grand enfantement.

On sait le traité de Bretigny, dicté à Londres en 1360; la France rendait Calais, le Poitou, le Limousin, la Saintonge, l'Aunis, l'Angoumois, le Périgord, le Rouergue, le Quercy, l'Agénois; mais cette fois la France, du moins, conservait la Normandie, l'Anjou, le Maine, la Touraine, la suzeraineté du duché de Bretagne et du comté de Flandre. — Il était arrêté, entre les deux puissances, que le roi de France, conjointement avec le roi d'Angleterre, déciderait du sort de Charles de Blois et de Jean de Montfort, se réservant, l'un et l'autre monarque, le droit d'aider chacun son allié dans le cas où les deux adversaires poursuivraient leur lutte à main armée, mais sans que cette guerre (misérable fiction!) pût passer pour une guerre entre la France et l'Angleterre. Enfin il était dit, quel que fût le duc, qu'il s'appelât Blois ou Montfort, il rendrait hommage au roi de France. — Or, quelle trêve plus lamentable et plus lâche? Voici deux grandes nations qui conviennent de faire une halte dans le sang, à condition qu'une malheureuse province intermédiaire continuera à se battre à leur profit! — Nous ne nous battrons pas avec nos armes et nos soldats, mais nous nous battrons avec les armes et les soldats de la Bretagne; nous tiendrons notre champ de bataille en haleine, et des deux parts, Anglais et Français, au nom de Montfort, au nom de Blois, nous continuerons à piller la province malheureuse. Indigne calcul! mais il servait la politique des deux peuples de France et d'Angleterre. En effet, excités par cette double haine, les Bretons se mirent à se haïr, ceux de Montfort de toute la haine qu'ils portaient à la France, ceux de Charles de Blois de toute la haine qu'ils portaient à l'Anglais. De part et d'autre, tant la rage était grande, on n'attendit pas la fin de la trêve entre les deux rois de France et d'Angleterre pour en venir aux mains. Trêve dérisoire, en effet; elle n'avait pas arrêté un seul instant les exactions, le pillage, la violence; les deux prétendants au duché de Bretagne étaient restés sous les armes, tout prêts à livrer bataille. Le premier, et six mois avant la Saint-Michel, Charles de Blois rompit la trêve, et les Anglais, qui ne l'avaient guère respectée, furent attaqués avec furie. Duguesclin commençait à enseigner à la France la haine de l'Anglais, cette haine devenue nationale. Si l'attaque avait été vive, les représailles furent sérieuses. Un jour, le château de La Roche-Tesson tombe entre les mains de Duguesclin; un autre jour, Duguesclin lui-même est fait prisonnier par Hue de Cauvelée, et forcé de payer trente mille florins d'or pour sa rançon. Sur l'entrefaite, cette armée de Montfort se trouva portée au grand complet; l'armée se composait de trois mille hommes d'armes, quatre mille archers à cheval, neuf mille hommes de pied, commandés par les meilleurs gentilshommes du duché de Bretagne. — D'abord Charles de Blois fait signifier la guerre au comte de Montfort; Montfort répond qu'il accepte la guerre. — Aussitôt Charles de Blois prend à Montfort la ville de Carhaix; de Carhaix, le comte va pour assiéger le château de Bécherel, et le gouverneur promet de se rendre, si, dans quinze jours, il n'est pas secouru par le comte de Montfort. En même temps accourait Montfort; mais, comme il trouvait la place envahie, il se résolut, non pas sans hésitation, à forcer les lignes de Charles de Blois, à moins que Charles de Blois et Montfort, en présence des deux armées, n'en finissent par un duel. — Ce duel plaisait à Charles de Blois; ses capitaines répondirent, pour leur prince, que l'armée entière acceptait le duel proposé par le comte de Montfort. C'en est fait, le sort en est jeté; on se battra dans huit jours, et ce sera la dernière bataille; le lieu de la lice est arrêté de part et d'autre, on se rencontrera dans les landes d'Évren.

En effet, huit jours après, jour pour jour, et comme s'il se fût agi d'un duel d'homme à homme, les deux armées furent exactes au lieu du rendez-vous. Cette mêlée avait, pour les combattants, tout l'attrait d'un dernier coup de dé jeté sur la table où se joue la dernière partie. Montfort arrivait, tout bouillant de courage, à la tête des Anglais amenés par Jean Chandos; lui-même, Montfort, il conduisait deux cents gentilshommes bretons, ayant à sa droite son compagnon Olivier de Clisson, jeune homme qui faisait ses premières armes; venaient en même temps Tanneguy Duchâtel, Olivier de Cadoudal, Olivier de Trésiguidi, Robert Knoles et le seigneur de Montaigu. — Du côté de Charles de Blois arrivaient, d'une allure hardie et calme, le sire de Léon, Jean de Laval, sire de Châtillon, Duguesclin, les sires de Rochefort, de Rieux, de Malestroit, le vicomte de Rohan et le sire de Retz. Déjà tous ces hommes étaient en présence, l'immense prière de ces bataillons épais était montée jusqu'au ciel, les deux armées n'attendaient plus que le signal des batailles, lorsque soudain les évêques des deux côtés de la Bretagne, prélats qui ne voyaient que des frères dans l'une et l'autre bataille, membres de cette Église désolée qui ne savait pour quel parti invoquer la puissance du dieu des armées, s'interposent enfin dans cette querelle! — Ils avaient trouvé, disaient-ils, la base d'une paix durable. Prêtez l'oreille, enfants de la Bretagne, prêtez l'oreille à vos pasteurs. N'obéissez pas plus longtemps, vous aux inspirations de la France, et vous à l'ambition de l'Angleterre. Pourquoi tant de sang répandu? pourquoi tant de villes renversées, et tous ces enfants de la même patrie qui déjà lèvent le fer contre leurs parents, leurs amis, leurs voisins? La Bretagne n'est-elle donc pas assez grande pour que Montfort et Charles de Blois y vivent en paix? La couronne ducale ne peut-elle donc pas suffire à ces deux têtes? — Qu'ils soient ducs l'un et l'autre; qu'ils portent l'un et l'autre le manteau d'hermine: on verra alors s'ils aiment véritablement la commune patrie, et si en effet les Bretons doivent servir plus longtemps de sanglante risée à la France, à l'Angleterre. — A la voix de leurs prélats, les enfants de la Bretagne, quel que soit l'homme qu'ils appuient, se sentent prêts à déposer les armes. Qu'il en soit ainsi, disent-ils, puisque les deux compétiteurs ont des droits égaux, qu'ils se partagent, par portions égales, cette terre qui appartient aux princes de leur race. Que s'ils ne veulent pas de cet accord, eh bien! les Bretons feront, à leur tour, comme ont fait les Anglo-Normands de Richard *Cœur-de-Lion* et les Français de Philippe-Auguste, ils resteront immobiles de part et d'autre, ils demanderont, ils exigeront la paix! Si les Anglais et les Français veulent se battre, le champ leur est ouvert, les Bretons (à chacun son tour), s'amuseront à juger des coups et des courages. — C'est ainsi que parlent ces intermédiaires pacifiques. — L'armée le voulait, il fallut obéir. Désormais, nonobstant le consentement de la princesse Jeanne *la Boiteuse*, duchesse de Bretagne et femme du comte de Blois, le duché sera partagé en deux principautés égales, désormais la ville de Rennes sera la capitale de la partie échue au comte de Blois, pendant que Nantes appartiendra au comte de Montfort. La condition est acceptée, les otages sont donnés de part et d'autre, l'arrangement est agréé des deux parts; — Blois et Montfort signent le traité le 12 juillet 1363. — Un autel était dressé entre les deux armées. — Les serments les plus solennels furent prêtés sur l'Évangile et sur l'hostie consacrée; les landes d'Évren retentissent du cri de joie des deux armées. — A ce moment la Bretagne pouvait espérer quelque trêve... La volonté hautaine de Jeanne de Penthièvre, l'indécision de Charles de Blois, son mari, le peu de foi qu'il avait dans la bonté de sa cause, vinrent briser ce traité qu'il avait juré sur l'autel. — « Non, certes, disait l'altière princesse à Charles de Blois, « non, je ne signerai pas un contrat qui fait de moi la moitié d'une « duchesse ! Je veux toute la Bretagne, ou bien je ne veux rien ! » Le traité fut déchiré; Charles de Blois fut le premier (et pourtant il était pieux, s'il en fut !) à renoncer au partage. — Il garda la ville de Nantes, qui était déjà entre ses mains. — De son côté Montfort conserva les otages qu'il avait reçus, et parmi ces otages était Bertrand Duguesclin ! — Au reste, le traité de Bretigny n'avait guère duré plus longtemps que le traité d'Évren ; la France s'était rencontrée aussi fière que Jeanne de Penthièvre elle-même, elle avait voulu toute sa terre, et le roi Jean était revenu en sa prison anglaise, poussé par un sentiment chevaleresque, peut-être aussi rappelé par une invitation moins glorieuse. Une fois encore, la Bretagne redevenait le champ clos de la France et de l'Angleterre; seulement entre Blois et Montfort tout se préparait pour que la bataille fût décisive : de jour en jour les hommes et les événements grandissaient. Le duc de Normandie s'appelait maintenant Charles V, et son nouveau règne venait d'être *étrenné* par une des plus belles victoires de Duguesclin, la bataille de Cocherel (17 mai 1364). Plus que jamais Charles de Blois appelait à son aide; dix-huit mille combattants lui répondirent. De son côté, le comte de Montfort, arrêté au siége d'Auray, n'était pas resté oisif. Il avait avec lui ces terribles Anglais, dont le nom était inscrit en lettres de feu sur les murailles de nos villes; et pourtant, la veille même de la bataille, Montfort hésitait encore ; il se faisait un crime d'exposer, dans sa querelle personnelle, la vie de tant de braves gens ; bien plus, il envoya un héraut à Charles de Blois, offrant, une dernière fois, l'exécution pleine et entière du traité des landes d'Évren. Montfort suppliait Charles, son cousin, de ne pas pousser plus loin cette guerre impie; il s'engageait, si le traité d'Évren était maintenu, à rendre à Montfort ou à ses héritiers la partie du duché de Bretagne qui lui serait dévolue, à lui Montfort, dans le cas où il mourrait sans enfants.—Le héraut apporte au comte de Blois et à la duchesse le message dont il est chargé; il est reçu avec mépris et renvoyé avec des paroles outrageantes.—La duchesse Jeanne voulait toute sa terre. — « Monseigneur, disait-elle à Charles de Blois, je vous prie, ne passez aucun traité, sinon que le duché me reste ! » Cependant la ville d'Auray, serrée de très-près par

Montfort, envoie dire à Charles de Blois qu'elle ne peut plus tenir que peu de jours, et qu'elle se rendra si elle n'est bientôt secourue. — Il fallut se mettre en marche, non pas sans quelque hâte. On était à une journée d'Auray; la halte du premier jour se fit à l'abbaye de Lanvaux, du diocèse de Vannes. Charles de Blois et son armée pouvaient entendre, du camp même, les cris de joie et le son des cloches, les habitants d'Auray chantant déjà leur délivrance. A l'arrivée de Charles de Blois, Montfort fait sortir son armée du camp où elle s'était retranchée. Les deux armées employèrent tout un jour à prendre leur ordre de bataille; et sauf la bravade d'un chevalier anglais qui s'en vint, sur le bord du ruisseau qui coupait la plaine, demander si quelque chevalier breton voulait faire le coup de lance, la journée entière fut pacifique. A l'appel de l'Anglais, le Breton Hervé de Kergoet sort des rangs, renverse l'Anglais du premier coup de lance, puis, de la façon la plus courtoise, il lui rendit ses armes et son cheval.

L'aurore pâle et froide du 29 septembre 1364 trouva les deux armées prêtes à combattre; de chaque côté flottait la bannière nationale, l'hermine brillait également sur l'armure des deux chefs, le mot d'ordre était le même: *Bretagne! Malo! Au riche duc!* les combattants portaient les mêmes noms; ils se connaissaient pour s'être rencontrés dans les mêmes fêtes de la jeunesse, dans les mêmes combats de l'age mûr. Plus nombreux étaient les soldats de Charles de Blois, mieux posée était l'armée de Montfort, que venait de renforcer une troupe d'Anglais accourus des plaines de Normandie, et même la position était formidable à ce point, que Duguesclin n'était pas d'avis de livrer la bataille. Le comte de Blois entendit trois messes, et enfin, après s'être approché de la sainte table, il donna le signal du combat. Jean de Montfort, pendant ce temps, prenait ses amis à témoin qu'il n'avait rien voulu d'injuste, et qu'il était poussé à cette extrémité. — L'affaire s'engagea lentement. L'armée française s'ébranla la première, « et c'étoit, dit Froissart, chose belle à voir, car les François (l'armée franco-bretonne) estoient aussi serrés et aussi joints qu'on ne peut y jeter une pomme qu'elle ne chust sur un bassinet ou sur une lance. » Jamais les landes de l'Armorique n'avaient été témoin d'un spectacle mieux fait pour enflammer tous les cœurs.

Un ruisseau murmurait entre les deux armées; mais, peu à peu, le ruisseau jaseur s'enflait et devenait un torrent difficile à franchir. Les Français furent les premiers à passer l'eau, sans égard pour leur ordre de bataille, qui s'en trouva dérangé; ils avaient à leur tête le comte d'Auxerre, Louis de Châlons, Duguesclin, qui commandait un corps de Bretons; la réserve obéissait au sire de Rieux. Du côté de Montfort se tenaient Jean Chandos et Clisson. La réserve de Montfort était commandée par le sire de Caverley, l'un des héros du combat des *Trente;* « et chaque fois, dit Froissart, que l'une des *batailles* de l'armée de Montfort plioit, mestre de Caurrèbé, qui étoit sur ele, venoit à cet endroit où il veoit les gens branler, ou disclore, ou curir, il les reboutoit et mettoit sus par force d'armes. Et cette ordonnance leur valut trop grandement. » — L'affaire s'engage avec grandes précautions, tant chacun comprenait l'importance de cette bataille décisive. Bientôt, cependant, le comte de Blois (non pas sans avoir demandé une absolution dernière à son confesseur), brave autant qu'il était pieux, se jeta dans la mêlée, et c'est à grand'peine si le vicomte de Rohan lui-même put le suivre. — Du premier bond, Charles se rencontre avec un chevalier vêtu d'hermine, et d'un coup de massue, il le jette à ses pieds, en criant : Bretagne! Bretagne! pensant avoir tué Jean de Montfort... Ce n'était pas Montfort; Montfort était plus loin, appelant son rival; mais on lui avait prédit avant la bataille, que celui-là serait tué qui porterait l'hermine, et il en avait revêtu un de ses compagnons d'armes. — Chandos fut le premier à l'attaque; de l'arrière-garde, Olivier de Clisson s'en fut droit au comte d'Auxerre. — La bataille grandit sous tous ces courages réunis, en même temps que se gonfle le ruisseau enflé par la marée. L'enseigne de Montfort est renversée par Louis de Châlons, Robert Knoles la relève; de leur côté, Clisson et Jean Chandos *faisaient merveilles d'armes* : « Tenoit ce jour-là une hache, Olivier de Clisson, dont il ouvroit et rompoit les rangs, et ne l'osoit nul approcher, et se combattit si avant... que trouva forte rencontre sur lui, tant que du coup d'une hache il fut féri en travers, qui lui abattit la visière de son bassinet, et lui entra la pointe de la hache à l'œil, et l'eut depuis crevé. » Chandos allait cherchant Duguesclin par une prévision nationale, comme s'il eût deviné que celui-là était né pour arracher la France à l'Anglais; il le rencontre enfin, et, bondissant comme un lion, il précipite Duguesclin de son cheval. C'en était fait du grand capitaine sans le secours d'Eustache Lahoussaie, de Charles de Dinan, de Beaumanoir, déjà prisonnier, mais à qui Montfort, par courtoisie et pour que son prisonnier prît sa part de la fête (les élégances chevaleresques!), avait permis de combattre jusqu'à la fin de la bataille. Pour tout achever, revient Clisson, soutenu du sire de Caverley, qui met en désordre les troupes du comte de Blois. — Tout fuit... tout est perdu. — Seul, Duguesclin est resté à sa place, cherchant, du regard, comment sauver cette cause et cette armée... « Rendez-vous, cria Chandos, rendez-vous, Guesclin : la journée n'est pas vôtre! » — Duguesclin rendit le tronçon de son épée : il était le seul qui eût survécu des quatre commandants de l'armée bretonne. Privés de leurs chefs valeureux, les soldats n'eurent plus qu'à s'enfuir. « Sauf, dit Froissart, aucuns bons chevaliers et écuyers de Bretagne qui ne vouloient mie laisser leur seigneur, monseigneur Charles de Blois, mais avoit à plus cher à mourir que reproché leur fut leur fuite. » — Voilà toute cette bataille d'Auray. « Là fut toute la fleur des chevaliers de Bretagne, pour le temps et pour la journée, occis ou pris. »

A la fin de la journée, et quand la victoire n'était plus en doute, Montfort, voyant venir à lui Clisson et Chandos, couverts de sang et de poussière, les serre tous les deux dans ses bras, s'écriant qu'après Dieu il leur doit sa couronne! Au même instant arrivèrent deux chevaliers qui dirent à Montfort : « Victoire, monseigneur! messire le comte de Blois (nous l'avons vu) est mort. » — Montfort, plus troublé que joyeux, se dirige vers le lieu où avait été trouvé le cadavre. A cette

vue, le prince ne put retenir ses larmes : « Ah, mon cousin! s'écria-t-il, il me déplaist quand je vous trouve ainsi, car il eût pu arriver autrement. » Mais l'Anglais Chandos, tirant le prince en arrière, lui dit : « Sire, sire, partons d'ici, et rendez grâce à Dieu de la belle aventure que vous avez ; car, sans la mort de votre cousin, n'eussiez pas eu le duché de Bretagne. » Le cadavre de Charles fut transporté à Guingamp, et enseveli dans l'église des Cordeliers avec les plus grands honneurs. En ce moment enfin, Jean de Montfort s'appela Jean IV, duc de Bretagne, et fut surnommé *le Conquérant*. Désormais la cause de Jeanne *la Boiteuse* était tout à fait perdue ; elle-même, l'obstinée princesse, pour sauver quelques débris de cette fortune, elle fut obligée de reconnaître Montfort comme duc de Bretagne.

> Par ce tu dois considérer
> Et sagement toy adviser,
> Comme fortune n'est point estable,
> Ains en tout temps est variable [1].

Et maintenant, c'en est fait de vous, Charles de Blois ! Vous êtes mort comme un soldat, vous avez vécu comme un chrétien.—Le premier qui fut instruit officiellement de cette victoire d'Auray, ce fut le roi d'Angleterre ; en même temps, Jean de Montfort offrait au roi de France l'hommage voulu pour le duché de Bretagne. La France, vaincue sur tous les champs de bataille, et trop occupée à se défendre pour prendre en main une autre cause que la sienne, renonça désormais à protéger la maison de Blois ; elle envoya en Bretagne Jean de Craon, l'archevêque de Reims, et le maréchal de Boucicaut. Hommes sages, ils commencèrent par poser en principe que la Bretagne ne serait pas partagée. La comtesse de Blois conserva à grand'peine le comté de Penthièvre et le vicomté de Limoges, ses deux jeunes enfants restant détenus en la tour de Londres, non pas maintenant comme otages de leur père, qui n'était plus, mais comme une garantie que la paix ne serait pas troublée par les prétentions de la ligne féminine. Quant à poursuivre la guerre, le peuple de Bretagne criait *merci* ; il se battait depuis trop longtemps, pour vouloir recommencer ces luttes sanglantes. Les villes étaient en ruines, les champs étaient dévastés, les églises étaient profanées ; les vieillards et les femmes restaient seuls dans les chaumières désolées.—La paix ! la paix ! disait-on de toutes parts. On fut sur le point de se battre au nom de la paix ; mais enfin, loué soit Dieu ! après cinq mois de longues conférences

---

[1] C'est le *Livre du bon Jehan*.

commencées à Rennes, achevées à Guérande, fut signé le traité du 11 avril 1365. Voici en un seul mot ce qui fut arrêté :

Les filles ne succéderont au duché de Bretagne qu'à défaut d'héritiers mâles. — Et voilà cependant pourquoi on se battait depuis vingt-trois années ! Et voilà la querelle qui avait coûté tant de misère et tant de sang ! et voilà pour quels motifs cette nation bretonne se battait avec toutes les chances malheureuses de la guerre civile ! — Une guerre faite par l'étranger ! pour l'étranger ! Deux cent mille hommes qui se battent pour des droits mal définis ! — Le nouveau duc de Bretagne s'en vint à Paris pour apporter, en personne, l'hommage au roi de France. Ledit hommage se fit ainsi qu'il est dit dans un acte tiré des *Archives de la province de Bretagne* :

« *Acte de l'hommage fait au roi Charles par Jean, duc de Bretaigne,* « *comte de Montfort*, lequel fit ledit hommage, ayant ôté son manteau « et son chaperon, le genou baissé et les mains jointes entre celles du « roi, disant faire ledit hommage comme duc et pair de France, en la « forme et manière que ses prédécesseurs, ducs de Bretagne, avaient « fait aux rois de France, lui offrant la bouche et les mains; à quoi « il fut reçu par le roi, qui fit lever le duc et le baisa ; et par après, « ledit duc lui fit l'hommage lige, par cause du comté de Montfort-« l'Amaury, de Néoufle et autres terres qu'il tenait en France, à quoi il « fut pareillement reçu ; et ce fait, l'évêque de Beauvais, chancelier « de France, protesta que ledit hommage que le duc avait fait était « hommage lige, et que ses prédécesseurs l'avaient ainsi fait, et exhiba « au duc et à son chancelier, et autres gens de son conseil, deux actes « d'hommage, auparavant faits au roi de France par le duc Arthur et « autres pairs, la copie desquels est insérée audit acte; à quoi fut ré-« pondu, par le chancelier et gens du conseil dudit duc, que l'hom-« mage n'était lige, et que les prédécesseurs du duc ne l'avaient fait « autrement. — Le 13 décembre 1366. »

Cette guerre de la succession amena les plus graves changements dans l'état social de la Bretagne ; la hiérarchie féodale s'en ressentit la première. Toute la puissance des temps antérieurs devait s'anéantir, on le conçoit, à une époque de trouble et d'anarchie où chacun pouvait, suivant son penchant ou ses intérêts, prendre parti pour l'un ou pour l'autre des prétendants au trône de Bretagne. Dans la bourgeoisie, les événements provoquèrent des modifications non moins importantes. Tandis que la noblesse, décimée et appauvrie par tant de combats, voyait s'évanouir les derniers restes de son autorité, les classes moyennes, enrichies par le commerce, acquirent des fiefs nobles et s'introduisirent jusque dans le conseil privé du prince, réservé naguère à l'élite des hauts barons. Une mesure prise par le duc Jean IV grandit encore les bourgeois à leurs propres yeux. Le prince fit aux communautés de leurs villes la cession des murs et des remparts ruinés pendant la guerre, à condition toutefois de supporter les frais de réparation et d'entretien. Or, du jour où une autre classe de la société obtenait à son tour le privilége de consacrer au pays son sang et sa fortune, la noblesse perdait le seul de ses priviléges qui fût véritablement un illustre, un digne sujet d'envie et d'orgueil.

CHAPITRE XI

La vie et les travaux du connétable Duguesclin. — La chronique de Cuvelier, trouvère du XIVe siècle. — Duguesclin au siège de Rennes. — Bataille de Cocherel. — Duguesclin, prisonnier de Jean Chandos. — Histoire des grandes compagnies. — Duguesclin en Espagne. — Bataille de Navarette. — Duguesclin, prisonnier du prince Noir. — Charles V donne à Bertrand Duguesclin l'épée de connétable de France. — Droits et prérogatives du connétable. — Duguesclin entre en Bretagne à la tête de l'armée du roi de France. — Jean IV, duc de Bretagne, s'enfuit en Angleterre. — Il est rappelé par le vœu unanime de son peuple. — Mort du connétable Duguesclin. — Mort de Charles V.
1320—1380.

« En ce temps-là s'armoit un che-
« valier de Bretaigne, qui s'appeloit
« messire Bertrand Duguesclin. Le
« bien de lui, ni sa prouesse, n'es-
« toient mie grandement renommés
« ni connus, fors entre les chevaliers
« qui le hantoient au pays de Bretai-
« gne, où il avoit demeuré et tenu la
« guerre pour monseigneur Charles
« de Blois, contre le comte de Mont-
« fort. »

Telles sont les premières lignes consacrées par l'illustre et excellent historien Froissart, au grand capitaine qui résume dans sa gloire, et de la façon la plus brillante, le courage, l'audace et le génie des soldats de la Bretagne. Duguesclin! De quelque façon que ce nom-là s'écrive : Claquin [1], Glaicquin [2], Klesquin, Gléaquin, Cleyquin, Glasquin, Giayaquin, Guescquin, Guaquin, de Guesclin, comme il est écrit sur son tombeau à Saint-Denis, du Guesclin, Duguesclin enfin, comme dit la *Biographie Universelle*, ce nom-là est partout dans la Bretagne ; c'est le souvenir qui se retrouve dans tous les orgueils ; pas une ville, pas un donjon, pas une tour féodale qui ne se rappelle le courage et l'ardeur de Bertrand Duguesclin. — Il a traversé la Bretagne d'un pas solennel; il s'est promené dans ces bruyères comme un aventurier intrépide ; ces sombres forêts l'ont vu, jeune homme, qui rêvait de la guerre; le Morbihan a été le théâtre de ses premiers exploits. — Il a été le défenseur actif, il a été l'ennemi prévoyant de la Bretagne. — Héros de l'histoire, héros du poëme, célébré et *rechanté*, dit d'Argentré, *par les histoires et les romans en tout l'Occident*, c'est dans le poëme d'un trouvère du quatorzième siècle que nous allons chercher les matériaux de cette biographie illustre ; le héros grandissant le poëte, et la majesté sérieuse des événements remplaçant les charmes puérils de la fiction. Cette épopée chevaleresque a pour titre : *la Chronique de Bertrand Duguesclin*; l'auteur est un poëte picard nommé Cuvelier, ou comme dit Philippe de Mézières dans *le Songe du vieil Pèlerin*, « le pouvre homme appelé Cimelier. » Son poëme n'a pas moins de trente mille vers que nous avons lus et étudiés avec le zèle et la reconnaissance d'un homme heureux d'étudier une belle chose, d'approfondir une grande vie et qui va de découvertes en découvertes. Le sujet véritable de ce livre, dont Bertrand Duguesclin est le héros, c'est la révolution qui s'opère au quatorzième siècle dans les divers États de la Gaule. En effet, depuis tantôt cinq cents ans, la Gaule est divisée en plusieurs États souverains qui obéissent, ceux-ci à l'influence de la royauté française, ceux-là à l'influence de la royauté anglo-normande. A laquelle de ces deux influences restera la Gaule? Là était la question quand Bertrand Duguesclin vint au monde; question longtemps débattue et longtemps entourée d'obscurités et de périls, jusqu'à ce qu'enfin, grâce à l'épée de son connétable, la France eût échappé au joug de l'Angleterre. Qui l'eût prévu, cependant, qu'un jour les rois de la race capétienne l'emporteraient sur les princes de la race anglo-normande; que de ces brillants Plantagenets tout-puissants dans la Gaule occidentale, rien n'allait rester debout, sinon le souvenir, et que, d'une façon si com-

---

[1] Manuscrit de l'Arsenal. — [2] Manuscrit de la Bibliothèque du Mans.

plète, la Normandie même finirait par oublier ses origines pour redevenir tout à fait, d'esprit et de cœur, une province française?— Dans cette *Chronique de Duguesclin*, dans ce poëme écrit sans art, non pas sans chaleur, le trouvère Cuvelier a reproduit les moindres événements, les plus petits accidents de la vie de son héros. C'est bien moins là le récit d'un poëte que d'un chroniqueur, d'un romancier que d'un historien. La fantaisie n'a rien à voir dans cette odyssée terre-à-terre, le conteur, tant il est poussé par les événements, ne prenant nul souci de la meilleure façon d'arriver au récit, à l'intérêt épiques. — Le véritable, le grand intérêt de ce poëme, c'est le nom du héros, c'est l'importance des événements, surtout c'est la grandeur et l'éclat de l'idée qui le pousse et l'obsède. Pas de grand capitaine, s'il n'obéit qu'à son caprice, pas de héros véritable, sans une cause vraiment grande. Les contemporains, témoins des efforts que fait un homme courageux pour mériter la gloire et la louange, ne s'inquiètent guère de savoir de quelle façon cette louange est méritée; mais, en revanche, pour que l'avenir s'occupe du héros, il faut que l'œuvre du grand homme soit restée grande et imposante. Or, le travail du connétable Duguesclin, le voici : il a puissamment aidé à briser l'élément féodal; il a fait de la royauté française un pouvoir à part, vivant de sa propre vie et n'empruntant rien à personne; il a fait de la nation française une nation indépendante de tout entourage; il lui a dit : marche! et elle a marché. — Sois grande et forte! elle a été forte et grande. — Ne compte que sur ton épée... et sur la mienne. — Révolution importante dans la situation respective de la France et de l'Europe, et dont vous verrez bientôt les résultats. Quoi de plus juste, en effet? La féodalité est à bout de ses labeurs, elle a laissé toute sa force dans les croisades; elle recule devant l'unité naissante du royaume de France; elle comprend, enfin, que sur les ruines du monde féodal va s'élever la royauté triomphante, et que la royauté une fois établie, la monarchie féodale de l'Angleterre et de la Normandie, la monarchie des Plantagenets, sera abaissée devant la monarchie des rois de France; en un mot, il s'agit cette fois de la défaite du vassal tout-puissant, de la grandeur du suzerain humilié. — Il s'agissait de mieux que cela : l'Angleterre deviendra-t-elle France? la France deviendra-t-elle Angleterre? — Telle était la question que s'adressait notre poëte. Quel poëme à écrire, et quel parti en aurait pu tirer l'homme qui a rempli une *Iliade* avec *la colère d'Achille!*

Plus elle était mêlée à des intérêts nombreux, et plus la question était difficile à résoudre. En ce temps-là encore, malgré tant de guerres acharnées, la France et l'Angleterre étaient unies par des liens puissants d'amitié et de bon voisinage. La puissance anglo-normande était acceptée comme un fait qui ne soulevait ni haines ni discordes dans les villes de la France; l'Anglais était aimé comme un maître intelligent, courageux, brutal parfois, juste et loyal souvent. A Bordeaux, tout autant que son père dans sa bonne ville de Londres, le prince *Noir* était aimé, honoré, obéi. Dans tous ces débats, la race anglo-normande luttait, non pas sans de fréquents avantages, sur la race française; si le courage était le même chez les deux peuples, la victoire s'était décidée pour les Anglais dans les plaines de Crécy et de Poitiers. Le roi Jean se bat à merveille, mais enfin il est obligé de rendre au prince *Noir* cette épée, véritable épée d'un héros de roman, pendant qu'Édouard III se conduit comme un grand politique, après s'être battu en vaillant capitaine. A ce moment de l'histoire moderne, vous cherchez la France dans ses villes, dans ses champs de bataille, sur l'Océan; la France est anglaise. Tout le Midi obéit au roi anglais; la Navarre, la haute Normandie tout entières appartiennent aux ennemis du roi de France; le roi Jean est prisonnier des Anglais; la Bretagne n'attend que de l'Angleterre seulement un peu de répit et de liberté; Paris est la proie des Jacques; le Nord et l'Ouest de la France sont captifs, tout autant que le Midi. A la vue de ces lamentations et de ces misères, le poëte est tenté de s'écrier : — *Je chante l'abaissement de la France et la captivité de Paris!* Ne chante pas si vite la ruine de la monarchie française, ô poëte! tu compterais sans la volonté de la Providence, sans la sagesse de Charles V, sans l'épée de Duguesclin, sans l'enthousiasme divin de Jeanne d'Arc.

Dieu merci, car Dieu ne l'a pas voulu, même au plus fort de ces misères et de ces hontes, la France n'était pas prête à mourir; au fond de ses malheurs elle avait conservé l'espérance; elle avait conservé son courage et son orgueil. Les villes savaient encore se défendre; le peuple fuyait, mais en bon ordre; l'habitant des campagnes arrivait, au bruit du tocsin, pour se réfugier à l'ombre inexpugnable de quelques citadelles vaillantes; dans la communauté de ses incertitudes et de ses douleurs, la France apprenait à devenir une nation. — Et, plus elle devenait une nation, moins l'élément étranger restait possible; plus nous étions Français, et moins grandes étaient les chances de l'Angleterre. Si le peuple souffrait, les nobles souffraient davantage, et d'ailleurs, au prix même de ses souffrances, le peuple faisait une affaire belle et bonne quand il se voyait enfin appelé à prendre part à ces luttes, auxquelles étaient attachées les destinées présentes et futures de la patrie commune. — A ces causes s'élève, au grand bénéfice de l'un et de l'autre royaume, ce mur d'un airain éternel qui sépare à tout jamais l'Angleterre de la France. Vaste sujet d'une histoire qui devait avoir Froissart pour historien, Cuvelier pour son poëte, Charles *le Sage* pour son Roi, Duguesclin pour son héros!

Avec cette *Chronique de Duguesclin*, nous avons composé le présent chapitre; en effet, où donc trouver des sources plus fidèles, que dans ces naïves productions de notre langue? Quels historiens sont plus exacts, mieux renseignés, plus habiles à nous expliquer les antiquités bretonnes ou normandes? Poëmes écrits à la louange des héros, enseignés à la jeunesse amie des rimes sonores et faciles à retenir, compositions d'une inspiration calme et vraie; belle langue du douzième et du quatorzième siècle, à l'allure vive et leste, au sourire joyeux, à la voix sonore, à l'accent viril. Chaque province, en ce temps-là, parlait la langue qui convenait à ses passions, à son esprit, à son génie; autant de langues qui appartiennent à la même famille cependant, bien que leur physionomie soit différente. Plus la langue était naïve, mieux l'écrivain était écouté; il vous racontait librement et sans effort les lois et les mœurs, les superstitions et les croyances, les élégances et les douleurs nationales. Eh! le peu d'historiens qui ont réussi de nos jours à écrire l'histoire, où donc l'ont-ils trouvée toute cette histoire enfouie comme un marbre précieux sous les ronces et sous les ruines, sinon dans le récit des chroniqueurs?

Bertrand Duguesclin naquit, en 1320, au château de la Motte-Broons (*le château des Joncs*), à quinze lieues de Rennes; il était l'aîné de dix enfants de Regnauld Duguesclin et d'une *moult gentil dame*; mais, ajoute Cuvelier, le poëte dont nous allons citer bien des vers :

    Je croi qu'il n'est si laid de Rennes à Dinant.
    Camus estoit et noir, malostru et mussant;

Bref, il était si laid, que son père et sa mère elle-même, sa mère!

    . . . en leurs cuers alloient desirant
    Qu'il fut mort ou noiez en une eau courant!

Plus tard, quand ce *malostru* fut devenu le plus grand capitaine de son siècle, on racontait que sa naissance était annoncée dans les prédictions de Merlin. L'enfant cependant, tout difforme qu'il était, n'était pas disposé à mourir : il avait la vigueur d'un jeune *passereau*, la colère d'un jeune lion :

> Et si tenoit toujours en sa main un bâton.

Fi des livres ! fi des maîtres ! Il était indomptable et superbe. Un jour, il vit ses frères et ses sœurs :

> Très-bien assis à table et mangeant un chapon.

Ça, dit-il, je suis l'aîné, qu'on me fasse place ! On obéit en tremblant. Il s'assied et il *prent à plein poing!* et quand sa mère veut le renvoyer, il monte sur la table comme un furieux :— *Com rude charreton!* Et la dame Duguesclin de s'écrier de nouveau : *Plût à Dieu qu'il fût mort!*

Un autre jour, encore à l'heure du dîner, toute la famille était à table : *Bertran assis tout bas sur le planchier*, quand l'abbesse d'un couvent voisin s'en vint frapper à la porte du manoir. Elle entre, et son premier regard tombe sur cet enfant accroupi. Il y avait déjà sur ce jeune front quelque chose de si grand, que la religieuse resta immobile ! Elle approche, elle prend la main de l'enfant :

> Enfant cil te bénit qui souffrit passion !

Alors la dame Duguesclin s'écrie avec orgueil : « *Le mien corps le porta !* » et elle le fit asseoir à table, à côté d'elle :

> Il n'aura son pareil en tout le firmament,

ajouta l'abbesse.

> Lors s'apaisa la dame a cestui parlement
> Et depuis tint l'enfant plus honnorablement.

Abandonné à ses instincts bons et mauvais, le jeune Bertrand ne s'occupa bientôt que de guerres et de batailles ; il levait une armée d'enfants dont il était le chef ; il divisait son armée en deux bandes qui se battaient l'une contre l'autre, lui, choisissant de préférence les soldats les plus forts pour les combattre. De ces mêlées, il revint plus d'une fois meurtri, ensanglanté : *Tous ses draps déchirez* ; puis, quand arrivait le jour de la solde militaire :

> A l'hôtel il s'en va prendre un hanap d'argent ;
> Ou vendre à Renne une bonne jument.

Il apprit ainsi, ou, pour mieux dire, il devina tout le métier du soldat : l'arc et la hache, l'épée et la lance, dompter un cheval, lutter, sauter, jeter la barre, ranger des soldats en bataille. — Il en fit tant, que les enfants du pays, *navrés* dans ces batailles, demandèrent un peu de repos ; l'armée de Bertrand fut licenciée par les pères et mères de famille. Resté seul, notre capitaine sans armée ne pouvant plus se battre en bataille rangée, cherchait des duels corps à corps ; tant pis pour qui se rencontrait en son chemin ; il fallait en venir aux coups. — Son père, pour dompter ce méchant garçon, l'enferma. Chaque matin, une chambrière lui apportait de l'eau et du pain. Bertrand guette la pauvre fille, il l'enferme dans la prison à sa place, et le voilà qui se sauve à travers champs. — Une jument était attelée à la charrue ; Bertrand monte sur la bête, et il arrive, tout débraillé, chez un sien oncle, *à Rennes l'onnourée.* L'oncle reçoit son neveu à merveille :

> Il convient, et c'est droit, jeunesse soit passée ;

Puis il ajoute, et ceci ne déplaît pas à ce fier bandit qui jeûnait depuis tantôt quatre mois :

> Nous avons de bon vin et de la chair salée,
> Dont tu oras assez, tant qu'il ora durée.

Il resta toute une année chez ce brave homme d'oncle, qui avait déjà *épousé la soixantaine*, et durant cette heureuse année, il ne fut occupé que de joutes, tournois, dîners, bombances, gros jurons :

> Il n'avait que XIII ans quand ainsi se menoit.

Aussi, hors de chez lui, chacun l'aimait, *l'onnouroit*, le louait ; il jetait l'argent à pleines poignées, tant qu'il trouvait sous ses mains, joyaux, chevaux, hanaps d'argent. S'il rencontrait un pauvre en son chemin, il lui jetait son manteau :

> En deux incontinent, sa robe divisoit.

En l'année 1338, toute la province de Bretagne était en liesse pour célébrer le mariage de Jeanne de Penthièvre (prologue de la guerre de vingt ans) avec Charles de Châtillon, comte de Blois. A cette occasion, les chevaliers bretons font publier à son de trompe un tournoi en l'honneur des dames, envoyant leur cartel en France et en Angleterre, aux plus braves gens des deux nations. Le champ clos est à Rennes ; un diamant sera le prix du tournoi. A l'annonce de cette fête guerrière, le jeune Guesclin sent battre son cœur d'une ardente convoitise ; son père était un des jouteurs du tournoi, et chaque jour il *ramentevoit* à Bertrand les armes, les honneurs, l'*estat* et le *maintien* des seigneurs bretons. Bertrand avait *bien XIII ans; il estois grans et fors; et bien formez;* mais son père n'osait pas encore le hasarder dans ces mêlées dangereuses ; d'ailleurs tout manquait au pauvre jeune homme, ni cheval, ni harnais, ni casque, ni cuirasse. — A la fin, le grand jour arrive (c'était un mardi!.) Bertrand s'en va à Rennes, monté sur un méchant cheval, *un roussin.* La ville de Rennes était pleine de fêtes brillantes; dans les rues pavoisées, circulaient gentiment *les dames de prix* et les jolies *bourgeoises blanches comme fleurs de lys.* « Hé Dieu ! se dit Bertrand, je suis laid, mais l'honneur me ferait des amis. » Disant ces mots, il courbait la tête, car la ville entière se le montrait avec dérision. — O le bouvier ! disait-on; ô le manant !

<blockquote>Et si va chevauchant le cheval d'un meunier.</blockquote>

Pour comble de misère, notre jeune homme, rouge de honte, rencontre, sur le marché de Rennes, de belles dames, *des dames à estat.*

<blockquote>
« Bien vestues de soie, de tresses, de sandal,
« Et voit un chevalier bien armez de camail.
« Ha Dieux ! se dist Bertran, que n'ai-je un bon cheval !
« A tous les mieux montés irois-je faire assal,
« Et j'acquerrais honnour ou grace général
« Plus que Roolant, Gauvain, Artus, ou Perceval.
</blockquote>

Dans cette ville si moqueuse aux pauvres diables, tout s'agitait pour le tournoi. Les chevaliers passaient, montés sur des chevaux *grenus,* si vêtus qu'ils en étaient *fervétus,* suivis de bons écuyers prêts à bien faire. Bertrand seul se voit *mal montez et tout nus.* Il est tiré de sa doléance par le son des trompettes; c'est le tournoi! On prépare les lances, les écus, les écharpes flottent au vent; la place de Rennes est remplie d'une belle foule; les meilleurs Bretons entourent l'écu de Bretagne; la lutte commence : plus d'une lance vole en éclats, plus d'un coursier tombe dans la poussière, plus d'un casque roule sur l'arène. Entre autres chevaliers, il y en avait un qui se battait avec courage et nonchalance; soit qu'il fût revenu des vanités de la gloire, soit qu'il trouvât que le jeu ne valait pas la peine, ce digne gentilhomme, quand il eut exactement rempli les courses d'ordonnance, reprit ses armes et son cheval, et s'en retourna bonnement dans sa maison, sans plus s'informer de l'issue de la journée. A ce moment, le jeune Duguesclin eut une inspiration d'en haut. Il suit le gentilhomme, et quand celui-ci est monté dans sa chambre, quand il a retiré son casque, son épée, sa cuirasse, Bertrand se jette à ses pieds, la tête haute, les mains jointes, le regard ardent. — Ah! dit-il, par notre

dame la sainte Vierge, monseigneur, prêtez-moi vos armes et votre cheval,

> Et je ne l'oublierai tant que j'aurai durée!

A cette touchante prière d'un héros de seize ans, le chevalier breton répond comme il fallait répondre : — *Vous armerai, sans plus soyez content.*

> Et quand il fut armez, sur le cheval monta,

et le voilà qui entre dans la lice, la visière baissée. Du premier coup de lance, Bertrand jette sur l'arène un des mieux faisant de la journée; le cheval meurt sur le coup. Le chevalier, furieux, se relève, il est terrassé une seconde fois. Ce que voyant, le seigneur Duguesclin se présente pour faire vider les arçons au nouveau venu; mais Bertrand reconnut son père à sa devise, et il baissa sa lance en signe de courtoisie. Survint un troisième champion qui s'avança *pleinement*, et le jeune homme, du premier coup, fait voler en éclats la visière de ce chevalier, ce qui était le comble de l'art en champ clos. Vous jugez de la joie et de l'orgueil du jeune homme! il n'eût pas changé cette bonne fortune contre tous les trésors de Jeanne *la Boiteuse*. Enfin, après quinze lances, un chevalier normand enleva à Bertrand sa visière, et chacun reconnut le jeune rustre monté naguère sur un cheval de meunier. Il fut le héros de la journée; les chevaliers battaient des mains, les dames agitaient leurs écharpes; on le conduisit en grande pompe à l'église cathédrale, où fut chanté le *Te Deum!* Le père n'était pas moins heureux et moins fier que le fils :

>Certes, beau fils, dit-il, je vous accrtifie
>Que je vous donnerai, ne vous en fauldrai mie,
>Or, argent et chevaux, tout à votre baillie,
>Pour aller, tout par tout, acquerir vaillandie.

A peine eut-il le pied à l'étrier, Bertrand Duguesclin fut appelé à faire ses premières armes dans cette longue guerre que nous vous avons racontée de notre mieux, au chapitre précédent, entre Charles de Blois et Jean de Montfort. Le jeune gentilhomme commença par lever à ses frais une petite bande, et quand l'argent manquait, notre officier en allait voler chez sa mère : puis, quand la mère n'eût plus rien à prendre, Bertrand vécut de maraude. Au reste, notre trouvère en fait un rude portrait :

>Bertran s'étoit monté dessus une jument
>Qui estoit grande et forte, et couroit roidement;
>Une hache à son col portoit le bon Bertrand...
>Il voit un chevalier armé moult noblement
>Monté sur un destrier qui valloit grand argent.

Alors Bertrand s'approche et demande au chevalier s'il n'est pas Anglais et partant ennemi de Charles de Blois? — *Oïl*, dit l'Anglais; à quoi répond Duguesclin :

>A mort te metterai assez prochainement;
>Et fiert (frappe) le chevalier si efforciement
>Qu'à terre l'abatit sur l'herbe verdoiant :
>Là ne se releva pour or, ni pour argent.

Et tant et si bien il fit, qu'en effet il remboursa à sa mère l'argent qu'il lui avait emprunté. *La chose tant alla,*

>Que Bertran li gentilz, à sa mère donna
>Pour i denier, xx sols, de ce qu'il emporta.

Et la mère, très-heureuse, de s'écrier :

>Que benoite soit l'eure où mon corps le porta!

Il nous semble, sauf meilleur avis, que c'est un peu là la vie d'un bandit de grand chemin. Cet homme, qui va jouer un si grand rôle politique et guerrier, n'est encore qu'un aventurier très-hardi et très-brave, dormant à ciel ouvert, habitant, lui et sa bande, les forêts de Rennes et de Chateaubriand. Il aimait le danger pour le danger, il recherchait la bataille pour le plaisir de la bataille. Son instinct était sûr, son coup d'œil net et rapide, il portait en lui-même toutes les ruses et imaginations de la guerre. On s'entretenait de ses prouesses dans l'armée de Lancastre, on riait même de ses bons tours. A force d'en parler et d'entendre raconter ses coups d'épée et ses ruses infinies, le duc de Lancastre voulut voir le jeune capitaine, et un beau matin, il envoie au gouverneur de Rennes un héraut pour *bailler à Bertran qu'à lui veuille venir.* — Le héraut est porteur d'un sauf-conduit pour le capitaine Bertrand et trois ou quatre de ses amis. — La porte de la ville est ouverte à l'envoyé de Lancastre. On lui montra un petit homme trapu, portant une hache à son cou, et vêtu d'un jupon noir *comme une crémaillie ;*

Bien ressemble brigand qui les marchands épie.

Alors le héraut, quelque peu tremblant, explique comment *li bon duc de Lancloistre* fait prier Bertrand de venir, de bonne amitié, dîner sous sa tente. Celui-ci, toujours prudent, se fait *recorder* le sauf-conduit :

Car lire ne sçavoit, n'escripre, ne conter,

et ceci pour de bonnes raisons, c'est, dit la chronique, qu'il n'avait jamais rien voulu apprendre : *qu'à férir et frapper.*

Bertrand mène le héraut à son castel, il lui fait donner *un bon gippon de soie* et cent écus d'or, à la grande joie du héraut. Il avait pris avec lui quatre bons compagnons, et ils sortirent ensemble de la ville de Rennes. Lancastre, impatient, envoie au-devant du capitaine Bertrand quatre officiers des mieux renommés de l'armée anglaise ; de chaque côté du chemin, la foule s'était portée. Les uns disaient : C'est un bandit ; les autres disaient : Regardez :

Regardez qu'il est fort, tous les poings sont quarrez.

Arrivé à la tente du duc de Lancastre, Bertrand Duguesclin, introduit auprès du prince par Jean Chandos, met un genou en terre, mais le duc le relevant tout aussitôt, — lui a dit : — Bertran,

Je vous sai moult bon gré, et ne vous en doubtez
Qu'à moi estes venus, quant vous estes mandez.

Ces hommes-là allaient droit au fait et sans détour; ils sont plus brefs que les Troyens et les Grecs d'Homère, dans leurs diverses rencontres. On parle de la grande querelle entre Charles de Blois et Jean de Montfort. — Il en coûtera cent mille hommes, disait Lancastre. (Il se trompait de moitié.) Tant mieux, disait Bertrand, nous aurons de quoi en armer cent mille autres. — L'instant d'après : — Soyez des nôtres, dit Lancastre, vous aurez en moi *un bon loyal ami*, et je vous donnerai de grandes terres et vous ferai un des chefs de l'armée. A cette proposition sire Bertrand fronça le sourcil :

> Bertran le regarda comme un lyon creté.

Cependant il se continl, et il répondit au duc que son épée appartenait à Charles de Blois; jusqu'à la fin de la guerre l'Anglais trouvera Duguesclin opposé à ses armes, mais si un jour la paix était faite entre l'Angleterre et la Bretagne, lui, Bertrand, il servirait volontiers le seigneur duc de Lancastre. — Ceci dit, on se met à table, on mange et l'on boit, le vin est épicé, on en boit *hardiment*. Tout à coup un chevalier anglais, nommé Guillaume Bembro, sans être retenu par la présence du prince, arrive à Duguesclin et lui dit : — Bertrand, vous avez pris le château de Fougeray, vous avez tué Robert Bembro, mon cousin; vous plaît-il que nous fassions, vous et moi, III coups d'épée?

> Et quant Bertran l'oï, sans nul détriement
> S'en vint au chevalier, et par la main le prent :
> — Biaux sire, grand merci! car sachiez le vraiment
> Vous en demandez trois — six, si besoin vous prent!

Or, le père de ce Richard Bembro avait été le chef des trente Anglais qui se battirent contre les trente Bretons du maréchal de Beaumanoir, le 27 mars 1351, entre Josselin et Ploërmel; lui-même, Bembro, il était brave et habile; ce duel avec Duguesclin était sérieux; on arrêta que la rencontre aurait lieu le lendemain; les deux champions auront pour témoins la ville de Rennes et l'armée de Lancastre. Avant de se séparer, Lancastre fait avancer pour Bertrand un cheval *qui valoit maint denier;* Bertrand l'accepte non pas sans quelque hésitation :

> Et demain le viendrai, devant vous, essayer.

Le lendemain, de bonne heure, Duguesclin était prêt pour le combat :

> Bertran a fait chanter sa messe hautement —
> Prist une soupe au vin qui estoit moult poignant. —

Il traverse la ville, à cheval; toute la ville était en émoi. — *Beau nieps! beau nieps!* Beau neveu, disait sa tante, n'y allez pas; l'Anglais est un traître : *Li Anglois tiennent peu les convenants!* A quoi Bertrand répondait : L'écolier apprend à lire pour devenir un clerc; moi, je vais à l'école *pour apprendre, en joustant*, à devenir un vaillant chevalier, et vous, ma tante :

<small>Allez ent à l'ostel, votre mari baisant,</small>

rentrez à la maison et embrassez votre mari pour moi. Je reviendrai bientôt, le temps d'allumer vos réchauds, et prenez garde que le dîner soit cuit à point :

<small>Faites que vous ayez le disner apresté.</small>

Et il s'en va d'un pas tranquille, chevauchant à travers les verdoyantes prairies, — *les prés herbus!* — Non loin de la ville l'attendait le héraut pour le mener au camp des Anglais, pendant que les fanfares se faisaient entendre du côté des remparts; sur le champ de bataille se tenait Bembro, assisté de toute l'armée de Lancastre. Il est convenu, de part et d'autre, que l'on se battra seul à seul, corps à corps, sans que nul puisse venir en aide au blessé. — Bertrand salue courtoisement son antagoniste, puis tout de suite ils en viennent aux mains. Au premier coup de hache, Bertrand brisa le casque de l'Anglais, et le haubert aussi, et le hoqueton creva du choc :

<small>Mais adonc nullement point la chair n'entama.</small>

Bembro répondit par un coup non moins terrible, et le Breton ne courba même pas la tête :

<small>Tout aussi qu'une tour en estriers s'afficha.</small>

Le troisième coup ne porta pas. — En voulez-vous encore? dit Bertrand, je vous ai *déporté* (ménagé) par égard pour Lancastre, *pour le duc qui est là*, mais prenez garde, si nous recommençons, ce sera le diable! — *le diable y sera.*

J'aime assez la réponse de l'Anglais, il n'est guère moins brave que le Breton, il est plus laconique. — *Nous recommencerons*, dit Bembro, ce qu'il appuya d'un coup si violent que l'arme s'arrêta dans la cuirasse de Bertrand; Duguesclin répondit d'un coup d'épée qui perça Bembro d'outre en outre, moins le foie et le poumon :

<small>Puisqu'il ne li perça le foie ni le poumon.</small>

Cependant l'Anglais en avait assez *pour sa livroison*, il était mort !

Bertrand Duguesclin fut le héros du siége de Rennes ; il rendit à la ville assiégée l'audace et l'espérance ; il mit à profit également le courage et la ruse ; routier, soldat, capitaine, officier de fortune, il fut même quelque peu matamore, ce qui ne déplaisait à personne. Charles de Blois, pour récompenser ses bons et fidèles services, donna au jeune capitaine la terre et seigneurie de La Roche-Derrien. Ainsi Bertrand Duguesclin faisait une grande fortune dans cette guerre de Bretagne pleine de misères. Terre malheureuse, s'écrie le poëte ; malheureuse autant que la France, ce beau jardin qui se couvre de tant d'épines à cette heure funeste, car il faut le dire, notre chroniqueur Cuvelier est plus Français qu'il n'est Breton, il s'inquiète beaucoup plus pour la France que pour la Bretagne ; ce qui l'occupe surtout, c'est le résultat des grandes luttes de la France et de l'Angleterre ; de la vieille Armorique, il ne sait rien, sinon ce qu'il en a appris dans les prophéties de Merlin et du roman de Brut. Mais cependant les Bretons se retrouvent dans chacune de ces batailles, ils sont mêlés à ces rudes guerres dont leur presqu'île est le théâtre ; ils tiennent la première place dans cette ardente mêlée des faits, des idées et des hommes français, normands, anglo-normands, anglo-saxons. Ils sont partout, en Espagne, en Italie, en Allemagne, faisant leurs preuves de courage, d'habileté, d'audace, de patience ; soldats qui avaient en eux-mêmes l'instinct et le génie de la guerre, aventuriers héroïques qui s'en vont au loin chercher les aventures, pendant que leur pays est envahi par un peuple étranger ; si bien qu'en dépit même de ses sympathies toutes françaises, le vieil historiographe de Duguesclin en revient toujours à la Bretagne, comme au théâtre solennel des guerres qu'il raconte.

Les premiers chants de notre poëme sont remplis du récit des duels et rencontres du *bon* Bertrand. Il a cependant vingt-huit ans, à cette heure, mais le poëte ne lui en donne que dix-huit et il le traite en conséquence. L'aventure du siége de Dinan est vivement racontée. C'était pendant la trêve ; le frère de Bertrand, Olivier Duguesclin, qui fut plus tard un des meilleurs capitaines de l'armée française, était alors un *jeune faisant ses volontés* ; à l'abri de la trêve, Olivier sort dans les campagnes et il fait la rencontre d'un capitaine anglais, Thomas de Cantorbéry, frère du célèbre archevêque assassiné au pied des autels. L'Anglais, contre le droit des gens, et par haine pour Bertrand, s'empare de ce jeune homme désarmé et tout

seul. Le jeune homme après s'être nommé dit au capitaine Thomas :
— Je me rends,

> Mais je crois vraiment que vous me renderez.

Thomas emmenait son prisonnier, lorsque Olivier fut reconnu par un soldat breton, qui s'en vint prévenir Bertrand Duguesclin en toute hâte. En effet il rencontre Bertrand,

> Qui regardoit le jeu de la paume à Bandon...
> Et quand Bertran l'oyt, rougit comme un charbon.

Au même instant Duguesclin montait à cheval, et il s'en va à *quinte d'éperon* au camp du duc de Lancastre. A cette nouvelle que le bon capitaine est au camp anglais, tous les Anglais d'accourir et de lui faire amitié. Jean Chandos, Robert Knoles, lui-même le comte de Monfort, font gracieux visage à Bertrand. Le duc de Lancastre jouait aux échecs (à ce jeu-là Jean *sans Terre* a perdu la Normandie). — Soyez le bienvenu, dit-il à Bertrand : *de mon vin beuverez.*

Alors voilà Bertrand qui raconte l'insulte de Thomas, *le frère à l'arcevesque.* Il redemande son frère Olivier Duguesclin. — Sire Bertrand ! votre frère vous sera rendu, répond Lancastre. — Beaux seigneurs, grand merci, dit Bertrand ; mais il faut que la réparation soit complète, — faites venir le chevalier. — Faulx chevalier, dit Guesclin,

> Jamais ne mangerai que iii soupes au vin,

avant d'avoir châtié ta félonie. Or ces *trois* soupes au vin, le bon chevalier les mangeait en l'honneur de la très-sainte Trinité. Ces sortes de vœux étaient fort en usage dans la chevalerie : la reine Isabelle fait vœu de ne pas changer de chemise avant d'avoir pris Grenade ; durant la guerre de Flandre, les chevaliers anglais portent un morceau de drap rouge sur l'œil gauche. — La cause de Duguesclin paraît si juste à tous ces Anglais, que Jean Chandos, dont l'estime et l'admiration vont jusqu'à l'enthousiasme, jusqu'au respect, lui prête son meilleur cheval. Le bruit de cette rencontre remplit bientôt et le camp et la ville ; les remparts se couvrent d'une foule inquiète, attentive ; — ce fut alors que la propre fille du seigneur Robert Raguenel, la belle Tiphaine, *qui vingt-trois ans avoit, et bien endoctrinée,* — Tiphaine *la Fée,* ainsi on l'appelait tant elle était sage, voyant toute cette ville épouvantée du danger que courait son défenseur, se mit à les rassurer tous :

> Car vous le reverrez, avant la nuit faillant !

Cette ville de Dinan qui s'inquiétait avec des larmes de son vaillant défenseur, a eu l'honneur de posséder le cœur du connétable, ce fut même sa dernière volonté, car à Dinan même, dans l'église des Jacobins, reposait cette belle Tiphaine Raguenel, la fée bienfaisante qui, plus d'une fois, à l'heure de minuit, s'est montrée sur les ruines de la Motte-Broons. Le temps a passé sur le château, et il en a dispersé même les ruines. A peine peut-on vous dire l'emplacement de la tourelle, à peine si vous retrouvez quelques vestiges des vieux fossés ; une modeste pyramide s'élève seule au milieu de ces marais solitaires ! — Mais l'ombre de la fée Raguenel, mais le souvenir du bon connétable, mais la reconnaissance et le respect des hommes pour tout ce qui a été grand et fort, protégent encore ce silence, cette tristesse, cette désolation.

Quant au champ de bataille sur lequel vont se rencontrer tout à l'heure les deux champions, de jeunes arbres entourent aujourd'hui de leur ombre bienveillante cette arène célèbre ; le champ-clos est devenu une promenade, c'est toujours le *Champ Duguesclin* ; mais reprenons notre récit.

Cette fois, plus que jamais, la rencontre promettait d'être terrible et solennelle. Le comte de Penhouët, gouverneur de Dinan, homme prudent et avisé, pour mettre sa ville à l'abri de toute surprise, fait prier Lancastre que la rencontre ait lieu dans la ville même. Lancastre accepte, il viendra dans la ville, lui vingtième, accompagné des deux champions. Jamais le sire Duguesclin n'avait été plus magnifique ; riches habits, bassinet d'or, et les gants et le glaive et le harnois et le cheval à l'avenant. Moins assuré était déjà le chevalier anglais. Il n'avait pas compté sur un champ clos si bien gardé ; il espérait que ses gens le soutiendraient au besoin dans ce duel. — A la dernière minute, un accommodement est proposé par l'Anglais ; mais Bertrand ne veut rien entendre. Il se battra, à moins que Thomas de Cantorbéry,

> Si rendre ne me veult, devant la compagnie
> Son espée en sa main, par la pointe aiguisie...

Puis il ajoute...

> Ce serait grand folie,
> Car on doit plus doubter la mort que vilhenie.

Les moindres détails de cette rencontre sont pleins d'intérêt.

Duguesclin se bat en gentilhomme; l'Anglais se défend comme un traître qui a peur. A la fin, Duguesclin se jette sur ce chevalier félon,

et il va pour lui trancher la tête; l'Anglais tremble :

> Il ne voit point Bertran, mais il le sent assez.

Des chevaliers, accourus au nom du duc de Lancastre, demandent grâce et merci pour le vaincu. La colère de Bertrand est si grande (lui si humain d'ordinaire), qu'il résiste à cet ordre :

> Beaux seigneurs, laissés-moi ma bataille appointer.

Appointer est d'une rare énergie. Cependant il se laisse toucher, il ouvre cette main de fer qui tenait l'homme à la gorge :

> Et, disoient les Anglois, que cet homme est donc grand!

Lancastre fait délivrer à Bertrand : *le baron*, les armes et le cheval de Thomas ; il veut que Thomas paie mille florins d'or, et enfin il le chasse de sa cour; ce qui prouve que le jeune Olivier Duguesclin avait raison quand il disait à Thomas de Cantorbéry :

> Mais je crois vraiment que vous me renderez.

Cette journée mémorable s'acheva dans les fêtes et dans les plaisirs ; la ville de Dinan donna un grand festin à ses hôtes, et les dames de la ville, sans oublier la belle Tiphaine, la fée heureuse et fière de sa prédiction accomplie, burent à la santé du duc de Lancastre. L'ancienne courtoisie vivait encore ; la vieille amitié n'était pas tout à fait évanouie ; l'Anglais restait en grande estime, et certes on ne peut s'empêcher d'applaudir à cette parole de Lancastre, qu'il ne veut ni traîtres, ni poltrons à sa cour :

>Et que jardin est beau, et de noble façon
>Où l'ortie ne peut venir en sa saison.

Voilà par quelles saillies impétueuses d'un courage que rien n'arrête, Bertrand Duguesclin préludait au grand rôle qu'il va jouer tout à l'heure. Jusqu'à présent nous n'avons guère vu que le soldat intrépide, mais le chef d'armée, mais l'habile capitaine, celui-là, nous allons le trouver à la tête des soldats de la France, sauvant tout simplement une grande monarchie et un grand peuple. Certes, il se fait temps que ce vaillant homme vienne en aide à la France. Le roi est captif, le royaume est au pillage, l'autorité n'est plus nulle part, la trahison est partout, le traité de Brétigny pèse sur nous comme un joug de fer. Alors se rencontrent Charles V et Duguesclin, pour accomplir, celui-ci par sa sagesse, celui-là par son épée, une œuvre presque impossible. Entre Duguesclin et le roi Charles V, le traité fut bientôt conclu : à l'un le trône des ancêtres, à l'autre l'épée des conquérants ; à l'un la gloire de la paix, la gloire sainte et calme, celle qui fait les peuples heureux ; à l'autre, la gloire, le tumulte, les émotions, les ambitions ardentes et généreuses de la bataille ; à l'un et à l'autre, l'Anglais à combattre, la France à rendre puissante et grande, le sol à délivrer de ces ennemis qui reviennent toujours.

N'allons pas si vite ; entre la levée du siége de Dinan et la bataille d'Auray, qui ravit à la duchesse de Bretagne son mari et son duché, il faudrait placer de nombreux exploits de Bertrand Duguesclin contre les Anglais qui désolent la Bretagne. Peu à peu, malgré les gracieusetés de Lancastre et les amitiés que lui fait Jean Chandos, messire Bertrand se met à haïr les Anglais de tout son cœur. Haine vigoureuse, active, passionnée ; et en ceci, Duguesclin était imité par toute la Bretagne. Les Bretons le saluaient, les mains jointes ; les hommages, les respects, les riches présents l'attendaient à son passage. Charles de Blois avait confié à Bertrand Duguesclin une partie de sa cause, il l'avait présenté en grande pompe à la duchesse ; —et cette dame hautaine, qui préféra perdre le duché entier, plutôt que d'en sauver la moitié seulement, se levant au nom seul de Duguesclin, se jeta à son cou avec des larmes. Elle-même elle voulut le marier à cette belle Tiphaine Raguenel, qui avait été pour Bertrand la fée bienveillante. Ainsi maître Cuvelier ne mentait pas en disant : Et fut son *espousée*

<blockquote>Malgré maint chevalier dont elle fut aimée.</blockquote>

Tiphaine, ou bien Épiphanie Raguenel, était fille de Robin Raguenel et de Jeanne de Dinan, héritière de Bellièvre, et elle a montré qu'elle était bien digne d'être la femme d'un héros. — On raconte que le jour même de ses noces, et quand le château de Pontorson était dans la joie, le sire Duguesclin fut appelé au dehors par un Anglais nommé Jean Felleton, qui venait de débarquer à la Hogue à la tête de trois cents lances. Jean Felleton est fait prisonnier, à la suite d'une sanglante rencontre, dans la lande de Combour. Cet Anglais-là n'est guère mieux traité par les faiseurs de chroniques que tous les autres. Felleton est un vantard, un homme sans foi, un faux chevalier, un traître ; il veut prendre, la nuit, par surprise, le château de Pontorson ; mais Julienne Duguesclin (morte abbesse de Saint-Georges, à Rennes, en 1405), réveillée par un songe, renverse l'Anglais de son échelle et donne l'alarme à tout le château.

Ce fut durant la guerre contre Charles *le Mauvais*, protégé et soutenu de toutes les forces de l'Angleterre, que Bertrand Duguesclin entra véritablement au service de la France. Le dauphin l'appelait à son aide, Duguesclin obéit au régent de France ; il prend congé de sa femme (comme Hector d'Andromaque, dit la chronique), et il arrive sous les murs de Melun, avec deux cents hommes à lui. Accueilli avec grande faveur par le régent, sire Bertrand paie d'abord les intérêts de sa mauvaise mine. — *Petit on le prisait*, mais quand on le vit à l'œuvre, sous les murs de Melun, grimpant à l'échelle, l'écu sur la tête, puis précipité dans le fossé par une pierre qui devait tuer un bœuf, et se relevant l'épée à la main, en criant : — *Notre-Dame Guesclin!* alors il fallut bien que les beaux gentilshommes de l'armée française rendissent toute justice à ce noble enfant de la Bretagne. Désormais, l'armée française n'aura pas d'autre chef que Bertrand Duguesclin ; c'est contre lui que Charles *le Mauvais* aura à se défendre. En vain le roi de Navarre s'est préparé à la guerre de longue main ; en vain il a fortifié les villes à l'avance, Duguesclin saura tout reprendre. C'est ainsi qu'il prit au roi de Navarre, la ville de Mantes, la veille même du jour où le roi Jean mourait dans sa prison de Londres, le 7 avril 1364. — La ville de Mantes fut prise par une de ces ruses admirables que l'illustre capitaine a introduites dans la guerre moderne. Il s'était déguisé en vigneron :

> Droit au soleil levant à cette matinée
> Sont venus les bourgeois à la porte fermée,
> Li un a regardé parmi une valée :
> — Quelles gens vienne ici qui leur voie ont hâtée?
> Ce sont des vignerons de la nostre contrée
> Qui se viennent louer pour gagner leur journée...
> Et les vignerons ont commencé la meslée,
> Aux bourgeois ont donné mainte dure colée.

Le sire Duguesclin, *monté sur un noyer*, suivait du regard le succès

de sa ruse. Arrivent, au cri de leur chef, le capitaine Lannoy, Louis de Châlons, toute la bande ; les habitants se réfugient dans l'église, car, dit le poëte, assez prudent de son naturel :

> Il vault mieulx reculer une grant enjambée
> Que chercher le debat pour mourir à l'espée.

Et l'église se rendit tout comme la ville de Mantes. — La tour de Rolleboise fut emportée le jour suivant.

La tour bien et dûment rasée, Duguesclin s'en va mettre le siége devant Meulan, accompagné des bourgeois de Rouen qui avaient défendu Rolleboise. Meulan devenait plus que jamais, pour le roi de Navarre, une ville importante à garder. Hautes murailles, forteresse bien défendue, pont sur la Seine, qui dominait le cours de la rivière; — habitants disposés à ne pas ouvrir leurs portes. — Toute la ville était bien pourvue :

> De pain, de chair salée et de bon vin friant.

Quand il a considéré la place sous toutes ses faces, Duguesclin la fait investir. Il donne le signal de l'assaut; les échelles sont placées aux murailles; on brise les barrières. Victoire! la ville est prise, les bourgeois se rendent, les soldats se retirent dans la citadelle. « Vous la prendrez quand vous aurez des ailes! » disait le gouverneur. — Aussitôt Duguesclin fait avancer quelques pièces de canon ; c'était encore un art dans l'enfance, mais le coup d'œil du grand capitaine ne s'était pas trompé, et il prévoyait combien, avant peu, ce serait là une importante révolution dans l'art de la guerre. En même temps il faisait miner la citadelle, et, sur sa tour croulante, le gouverneur se rendit enfin :

> Ainsi consquit Bertran la ville et le donjon.

La perte de ces trois villes porta un coup bien funeste à la fortune du roi de Navarre. « Tant que nous aurons Duguesclin contre nous, disait le Navarrois, nos affaires iront de mal en pis. » A quoi le captal de Buch, qui ne doutait de rien : « Sire, laissez-moi faire, je vous l'amènerai pieds et poings liés. — Ah! beau cousin, répondit Charles *le Mauvais*, plût au ciel! » Cependant le Navarrois redoublait d'efforts, Duguesclin, de prudence; Duguesclin appelait à lui les plus vaillants hommes, amis du roi de France, car maintenant le duc de Normandie était devenu Charles V par la mort de Jean, fils de Philippe de Valois. Duguesclin avait choisi Rouen pour le rendez-vous de son armée, et là se rencontrèrent, pour servir sous les drapeaux du vaillant capitaine, le comte d'Auxerre (Louis de Châlons), le comte de Tonnerre, les seigneurs de Hannequin, de Beaumont, de Bournonville, de Rambures, de Serpi, de Villequier, de Bétancourt, de la Treille, le Bègue de Villaine, de Cayeu, de Graville, de Beaujeu, de Vienne, de Poitiers :

> Toute gens de grant biens, hardi et combattant,

et aussi les compagnons inséparables de la fortune de Bertrand, son frère Olivier, Guillaume Bouestel, Olivier de Mauny, Eustache de la Houssaye, Roland du Bois. A la tête de cette brillante armée, Bertrand s'en va jusqu'à Pont-de-l'Arche, attendant le captal. Le captal de Buch ne paraissait pas encore : où il était, nul ne pouvait le dire. C'est que de son côté, il cherchait l'ennemi, avec la bonne envie d'en venir aux mains, car il savait l'armée de Duguesclin moins nombreuse que celle de Charles *le Mauvais*; et qu'une fois revenus de sacrer leur roi à Reims, les meilleurs seigneurs de la France, en toute hâte, reprendraient le harnais. En un mot, nous sommes à la veille de la bataille de Cocherel.

Entre la ville d'Évreux et le pont de Cocherel s'élève une colline que domine une montagne; au pied de cette colline s'étend une vaste plaine sur les bords charmants de la rivière d'Eure. C'est là que s'arrête le captal de Buch pour attendre l'ennemi. La position était forte et bien choisie; la gauche du captal était couverte par un bois taillis; la colline décroissante devait protéger l'aile droite; l'arrière-garde, placée sur les hauteurs, devait accourir au premier ordre; la campagne d'Évreux pouvait fournir tous les vivres nécessaires. — La nuit se passa en préparatifs.

Le lendemain, le 16 de mai, à dix heures du matin, arrivait d'un bon pas Bertrand Duguesclin. Il passe le pont de Cocherel et va se poster dans la plaine, sans que l'ennemi fasse mine de disputer le passage. Tout comme le captal, Duguesclin avait divisé son armée en trois corps : — un corps de soldats bretons dont il s'était réservé le commandement; un corps de soldats français, normands, picards, bourguignons, sous les ordres du comte d'Auxerre; un corps de Gascons commandés par un Breton, Guillaume Bouestel; la bataille se présentait à peu près comme dans la lande d'Évren. D'une voix unanime, le comte d'Auxerre donnant l'exemple, il est convenu que l'armée aura pour cri de ralliement : *Notre-Dame Guesclin!* — Le combat était imminent. — Cependant Bertrand Duguesclin fait crier à son dé-

trompe, que celui-là peut se retirer librement qui sent faiblir son courage; mais on sera sans pitié pour quiconque s'enfuira durant la bataille; et les soldats disaient :

> Nenni, nenni, Bertran, pas n'avons cœur de cel
> Nous mourrons ou vivrons, avec vous sur le préel !

Sur les hauteurs qu'il occupe, le captal de Buch reste immobile; on le provoque, on lui tue des fourrageurs, rien ne lui fait quitter sa position. La journée s'écoula sans autre incident que le trait hardi d'un bon chevalier français, Enguerrand de Hesdin. Il avait passé la nuit à Vernon, où se trouvait Blanche de Navarre, et la noble dame, pour empêcher le gentilhomme de rejoindre Duguesclin, avait fait fermer les portes de la ville. Enguerrand s'était précipité, à cheval, dans la rivière, et il arrivait à bride abattue, pour prendre sa part de gloire dans la journée de Cocherel. « Ah! disait la reine, tant de vaillance est d'un mauvais présage pour nous. »

Le lendemain, on se remit en bataille; Duguesclin manquait de vivres et ne pouvait attendre plus longtemps. Un hasard heureux vint enfin engager l'une et l'autre armée. Un chevalier anglais, fanfaron comme nous l'étions à Crécy, s'en vint au milieu de la plaine pour faire le coup de lance contre le plus hardi de l'armée. Tous se présentent, Duguesclin choisit, pour être le champion de l'armée, Bertrand du Bois, gentilhomme breton. Du premier coup de lance, du Bois perça l'Anglais de part en part; comme il emmenait le cheval du vaincu, six chevaliers du captal accourent pour reprendre le cheval, à son tour du Bois est secouru par six Bretons de sa compagnie... Déjà Bertrand se frottait les mains de joie, pensant que le captal allait descendre, le captal resta silencieux et immobile sur ses hauteurs.

Alors l'idée vient à Bertrand, esprit inventif, de sonner la retraite. On plie les tentes, on replace les bagages, on fait défiler les chariots, l'armée entière s'ébranle pour rejoindre le pont. — Et la ruse réussit, et le captal lui-même bien étonné, crut à la retraite de Duguesclin; surtout l'Anglais Jean Touel était impatient de se jeter dans cette mêlée. Le premier il se précipite sur les fuyards; il est suivi par le captal : c'en est fait, l'armée du roi de Navarre est engagée... A ce moment Duguesclin s'écrie que sa bataille est gagnée. En vain le captal de Buch veut reprendre sa position, il est forcé de rester dans la plaine. Cette fois, en effet, il fallait en venir aux mains. On se bat avec un acharnement incroyable; le courage est égal de part et d'autre; ce n'est pas une bataille, c'est une boucherie. On se battait corps à corps, et chaque coup portait. — Un chevalier breton, Thibaut du Pont, tenait à deux mains une épée longue et pesante avec laquelle il tranchait les têtes les plus hautes; son épée se brise, alors il prend sa hache d'armes et recommence de plus belle. « Pour « Dieu, disait Guesclin, mes amis, souveygne-vous que nous avons « un nouveau roi en France, qu'aujourd'hui sa couronne soit *estrainée* « par nous! » Le combat dura depuis midi jusqu'au soir avec le même acharnement. On ne se bat ainsi que dans les guerres civiles : Français contre Français, Gascons contre Gascons. La rage était si grande, que les goujats des deux armées, laissés à la garde du camp, en vinrent aux mains, à coups de dagues, de bâtons et de couteaux. — Le captal de Buch (Jean de Grailly, allié aux princes de la maison de Foix) combattit jusqu'à la fin, pied à pied, avec un courage digne d'une meilleure cause. A la fin il allait succomber sous la hache de Thibault de Pont, qui lui criait en vain : « *Rendez-vous !* » lorsque Duguesclin vint à l'aide du captal, et le captal lui remit son épée :

> Seigneurs, à Cocherel droit en mi la vallée
> Fut grande la bataille et fière la mellée,
> Hardis fut le captal et le noble Bertran ;
> Furent mus les Englois à deuil et à torment.

La bataille était gagnée, l'armée du Navarrois était dispersée, lorsque l'on vit accourir dans le lointain un corps de cent cinquante lances anglaises qui fut taillé en pièces. Telle fut cette bataille de Cocherel, bataille signalée entre toutes, par la justice de la cause, par l'importance du résultat. La nouvelle heureuse en vint à Charles V, au pied de l'autel de Reims, et jamais *Te Deum* solennel ne fut chanté avec plus de joie et d'orgueil.

A Cocherel, Bertrand Duguesclin fit peut-être autant que de sauver la France, il sauva la royauté; aussi bien la récompense fut digne d'un roi : le roi Charles V s'en vint à Rouen pour complimenter cette armée qui l'avait si bien servi; il nomma Duguesclin maréchal de Normandie, seigneur de Pontorson, comte de Longueville [1].

Quand il eut repris (en passant) la tour de Valognes, défendue par trente Anglais qui se croient insultés et qui font tête à toute une ar-

---

[1] Longueville *la Guiffarde* en Caux, lequel comté, confisqué sur Charles *le Mauvais*, fut repris par Charles V, lorsqu'il eut payé la rançon de Duguesclin fait prisonnier à la bataille d'Auray. Cette récompense méritée, qui faisait de Duguesclin un des plus grands seigneurs de la monarchie française, lui fut décernée le 27 mai 1364, dix jours après la victoire de Cocherel.

mée !) Il quitta la Normandie pour gagner en toute hâte la Bretagne ; on était à la veille de la bataille d'Auray. — A ce moment se place la mort du bon gentilhomme qui était le père de Duguesclin. C'est la perte irréparable, même pour les plus illustres enfants, car enfin, cela double la gloire d'obtenir l'applaudissement paternel. — Duguesclin fut de retour assez tôt pour être le témoin de cette bataille d'Auray qui se donnait sans son consentement. Cette fois encore l'Angleterre était triomphante ; la lutte des deux nations, lutte affreuse dont la Bretagne était le théâtre, se terminait au préjudice de la France. Montfort était mort, Duguesclin était prisonnier de Chandos, qui l'entourait, dans sa captivité, de preuves innombrables de bienveillance et d'intérêt. C'étaient deux hommes faits pour s'aimer, deux soldats, aimant la guerre l'un et l'autre d'une passion généreuse ; se connaissant de vieille date pour s'être vus à l'œuvre, chacun de son côté. Naturellement Chandos voulait un haut prix de son captif ; nous avons sous les yeux la lettre de Chandos au roi de France, traitant de la rançon de Duguesclin, et la lettre est d'un brave homme. Sur les cent mille francs qu'il a demandés pour rendre son captif (somme énorme en ce temps-là), Chandos a reçu quelques avances : « Mon très-honoré et très-redouté seigneur, écrit-il au roi Charles V, « vous savez, s'il vous plaist, come dernièrement vous me deviez et « estoiez tenu faire paiement de vingt mille francs, demeurant de « plus grande some pour cause de monseigneur Bertran, de laquelle « some je n'ai heue ny reçue, que douze mille et cinq cents francs. » Et il ajoute que s'il presse ainsi le roi d'acquitter sa dette, c'est que lui-même, Chandos, il est obligé de payer à Aubert Jehan, *un de vos bourgeois*, mille francs pour mon amé compagnon Michel d'Agworth. Faisant droit à cette requête, le roi de France ordonne à son trésorier qu'il ait à payer « notre amé et féal Jean Chandos, vicomte de Saint-« Sauveur et connétable d'Aquitaine ; et gardez bien, ajoute-t-il, que « en ce, n'ait aucun défaut. » Et notez bien que le roi de France ne se trouva pas assez riche pour payer à lui seul cette somme qui lui rendait un capitaine dont la France ne pouvait se passer ; Duguesclin en paya sa bonne part, toutes ses économies y furent employées, et il rentra dans les armées aussi pauvre qu'il y était entré d'abord.

Le traité de Guérande, qui assurait la couronne ducale de Bretagne au gendre du roi Édouard III, semblait avoir apporté quelque trêve entre la France et l'Angleterre ; mais le royaume de France, au sortir de ces guerres sans conclusion, se trouvait la proie de tous les soldats et officiers de fortune; ils s'étaient habitués à ne vivre que de leur épée, et, maintenant que la paix était faite, ils ne savaient plus quel emploi donner à leur courage. Ces bandits, et quel nom leur donner? avaient fait de la guerre un gagne-pain. Des citadelles à renverser, des murailles à défendre, des batailles et des rencontres, — le pillage surtout, tel était leur travail de chaque jour. Facile et terrible travail, travail d'un instant suivi de longues débauches, abominable métier d'un soldat vénal qui ne se bat ni pour la gloire, ni pour l'honneur, ni pour le toit domestique, ni pour le vieillard, ni pour l'enfant au berceau, ni pour sa mère éplorée, ni pour son prince, ni pour son Dieu; — il se bat pour boire et pour jouer aux dés toute la nuit et tout le jour. Aussi longtemps que durait la guerre, ces gens-là avaient une valeur, on louait leurs bras à tant la bataille; mais durant la paix, ils n'appartenaient plus à personne; pas un seigneur n'en voulait, même pour rien; alors ils devenaient l'effroi du laboureur; à leur approche toute cité fermait ses portes, toute citadelle faisait entendre le cri d'alarme. La société avait beau rentrer par la paix dans ses droits imprescriptibles, elle restait face à face avec ces brigands. Il en venait de partout, du Brabant et de la Flandre, de l'Angleterre et de l'Écosse, de la Normandie et de la Bretagne; ajoutez que de la discipline militaire, et ceci ne les rendait que plus dangereux, ils avaient conservé l'union et l'obéissance. Ce n'était pas une bande, c'était une armée. C'était ce qu'on appelait alors *les grandes compagnies*, et chaque compagnie avait un chef, et le plus souvent ce chef lui-même était ou un gentilhomme ruiné ou le cadet de quelque grande famille; les uns avaient leur fortune à faire, les autres avaient à la refaire. Eh! ce sont les mêmes hommes que nous avons rencontrés dans ces batailles à chaque instant renaissantes! Ce sont les vaillants hommes que nous avons retrouvés à la suite de Duguesclin, en Normandie, en France, en Espagne, dans la Bretagne, redoutables chevaliers à qui ces bandes obéissaient sur un signe; on n'eût pas osé les licencier; quant à les attaquer en bataille rangée, ils auraient battu l'armée royale! Ils s'étaient établis dans le cœur de la France, à peu près comme les Normands de Tancrède dans le cœur de l'Italie, et vous pensez si le roi Charles V avait hâte de purger le royaume de cette écume. — Telle sera l'œuvre de Duguesclin! voilà le grand service qu'attend de lui le royaume de France. Ah! si nous étions encore au temps des ferventes croisades! si saint Bernard était là encore pour traîner au bout de son cordon cette ardente populace jusque sous les murs de Jérusalem, avec quelle joie Bertrand Duguesclin eût retrouvé dans les plaines de Damiette et de la Massoure les traces de son aïeul Glayquin, digne compagnon du duc de Bretagne! Mais l'Orient était une terre trop lointaine pour les projets de Charles *le Sage*; il avait à refaire, avant tout, l'autorité royale, à retrouver les frontières de la France, perdues dans les ruines et dans les incendies; s'il faisait les frais d'une guerre, encore fallait-il que cette guerre portât ses fruits. A ces causes, il avait mieux que la croisade à entreprendre, il avait à châtier un ennemi de la France, un allié de l'Angleterre, don Pèdre (Pierre *le Cruel*), roi de Castille, l'assassin de sa propre femme Blanche de Bourbon, qui était la belle-sœur de Charles V. Blanche avait été tuée en 1361, il y avait déjà six années! Cette guerre de Castille était belle autant qu'utile; la France, dans cette invasion qui transportait la guerre et les grandes compagnies hors du royaume, pouvait compter sur l'alliance du propre frère de don Pèdre, don Henri de Transtamare, le fils du même père. Henri, chassé par son frère, s'était réfugié à la cour de France, où il avait fait amitié avec les plus nobles maisons. Le roi Jean l'aimait pour son courage; ce jeune prince était à la bataille de Poitiers, et il n'avait quitté la France que pour aller au secours du royaume d'Aragon, envahi par don Pèdre. Donc le pays était nouveau, le motif était juste, la cause populaire, l'heure bien choisie pour délivrer la France de ces bandes de *tard-venus* que la paix de Brétigny avait repoussés de l'Ile de France, de la Normandie, de la Bretagne, de l'Aquitaine, pour les rejeter dans le Berry, dans le Limousin, dans les terres du Pape. — Au nom de Duguesclin les grandes compagnies répondirent que cette fois elles étaient prêtes à partir; où le bon chevalier les voudra conduire, elles le suivront; où il ira, elles iront : ils n'étaient pas moins de quarante mille hommes à prêter ce serment de dévouement et d'obéissance. Non, le départ pour la Palestine ne se fit pas avec plus d'enthousiasme et de plus vastes espérances. Ces bandits étaient fiers de leur mission; l'imprévu les animait et les poussait; leurs capitaines s'estimaient heureux de servir le roi de France et de combattre sous Duguesclin; de chefs de bandes qu'ils étaient naguère, ils redevenaient de bons et loyaux gentilshommes.

Avignon fut la première étape de ces étrangers convertis. La visite et le voisinage n'étaient pas rassurants pour le saint-père (Urbain V); — l'avalanche passa sans faire très-grand mal au souverain pontife, sinon l'emprunt forcé de quelque argent et de ses bénédictions; plus on avançait et plus ces bandes devenaient des soldats. Ils se faisaient en leur chemin raconter les crimes de don Pèdre : sa mère empoisonnée par lui, ses frères égorgés, ses sœurs exposées aux lions; plus ils approchaient du but, plus grandissait l'indignation. Enfin on arriva dans la Castille, et aussitôt Duguesclin mit à l'œuvre cette armée ramassée au hasard : Français, Bretons, Espagnols, Anglais, Aragonais, il y en avait de toutes les nations dans cette armée, et de l'émulation de tous, Duguesclin se servait habilement. C'est ainsi qu'au siége de Burgos, il s'écria que les Anglais étaient déjà sur les remparts! A ce cri les Bretons et les Normands percent le mur pour que l'Anglais n'entre pas le premier dans la ville. Cette guerre de Castille montre Duguesclin dans le plus vif éclat du commandement militaire; il y employa tout son courage et tout son génie; il créait, en se jouant, un art nouveau; cette armée formée par lui, dont il était l'âme et le chef, l'obéissance et la vertu, apprenait à cette école les plus rares et les plus difficiles secrets de la guerre, soit qu'il s'agisse de prendre une ville ou de la défendre, de renverser un rempart ou de l'élever si haut que nul ne puisse l'atteindre; ou bien de se battre en bataille rangée, ou même, en certains cas, pour déjouer les prévisions de l'ennemi, d'arriver par sauts et par bonds, à la façon d'une bande de pillards. Après avoir fait ses soldats obéissants, Duguesclin les fit riches, car vous l'avez vu par l'exemple des plus braves et des plus honnêtes gens, la guerre en ce temps-là peut et doit enrichir son homme; la ville prise est livrée au pillage, le captif paie sa rançon; si l'armée fait un roi (elle en fit un en Castille, don Henri, frère de Pierre *le Cruel*), le nouveau roi devra payer et paie en effet sa bienvenue sur ce trône que les soldats lui donnent.

C'est ainsi qu'à son couronnement, dans le monastère de Las Huelgas près de Burgos (le jour de Pâques 1366), don Henri donna à Duguesclin le comté de Transtamare et le comté de Soria; il le créait en même temps duc de Molinès et connétable de Castille. Les chefs de l'armée ne furent pas oubliés dans cette reconnaissance d'un prince qui avait besoin de tout son monde. Pour n'être pas en reste avec don Henri, Duguesclin lui donna Tolède, et avec Tolède, Séville. Dans Séville s'était retiré don Pèdre, comme dans sa dernière forteresse; de là il avait appelé les Maures à son aide, ce qui donnait aux *grandes compagnies*, ou, pour parler comme les Castillans, aux *compagnies blanches* (*gente blanca*), un petit air de croisade chrétienne qui n'était pas inutile au courage des soldats. — Au siége de Séville, Duguesclin est partout, il appelle à son aide son courage et son génie : les embuscades, les feintes, les faux avis, les alertes, les surprises, les ruses, la vérité, le mensonge, les semblants, les moindres hasards, il est bon à tout, prêt à tout, à la bataille rangée et à l'échauffourée, comptant sur l'avant-garde, et comptant sur la réserve, fort avec la cavalerie, fort avec les gens de pied, se servant du canon et des arcs, essayant, cherchant, inventant ; aujourd'hui content de cent bonnes lances, le lendemain n'ayant pas trop de vingt mille hommes ; capitaine, général, soldat qui se bat la hache à la main : il était çà et là conduisant ses Bretons, l'oreille tendue aux moindres bruits, l'œil au guet, la main à l'épée. — Et pourtant le siége durait depuis trois mois ; c'était à recommencer chaque matin. — A la fin la ville est prise ; prise, Séville, la merveille ! Voilà don Henri tout à fait roi d'Aragon et de Castille ! Désormais don Pèdre est en fuite, et n'a plus d'autre espoir que dans le roi de Navarre, *le Mauvais*, digne allié du *Cruel*, et en la protection du prince de Galles, ce grand prince qui à l'âge de quatorze ans avait eu sa bonne part dans la victoire de Crécy gagnée sur Philippe de Valois. Le *prince Noir* avait alors trente-cinq ans, il commandait en Guienne, en Poitou et dans les provinces cédées à l'Angleterre par le traité de Brétigny ; riche et tout-puissant, le frère des chevaliers, le bienfaiteur des beaux-arts, le prince de Galles tenait à Bordeaux une cour brillante et digne d'un roi. Don Pèdre, chassé de l'Espagne, vint se jeter aux pieds du prince Noir, et il ne fallut pas le prier longtemps. Cette guerre plaisait à Chandos, à Felleton, à tous les capitaines anglais et gascons avides de gain et de gloire. Ici recommence sur un autre théâtre la guerre qui s'est agitée naguère entre les deux peuples de France et d'Angleterre pour la succession au trône de Bretagne ; ici vous allez retrouver une lutte qui ressemble à la lutte de Blois et de Montfort. En Castille, l'Anglais aura de nouveau la France à combattre, le *prince Noir* va retrouver Duguesclin ; on se bat aux dépens de l'Espagne, comme on se battait naguère au préjudice de la Bretagne. En Castille d'ailleurs non moins qu'en Bretagne, l'intérêt anglais s'accommodait peu de l'influence française ; le *prince Noir* n'était guère tenté d'agréer un roi castillan couronné par la France, et de protéger une guerre qui apprenait aux dépens de la Castille, à cette armée de soudards et de routiers convertis, l'obéissance et les devoirs du soldat ; un secret instinct disait déjà à l'Angleterre qu'il ne fallait pas laisser s'abaisser les Pyrénées devant la France; aussi, tout en méprisant *Pierre le Cruel*, l'Angleterre accepta avec joie cette occasion nouvelle de se mesurer contre la France. Quelle plus belle occasion en effet, pour le vieux roi Édouard III, d'illustrer dignement la fin de son règne? Aussitôt toute la Guienne est en armes; l'armée anglaise ne demande qu'un passage qui la conduise en Espagne : le roi de Navarre donnera le passage. Duguesclin cependant et le roi Charles V suivaient avec l'intérêt du courage et du génie ce nouveau remuement de l'Angleterre. Le grand capitaine avait été à Paris, pour en conférer avec le roi de France; mais à Paris Duguesclin ne demeura guère, et il revint en toute hâte dans la Castille, amenant avec lui des Bretons et des Normands et plus d'un jeune gentilhomme français, pendant que, de son côté, le duc de Lancastre allait rejoindre le prince de Galles. Dans l'armée anglaise se rencontraient également des soldats de toute nation : Anglais, Bretons, Gascons, Poitevins, qui s'étaient battus à toutes les batailles de France, de Normandie et de Bretagne; imposante armée de quarante mille hommes de bonne infanterie, soutenus par trente mille hommes de la meilleure cavalerie de l'Europe. La guerre s'engagea vite et bien. Le sire de Mauny, pour châtier le roi de Navarre, le fait prisonnier au milieu même de son royaume; Duguesclin, plein d'ardeur et qui se plaisait à ces fêtes, se porte à l'instant même contre les Anglais et il met en pièces leur avant-garde. Si Duguesclin eût été le maître, il eût fatigué, à force d'escarmouches, l'armée du prince de Galles; il savait les impatiences de l'ennemi, et qu'en deux ou trois mois s'userait cette belle ardeur. — Mais sa prudence ne fut pas écoutée. L'Espagnol s'écria qu'il viendrait à bout de l'Anglais, même sans le secours de Duguesclin; — à quoi Duguesclin répondit sans se troubler à don Henri : — Eh bien, sire, combattons! mais à cette journée je serai prisonnier ou mort. Ainsi le même homme qui s'était opposé à la bataille d'Auray s'opposait encore au combat de Navarette. La bataille est donc arrêtée, toutes les dispositions sont prises : à l'avant-garde Duguesclin et ses Bretons, l'espoir de l'armée espagnole, pleine de cette confiance aveugle qui épouvantait (c'est le mot) le connétable de Castille.

On était au samedi 3 avril 1368, le soleil montrait à peine son premier rayon, quand s'ébranla l'armée anglaise : là se tenaient la fleur des chevaliers et des capitaines : le duc de Lancastre, frère du prince de Galles, Jean Chandos, les deux maréchaux de Guienne, Hue de Caurelée, Martin de Karres, le roi de Mayorque, les comtes d'Armagnac et d'Albret, le captal de Buch, qui se rappelait Duguesclin, le prince de Galles enfin, le digne chef de tous ces gens. Les trompettes sonnent, les deux armées s'ébranlent, le duc de Lancastre marche à Duguesclin ; les flèches épuisées, on tire les épées, et véritablement la bataille commence. Mais l'exemple de Duguesclin et de ses Bretons fut impuissant à retenir l'armée espagnole ; soit trahison, soit terreur, soit l'étonnement d'avoir à combattre toute une armée composée de gentilshommes, les Espagnols lâchèrent pied sans combattre. — Le prince de Galles, qui tient à l'ordonnance de la bataille, dédaigne de poursuivre les fuyards, il veut avant tout venir à bout de Duguesclin et de don Henri. Seul en effet, de cette armée nombreuse, Duguesclin se défend encore. A ses côtés se tenait don Henri comme pour montrer qu'il n'était pas indigne de cette couronne que le héros breton avait placée sur sa tête. — « Partez, prince ! » disait Duguesclin, et il force don Pèdre à quitter la sanglante mêlée. Lui cependant il se battait toujours ; seul contre une armée entière, il ne parlait pas de se rendre. Jean Chandos cherchait Duguesclin, espérant le prendre une seconde fois ; Lancastre le voulait avoir, le captal de Buch y attachait son honneur, don Pèdre voulait tuer le plus ferme soutien de la France : mais l'honneur de cette épée était réservé au prince de Galles. Aussitôt qu'il eut vu que la bataille était sienne, le prince Noir s'était inquiété de Duguesclin :

> Car Bertran Duguesclin, pour Dieu ! n'occiez mie !
> Et li dit : — Rendez-vous, vous y avez trop mis !
> Bertran voit tout autour, ses gens pris ou occis.
> — Au bon prince me rends... car c'est li plus gentilz.

Vainqueur, le prince de Galles resta fidèle aux sentiments d'un vrai chevalier. Il ne voulut pas abandonner cette victoire que Dieu lui donnait à la férocité et aux vengeances de Pierre *le Cruel*, et il confia Duguesclin à l'honneur du captal de Buch :

> Gardez-moi bien Guesclin, car je vous le commande !

Cependant, don Pèdre, forcé de respecter l'hôte du *prince Noir*, cherchait au moins à reconnaître parmi les morts le roi don Henri ; peu s'en fallut, dans sa colère, que cet homme ne poignardât Duguesclin, en s'écriant : — *Qu'as-tu fait de mon frère ?* Toutefois, l'Espagne entière se soumit, oubliant les derniers serments faits à Henri de Transtamare. Cette guerre de Castille, commencée et terminée par la bataille de Navarette, n'eut qu'un instant de joie pour le prince de

Galles; il prit en haine sa victoire, quand il vit de près quel était l'homme qu'il avait rétabli sur ce trône ensanglanté par tant de fureurs. Ingrat autant que perfide, don Pèdre supportait péniblement la présence du héros qui l'avait ramené dans son royaume :

> Aï prince de Galles d'Angleterre la grande
> Vous avez fait péché en sauvant le tiran
> Dom Pèdre le félon, le hardi mécréant.

Tels étaient les pensers, nous devrions dire les remords du prince de Galles, lorsqu'il revint dans sa bonne ville de Bordeaux, menant avec lui, comme le plus digne trophée de sa victoire, son prisonnier, le connétable de Castille, Bertrand Duguesclin.

A Bordeaux, l'affluence est grande; le prince de Galles est véritablement le roi de ces contrées; il est le modèle et l'orgueil de toute chevalerie; cependant il retient Duguesclin dans une prison sévère et ne veut pas entendre parler de sa rançon. En même temps le malheureux détrôné, don Henri, errant et fugitif, précipité tout d'un coup d'une fortune si haute, n'avait plus d'espoir qu'en Duguesclin : on raconte que don Henri, pour revoir son connétable, s'en vint à Bordeaux même, sous l'habit d'un pèlerin (l'habit de Richard *Cœur-de-Lion,* dans les États du duc d'Autriche). A cette nouvelle que le roi Henri le vient chercher jusque dans sa prison, Duguesclin commande un grand repas, et il donne à dîner à cet hôte illustre, que la fortune peut abattre, mais non pas déshonorer. Durant le repas, on convint que don Henri passerait sur-le-champ en Castille; on se promit des jours meilleurs. — Le danger était grand d'être surpris; don Henri sortit cependant sain et sauf de cette dangereuse ville de Bordeaux. Le *bon Bertrand* dut s'estimer fort heureux ce jour-là : il avait revu un ami, il avait mis en défaut les Anglais !

La captivité commençait à paraître longue au sire Duguesclin; l'oisiveté lui pesait; il savait que deux grands peuples avaient besoin de son courage; que don Henri ne serait jamais roi sans l'aide du connétable de Castille; que Charles *le Sage* ne serait jamais le vainqueur des Anglais, sans le connétable de France. Mais comment devenir libre? l'Angleterre ne voulait pas relâcher son captif. Il fallut une ruse généreuse, pour que Duguesclin eût le droit de traiter de sa rançon, et cette ruse, la voici : — Monseigneur, disait un jour le sire d'Albret au prince de Galles, qu'ai-je entendu raconter? N'a-t-on pas dit que si votre seigneurie ne mettait pas Bertrand à rançon, c'est qu'elle en avait peur? — A l'instant même, le noble prince, piqué au vif, envoya quérir Bertrand Duguesclin dans sa prison, pour le mettre en liberté tout à l'heure. — Par ma foi, monseigneur, dit Bertrand, quand il eut mis un genou en terre, je m'ennuie fort de n'entendre que le cri des

souris de Bordeaux, quand chantent si bien les rossignols de mon pays! — Sire Bertrand, dit le prince, on dit que je vous crains, et moi je vous mets à rançon; que vous plaît-il de me donner? — Alors Duguesclin, la tête et la voix hautes, — Par le ciel! dit-il, si ce n'est que l'argent, je suis libre, et monseigneur Henri redevient roi de Castille. Oui, monseigneur! la cause est juste, le prince est bon; convenez donc que vous avez protégé un mauvais roi. Quant à ma rançon, puisque j'en suis le maître... — Cent francs me suffisent, dit le prince. — Dites cent mille florins d'or! s'écria Duguesclin; j'ai des amis en Bretagne, qui vendront leurs terres, et au besoin le roi de Castille et le roi de France ne me feront pas faute! Rien que les femmes de France, monseigneur, suffiront à payer ma rançon; il n'y a pas une bonne quenouille qui ne file pour moi toute l'année:

> Ni filaresse en France qui sache fil filer.
> — Quand le prince l'oyt : Par Dieu! cet homme est bon!
> Li 1 à l'autre dit — Voila 1 bon Breton!

Cette fois, Bertrand est libre sur sa parole; reste à trouver sa rançon, et l'argent ne l'inquiète guère; Charles V n'est-il pas le plus grand homme d'affaires de son royaume? L'histoire a conservé le texte de l'obligation de Duguesclin envers le roi de France : « Nous, Bertrand « Duguesclin, duc de Transtamare, comte de Longueville, etc., — « comme noble prince Édouard, aîné fils du roy d'Angleterre, « prince d'Aquitaine et de Galles, auquel nous sommes prisonnier « de la bataille qui naguères fut devant Navarette, au royaume de Cas-« tille... savoir faisons que nous, considérant la grâce et l'amour que « le roy, nostre dit seigneur, nous a montré, et que sans icelle ne po-« vions avoir notre délivrance, avons promis et promettons par notre « foy, et sur l'ordre et honneur de chevalerie que nous avons, que la « dite somme nous payerons ou ferons payer, au dit prince, ou ren-« drons notre corps en ses prisons, etc. » A quoi le roi Charles V répond par un mandat sur Pierre Scalifa, trésorier, pour que le dit Scalifa ait « à payer à notre neveu le prince d'Aquitaine et de Galles, « en la ville de Poitiers, pour notre amé et féal Duguesclin, etc. — « Donné à Melun, dixième jour de mars. » — *De la main du roi*, et en marge (noble prince!) : *Gardez que en ce, n'ait faute, car il touche notre oneur trez grandement; escrit de notre main.*

La nouvelle que Duguesclin était libre fut la bienvenue même parmi les Anglais. Jean Chandos accourut offrant sa bourse à Duguesclin; la princesse de Galles, attendue à Bordeaux, écrivit au prince son mari, qu'elle le priait de garder Guesclin à sa cour jusqu'à son retour, afin qu'elle pût le voir. Elle arrive : la ville présente à la princesse les fruits confits et les meilleurs vins de la Gascogne; la princesse envoie à Bertrand le présent que lui faisait la ville, et elle ajoute à cette gracieuseté trente mille florins d'or pour l'aider à payer sa rançon. — « Eh, madame ! s'écriait Bertrand, je croyais être le plus laid gentilhomme de France ! » Il part; au sortir de la ville, il rencontre un pauvre gentilhomme de Bretagne prisonnier comme lui. Le digne capitaine, sur sa parole, était allé en Bretagne, à pied, pour y chercher sa rançon; et il s'en revenait à pied, dans la prison anglaise, aussi pauvre qu'il était parti. — Ah! monseigneur, disait-il, vous voilà libre, ma captivité en sera plus rude. — Que vous faut-il? disait Bertrand pour votre rançon. — Cent francs, disait le gentilhomme. — Cent francs pour votre rançon, dit Bertrand, et cent francs pour votre cheval et l'équipement. — Le gentilhomme achète sa délivrance, et il se met à la suite de Bertrand.

> — Sire, dit l'écuyer, Dieu vous face pardon,
> Vous m'avez délivré du plus mauvais glouton!...

Qu'il devait être heureux, le bon sire Guesclin, quand il se vit libre et monté sur un bon cheval! Les peuples saluaient son passage, les soldats ennemis se le montraient avec admiration, le roi de France lui écrivait d'arriver, la France et l'Espagne regardaient tout au loin, pour savoir si elles ne verront rien venir. De Bordeaux il se dirige vers le Languedoc. Le duc d'Anjou, frère du roi, assiégeait Tarascon. Duguesclin, sans armes (il ne pouvait pas se battre avant d'avoir payé sa rançon), s'en va sommer la garnison de se rendre, et à son nom seul la garnison met bas les armes. Il passe par Avignon, où il reçoit l'hospitalité du pontife. Un jour qu'il était entré dans une auberge du grand chemin, il rencontra des gentilshommes bretons faits prisonniers à Navarette, qui s'en allaient de Bordeaux en Bretagne, chercher l'argent qui leur manquait pour être libres. Ils étaient sans habit et sans argent. — Mais avec quoi me payerez-vous? disait l'hôtelier. —

Tu ne sais donc pas que Bertrand est hors de prison? répondaient-ils, nous le cherchons, il payera pour nous. — A la bonne heure, répondait cet homme, si Bertrand est libre, buvez mon vin, mangez mes moutons :

> Je vous ferai servir de rôti, de pâtés,
> Car du meilleur du monde aujourd'hui me parlez.
> Et quand Bertran l'oyt, s'en va l'hôte embracier.

Bertrand paye en effet la dépense et la rançon de ces braves gens ; puis aux remontrances d'Yvon son trésorier :

> Cilz argent que je porte ne me doit demorer,
> De l'autre il en viendra pour nous aracheter.

De retour à Bordeaux, les prisonniers apportent leur rançon à ces *gloutons* d'Anglais ; mais on leur demande où ils ont pris tant d'argent puisqu'ils n'ont pas eu le temps d'aller en Bretagne. A quoi ils répondent, et il nous semble que ce sont là d'aimables et glorieux détails :

> Trouvé avons Bertran qui en Bretaigne va !...
> Lesquels oyant, l'Anglais mainte fois se signa.

À Niort, Bertrand est reçu par Chandos, qui lui fait mille fêtes ; son passage était un vrai triomphe ; qu'il rencontrât des Français ou des Anglais, c'étaient les mêmes respects ; enfin il arrive à Paris dans le palais des Tournelles, habité par le roi Charles V. Le roi le reçut comme un ami, et l'hébergea durant huit jours.

De Paris, notre héros se rendit enfin dans sa Bretagne, et Jean de Montfort, oubliant toute inimitié, lui fit dire qu'il serait le bienvenu à sa cour. La Bretagne entière était en fête ; de toutes parts on accourait pour voir le brave gentilhomme et pour le saluer, dans son château de la Roche-Derrien, dont sa femme faisait les honneurs avec grande magnificence et grande courtoisie. Les Rohan, les Craon, les Laval, les sires de Beaumanoir, de Coëtquen, de Montboucher, de Dinant, de la Bellière, de Quitté, s'empressent autour de Duguesclin ; il en vint de l'Anjou, du Maine, de la Normandie :

> Chascun li accorda requeste et seigneurie.

Noble et digne seigneur, en effet, et la femme digne du mari ; car comme il s'informait de cent mille livres gagnées en Espagne et déposées au Mont-Saint-Michel, — N'y comptez pas, dit la dame de Raguenel, ne comptez ni sur cet argent, ni sur les revenus de nos terres de Longueville, de Pontorson, de la Guerche, de la Roche-Derrien ; j'ai tout donné à vos compagnons pour se racheter et pour acheter des armes. Vous n'avez plus d'argent, mais je vous ai fait beaucoup d'amis, monseigneur. — Ah! ma dame, s'écria-t-il en l'embrassant de joie, voilà de l'argent placé à grosse usure; qu'est-ce une terre, comparée à un bon soldat, à un ami?

On fit ce qu'on put faire, on emprunta; les seigneurs bretons se cotisèrent; le comte de Laval, à lui seul, prêta quarante mille livres à Bertrand, mais cet argent même, Bertrand le dépensa en son chemin à force de racheter les Bretons prisonniers à Navarette. De soixante-dix mille florins d'or, il ne lui restait pas... *un ognon!* Mais, disait-il au prince de Galles, j'ai mieux aimé racheter quatre mille braves gens. — Et comment faire? dit le prince. — Je redeviens votre prisonnier, et d'ailleurs je sais le chemin de ma prison, reprit Guesclin. Mais cette fois le prince lui donna place à sa table, et lit sous son toit.

Le lendemain, pas plus tard, à l'heure du dîner (Bertrand dînait à la table du prince Noir), on vint annoncer au prince qu'un inconnu venait d'amener un mulet chargé d'or, pour payer la rançon du bon capitaine. D'où venait cette grosse somme? nul ne pouvait le dire. Bertrand, joyeux, boit à la santé du prince, et comme le mulet portait de surplus cent mille livres, avec cet argent, Bertrand racheta les prisonniers français, bretons et castillans restés à Bordeaux. Noble façon de lever une armée! — et du même pas il partit pour l'Espagne; tout prêt à rentrer en guerre, lui et ses soldats. — La Castille entière battit des mains quand elle vit revenir don Henri, son bon roi, et Duguesclin, son bon connétable. Le chemin fut facile jusqu'à Tolède, mais Tolède, cette fois, se défendit avec une rare énergie. Don Henri, Duguesclin et son digne frère Olivier, le chevalier de Mauny et le Bègue de Vilaines, et les plus braves soldats de France et de Bretagne, eurent grand'peine à s'emparer d'une place défendue au dedans par une armée entière, secourue au dehors par dix mille soldats venus d'Afrique. — Pourtant une seule bataille décida de Tolède et de la monarchie de Castille. Duguesclin et ses Bretons avaient une revanche à prendre contre Pierre *le Cruel*, ils la prirent complète, éclatante, glorieuse. Lui-même, Duguesclin, il abattit d'un coup de hache l'étendard de don Pèdre. La fuite seule put sauver les débris de cette armée de mahométans et d'Espagnols; et encore, de dix mille qu'ils étaient, cinq cents à peine se sauvèrent. C'est l'histoire du *Cid* de Corneille. — *Nous nous levons alors!*

Cette fois, au châtiment de Dieu et à la vengeance des hommes, rien ne manquait; à tout jamais Pierre *le Cruel* était vaincu; pas un

soldat, pas un ami, pas d'espérance; car, à être secouru de nouveau par l'Angleterre, la cause était trop désespérée; Edouard III était trop vieux, le prince *Noir* trop mécontent. Il faut croire en la providence; elle a des châtiments pour tous les crimes. Après avoir roulé d'abîmes en abîmes, de halliers en halliers, pauvre, seul, tout nu, sans pain et sans armes, à travers les ronces sanglantes, et se traînant plutôt qu'il ne marche, don Pèdre arrive au bord de la mer, il rencontre une barque, frêle navire d'une fortune qui faisait eau de toutes parts. — Don Pèdre se nomme; à ce nom odieux, les matelots reculent d'épouvante et d'horreur! — C'est à nous, disent-ils, à châtier ce misérable! Un juif qui passait par là voulut bien hasarder quelques deniers sur cette tête sans respect et sans couronne, et il obtint que Pierre *le Cruel*, Pierre le menteur et le meurtrier, ne fût pas jeté à la mer. — La bataille de Montiel mit le comble au châtiment de cet homme. A cet écueil vint se briser le dernier espoir de don Pèdre et le dernier effort des Sarrasins de l'Espagne. Duguesclin n'a jamais été plus grand peut-être que dans cette journée; jamais plus excellent courage ne fut uni à un plus rare génie. « Cette bataille des Espa-
« gnols l'un contre l'autre, et des deux rois et leurs alliés, assez près
« du château de Montiel, fut, en ce jour, moult grande et moult hor-
« rible. Et moult y furent bons chevaliers du côté du roi Henry; —
« et y firent maints grandes apertises d'armes, et bien leur étoit be-
« soin, car ils trouvèrent contr'eux gens assez étranges, tels que Sar-
« rasins et Portugalois. Les juifs qui étoient là tournèrent tantôt le
« dos et point ne combattirent; mais le firent ceux de Grenade et de
« Bellemaine, et portoient arcs et hacheguies (piques) dont ils savoient
« bien jouer, et dont ils firent plusieurs grandes apertises d'armes,
« de traits et de lances. Et là étoit le roi don Pèdre, hardi homme
« durement, qui se combattoit moult vaillamment, et tenoit une hache
« dont il donnoit les coups si grands que nul ne l'osoit approcher.
« Là s'adressa la bannière du roi Henry devers la sienne, bien épaisse
» et bien pourvue de bons combattants, en écriant leurs cris et en
« boutant fièrement leurs lances. — ... Pendant ce, combattoient les
« autres qui étoient épars sur les champs, et faisoient les aucuns, ce
« qu'ils pouvoient; car les Sarrasins qui là étoient et qui le pays
« point ne connoissoient, avoient aussi cher que s'ils fussent morts. »
A la fin tout céda à ce grand cri : *Notre-Dame Guesclin!* tout fut tué, le roi Maure et son fils, et ses capitaines; les meilleurs soldats de l'Aragon restèrent sur la place. Dans cette extrémité, Pierre *le*

Cruel, qui sentait se briser entre ses mains son sceptre impie, cherchait au plus fort de la bataille son frère, don Henri, content de tomber, s'il entraînait son frère dans l'abîme. Duguesclin arriva avec ses Bretons, qui enfonça les vingt mille hommes, le dernier espoir de don Pèdre. — La victoire de Montiel était gagnée. Cette armée malheureuse laissa sur le champ de bataille ses drapeaux, ses bagages, ses chevaux, ses armes, cinquante mille Maures. Les chrétiens seuls furent épargnés; tout prisonnier, juif ou mahométan, fut égorgé sur l'heure. Cette bataille de Montiel, dans son ensemble, dans ses détails, dans ses moindres prévisions, passe à bon droit pour le chef-d'œuvre de Bertrand Duguesclin. — C'est sa bataille d'Austerlitz! (13 août 1369.) « Ce que voyant, don Fernand de Castro, qui avait à garder et conserver le roi don Pèdre, son seigneur, vit bien que leurs gens se espardoient et déconfisoient; il dit au roi don Pèdre : Sire! sauvez-vous et recueillez en ce château de Montiel, dont vous êtes ci ce matin parti; si vous êtes là retrait vous serez en sauve-garde; si vous êtes pris, vous êtes mort! Le roi don Pèdre crut ce conseil et se partit au plus tôt qu'il put, et se retrait devers Montiel. Si y vint si a point, que il trouva les portes ouvertes, et le seigneur qui le reçut, lui douzième, tant seulement. »

Il est impossible d'imaginer un récit plus dramatique que le récit de Froissart, le poëte est dépassé par l'historien de toute la hauteur du génie. On assiste aux moindres angoisses du misérable vaincu de Montiel. Les vivres manquaient. « Ils étaient si près guettés de nuit et de jour, que pas un oiseau ne put partir du chatel qu'il ne fût vu et aperçu. » Cependant il fallait prendre un parti. Don Pèdre « qui était là dedans *en grande angoisse de cœur*, » résolut de sortir *à heure de minuit*, et de se remettre à la grâce de Dieu. Il faisait, cette nuit, *durement épais et brun*. Le camp de don Henri était plongé dans le silence; enfin le roi avait mis le pied hors de la forteresse, retenant son souffle. Mais au bruit que faisaient les chevaux, le Bègue de Vilaines tirant sa dague, « Qui entre là? cria-t-il; parlez, ou vous êtes mort! » Parlant ainsi, il le prit par le frein de son cheval. Alors il fallut se rendre. — « Bègue, Bègue, cria le roi, je suis le roi don Pèdre de Castille! si je te prie, au nom de gentillesse, que ne nous mettes à sauveté et me tires des mains du bâtard Henri, mon frère! — Sur ce, le Bègue amena don Pèdre dans sa tente, et alors don Henri accourant, « Où est, dit-il, ce fils de putain juif qui s'appelle roi de Castille? » Alors s'avança le roi don Pèdre : « Mais c'est toi le fils de putain, car je suis fils du bon roi Alfonse. » Et à ces mots il prit à bras le roi Henri son frère, et l'abattit sous lui; en même temps il tirait son poignard, lorsque par un effort soudain don Henri se relève, «lequel traict tantôt une coutille longue de Castille, que il portait en écharpe, et lui en bourra au corps. — A don Ferrano de Castro, et aux autres, on ne fit point de mal. »

Ainsi finit le roi don Pèdre de Castille, qui jadis avait régné en si grande prospérité. A l'avenir, don Henri sera le seul roi de Castille; connétable de Castille, comte de Soria, duc de Molina (laquelle lui valoit bien vingt mille francs par an), Duguesclin pouvait désormais rêver le repos après tant de batailles, mais il était de ces hommes qui ne se reposent que dans la tombe. L'Espagne pacifiée, restait la France, restait le roi de France, les deux amours de Duguesclin. — Pendant que le grand capitaine composait, pour le roi Charles, cette armée disciplinée et fidèle, formée du débris vagabond et pillard des grandes compagnies, Charles V préparait à son capitaine l'accomplissement des vastes desseins mûris depuis longtemps dans sa pensée royale. Déjà dans les moindres parties du royaume le roi s'est fait sentir : son trésor est rempli, ses arsenaux sont au complet; des négociations sont entamées dans les provinces conquises. Le plan de l'œuvre est dressé à l'avance; à cette armée nouvelle, un chef manquait, ce chef sera Duguesclin. — Oui, par le ciel! Duguesclin sera connétable de France! Le roi envoie à Bertrand le maréchal d'Audreham, son vieux compagnon d'armes, pour lui annoncer cette dignité qui le faisait l'égal — le maître — des plus grands feudataires de la couronne. — Il part. — Du pied des Pyrénées sa marche fut un combat continuel; mais aussi c'étaient à chaque pas de nouveaux renforts, de nouveaux soldats accourus sous cette illustre bannière. Cette armée triomphante traverse le Languedoc, le Périgord, le Limousin, réveillant dans toutes les âmes l'instinct français, et avec l'instinct le courage. Dans les frémissements de ce peuple qui courait aux armes, on reconnaissait la France. Les vieillards sortaient des chaumières pour voir Duguesclin, les enfants aux bras de leurs mères pour lui sourire; les jeunes gens, prêts à le suivre, l'interrogeaient du regard; l'espérance et la liberté de cette nation volaient à la suite du grand homme; lui cependant il prenait en pitié ce royaume mutilé, ces villes encombrées d'ennemis, ces pauvres maisons pillées par les Anglais, ces campagnes fertiles privées de laboureurs; la plus vive pitié se peignait sur ce noble visage, et voilà pourquoi la France espérait, pourquoi l'Angleterre était inquiète. — Au seul nom de Duguesclin, le roi d'Angleterre, cet Édouard III, funeste ennemi, qui conservait, dans un âge avancé, l'activité et la patience de la jeunesse, se met en marche, lui et son armée ; il envahit la Normandie et le Maine, il jette Robert Knolles sous les murs de Paris, afin qu'au moins la ville ne soit pas secourue par le vainqueur de don Pèdre... Mais à peine a-t-il passé la Loire, Duguesclin laisse son armée à son digne frère Olivier, et lui-même, sous l'habit et sur le cheval d'un marchand, il arrive à Paris, à travers le camp des ennemis, qui ne se doutaient guère que

ce manant qui passait était le connétable de France. — Rien qu'à le voir arriver, le peuple le reconnut. C'est lui !—c'est Bertrand ! c'est l'homme attendu par la France ! On l'entoure, on le presse, on le porte en triomphe à l'hôtel Saint-Paul, et le roi Charles V vient recevoir son ami sur le seuil du palais : vivez tous deux, régnez tous deux, sire et chevalier ! *Hé dieux ! se dit li rois, je t'ai bien désiré !*

Ceci se passait au mois de septembre 1369. — Le mois suivant, le roi Charles V confiait à Bertrand Duguesclin l'épée de connétable de France. On ne sait pas assez aujourd'hui quelle était cette imposante dignité, si haute en effet et si complète, que le roi Louis XIV, dans l'orgueil de sa toute-puissance, n'a pas osé en revêtir M. le maréchal de Turenne, et qu'il ne pardonna jamais au maréchal de Boufflers d'avoir porté jusque-là son ambition [1].

Depuis Henri I*er* en 1030, jusqu'à Louis XIII en 1627, se sont succédé quarante-deux connétables. — Sept connétables sont morts sur le champ de bataille ; quatre se sont battus contre le roi et contre la France ; deux sont morts de la main du bourreau ; l'un est tombé dans une émeute en 1418. — Louis XIV, de son autorité royale, en abolit le titre, aussi bien que la charge. — L'empereur Napoléon tenta, mais sans avoir grande envie de réussir, d'avoir un connétable ; il en fit un de son frère le prince Louis Bonaparte ; le seul connétable, c'était l'empereur Napoléon lui-même. — Superbe et antique dignité ; elle remonte aux derniers empereurs de Rome et de Byzance. Les rois de la première race voulurent avoir, eux aussi, leur *compagnon d'estable, comes stabuli*. — En 585, le connétable Simegisile conspire contre le roi Childebert. — En 1030, Henri I*er* fait de cette charge toute militaire un office de la couronne. — En 1090, le connétable s'appelle Montmorency. — Sous Louis le Gros (1120) le connétable de Vermandois commande les armées royales. — Philippe Auguste (1218) avait un Montmorency pour connétable, et ce connétable était à Bouvines. — Louis IX et Philippe de Valois augmentèrent la charge du connétable, à ce point qu'un des regrets de Louis XI, c'était de s'être donné un connétable. — Le connétable recevait du roi seul l'investiture de sa charge ; les princes du sang eux-mêmes, en présence des grands du royaume, lui ceignaient l'épée royale ; cette épée nue, la pointe haute, fleurdelisée, et tenue par un gantelet de fer, le connétable la plaçait à droite et à gauche de ses armoiries. — Avec l'épée le connétable avait le bâton, insigne du commandement. — La solde du connétable était de soixante sous tournois par jour. — Il prélevait une journée de solde sur tout militaire aux gages du roi ; il retenait

---

[1] Madame de Maintenon elle-même disait à son frère d'Aubigné (dans une lettre citée par madame de Caylus) : « Je ne pourrais vous faire connétable quand je le voudrais, et quand je « le pourrais, je ne le voudrais pas, étant incapable de vouloir demander rien de déraison-« nable à celui à qui je dois tout, et ne voulant pas qu'on fît pour moi-même une chose « au-dessus de moi. »

une journée sur chaque officier ou soldat changeant d'*étables* (de garnison). Les chevaux, les harnais, les vivres, pris dans les forteresses ennemies, appartenaient de droit au connétable. Il avait double paye les jours de bataille et d'assaut. Chemin faisant il disposait de tout le butin, réservant au roi l'or et les prisonniers seulement.—Plus d'un connétable a puisé tout simplement dans les coffres de l'État, témoin le sire de Clisson (1589), qui possédait un million sept cent mille livres de ce temps-là, ce qui représenterait quinze ou vingt millions aujourd'hui. — Le connétable était de droit l'héritier des biens confisqués sur les coupables de haute trahison, et pour peu qu'il fût âpre à la curée, comme Clisson ou comme Montmorency, la confiscation n'était pas la partie la moins importante de cette finance.—Les dignités et les honneurs du connétable égalaient ses autres priviléges. Chef d'armée, il avait pour aide de camp le maréchal *de l'ost* (*maréchal de camp*); à lui seul appartenait le commandement des troupes réunies. Il réglait souverainement la police de l'armée; il avait, pour sa garde personnelle, une compagnie d'ordonnance dont il ne devait compte à personne, sinon au roi. — A l'armée, il plaçait les postes et les gardes; son cri d'armes accompagnait le cri du roi; il donnait le mot aux sergents d'armes, il avait la nomination des capitaines d'infanterie, il avait le droit de grâce, un droit tout royal; la justice était rendue par son grand prévôt; il était à lui seul toute la loi, toute la juridiction de l'armée; il marchait dans Paris au son des trompettes, il plantait sa bannière sur les villes prises par les troupes; de son autorité privée, il pouvait accorder titres, noblesse et bannières de chevaliers.—Officier de la couronne, il avait droit de vie et de mort sur les gens suivant la cour.— Il marche en avant et à la droite du roi; au sacre et dans les cérémonies publiques, il porte l'épée nue devant la personne royale. — Le souverain lui dit : *Mon frère!* —Il s'intitule *chef des armes*; sa femme est *madame la connétable*. — Qui attente aux jours du connétable se rend coupable du crime de lèse-majesté. — Il donne des ordonnances en son propre nom. — A la bataille, il mène la première ligne; à la retraite, l'arrière-garde. — Il passe les revues des troupes; il les lève et les licencie. — Que si vous tenez compte de tous ces priviléges amoncelés, vous pourrez à peine vous faire une idée complète de ce qu'était alors un connétable de France. — Voici le serment prêté par le connétable Duguesclin entre les mains du roi Charles V[1].

---

[1] *Archives du royaume, cahier historique K, papiers de l'ancienne pairie.* On a même re-

« *Acte du serment et mise de possession de Bertrand Duguesclin en sa charge de connestable, par la tradition d'une espée nue que le roy Charles V lui donna de sa main, le 20 octobre 1370, en présence du grand conseil.*

« Bertrand Duguesclin, très-brave, très-noble et très-honnête che-
« valier, *probus inter omnes*, — connétable de France ;

« Que Dieu lui accorde une longue vie sur la terre, une place à
« ses côtés dans le repos éternel, en récompense de tant de gloire
« et de grandes actions !

« Le dit jour du xi octobre 1370, dans son hôtel de Saint-Paul,
« le roi notre sire a reçu le serment de Bertrand Duguesclin, et l'a
« mis en possession de sa charge en lui confiant de sa main une
« épée nue, en présence des pairs du royaume. »

Le jour de son serment, Duguesclin avait juré en effet que cette épée, confiée à sa garde, elle ne rentrera dans le fourreau que lorsque l'Anglais sera chassé de la terre de France. Par une de ses inspirations soudaines, le nouveau connétable arrête aussitôt qu'on attaquera l'Anglais, non pas en le refoulant de Paris à la mer, mais au contraire en remontant les provinces conquises, à commencer par la Normandie ! Ainsi sera coupée toute retraite. Quant à la ville de Paris, laissons les Anglais sous ses murs, Paris est assez fort pour se défendre jusqu'au jour où l'ennemi lèvera le siége, s'il ne veut pas être pris entre deux armées. Ceci arrêté en plein conseil, le connétable se rend à Caen en toute hâte ; son château de Pontorson était sur la route, il s'arrête à peine un instant, le temps de revoir cette femme tant aimée, cette dame de Raguenel qui s'était attachée de si bonne heure à la fortune du héros. A l'appel du connétable se rendent soudain les meilleurs chevaliers de tout le royaume de France et du duché de Bretagne. Cette monstre (revue) de Bertrand Duguesclin, en 1371, existe encore [1] ; au besoin on y pourrait retrouver non-seulement les meilleurs noms de la Bretagne, mais encore les noms des seigneurs espagnols qui, des plaines de la Castille, avaient suivi la fortune du connétable. Dans cette liste dressée sous les yeux et par

---

trouvé, *dans la chambre des comptes de Paris*, la quittance d'un mois des appointements de connétable de France : « Sçachent tous que nous Bertrand Duguesclin, duc de Moulines, comte de Longueville et de Bourges, avons eu et reçu d'Estienne Braque, trésorier des guerres du roy nostre sire, la somme de neuf cent soixante francs d'or, pour notre estat du présent mois. Le vingtième d'avril mil trois cent soixante et onze. Donné à Paris, sous notre petit scel, en l'absence de notre grand. »

[1] *Histoire de Duguesclin*, par Paul Hay, seigneur de Châtelet, 1666.

les ordres de monseigneur le *chef des armes*, le nom de chaque chevalier est précédé du *monsieur* : *monsieur* Hervé de Mauny, *monsieur* Guillaume de Montboucher; le simple *écuyer* est appelé Geoffroy Payen tout court, Henri Quartier, Diaz Galopez, Alvar Fernandez. On désigne même le cheval de l'homme d'armes, cheval *bai, brun, liart, fauve, clair-fauve, tout noir, bai-clair*; on n'oublie pas la solde des chevaliers, cent livres, vingt-cinq livres; des écuyers, quarante livres, vingt-cinq livres; on dit le nom des compagnies, et par quels chevaliers a été passée la montre; le chevalier de la Feuillée, Jehan Macé, secrétaire du roi ; et combien d'archers *étoffés*.

Ces sortes de détails nous donnent tout à fait l'idée d'une armée à laquelle rien ne manque pour bien faire, ni les soldats ni les capitaines. Avant de se mettre en marche, le connétable donne un grand dîner en son château de Pontorson. Là fut servie pour la première et la dernière fois la vaisselle d'or du roi don Pèdre, que don Henri avait donnée à son connétable, et le dîner achevé, cette vaisselle d'or, et sa propre vaisselle d'argent, et tous les joyaux de sa femme, Duguesclin les partage entre les hommes d'armes qui vont suivre sa fortune; noble conduite, surtout comparée à l'avidité dont fera preuve le connétable Olivier de Clisson.

Alors enfin commence cette incroyable série de victoires qui se peuvent appeler à bon droit les revanches de la France. Pour commencer, le capitaine Thomas Grandson est surpris à Pont-Vallain, à l'heure même où il ne pouvait se douter que le connétable fût entré en campagne. Le choc fut rude; — c'étaient les vieux soldats des premières batailles qui se rencontraient encore une fois. Le capitaine anglais se battit d'un grand courage ; quand il vit que tout était perdu, il voulut sortir de la vie et de la bataille par un coup d'éclat, et s'attachant à Duguesclin lui-même, peu s'en fallut qu'il ne lui brisât la tête d'un coup de hache. Le coup était terrible; Duguesclin l'évita d'un bond, et Grandson rendit son épée. — Victoire complète. L'armée anglaise perdit à Pont-Vallain la fleur de ses capitaines ; à leur tour les chevaliers du prince Noir comprirent enfin qu'ils n'étaient pas invincibles. — Le château du Pas fut emporté à la grande joie de l'armée française, indignée d'avoir entendu le gouverneur anglais appeler un connétable de France : *son ami, son cher ami!* Au pied de la tour et avant de marcher à l'assaut, un jeune Breton, Roulequin de Tameval, se jette aux pieds du connétable, le priant de l'armer chevalier. — De là nous allons à Saint-Maur, place forte entre l'Anjou et le Poitou, sur le bord de la Loire, qui remplit les fossés de Saint-Maur. Il faut le dire, les Anglais se défendent à merveille : sont-ils les moins forts, ils mettent le feu à la place, et ils vont chercher d'autres murailles à défendre. — La haute tour de Bressuire n'arrête Duguesclin ni son armée ; là fut blessé à mort le vieux compagnon du connétable, le digne maréchal d'Andreham.

Le temps nous manque pour compléter comme il conviendrait la biographie du grand capitaine. Mais songez donc qu'il faudrait le suivre encore pendant dix ans, non pas seulement à Saumur, à Saint-Maur, à Bressuire, mais dans toutes les parties du royaume de France occupées par les Anglais d'Édouard III, du prince de Galles ou du duc de Lancatre. Le Poitou, la Saintonge, la Guienne, l'Auvergne, sentent la présence de ce grand homme; pas une de ces places qu'il n'ait prise, pas une ville dont il n'ait chassé les Anglais. On se perd dans ces détails de mines et de contre-mines, d'assauts et de sorties; il n'est pas une muraille si haute, que l'échelle de Duguesclin ne touche aux créneaux; attendre plus d'un jour devant la forteresse la mieux défendue, cela lui paraissait insupportable; on cite telle ville, la ville de Poitiers, par exemple, qui fut prise en vingt-quatre heures et comme par hasard; un capitaine breton laisse tomber dans les fossés sa hache d'armes, et il descend dans le fossé pour la reprendre à la face des assiégés. D'autres villes se rendaient par amour pour la France ; la prise de La Rochelle fut un coup de fortune. Dans cette ville bien gardée, les Anglais avaient établi le chef-lieu de leur tyrannie ; les bourgeois eux-mêmes reprirent cette ville qui était à eux, et, la ville prise, ils l'envoient dire au connétable, étonné de rencontrer des bourgeois aussi braves que lui.

Qui n'eût pensé qu'à la seule menace du siége de Thouars, l'Angleterre ne dût accourir avec toutes ses forces ? — En effet, la flotte anglaise était prête, elle apportait les Salisbury, les Warwick, Suffolk, Strafford, Arundel ; mais le même vent qui avait poussé de Saint-Valery la flotte de Guillaume *le Bâtard*, arrêta la flotte du prince de Galles, et la ville de Thouars se rendit le jour de la Saint-Michel. — La bataille de Chisay est une grande bataille, dans laquelle on trouve *moult étoffement de chevaliers et d'écuiers*, la fleur des gens d'armes de Bretagne, de Normandie, de Bourgogne, Auvergne, Berri, Touraine, Blois, Anjou, Limousin et Maine, *et grand foison d'étrangers*. Cette victoire de Chisay a rendu à la France l'Aunis et la Saintonge, elle a préparé à merveille la conquête de la Guienne, de l'Aquitaine et de l'Auvergne. Ce jour-là, les Bretons de l'armée anglaise passèrent sous les drapeaux de leur compatriote le connétable. « Vous êtes bien mé« chantes gens, disaient les Bretons à leurs compatriotes, qui voulez « vous faire occire ou découper pour les Anglais. » Dans cette mêlée, le connétable fut le point de mire de quiconque lançait une flèche ou portait une épée. — La ville, le château, la bataille, furent gagnés en un jour. — Le même soir, et couverts de casaques anglaises (une bonne ruse du connétable), deux cents cavaliers français se font ouvrir les portes de Niort.

A ce moment, moment difficile dans la vie de notre héros, il faut placer la nouvelle guerre qui se préparait en Bretagne. Avec cette habileté qui se portait également sur toutes les parties de la terre dont il voulait composer le royaume de France, le roi Charles V avait tenté et tentait encore chaque jour les sujets du duc Jean IV de Montfort. Ce trône de Bretagne n'était pas si bien affermi qu'on ne pût le renverser encore. Les partisans de Charles de Blois n'étaient pas tous morts à la bataille d'Auray, ils n'avaient pas tous signé le traité de Guérande ; enfin, au roi Charles V il fallait la Bretagne, tout comme il lui fallait la Normandie ; mais, d'autre part, le duc Jean IV devait sa couronne au roi d'Angleterre, dont il était le gendre; plus d'un seigneur anglais vivait à sa cour ; enfin cette campagne du Midi et les Anglais à demi chassés de la Guienne, avaient rempli d'émotion et de terreur le duc et la duchesse de Bretagne. — L'obéissance de Jean de Montfort au roi de France, ne résista pas longtemps à ses sympathies toutes anglaises. Il ne vit pas que le roi Édouard III s'éteignait dans les infirmités d'une vieillesse déshonorée par d'ignobles passions; que la France, en si peu d'années, avait repris l'essor ; que les seigneurs de Bretagne étaient jaloux du crédit des Anglais à la cour même de leur souverain ; enfin, il ne comprit pas que les plus vaillants soldats de la Bretagne, et à leur tête Duguesclin, appartenaient si fort à la France et à son roi, — leur haine contre l'Anglais était si grande, leur dévouement au roi Charles V si complet, qu'ils n'hésiteraient pas entre la France, ennemie de l'Angleterre, et la Bretagne, son alliée. En même temps, le duc Jean IV aurait dû se rappeler que le roi de France était son seigneur suzerain, qu'il lui avait juré foi et hommage, qu'il s'exposait, par sa félonie, à voir son duché confisqué par son seigneur.— Charles V comprit tous ces motifs mieux que le duc de Bretagne luimême. Il portait dans sa politique autant de ruses ingénieuses que Duguesclin dans ses batailles. Il surveillait à la fois le beau-père et le gendre ; il était de moitié dans leurs intelligences les plus secrètes. De leur côté, les seigneurs de Bretagne tenaient le roi en éveil : « Lui « remontrant comment leur duc avoit mandé grand confort en Angle- « terre pour mettre les Anglois en leur pays, ce que jamais ne con- « sentiroient, car ils sont et veulent demeurer bons et loyaux Fran- « çois ; et si estoit seu et tant clair qu'il vouloit, ses châteaux et ses « forteresses, garnir et pourvoir d'Anglais ! »

A ces plaintes des Bretons, le roi de France demande *quelle chose étoit bonne à faire*. « Ils répondirent que il mit sus une grande chevauchée « de gens d'armes et les envoyât en Bretagne, et se hâtât du plus fort « qu'il pût, et prît la possession de toutes cités, villes et châteaux, car « le duc avoit forfait la terre. » Ce conseil et ces offres des chevaliers et des barons de Bretagne *plaisirent grandement au roi*, et il envoya Duguesclin en Bretagne. « Si se trouvèrent bien quatre milles lances « chevaliers et écuyers, et bien dix mille *d'autres gens*. » Cette fois le duc Jean IV eut grand'peur, voyant « comment François et Bretons « venoient sur lui pour prendre et saisir de force sa terre et son corps « aussi... Si en douta le duc grandement de soi-même, et que il ne fût « pris et attrapé, et ne tenoit en Bretagne plus une ville où il osât « s'enclore. » Cependant, par une habileté déplorable, et pour con- jurer la colère du roi Charles V, à peine a-t-il donné aux Anglais le passage dans ses États, que Jean IV envoyait un ambassadeur à Char- les V, pour l'apaiser. Cette mission fut confiée à Olivier de Clisson, qui, jadis à Guérande, avait juré sur la vraie croix que son seigneur se conduirait en vassal fidèle du roi de France. Comme le chevalier breton se répandait en protestations sur la sincérité de son maître, les ministres du roi de France exhibèrent à l'ambassadeur, stupéfait, les preuves du traité secret que Jean IV venait de conclure avec les An- glais. Furieux du rôle indigne qu'on lui faisait jouer, Clisson abjura le service du duc et alla rejoindre le vaillant connétable Duguesclin, en attendant qu'il fût connétable à son tour.

A la fin, le duc de Bretagne « doutant plus que devant » s'em- barqua en toute hâte à Concarneau (28 avril), et cingla droit vers l'An- gleterre, — il arrive à Cornouailles et de là à *Windesore, où il fit grand chair*. Le duc raconta à Édouard III l'état de la Bretagne, *et comment la Bretagne allait*, et que pour l'amour de lui, il avait perdu son pays, « et l'avoient tous ses hommes *relinqué*. » En effet, l'abandon était général. Pas un grand seigneur de Bretagne qui n'eût pris immédiatement ses précautions contre la rapacité des Anglais. Le comte de Laval s'en-

ferme dans Rennes, Vannes passe sous les lois du vicomte de Rohan. Heureuses les villes qui échappent à l'Anglais! A la fin, la province entière désespérant de ce prince, qu'elle trouvait trop Anglais pour elle, tourna ses espérances du côté de cet illustre enfant de la Bretagne, le connétable Duguesclin. Le connétable, «qui avoit la commission du roi de France de prendre et de saisir tout le pays de Bretagne, y entra à plus de quatre mille armures de fer, et tous à cheval; et ne prit mie le chemin de Nantes premièrement, mais celui de la bonne ville de Rennes et de la Bretagne bretonnante, pourtant qu'ici étoient et ont toujours été plus favorables au duc de Bretagne que les François appeloient le comte de Montfort.» Le connétable prend Fougères et Saint-Aubin du Cormier; la ville de Rennes lui ouvre ses portes. Vannes « se met à l'ordonnance du connétable. »

« Tant chevaucha le connétable, que ils vinrent devant la ville de

« Hennebon. » La ville avait fermé ses portes, disposée à se bien défendre. Le lendemain, « à heure de soleil levant, le connétable s'en vint
« jusques aux barrières, la coiffe d'acier en tête tant seulement, et dit
« ainsi, en faisant signe de la main : — Dieu le veult, hommes de la
« ville qui là-dedans estes, nous vous aurons et entrerons dans la ville
« de Hennebon, si le soleil y peut entrer; mais sachiez que s'il y en
« a nul de vous qui se montre pour se mettre à défense, nous lui fe-
« rons sans départ trancher la tête. Ainsi eut le connétable de
« France la ville et le château de Hennebon : *par son sens, non par*
« *grand fait, et s'enpartirent* les Anglois et vinrent à Brest. »

Que faisait cependant le duc de Bretagne ? « Si oyoit tous les jours
« nouvelles des siéges qui se tenoient en Bretagne. » Il comprenait
enfin que sa cause était perdue, que l'Angleterre avait bien d'autre
souci que de protéger le duché de Bretagne ; que Duguesclin était plus
puissant et plus fort que le roi Edouard III, et qu'enfin « les besognes
pour lui et son pays se portoient assez petitement. » — Ce malheureux duc de Bretagne, chassé de sa province par les armes françaises,
en était réduit à livrer aux Anglais la ville de Brest, son dernier rempart, le plus riche fleuron de sa couronne ducale, afin que l'Angleterre pût transporter ses arsenaux sur les côtes de France. — Battu de
toutes parts, Jean de Montfort finit par adresser au roi de France un
véritable cartel. Dans cette lettre, plus insolente qu'il n'eût fallu, le
duc de Bretagne se plaignait surtout du connétable ; il accusait le sire
Duguesclin d'avoir pris, en son duché de Bretagne, « tout plein de
villes, châteaux et forteresses. » — Mais on n'avait pas le temps de
répondre au duc de Bretagne, les Anglais étaient débarqués à Calais,
ils venaient d'envahir la Picardie, amenant avec eux, comme un des
conduiseurs ou gouverneurs de leurs troupes — chose malheureuse ! — le
duc de Bretagne. — Ils étaient soixante mille hommes, commandés par
le duc de Lancastre. C'était le dernier effort d'une puissance expirante ;
la France ne voulait plus des Anglais, et les Anglais comprirent, cette
fois enfin, qu'ils n'étaient plus sur leurs terres ; on ne les battit pas
dans une seule bataille, on les battit en détail ; chaque jour amenait,
pour eux, son dommage, sa rencontre malheureuse, sa fuite, sa famine, sa misère, son désespoir. Duguesclin les chasse devant lui, plutôt
à coups de bâton qu'à coups d'épée, et d'un mépris si grand, qu'on
se demande si, par hasard, ce sont là en effet ces mêmes Anglais dont
Olivier de Clisson disait naguère dans le conseil du roi de France : —
« Anglois sont si grands d'eux-mêmes et ont eu tant de belles journées,

« que il leur est avis qu'ils ne puissent perdre, et en bataille ce sont les
« plus emportés gens du monde, car plus ils voyent grande effusion de
« sang, soit des leurs ou de leurs ennemis, tant sont-ils plus chauds
« et plus arrêtés de combattre. » Durant cette chevauchée du duc de
Lancastre et du duc de Bretagne parmi le royaume de France, les
Anglais eurent à subir plusieurs disettes de vivres, et *grandes froi-
dures, en moult povre pays*. — « Ils passèrent, en ce *meschef*, toutes
« les rivières qui sont courantes entre la Seine jusques à Bordeaux :
« la Loire, l'Allier, la Dourdogne et Garonne, mais de leur charroi,
« ils ne purent pas se tirer pour se remettre en la cité de Bordeaux,
« et si leur moururent plusieurs écuiers et chevaliers de froidure
« et de povreté. »

Pour compléter les longues misères de cette campagne, Saint-Malo,
« une belle forteresse et havre de mer, » assiégée par la flotte anglaise, est délivrée par Duguesclin. Froissart parle de quatre cents canons qui faisaient feu incessamment sur la ville ; tous ces canons
ne purent empêcher la meilleure noblesse de France de mettre les
Anglais en déroute. C'est la belle heure de la vie de Duguesclin, c'est
le beau moment des chevaliers de Bretagne ; ils sont partout où l'on
se bat ; ils assistent, et de très-près, à toutes les querelles. — Vous
les avez vus à l'œuvre en Espagne, en Guienne, en Picardie, en Bretagne, partageant l'ardeur du héros qui les guide ; l'Italie se souvient
encore de leur bravoure. Dès l'année 1375, une guerre ayant éclaté
entre le pape Grégoire XI et la ville de Florence, le souverain pontife fit faire une levée d'hommes en Bretagne. Dix mille hommes
furent rassemblés par le cardinal Robert de Genève, et s'embarquèrent
sous la conduite de Jean de Malestroit et de Sylvestre de Budes. Ces
auxiliaires jetèrent dans les différentes petites républiques italiennes
la même terreur que leurs ancêtres les Gaulois y avaient répandue jadis,
lorsqu'ils franchirent les Alpes et se précipitèrent sur Rome. Rome,
disputée par deux papes à la fois, Urbain VI et Clément VII, fut dominée pendant toute une année par le chevalier Sylvestre de Budes, et
telle était la terreur qu'inspiraient aux Italiens les soldats bretons,
que les Romains, quand Sylvestre de Budes eut rendu le château de
Saint-Ange, quand le capitaine Malestroit eut été tué à la bataille
de Macicco, décernèrent à leur capitaine victorieux Balbiano, soldat
d'Urbain VI, le glorieux surnom de *Camille*, pour avoir, disaient-ils,
délivré une seconde fois l'Italie de l'invasion des Gaulois!

Mais revenons à Jean de Montfort. A coup sûr sa cause vous semble désespérée; ses alliés, les Anglais, sont chassés de toutes les parties du royaume de France; son protecteur, son beau-père, Édouard III, s'éteint tristement sous les glaces de l'âge; — Charles V, tout prudent et tout sage qu'il était, pouvait donc et devait donc rêver que déjà il s'emparait de cette Bretagne dans laquelle ses armées avaient rencontré si peu d'obstacles; déjà même il avait fait citer, comme autrefois fut cité le roi Jean, le duc de Bretagne à comparaître devant ses pairs; appelé devant la table de marbre, Jean de Montfort n'avait pas répondu; en conséquence, il avait été déclaré rebelle et contumace, son duché demeurant forfait, confisqué et réuni à la couronne de France. L'arrêt du parlement était formel, il fallait le soutenir. Le roi Charles, qui comptait sur le dévouement des compagnies bretonnes dévouées à sa personne, prend à peine le temps de les consulter sur l'invasion de leur province; les uns répondent par ce froid silence qui est la leçon des rois; d'autres, et, des premiers, le comte de Laval, représentent au roi Charles V, que c'est faire trop bon marché de la Bretagne que de déposséder le duc Jean IV, pour donner à la France une province qui ne se donne pas elle-même. — Le roi Charles, impatient (pour la première fois de sa vie, peut-être), ordonne à ses généraux, Louis de Bourbon et le maréchal de Sancerre, de passer outre. — A cet ordre formel l'armée française envahit le duché de Bretagne; mais à l'instant même et quand ils virent que la nationalité de la Bretagne était menacée, soudain les ressentiments s'apaisent, les colères font silence, et dans un transport unanime de dévouement à l'indépendance nationale, voilà nos Bretons qui passent du côté de ce même duc Jean IV, qu'ils avaient chassé comme allié de l'Angleterre. — Cette fois, il s'agit de rester un peuple, une nation, de se maintenir — Bretagne! « Les cités et les bonnes villes de Bretagne se tenoient « toutes closes et désiroient moult que leur seigneur retournât au « pays; et jà l'avoient mandé par lettres et messages; mais il ne s'y « osoit bonnement fier ni assurer. — En nom de Dieu, disoient les « aucuns, il y a bien cause, car nous le mandons trop simplement! » A ces causes, les Bretons envoient à leur prince légitime messire Geoffroi de Kaermel et messire Eustache de la Houssaye. « Ces chevaliers « recordèrent au duc tout l'état de son païs et comment on le desiroit « à recevoir, et montrèrent belles assurances des barons, des prélats « et des bonnes villes. Quand le roi d'Angleterre et son oncle furent « informés comment le païs de Bretagne, excepté Guisclin (Duguës-

« clin), Cliçon, Laval et Rochefort, rappeloient leur duc et seigneur,
« si dirent-ils : *Vous vous en irez par de là, et vous racointerez de vos*
« *gens et de votre païs*, et vous laisserez votre femme la duchesse par
« deçà, avec sa mère et ses frères. » Tous se préparent pour cette
restauration. Le duc de Bretagne, *tout réjoui de ces nouvelles et paroles*, s'en vint à Nantes. « Là le vinrent voir les barons, les prélats,
« les chevaliers et les dames, et se offrirent et mirent tous à son
« obéissance, et se complaignirent grandement des François et du
« connétable de France, qui avoit couru devers Rennes, sur son païs. »

Depuis la naissance du jeune Arthur, jamais si complet enthousiasme n'avait éclaté dans le duché de Bretagne. Nobles, bourgeois et paysans, ils se prosternaient sur la grève pour témoigner à leur prince leur affection et leur dévouement. Son retour était une fête nationale, à ce

point que Jeanne de Penthièvre elle-même, la veuve de Charles de Blois, sortant de ce deuil profond dans lequel elle restait plongée depuis sa dernière défaite, s'en vint offrir son hommage à ce duc de Bretagne qu'elle n'avait jamais voulu revoir.

On ne résiste pas, quand le ciel vous a donné une âme prudente et loyale, à ces manifestations de tout un peuple ; le roi Charles V, qui comptait prendre la Bretagne, fit sa paix avec elle. Il se fiait d'ailleurs à la haine instinctive que la noble province portait à l'Anglais, au courage que les Bretons avaient montré dans ses armées;—il fit la paix.— Duguesclin cependant, fidèle et dévoué jusqu'à la fin, s'était remis en campagne; quelques nuages (à propos de la Bretagne menacée), qui s'étaient élevés entre le roi et le connétable, s'étaient bien vite dissipés de part et d'autre, et le connétable était parti pour la Guienne, heureux de s'éloigner de la Bretagne, contre laquelle il ne pouvait plus combattre, maintenant qu'elle défendait, non pas la cause de l'Angleterre, mais la sainte cause des libertés bretonnes. A l'entendre, c'était sa dernière campagne; pourvu qu'il reprît la Guienne aux Anglais, il était content. Après quoi il ira revoir le roi don Henri de Castille, puis il reviendra dans son château de Pontorson pour s'y reposer quelques heures avant la mort! Vain espoir!

« Comme il étoit en Auvergne, à grands gens d'armes, il mit le « siége devant Châteauneuf de Randon, à trois lieues près de la cité « de Mende, et à quatre lieues près du Puy. Et étoient en ce châtel An- « glois et Gascons, ennemis au royaume de France, qui étoient issus « du Limousin, où grand foison de forteresses angloises avoit. Si fit, « le siége durant, plusieurs assauts, et dit et jura que de là ne par- « tiroit, si auroit le chastel. Une maladie prit au connétable, de la- « quelle il se coucha au lit. » Poussés à bout, les Anglais promettent de se rendre, s'ils ne sont pas secourus sous huit jours. — Hélas! le connétable Duguesclin ne devait pas vivre huit jours encore; il succombait sous quarante années de travaux et de batailles. L'armée le vit mourir lentement, miné par la fièvre, *dont ce fut dommage pour ses amis et le royaume de France.*— A l'heure désignée pour la capitulation, la ville assiégée, qui devait remettre les clefs entre les mains du grand capitaine, eut l'honneur de les déposer sur son cercueil. Ceci nous rappelle la belle inscription pour le roi de Suède, tué à Lutzen : *Etiam post funera victor.*

La mort de Duguesclin fut digne de sa vie. Il voulut baiser, la tête nue, cette épée que la France avait remise entre ses mains, et dont il avait fait un si digne usage. Il consola les vieux capitaines, qui pleuraient, leur recommandant les prêtres, *le pauvre peuple*, les femmes, les enfants, les vieillards. — « Et puis trespassa de ce siècle, le ven- « dredi treizième jour de juillet, au dit an, mil trois cent quatre-vingts, « à l'âge de soixante-deux ans. »

Le roi Charles V, la France entière, se sentirent frappés au cœur à la nouvelle que ce grand homme était mort. — *Indoluere exterœ nationes regesque ; tanta illi caritas in socios, mansuetudo in hostes !*... et tout ce que dit Tacite à la mort de Germanicus, « qu'il avait toute la grandeur et toute la majesté d'une haute fortune sans en avoir l'orgueil. » Son corps fut exposé en l'église des Cordeliers, au Puy en Auvergne, « et le lendemain on l'embosma et appareilla, » et fut mis en son cercueil. — Le royaume entier prit le deuil. Sur le passage du *sercueil*, les villes faisaient silence ; le peuple tendait les mains aux soldats dans le transport de la commune douleur. Ce royaume, délivré par le bon connétable, ne savait que gémir et pleurer, maintenant que son défenseur était mort. S'il est vrai que la tristesse publique soit le plus noble appareil des pompes funèbres, on peut dire que rien n'a manqué aux funérailles du connétable. — Enfin, le corps du bon Guesclin fut déposé dans le caveau funèbre que le roi Charles V avait préparé, de ses mains, pour lui-même et pour la reine Jeanne de Bourbon, sa femme, qui reposait sous ces marbres depuis l'an 1377. — « Et fit le corps de son connétable mettre et coucher à ses pieds, et puis fit faire, en l'église Saint-Denis, son obsèque aussi sévèrement et aussi notablement comme si ce fût son fils, et y furent les trois frères du roi ! » Toute la noblesse de France assistait à ces obsèques royales. — Le deuil fut mené par messire Olivier de Clisson et par messire Olivier Duguesclin, et par les deux maréchaux de France ; armés de toutes pièces, à cheval, tous les quatre, ils entrèrent dans la nef, à la lueur des torches. — Sous cette voûte chargée des bannières anglaises, l'évêque d'Auxerre prononça l'oraison funèbre sur ce texte : *Nominatus est usque ad extrema terrœ ; sa renommée a volé d'un bout du monde à l'autre :*

>Les princes fondoient en larmes
>Des mots que l'évêque monstroit ;
>Car il disoit : Pleurez, gens d'armes,
>Bertrand qui tretous vous aimoit !
>On doit regretter les fets d'armes
>Qu'il fit au temps qu'il vivoit :
>Dieu ait pitié, sur toutes âmes,
>De son âme, car bonne estoit.

Deux mois après, le roi Charles V, mort si misérablement dans la force de l'âge et de la volonté, venait occuper, dans ces funèbres caveaux de Saint-Denis, la place qu'il s'était réservée, *très son vivant*, à côté de son bon connétable. Il était juste, en effet, que ces deux hommes ne fussent pas séparés dans la mort, après avoir brisé l'un et l'autre des obstacles dignes de leur vertu. A eux deux ils avaient préparé les destinées de la France nouvelle ; ils l'avaient aimée d'un même amour, ils l'avaient aidée d'un même zèle et d'un même courage. Ils avaient réglé le débat entre la France et l'Angleterre, le roi enseignant à son peuple que *l'empire des lois est plus puissant que celui des hommes ;* pendant que le connétable, par le miracle de sa gloire, avait appris à la France à ne jamais désespérer de l'avenir. A ces deux grands hommes, Duguesclin, Charles V, commence le sentiment national français. Désormais, la France peut être envahie de nouveau, elle ne saurait être domptée ; et maintenant, grâces au ciel, pour sauver le royaume de Charles VII, pas ne sera besoin de la pesante épée du connétable Duguesclin, la houlette de Jeanne d'Arc suffira.

CHAPITRE XII.

Les Anglais en Bretagne. — Alliance de la Bretagne et de la France. — L'ordre de *l'Hermine*. — Tentative de Clisson contre l'Angleterre. — Clisson rachète l'héritier de la maison de Blois, prisonnier à la tour de Londres. — Le duc Jean IV s'empare, par trahison, du connétable de Clisson. — Guerre de Clisson contre le duc. — Guet-apens du château de l'Hermine. — Assassinat de Clisson par Pierre de Craon. — Brest évacué par les Anglais. — Mort du connétable de Clisson. — Jean V, duc de Bretagne. — Le duc de Bourgogne administrateur du duché. — Majorité du duc Jean V. — Jean V tour à tour ami d'Armagnac, partisan du duc d'Orléans, allié du roi. — Bataille d'Azincourt. — Le prince Richard de Bretagne. — Attentat des Penthièvre contre le duc de Bretagne. — Jean V délivré par les Bretons. — Arthur de Richemont, connétable de France. — 1378-1421.

Nous reprenons notre récit à l'instant même où nous l'avons laissé, au chapitre XI de cette histoire, pour suivre, à sa trace brillante, le connétable Duguesclin. — Nous avons appris, chemin faisant, plus d'un détail utile à savoir, et surtout comment « le duc de Bretagne, messire « Jehan de Montfort, étoit rudement courroucé « au cœur des contraintes que les François faisoient « aux Anglois »; comment le roi de France, « qui

« sage étoit et subtil, là *où sa plaisance l'inclinoit*, et qui bellement
« savoit gens *attraire et tenir en amour*, avoit fait tant, que les prélats de
« Bretaigne, les barons, et les chevaliers et les bonnes villes, étoient
« de son accord. » En un mot, nous vous avons expliqué ce que dit
Froissart en son chapitre CCCLIX : « Comment le duc de Bretaigne étoit
« Anglois et les Bretons étoient François. » C'était là, au reste, la grande
préoccupation du roi Charles V. — Le roi de France suivit de bien près,
dans le tombeau qu'il lui avait préparé de ses mains, l'illustre connétable ; à son lit de mort, l'habile monarque « traitoit secrètement avec
« les villes de Bretagne, afin qu'elles ne se voulussent ni ouvrir aux
« Anglois, ni les recevoir. — Si ordonna, comme sage homme et vail-
« lant qu'il étoit, toutes ses besognes, et manda ses trois frères, le
« duc de Berry, le duc de Bourgogne et le duc de Bourbon, et dit le
« roi : Mes beaux frères, je sens bien et reconnois que je ne puis
« longuement vivre, si vous recommande et vous charge Charles,
« mon fils. N'oubliez pas que le duc de Bretaigne, plus Anglois que
« François dans le cœur, est un homme inconstant et perfide. Songez
« qu'il n'y a pas de meilleur moyen, pour rendre sa haine impuis-
« sante, que de gagner les habitants des villes et de vous attacher les
« gentilshommes bretons autant que vous pourrez. Remettez l'épée de
« connétable au sire de Clisson ; il est Breton, et il convient à cette
« charge mieux que personne. »

Ainsi Charles V, mourant, reconnaissait la faute qu'il avait commise
en s'aliénant, par l'invasion de leur patrie, les braves soldats et chevaliers de Bretagne : inutiles conseils, prévoyance trop vite oubliée !
— Et pourtant le duc Jean IV devait justifier par sa conduite ultérieure toutes les inquiétudes du roi de France. Jean IV, rappelé avec
tant de louanges obéissantes et passionnées, se sentait pourtant mal
affermi sur ce trône qui lui était rendu par l'enthousiasme national ;
tant qu'il aurait à redouter la vigilance de la France, il se défiait de
l'obéissance de ce peuple breton qui pouvait passer, encore une fois,
de l'obéissance à la révolte. « Cil duc, qui appeloit le roi d'An-
« gleterre son père, car il avoit eu sa fille en mariage, recordoit
« moult souvent, en soi-même, les beaux services que le roi d'An-
« gleterre lui avoit faits, car jà n'eut été duc de Bretagne, si le con-
« fort et aide du roi d'Angleterre et de ses gens ne lui avoit mis.., et
« cuidoit par ses paroles colorées attraire ses gens, pour faire partie
« avec lui contre le roi de France. Mais jamais ne les eût amenés, car
« ils étoient très-fort enracinés en l'amour du roi de France et du con-

« nétable, qui étoit leur voisin. Et tant en parla le duc aux uns et aux
« autres, que les gens commencèrent à douter; si gardèrent les cités,
« le châtel et les bonnes villes, plus près que devant, et firent grands
« guets. Le duc vit ce, il se douta aussi de ses gens, et qu'ils ne lui
« fussent contraires; si signifia tout son état au roi d'Angleterre. »
Et, en effet, le roi d'Angleterre envoya six mille hommes au duc de
Bretagne (funeste alliance qui tuera la nationalité bretonne). Au nom
seul de l'Anglais et fidèles aux vieilles rancunes, les villes du duché
de Bretagne ferment leurs portes; d'énergiques représentations s'élèvent de toutes parts contre ce prince malavisé : « Monseigneur, disaient
« à leur duc les grands barons, le vicomte de Rohan, les sires de Dinan,
« de Laval et de Rochefort, monseigneur, vous montrés à tout le monde
« que vous avez le cœur tout anglois. Vous avez mis et amené ces Anglois
« en ce pays, qui vous tonldront votre héritage. Quel profit ni plaisance
« prénez-vous en eux tant aimer? Regardez comme le roi de Navarre,
« qui se confiait en eux et les mit dans la ville de Cherbourg, oncques
« depuis, ils ne s'en voldront partir ni ne partiront; mais les tiendront
« comme leur bon héritage. Aussi si vous les eussiez jà mis et semés
« en vos villes fermées en Bretagne, ils ne s'en partissent jamais, car
« tous les jours seroient-ils rafraîchis de leurs gens. Regardez comme
« ils tiennent Brest; ils n'ont nulle volonté de vous le rendre, qui est
« de votre droit domaine et héritage ; *et n'est pas duc de Bretagne, qui
« n'est pas sire de Brest.* Pensés à ce que vous avez un des beaux héri-
« tages de chrétienté sans couronne. Si vous suffise... que vous soyez
« aimé de vos gens de la duché de Bretagne et des gens d'icelui pays
« qui ne relinqueront jamais le roi de France pour servir et être au roi
« d'Angleterre. Si votre mouttier (femme) est d'Angleterre, quoi de
« ce? Voulez-vous, pour ce, perdre votre héritage qui tant vous a coûté
« de peine et de travail à l'avoir, et toujours demeurer en guerre?...
« Laissez-vous conseiller ; le roi de France, que vous n'aviez pas bien
« en grace, ni il vous, est mort; il y a à présent un jeune roi et de bel
« et de bon esprit, et tel hayoit le père qui servira le fils. Nous vous
« ferons votre paix avec lui, et mettrons à accord, si demeurerez sire
« et duc de Bretagne et en grande puissance, et les Anglois s'en retour-
« neront tout bellement dans leur pays. » (Froissart.)

Ainsi parlaient les prélats, les chevaliers, les barons et les *consaulx*
des cités et des bonnes villes de Bretagne, remontrant au duc que si
paisiblement il voulait demeurer au pays, il ne fallait pas être Anglais
couvertement. Le duc, qui vit adonc ses gens durement émus et cour-

roucés sur lui, répondit si sagement et bellement, « que cette assem-
« blée se départit par paix. Mais pour ce, ne départirent mie les An-
« glois de la ville de Saint-Mathieu, ainçois s'y tinrent toute la saison.
« Si demeurèrent les choses en cet état, le duc en guet et en soupçon
« de ses gens, et ses gens de lui. »

Cette paix entre le duc de Bretagne et ses fidèles sujets fut à peine une trêve. Jamais, cependant, la position n'avait été plus difficile pour le duc Jean IV. Son protecteur tout-puissant, ce roi d'Angleterre qui lui avait donné sa fille, qui l'avait assis lui-même sur le trône de Bretagne, Édouard III venait de mourir, le dixième jour de l'an mil trois cent soixante-dix-sept : « De laquelle mort tout le pays et le royaume « d'Angleterre fut durement désolé. » Le vaillant prince de Galles avait précédé dans la tombe le roi son père ; un jeune prince s'était assis sur le trône de France ; tout faisait un devoir à Jean IV de renoncer à l'alliance d'une nation dont l'alliance devenait un sujet de haine et de révolte pour les Bretons. Jean IV resta aux Anglais. En conséquence, Rennes, révoltée, ferma ses portes à l'armée du duc de Buckingham, pendant que Nantes ouvrait les siennes aux Français, comme pour mieux protester de ses répulsions contre l'alliance anglaise. Les Anglais, en butte à la haine des populations, se replièrent sur la basse Bretagne ; mais là, *les Saxons* (Saôzons) étaient plus détestés encore. Exposés à toutes les misères d'un hiver rigoureux, les malheureux soldats de Buckingham se virent en proie, sur une terre ennemie, à toutes les horreurs du froid et de la famine. Ils en furent réduits, eux, les mangeurs de viande, à se nourrir d'un pain fabriqué avec le chardon et la graine des plantes sauvages. — Cette fière conduite des villes de Bretagne fut un gage de paix et d'alliance entre la Bretagne et la France ; la paix fut définitivement signée à Guérande, le 15 janvier 1381, entre Jean IV et les tuteurs du roi Charles VI ; le renvoi des Anglais était la condition principale de ce traité. Les Anglais s'embarquèrent pour regagner les rivages de leur île, non pas sans se *mérencolier*, et maudissant la perfidie du duc de Bretagne, qui les avait abandonnés dans les plus dures nécessités de l'hiver, tout prêts à revenir, *à la douce saison d'été, quand il fait bon hestoyer et loger aux champs.*

Pour mieux célébrer cette nouvelle paix de Guérande, le duc Jean IV institua l'ordre de *l'Hermine.* Il espérait, sans doute, par un serment plus solennel et plus direct, attacher à sa personne les mêmes seigneurs qui l'avaient combattu avec le plus d'ardeur. Les femmes n'étaient pas exceptées de cet ordre de chevalerie, *l'Hermine* de Bretagne avait ses chevaleresses. Mais la grande question, l'affaire importante pour le duc de Bretagne, c'était d'obtenir du nouveau roi de l'Angleterre le retour de la duchesse de Bretagne, restée à Londres; la restitution du comté de Richemond, et enfin, et avant tout, l'évacuation de la ville de Brest. Le duc de Bretagne voulait Brest, mais la Bretagne entière voulait à tout prix que la bonne ville ne restât pas anglaise; la France, de son côté, redemandait Brest, au nom de Jean IV et même en son nom propre!—L'Angleterre rendit à Jean IV sa femme et son comté de Richemond, elle gardait obstinément le port de Brest. Le duc, tant par la prière de ses barons « que pour ce aussi, « il eût voulu volontiers redevenir sire de Brest, ordonna à mettre siége « devant la ville, et y envoya grand foison d'escuyers et de chevaliers « de Bretagne... Et vous dis que devant Brest avoient souvent aux « barrières des escarmouches et des faits d'armes. » Brest, attaqué vivement, fut promptement secouru. — A cet instant même, le duc de Lancastre faisait voile vers l'Espagne, avec une flotte nombreuse. Le roi don Henri venait de mourir, et du royaume de Castille « Lancastre se tenoit héritier par la condition et droit de sa femme, car il avoit à femme l'aisnée héritière de Castille... Si entra le duc de Lancastre en une galère armée duement, belle et grande, et avoit de lez lui, sa grosse nef pour son corps et pour la duchesse sa femme, qui de grand courage allait en ce voyage, car elle espéroit bien retrouver son héritage de Castille et être royne à son retour. Et avoient bien largement mille lances, chevaliers et écuyers, de bonnes gens, et deux mille archers et mille gros varlets. Si eurent beau temps et bon vent, car ce fut au mois de mai, qui fait bel et joli et qu'il vente à point. Et s'en vinrent côtoyant les îles de Wisque et de Grenesie (Wight et Guernesey), et tant qu'on les véoit tout à plein de Normandie, car ils étoient plus de deux cents voiles tout d'une vue. Si étoit grande beauté de voir ces gallères courir par mer, et d'approcher les terres garnies et armées de gens d'armes et d'archers et querant les aventures. » Le tableau est complet, rien ne manque à cette narration pittoresque. Froissart compare la flotte anglaise à une volée de faucons voyageurs, « qui ont grand faim et grand desir de repaître! » Pourquoi, disaient les Anglais, n'allons-nous pas voir, chemin faisant, les ports de Normandie? là sont chevaliers et escuyers qui nous *recueilleroient et qui nous combattroient.* Mais quand ils apprirent que *grand foison* de chevaliers et escuyers de Bretagne avaient mis le siége devant le château de Brest, Lancastre fit dire à l'amiral messire Thomas de Percy, qu'il fît voile vers la Bretagne : « Car il vouloit aller voir le chastel de Brest et visiter les compagnons, ceux de dedans et ceux du dehors. » Et comme les uns et les autres, ils connaissaient bien le chemin et les entrées de la mer de Bretagne, *qui sont moult périlleuses*, les Anglais *orent* ces nouvelles avec grande joie. « Et pour ces jours le temps étoit si beau et si joli, et les eaux si guètes et si attrempées, que c'étoit grand plaisir à aller par mer et sur l'eau. Ils cinglèrent les nefs d'Angleterre aval le vent, qui à point ventoit droit à l'embouchure de Brest. Et attendirent les mariniers la marée si à point, —*car bien s'y connoissoient*, que avecque le flot ils entrèrent au havre de Brest. » Dans Brest la joie fut grande de ce renfort. « Grand plaisance étoit de ouïr les clairons des barques et des nefs, et ceux du chastel aussi. — Moult furent les Anglois réjouis, quand ils virent arriver Lancastre à bon port. — Lancastre apprit que les Bretons serroient la ville de près, et il promit que dès le lendemain il iroit les voir et les combattre, « car ils avoient grand faim et grand volonté de faire faits d'armes encontre les François. »

En effet, le lendemain même de leur arrivée, les Anglais font une sortie terrible : « Là on put voir grand foison de beaux faits d'armes et de dures rencontres, et de *fortes poussées* de lances. » La victoire fut longtemps disputée. D'abord les Anglais donnèrent *moult fort affaire* aux Bretons; l'instant d'après, ceux-ci, obéissant à la voix de leurs chefs, « fichèrent leurs lances et leurs glaives en terre, et s'appuyèrent fortement sur leurs pas, et boutèrent de bras et de poitrine courageusement sur ceux qui les avoient reculés et boutés hors des barrières. » D'autres soldats bretons s'étaient réfugiés dans la tour de leur camp, fortifié comme une ville. « Là fut grand assaut et dur d'Anglois et d'archers, et commencèrent les Anglois à picqueter et à piocher, et à caver, et à ôter pierres, et affoiblir grandement la tour, tant que la moitié s'ouvrit et crevaça. Si eut une grande huée d'Anglois quand ils virent les Bretons à découvert, et la nuit venue, les Anglais disaient aux Bretons : « Seigneurs, seigneurs, demeurés là cette nuit et faites bon guet, car demain nous viendrons vous voir. » Mais durant la nuit, les Bretons montent à cheval et se retirent dans Hennebon. « Ainsi furent délivrées par le duc de Lancastre les bastides de Brest, et le tier jour (le surlendemain) Brest délivrée du siége; ils se *disaultèrent* et puis *s'enpartirent.* »

Pendant que le duc de Lancastre s'en allait en quête de la couronne de Castille, bien était le roi de France, et ses oncles aussi, informés du plan de voyage des Anglais, car renommée *court, va et vole et partout tantôt*. Puisque la lutte recommençait sur la terre d'Espagne, la France, cette fois encore, envoyait en Espagne ses meilleurs et plus illustres capitaines. Les préparatifs furent immenses : « Tout l'été, on ne fit que moudre farine et cuire biscuits à Tournay, à Lille, à Douai, à Arras, à Amiens, à Béthune, à Saint-Omer, et peu s'en fallut que, par une diversion ardemment désirée, le duc de Bourgogne, le comte de Saint-Pol, le connétable de France, le roi lui-même, qui disaient : Pourquoi n'allons-nous pas en Angleterre voir le pays et ses gens? ne fissent une descente à Londres même. Seul, le duc de Bretagne refusa de prendre sa part dans cette guerre toute française. Cependant tout était prêt : douze cents vaisseaux étaient armés dans les ports de l'Écluse et de Dunkerque; déjà, à l'exemple de Guillaume le *Conquérant*, Olivier de Clisson avait fait ouvrer et charpenter en Bretagne *la mesure* d'une ville « pour asseoir en Angleterre là où il leur plairoit. Cette ville étoit tellement ouvrée et ordonnée, que l'on la pouvoit défaire par charnières et réunir membre à membre. » L'idée était grande, elle épouvanta l'Angleterre, qui, de son côté, jeta des troupes et des vivres dans Calais. — « *Et je vous dis*, ajoute Froissart, qu'à cette menace de la France, les peintres gagnièrent tout ce qu'ils voulurent : on faisoit bannières, pennons; on peignoit les mâts des nefs jusques aux combles, et couvroit-on plusieurs feuilles de fin or, et dessous on y faisoit les armoiries des seigneurs. » Riches navires, sans doute ! mais tenez, voilà ce qui gâte cette richesse : « Les belles naves payaient povres gens dans le royaume de France, tant les tailles étoient grandes pour *assouvir* ce voyage! » — Sur l'entrefaite, le comte de Lancastre, « *à belle charge de gens d'armes et d'archers*, était arrivé en Galice, et se défendait de son mieux le roi Jean de Castille. » En aide à ce trône de Castille, fondé par son illustre frère le connétable, Olivier Duguesclin, soldat de la France, avait amené une armée nombreuse, et dans cette armée servaient un grand nombre de chevaliers bretons; les chroniques françaises et espagnoles citent au premier rang : Geoffroi de Montbourcher, Alain du Parc, Pierre de Lohéac, le sire de La Houssaye, Guillaume Ferron, Pierre de Courson et Yves de Kérimel. — L'attaque de Lancastre contre le duc de Castille n'eut guère de meilleur résultat que la tentative du connétable; à peine si les Français mirent le pied en Angleterre, et pour Lancastre, il se contenta de marier sa fille au fils de don

Pèdre. Dans son duché, le duc de Bretagne attendait les événements pour profiter, cette fois, du conflit des deux peuples. Sa colère grandissait contre Olivier de Clisson et contre les seigneurs de Laval, de Beaumanoir, de Roye, de Rohan, de Dinan, de Rochefort, amis de la France; hommes d'autant plus à ménager, que « là où ces barons se veulent incliner, toute Bretagne s'incline! — Bien veulent être ces seigneurs avec leur duc contre tout homme, excepté contre la couronne de France. » Et pourtant l'amitié la plus intime avait uni, durant toute leur enfance, Jean de Montfort et le sire de Clisson. Nés tous deux d'héroïnes célèbres, ils avaient été dressés à la même école, ils avaient partagé les mêmes jeux, affronté les mêmes périls. Plus que Jean Chandos peut-être, Olivier de Clisson avait contribué au gain de la bataille d'Auray, qui donna le trône à Montfort. Ces liaisons si intimes de l'enfance et cet héroïque dévouement du chevalier à la cause de son seigneur, furent moins puissants que les rivalités et les haines de l'âge mûr.

De ces disgrâces des favoris, Tacite donne quelque part un motif puisé dans l'égoïsme et l'ingratitude des hommes; tantôt, c'est le prince qui se lasse d'aimer si longtemps le même homme, tantôt c'est le favori qui se retire, parce qu'il n'a plus rien à attendre de la munificence du prince. Pourtant, quand on se rappelle quel fut Clisson, les grands services qu'il a rendus à la maison de Monfort, la bataille d'Auray, gagnée sur Duguesclin lui-même, son courage à toute épreuve, l'amitié qu'il portait à tous les gens de guerre, témoin son désespoir au passage de la Lys, quand il s'écriait, en s'arrachant les cheveux: Ah! Rohan, Laval, Longueville, Beaumanoir, ah! mon cher Rieux, qu'allez-vous devenir? — Et son discours à la bataille de Rosebecque, lorsqu'on proposait de faire garder le roi par Clisson, pendant que le sire de Coucy commanderait l'armée à sa place : « Très-cher sire, il n'y a pas de plus grand honneur que de garder votre personne, mais que dira mon avant-garde, si je ne suis pas à sa tête? — D'ailleurs, voici quinze jours que je prépare mes batailles, et que diront mes gens si je me retire? — Ce sont là de ces paroles qui dessinent tout un caractère, ajoutez que le connétable était habile, grand négociateur, sachant la politique aussi bien qu'homme de son temps, il avait de nombreux partisans en France, il en avait en Bretagne; riche, redouté, tout-puissant, plus puissant et plus redouté que le connétable Duguesclin lui-même, car à la force, Clisson unissait la ruse. — Donc le moyen de s'imaginer que le duc de Bretagne oublierait tout à la fois les amitiés passées, et le péril présent! Ce fut pourtant ce qui arriva.

Or, telle fut la première cause de ces rivalités effrayantes; après la bataille d'Auray, bataille décisive pour son trône, le duc de Bretagne avait refusé à Clisson le château de Gavre, près de sa terre du Blain, pour le donner à l'Anglais Chandos. Clisson, indigné, marche sur la forteresse de Gavre, il l'emporte d'assaut, il la livre aux flammes. Ce

n'est pas tout, Olivier refusa de remettre aux mains du duc de Bretagne Chantouan, dont il s'était emparé pendant la guerre; il fallut que le duc assiégeât la place et la reprît de vive force. Ce fut, entre le prince et le sujet, une guerre déclarée, sérieuse, et désormais Olivier de Clisson eut en grande joie de prouver au duc de Bretagne que le connétable de France n'est pas de ces ennemis que l'on dédaigne. Sur l'entrefaite, l'occasion se présenta belle et illustre pour que le sire Olivier pût tout à l'aise satisfaire son ambition et sa haine. Jeanne de Penthièvre, qui avait été la digne rivale de Jeanne de Montfort, la veuve dévouée et vaillante de Charles de Blois, venait de mourir (10 octobre 1384), et le duc de Bretagne s'était emparé des biens de cette princesse malheureuse, morte sans avoir embrassé ses enfants. L'un des fils de la duchesse avait succombé à Londres dans les ennuis d'une captivité de trente-six ans; l'autre fils, le dernier espoir de cette maison de Blois, Jean de Penthièvre, restait le prisonnier des Anglais, et ils demandaient, pour la rançon du prince, cent vingt mille livres, c'est-à-dire un million de notre monnaie. Ce fut alors que l'ambition vengeresse d'Olivier de Clisson voulut rendre la liberté à Jean de Penthièvre, et avec la liberté, le duché de Bretagne; et enfin, du duc de Bretagne, le connétable fera le mari de Jeanne de Clisson sa fille. Le projet est hardi, mais la chose est possible. Le connétable sait, à n'en pas douter, les rancunes des Anglais contre Jean de Montfort, et qu'ils ne pardonnent pas au duc de Bretagne les misères de la dernière guerre, quand ils ont été forcés de manger les chardons des champs, car les Anglais se plaignaient à haute voix; en même temps, ils menaçaient Montfort de relâcher le fils de Charles de Blois. — Encouragé par ces justes plaintes, Olivier de Clisson envoya à Londres un sien écuyer pour saluer, disait-il, *son maître*, Jean de Bretagne. — « Sire, dit l'écuyer, monseigneur le connétable a une belle fille à marier; là où vous voudriez jurer et promettre que vous, retourné en Bretagne, vous la prendrés à femme, il vous ferait délivrer d'Angleterre. » Jean de Bretagne répondit : « Ouï vraiment. Vous retournerez par de là, dites au connétable que sa fille je prendrai et épouserai très-volontiers. » Ceci fait, l'écuyer revient en Bretagne, et le connétable, *qui désiroit l'avancement de sa fille, ne fut pas négligent de besogne et exploits.*

Le connétable paya donc la rançon de Jean de Bretagne, et le jeune prince débarqua à Boulogne. « Là il trouva son arroy tout prêt que
« le connétable lui avait fait appareiller. Si s'en vint en France, pre-
« mièrement à Paris ; là trouve le roi et les seigneurs de son lignage
« qui lui firent très-bonne chère, et le connétable aussi qui l'emme-
« na en Bretagne, et Jean de Bretagne espousa sa fille ainsi que conve-
« nancé avoit. » D'où il suit que la haine violente du duc Jean IV pour le connétable de Clisson avait sa cause dans plusieurs motifs qui expliquent bien des haines. — D'abord l'ancienne amitié tournée en fiel ; les violences du connétable contre tout ce qui appartenait à cette

Bretagne qu'il avait longtemps aimée et servie ; l'exemple qu'il donnait aux principaux seigneurs de quitter le service de leur prince direct pour le service du roi de France, d'autres ajoutent la rivalité du prince et du sujet, à propos de la jeune duchesse de Bretagne, Jeanne de Navarre, le duc Jean IV s'étant marié pour la seconde fois (1386), et surtout la bonne volonté de Clisson pour le fils et l'héritier de Charles de Blois, tous ces motifs réunis avaient accumulé la plus violente rancune dans l'âme du duc de Bretagne. Ajoutez que le fils aîné de Charles de Blois, Jean de Penthièvre, devenu le gendre du sire de Clisson, s'était rendu très-populaire en Bretagne, en refusant, même dans sa prison, l'appui intéressé de l'Angleterre. Au fait, c'était là la grande irritation et inquiétude de Jean de Montfort ; il s'en était expliqué très-librement et plus d'une fois. « Voire, disait-il, me cuide messire Olivier de Clisson mettre hors de mon héritage, il en montre les signifiances ; il veut mettre hors d'Angleterre Jean de Penthièvre et lui donner sa fille, telles choses me sont moult desplaisantes, et par Dieu ! je lui montrerai un jour qu'il n'a pas bien fait, quand il s'en donnera le moins de garde. » — Il dit la vérité, ajoute Froissart, et en effet il le *remontra* trop durement *dedans l'an*. Le piége fut si bien tendu que messire le connétable y tomba sans méfiance. Les états de Bretagne venaient d'être convoqués à Vannes ; le duc Jean IV avait convié à cette assemblée Olivier de Clisson (Clisson était alors à Tréguier préparant toutes choses pour son expédition en Angleterre) et les plus nobles seigneurs du duché, « les priant *moult doulcement et affectueusement,* par les lettres, que tous y viennent. » La fête avait été brillante, le festin royal, l'amitié pleine de démonstrations de part et d'autre. Le sire de Clisson et le duc de Bretagne avaient bu dans la même coupe ; ainsi faisaient-ils à trente ans en deçà, quand ils n'avaient que vingt ans l'un et l'autre. Bref, le duc tint ses hôtes en paroles amoureuses et en *grand soulas* durant tout le dîner.

« Vous devez savoir que assez près de Vannes, le duc de Bretagne
« faisait faire un chastel très-bel et très-fort, lequel chastel on appelle
« *l'Hermine,* et qui étoit alors presque tout fait. Le duc, qui vouloit at-
« traper le connétable là-dedans, dit à Clisson, au seigneur de Laval,
« au vicomte de Rohan, au seigneur de Beaumanoir, et à aucuns ba-
« rons qui étaient là : « Beaux seigneurs, je vous prie, à votre départe-
« ment, que veuillez venir voir mon chastel de l'Hermine, li verrez
« comment je l'ai fait ouvrer et fais encore. » Tous le lui accordent

et montent à cheval jusqu'au château de l'Hermine. Le duc, par la main, les mena de chambre en chambre et d'office en office, et devant le cellier, et *là les fit boire*. Arrivés au pied de la tour principale, le duc s'arrêta *à l'entrée de l'huis* et dit au connétable : Messire Olivier, il n'y a homme deçà la mer qui se connoisse en ouvrage de maçonnerie mieux que vous faites ; je vous prie, beau sire, que montiez là sus, si me saurez à dire comment le lieu est fortifié. Le connétable, sans méfiance, entre dans la tour, mais quand il eut passé le premier étage, ci y avoit gens embuchés qui le lièrent en une chambre, fermèrent l'huys, *et l'enferent de trois paires de fers*, non pas sans lui dire : Monseigneur, pardonnez-nous, mais c'est l'ordre ! En vain le connétable appelle à son aide, on lui ferme la voix. — Il veut résister, on le charge de coups. — Il se débat, on le jette dans les profondeurs de la tour. Dans la tour, profonde était l'obscurité, terrible était le silence ; cependant, à la pâleur du duc de Bretagne, à sa parole troublée, à son oreille attentive, à son visage *plus vert qu'une feuille*, le sire de Laval comprit une partie du crime. —Ah ! monseigneur, s'écria le sire de Laval, qu'allez-vous faire? n'ayez nulle traître volonté sur beau-frère le connétable! — Sire de Laval, répondit le duc d'une voix sévère et d'un ton résolu, montez à cheval et vous partez de ci. — Monseigneur, répétait le comte; jamais ne partirai sans beau-frère le connétable.—En même temps arrivait Beaumanoir, que le duc *hayait grandement*; il était le compagnon du connétable et son plus vieux frère d'armes; cette trahison lui faisait horreur. «Ah ! monseigneur, s'écriait-il en pressant les genoux du prince, « je vois tant de noblesse en vous, que, s'il plaît à Dieu, vous ne nous « ferez que droit, car nous sommes en votre merci et par bonne « amour, et par bonne compagnie, et à votre requête et prière, nous « sommes ci venus. Si ne vous deshonorez pas pour accomplir au« cune felle (cruelle) volonté, si vous l'avez sur nous, car il en se« rait trop grande nouvelle.—Or, va, va, répliqua le prince, tu n'au« ras ni pis ni mieux que lui; » et Beaumanoir est jeté dans la tour de Clisson, garrotté. En même temps, le duc, excité par l'opposition même de ces braves gens, fait appeler un de ses lieutenants, homme d'honneur et dévoué; le duc veut que, cette nuit même, le connétable de Clisson ait cessé de vivre. En vain ce gentilhomme, nommé Jehan Basvalen, hasarde quelques objections timides, le prince répond, en frappant du pied, qu'il faut obéir. — Basvalen sort en homme décidé à obéir. — La nuit vint; bonne et sage conseillère, la nuit calme les colères; elle jette une bienfaisante lumière dans les passions humaines; elle a des silences favorables au remords. Cette nuit-là, Jean de Montfort ne put pas fermer ses paupières brûlantes, le souvenir du passé augmentait en cette âme peu méchante les angoisses du remords. Eh quoi! il va donc faire égorger son compagnon Olivier! Olivier, cet orphelin que Jeanne de Belleville, sa mère, allaitait encore dans les champs de bataille, il va mourir, cette nuit, tout à l'heure, hôte égorgé par son hôte! — Et demain, demain, que dira la Bretagne? que pensera la France? quelles indignations dans l'Europe? Ne dira-t-on pas que le duc de Bretagne s'est pleinement et entièrement déshonoré? Quoi! le connétable est venu dîner chez lui sur parole, il a bu de son vin, — et maintenant le prince l'a livré aux bourreaux! « Oncques si grande lansqueté ni mauvaiseté ne fut pourpagée. » Et d'ailleurs en qui peut-on avoir fiance, sinon en son seigneur? car le seigneur doit tenir ses gens en droit et en justice. — Ainsi il pensait, et même dans ces longues heures d'une nuit sans sommeil, il semblait à Jean IV qu'il voyait égorger sous ses yeux, par de vils assassins, après un abominable guet-apens, cet illustre chef d'armées, un connétable de France, un si grand baron et si grand chevalier! — La nuit fut horrible. — Le matin venu, Basvalen se présente au chevet du duc, — le duc avait peur. — Monseigneur, dit Basvalen... Et comme le prince osait à peine porter un œil hagard sur ce remords en chair et en os qui se dressait à son chevet : — C'en est fait, dit le gentilhomme baissant la voix... Noyé dans les fossés du château! A ces mots, le désespoir du prince éclata :

— Messire Jehan, messire Jehan! s'écria-t-il, plût à Dieu que j'eusse suivi vos conseils! Ah! je vois bien que jamais sans détresse ne serai. Retirez-vous, messire, et que jamais plus je ne vous revoie! Et poussant des cris affreux, il courut s'enfermer dans les réduits les plus obscurs. Il pleurait, il se désolait, il rejetait toute nourriture : c'était une douleur violente; la rougeur au front, le sanglot à la bouche, la main crispée, l'épouvante sur le visage; d'autres fois, il disait qu'il voulait mourir.

Vers le soir, Basvalen, malgré la défense qui lui avait été faite, demanda à parler à son seigneur. Il connaissait le cœur de son maître; il se rappelait les nobles larmes répandues sur le cadavre de Charles de Blois, et il avait veillé toute la nuit à la porte du connétable, prêt à le défendre contre tous :—A la nouvelle que le connétable vivait encore,

Montfort se jeta dans les bras de son ami Jehan : « Basvalen, tu as été un bon serviteur de ton maître, tu m'as rendu le meilleur service qu'un homme puisse rendre à un homme, je te donne mille florins sur mon épargne ! » — Mais ce beau remords n'empêcha pas Jean de Montfort d'abuser de sa trahison. Il exigea, pour rendre Olivier de Clisson, cent mille livres en or, et en même temps que l'on remettrait purement et *liement*, entre ses mains, Josselin, Lamballe, Broons, Jugon, Blain, Guingamp, la Roche-Derrien, Châteaudren, Clisson et Chanteaucé. Moins le meurtre, le guet-apens restait le même. — Cependant, le connétable signe cet infâme traité. L'argent est compté, les places sont livrées, enfin la prison du connétable est ouverte. « Et se tint très-heureux quand il fut hors du castel et qu'il eut *la clef des champs*. Le connétable ne fit pas grand séjour en Bretagne, mais monta tantôt sur un grand coursier et bon, et fit tant qu'il fut en deux jours à Paris. Et descendit premièrement à son hôtel et puis alla au Louvre devers le roi et les oncles ; ses gens et son arroy le suivaient tout bellement par derrière. » On ouvrit les portes de la chambre du roi, comme à la coutume, et se jetant à genoux, le connétable, « Très-redouté sire, s'écria-t-il, vous m'avez revêtu d'une dignité dont je déclare ne m'être point rendu indigne ; et si quelqu'un soutenait le contraire, je lui prouverais qu'il a menti. » A ces mots, il s'arrêta, et comme tous gardaient le silence, Clisson reprit en ces termes : « Le duc de Bretagne m'a pris en trahison et m'a forcé, en menaçant ma vie, de lui abandonner tous mes biens. La guerre que moi et mes compagnons comptions faire pour vous est arrêtée ; cette injure, sire, a été faite au chef de vos armées, à l'un des grands officiers de votre couronne ; il ne se peut que vous n'en éprouviez un vif ressentiment ; je vous demande justice, vengeance, et hors d'état désormais de soutenir convenablement la dignité dont j'étais revêtu, je vous rends l'office de la connétablie, « et y pourvoyez tel qu'il vous plaira, car je ne veux plus m'en charger. »

Mais, hélas ! où était le roi Charles V, où était-il, le sage et prévoyant monarque qui savait tirer parti des moindres accidents de l'histoire ? Avec la trahison de Montfort et les justes ressentiments du connétable de Clisson, Charles V eût conquis la Bretagne ! — Son faible successeur fut touché, mais à quoi bon ? de la juste indignation de ce terrible soldat. Les deux oncles, les ducs de Berri et de Bourgogne, pour toute consolation au connétable offensé, le blâmèrent gravement de ce qu'il était allé à Vannes « *quand il se sentait en haine au duc.* » Bien aperçut le connétable que ces seigneurs lui étoient plus rudes que le roi n'étoit. En effet, le duc de Berri avait conclu un traité secret avec le duc de Bretagne, qui lui devait faire obtenir en mariage la fille du duc de Lancastre. Alors, ne pouvant faire, de sa cause personnelle, une guerre de France à Bretagne, Clisson en fit une ligue. Si le roi de France ne vient pas en aide à son connétable, le connétable sait se suffire à lui-même, et il le prouve. A l'œuvre donc ! Et, au grand étonnement de la France, de l'Angleterre, de la Bretagne, en moins de quinze jours l'échappé de la tour de l'Hermine a repris, par l'escalade, par la surprise, par l'habileté ou par la force, Guingamp, Châteaudren, Lamballe. C'était une guerre véritable entreprise par un particulier contre un prince souverain. En vain les tuteurs du roi de France, comprenant enfin que la chose les regarde quelque peu, envoient ambassadeurs sur ambassadeurs : l'amiral Jean de Vienne, le sire Jean de Breuil, Louis Blanchet, le comte d'Étampes, l'évêque de Beauvais, l'excellent chancelier de France, mort en chemin, à Montlhéry, l'évêque de Langres, rien n'y fait ; Montfort résiste au roi, il refuse toute satisfaction au connétable. « Je le hais à la « mort, disait-il, on prend ses ennemis où on les trouve ; — je garde « ses châteaux, à moins que le roi ne m'en chasse. » En même temps le duc de Bretagne se préparait à résister aux volontés du roi, et comme la noblesse était contre lui, il tâchait d'avoir le peuple, il traitait avec l'Angleterre, il traitait avec la Navarre, ce que voyant et que le duc de Bretagne était incorrigible, et qu'il restait aveuglé par la colère, les plus sages du conseil de France disaient : On parle d'aller en Allemagne, on devrait parler d'aller en Bretagne et se ruer sur ce duc hautain, qui a toujours été contre la couronne de France, *qui ne veut obéir ni ne daigne.* « Il ne craint, aime, ni prise nellui ! » Et ils ajoutaient : Prenez garde ! le duc de Bretagne mettra les Anglais en son pays et les Anglais entreront en France ! Cependant, Olivier de Clisson, poursuivant sa vengeance commencée, prenait au duc de Montfort tout ce qu'il pouvait prendre. Les villes tremblaient ; Olivier de Clisson parlait en maître ; pour mettre un terme à cette guerre entreprise sous les yeux de la France et sans la France, le roi fait citer directement, à son tribunal, le duc de Bretagne et le sire de Clisson. Il fallut obéir. Déjà battu par le connétable, le duc de Bretagne ne se sentait pas assez fort pour résister seul au roi Charles. « Il vous faudra briser votre propos, disaient ses conseillers, ou perdre trop grossement et mettre votre terre en guerre, et si est madame votre femme grosse, à quoi vous devez bien penser et regarder. Nous savons bien que vous avez en grande haine le connétable de Clisson, mais puisque les barons de France s'engagent à l'encontre vous, il sera secouru, car il est connétable. En Angleterre vous n'avez que faire, car les Anglais sont assez enseignés d'eux-mêmes. » Les conseillers de Bretagne ajoutaient que le duc Jean IV n'avait pas à attendre d'autres secours que le secours du duc de Bourgogne : « Il vous a toujours aimé, à cause de votre bonne amie et cousine madame de Bourgogne, sa femme. — Il a des enfants qui sont vos parents les plus proches. » En même temps, ses amis rappelaient au duc de Bretagne la puissance et autorité du parlement de Paris, et que si le parlement le condamne à restitution, il faudra obéir, et qu'enfin le roi de France est son souverain et naturel seigneur.—La cause fut plaidée en effet *en chambre du parlement*. Le duc de Bretagne s'y présenta en personne, et bien en prit à Jean de Montfort que l'amitié des frères du roi l'eût préservé du chagrin de rencontrer Clisson face à face, Clisson l'eût insulté en présence de tous leurs pairs, et de son gendre Jean de Blois. — Ce terrible débat fut terminé par la restitution, au sire de Clisson, de l'argent compté au duc de Bretagne, et des villes qui lui avaient été arrachées. —Désormais la paix semblait rétablie entre Olivier de Clisson et le duc de Bretagne, lorsqu'un nouvel incident ralluma les haines du connétable contre Jean IV. Pierre de Craon, l'ancien favori du roi, avait été disgracié et chassé de la cour. Comme il attribuait sa disgrâce à Clisson, Craon résolut de tuer Clisson. En conséquence, il attendit, avec quelques affidés, le connétable au coin de la rue Culture-Sainte-Catherine; à minuit, comme le connétable sortait de l'hôtel Saint-Pol pour regagner son logis, qui est aujourd'hui l'hôtel de Soubise, à peine suivi de quelques serviteurs qui portaient des flambeaux, les affidés de Craon voyant venir le connétable, se mirent à crier : *A mort! à mort! tue et tue!* et le renversèrent de son cheval. — Pierre de Craon frappa le premier, en disant : — Je suis Craon ! Les autres frappent à leur tour.—Le connétable portait à son côté un coutelas avec lequel il tenta de se défendre. — A la fin, il tomba à la porte d'un boulanger qui chauffait son four, la porte s'ouvrit au choc, et le boulanger tirant à lui messire le connétable, le sauva du coup de la mort. — Soit que les assassins aient pensé qu'il n'y avait plus rien à faire, soit qu'ils n'aient pas voulu descendre de cheval pour porter les derniers coups, soit qu'enfin ils aient été frappés de terreur en apprenant que

l'homme assassiné était le connétable de France, ils prirent la fuite et se départirent tout au loin. — La nouvelle de ce meurtre féroce remplit Paris d'indignation et d'épouvante; le roi lui-même, à peine eut-il appris le crime, se rendit dans la pauvre maison où était couché messire le connétable; Clisson commençait à reprendre ses sens. — Ah! s'écria le roi, comment allez-vous, connétable, et qui vous a mis en cet état?—Cher sire, répondit Clisson, c'est Pierre de Craon et ses complices! — Connétable, répondit le roi, jamais chose ne sera payée et punie si cher que celle-là! Sur l'entrefaite, arrivent les chirurgiens et médecins; le roi demandant à chaque instant où en est le connétable. — Et quand le roi fut assuré que dans quinze jours messire Olivier serait sur pied et à cheval, — Dieu soit loué! s'écriait-il, voilà une bonne nouvelle! Prenez soin du connétable; quant au reste, c'est mon souci. — Cher sire, grand merci de votre visite! disait Clisson.

De retour en son palais, le roi fait appeler le prévôt de Paris, il veut qu'à l'instant même on arrête Pierre de Craon. — Craon, comprenant que la partie était perdue, s'était sauvé de toute la vitesse de son cheval; tout ce qu'on put prendre, ce fut trois des assassins, qui furent exécutés quatre jours après le crime: le poing coupé, la tête tranchée, le corps pendu au gibet. — Dans Paris, l'intérêt fut unanime pour Olivier de Clisson; les bourgeois s'informaient dans les rues des nouvelles du connétable; ses frères d'armes pleuraient autour de son lit; la grande voix publique accusait Craon et demandait vengeance. Pierre de Craon fut condamné à la mort des traîtres, son hôtel démoli, ses biens confisqués; la rue qu'il habitait s'appela désormais la rue des *Mauvais-Garçons.* — Dans son beau château de la Ferté-Bernard, Craon avait laissé sa femme et sa fille; sa femme, Jeanne de Châtillon, jeune et belle, l'enfant digne de la mère; ces deux femmes furent chassées à demi nues, et le château de La Ferté confisqué comme tout le reste. — A chaque journée, Craon apprenait ces désastres, et plus la colère du roi et du peuple était terrible, plus il fuyait au loin, jusqu'à ce qu'il arrivât chez le duc de Bretagne. — « Vous êtes bien chétif, disait le duc, de n'avoir pas tué qui vous teniez entre vos mains! » Puis il ajoute : « Or, maintenant, nous n'en sommes pas quittes; le roi et le connétable vont me donner de leurs nouvelles; soit ainsi fait, mais je vous protége! » Le surlendemain, un message arrivait de France de la part du roi, qui réclamait messire de Craon. Le duc de Bretagne répondait au roi qu'il n'avait que faire, lui le duc, de se mêler aux querelles du sire de Clisson. Le roi se trouvait personnellement offensé à son tour; la cour était indignée, le connétable était revenu à la vie, donc la guerre est décidée avec la Bretagne. Seul, le duc de Berri résistait à cette guerre; mais le moyen de l'emporter sur toutes ces volontés implacables? — Le duc de Berri y fit tous ses efforts. Il disait que c'était dommage de remuer la France pour la vengeance personnelle de M. de Clisson; il rappelait que le peuple de Paris était déjà ruiné et foulé, le clergé se plaignait du connétable, l'université était mécontente; enfin, le testament du connétable était un vif sujet de jalousie et de disgrâce. Quoi donc! outre ses domaines, Clisson possédait dix-sept cent mille francs en effets mobiliers! — Ainsi on parlait; mais le roi voulait la guerre contre la Bretagne, il la voulait absolument; il ordonne que chaque seigneur convoque ses chevaliers et ses vassaux. Jamais Charles VI n'avait exprimé sa volonté d'une façon plus impérieuse et pétulante; une idée fixe le poussait; et comme il vit que ses oncles partaient de mauvaise grâce, il partit seul. Ses oncles, comprenant que c'était pour tout de bon, rejoignirent leur royal neveu à Chartres; arrivés au Mans, on passa une grande revue. L'armée partageait l'ardeur du roi, et prenait sa part dans les injures du connétable; elle s'écriait que le duc de Bretagne était le fléau de la France : il n'aime pas la France; il ne l'a jamais aimée; il n'aime que le comte de Flandre et madame de Bourgogne; il abhorre Clisson parce que Clisson tient pour la France! Ainsi parlait l'armée. — Cependant le roi, toujours ardent à la guerre, s'irritait de plus en plus; la fièvre l'avait pris, et la fièvre augmentait encore cette irritation mal contenue. Il s'écriait qu'il fallait entrer en Bretagne. — A grand'peine si le duc de Berri et le duc de Bourgogne obtiennent la permission d'envoyer une sommation dernière au duc de Bretagne; le duc répond par de nouveaux mépris. — Non! il ne cédera pas, quand bien même tout son duché dirait *Oui!* — Alors, pour gagner du temps, le duc de Bourgogne imagine de dire au roi, que Pierre de Craon vient d'être arrêté à Barcelone. — Non, mon oncle, disait le roi, n'en croyez rien; Craon est bien tranquille chez le duc de Bretagne. — En effet, la nouvelle était fausse; et, au bout de trois semaines, comme le roi était plus que jamais résolu à partir, l'armée se mit en marche et quitta le Mans. — Les présages étaient mauvais, l'armée se sentait tirailler en sens inverse, le roi allait tout droit son chemin, pensif, très-échauffé sous sa tunique; il portait un chapeau écarlate, garni de grosses perles, que lui avait donné la reine; le duc d'Orléans et le duc de Bourbon, les sires de Coucy, de Navarre, d'Albret, de Bar, d'Artois, suivaient à distance. — On venait d'entrer dans la forêt du Mans, lorsque tout à coup se dressa dans l'ombre d'un chêne un homme couvert de haillons ; c'était comme un fantôme sorti des entrailles de la terre ; l'apparition se tenait immobile sur le chemin ; le cheval s'arrêta, et le jeune roi entendit une voix funèbre ; la voix criait : « *Arrête, ô roi ! — on te trahit !* »

A ces cris, le prince, affaibli par de cruelles souffrances, perd le peu de sang-froid qui lui restait ; pour comble d'horreur, car, dans ces graves perturbations de l'intelligence, le moindre accident peut devenir funeste, l'un des pages qui suivaient le roi laissa tomber sa lance ; la lance retentit sur le casque du page voisin avec un bruit de trahison et de meurtre ; à ce bruit, à la vue de cette arme qui étincelle, le roi se trouble et s'imagine qu'en effet il est assailli par des traîtres. Il met l'épée à la main, et sa raison s'égarant de plus en plus, il se précipite sur ceux qui l'entourent, frappant d'estoc et de taille comme un furieux. Ceci se passait le 13 août 1392. Dans le premier accès d'une démence qui devait finir si tard, Charles VI abattit à ses pieds quatre de ses serviteurs ; son frère lui-même, le duc d'Orléans, reçut un coup d'épée :

ce fut à grand'peine si l'on put reconduire le jeune roi sur un chariot, et comme à demi mort, dans la ville du Mans. — « Voilà le voyage de Bretagne terminé, disait le duc de Berri ; » et, de fait, la maladie du roi sauva le duc de Bretagne, elle entraîna la disgrâce de Clisson. — Fasse le ciel que Clisson fût mort, et avec lui tous ceux de son parti, plutôt que de voir ainsi le roi notre sire! s'écriait le duc de Bourgogne ; le roi n'a été empoisonné et ensorcelé que de mauvais conseils. — Le duc de Berri, de son côté : Ah! Clisson, Clisson, voici l'heure où je vais te payer en ta monnaie, forgée à la même forge! — Madame de Bourgogne, qui était à Paris dans l'intendance de la maison de la reine, portait une grande haine au connétable ; quant au duc de Bourgogne, il était d'un esprit plus froid et plus calme que son frère de Berri ; il avait pour maxime de ne pas se trop hâter : « Il est vrai disait-il, que le duc de Bretagne est un grand seigneur, et que le sire de Clisson n'est pas pour lui être comparé, mais aussi le connétable de Clisson dit et montre bien que notre cousin de Bretagne n'a commencé à le haïr que parce qu'il a bien servi la France, et c'est aussi la commune renommée. Maintenant, la chance tourne contre le sire de Clisson et contre ceux qui ont conseillé ce voyage, tout le monde leur en veut ; mais, patience ! la verge qui les doit châtier est déjà cueillie. — Tels étaient les propos du duc de Bourgogne ; à quoi le duc de Berri répondait que c'était trop attendre, et que puisque les verges étaient prêtes, il fallait s'en servir. Les dix-sept cent mille francs du testament de Clisson tenaient au cœur du duc de Berri, et il ne parlait rien moins que de faire juger le connétable en pleine cour du parlement, nonobstant la vive et sincère amitié que le duc d'Orléans et les barons de France lui portaient. — Clisson savait ces mauvais vouloirs, mais aussi il connaissait ses propres forces ; il voulut prouver au duc de Bourgogne qu'il ne reculait pas devant une disgrâce, et, un matin, il s'en vint trouver Monseigneur en son hôtel d'Artois. Le connétable était à cheval, menant avec lui grand'foison d'écuyers. — Il est introduit chez le duc de Bourgogne, et tout de suite Clisson commence par demander au prince, de l'argent pour payer les dépenses militaires qui concernent sa charge. — A quoi le duc de Bourgogne répondit d'une voix pleine de colère : « Clisson, vous n'avez que faire de vous embarrasser de l'état du royaume, il se gouvernera bien sans vos services. Mais où donc avez-vous pris tout l'argent que vous avez? vous êtes plus riche à vous seul que moi et mes deux frères. — Puis s'échauffant à sa propre colère : « Sortez ! s'écria le duc de Bourgogne, quittez ma chambre, et qu'on ne vous revoie! Je ne sais pourquoi je ne vous fais pas crever votre bon œil! » Resté seul, le connétable courbe la tête sous le poids de cette disgrâce; puis il rentre silencieux dans son hôtel. — Le soir même, le connétable se sauva à toute bride dans sa tour de Montlhéry, et certes fut-il bien avisé, car sur l'heure les frères du roi avaient donné l'ordre d'arrêter Clisson, et grand fut leur chagrin lorsqu'ils apprirent qu'il était parti. Cependant le duc de Bourgogne et le duc de Berri envoient à Montlhéry un de leurs capitaines et trois cents lances, avec ordre de ramener le connétable mort ou vif; mais parmi ces lances plus d'une avait marché à la suite de Clisson, et Clisson, averti qu'on était en force pour le prendre, eut le temps de gagner sa bonne forteresse bretonne de Josselin. On fit leur procès à tous les conseillers du roi, le sire de Noviant, le sire de la Rivière, et les autres; le connétable fut d'abord ajourné à la chambre du parlement de Paris; au jour désigné, Clisson fut appelé à la porte du palais, sur le perron de la chambre de Messieurs, et comme il n'eut garde de comparaître, il fut banni du royaume de France et déclaré traître à la couronne; — l'amende étant de cent mille marcs d'argent. — Le condamné restait dépouillé de l'office de connétable. — Sentence inique! Tout ce que put faire le duc d'Orléans ce fut de refuser à ses oncles de Bourgogne et de Berri sa signature et son adhésion à l'arrêt qui frappait le connétable. — Mais le sire de Clisson ne s'avoua pas vaincu par l'arrêt du parlement de Paris. Cette épée qu'on lui reprend, il refuse de la rendre; les châteaux confisqués il les garde; Olivier de Clisson se fie à l'estime que lui porte le peuple de France, à l'amitié du duc d'Orléans, à la bonne volonté du roi qui, dans ses moments lucides, appelle à son aide son ami le connétable dont il avait l'habitude. — Quand le roi Charles VI fit son pèlerinage au Mont-Saint-Michel, son premier soin fut de s'interposer dans cette guerre entre Clisson et le duc de Bretagne, qui agitait toute la province; mais les deux ennemis ne voulaient rien entendre. « Que me veulent ces Français? « disait le duc de Bretagne, qu'ils partent, au nom du diable! Je n'ai que faire d'eux! » et pendant même qu'on traitait avec lui, il s'empare par trahison de la Roche-Derrien, un des châteaux de Clisson, et il le fait démolir de fond en comble. Cependant le duc de Bourgogne, qui n'aimait pas ces guerres de prince à sujet, avait résolu de réconcilier Clisson et le duc de Bretagne. Pour ce faire, le duc de Bourgogne arrive, vers la mi-octobre jusqu'à Ancenis, menant avec lui non pas tout à fait une armée, mais une suite considérable, à savoir : deux cents hommes d'armes et nombre suffisant d'arbalétriers, sans compter de beaux et nombreux présents pour le duc de Bretagne, les riches tapisseries de la Flandre, les vins généreux de son duché de Bourgogne ; enfin un traité de paix fut conclu entre le duc et le connétable, le duc ne pouvant plus résister dès que son cousin de Bourgogne lui retirait son aide et appui. En conséquence, Jean IV fait écrire au sire de Clisson une lettre si remplie de bons vouloirs et d'urbanité amicale, que Clisson lui-même ne pouvait en croire ses yeux.

Clisson, redoutant et à bon droit quelque piége caché sous cette amitié inattendue, répondit qu'il ne se rendrait à l'invitation du duc, que si le prince lui livrait en otage son fils aîné ; à quoi Montfort, sans hésiter, donne l'otage précieux que Clisson lui demande ; mais quand il vit arriver dans sa forteresse le fils de son ancien compagnon d'armes, l'héritier de la couronne de Bretagne, Olivier de Clisson se sentit touché jusqu'au fond de l'âme ; le noble chevalier ne voulut pas le céder en générosité à son souverain, et lorsque, le lendemain, le sire de Clisson, pour obéir à l'invitation du duc de Bretagne, se rendit au lieu du rendez-vous (près de Rhedon, 30 octobre

1395), le connétable parut, tenant par la main le fils et l'otage de

Montfort; la paix fut faite, elle fut durable. Quoi d'étonnant? elle avait commencé par un acte de confiance et de loyauté!

Cependant, après avoir célébré à Paris les noces de son fils aîné avec Jeanne, fille de Charles VI, roi de France, — deux enfants, — Jean IV se rendit à Saint-Omer. Étaient de ce voyage le roi de France Charles VI et Richard II, roi d'Angleterre. Le duc, par une délicatesse toute chevaleresque, confia à Olivier de Clisson, avec la garde de ses états, la garde de sa femme et de ses enfants. Ce fut seulement durant ce voyage des deux rois, que l'Angleterre consentit à rendre au duc de Bretagne la ville de Brest qu'elle occupait depuis si longtemps. — Peu de temps après, au château de Nantes, et d'une mort imprévue, à l'instant même où il possédait sans conteste ce duché de Bretagne qu'il avait acheté par tant de hasards, mourut le duc Jean IV. Il avait été marié trois fois : à Marie, fille d'Édouard III ; à Jeanne, fille de Thomas Rolland, comte de Kent; à Jeanne, fille de Charles *le Mauvais*, roi de Navarre. Jeanne de Navarre, la seule des quatre duchesses de Bretagne qui eût laissé des enfants, avait donné à son mari quatre fils : Jean V, Arthur III, Gilles et Richard. Clisson, maintenant que Jean IV était mort, devait faire valoir les droits de son gendre à la couronne ducale. Ces droits de l'héritier de la maison de Blois, qui donneront tant d'inquiétude aux ducs de Bretagne avant peu, quand le roi Louis XI s'en sera rendu l'acquéreur à son tour, ne pouvaient être valables qu'avec le consentement des barons de la Bretagne. Le duc d'Orléans lui-même, à la tête d'une armée française, était venu jusqu'à Pontorson pour attendre la décision des états ; les états déclarent d'une voix unanime que la couronne de Bretagne appartient sans conteste aux princes de la maison de Montfort; la mort leur a enlevé Jean IV, mais ils répondent à cette heure de la vie et de la couronne du jeune duc Jean V ; ils promettent de lui être bons, fidèles, dévoués, tuteurs et gardiens, et quand il aura l'âge d'homme, Jean V ira lui-même à Paris pour prêter foi et hommage au roi de France. L'arrêt était formel, la décision sans réplique ; Olivier de Clisson comprend qu'il faut remettre à un autre jour les prétentions de son gendre et de sa fille sur le duché de Bretagne; les Français qui étaient venus pour soutenir au besoin la cause de la maison de Blois, se retirèrent sans aller plus avant.

Nous rencontrons ici une bataille gagnée sur la mer, par les Bretons, contre les Anglais. La guerre maritime fut toujours, pour les Anglais, la guerre véritable, sérieuse ; c'est surtout par la mer que les

Anglais faisaient subir mille maux à la France. Aussi les plus habiles et les plus prévoyants parmi les seigneurs de France, de Bretagne, de Normandie, attaquèrent l'Anglais sur son véritable élément, la mer. A chaque instant nous rencontrons quelqu'une de ces entreprises partielles, qui ressemblent, non pas à la guerre d'un grand peuple contre un grand peuple, mais à la tentative aventureuse de quelque hardi pirate. En Normandie, les sires de La Roche-Guyon, de Martel et d'Acqueville, à la tête de deux cents voiles, et sans prendre congé de personne, s'en vont chercher fortune sur les côtes d'Angleterre. Ils abordent dans l'île de Portland et tombent entre les mains des Anglais, qui les accablent sous le nombre. Parmi les seigneurs de Bretagne que poussait l'instinct maritime, il faut placer au premier rang les sires de Chateaubriand, de Clisson, de La Jaille, Tanneguy Duchâtel et son frère Guillaume; ils comprenaient que le vaisseau couvre la patrie mieux qu'une armée; ils avaient l'instinct de ces grandes forces qui font les nations puissantes et riches. Ce combat du cap Saint-Matthieu fut gagné par le sire de Penhouët, amiral de Bretagne, à la tête de six cents vaisseaux de guerre; aussitôt qu'ils eurent découvert les voiles anglaises, les Bretons voulurent marcher à l'escadre ennemie, mais l'amiral remit le combat au lendemain. La nuit fut bien employée; protégés par une ombre propice, les Anglais s'étaient retirés dans la Manche; les Bretons, pour leur couper toute retraite, avaient divisé leur flotte en deux escadres : la première escadre resta sous le commandement de Penhouët, l'autre fut dirigée par Guillaume Duchâtel. Les Anglais, arrêtés dans leur marche, partagèrent, comme avaient fait les Bretons, leur flotte en deux divisions. Les Bretons engagent le combat, sans s'inquiéter des forces de l'ennemi; le combat dura six heures. Après six heures d'une lutte acharnée, les deux escadres bretonnes se réunirent en un seul corps de bataille, et l'action recommença avec une nouvelle furie. A la fin, les Anglais succombèrent. Quarante vaisseaux et deux mille prisonniers furent conduits à Brest, au milieu des cris d'enthousiasme des populations rurales, accourues sur les côtes, pleines de joie et d'orgueil.

Cette victoire remportée par les marins de la Bretagne fut le prélude d'une lutte implacable entre les deux peuples, et de sanglants triomphes pour les Bretons. Excités par la haine nationale qui n'avait jamais cessé d'exister contre les *Saozons* (Saxons, Anglais), les Bretons allèrent brûler la ville de Plymouth, et leurs vaisseaux revinrent dans les ports de Bretagne, chargés de trophées et de butin.

En ce temps-là, les marins bretons étaient devenus la terreur des habitants de la côte opposée, que les escadres anglaises étaient impuissantes à défendre. Mais enfin ce n'était pas l'habitude des Anglais de voir la guerre descendre sur leurs rivages, d'assister immobiles à l'incendie de leurs cités, à la dévastation de leurs campagnes, de céder à leurs voisins, l'empire des mers. Une flotte formidable aborda aux rivages de l'Armorique; les Bretons, qui ne s'attendaient pas à cette vive attaque, perdirent quatre-vingts vaisseaux. Saint-Matthieu et Penmarch sont vigoureusement assaillis; le ravage est complet, le pillage est sans frein, la désolation était grande, grande fut la colère; un cri de rage retentit dans la Bretagne : vengeance! mort aux Saxons! — A l'instant même, deux mille hommes sont embarqués et prennent terre près de Darmouth. La fortune, cette fois

encore, trompa le courage de ces vaillants hommes; enveloppés par une armée de six mille Anglais, les Bretons se défendirent avec un indomptable courage; ils furent écrasés, mais non pas sans avoir jonché le champ de bataille de quinze cents cadavres ennemis.

Au nombre des morts qu'ils laissaient sur la place, les Bretons pleurèrent surtout le frère de Tanneguy Duchâtel, un des plus vaillants chevaliers du royaume de France, et celui-ci résolut de venger son frère. Suivi de nombreux vaisseaux et de quatre cents gentilshommes bretons, Tanneguy Duchâtel s'en vient mettre le feu à la ville de Darmouth ; bientôt la ville entière est en cendres ; les Bretons remontent sur leurs navires à la clarté de cet incendie, dont le reflet lugubre se prolonge au loin dans la mer, et Tanneguy Duchâtel, triomphant et vengé, ramène avec lui un immense butin.

A la mort de son père, Jean de Montfort, Jean V, le fils et l'héritier du duc de Bretagne, avait onze ans à peine ; le jeune prince resta d'abord sous la tutelle de sa mère et sous la garde des barons de Bretagne ; mais bientôt la veuve de Jean IV (1402) devint, en secondes noces, la femme de Henri IV, roi d'Angleterre ; de ce mariage, dont les suites pouvaient être si funestes au repos des peuples, la France s'inquiéta à ce point que le duc de Bourgogne, l'oncle du roi Charles VI, s'en vint tout exprès dans la Bretagne, pour y contre-balancer l'influence anglaise. Ce duc de Bourgogne, c'est Philippe le *Hardi*. Les barons et les évêques de Bretagne, et la duchesse de Bretagne elle-même, bien que la femme d'un roi anglais, acceptèrent pour le jeune prince Jean V la tutelle du duc de Bourgogne, et celui-ci amena à la cour de France, le duc Jean et deux de ses frères. — Quatre ans plus tard, il avait quinze ans, le duc Jean V fut déclaré majeur, et il revint en Bretagne avec sa jeune femme, la fille du roi de France. Clisson, Tanneguy Duchâtel, le maréchal de Rieux, se pressèrent autour du jeune duc de Bretagne. — C'est l'heure funeste de la révolte des princes, des partis qui déchirent le royaume de France, des Bourguignons et des Armagnacs, des Anglais qui s'agitent, regardant la France comme une proie assurée. — Hélas ! la journée d'Azincourt n'est pas loin. — Dans ces tumultes, le duc Jean V resta fidèle à la France ; il fit ses premières armes contre les Anglais, qui avaient opéré une descente près de Brest ; pour cette guerre nationale, le jeune prince avait fait un appel énergique à la noblesse du duché, et cette vaillante phalange avait dignement répondu ; l'énergie de ces braves gens força les Anglais à s'embarquer de nouveau.

Cette campagne était à peine achevée, que la guerre civile, triste résultat de l'ambition de quelques vassaux puissants, désola de nouveau l'Armorique. Olivier de Clisson se révolta contre le fils, comme il s'était révolté contre le père. Pour forcer à la soumission ce sujet rebelle, Jean V vint l'assiéger dans son château de Josselin. Clisson, retenu au lit par une maladie dangereuse, obtint la levée du siège au prix de cent mille francs, que la mort ne lui permit pas d'acquitter. L'illustre compagnon de Duguesclin mourut, en effet, le 22 avril 1407. Robert de Beaumanoir avait été chargé par Olivier, peu de temps auparavant, de remettre au roi de France cette épée de connétable qui passera tout à l'heure, entre les mains d'un prince de la maison de Bretagne.

Le comte de Penthièvre, gendre du connétable de Clisson, était mort quelques années avant son beau-père. Restée veuve, mais convaincue qu'elle sera un jour duchesse de Bretagne,—vain espoir!—Marguerite de Clisson, aussitôt que la mort eut emporté son père le connétable, recommença les hostilités contre le duc Jean V. Pour soutenir cette guerre, hardiment commencée, la comtesse de Penthièvre avait fait alliance avec le duc de Bourgogne; déjà le duc de Bourgogne avait donné sa fille à l'héritier de Penthièvre, et il devait nécessairement encourager les prétentions de la maison de Blois. Sans plus attendre, la dame de Penthièvre, nonobstant toutes remontrances des états de Bretagne, fit mettre ses places en état de défense, et refusa net de se soumettre à l'autorité de Jean V, son légitime souverain.

Sur l'entrefaite, des événements de la nature la plus grave s'étaient accomplis au royaume de France. Les princes du sang royal, avides accapareurs des plus riches apanages, maîtres absolus de domaines nombreux, dans lesquels ils exerçaient tous les droits des anciens seigneurs féodaux récemment dépossédés, se servaient, les uns contre les autres, des soldats levés pour la défense du trône; ils dépouillaient ce royaume aux abois pour satisfaire à leurs passions, à leurs vengeances personnelles; la France était en pleurs, elle était à l'encan: c'était à qui volerait un lambeau sanglant de ce royaume, déchiré par les factions. Heureux encore, dans cette misère, le royaume de France d'avoir à sa porte, non plus le duc Jean IV, allié naturel des Anglais, mais un jeune homme élevé en France, allié de la France, marié à une princesse française; du parti qu'allait prendre ce jeune homme, entre les factions de Bourgogne et d'Orléans, une grande question allait dépendre.—En effet, la querelle de ces deux maisons, Orléans et Bourgogne, a pensé perdre la France; la France fut partagée également entre celui-ci et celui-là; le duc de Bourgogne, plein d'ardeur, brillant, éloquent, passionné, furieux; le duc d'Orléans, plein de grâces, d'esprit, de gaieté, l'ami des poëtes, des belles dames, des artistes. Le duc de Bourgogne, le premier, donna le signal du crime; il fit assassiner le duc d'Orléans (**23 novembre 1407**), et le peuple de Paris applaudit au crime de Jean *sans Peur*. Paris aimait son pauvre roi malade, insensé, mais Paris portait une haine violente aux lâches et aux ambitieux qui abusaient de la maladie du malheureux prince. Celle-là surtout, la reine adultère et déshonorée, Isabeau de Bavière, régente indigne du grand rôle auquel semblait la réserver la maladie du roi son maître, le peuple la couvrait d'ironie et d'insultes. Attaquée dans Paris par les amis du duc de Bourgogne, la reine se mit à implorer l'assistance de son gendre, le duc de Bretagne ; et le duc Jean V, en témoignage de ses rancunes contre le duc de Bourgogne, l'allié des Penthièvre, se hâta d'aller trouver à Melun sa belle-mère, qu'il ramena en souveraine à Paris.

Châteaugiron, qui commandait l'avant-garde de l'armée bretonne, portait pour devise sur ses drapeaux : « *Pensez-y ce que vous voudrez !* » Les Parisiens, dévoués au parti bourguignon, éclatèrent en murmures quand ils virent les enseignes qui portaient cette devise, plantées aux portes du Louvre. Soudain les mécontents, que la nuit couvre de son ombre, prennent les armes, les chaînes sont tendues, les barricades s'élèvent menaçantes, le duc de Bretagne avait déjà rangé ses troupes en bataille, déjà on allait en venir aux mains, lorsque le prévôt des marchands et les échevins se rendirent auprès du prince, et le calmèrent par leurs soumissions.

Du séjour du duc de Bretagne à Paris, la reine Isabeau avait profité pour faire instruire le procès du duc de Bourgogne, assassin du duc d'Orléans. Si l'arrêt était juste, le châtiment fut sans force. A l'instant même où il était condamné comme meurtrier d'un prince de sa maison, le duc de Bourgogne écrasait sans miséricorde ni pitié la révolte des Liégeois, et, du même pas, il marchait sur Paris, à la tête d'une puissante armée. Cette fois encore, la reine Isabeau est obligée de s'enfuir, ses partisans la suivent dans sa fuite ; Jean V et ses Bretons accompagnent la régente et le roi Charles VI jusqu'à Tours. Plus que jamais, la France est prête à s'écrier : Charles *le Sage*, et vous, Bertrand Duguesclin, où êtes-vous ?

De ces dissensions et du triomphe de Bourgogne vivant, sur d'Orléans assassiné, Jeanne de Clisson, que le souvenir de Jeanne de Montfort empêchait de dormir, profitait cependant pour remettre en lumière contre le duc Jean V, les prétentions de la maison de Blois au duché de Bretagne. Le duc de Bourgogne avait prêté quelques soldats à la fille de Clisson ; de son côté, Jean V avait envoyé des sergents pour ajourner la princesse Marguerite ; ces sergents, dans leur dévouement empressé, portent la main sur la dame de Clisson; les domestiques de la comtesse les chassèrent à coups de hallebarde, et même deux ou trois restèrent sur la place. — Par devant les barons du duché, le duc de Bretagne fit condamner Jeanne de Clisson pour crime de félonie; ses terres, confisquées au préalable, furent ouvertement attaquées, et, comme la noblesse bretonne s'inquiétait de cette expédition, Jean V (toujours l'Angleterre!) appelle à son aide les soldats de l'Angleterre. Voilà donc la guerre civile qui recommence, et, cette fois encore, elle est poussée avec acharnement. Guingamp, la Roche-Derrien, Châteaulin (sur Trien), furent pris et presque entièrement démolis. La comtesse Marguerite, accablée par l'Anglais, en appela à l'intervention de la France. De part et d'autre on nomma des arbitres; Jean V choisit pour ses arbitres le roi de Navarre et le duc de Bourbon; Marguerite choisit le roi de Sicile et le duc de Berri. La conférence se tint à Gien. Les Penthièvre furent reconnus bien et dûment déchus de leurs droits à la couronne ducale et renvoyés au traité de Guérande; grande douleur pour Jeanne de Clisson, mais comment faire? Il fallait attendre, elle attendit. De son côté, le jeune duc de Bretagne se défendait en homme habile et sage, refusant de se mêler aux brigues, aux intrigues, aux ambitions environnantes; sa grande ambition, c'était de donner un peu de repos et de bonheur à son peuple; son grand travail, c'était de passer, sans trop d'encombres, à travers ces passions brûlantes; c'était de maintenir l'équilibre entre les maîtres de la France. A ces causes, quand il vit que le duc de Bourgogne allait être écrasé par la ligue *du bien public* (cette ligue *du bien public* se retrouvera sous le roi Louis XI), ou, si vous aimez mieux, *la ligue des princes*, à savoir : les ducs de Berri, de Bourbon et d'Orléans, les comtes d'Alençon, de Clermont et d'Armagnac, — le duc de Bretagne prit parti pour son cousin de Bourgogne, pendant qu'Arthur de Richemont, moins prudent et moins sage que son frère le duc Jean V, amenait à l'armée coalisée, seize cents hommes d'armes bretons.

Certes, la France, ainsi divisée, sans roi, sans gouvernement, sans honneur, paraissait une proie trop facile pour que ces mêmes Anglais qui se rappelaient Édouard III, le prince Noir, Lancastre, et les deux victoires de Poitiers et de Crécy, n'eussent pas le plus vif désir de recommencer, en France, des conquêtes interrompues depuis le règne de Charles V. Henri IV avait laissé, en mourant, le trône à son fils Henri V, et ce nouvel héritier de l'Angleterre, voyant qu'enfin l'Angleterre était redevenue obéissante à son roi, tourna les yeux vers le royaume de France, déchiré par des factions implacables et privé de gouvernement depuis la maladie de Charles VI.

Ce sont là de grandes misères à raconter ! Avant toute déclaration de guerre, le roi d'Angleterre fit demander en mariage la fille du roi de France ; il exigeait que la dot de la princesse se composât des provinces cédées autrefois par le roi Jean à l'Angleterre, c'est-à-dire : la Normandie, la Guienne, l'Anjou, le Maine et la Touraine.—Naturellement, la proposition parut peu acceptable, et ce fut à peine si la France daigna répondre au roi Henri V. — Au premier refus de la France, le roi anglais débarqua à Harfleur avec toute son armée.— La bataille d'Azincourt met le comble aux malheurs de Crécy et de Poitiers. Une folle présomption, une ardeur mal dirigée, amenèrent, dans cette journée funeste, les mêmes fautes et les mêmes résultats. On eût dit que nous étions incorrigibles. Les capitaines les plus sages voulaient, qu'avant d'en venir aux mains avec les troupes anglaises, on attendît l'arrivée du duc de Bretagne ; et, en effet, le duc Jean V, plein d'ardeur maintenant pour la cause française, accourait en toute hâte à la tête de deux mille hommes d'armes ; il n'était plus qu'à deux journées de marche de l'armée française, et sa présence pouvait tout sauver, mais on eût dit que ces sages conseils s'adressaient aux chevaliers du roi Jean, tant ils furent peu écoutés ; au contraire, les Français se battaient avec d'autant plus de hâte, que les Bretons étaient plus proches.—Le vainqueur d'Azincourt fut le maître de la France. — Il était à Rouen. — Il marchait sur Paris.—Cependant, à Paris même, que faisaient les factieux? A peine savaient-ils si l'on s'était battu à Azincourt ; ils ne songeaient qu'à s'égorger. O ce Paris de Bourguignons et d'Armagnacs! Ce sont des scènes folles et brutales ; dans une seule nuit, les Armagnacs, les amis du dauphin de France sont égorgés par les Bourguignons, et, si Tanneguy Duchâtel ne l'eût emporté jusqu'à Melun, le dauphin était perdu. Le connétable, le chancelier, les évêques sont égorgés, le massacre dura trois jours ; celui qui était naguère le maître tout-puissant, Armagnac est traîné en lambeaux avec un de ses fils ; on porte sur des piques la tête des enfants : c'est à qui, parmi les gentilshommes alliés de Bourgogne, excitera davantage les fureurs de ce peuple en délire :

— *Pille et tue!* ainsi criaient les Luxembourg, les Chevreuse, les d'Harcourt! Un seul prince, dans cette mêlée sanglante, se montra prince, gentilhomme et chrétien, et ce vrai gentilhomme, Richard, le quatrième frère du duc Jean V, sauva, à ses risques et périls, Marie d'Anjou, la femme du dauphin. Au Breton Richard, le dauphin donnait, plus tard, le duché d'Étampes « à notre très-cher et très-amé cousin Richard de Bretaigne, pour plusieurs notables services faits à nous et à notre très-chère et très-amée compaigne, la dauphine du Viennois, laquelle estoit demeurée en grand doupte de sa personne. » Voilà ce que faisait Paris, pendant que la France succombait dans les plaines sanglantes d'Azincourt!

Arrivé trop tard pour prendre sa part dans les dangers de cette journée, le duc de Bretagne voulut au moins chercher quelque moyen d'arrêter ces lamentables divisions. Il y mit son zèle, son crédit, son dévouement tout entier; et enfin, ses bons soins, réunis à ceux des légats du saint-siége, déterminèrent le dauphin et le duc de Bourgogne à nommer des plénipotentiaires, pour traiter d'un accommodement. Déjà un traité avait été rédigé, et la France allait échapper à d'effroyables catastrophes; mais les favoris, maîtres des volontés du dauphin, rejetèrent un accord qui replaçait entre les mains du duc de Bourgogne les rênes d'un pouvoir qu'ils voulaient exercer à leur profit. Le duc de Bretagne, indigné de toutes ces intrigues, abandonna à leurs folies insensées et sanglantes ces ennemis furieux, et il revint dans son duché.

Plus on se battait à Paris, et plus le roi d'Angleterre s'avançait à grandes enjambées. En son chemin, il prenait les villes du royaume de France, et s'y établissait en homme qui désormais n'en doit plus sortir. Il était si près de Paris, qu'on pouvait entendre des remparts de la ville épouvantée, le bruit solennel de cette armée de cinquante mille hommes à qui rien ne résiste. — Que faire alors? que devenir? est-il bien temps de s'abandonner aux fureurs civiles? En présence de cette nécessité cruelle, le duc de Bourgogne et le dauphin prennent enfin la résolution d'établir un peu d'ordre dans ces discordes, sinon Paris est perdu.

La première entrevue des deux rivaux eut lieu à Pouilly-le-Fort, entre Melun et Corbeil. Les deux princes, en se retirant, étaient convenus de se revoir, un mois après, à Montereau. Ils furent l'un et l'autre exacts au rendez-vous. Mais, pendant que le duc de Bourgogne et le dauphin disputaient entre eux avec une aigreur naturelle à des hommes depuis tant d'années rivaux acharnés, Tanneguy Duchâtel, indigné de quelques paroles trop hardies échappées au duc de Bourgogne, saisit sa hache et il étend le prince à ses pieds.

Ce crime imprévu, cette vengeance stérile, porta à leur comble les maux de la France. Le nouveau duc de Bourgogne, Philippe *le Bon*, et la reine Isabeau de Bavière, poussée par la haine violente qu'elle portait à son fils, acceptent, ô comble de honte ! la royauté des Anglais. Par le traité d'Amiens (17 avril 1423), il est convenu que le roi d'Angleterre, Henri V, devient le mari de la propre fille de Charles VI. Lui-même, Henri V, tant que vivra le roi son beau-père, il sera régent de France, et quand Charles VI aura rendu à Dieu cette âme troublée, l'Angleterre et la France, — deux royaumes ! — n'auront qu'un seul et même roi ! — Par ce traité, l'héritier de la France, le fils de tant de rois, le dauphin, reste à jamais chassé du trône de ses pères. — Mais, Dieu soit loué ! Henri V est mort quelques jours avant Charles VI, afin, sans doute, qu'on ne pût pas écrire sur la tombe d'un seul homme : — Roi d'Angleterre *et de France !*

Pendant que le triste royaume de France était en proie à ces calamités, pendant que Lahire, Richemont, Dunois, Xaintrailles, valeureux champions de cette France privée de Duguesclin et d'Olivier de Clisson, attendent encore le secours qui leur doit venir d'en haut l'arrivée de Jeanne d'Arc, la Bretagne, heureuse sous le sceptre pacifique de son prince, voyait son commerce renaître et ses plaines incultes se couvrir de riches moissons. De tous côtés les plus malheureuses familles abandonnaient cette France trop faible pour les protéger, trop pauvre pour les nourrir ; trente mille familles de l'Anjou, de la Touraine, de la Normandie, vinrent s'établir dans la haute Bretagne. L'Armorique, arrivait ainsi, a toute l'importance d'un royaume habilement et heureusement gouverné, lorsqu'un événement imprévu vint interrompre le cours de cette éphémère prospérité.

Jean V, si dévoué naguère à la cause française, avait fini, à force de dégoûts et de mauvais traitements de la part de ses alliés, par oublier qu'il était le vassal et le gendre de Charles VI, qu'il était le beau-frère de Charles VII ; peut-être aussi Jean V eut-il peur de se mêler aux destinées de cette France qui semblait perdue. Charles VII, au contraire, croyait à la bonté de sa cause ; quelque chose lui disait que la France et le trône ne pouvaient pas disparaître ainsi dans l'abîme ; et comme il lui fallait l'appui de la Bretagne, il résolut de placer la couronne ducale sur la tête d'un allié et d'un ami. Rien n'était plus facile, grâce aux rivalités anciennes ; les Penthièvre étaient là toujours, rêvant à la succession des comtes de Blois. Charles VII, par lettres revêtues de son sceau, s'engagea à rendre aux Penthièvre le duché de Bretagne, s'ils parvenaient, de leur côté, à s'emparer de la personne de Jean V. Marguerite de Clisson, qui n'eût pas reculé devant un crime plus grand, accepta volontiers cette complicité malheureuse avec le roi de France. A vrai dire, l'entreprise était difficile ; le duc de Bretagne était aimé, et par conséquent bien gardé. On eut recours à la ruse, la pire des trahisons. Le comte de Penthièvre, Olivier, se rend au château de Nantes dans l'attitude d'un suppliant. Il voulait, disait-il, rentrer dans les bonnes grâces du duc de Bretagne. Le duc reçoit ce jeune homme avec grande amitié, et bien plus, il accepte la fête à laquelle l'invite la dame de Clisson dans sa terre de Chantoceaux. De grands préparatifs ont annoncé à l'avance cette heureuse journée ; la chasse sera brillante, le festin splendide : le bal appelle les plus belles et les plus jeunes dames de la contrée, et l'on dit que Jean V ne les haïssait pas. — Le prince, sans défiance, accepte l'invitation des Penthièvre. On était au mois de février (1419). Le duc partit de Nantes avec son frère Richard, le maréchal de Bretagne, Bertrand de Dinan, plusieurs seigneurs de sa cour, et une faible escorte. La chevauchée du premier jour fut pleine de gaieté et de saillies. Le lendemain, arrivé

au pont de la Troubarde, le prince mit pied à terre. Les planches du

pont avaient été déclouées à l'avance, et la suite du comte de Penthièvre les jeta dans la rivière dès que Jean V eut passé, afin de séparer le prince de son escorte. Le duc regardait faire, jugeant que tout cela était badinage, lorsque Charles de Penthièvre, frère du comte, sortit d'une embuscade à la tête d'une troupe de cavaliers et barra le passage à son souverain. Au même instant accourait Olivier de Penthièvre, et portant les mains sur Jean V, il lui déclara qu'il était prisonnier du dauphin.
— Désormais, pour condition de sa liberté, le duc Jean V doit renoncer à la couronne de Bretagne !

La trahison était lâche, abominable, sans excuse, sans rémission. Olivier de Clisson, prisonnier de Jean IV, et jeté dans la tour de l'Hermine, n'avait pas songé à une pareille revanche. Le duc, les yeux bandés et la jambe droite attachée à l'étrier de son cheval, fut conduit à Palluan, entre deux épées nues; trois jours après, il fut transféré, avec son frère, à Chartreaux, et renfermé dans une des tourelles du château. Le soir même, il reçut la visite de Marguerite de Clisson et de la jeune comtesse de Penthièvre, digne du sang de Bourgogne qui coulait dans ses veines et montait à son regard. Aux questions du prince, ces deux femmes répondirent par les plus énergiques menaces. Cette dame de Clisson portait tant de conviction et d'énergie dans sa parole, elle rappelait avec tant d'audace l'infâme guet-apens dont son père le connétable avait été victime sous le règne de Jean IV, il y avait déjà trente-trois ans, elle était si complétement devenue la femme et la mère des princes de la maison de Blois, que le duc de Bretagne eut peur. Il s'humilia sous la main et sous la menace de la comtesse; il demanda la vie, disant « *qu'il ne challoit de sa position de seigneurie, pourvu qu'il ait la vie sauve.* » L'impitoyable Marguerite, sans répondre à cette humble prière, sortit de la tour en récitant d'une voix lugubre ce verset menaçant : « *Deposuit potentes de sede.* »
— Elle se croyait duchesse de Bretagne à son tour !

A cette affreuse nouvelle que son mari était le prisonnier des Penthièvre, la jeune duchesse de Bretagne est saisie d'une vive douleur; le duché s'indigne, les états s'assemblent dans une sympathie spontanée. Devant cette réunion des plus grands seigneurs de ce duché au désespoir, paraît la duchesse de Bretagne, la fille d'un roi de France. Elle se présente, les yeux baignés de larmes et montrant ses deux enfants orphelins du vivant de leur père, elle fait un appel pathétique à la générosité et au courage de ses Bretons. La cause de cette épouse, de cette mère, était gagnée à l'avance; à sa voix, les épées sortent du fourreau, les capitaines montent à cheval ; pas une forteresse des Penthièvre qui ne soit attaquée, à l'instant même, par cinquante mille hommes à la fois. Telle était l'horreur inspirée par le lâche attentat de Jeanne de Clisson et de ses fils, que même les gentilshommes bretons qui se trouvaient dans les pays étrangers s'en revinrent aussitôt dans leur patrie pour prendre part à la guerre. Guingamp, la Roche-Derrien, Jugon, Broons, Châteaulin et beaucoup d'autres places sont assiégées. Quand il se vit traqué de toutes parts, et désormais impuissant à toucher cette couronne qui lui brûlait les mains, le comte de Penthièvre s'abandonna à la plus violente fureur ; l'œil en feu, l'insulte à la bouche, l'épée à la main, il se précipite dans la prison du duc de Bretagne, lui jurant ses grands dieux qu'il sera coupé en morceaux s'il ne fait lever le siège de Lamballe ! La menace était sincère ; Jean V, accablé de tant de nuits sans sommeil, de tant de jours sans espoir, traîné de cachots en cachots, attaché, par le froid et la neige d'un rude hiver, à la porte des hôtelleries, où ses gardiens se reposent en buvant, eut encore la faiblesse de donner tous les ordres qu'on lui dictait !... Les Bretons n'avaient garde d'obéir. Ils s'emparèrent du château de Lamballe et le firent démolir ; Broons fut rasé ; Guingamp, la Roche-Derrien, Jugon, forcées de capituler ; Chantoceaux même allait se rendre au comte de Penhouët ! La Bretagne, la Bretagne soulevée voulait son prince ; elle le voulait vif ou mort ; ajoutez que dans Chantoceaux même étaient renfermées Marguerite de Clisson et la femme du comte Olivier de Penthièvre, otages du duc Jean V. A la fin, poussé au bout par l'indignation de ce peuple qui redemande son prince et son père, le traître recule devant sa trahison ; Penthièvre, épouvanté, rendit leur souverain aux soldats de la Bretagne : on relâcha sa mère, on relâcha sa femme, on rasa la forteresse, et il resta accablé de la honte d'une trahison inutile. — A l'aspect de son duc bien-aimé qui lui était rendu, la Bretagne se remplit de cris de joie. Dans sa prison, le duc Jean V avait fait à Notre-Dame et à saint Yves un vœu qu'il s'empressa d'acquitter. Il se plaça, armé de pied en cap, dans l'un des plateaux d'une balance, et fit charger le plateau opposé, jusqu'à ce qu'on eût atteint le poids de trois cent quatre-vingts marcs d'argent et sept onces d'or. Il donna également à saint Yves son pesant d'argent ; et telle était cette âme sincère et facile au pardon, que, bien loin de songer à tirer vengeance de l'horrible conduite des Penthièvre, Jean V leur voulut faire grâce de la vie et de la ruine, à cette condition qu'ils viendraient lui demander miséricorde et merci en présence des états. — Et les Penthièvre acceptèrent d'abord cette humiliation méritée. Ils l'avaient juré! Marguerite de Clisson, Jean et Guillaume, ses dignes enfants, devaient se confesser, en présence des barons, d'avoir *traîtreusement pris et constitué prisonnier le duc Jean;* ils devaient demander *pardon, grâce et miséricorde* au duc lui-même, séant en son parlement tenu à Nantes, le 16 février 1424. — Ils avaient même donné, pour otage de leur repentir et contrition, leur jeune frère Guillaume... cependant le courage de cette honte dernière leur manqua, et à l'heure de l'humiliation solennelle, ils refusèrent de comparaître. — C'en était trop! — La patience du prince était à bout. — Olivier, Charles et Jean de Blois, et Marguerite de Clisson, leur mère, furent condamnés à avoir la tête tranchée: *leurs biens, meubles et héritages confisqués, et dégradés de tout honneur et des armes et noms de Bretagne.* — Pour mettre le comble à la misère de cette maison, le dauphin, disons maintenant le roi de France, qui avait poussé la comtesse de Clisson à la révolte, l'abandonnait, elle et ses ennemis, aux vengeances des seigneurs de Bretagne. Bien plus, le roi de France signait à Sablé (le 8 mai 1421) un traité d'alliance avec le duc Jean V, contre ses cousins Charles et Olivier de Blois, confisquant même les biens que ceux-ci avaient en France. Abandonnés à eux-mêmes, les Penthièvre furent écrasés et dépouillés sans pitié. Toutes leurs forteresses, en Bretagne et dans le bas Poitou, furent prises, et pour la plupart rasées et démolies. Les coupables cherchèrent leur salut dans la fuite, laissant leur jeune frère en prison, victime innocente sacrifiée à la déloyauté du reste de sa famille. Ce prince, dit l'histoire, versa tant de larmes dans les diverses forteresses qu'il habita pendant vingt-sept ans, qu'il y perdit les yeux. Ces belles terres furent distribuées, par le duc de Bretagne, à ses libérateurs: de Rohan, Guéménée, Rieux, Chateaubriand.

Cependant le traité d'Arras, qui, malgré le vœu de la nation et les lois fondamentales de l'État, appelait un étranger à régner sur la France, avait été suivi du traité de Troyes. Ce traité de Troyes confirmait toutes les clauses du traité précédent, et d'abord, le duc de Bretagne refusa d'y souscrire; cette conduite était dictée par l'honneur. Vassal et gendre du roi Charles VI, beau-frère du roi Charles VII, pair de France, le duc de Bretagne ne devait pas avoir d'autre parti que le parti de la France, attaquée et perdue. Longtemps il avait paru hésiter entre les divers partis qui se divisaient la nation, l'hésitation ne lui était plus permise en présence des Anglais. Son rôle était beau, son rôle pouvait être illustre. Jean V ne sut pas obéir jusqu'à la fin à sa première inspiration, qui était bonne et loyale. — Tout d'un coup nous le voyons, non pas sans douleur, signer le traité de Troyes, qui faisait du roi de France le roi de Bourges ! — L'histoire, bienveillante pour le duc Jean V, explique cette trahison en disant que le duc de Bretagne se vengeait de Charles VII, qui le voulait assassiner. — Mauvaise excuse ! Il ne s'agissait pas de Charles VII, il s'agissait de la France !

On dit encore, et cette excuse n'est pas meilleure, que le duc Jean V fut précipité dans ces changements qui ne sont pas à sa gloire, par le dévouement qu'il portait à son frère, celui qui devait être connétable de France, Arthur de Richemond. Il s'agissait d'arracher Richemond aux prisons de l'Angleterre, et, pour la rançon de son captif, l'Angleterre exigeait l'adhésion du duc de Bretagne au traité de Troyes. Ce noble frère du duc de Bretagne, Richemond, a gagné sa bonne part dans les hommages qui reviennent aux vaillants capitaines du roi Charles VII, pour avoir sauvé la France ; son nom est le premier qui se lise tout d'abord dans la liste glorieuse de ces intrépides combattants : Dunois, Lahire, Xaintrailles, Illiers, Barbazac, Ambroise de Loré, dignes compagnons du roi Charles VII. — Il nous est donc impossible, bien que le temps nous presse, de ne pas donner une place, dans ce livre, au troisième connétable que la Bretagne ait fourni à la France dans l'espace de si peu d'années, au connétable Arthur de Richemond[1].

« Cy commence la chronique de très-hault et très-excellent prince de bonne mémoire, Artus, troisième de ce nom, extrait de la noble lignée royale et ducale de Bretaigne, en son vivant, comte de Richemond, seigneur de Parthenay, connestable de France, et à la fin de ses jours, duc de Bretaigne, comte de Montfort et de Richemond ; qui régna trop petit en Bretaigne, car il ne fut duc que quinze mois. — Il fut fils du bon duc et vaillant le duc Jehan, qui gaigna et recouvra son païs de Bretaigne à l'espée. — Il naquit l'an de grâce 1393, et fut traité et nourry ainsi qu'il appartient à fils de si noble lignée et maison. » — Guillaume Gruel raconte que lorsque le duc de Bourgogne emmena à Paris le jeune duc de Bretagne et ses deux frères, il fallut tenir par la bride le cheval du petit comte de Richemond. — Il fit ses premières armes contre le duc de Bourgogne, pour messeigneurs d'Orléans et de Berri, en compagnie de très-notables gens : le vicomte de

[1] *Histoire de Richemond*, par Guillaume Gruel, publiée par Théodore Godefroy, en 1622.

la Belière, messire Armel de Châteaugiron, messire Eustache de La Houssaye, messire Alain de Beaumont, et messire Guillaume Delaforest.

« L'an 1415, monseigneur de Richemond mit le siége à Parthenay, et, pour aller secourir le roy et le royaume, se leva de son dit siége, pour tirer la part où les Anglois tireroient. — Et du païs de Bretaigne y avoit bien cinq cents chevaliers et escuyers, entre lesquels estoient le sire de Combour, messire Bertrand de Montauban, messire Jehan de Coëtquen, messire Geoffroy de Malestroict, Guillaume Le Veer, Olivier de La Feuillée, Édouard de Rohan, et le seigneur Du Buisson, qui portoit la bannière. Et tira notre dit seigneur de Richemond sur la rivière de Somme, pour se joindre aux seigneurs lesquels faisoient leurs assemblées pour combattre les Anglois; entre lesquels étoient messeigneurs d'Orléans, de Bourbon, le connétable d'Albret, de Brabant, de Nevers, d'Eu, et le maréchal de Boucicaut. »

L'affaire d'Azincourt est du mois d'octobre : « Et fut le duc de Clarence, frère du roy d'Angleterre, abattu à coups de hache, et le roy son frère vint mettre le pied sur luy, de peur qu'il fust tué, et eut un tel coup sur sa couronne, qu'il fut abattu sur le genouil. Et deux autres, qui étoient habillés proprement comme le roy, furent tuez, et l'oncle du roy, le duc d'Exeter, fut tué, et moult d'autres.—Toutefois assez fort après, en peu d'heures, ainsi comme Dieu, qui est maistre des batailles, voulut que nos gens fussent déconfits, et morts, et prins, et en fuite, lesquels estoient dix cents hommes d'armes; et le roy d'Angleterre avoit bien de onze à douze cents combattants. Et là furent prins messeigneurs d'Orléans, de Bourbon, et monseigneur de Richemond, qui fut tiré de dessous les morts, et un peu blessé, et fut cognu à sa cotte d'armes, qui estoit toute sanglante, et furent tuez deux ou trois sur luy, puis fut mené au roy d'Angleterre, qui en fut plus joyeux que de nul des austres. Pourtant furent prins, à celle journée, messeigneurs d'Eu et de Vendôme, et plusieurs autres seigneurs et capitaines; et y eut de morts, messeigneurs d'Alençon, de Brabant, de Nevers, d'Albret, de Bar; et soubs la bannière de monseigneur de Richemond et de sa compagnie, moururent monseigneur de Caubour, messire Bertrand de Montauban, Jean de Coëtquen, Geoffroy de Malestroict, de Châteaugiron, de Laforest, Guillaume Le Veer; et entre les prisonniers furent : messires Édouard de Rohan, Olivier de La Feuillée, Jehan Giffard, le seigneur Du Buisson. Et le lendemain se partit le roy d'Angleterre, et s'en alla à Calais, et emmena les prisonniers, et de là s'en alla en Angleterre. Et ne demeura avec monseignéur de Richemond, sinon un varlet de chambre nommé Janin Catuyt. Aussitôt après que ils furent à Londres, la royne (la duchesse de Bretagne, mariée en secondes noces au roi d'Angleterre), mère du dict comte de Richemond, demanda congé au dict roy d'Angleterre de veoir son fils qui estoit prisonnier, et le roy le luy accorda. Et les gardes du dict seigneur l'amenèrent devers la royne sa mère, laquelle quand elle sceut sa venue, elle mist une de ses dames en sa place, qui bien sçavoit parler et le recevoir (en effet, Richemond n'avait pas vu sa mère depuis les premières années de sa tendre enfance), et se mist du rang de ses autres dames, et en mist deux devant elle. Quand le dict seigneur de Richemond arriva, il cuida de la dame que ce fust sa mère, et la salua et luy fieit la révérence; et la dame l'entretint une pièce, puis luy dist qu'il allât baiser les austres dames. Et quand il fut endroict à la royne, le cueur luy tendrea, et elle luy dist : — Mauvais fils, m'avez-vous descogneue? Et tous deux se prinrent à pleurer, puis firent grand chère. Et luy donna, la royne sa mère mille nobles, qu'il despartit aux prisonniers ses compagnons, et à ses gardes, et aussi luy donna des chemises et des habillements, et depuis il n'obtint guères le congé de parler à elle, ny de la visiter comme il l'eût voulu. »

Cette guerre était implacable. Les Anglais de Lancastre et d'Édouard III, que Duguesclin poursuivait de sa haine prévoyante, ne sauraient se comparer, pour la férocité, même aux Anglais de Henri V. Si nous voulions citer les témoins oculaires, que de misères! Du camp anglais partaient des compagnies avec mission « de bouter le feu en tous les petits villages et grands, pillant « les abbayes, prenant les reliques pour avoir l'argent qui autour « estoit... L'ung regarda un prestre qui chantait la messe, et pour ce « qu'elle lui sembloit trop longue, quand le prêtre eût dit : *Agnus* « *Dei*, un grand ribaut saute avant, et tantost prit le calice. — « Ordre estoit que nul ne fust si hardi, sous peine d'être pendu par « la gorge, de soi loger en l'ostel des bourgeois, ni démesnaiger « outre sa volonté, ou de piller personne, s'il n'est natif d'Angle- « terre. » Chaque jour amenait pour les Anglais un progrès rapide; la Normandie leur appartenait toute entière, moins le *Mont-Saint-Michel*, la forteresse qui sert de limite aux deux provinces de Normandie et de Bretagne. Déjà le Mont-Saint-Michel était assiégé par terre et par mer, lorsque le duc Jean V, malgré les traités qui l'unissaient aux Anglais, prit enfin le parti de prêter secours aux assiégés. Une flotte armée à Saint-Malo, et équipée en grande partie par les bourgeois de cette ville, mit à la voile et atteignit la flotte des Anglais. Le génie maritime des peuples de la Bretagne n'avait fait que grandir depuis les temps de Jules César; le combat commence; les Bretons plièrent d'abord, mais le chef de la flotte ayant ordonné l'abordage, la victoire se déclara pour les Malouins. Une partie des vaisseaux de l'ennemi tomba

au pouvoir des marins de la Bretagne, le reste de la flotte prit la fuite, et l'Anglais leva le siége. A la bonne heure! nous retrouvons les fidèles Bretons de Charles V!

Ledit seigneur de Richemond resta prisonnier en Angleterre depuis ladite journée d'Azincourt jusqu'à l'an 1420, et il ne retrouva la liberté que lorsque son frère, le duc de Bretagne, fut tombé entre les mains de Jeanne de Clisson et de ses fils. Quand donc ils virent que leur duc et seigneur était prisonnier, Richard, seigneur d'Étampes, frère de Jean V, la duchesse sa femme, le maréchal de Bretagne, Bertrand de Dinan, et les barons, chevaliers, écuyers et les états de Bretagne envoyèrent supplier le roi d'Angleterre de leur *prester* monseigneur de Richemond pour être leur chef, s'obligeant, les divers états, de rendre ledit Richemond audit roi d'Angleterre, mort ou vif, ou une grande somme d'argent. La députation des gentilshommes de Bretagne s'en vint trouver le roi d'Angleterre sous les murs de Melun, et bien que dans l'intervalle les Bretons eussent retrouvé leur duc et seigneur (ce dont fut bien *marry* le roi d'Angleterre), permission fut donnée au comte de Richemond de demeurer en Normandie, en la foi et sous la garde du comte de Suffolk. Richemond donna sa parole, et s'en vint en effet en Normandie, sur les confins même de la Bretagne ; là il *jouait aux champs et tirait de l'arc*, et quand les Bretons le voulurent délivrer *de force*, il répondit qu'il était prisonnier sur sa parole, et il n'eût rompu son ban à aucun prix. — Son frère lui-même, le duc de Bretagne, s'en vint pour visiter Richemond dans le château de Pontorson, et y vinrent beaucoup de gens de Bretagne, et entre autres monseigneur de Montauban et monseigneur de Combour, et Dieu sait *s'ils s'entrefirent bonne chère, et s'ils pleurèrent bien fort*. Après quoi Richemond, fidèle jusqu'à la fin à la promesse qu'il avait faite, s'en revint en Angleterre, où il resta jusqu'à ce que le roi Edouard eût rendu à Richemond sa liberté pleine et entière « pour retarder son frère d'Estampes (Richard) et les Bretons d'aller servir le dauphin, qui jà estoit allé à Cosne à l'encontre des Anglois. »

L'arrivée du comte de Richemond à Vannes fut le sujet d'une grande allégresse dans la Bretagne entière ; entre toutes les villes heureuses de revoir le vaillant capitaine, la ville de Rennes se signala ; Richemond, trouvant la ville trop petite pour retirer et loger tant de peuple, pensa à la fortifier, et incontinent il traça l'enceinte fortifiée, et en huit mois furent creusés *les plus beaulx fossés qu'on pust trouver*, fortifiés de palis et de bonnes tours et murailles. — Peu de temps après, le comte de Richemond se marie avec la sœur du duc de Bourgogne, madame de Guienne, veuve du dauphin Louis, mort en 1415. Richemond disait : « que toujours les deux maisons de Bourgongne et de Bretai-« gne s'entre étoient bien aimées. » Le mariage fut conclu en présence même du duc de Bretagne, arrivé tout exprès à Amiens, malgré les représentations des états ; les noces furent célébrées à Dijon par l'archevêque de Besançon en personne, et Dieu sait la feste et les joustes qui y furent et la grande chère. Madame de Guienne apportait en dot pour son douaire : Montargis, Gien-sur-Loire, Dun-le-*Roi*, Fontenay-le-*Comte*. — L'alliance du comte de Richemond et du roi Charles VII n'est pas racontée avec de moins curieux détails. Le roi de France étant à Angers, Richemond le vint trouver accompagné des meilleurs seigneurs de Bretagne, non pas sans avoir pris toutes ses précautions : otages, villes, châteaux forts ; le roi Charles reçut le comte de Richemond à Angers, *dans un jardin*, et lui fit grand'chère et grand accueil, si grand accueil qu'il lui donne l'épée de connétable de France, l'épée de Duguesclin et d'Olivier de Clisson. A peine connétable, le comte de Richemond s'en va trouver le duc de Bourgogne et le duc de Savoie, pour obtenir (et c'est là un curieux détail) *leur consentement* à être connétable de France : « car « pas ne vouloit prendre l'épée sans le consentement des ducs de « Bourgongne, de Bretaigne et de Savoye ! » Avec le connétable, marchaient, par l'ordre même du duc de Bretagne, M. de Châteaubriand, M. de Porhouët, amiral de Bretagne, maître Pierre de L'Hospital, président de Bretagne ; enfin le septième jour du mois de mars (1424), le comte de Richemond reçut, des mains du roi Charles VII, l'épée de connétable. « Notre très-cher et amé cousin Arthur de Richemond, « frère germain de nostre très-cher et amé frère le duc de Bretagne, « attendu les grands sens, industrie, prouesse, prudence et vaillance « de sa personne, tant en course que autrement, la prochenneté dont « il nous atteint, et la maison dont il est issu, — ayant exposé et « abandonné moult honorablement sa personne à la journée d'Azin- « court — lui commettons et baillons le soin de nos plus hautes af- « faires, qui sont le faict et conduicte de nostre dicte guerre, espe- « rant, par son moyen et celui des siens, qui sont grands et puissans. « — avons faict, ordonné, constitué et établi, — et lui donnons « pouvoir d'ordonner les frontières, garnisons de chasteaux et de « villes, capitaines de gens d'armes et de traict, — et généralement « de faire et ordonner, audit faict de la guerre, comme représentant « notre personne, — voulant ledit sire par tous obéi, comme à nostre « dicte personne, et comme faire se doibt à un connétable de France. « Lui avons baillé et commis la garde de nostre épée — en tesmoin « de ce, avons faict mettre nostre scel à ces dictes présentes données « à Chinon, le septième jour de mars l'an de grâce 1424, et de nos- « tre règne le troisième. » Et ont signé après le roi, le comte de Vendôme, les archevêques de Rheims et de Sens, l'évêque d'Angers, le maréchal de Sévérac, Christophe de Harcourt, le maître d'hostel le sire de Montrejean, maître Adam de Cambray, président du parlement, le maréchal et président de Savoye, l'amiral de Bretagne, Guillaume d'Avangour, maître Arnault de Marle, le sieur de Trignal, l'archidiacre de Rheims, le gouverneur d'Orléans.

A peine connétable de France, le comte de Richemond trouva le royaume *le plus au bas que fust jamais*, et (c'est le biographe qui parle) le laissa *le plus entier que fust passé a quatre cents ans*. « Et avant qu'il

« prit l'épée, le roi leur promit et jura d'envoyer hors de son
« royaume tous ceulx qui avoient été cause de la mort de monsei-
« gneur de Bourgogne, et consentant de la prise du duc Jehan de
« Bretagne. » — Bientôt après s'élevèrent contre le nouveau connétable les intrigues et les cabales de la cour ; lui cependant, sans s'inquiéter et sûr de couper court, lorsqu'il le voudra bien, à ces sourdes
menées, se met à l'œuvre à l'instant même; à sa voix (1425), une
armée de vingt mille hommes se leva de tous les côtés de la Bretagne,
et pour commencer dignement cette guerre, ils enlevèrent d'assaut
Pontorson; de Pontorson, Richemond s'en vint mettre le siége devant
Saint-James-de-Beuvron ; la forteresse était défendue par six mille Anglais, qui repoussèrent l'attaque avec grande énergie ; cependant le
connétable mène ses hommes à l'assaut ; déjà les remparts se couvraient de soldats bretons, déjà l'Anglais parlait de capituler, la ville
était prise, lorsque les assiégés virent accourir une grande compagnie
de gens d'armes qui revenait de fourrager, tout au loin ; à voir accourir ce gros de soldats, les Bretons s'imaginent qu'ils vont avoir toute
l'armée anglaise sur les bras, et ils commencent à faiblir. Une fois
commencée, la déroute fut complète. L'armée du roi y perdit MM. de
Molac, de Coëtivi, Alain de La Motte et son fils Guillaume et Guillaume Eder. — La panique fut si grande que le connétable « resta
« abattu en la presse, cheval et tout passoient pas dessus luy et nul
« ne l'eut secouru. — Et pensez que c'est un grand chose quand un
« désarroy se met en un grand ost et de nuit. » Et l'historien ajoute :
« Ce fut un des grands déplaisirs que mon dict seigneur eust en sa
« vie ! » Mais si l'affront était grand, le châtiment fut terrible. Le
connétable attribuait, non sans cause, la défection de son armée au
mauvais vouloir du sire de Giac, chancelier de Bretagne. Giac avait
laissé sans ressource l'armée du connétable, « à l'occasion de ce ils
« n'avoient de quoi payer les vivres, » et quand il vit que Richemond
était battu, « il luy avoit haussé son chevet devers le roi. Aussi
« monseigneur le connétable prend ledit Giac en la ville d'Essoudun,
« et s'en vint luy et les gens de sa maison et ses coches « li oult étoit
« couché le dict Giac, et montèrent contremont, si rompirent l'huis,
« et ledit Giac demanda : Qui c'était? l'on luy dit que c'étoit le con-
« nétable, et lors il dit qu'il estoit mort. Et madame sa femme, ma-
« dame de Tonnerre, se leva toute nue (la première dame de Giac
« morte empoisonnée par son mari, comme on verra au chapitre
« suivant); mais ce fut pour sauver la vaisselle, et incontinent on fit

« monter le sire de Giac sur une petite haquenée, et n'avoit que sa
« robe de nuit et ses bottes, et fut tiré à la porte. »

Tout le reste du récit n'est pas moins dramatique. L'arrestation du sire de Giac, favori du roi, ministre tout-puissant, la nuit, dans sa maison, fit grand bruit. Plus d'un fit mine de vouloir soutenir M. de Giac, mais le connétable leur répondit qu'ils ne bougeassent, et qu'il travaillait *pour le bien du roi*. M. de Giac fut mené au château de Dun-le-Roy, qui appartenait à M. le connétable, et *incontinent* commença le procès *dudit Giac*, par le bailli de monseigneur le connétable. Il confessa « tant de maulx que ce fut merveilles, *entre lesquels la mort de sa femme toute grosse et le fruit dedans.* » En même temps il offrait au connétable de lui donner cent mille écus, et de n'approcher jamais du roi de vingt lieues, pourvu qu'il eût la vie sauve. « Non, non,
« disait le connétable, tu aurais tout l'argent du monde, tu mourras ! »
On fit venir un bourreau de Bourges qui mit à fin le sire de Giac. Grand fut d'abord le courroux du roi ; mais quand il eut été bien informé *de la vie et gouvernement dudit Giac, le roi fut très-content*[1].

Quand il eut ainsi assuré ses derrières et montré aux favoris du roi son maître comment il savait les traiter, le connétable de Richemond, pour n'être plus en cette peine, voulut donner au roi un favori de sa main ; il lui donna le seigneur de La Trémouille, et le roi dit au connétable : « Beau cousin, vous me le baillez, mais vous en repentirez ;
« car je le connais mieux que vous. » Et La Trémouille ne fit pas le roi mentir, car il fit le pis qu'il put à monseigneur le connétable.

Cependant M. de Richemond avait levé une nouvelle armée destinée à châtier ces mêmes Anglais qui, depuis leur dernière victoire, désolaient les côtes de Bretagne. Bien plus, Pontorson était assiégée par toutes les forces anglaises, à savoir : le comte de Warwick, gouverneur et lieutenant général du roi d'Angleterre ; « les sires de Talbot, de
« Scales, de Ross, de Ovyrebi, et en effet toute leur puissance qui
« pour lors étoit en Normandie. » Le duc Jean V, voyant la place bien

---

[1] Au reste cette justice expéditive du connétable de Richemond contre les ministres et les favoris qui lui déplaisent, vous la retrouvez peu d'instants après le supplice du sire de Giac, à l'encontre du ministre qui l'avait remplacé, le sire de Beaulieu : *car il gâtait tout et ne voulait que homme approchât du roi et faisait pire que Giac*... Le maréchal de Bossac traite Beaulieu aussi mal que le connétable a traité Giac. « Il le fit amener en un petit pré
« après le château de Poitier sur la rivière, et des compagnons qui estoient au dit maréchal de
« Bossac luy donnèrent sur la teste tant qu'ils la luy fendirent, et luy coupèrent une main
« tant qu'il y resta, et s'en alla celuy qu'il avoit amené, et mesna son mulet au château, là
« où estoit le roy, qui le regardoit, et Dieu sait s'il y eut beau bruit. »

attaquée, mal fortifiée, n'osa pas attendre l'ennemi de pied ferme, et il ordonna à ses troupes d'évacuer Pontorson. A cet ordre du duc de Bretagne, les soldats de France et d'Écosse obéissent, mais les Bretons refusent d'obéir. Ils répondent qu'ils tiennent Pontorson, non pas pour le duc, mais pour monsieur le connétable. « Et par délibération « de tous ceux qui estoient dedans, fut conclu de le tenir tant que « faire se pourroit. » — Et ils tinrent jusqu'au huitième jour de mai, sous les ordres des sires de Chateaubriand et de Beaumanoir, tant qu'ils n'eurent plus de vivres ; « et si y eust dès le jeudy absolu un « mauvois échec, car ceux qui apportoient des vivres à ceux du siége « furent desconfits, et y mourut beaucoup de gens de bien, à sçavoir, « monseigneur de La Hunaudaye, de Chateaugiron, le baron de Cou- « lonces, messires Guillaume L'Évesque, Robin de Quiste, et Olivier « Tomelin, et plusieurs chevaliers et escuyers, et furent prins le vi- « comte de La Belière et plusieurs autres. » Et ainsi la ville de Pontorson ne fut rendue, par ces bons compagnons, qu'à la dernière extrémité. Ce sont là de ces exploits dignes d'avoir Duguesclin pour témoin. — Cependant l'argent manquait ; il fallait vivre, il fallait payer les troupes ; Richemond et ses capitaines étaient à bout de toutes leurs ressources ; le bâtard d'Orléans, Poton, La Hire, La Paillière, Alain Giron, les uns et les autres, ils en étaient réduits aux expédients. M. de Richemond eut recours aux usuriers, il mit en gage une couronne d'or et de pierreries, sur laquelle un nommé Jean Besson lui prêta dix mille écus, avec lesquels on tenta de ravitailler Montargis. Et, en effet, la ville de Montargis fut délivrée ; et les Anglais, en se retirant sur un pont qu'ils avaient fait « pour s'entrecou- « rir, le dit pont rompit et se noyèrent grand nombre, et les autres « furent morts et prins, et furent desconfits tous ceulx du siége de « celuy costé. » Et s'en vint ensuite le connétable de Richemond à Laval, à Craon, à Angers, chassant l'Anglais, reprenant les villes, servant le roi de France malgré les intrigues de La Trémouille, que luimême il avait donné au roi.

Ces victoires partielles ne pouvaient pas sauver la France ; la France était envahie de toutes parts, et il fallait une grande révolution pour la délivrer de l'Anglais. Cependant, en toutes ces rencontres, le connétable se fait sentir, il est Breton, il mène des Bretons avec lui ; le duc Jean V, leur seigneur direct, ne s'oppose en rien à cette défense du royaume de France ; de cette neutralité le duc de Bedfort demande compte à Jean V. Abandonné à ses propres forces, le duc de Bretagne se soumet au régent d'Angleterre. Si nous comptons bien, c'est pour la quatrième fois que ce prince, abandonné à lui-même, promet obéissance aux Anglais. — L'obéissance n'alla pas jusqu'à porter les armes contre la France. De ce moment (1427) jusqu'à la fin du règne de Jean V, dix ans plus tard, la Bretagne conserva une complète neutralité au milieu des luttes qui désolaient la patrie française. Heureusement pour elle — et pour nous — la noblesse bretonne se montra de plus difficile composition que son souverain. Ennemie implacable des Anglais, avide de l'émotion des champs de bataille, guerrière, à elle seule, autant que toutes les noblesses de l'Europe, elle émigra, pour ainsi dire, dans les armées qu'Arthur de Richemond commandait en France. Durant les siècles qui déjà se sont écoulés, nous avons trouvé presque toujours des enfants de l'Armorique à la tête des armées et des flottes françaises, donnant l'exemple aux timides, les égaux des plus braves; soldats par goût, par inclination, par héroïsme, par nécessité ; fidèles ! — fidèles à ce point, que Richemond, disgracié par la trahison de La Trémouille, Richemond chassé par le roi Charles VII, revient en Bretagne tout exprès pour lever, à ses frais, une nouvelle armée, résolu qu'il était de sauver la France et son roi malgré le roi lui-même; tant il était difficile de mener à bonne fin ces grandes entreprises contrariées à chaque instant par les volontés d'un favori et les caprices d'une maîtresse.

Cependant la femme du connétable, madame de Guienne, était restée à Chinon, gardée par un certain capitaine nommé Guillaume Belier ; ce Belier livre Chinon au roi de France. Grande fut l'inquiétude de madame de Guienne, qui eut grand'peur d'être maltraitée; mais le roi lui fit dire qu'elle était la maîtresse de rester ou de se retirer autre part, à condition qu'elle resterait éloignée du connétable; à quoi elle répondit qu'elle ne voulait demeurer en place où elle ne pourrait voir monseigneur son mari. En effet, la noble dame s'en vint à Parthenay rejoindre le connétable, et elle fut grandement reçue; et avec sa femme, se consola monseigneur de Richemond d'être exilé de la cour.

Ceci est le moment le plus critique de l'histoire de France ; l'abaissement de la France est complet ! A moins d'un miracle (mais, Dieu merci ! c'est alors que le miracle va venir !) le royaume de tant de rois français sera la proie de ces terribles Anglo-Normands, dont les conquêtes ne s'arrêtent pas depuis tantôt quatre cents années ! De secours à attendre, nulle part : les alliés naturels du roi Charles sont absents ou sont occupés à se défendre. Le roi de Sicile, comte de Provence et duc d'Anjou, restait à Naples; les Anglais occupaient la Normandie, la Champagne, la Picardie, l'Ile-de-France et la Guienne. Philippe *le Bon* était harcelé; le duc de Bretagne restait immobile. Les Anglais étaient maîtres de Paris, des deux Bourgognes, des deux tiers de la France; autour du duc de Bedford, se tenaient ses vaillants capitaines : Salisbury, Warwick, Arundel, Sommerset, Suffolk, Talbot. On se battait sur tous les points du royaume, les villes étaient prises, les campagnes ravagées, les garnisons étaient massacrées; le roi de France n'était plus que le *roi de Bourges;* Richemond, mécontent, pouvait d'un instant à l'autre adopter la cause de l'Angleterre, à laquelle il tenait par ses alliances. Montargis était assiégé, et les soldats manquaient pour délivrer cette ville importante. De son côté, Bedford menait la guerre anglaise avec le génie d'un homme qui dispose de toutes les forces d'un grand royaume. Déjà, pour sa part, il avait pris l'Anjou et le Maine; il avait donné la Champagne à son frère, le comté du Perche à Salisbury. Sur la rive droite de la Loire, tout était pris; seule, la ville d'Orléans faisait mine de se défendre. — Perdre Orléans, c'était tout perdre, c'était réunir aux provinces que les Anglais occupaient déjà les provinces que le roi de France possédait encore; la position semblait désespérée; où trouver des troupes pour faire lever le siége? comment venir en aide à cette garnison valeureuse? comment chasser ce Bedford, maître chez nous, et qui se reposait *en cités de France, à son ayse, lui et sa femme, qui partout le suivoit?* L'Europe entière avait les yeux sur la ville d'Orléans; dans ses murs assiégés s'étaient portés les plus valeureux chevaliers de la France! Pour enclore la cité, les Anglais fermèrent et fortifièrent plusieurs boulevards et bastides enclos de fossés et de tranchées, surtout les grands chemins passants, c'est à savoir : la bastides St-Laurent, du Colombier, la Croix-Boissée, et ces bastilles qui portaient insolemment le nom de : Londres, Paris, Rouen, si bien que la ville se trouva serrée à la fois dans treize bastilles et qu'il devenait impossible de la secourir d'aucun côté. Ainsi pas d'espoir de sauver la ville assiégée; tout manquait, le temps, l'argent, les hommes et surtout l'espérance. C'était donc un trône écroulé, c'était donc une France perdue. C'était la perte de vos travaux à vous tous, ô Charlemagne, ô Philippe Auguste! ô grand roi, saint Louis! plus de Normandie, plus de Bretagne, plus de France, plus rien! Tout est pris, tout est perdu, tout succombe, la conquête de l'Angleterre par les Normands de Guillaume *le Bâtard* va enfin trouver son digne pendant! — A cette grandeur incroyable des Lancastre qui s'intitulaient « vrais héritiers du trône usurpé depuis Philippe de Valois », la France ne savait que répondre. Du fond de la tombe où ils dorment côte à côte, Charles *le Sage* et Duguesclin ont tressailli de douleur... Eh bien ! l'heure est venue de la délivrance, l'heure est venue où le joug sera brisé. Dans les plaines de Vaucouleurs, une simple fille des champs a entendu, au fond de l'âme, la voix inspiratrice qui lui disait : — « Va hardiment, et quand tu seras vers le roi, — vers le peuple, — le peuple et le roi auront signe de te croire et de marcher dans ton sentier ! »

CHAPITRE XIII.

Lettre de Guy de Laval.—Jeanne d'Arc.— Le connétable de Richemond gagne la bataille de Patay.— Richemond reprend Paris aux Anglais. — François Ier, duc de Bretagne. — Procès et supplice de Gilles de Laval, maréchal de Retz. — Gilles de Bretagne.—Bataille de Formigny, gagnée par le connétable.—Horrible mort de Gilles de Bretagne.—Mort du duc François Ier.—Son testament.—Pierre II, duc de Bretagne. — Le connétable de Richemond, duc de Bretagne, sous le nom d'Arthur III. — Sa mort. — Règne du duc François II.—Louis XI.—Le duc de Bretagne entre dans la ligue du Bien-Public. — Le duc de Bourgogne et le duc de Bretagne. — François II fait alliance tour à tour avec le roi de France et avec le roi d'Angleterre. — Prétentions du roi Louis XI sur le duché de Bretagne. — Ligue contre le roi. — Les troupes françaises en Bretagne.—Landois, favori du duc François II. — Guerre des seigneurs Bretons contre le ministre Landois. — Maladie du duc François II. — Siège de Nantes par les Français. — Bataille de Saint-Aubin du Cormier.—Traité du Verger. — Mort du duc François II.—Le sculpteur Michel Columb. — 1422-1488.

« Mes très-redoutées dames et mères... j'arrivai le samedi à Loches, et allai voir le dauphin au chastel, à l'issue de vespres, en l'église collégiale, qui est très-bel et très-gracieux seigneur, et très-bien formé, bien agile et habile, dans l'âge de sept ans qu'il doit avoir, et alors vis ma cousine madame de La Trémouille, qui me fit très-bonne chère. Le dimanche, j'arrivai à Saint-Aignan, où était le roi, qui me dit moult de bonnes paroles... et le lundy me party d'avec le roy pour venir à Selles, en Berry, à quatre lieues de Saint-Agnan, et fit le roy venir devant lui la Pucelle, qui était auparavant à Selles, disant aucuns que ce avoit été, en ma faveur, pour que je la visse, et fit la dite Pucelle très-bonne chère à mon frère et à moy, estant armée de toute pièce, sauve la tête, et tenant la lance en main; et après que nous feusmes descendus à Selles, j'allay en son logis la voir; et fit venir le vin et me dist qu'elle m'en feroit bientôt boire à Paris. Et semble chose toute divine, de son faict et de la voir et de l'ouyr. Et s'est partie ce lundi, aux vespres de Selles, pour aller à Romorantin, à trois lieues en allant avant; et approchèrent des advenuës, le maréchal de Boussac et grand nombre de gens armés et de la commune avec elle; et la veis monter à cheval, armée toute en blanc, sauf la tête, une petite hache en sa main, sur un grand coursier noir, qui à l'huis de son logis se demenoit très-fort, et ne souffroit que elle le montast. Et lors elle dist : — *Menes-le à la Croix*, qui étoit devant l'église, auprès, au chemin. Et lors elle monta sans que il se meust, comme si il feust lié; et lors se tourna vers l'huys de l'église, qui étoit très-prochain, et dist en assez voix de femme : — «Vous les prêtres et gens d'église, faites processions et prières à Dieu.» Et lors se tourna en son chemin, en disant : *Tirez avant ! tirez avant !*... Son estandart ployé que portoit un gracieux page, et avoit sa hache petite en sa main, et un sien frère qui est venu depuis huit jours, partoit aussi avec elle, tout armé de blanc... La princesse m'a dit en son logis, comme je la suis allé y voir, que trois jours après son arrivée, la Pucelle avoit envoyé à vous, mon ayeule, un beau petit anneau d'or, mais que c'estoit bien petite chose, et qu'elle vous eust volontiers envoyé mieux, considéré votre recommandation. — Elle s'en est partie devant les places angloises d'environ Orléans, et elle ne s'émeut pas.» *Écrit de Selles, le 8 juin* 1429.

Certes, il est impossible de mieux parler de Jeanne d'Arc, qu'en citant ce très-curieux passage d'une lettre écrite par le jeune comte de Laval aux dames de Laval[1] et de Vitré, sa mère et sa grand'mère. L'apparition soudaine de cette fille des champs, au regard inspiré, qui seule, dans tous ces désastres, ne désespéra pas de donner un roi à la France, et à ce roi de France un royaume, est un des plus grands

---

[1] Dans un des chapitres de notre *Histoire de Normandie*, nous avons raconté avec de grands détails la vie, les travaux et le martyre de la Pucelle; nous renvoyons le lecteur à ce passage de notre premier livre.

miracles que le ciel pût accorder à la terre très-chrétienne. Quand elle parut, elle seule elle pouvait sauver ce royaume de France, sauvé une première fois par les Bretons de Duguesclin. Au temps de Duguesclin, en effet, la force militaire était du côté de la France; la France comptait, dans ses rangs, des Bretons, des Gascons, des Dauphinois, des Aragonais, des Lombards; sous Charles VII, non-seulement l'armée manquait au roi, mais encore le roi manquait à l'armée. La cour de France, si sage et si prudente naguère, s'était remplie, peu à peu, de témérités et de folies. Arthur de Richemond, le bon connétable de France, était tout occupé à combattre, auprès du roi Charles VII, l'influence des conseillers armagnacs et de la belle-mère du roi. Point d'argent dans les coffres de l'État, pas de solde à l'armée. « Madame ma mère, disait Jean de Laval, vous qui avez mon sceau, n'épargnez pas ma terre par vente ni par engage, car si nous ne payons, nous demeurons tout seul. » Quoi de plus ? la famine partout, les campagnes ravagées, pas une maison debout hors des villes, et pour comble de misère, les Anglais avaient forcé la barrière de la Loire; leurs meilleurs soldats et leurs plus habiles capitaines menaçaient les murs d'Orléans, les Salisbury, les Suffolk, les Talbot; Orléans, le centre de la France, la clef du Midi, la ville restée fidèle au roi de France, même quand Paris l'abandonne! — seule, elle se défendait encore, dans ce royaume aux abois; mais quand partit Jeanne d'Arc au secours de la ville assiégée, la ville ne pouvait plus tenir. — Jeanne arriva donc sous les murs d'Orléans en même temps que Lahire, Xaintrailles, Armagnac, en même temps que les Bretons du maréchal de Retz, cet abominable bandit dont l'histoire est pleine d'épouvante; indomptable et féroce volonté, qui pourtant courbait la tête devant cette force inconnue, nouvelle, innocente, que Dieu envoyait de si loin, pour tout sauver!

L'inspiration marchait aux côtés de la jeune guerrière, et avec l'inspiration, le dévouement. Le peuple se précipitait pour toucher les crins de son cheval; les Anglais en avaient grand'peur. — En dix jours, la *Pucelle* délivra Orléans d'un siège acharné qui avait duré sept mois, du 12 octobre 1428 au 8 mai de l'année suivante. — Et maintenant, — les chemins étaient ouverts! — Charles VII pouvait aller d'Orléans à Reims, chercher son sacre et sa couronne. — Dans cette défense de la France et du roi, le connétable de Richemond se montra plein de générosité et d'ardeur. Chassé de la présence du roi, il ne tint compte de pareille disgrâce. A la nouvelle du siège d'Orléans,

Richemond avait réuni une très-belle et bonne compagnie, composée des garnisons de Sablé, de La Flèche, de Dureteuil et de Bretagne ; il amena avec lui plusieurs notables gentilshommes : Robert de Montauban, Guillaume de Saint-Gilles, Alain de La Feuille, et grand nombre de gens de bien de la terre de Poitou. — Ces braves gens marchaient sur Orléans à grandes enjambées, quand ils rencontrèrent en leur chemin le sire de La Jaille, qui leur était envoyé par le roi Charles VII, avec défense de passer outre. Richemond s'écria : qu'ils étaient partis pour le service du roi, et que, nonobstant tout contre-ordre, ils iraient en avant. A quoi le sire de La Jaille répondit : — « Monseigneur, il me semble que vous ferez très-bien ! » Ainsi fait le connétable ; mais Dieu merci la Pucelle avait suffi à la délivrance d'Orléans ; ce qu'apprenant, le connétable va pour s'enfermer dans Beaugency, assiégé par les Anglais. Au-devant de Richemond, accompagnée des capitaines de l'armée, accourt la Pucelle, et, du plus loin qu'elle vit monseigneur le connétable, tout disgracié qu'il était et mécontent du roi, elle va embrasser mon dict seigneur par les jambes. — « Jehannes, dit Richemond, on m'avait dit que vous voulez me combattre. Je ne sçay si vous êtes de par Dieu ou non : si vous êtes de par Dieu, je ne vous crains rien, car Dieu sçait mon bon vouloir ; si vous êtes de par le diable, je vous crains encore moins ! » Et cette nuit-là, comme c'était l'usage pour les nouveaux venus qui doivent le guet, monseigneur le connétable monta la garde devant le château. « Et ce fut le plus beau guet qu'eût été en France passé de long-temps. » — Beaugency fut sauvé par le connétable, et Talbot renonça à prendre une ville si bien défendue. Mais à peine l'armée anglaise a-t-elle commencé sa retraite, que le sire de Rostrenen, s'approchant du connétable, « Monseigneur, dit-il, faites tirer votre étendard en avant, et tout le monde vous suivra. » En effet, tout le monde suit le connétable, la Pucelle donnant l'exemple. Les uns et les autres, ils marchaient en belle ordonnance par cette *belle Beausse*; et tant galopèrent ces braves gens à cheval, la Pucelle allant avant, qu'ils rencontrèrent les Anglais au village de Patay. L'armée anglaise, en grand désarroi, fut battue à fond ; tout fut pris ou mis en fuite. Parmi les prisonniers étaient Talbot et le sire de Scales, son compagnon. M. le connétable passa la nuit dans le village de Patay ; les uns et les autres, soldats et capitaine, ils avaient besoin d'une nuit de repos après cette victoire. Mais plus le connétable rendait de services à la France, plus Charles VII s'obstinait à nier les mérites du bon capitaine, à ce point que le roi fit au comte la défense formelle de le suivre jusqu'à Reims. Le voyage était beau pourtant; l'enthousiasme avait gagné même cet indolent monarque; les politiques et les courtisans, les jeunes soldats et les vieux capitaines, les fous et les sages, il n'y avait qu'une voix pour pousser le roi de France jusqu'à Reims. Et alors seulement, il sera le vrai roi, le seul roi, et les Anglais pourront, sans danger pour la France, faire sacrer leur roi Henri. — Eh bien! cette fête de la monarchie secourue et sauvée, Richemond ne la verra pas! Il ne suivra pas! — (la défense du roi est formelle), — l'armée française dans son triomphe. — Richemond, au désespoir de ne pas faire partie de cette chevauchée royale, où sa place est marquée à la droite du roi, prie et supplie le roi de France de ne pas lui faire tant d'affronts; il envoie au roi ses deux amis, Rostrenen et Beaumanoir, redemandant, au nom de l'armée, son vaillant capitaine, Arthur de Richemond! Jeanne d'Arc elle-même, Jeanne, qui se connaissait en héros, embrassait les genoux du roi de France, en redemandant : Richemond! Richemond! Charles VII, obstiné dans ses petites colères, répondit que Richemond ne serait pas du voyage de Reims, qu'il n'assisterait pas à ce sacre qu'il avait préparé. — Et j'aimerais mieux, ajoutait Charles VII, ne jamais être couronné à l'autel, que d'avoir pour témoin Arthur de Richemond! — Donc, comment résister à ces volontés si violentes? Richemond, indigné, quitta l'armée de ce prince ingrat! Il fut accueilli, en son chemin, par toutes les insultes que put inventer l'ennemi du connétable, le sire de La Trémouille, ce favori que lui-même il avait donné au roi, et le roi avait dit au connétable : *Vous vous en repentirez!* Au nom seul du connétable, les villes de guerre, celles que Richemond avait reprises, et celles qu'il avait défendues, fermaient leurs portes. — Comme il passait devant Châtellerault, et que les portes de la ville restaient fermées, le connétable jeta dans ces murailles ingrates sa hache d'armes, en signe de mépris et de colère. Les soldats osaient à peine saluer leur vaillant capitaine, tant La Trémouille était le maître de cette armée que lui abandonnait le roi de France. Spectacle lamentable, ces mesquines divisions qui compromettent les plus grandes entreprises! — Et dans quel moment ces discordes? A l'heure sanglante et funeste où l'héroïne de cette France reconquise, de cette royauté rétablie, Jeanne d'Arc expie, sur le bûcher des Anglais, son innocence, son courage et sa vertu.

Par cette mort qui souille, d'une tache à jamais exécrable, l'histoire d'Angleterre, les Anglais comptaient sauver le roi Henri VI, un enfant de neuf ans, dont la tête était surchargée du poids fabuleux des deux couronnes de France et d'Angleterre. Faible nature, affaiblie encore par les leçons de lord Warwick, une ombre enfantine qu'entouraient les malédictions de deux grands peuples :

Indigne également de vivre et de mourir.

Ce fut un des bonheurs de Charles VII, de rencontrer des serviteurs dévoués qui le servaient malgré lui, M. de Richemond, par exemple ; on dirait que tant d'injures et d'injustices n'ont fait que redoubler la surveillance du connétable; il allait, sans que rien l'arrêtât; sauvant ou reprenant des villes, tuant des Anglais sans miséricorde ; et enfin, comme s'il eût voulu mettre le comble à ses bons offices, le connétabe réconciliait à la France les maisons de Bourgogne, de Bourbon et d'Anjou, si longtemps hostiles. Restait à ramener au roi de France le duc de Bretagne, mais le duc de Bretagne profitait de la guerre qui avait jeté dans son duché plus de trente mille Normands, laboureurs ou artisans de Normandie; le duc hésitait donc à finir une guerre qui lui était profitable ; en revanche, et déjà nous avons vu cela plus d'une fois, si le duc de Bretagne n'était pas pour la France, les Bretons avaient en haine l'Angleterre, ils suivaient le connétable, ils tenaient un bon rang dans l'armée française, qui les appelait : *les bons corps!* — En ce moment, M. de Richemond veut surtout être le maître de Paris ; il arrive ; il traverse Pontoise ; il est à Poissy au soleil couchant. Il était arrivé, lui et son armée, à une heure de Paris, que Paris ignorait encore cette approche. Richemond cependant, grâce aux intelligences qu'il avait dans la place, savait que les portes s'ouvriraient à son nom, et que, pour lui, on *besognait aux halles*. A la porte Saint-Jacques, il frappe, disant : *Ouvrez au connétable!* La porte s'ouvre en effet, et M. de Richemond entre dans la ville, monté sur son beau cheval. De la rue Saint-Jacques au Petit-Pont et du Petit-Pont au pont Notre-Dame, le connétable fut porté en triomphe ; aux halles, on lui présenta les épices et il but à la santé du peuple! Des halles, il se rendit à Notre-Dame, où il entendit la messe tout armé. — Au même instant Paris redevient la ville des rois de France; la ville couvre de ses huées cette valetaille d'Anglais à laquelle Paris n'a que trop obéi; l'Anglais, chassé de toutes parts, s'estime heureux de s'embarquer sur la Seine, qui l'emporte jusqu'à Rouen.

Le roi Charles VII fit son entrée dans Paris au mois d'octobre 1437; il fut reçu par les acclamations unanimes de tout un peuple. Le dauphin, le connétable, M. du Maine, messeigneurs de Vendôme et d'Orléans étaient du cortége, le connétable de Richemond en était. — Il faut encore quinze années de luttes et de travaux pour que la France soit tout à fait délivrée des Anglais, mais déjà l'Anglais comprend que la domination touche à son terme; bientôt, à leur tour, ces insolents vainqueurs, ils vont connaître les fureurs de la guerre civile; la guerre des *deux roses* n'aura rien à envier aux guerres de Bourgogne et d'Armagnac. — Dieu soit loué, cependant! le roi de France est enfin à Paris, il n'a plus qu'à attendre pour être tout à fait le maître; il a pour lui le peuple, le clergé, la noblesse, l'avenir.

Au reste, l'instant est mauvais pour tous ces gentilshommes, il faut renoncer aux vieux priviléges; la féodalité s'en va pour ne plus revenir. A les voir de près, ils ont perdu l'éclat et la grâce chevaleresque; ils ont oublié la justice et la pitié, et jusqu'au nom de Dieu! Le seigneur n'est plus qu'un chef de bandes qui de temps à autre rentre dans son manoir après avoir pillé les plus humbles chaumières. Ils sont fiers des sobriquets que leur inflige le peuple malheureux : *écorcheurs*, *houspilleurs*, *tondeurs*. — Ils s'enivrent dans l'orgie et dans le sang. A Paris même, le bâtard de Bourbon, pour arracher quelque argent à un malheureux bourgeois, le fait enfermer dans un coffre, et par-dessus le coffre la femme de ce pauvre homme est attachée, et elle assiste à la longue agonie de son mari. Le comte d'Harcourt tient son père dans une étroite prison, et le vieillard meurt sans avoir revu la lumière du ciel; la comtesse de Foix empoisonne sa sœur; le sire de Giac empoisonne sa femme, et quand elle a pris le poison, « il la feist monter derrière luy à cheval, et chevaucha quinze lieues en cettuy estat, puis mourut la dicte dame incontinent. » Et quand enfin le connétable de Richemond eut pris M. de Giac, et qu'il fallut tuer ce misérable, Giac supplia le connétable de lui faire auparavant trancher sa main droite, que lui Giac il avait donnée au diable, de crainte qu'avec cette main, le diable n'emportât tout le corps. — Ce sont partout mêmes histoires cruelles et lamentables de sang et de crimes. Ce chapitre ne s'achèvera pas sans que nous ayons à vous raconter comment le duc de Bretagne laissa mourir de faim Gilles, son frère! — Au même instant, Adolphe de Gueldre traîne son père par les cheveux, dans la neige, dans un sentier de cinq lieues, jusqu'à l'abîme où il précipite le vieillard! « Nous sommes tous parricides de père en fils »! disait Adolphe de Gueldre. Voilà par quelle trace sanglante nous arrivons jusqu'au fameux procès du maréchal de Retz, un des plus grands seigneurs de Bretagne, car il appartenait, par les Laval, à la maison régnante de Montfort; il tenait à la maison de Thouars par sa femme, et il avait hérité de Jean de Craon, son aïeul maternel, des seigneuries de la Suze, d'Ingrande, de Champtocé. Depuis bientôt quinze années, Gilles de Retz était l'effroi de la contrée. Il avait à ses gages une horrible vieille femme surnommée la Meffraie, qui enlevait de petits enfants qu'elle entraînait dans le château du sire de Retz, et ces enfants, on ne les revoyait plus. Ce Gilles de Retz n'avait peur de rien et de personne; il avait gagné, à la pointe de l'épée, son titre de maréchal de France; il était au sacre de Reims, où le connétable de Richemond n'était pas, et c'est lui-même que le roi Charles VII avait choisi pour porter la sainte ampoule!—Pourtant, la voix des mères désolées qui redemandaient leurs enfants disparus parla plus haut que les services et la vaillance de cet homme.—On l'arrête.— L'évêque de Nantes, intrépide et sans peur, commence hardiment ce procès de scandales et de meurtres.—Il pénètre dans ce château, ou pour mieux dire, dans cette caverne; et il trouve les cadavres calcinés de tant de pauvres enfants égorgés par ce misérable!—Alors la province entière se mit à porter l'accusation contre Gilles de Laval. Maintenant qu'il ne pouvait plus échapper à la justice humaine et divine, on se racontait tout haut ses orgies de la nuit, ses débauches dans le jour, ses évocations magiques quand il appelait l'esprit des ténèbres à son aide, en chantant l'office de la Toussaint en l'honneur des démons. A force d'invoquer Satan, lui-même il était devenu Satan! Il n'avait pas de plus grande joie que de contempler les convulsions des lentes agonies. Il avait fait du crime une bouffonnerie; il faisait porter aux courtisanes de ses orgies nocturnes la guimpe des religieuses, aux baladins la mitre et la crosse des évêques. Bientôt vint la ruine de cette fortune indignement gaspillée.—Gilles de Retz mit en vente plusieurs de ses domaines, mais à la vente de ses biens s'opposa le parlement de Bretagne.—Alors le désespoir s'en mêla; il fallait à cet homme de l'argent à tout prix, il appela le diable à son aide.—Oh! l'horreur! un pauvre petit enfant fut égorgé en l'honneur de Satan! Lui-même, Gilles de Retz, il offre à la divinité infernale le cœur, les yeux, le sang de la tendre victime; il donne au diable tout ce que peut donner un homme,—moins son âme!—Eh bien! de ce seigneur tout-puissant par la vaillance, par le courage, par son titre de maréchal de France, noblement gagné dans les batailles, le parlement de Bretagne a fait justice; rien n'a pu sauver Gilles de Laval. Condamné à être brûlé vif, la sentence fut exécutée dans la plaine de Nantes. Seulement on fut moins cruel pour ce damné que les Anglais ne l'avaient été naguère pour Jeanne d'Arc. Il fut étranglé avant que le feu ne montât jusqu'à lui, et quand il fut mort (au vent les cendres de Jeanne d'Arc!) — *des demoiselles de grand état* vinrent le détacher du bûcher et l'ensevelirent dans l'église des Car-

mes. — Honte aux Anglais, qui avaient corrompu à ce point les mœurs de la noblesse féodale! A force de troubler les âmes, les consciences, les courages, les libertés de ce peuple, ils ont rejeté la nation française dans la sanglante barbarie! Ils ont arraché du cœur de cette nation les rares vertus qui en faisaient la nation chevaleresque et chrétienne par excellence; ils ont fait de nos villes un désert, de nos campagnes un amas de ronces; ils ont donné à cette nation la faim et les maladies contagieuses! Aux portes même de Paris se tenaient les loups enragés, demandant à l'Anglais et à la famine leurs cadavres de chaque jour! O pauvre France! que la voilà bien malade. Mais, quoi! maintenant que l'Anglais est en fuite, il ne faut désespérer ni du roi, ni du peuple de France. Le peuple va se presser autour du roi ; il va travailler maintenant à la paix, qui console et qui sauve ; il va donner à la royauté toute cette puissance éparse dont les gentilshommes ont abusé pour s'abandonner à leurs instincts féroces. Dans cette œuvre où l'avenir est en jeu, le connétable de Richemond prêtera volontiers aide et appui au peuple et au roi; Richemond a eu l'honneur d'être aussi utile à la cause de la paix et de la justice que Jacques Cœur, le financier, et Jean Bureau, le maître des comptes; ajoutez à ces trois-là Yolande d'Évreux, la belle-mère du roi Charles VII, celle qui a protégé *la Pucelle*, et même, car il faut être juste pour tous, enveloppez dans votre indulgente reconnaissance Agnès Sorel, la dame de courage et *de beauté*.

Cependant, le 19 avril 1442, le duc Jean V était mort à Nantes, dans le manoir de La Touche. Il laissait la Bretagne florissante, au milieu des calamités qui accablaient et dépeuplaient le royaume de France. Prince généreux, dévoué à son peuple, de mœurs faciles, il fut aimé, partant il fut pleuré des Bretons. Jamais chrétien ne fut plus charitable. « *Celui*, disait-il à ses courtisans, *de qui vous me parlez mal, vous vaut par aventure bien.* » L'histoire rapporte du duc Jean V un de ces beaux traits qui éclairent tout un caractère. Peu de temps avant sa mort, il avait fait demander en mariage pour François, son fils aîné (on disait parfois : *le comte de Nantes*), Isabelle d'Écosse, sœur du roi Jacques, et comme les ambassadeurs du duc de Bretagne lui disaient, au retour, que cette princesse avait une trop grande simplicité d'esprit, le duc leur demanda « *si elle avait bonne santé et était propre à avoir des enfants.* — Oui, certes, répondent les envoyés de la Bretagne. — Cela suffit, leur dit le prince ; *elle est telle que je la veux. Ces grandes subtilités, dans une femme, nuisent souvent plus qu'elles ne servent. Par saint Nicolas, je tiens une femme assez sage, quand elle sait distinguer la chemise d'avec le pourpoint de son mari!* »

Notre grand poëte Molière a mis en beaux vers cette parole très-sensée du duc Jean V, quand il a dit, dans *les Femmes savantes* :

> Nos pères sur ce point étaient gens bien sensés
> Qui disaient qu'une femme en sait toujours assez
> Quand la capacité de son esprit se hausse
> A connaître un pourpoint d'avec un haut-de-chausse.

Le duc Jean V est le dernier des ducs de Bretagne qui ait laissé des enfants mâles. Son fils aîné monta sur le trône ducal, en 1442, et il régna sous ce nom-là, François Ier. Il fut couronné en grande pompe et avec toutes les cérémonies accoutumées : le prince, au milieu d'un nombreux cortége, arrivait jusqu'aux portes de Rennes, monté sur un beau cheval. « Et Dieu sait comment il étoit accompagné, et c'é- « toit belle chose à voir les seigneurs, chevaliers et escuyers! » A la porte de la ville, le nouveau duc était reçu par l'évêque, qui demandait, par le guichet : « *Que voulez-vous?* » — Ouvrez, disait

le prince ; je viens chercher l'épée et la couronne! » Alors, et le serment prêté, la porte s'ouvrait à deux battants; le prince passait la nuit en prières dans la cathédrale, et, au matin, l'évêque de Rennes remettait au duc l'épée et la couronne.

L'année qui suivit son couronnement, l'an 1444, *en esté*, le nouveau duc de Bretagne, pour obéir à l'invitation du roi de France, s'en vint signer à Tours la trêve conclue avec l'Angleterre; il vint accompagné de son frère le connétable, et à Tours il y eut grande assemblée, et fut conclu le mariage du roi d'Angleterre et de madame Marguerite, fille du roi de Sicile ; et après s'en alla le duc en Bretagne, et le connétable à Parthenay. La trêve signée devait durer deux ans; mais à quoi tiennent ces repos des armes? Charles VII savait que peu de trèves sont durables; que la paix même, en certaines rivalités, se peut rompre d'un jour à l'autre; aussi, lorsque François Ier s'en vint faire au roi hommage pour le duché de Bretagne, le jeune duc se vit entouré d'honneurs et d'amitiés. Charles VII était en son château de Chinon; le duc François, debout, la tête nue, les mains dans les mains du roi, prêta foi et hommage de la duché de Bretagne et de ses appartenances! — Là étaient le dauphin et le roi de Sicile, messeigneurs d'Orléans, de Bourbon, d'Alençon, du Maine. — Le serment prêté, les fêtes commencèrent. Le roi de France tenait, avant tout, à se faire de son homme lige un sujet fidèle et dévoué. Pour que la réconciliation fût complète entre la maison de France et la maison de Bretagne, des lettres *d'abolition et de pardon* furent octroyées, par le roi, au duc François et au comte de Richemond, connétable de France, son frère, et à tous leurs sujets, officiers et serviteurs, de tous les forfaits commis contre le roi et la couronne de France. A la nuit, et quand M. le connétable veut rentrer dans son logis, il se trouve que le logis du connétable est occupé par le duc de Nevers. M. de Richemond réclame sa maison; et M. de Nevers est obligé de céder, disant : *C'est pour l'amour de l'office!* c'est-à-dire : Je cède au connétable! A quoi M. de Richemond répond : Et vous céderiez quand il s'agirait simplement d'Arthur de Bretagne. — Au même instant, la maison de Penthièvre se réconciliait, de son côté, avec la maison de Bretagne, et promettait de renoncer à ces sanglantes rivalités qui avaient fait tant de mal à la patrie commune. — Ainsi, le règne du duc François Ier s'annonçait sous des auspices pacifiques. Une mésintelligence inattendue, survenue entre les deux frères, François et Gilles de Bretagne, rejeta dans les guerres acharnées la France et l'Angleterre. Vous savez en effet, depuis longtemps, que ces mésintelligences sont dangereuses, car l'Anglais est au fond de toutes ces questions. Or, voici cette tragédie épouvantable qu'on pourrait appeler *la Thébaïde bretonne*. Le fils puîné de Jean V, Gilles de Bretagne, avait reçu en apanage et en fief, pour lui et ses hoirs, *procréés de sa chair en loyal mariage,* héréditairement et perpétuellement, six mille livres de rentes, assises en diverses châtellenies de Bretagne. Comme il ne se contentait guère de son partage, le jeune prince avait prié son frère de lui affecter quelques propriétés dans le duché même. Il paraît que cette requête fut accompagnée d'observations dont le ton déplut au duc François, qui rejeta la demande de son frère; d'autres racontent[1]

---

[1] *Histoire de Charles VII*, par Matthieu de Coucy.

« que le dit Gilles, qui étoit un beau chevalier, bien formé et puis-
« sant de corps, avoit été élevé et nourri durant sa jeunesse avec son
« cousin germain Henri d'Angleterre, lequel roy l'avoit fait son con-
« nétable, et, à cette occasion, il s'étoit mis à séduire et à attirer plu-
« sieurs grands seigneurs de la duché de Bretaigne en faveur des
« Anglais. » Quoi qu'il en soit, le prince Gilles fit une opposition
déclarée à son frère et seigneur le duc de Bretagne, et le duc François Ier en prit grand ombrage. D'ailleurs, le prince Gilles avait auprès
du duc un ennemi acharné, Arthur de Montauban, maréchal de Bretagne. Le père du chevalier de Montauban était de la maison de Rohan,
sa mère était une Visconti; il avait tous les vices d'un ambitieux de
bas étage, et pas un moyen, pas un crime, ne lui coûtait pour réussir.
Sa haine violente contre Gilles de Bretagne lui venait de ce que ce
prince avait enlevé et épousé une riche héritière des maisons de Chateaubriand et de Dinan, et cette héritière des biens de deux familles,
Montauban la voulait pour sa femme. En attendant, il en avait fait sa
maîtresse; maître de la femme et pour mieux perdre le mari, Montauban
avait cherché à Gilles de Bretagne des ennemis acharnés dans la maison
de Laval. — Ce fut une conjuration véritable. — Les conjurés convinrent
qu'ils perdraient l'ennemi commun par la calomnie! — A les entendre, les murmures du prince Gilles ce sont des menaces; si le prince
se retire dans son château de Guildo, c'est que le prince conspire. Le
prince Gilles, élevé en Angleterre avec le roi Henri VI, touchait une
pension du gouvernement anglais; c'est qu'il voulait ouvrir la Bretagne à l'invasion anglaise. — Quelques archers anglais viennent-ils de
Normandie au château de Guildo pour tirer de l'arc avec le prince,
aussitôt ces archers anglais prennent la dimension d'une armée. — De
tous ces bruits s'inquiète le roi de France; il se souvient, non sans effroi, de la Bretagne envahie. — « Sur ces advertissements, il fut arrêté
entre le roy et le duc, que le roy envoyroit prendre Gilles, et qu'on le
constitueroit prisonnier. Et de fait, tost après le partement et le retour
du duc, le roy envoya messire Prégent de Coëtivy, admiral de France;
messire Pierre de Brézé, sénéchal du Poitou, et messire Renault de
Dresnay, capitaine breton, avec quatre cents lances : lesquels, le dimanche vingt-sixième jour de juin mil quatre cent quarante-six, arrivèrent au Guildo : et trouvans ce jeune prince jouant à la paulme en
la court du chasteau, demandèrent à entrer : et dirent de la part de
qui ils étoient envoyez : comme il sçeut qu'ils estoient de la part du
roy, il fit ouvrir les portes, leur disant qu'ils fussent bien venus : et

demanda des nouvelles des dispositions du roy son oncle. Il fut bien étonné quand il sçeut la commission dont ils étoient chargez, et qu'ils étoient venus pour le faire prisonnier. Leurs exploits furent qu'ils se saisirent des clefs, pillèrent indignement sa vaisselle d'argent, bagues et joyaux qu'ils trouvèrent, sans rien épargner ny respecter, ny sa femme ny sa belle-mère, Catherine de Rohan. Puis, l'ayant saisi, le menèrent à Dinan devers le duc son frère, qui ne le vouloit point recevoir. » L'expédition fut tenue si secrète, que le connétable de Richemond lui-même, *le chef des armes,* n'apprit qu'à la dernière minute le complot qui menaçait la liberté de son neveu. A l'instant même, le connétable demande son cheval; il part, il chevauche la nuit et le jour; il espérait arriver assez tôt pour sauver son neveu François d'un crime; et Gilles son neveu d'un attentat épouvantable. Arrivé chez le duc François, Richemond se jette aux pieds de son neveu, demandant la grâce de Gilles. — Aux prières de Richemond, se joint Pierre de Bretagne, le second fils de Jean V; rien n'y fait, François Ier est inflexible! Il veut la liberté, il veut la vie de son frère! — Il la demande au parlement de Bretagne! — Le duc voulait que son frère fût condamné sans être entendu; mais les états, par la voix d'Olivier de Breil, procureur général de Bretagne, résistent à la volonté du prince. — Alors François livre le prisonnier à la garde d'Arthur de Montauban, son ennemi implacable; la victime était désormais sous la main du bourreau. — Cette querelle entre les princes de la maison de Bretagne devait exercer son influence accoutumée sur les destinées de l'Angleterre et de la France.

C'est depuis longtemps une vieille habitude de l'Angleterre, de se poser comme la gardienne des droits légitimes; qu'une injustice se commette, dont elle puisse tirer quelque profit en la réparant, elle crie à l'injustice! Vous pensez bien que la captivité et les malheurs de Gilles de Bretagne furent un prétexte d'invasion que l'Angleterre mit soudain à profit. Elle accourait, disait-elle, au secours d'un prince infortuné! — Au nom de Gilles de Bretagne, les Anglais occupent la ville de Fougères; et comme le duc François demandait raison de cet outrage au duc de Sommerset, Sommerset répliqua que l'Angleterre ne répondait que de ses soldats et non pas des aventuriers qui vivaient au jour le jour du hasard de leur épée. — Bref, la guerre recommençait entre les deux nations; la trêve était rompue; des deux côtés on se mettait en campagne, et Charles VII, content du prétexte, commençait par envahir la terre par excellence pour la couronne de France, le duché de Normandie. Richemond, cette fois, menait l'armée française; car le roi de France lui permettait de rendre à la France la plus belle de ses provinces. Richemond obéit, et cependant il prie le roi d'intercéder pour son neveu, renfermé à Dinan. Pour être agréable à son connétable, le roi de France envoie en Bretagne son amiral, M. Prégent de Coëtivy, et le duc François remet à M. de Coëtivy lui-même l'ordre d'ouvrir au jeune prince les portes de sa prison. — Tel n'était pas le compte des faussaires. — Ils font composer, par un certain Pierre Larose, autrefois employé dans les chancelleries d'Angleterre, une fausse lettre du roi Henri VI, adressée au duc François. La lettre était remplie de menaces si violentes, que le duc de Bretagne non-seulement ne veut plus relâcher son frère, mais encore il veut que sa prison soit plus étroite que jamais. — Bien plus, on traîne le malheureux prince de prisons en prisons; on l'accable de mauvais traitements et d'injures; on brûle ses lettres à son frère, et à ces lettres suppliantes on substitue des lettres de menaces. C'est ici le lieu de raconter la bataille de Formigny, gagnée par le connétable de Richemond, le quinzième jour d'avril 1450. Le matin, le connétable ouït la messe à Saint-Lô; après quoi il fit toutes ses dispositions pour le combat : il plaça à l'avant-garde M. de Blossac et le maréchal de Lohéac; il confia les archers aux deux frères, Jean et Philippe de Malestroit, gardant autour de sa personne, Regnauld de Voluire, Pierre du Pan, Yvon de Tréenna, Jehan Budes, Hector Mériadec, Jehan du Bois, Colinet de Liguières, Guillaume Gruel, son écuyer et son historien. La bataille s'engagea tout d'abord autour d'un moulin à vent, où les armes du connétable firent merveille. Dans cette mêlée se distinguèrent au premier rang le jeune comte de Clermont, qui gagna ses éperons de chevalier, Jacques de Chabannes, Joachim Rouault, Olivier de Broons, Jehan de Rochewaen. — L'armée anglaise fut battue en moins de trois heures; la déroute fut complète; les prisonniers étaient nombreux. Le premier soin du comte de Clermont et du connétable, ce fut d'enterrer les morts. Cette nouvelle victoire devait profiter à coup sûr au malheureux Gilles de Bretagne ; elle agrandissait l'autorité du connétable, et, plus que jamais le comte de Richemond réclamait, en homme qui veut être obéi, la liberté de ce neveu qu'il aimait. — Vain espoir! poussé à bout par tant d'habiles mensonges, le duc de Bretagne avait composé un tribunal tout exprès pour en obtenir une sentence contre son frère. Le sire de Montauban, et son digne frère, Arthur de Montauban, étaient au nombre de ces juges iniques. Une seule nuit suffit à dresser la sentence; sans avoir été entendu, Gilles de Bretagne est condamné à mort par Louis de Rohan Guéménée-Guingan, l'oncle de Montauban et chancelier de Bretagne. En vain le garde des sceaux du duché, Eon Beaudoin, refuse de sceller cet arrêt inique, le chancelier de Rohan destitue le digne magistrat, et, lui-même, il met le sceau de Bretagne à ce fratricide! Au reste, l'arrêt de mort était confié à des mains dignes de l'exécuter. On sait même le nom des bourreaux : Robert Roussel, Jean de La Chaise, Maletouche, Jean Rageard. — La mort du malheureux Gilles de Bretagne rappelle une funèbre histoire du moyen âge, dans cette sanglante Italie où Montauban, le fils de l'Italienne, avait appris « les attentats, les poisons et les énormités que la France déteste, » ce sombre drame qui se passe à Pise même, sur la *place des Chevaliers*, dans *la Tour de la Faim!* — C'en est fait, le jeune homme, condamné à mort, est jeté tout vivant dans un abominable sépulcre. La faim le prit dans ces ténèbres immondes. Des hommes qui passaient sous les fenêtres de cette affreuse prison entendirent ces cris d'angoisses : « Oh pitié! oh pitié! — Du pain! du pain! au nom du Christ! — De l'eau! au moins une goutte d'eau, mes frères! » — La peur contenait les plus hardis; chacun eût voulu sauver le fils du duc Jean V, l'amour de la Bretagne; pas un n'osait. — Seule, une pauvre vieille femme fut assez courageuse pour faire l'aumône d'un morceau de pain à ce fils de tant de princes! — Et avec la bonne femme vint un humble cordelier, pour entendre la confession suprême de ce malheureux prince qui va mourir! — Le prêtre, passant sa main généreuse à travers les barreaux, accorda à cet infortuné la bénédiction suprême. — Encore les assassins trouvaient-ils que Gilles de Bretagne vivait trop longtemps; ils l'étranglent; et quand il a rendu le dernier soupir, ils s'en vont à la chasse! — Ainsi périt seul, sans consolation, après une captivité de près de quatre ans, dans ce château de la Hardouinaye, si triste et si sombre, au bord de son grand étang, au milieu de sa vaste forêt, ce dernier reste d'une si grande maison. En effet, Gilles emportait avec lui l'avenir de la maison de Bretagne (24 avril 1450). Cet abominable fratricide jeta sur le règne du duc François Ier une épouvante invincible, « *qui ternit la douceur et la beauté de ce règne!* »

La nouvelle de cette mort remplit la Bretagne d'épouvante et d'horreur. Le duc François était alors au siége d'Avranches, et il venait d'être rejoint par son frère le connétable, par Chabannes, Loheac, Blossac, Couvron, Rosnivinen, en un mot, les principaux seigneurs de

Bretagne; ils apprirent tout à coup les horribles nouvelles de monseigneur Gilles, et les uns et les autres ils en furent atterrés. M. de Richemond contenait son indignation à grand'peine; les seigneurs portaient un front consterné; le duc François sentit le remords grandir dans son cœur. Malheur à celui qui attend que le crime soit accompli pour en voir toute l'horreur! — Devant le mépris de tous ces visages, devant le courroux de Richemond son oncle, et surtout quand il entendit au fond de sa conscience le grand cri, le cri terrible : *Caïn, qu'as-tu fait de ton frère?* le fratricide quitta le siége d'Avranches, sans trop savoir où porter ses pas. Il était à cheval, avec peu de suite, et il allait sur la grève qui mène au Mont-Saint-Michel, lorsque soudain, et comme s'il fût sorti de terre, un homme au regard terrible, au geste menaçant, se dressa devant le prince; c'était le cordelier qui avait reçu, à travers les barreaux de son cachot, la confession de monseigneur Gilles de

Bretagne. — Fratricide! s'écria le terrible missionnaire, au nom de monseigneur Gilles, ton frère, mort de faim dans tes prisons, je te somme à comparaître dans quarante jours devant le tribunal de Dieu! — Prépare-toi! — Et, en effet, quarante jours après cet appel

terrible, heure pour heure, le fratricide comparaît au tribunal du juge dont l'arrêt est sans appel. — 17 juillet 1450!

Comme il ne laissait pas d'héritiers mâles, le duc François Ier, en présence des évêques de Dol, de Nantes, de Saint-Brieuc, de Quimper, avait institué, pour héritier de sa couronne, son frère Pierre; et, dans le cas où celui-ci mourrait sans postérité masculine, son oncle Arthur de Richemond, connétable de France, montait sur le trône de Bretagne; enfin, à défaut d'héritier de ce dernier, François, son cousin germain, fils de Richard, comte d'Étampes, auquel François Ier avait accordé la jeune Marguerite, sa fille aînée, était désigné comme l'héritier possible du duché de Bretagne (1450).

Par ce testament, le duc François Ier, qui pourtant laissait deux filles de son sang, suivait à la lettre le traité de Guérande, où il avait été décidé que les filles n'héritaient du duché de Bretagne qu'à l'extinction complète de la ligne masculine.—Dans ce même testament, François Ier instituait une fondation pour l'âme de feu son frère Gilles. — Ce dernier acte d'une volonté intelligente et ferme fut obéi en tout point. Pierre monta sur le trône de son frère François Ier.

L'histoire ne peut rien dire du règne de Pierre II. — A défaut d'actions illustres, les historiens ont ramassé des anecdotes. — Pierre II est taciturne, dévot, inquiet, très-jaloux de sa femme; il la frappe sans pitié, au moindre soupçon.—Il voulut que les assassins de Gilles, son frère, fussent traités selon leurs mérites; il les fit saisir jusque sur les terres du roi de France, et les misérables, ramenés en Bretagne, furent livrés au bourreau. — Seul, le plus coupable de tous ces assassins, Arthur de Montauban évita le supplice en prenant la robe de moine. Même, c'est chose triste à dire! ce bandit que réclamait l'échafaud de Gilles de Laval, il devint plus tard, non pas évêque en Bretagne, car la Bretagne se fût soulevée, mais archevêque de Bordeaux! — Pierre II mourut en 1457, non pas sans avoir confirmé le testament de François Ier. Désormais, le comte de Richemond devenait duc de Bretagne. Si la couronne était pesante, le front qui la devait porter était digne de la couronne. Depuis plus de trente ans, le comte de Richemond tenait dans ses mains l'épée de connétable de France; il est de tous les capitaines venus après le connétable Duguesclin, celui qui a le mieux marché sur ses traces. Moins heureux que Duguesclin, qui s'appuyait sans peur sur la sagesse bienveillante du roi Charles V, Richemond avait eu à combattre, même pour sauver la couronne de France, les mauvais vouloirs du roi Charles VII. Il servit malgré lui le roi de France ; malgré le roi, il prit Beaugency et gagna la bataille de Patay ! — Il négocia le traité d'Arras, qui fit rentrer dans le devoir le duc de Bourgogne.—Formigny, c'est la vraie bataille de Richemond, et cette fois, du moins, la France gardera la Normandie.—Il fut le réformateur de la milice française ; le premier, il a institué les compagnies d'ordonnances qui ont fait longtemps la force des armées et les ont mises sur un pied fixe. — Homme énergique et vrai, il établit dans l'armée l'obéissance et le respect du commandement ; il fut à la fois sévère et juste ; ses soldats l'appelaient d'un beau surnom : *le justicier*. — Monté au trône de Bretagne, et comme les seigneurs bretons lui conseillaient de ne pas garder la charge de connétable, « Il faut, dit-il, que ma vieillesse honore la dignité qui a été l'honneur de ma jeunesse ! » Aussi bien, dans les grands jours, faisait-il porter devant lui, par Philippe de Malestroit, *son escuyer d'escurie*, l'épée de Bretagne à sa droite, et à sa gauche l'épée du connétable, cette épée qui, dans les mains de trois capitaines bretons, avait sauvé la France sous trois rois chancelants : Charles V, Charles VI, Charles VII.

Même sur son trône, Arthur cherchait du regard et du cœur, avec des regrets bien sentis, les princes de sa maison, les jeunes gens qui l'avaient précédé dans la tombe : François, Gilles, Pierre ! « Le roy « (de France) et son conseil vouloient qu'il fist hommage lige à cause « du duché de Bretagne ; il répondit qu'il n'en feroit rien qu'il n'eust « parlé aux états de son pays, et jamais ne fust-il retourné devant le « roy et ne lui eust fait nulle redevance, si n'eust été pour sauver « la vie à monseigneur d'Alençon, son neveu ; et il fist redevance « au roy, telle que ses prédécesseurs avoient fait, et non autre- « ment ; puis après la condamnation de monseigneur d'Alençon, le « duc s'en vint en son pays, et pleust à Dieu que jamais n'eust été à « Vendôme, car oncques puis ne fust sain jusqu'à la mort ! Le bon « prince s'en fust à Nantes et fust le bien reçu, et fist grand'chère. » —Son grand rêve, le rêve de sa vie entière, la préoccupation de sa mort, la gloire à côté de laquelle toute gloire lui paraissait incomplète, c'était de marcher sur les traces de Guillaume *le Conquérant*, c'était de retrouver ce sillon de l'Océan qui devait conduire l'armée triomphante dans cette île de la Grande-Bretagne ! Avec quelle joie ineffable il eût recommencé la bataille d'Hastings ! — Il le voulait, il en était sûr, sûr à ce point qu'il avait, lui aussi, son *livre de partage*, où à l'avance il avait divisé sa conquête entre ses amis et ses compagnons d'armes. — La mort vint interrompre ces vastes projets de con-

quête. « Depuis la Conception de Notre-Dame, fust toujours le bon
« prince malade jusques à Noël, nonobstant que toujours estoit sur
« pied et point ne se couchoit, et jeusna les Quatre-Temps, et la vigile
« de Noël se confessa, et fut à matines et à la messe de minuit, et à la
« grand'messe du jour, et à vespres, et le jour de Sainct-Étienne ouyt
« la messe, et dict les heures à genoux bien dévotement, comme bon
« et loyal chrestien; car je sais que en son temps il n'y avoit meil-
« leur catholique que lui; et pour quelques mauvais termes que luy
« tint le roy Charles son maître, oncques ne dit mal de luy et ne laissa
« de le bien servir. — Oncques homme ne hayait plus toutes sortes
« d'hérésies et de sorcelleries qu'il hayoit, et bien y parut, car il fist
« plus contre les sorciers en France, en Poitou et en Bretagne, que nul
« autre en son temps. Il étoit preudhomme, chaste et conciliant, et
« tous les jours, au moins une fois, parloit de la guerre et y trouvoit
« grand plaisir, — et aimoit et soutenoit le peuple plus que tout autre,
« et faisoit grandement des biens aux mendiants et aux pauvres de
« Dieu. Celuy bon duc trespassa de ce monde, le jour de la Sainct-
« Étienne, lendemain de Noël, environ six heures après midi, et
« rendit à Dieu son esprit le vingt-troisième jour de décembre de
« l'an 1458, et repose son corps en l'église des Chartreux, près Nan-
« tes, dans une chapelle, laquelle s'appeloit auparavant chapelle du
« Duc, que le bon duc Jehan son père avoit fondée, et depuis l'aug-
« menta, et fit enfin le monastère; et depuis sa mort, la duchesse
« Catherine, sa femme, a fait parachever les cloîtres, fait faire des
« chaires, donné cilices, livres, chappes, chasubles, avec leurs ap-
« partenances, et fait plusieurs autres biens. »

Achevons cette oraison funèbre en deux mots : quand le roi Charles VII confiait au comte de Richemond l'épée de connétable, les Anglais étaient les maîtres du royaume de France ; à la mort du connétable, les Anglais n'avaient plus, de leurs conquêtes en terre de France, que la ville de Calais !

Ici, nous touchons aux derniers jours de l'Armorique indépendante. La faiblesse des derniers ducs de cette maison de Montfort, qui gouverne la Bretagne depuis tantôt deux cent cinquante années, la défaite complète et définitive du régime féodal, et enfin même, le dévouement et le sacrifice des Bretons pour cette France qu'ils s'habituaient, à force de la servir, à regarder comme une seconde patrie; toutes ces raisons réunies poussent à la réunion de la Bretagne et de la France. Nous n'avons plus, avant de voir s'accomplir cette révolution depuis longtemps prévue, que deux règnes à vous raconter. Vous avez vu que le testament du duc François Ier s'exécutait dans toutes ses parties. Arthur de Richemond, Arthur III, venait de mourir sans enfants, et sur ce trône auquel les héritiers allaient manquer, monta, sans conteste, François II, comte d'Étampes, fils de Richard de Bretagne. Dans la personne du nouveau prince, petit-fils du duc Jean IV et mari de la fille aînée du duc François Ier, se réunissaient les droits des deux branches, et tous ces droits accumulés sur sa tête, François II ne savait à qui les transmettre. Depuis tantôt deux cent cinquante années que la maison de Jean de Montfort régnait sur la Bretagne, cette maison n'avait jamais été plus près de s'éteindre. François II avait perdu, presque en même temps, sa femme et son fils, et quand il aurait dû songer à un second mariage, il perdit les belles années dans ses vaines amours avec la dame de Villequier. Le moment était mal choisi pour un duc de Bretagne, de s'abandonner ainsi lui-même, car François II allait avoir affaire avec une forte partie. En effet, en ce moment régnait sur la France S. M. très-terrible et très-habile le roi Louis XI. A peine roi, il avait montré que désormais il marcherait dans sa voie d'un pas ferme et sûr; il avait commencé par se faire le maître absolu dans la Normandie, dans le Poitou, dans la Guienne, sur les rivages où pouvaient se présenter les Anglais. Le roi Charles VII avait emporté dans la tombe la puissance des grands vassaux, et désormais le nouveau roi, Louis XI, ne veut plus, autour de son trône, que le peuple et les villes. D'ailleurs, dans ce royaume qu'il allait agrandir de moitié, Louis XI se sentait seul et livré à ses propres forces. Les grands lui étaient hostiles, les petits ne le comprenaient pas encore; il avait été traîné, pour ainsi dire, jusqu'à Reims, par son hôte le duc de Bourgogne. On eût dit le vainqueur qui conduisait son captif; ce captif, c'était le roi de France. Il est à genoux, il se relève; il était si humble tout à l'heure, bientôt il sera terrible! — Laissons-le faire, il brisera tout ce qui reste encore du monde féodal. Or, de toutes les provinces de l'ancienne Gaule, la plus considérable, la plus belliqueuse, et surtout la moins disposée à porter le joug du pouvoir absolu, quel qu'il fût, c'était la Bretagne! La Bretagne était à prendre; il est vrai que d'un second mariage, car enfin il avait épousé en secondes noces Marguerite *Sein-de-Lis*, la fille de Gaston IV, comte de Foix, François II avait eu deux filles, mais ces deux enfants ne pouvaient pas être un grand obstacle à Louis XI. Il était déjà le maître du Roussillon, qu'il avait acheté, et de la Provence, que lui avait laissée le testament de Charles d'Anjou, il ne lui manquait plus que la Bretagne pour rendre à la France ses limites naturelles et tant rêvées. Mais l'exemple même de son père Charles VII, et Jean de Montfort rappelé du fond de l'Angleterre par l'inquiétude de ses sujets, à l'instant même où l'armée française envahissait son duché, c'étaient là des leçons que Louis XI devait mettre à profit. En conséquence, il commença par étudier avec soin son duché futur.

Les difficultés étaient grandes, sinon insurmontables, au dedans et au dehors de la Bretagne. D'abord le duc de Bourgogne et le duc de Bretagne paraissent disposés à s'entr'aider, le roi Louis XI les sépare, en nommant ce dernier son lieutenant dans les provinces entre Seine et Loire; en même temps roi dévot et plein d'astuce, il faisait de fréquents pèlerinages dans les chapelles des saints de Bretagne qui attirent encore aujourd'hui un si grand nombre de pèlerins. Il visitait, en priant et surtout en regardant çà et là, derrière lui et devant lui, en haut et en bas, dans le peuple et parmi les seigneurs, Notre-Dame du Mont-Saint-Michel, et l'église de Saint-Sauveur de Redon, et même Notre-Dame de Nantes; véritable pèlerin, il en avait le chapeau, le bâton, et presque l'habit. Quant à s'inquiéter des voyages d'un si bon homme, comment le duc François s'en fût-il inquiété? Le roi Louis, bon compagnon quand il voulait, avait accablé le duc François des témoignages de sa tendresse royale, il voyageait seul, en petit équipage, accompagné de quelques serviteurs seulement, avec défense « que nul, sous peine de mort, ne *s'avanschât* de le suivre. » Seulement, beaucoup plus loin, arrivaient sa garde et ses canons, mais sans bruit et sans que le royal visiteur en tirât vanité. Et enfin, son pèlerinage accompli, il s'en vint de Nantes à La Rochelle. Chemin faisant, il se faisait des amis, achetant les volontés, arrêtant les résistances, disputant comme un bon bourgeois, qui ne veut pas être trompé, avec les corporations et les villes. — Et d'ailleurs, le moyen de croire qu'il songeait à la Bretagne? Il avait l'air de n'en vouloir qu'à l'Espagne. Ou bien il était en Normandie, suivant, du rivage, la flotte plus menaçante que dangereuse, du comte de Warwick. — Dans ce voyage qui ne fut qu'un voyage, les Anglais purent s'assurer par eux-mêmes que maintenant la France était gardée par de bonnes villes et de bonnes armées. Tout ce que put faire Warwick, ce fut de descendre sur les côtes de Bretagne. Ainsi la Bretagne paya pour la France; mais assurément ce n'était pas la faute du roi Louis XI, pourquoi le ciel ne lui a-t-il pas donné la Bretagne? Vous verriez comme il saurait la défendre!—Bientôt Louis XI, laissant Marguerite d'Anjou perdre l'Angleterre, pendant que son père et son frère se perdaient en Italie[1], menaçait Calais avec un blanc-seing de cette reine infortunée. Dans cette armée de la reine Marguerite, les Bretons et les Normands étaient en nombre; à peine si le roi Louis XI avait hasardé à cette restauration impossible quelques soldats et quelque argent; c'était trop peu pour reprendre une des portes de la France. — Cette fois, Calais était loin, et aussi la Bretagne; le Roussillon même redevint espagnol.—Eh donc, encore une fois, qui parle de prendre la Bretagne? Mais, moins que jamais, elle redoute sa réunion avec la France. Tout au rebours, l'Angleterre, la Bretagne et la Bourgogne se proposent, entre elles, alliance offensive et défensive contre l'ennemi commun. — Peu à peu cependant, le roi Louis revient à la Bretagne; plus il la convoitait de l'âme et du regard, et plus il comprenait qu'il était difficile de la prendre. Parmi tous les grands fiefs, le duché de Bretagne était le plus difficile à entamer. C'était mieux qu'une province, plus qu'un duché; c'était véritablement une terre à part, une exception, quelque chose qui ressemblait aux anciennes colonies militaires, les capitaines et les soldats restant, en fin de compte, réunis par la même passion et les mêmes nécessités. Là, tout gentilhomme était prince souverain; le duc régnait par *la grâce de Dieu*; les Bretons croyaient à la royauté de la Bretagne, même avant de croire à la royauté de la France; car, disaient-ils, qui donc a sauvé le trône de France? Deux soldats de Bretagne, le connétable Duguesclin et le connétable de Richemond! La fierté du prince et l'orgueil des sujets étaient puisés aux mêmes sources; ajoutez que la Bretagne était florissante; les villes étaient riches et peuplées, les campagnes ne manquaient pas de laboureurs, les remparts de soldats pour les défendre, l'Océan de marins pour livrer aux vents la voile bretonne. — Donc, par quelle brèche entrer dans ce peuple bien défendu, bien gardé, et qui voulait, même quand il prenait sa bonne part des combats et des travaux du peuple de France, rester le peuple breton?

Le roi Louis XI entra dans cette nation par une de ces brèches qu'il savait faire. Il y entra par des arguments, par des discussions, par la légalité. Amaury d'Acygné, évêque de Nantes, successeur de Guillaume de Malestroit, avait refusé, tout comme son prédécesseur, l'hommage au duc de Bretagne pour le temporel de son Église; et, en conséquence, le duc François II avait déposé l'évêque de Nantes; l'évêque

---

[1] *La Normandie*, chapitre VII, l'histoire des Normands d'Italie.

en avait appelé, non pas à la justice des barons du parlement, mais au roi de France en personne. Cet appel à une autre juridiction que la juridiction de son parlement, était une atteinte formelle aux droits de François II; appel peu dangereux cependant, la Bretagne n'étant pas soumise, comme la France, à la pragmatique sanction; toutefois, Louis XI reçoit l'appel de l'évêque de Nantes, et il répond qu'il rendra justice à qui de droit. — Entre le duc de Bretagne et le roi de France, il y avait non-seulement rivalité de puissance à puissance, mais une haine toute personnelle, la haine de deux natures ambitieuses qui se sont comprises l'une et l'autre. Dans ses révoltes contre son noble père Charles VII, le dauphin de France avait sollicité, mais en vain, les secours du duc de Bretagne; et quand après la mort de Charles *le Sage*, le duc de Bretagne s'en vint à la cour du roi Louis XI, il y fut reçu avec une froideur qui tenait du mépris. — Dans cette dispute entre l'évêque de Nantes et le duc François II, Louis XI remit ses pleins pouvoirs au comte du Maine, son oncle, et celui-ci rendit une sentence qui privait le duc de Bretagne du droit de régale, un droit important reconnu dans les états de 1462, par lequel le duc de Bretagne, à l'exclusion de tout autre prince, pouvait disposer des juridictions temporelles des évêques. Et comme le duc François II refusait de se soumettre à l'arrêt qui le privait d'une partie de cette autorité, qu'il regardait comme une autorité vraiment royale, Louis XI, à l'instant même, fait marcher ses troupes sur le Poitou. En même temps, il adressait au duc de Bretagne des propositions inacceptables. Le roi de France exigeait donc : 1° que le duc de Bretagne cessât de s'intituler désormais : duc *par la grâce de Dieu*, formule qui impliquait l'indépendance ; 2° que le duc cessât de battre monnaie ; 3° qu'il renonçât à lever des impôts en son nom, attendu qu'au roi de France seul appartenait le droit de les percevoir.

Ces propositions jetèrent un étonnement qui tenait de la stupeur, dans le conseil du duc de Bretagne. François II demanda trois mois de délai, afin de consulter les états sur cette affaire. Les trois mois écoulés, un autre délai fut exigé, mais cette fois encore le duc de Bretagne promettait de porter lui-même sa réponse à Paris. C'est qu'il voulait donner, à main armée, la seule réponse qui fût honorable et possible; et c'est qu'il voulait lever des troupes et entraîner dans son alliance quelques-uns des grands feudataires de la couronne. Ce plan d'une politique habile avait été tracé par Tanneguy Duchâtel, neveu du célèbre conseiller de Charles VII. A la fin, le duc de Bretagne entrait dans les résistances nécessaires; il dépêchait des courriers, cachés sous quelque habit de religieux, à tous les princes du royaume. Ces princes, comprenant que Louis XI n'avait qu'un but, anéantir toute noblesse au profit de son despotisme, se liguèrent immédiatement avec le duc de Bretagne. Cette ligue prit le nom de *ligue du Bien public;* à ces causes, le comte de Dunois et une foule d'autres seigneurs se réfugièrent en Bretagne, accompagnés de la plupart des capitaines qui avaient combattu sous leur bannière contre les Anglais.

Cette conjuration redoutable avait pour son chef ostensible le duc de Berri, faible esprit, timide courage, volonté chancelante, un de ces princes qui ne font d'ombrage à personne. — De tous ces chefs coalisés, le plus dangereux, c'était le comte de Charolais, le même qui allait être bientôt Charles *le Téméraire,* duc de Bourgogne. Pour celui-là, il comprenait qu'entre lui et le roi de France, son beau cousin, c'était une lutte à mort. Il attendait, non pas sans impatience, son avénement au duché de Bourgogne, qu'il était résolu à bien défendre; il dominait, en attendant, toute la haute noblesse flamande et wallonne; il avait dans l'âme plus d'un vice orgueilleux qui le rapprochait du roi Louis XI. Placé entre ces deux tyrans, le vieux duc de Bourgogne avait fort à faire. L'un et l'autre, Louis XI et le comte de Charolais, l'*Habile* et le *Téméraire,* ils en voulaient également à ses domaines et à sa couronne. — Telle était l'alliance. Dans cette conspiration du *Bien public,* François II fit entrer les états de Bretagne. Le duc de Bourbon lui-même, tout chancelant qu'il était, y prit sa part. — La Bourgogne et les Pays-Bas envoyèrent, pour donner l'exemple, quatorze cents gens d'armes, huit cents archers, des couleuvrines et des arquebuses; en même temps, arrivait le duc de Bretagne avec ses Bretons. De son côté, Jean de Calabre amenait ses gens, ramassés aux quatre coins de la France, pendant que le duc de Berri allait rejoindre le gros de cette armée. — Ainsi, les uns et les autres, ils attaquaient, chacun de leur côté, l'influence française. Bourbon soulevait le Bourbonnais; le comte de Charolais envahissait la Picardie; la Bretagne, menacée naguère, menaçait à son tour. L'occurrence était difficile, le danger pressait; la lutte était engagée par des gens qui ne pouvaient plus reculer, et cependant le sang-froid du roi Louis XI lui vient en aide; il avait tout prévu à l'avance; il avait le calcul des têtes fortes et des courages de sang-froid. Il estimait assez peu cette féodalité qu'il voulait briser, pour imaginer que tous ces princes réunis ne composeraient jamais une armée. Son but et son plan, les voici, et rien de plus simple, on le peut voir : qu'il vienne à bout d'arrêter deux mois, seulement deux mois, le Bourguignon sur la Somme, le Breton sur la Loire; qu'on lui donne le temps d'écraser tout de suite le duc de Bourbon, à l'aide des renforts venus du Dauphiné, du Languedoc, de l'Italie; et celui-là brisé, que l'on puisse tomber sur le Bourguignon avant que la Bretagne ne lui vienne en aide, et c'en est fait de la ligue du *Bien public*, et cette fois le roi est le maître encore. A l'œuvre donc! Louis XI n'est pas homme à longtemps réfléchir lorsque absolument il faut prendre un parti. Aussitôt le roi entre en campagne. — Le duc de Bourbon s'est caché dans les remparts de Bourges; le roi va plus loin : il prend Montrond, et Montluçon, et Sancerre; il demandait deux mois : trente jours lui suffisent pour reprendre le Bourbonnais. En même temps, il pénétrait dans le Berri et dans l'Auvergne, appelant à lui Armagnac et ses Gascons. — Avant tout autre auxiliaire énergique et dévoué, Louis XI comptait et devait compter sur le duc de Nemours. Il avait donné à Nemours des biens sans nombre dans le nord de la France, à Meaux, à Châlons, à Langres, à Sens. Nemours arrive enfin à l'ordre et au secours du roi; mais il arrive lentement, comme un homme qui veut imposer sa loi, et cette loi, c'était d'être duc souverain d'un duché-pairie, au même titre que les ducs de Bourgogne ou de Bretagne. Ce Gascon s'entendait avec l'évêque de Bayeux; — un Normand! pour trahir le roi de France. Mon Dieu! le plan du Normand et du Gascon était des plus simples : le duc de Nemours aura l'Ile-de-France, le comte de Dunois la Normandie; la Picardie restera à Saint-Pol, la Champagne à Jean de Calabre, Lyon et le Nivernais au duc de Bourbon; et, ceci conclu, le roi de France s'arrangera comme il l'entendra avec les derniers lambeaux de son royaume, sous la tutelle et curatelle de deux évêques et de douze pairs! Les insensés et les imprudents! ils traitaient, à l'avance, Louis XI comme une proie qui leur était assurée. En effet, trahi par Nemours, peu sûr de la fidélité du duc de Nevers, qui devait arrêter les soldats de Bourgogne; doutant fort du comte du Maine, qui devait tenir tête au duc de Bretagne, et très-inquiet de savoir comment il empêchera ses deux ennemis de se réunir pour l'accabler sous la double force qu'ils entraînent, le roi de France semblait perdu.

—Que faire alors? que devenir? comment se défendre? Le comte du Maine, au lieu de combattre, cédait la place au duc de Bretagne tout le long de la Loire, si bien que ces mêmes Bretons qui étaient naguère à Duguesclin, à Clisson, à Richemond, voyant la bannière nationale qui les semblait appeler, passèrent du roi de France au duc de Bretagne : irrésistible puissance de la bannière et des souvenirs de la patrie!

— Sur les bords de la Somme, le duc de Nevers n'était guère plus avancé que le comte du Maine sur la Loire. Nevers était le neveu de Philippe *le Bon*, il était le cousin du comte de Charolais, *le Téméraire*, et il voulait traiter de cousin à cousin, de puissance à puissance. — Ceux que Jupiter veut perdre, il les rend fous, dit le proverbe latin ; et rien qu'à voir ces nobles champions de la France oublier ainsi toute loyauté envers le roi leur maître, tout devoir envers la France leur légitime souveraine, on se demande avec effroi comment finiront ces accès de démence. — Cependant le comte de Charolais et le duc de Bretagne faisaient des progrès de jour en jour. Sur leur chemin, les villes ouvraient leurs portes, les peuples criaient *Délivrance!* Avec le duc de Bretagne était le duc de Berri ; l'armée des Bretons se composait de dix mille hommes. C'en était fait, le comte de Charolais campait sous les murs de Paris, à Saint-Denis même ; et même de sa bonne ville de Paris le roi Louis XI n'était pas sûr, tant ce grand nom de Bourgogne retentissait encore dans l'âme des bourgeois de Paris ; ils avaient tant aimé Philippe *le Bon*, ils avaient bu si souvent de son vin, et lui, de son côté, il avait si souvent courtisé leurs fillettes, qu'ils ne pouvaient s'empêcher de faire des vœux pour son fils, *le Téméraire*. — A tout instant grandissait le danger. Trahi par les seigneurs, peu aimé des bourgeois, servi par de faibles âmes, attaqué par de hardis courages, le pas était difficile pour ce roi sombre, ombrageux, qui n'avait foi en personne ; mais, heureusement, les Bretons marchaient à petites journées ; on les attend aujourd'hui, on les attend demain, ils viendront dans trois jours à coup sûr... On avertissait François II *à tue-cheval*... Bref, François II et ses Bretons ne venaient pas ; les Bourguignons perdaient patience ; deux ou trois assauts inutiles les avaient convaincus que Paris était un trop gros morceau pour leurs armes. Pourtant le Bourguignon sondait la ville, on se faisait amitié du haut des remparts, on se disait de bonnes paroles à travers la herse levée. — On se visitait au pont de Saint-Cloud. — Il était temps que le duc de Bretagne arrivât, ou bien il était temps que le roi Louis XI se montrât enfin. Le roi accourait en effet ; bonne et solide armée, bien payée, bien équipée, française dans l'âme, parisienne aussi, et qui brûlait, ainsi que le roi Louis, de rentrer dans Paris ; car, depuis le temps du roi Charles VII, c'était une vérité démontrée, qui avait Paris avait la France. Le roi accourait donc, sûr de ses soldats, inquiet de ses capitaines. Cependant, pour qui arrivait du Bourbonnais dans Paris, il fallait traverser le camp des Bourguignons. L'armée de Bourgogne est forte, et à coup sûr elle se mettra entre le roi et la ville. — Mais ceci ne gêne pas Louis XI; son plan est fait : le maréchal de Rouault, qui commande Paris, sortira, avec deux cents lances, contre l'aile droite des Bourguignons, pendant que lui, le roi, il attaquera l'aile gauche. Puis, une fois dans Paris, la Bretagne peut se réunir à la Bourgogne, Armagnac à Nemours, le duc de Nevers et le comte du Maine pourront trahir Louis tout à l'aise, Louis XI sera toujours le roi de France. — Ainsi, le roi arrive à Montlhéry. — Là, on lui dit que le Parisien est immobile, que les deux cents lances ne viendront pas, que le maréchal de Rouault reste immobile dans les murs. — Il fallait se suffire à soi-même; à cette heure, la trahison est partout contre le roi. Le duc de Brézé lui-même, ce grand sénéchal de Normandie dont on voit le tombeau dans la cathédrale de Rouen[1]; parent du roi, puisqu'il avait épousé la fille de Diane de Poitiers et du roi Charles VII, Brézé, qui commandait l'armée royale, était d'intelligence avec les princes du *Bien public*. C'était un vaillant capitaine, indifférent au bien et au mal; à force d'avoir vu des trahisons soudaines et de soudains retours, il était tombé dans le scepticisme de vieux politiques, qui donneraient le choix d'un maître pour un bon mot ou pour un écu. Il fut tué un des premiers à cette bataille de Montlhéry, et nul ne le regretta, pas même sa femme, quand elle le vit bien enfermé dans son magnifique tombeau.

Cette bataille de Montlhéry n'a été ni gagnée ni perdue; ce fut une de ces rencontres après lesquelles il est permis à chacune des deux armées de crier victoire et d'allumer des feux de joie, si elles ont du temps à perdre. Le roi paya de sa personne, et Saint-Pol, bien qu'il voulût être connétable, fut forcé de s'aller cacher dans un bois. Le comte de Charolais poussa au centre de l'armée française, et à force d'aller en avant, il se trouva presque seul; on le presse, on l'entoure, un soldat lui porte à la gorge un coup de pointe; arrive un Flamand, sur un gros cheval flamand, qui dégage son prince, et le prince le fait chevalier. De son côté, le roi de France n'était guère mieux gardé que le comte de Charolais; le duc du Maine, qui aurait dû soutenir le roi, avait emmené avec lui l'arrière-garde; ainsi, pas d'armée d'une et d'autre part, et deux princes abandonnés à eux-mêmes, l'un ici,

---

[1] *La Normandie*, chapitre VII.

l'autre là-bas. Les deux armées ne pensaient qu'à fuir. Le roi fut le premier qui quitta la place, et il s'en alla à Corbeil. Cette marche rétrograde sur Corbeil rassura l'armée de Bourgogne, qui déjà levait ses tentes. Entre ces deux forces également craintives, Paris restait immobile; il n'ouvrit ses portes ni au roi ni au Bourguignon; on eût dit que la ville assistait à un tournoi du haut de ses remparts. Alors, quand il vit que le Bourguignon n'entrait pas dans Paris, le roi y vint de Corbeil. Une fois là-dedans, il fut le maître. Lui, cependant, il se faisait plus que jamais bonhomme.—Vous voulez ceci? Prenez-le. Vous me voulez conseiller? Conseillez-moi; je suis à vous, par Dieu!—Les seigneurs se disaient: — Il est nôtre! Les bourgeois le traitaient comme un camarade. — Sous les murs de Paris, le comte de Charolais faisait le beau; quant au duc de Bretagne et au duc de Berri, ils arrivaient à petites journées, sans trop se hâter, comme des jeunes gens qui sont sûrs de leur fait. — A la fin, cependant, Bourgogne et Bretagne se rencontrent à Étampes; à Étampes (le duc de Bretagne, enfant, était duc d'Etampes), on dresse les tentes, on se repose, on fait bonne chère. Arrivent à leur tour, bonnement et sans se gêner, les autres chefs de la confédération : Armagnac, Bourbon, le maréchal de

Bourgogne, et enfin le duc de Lorraine. On dînait, on conspirait, on se faisait des niches; bref, le *Bien public* était au grand complet.—Tout

cela est très-bien fait, ma foi ! que le roi Louis soit content ou mécontent, peu importe ; ces bons princes avaient l'air de se dire : «Seigneurs, nous sommes bien ici, dressons-y, s'il vous plaît, nos tentes. » Et véritablement ils seraient restés là jusqu'à la fin du monde, armés à la légère, — car, dit Commines : « On disoit même qu'ils portoient des cuirasses de soie couleur de fer ; *qu'il n'y avoit que de petits clous dorés par-dessus le satin, afin de leur moins peser,*» — si l'on avait trouvé à Conflans de quoi nourrir ces trois ou quatre armées, ces cinq ou six peuples. — A proprement dire, c'est la tour de Babel ! — Que de peuples ! que de langues diverses ! Suisses, Provençaux, Lorrains, Allemands, Armagnacs ; le Midi et le Nord, les habits du chevalier et les haillons, la plus vile populace des camps et l'honneur des cités, le père de famille et le soudard, de nobles soldats et des voleurs de grands chemins, le plus vil ramassis de ces armées fabuleuses dont, le premier, Duguesclin était venu à bout de délivrer la France : — Cela était grand et bouffon tout à la fois ; — puis, dans cette populace, les deux vrais princes, François II et le comte de Charolais ; les deux vraies provinces, Bourgogne et Bretagne ; — les Bourguignons glorieux, et disant qu'ils avaient gagné la bataille. Les Bretons, peu faits à ces manières insolentes, et malheureux d'être arrivés (contre leur habitude) quand la bataille était gagnée, rongeaient leur frein impatiemment. Certes, ces gentilshommes bretons qui luttaient contre le roi de France lui-même avec l'orgueil, avec l'épée, noblesse à demi féodale, à demi rebelle, ne pouvaient guère supporter les vanteries du comte de Charolais ; ils regardaient d'un mauvais œil ces Bourguignons tout disposés à se faire la part du lion dans les misères de la France. Qu'étaient-ils donc, comparés aux Bretons ? d'où venaient-ils ? que voulaient-ils ? Le duc de Berri, le futur roi de France, qui donc le ramène, sinon le duc de Bretagne et les soldats de Bretagne ? Ainsi ils se disputaient, les insensés ! pour ces dépouilles opimes, traitant le roi Louis XI avec autant de dédain que s'il était mort ! — Cependant le roi était maître de Paris, il était maître des événements ; il savait déjà où il voulait aller, où il était, et en quelle fumée s'en ira cette révolte du prétendu *Bien public*. Il disposait son armée lui-même, il allait en Normandie (10 août 1465) chercher des renforts ; il se rendait assez puissant dans Paris même pour en sortir à volonté et sans avoir à craindre que les portes lui fussent fermées au retour ; et d'ailleurs les princes coalisés s'étaient répandus çà et là, eux et leurs armées, au caprice des pâturages et des moissons, ou des vignobles, dans la Brie, dans l'Auxerrois, dans la Champagne; qu'ils fassent un mouvement sur Paris, et le roi sera de retour avant qu'ils n'aient avancé de vingt-quatre heures. — La diligence des coalisés fut plus prompte que le roi ne l'avait pensé; ils n'arrivèrent pas, ils accoururent; et, de Lagny, ils font tenter le nouveau gouverneur de Paris, le comte d'Eu; ils envoient leurs proclamations aux bourgeois, à l'Université, à l'Église; ils s'adressent au Parlement, comme des plaideurs dont la cause est bonne. Le vrai est qu'ils plaidaient l'épée au poing.

Paris, entendant ces promesses et ces menaces, fut plongé dans une grande incertitude. Après tout, comment refuser d'ouvrir les portes de la ville aux grands feudataires de la couronne? Comment dire au duc de Berri, au duc de Bretagne, au fils du duc de Bourgogne : — *Vous n'entrerez pas !* C'était manquer à tous les égards dus aux princes du sang. Ainsi raisonnaient les bourgeois de Paris, rassemblés dans leur hôtel de ville; mais, cependant, que dira le roi Louis XI, si, lui absent, Paris reçoit tous ces rebelles? Le roi se fâchera, à coup sûr; et la colère du roi est terrible... Heureusement que le bon peuple parisien fut délivré de cette incertitude par l'arrivée du roi, qui ramenait des hommes, des armes, de la poudre, des vivres, et, ce qui vaut mieux, l'autorité ! Avec l'abondance, Paris retrouva le courage; il avait du pain, du vin, de la viande, du poisson, des pâtés même, tous les délices que lui apportent la Seine d'en haut et la Seine d'en bas, et, dans ces bombances de la guerre prudente et sage, les assiégeants mouraient de faim; « les joues velues, pendantes de malheu- « reuseté; sans chausses ni souliers, pleins de poux et d'ordures, ils « avoient telle rage de faim aux dents, qu'ils prenoient fromages sans « peler, et mordoient à même ! » Voilà les gens de Bourgogne bien loin de l'abondance plantureuse de leurs campagnes, et les Bretons bien au regret des poissons de leur mer et du gibier de leurs forêts. — Une bataille aurait pu tout sauver, mais le roi Louis XI était trop prudent et trop sage pour hasarder une bataille avec ces affamés. Il attendit; il se mit en campagne, non pas pour tuer du monde aux coalisés, mais pour les acheter; qui voulait se vendre au roi de France était le bien reçu; on lui donnait beaucoup, on lui promettait davantage; en toutes choses, le roi se montrait d'humeur fort accommodante; tant promis, tant payé; ceux qui voulaient le quitter le pouvaient faire, et passer à l'ennemi; sa maison était une tente; entre et sort qui veut entrer, qui veut sortir. — Ainsi il affrianda les ambitions, il jeta dans mille inquiétudes ces alliés d'un jour, celui-ci se hâtant de traiter, de peur que son voisin ne traitât sans lui. Ils y passèrent tous, les uns après les autres : les Armagnacs, le comte de Saint-Pol, Jean de Calabre, laissant à leur orgueil le Bourguignon et le Breton. — Le roi n'était pas inquiet de ces deux-là, il savait comment les prendre. Il mit le feu aux poudres des Liégeois, et l'explosion de la ville de Liége fit bondir Charolais dans son camp. En toute hâte, il fallait partir pour mettre à la raison les bourgeois de Liége, et voilà notre cousin de Charolais qui demande une trêve au roi de France. A cette demande de trêve se joignait le duc de Bretagne, qui ne pouvait pas prendre Paris à lui tout seul. Seulement, le duc de Bretagne demandait, pour le duc de Berri, la Normandie ou la Guienne; le comte de Charolais demandait, pour lui-même, toute la Picardie. C'était à prendre ou à laisser, et tout d'abord le roi ne dit pas *non*. — Quand donc ils virent ce roi qui ne refusait rien, nos seigneurs coalisés demandèrent davantage; et, revenant une seconde fois sur Paris, ils redoublent de menées et de perfidies; le roi Louis XI eut encore là un moment difficile : il avait confié Pontoise à un sien ami, qui livra Pontoise aux Bretons; son propre héritier le quitta pour passer au duc de Berri; la veuve du maréchal de Brézé, tué naguère à Montlhéry, cette femme à qui le roi, dans un moment de confiance peu commune, avait laissé la garde de la ville et du château de Rouen, remit à la coalition les portes du château et de la ville : triste abus des rares bontés d'un pareil monarque. Avec Rouen, Evreux et Caen se soulèvent; peu s'en fallut que le comte de Nevers ne vendît Péronne; il fut écrasé en un tour de main. — Cependant, le roi comprit que la position était mauvaise, et, ajournant toute vengeance, il se prit à capituler. — C'était un roi habile; il savait reconnaître le danger où il était; il ne se fiait pas aux apparences, mais au contraire allait-il au fond des choses; il sentait, autour de sa personne et de sa couronne, toutes sortes de froideurs cachées : l'évêque mal conseillé, le peuple incertain, le bourgeois mal disposé; il entendait les chansons satiriques, les noëls méchants, l'esprit frondeur; et puis il n'était pas très-sûr de ses fidèles sujets les Normands, gens quelque peu pillards et bavards. Quant à leur faire percer la langue à tous, c'était impossible. — D'un pas alerte et pour en finir, en attendant mieux, le roi Louis s'en va trouver le comte de Charolais, et il lui annonce qu'il accepte la paix proposée. — C'en est fait, le roi consent à tout. — On veut la Normandie, il cède la Normandie; il donne la Seine, il donne Dieppe et Honfleur, il renonce à tout l'espace magnifique de Calais à Nantes;

tout cela est au duc de Berri, son frère; au duc de Bourgogne, le roi donne Boulogne et Guines ; il rend les villes sur la Somme ; quant au duc de Bretagne, notre sire, voici ce que gagne le duc François II à cette guerre du *Bien public :* — Il va rentrer dans son duché, maître absolu de l'Église de Bretagne, maître de ses barons, maître de frapper des monnaies à son effigie, maître de lever les impôts comme un roi dans son royaume. Pour lui-même, le duc de Bretagne n'en veut pas davantage ; mais il demande la Saintonge pour les Écossais, c'est-à-dire pour les Anglais.—Or, la Saintonge avait été promise aux Écossais par le roi Charles VII, en échange d'une armée venue d'Écosse ; l'armée n'était pas venue, et cependant les Écossais réclamaient la Saintonge ! — Va donc pour la Saintonge ! D'ailleurs le duc François II gagnait ceci, à voir le duc de Berri maître de la Normandie, qu'il espérait fort devenir, lui duc de Bretagne, le tuteur du duc et du duché de Normandie.—Dans cet abominable démembrement du royaume de France, qu'il rêvait si beau et si complet, le roi Louis XI resta impénétrable ; on eût dit qu'il réglait sa conquête. De son côté, Charolais était insatiable ; chaque matin il se relevait avec de nouvelles exigences ; avec le comté de Boulogne, il voulut Amiens, puis Langres et Sens, puis le Vermandois, puis le comté de Ponthieu ; le roi donnait tout ce qu'on lui demandait. — En voulez-vous encore ? parlez donc ! Plus il était facile en affaires, et plus il était surveillé par les gens du *Bien public ;* le Bourguignon se tenant à Amiens, le Gascon à Nemours, le Breton à Étampes ; dans Paris même, le roi avait des espions. — Du reste, autour de lui, tout était ruiné, gaspillé, perdu. Les princes ses alliés en firent tant, qu'eux-mêmes ils prirent en pitié ce pauvre roi qui jouait avec eux *au roi dépouillé,* et qu'ils se retirèrent chez eux enfin, chargés de dépouilles, non pas sans avoir fait promettre à leur seigneur suzerain que désormais il renonçait au droit de faire comparaître ses vassaux par devant sa personne ; tout au plus le laissait-on le maître d'aller dans les duchés de Bourgogne et de Bretagne, mais après avoir prévenu son monde trois mois à l'avance ! Et maintenant, bon voyage, messeigneurs !

Ces gens partis, le roi de France avise en lui-même, car il était tout son conseil, par quels moyens il va panser tant de plaies saignantes. Le premier moment de joie qui lui vint, ce fut d'apprendre les dissensions survenues entre le duc de Bretagne et le nouveau duc de Normandie. Le Breton voulait être le maître à Rouen, et Rouen s'était soulevé, ne reconnaissant pour son seigneur que le seul duc de Berri.

« Je serai obligé de reprendre mon duché de Normandie ! » disait le roi avec un gros soupir. La chose fut d'autant plus facile, que le comte de Charolais était occupé à châtier cette pauvre ville de Liége, soulevée et plantée là par ce dévot Louis XI, qui tuait un peuple pour gagner, chez lui, une heure de répit. — A l'heure même où cette cité de travailleurs tombait sous la boucherie du Charolais, le roi de France entrait en Normandie, et, pour que la partie fût plus sûre, il faisait du duc de Bourbon son lieutenant dans tout le Midi ; il achetait le duc de Bretagne au prix énorme de cent vingt mille écus d'or! Et encore, le duc de Bretagne ne passa au roi de France que lorsqu'il eut été chassé de Rouen par les bourgeois même de la ville. D'ailleurs François II s'était repenti d'avoir tant contribué à l'élévation de ce duc de Normandie à qui la Bretagne allait devoir foi et hommage. — Quand il sut que le roi son frère venait d'entrer en Normandie, Monsieur, duc de Berri, se retire non pas chez le comte de Charolais, son ami, qui n'avait pas pu le secourir, mais chez le duc de Bretagne, son ennemi, qui l'avait abandonné le premier. — Toute cette affaire de Normandie restant soumise, disait le roi, à l'arbitrage des ducs de Bourbon et de Bretagne. — Si bien soumise, que Louis XI est le maître dans toute la Normandie, et que désormais il n'en sortira pas.

En effet, quand ils virent le roi de France maître partout dans cette province, qu'ils avaient arrangée et disposée pour en faire un véritable royaume, rival du royaume de France, François II et le comte de Charolais comprirent toute leur imprudence ; le Bourguignon se repentit d'avoir perdu tout ce temps-là et tous ces hommes devant Liége ; le Breton se repentit de l'argent qu'il avait accepté pour rester neutre. Un allié leur restait, c'était l'Anglais ; mais chez les Anglais, Louis XI avait son grand ami Warwick, et, de son côté, le comte de Charolais, fils d'une princesse de Lancastre, ne pouvait guère prétendre à l'appui de la maison d'York. — Cependant il pouvait arriver que le roi Édouard voulût désobéir à Warwick, que l'Angleterre fût attirée par un traité de commerce avec la Bretagne et la Flandre, et que les Anglais fissent une nouvelle descente sur les côtes de France, aidés des Bretons, autant de motifs pour que le roi Louis XI ne fût pas pris à l'improviste. Ses préparatifs furent immenses ; on triplait les taxes des villes, on s'abattait sur les biens d'église. A l'Angleterre, à la Bourgogne, à la Bretagne, le roi, pour se sauver (et il ne pouvait guère se sauver autrement) opposait, à prix d'argent, Bourbon, Anjou, Orléans. — Le duc de Bourbon, maître du centre de la France, devait garder tous les pays du centre, la France des grandes plaines. — En un mot, le duc de Bourbon avait la moitié du royaume; mais il restait renfermé dans ce même royaume, mais il était sans enfants, mais Pierre de Beaujeu, son frère cadet, était le serviteur du roi Louis XI; il sera bientôt son beau-fils, et partant, l'esclave de sa femme, digne fille d'un tel père. — Quant au comte d'Anjou, Jean de Calabre, c'est le héros besogneux qui pour de l'argent est destiné à accepter les emplois les plus difficiles; voilà le noble chevalier que le roi Louis XI enverra en Bretagne pour ramener Monsieur, le duc de Berri, dont l'anneau d'or a été brisé en plein parlement de Normandie. — Pour ce qui regarde le comte de Saint-Pol, cet ennemi dangereux, l'oncle de la reine d'Angleterre, l'allié du comte de Charolais, il devait être et sembler plus difficile à ramener; le roi en vint à bout avec l'épée de connétable de France, votre épée à vous trois, Duguesclin, Clisson, Richemond! Le connétable de Saint-Pol, dans la pensée du roi, devait lui servir à reprendre la Picardie. — En Picardie, le comte de Saint-Pol était tout-puissant; le populaire était pour lui, la noblesse était en ses mains. — Restait l'autre ennemi, le Charolais, sur lequel semblait compter l'Angleterre; mais, de bonne foi, le chef de la maison de Bourgogne ne pouvait pas se donner, lui, Français et gentilhomme du sang royal de France, à l'Angleterre! et enfin n'était-il pas Lancastre, et devait-il donc tendre la main à Édouard d'York? — Il y avait encore à redouter et à éloigner ces dangers-là : l'alliance des Castillans avec les Anglais; l'Espagne, qui oublie les services du roi et de Duguesclin; la sœur de Louis XI, duchesse de Savoie, qui complote avec le duc de Berri, avec le duc de Bretagne, un nouveau partage de la France. — Warwick et l'Angleterre déjouèrent ces mauvais vouloirs; Édouard d'York voulait la guerre avec la France; mais le peuple anglais (et le peuple anglais avait sa volonté) ne la voulait pas. — Le roi de France comprit bientôt que de ce côté-là, du côté de l'honneur bourguignon, il avait fait un faux calcul; car, sur l'entrefaite, Philippe *le Bon* était mort; Charles *le Téméraire* était désormais le duc de Bourgogne, et le nouveau duc, sans songer à la honte qui allait rejaillir sur sa maison, avait appelé à son aide les lances anglaises! — Les Bourguignons et les Anglais réunis, terribles menaces pour la France! — Et aussi l'alliance des Castillans et des Bretons, et ce duc de Berri qui déjà signait le partage de la France, sous la dictée du duc de Bretagne! — Dans cette terrible occurrence, le roi Louis XI rendit à la ville de Paris les armes que lui avait enlevées Charles VI, que Charles VII n'avait pas osé lui rendre. — Paris était son dernier, son seul espoir ; il l'accable de bienfaits, il l'entoure de ses complaisances les plus empressées, royales dans le fond, bourgeoises dans la forme. Aussi il leva sans peine une armée de quatre-vingt mille hommes. — Armée bourgeoise et guerrière, avec laquelle le roi vivait, fraternisait, buvait le petit vin des campagnes parisiennes. Et il faisait bien, car enfin le duc de Bretagne était entré en campagne, il avait pris Alençon, Caen avait ouvert ses portes aux Bretons, enfin même François II était à Rouen, et, sous le nom de son hôte le duc de Berri, il gouvernait toutes choses. Quant à s'opposer au Breton, Louis XI ne le pouvait guère sans attirer sur lui toutes les forces du duc de Bourgogne. — *Le Téméraire*, plus que jamais, était l'ennemi du roi de France ; il avait même menacé le connétable de Saint-Pol, qui voulait parler de la paix ; c'est le grand moment de sa puissance ; il est le prince de toute chevalerie, il est juge de l'honneur, chef de la Toison-d'Or, l'exemple et la récompense de tous les courages. Dans cette seconde ligue du *Bien public*, le *Téméraire* avait résolu que l'Angleterre serait de la partie, car il venait d'épouser Marguerite d'York, et de ces fiançailles royales la France devait payer tous les frais. — Cette Marguerite d'York, *la sœur des trois fratricides*, apportait avec elle un siècle et demi de guerres civiles : Bourguignons, Bretons, Anglais, ils devaient tomber du même coup sur la France... Le Breton seul se mit en campagne, et le roi, voyant que l'Anglais n'arrivait pas, que le Bourguignon restait immobile, se porta contre le duc de Bretagne par deux côtés à la fois, par le Poitou, par la Normandie ; il reprend Bayeux, Vire et Coutances. En vain François II appelle à son aide ! le duc de Bourgogne se demande à quoi lui servira que le duc de Bretagne soit le maître en Normandie. Et comme en même temps, Ancenis et Machecoul ouvraient leurs portes, le duc de Bretagne se vit forcé d'implorer une trêve, et Louis XI accorde la trêve. Mais quelle triste suspension d'armes de part et d'autre ! Le roi et le duc avaient, chacun de son côté, ses espions et ses traîtres ; François II achetait les secrets du roi, Louis XI achetait les sujets du duc, Pierre de Rohan [1], par exemple, le plus

---

[1] Lettre de Louis XI à propos de M. de Rohan. — « J'ai été adverti que M. de Rohan
« traite son appointement avec le duc, et qu'il s'en veut aller en Bretagne ; et à cette cause,
« s'en est allé en une abbaye près de Nantes. Je serois bien marry, vu le temps qui court,
« qu'il s'en allast ; et pour ce, je vous prie qu'incontinent vous en alliez là où il est, et que
« vous trouviez façon de le faire venir devers moy, et prenez trois à quatre de ses gens qui
« mènent ce train de le faire venir en Bretagne, et *parlez à ceux qui sont de nostre bande*,
« et leur promettez beaucoup de biens, et aussi que je traiteray bien M. de Rohan. Quoi

grand seigneur de la Bretagne, après le duc; le roi achetait même la maîtresse du duc François, Antoinette de Magnelon, dame de Villequier; même son ministre Aylin, sire de Lescun; même son favori Pierre Landois, un valet de sa garde-robe. — Peu à peu les projets du roi Louis XI grandissaient, mais de temps à autre un accident imprévu abîmait cette fortune. Tantôt c'était la tempête qui jetait sur les côtes de Bretagne des princes du sang des Lancastre, et le duc François II se servait de ces épaves de la mer pour dominer dans sa tour de Londres le roi Édouard, l'usurpateur tremblant du trône des Lancastre; tantôt c'était ce même duc de Bretagne qui, malgré la foi jurée sur les plus terribles reliques (la vraie croix exceptée, car c'était la croyance : qui trahissait le serment prêté sur la vraie croix mourait dans l'année), s'abandonnait de nouveau à l'Angleterre; ou bien le terrible accident de Péronne, quand le roi de France s'en vint à l'étourdie se jeter sous la main, nous devrions dire sous la griffe de Charles *le Téméraire*, à l'heure trop hâtée où tout d'un coup, au milieu de l'entrevue des deux princes, tombe la nouvelle de la révolte de Liége, et que la ville est à feu et à sang par les menées du roi de France! — L'habileté du roi le tira de cette méchante affaire, dans laquelle tout autre eût succombé. La fortune voulut que le duc de Bourgogne ne se souciât guère de faire un roi de France de ce duc de Normandie élevé à la cour du duc de Bretagne. — Bourgogne se contenta de démembrer la France; il ne voulut plus savoir le frère du roi en Normandie, c'était être trop près du Breton; il lui fit donner la Brie et la Champagne.—Et, pour mettre le comble à ses vengeances, Charles *le Téméraire* entraîna à Liége même, témoin obligé de ses massacres, le roi Louis XI; Louis accepta presque librement cette commission affreuse d'assister à la ruine d'une vaillante cité que lui-même, en guise de diversion, il avait poussée à la révolte. — Expliquez donc, avec le seul secours de l'intelligence, la conduite d'un si habile roi. — Refaire son royaume deux fois, reprendre la Normandie deux fois, tenter la Bretagne toujours, avoir un parti considérable dans les Flandres, et venir se heurter dans ce piége de Bourgogne! — Ce qu'on peut dire, c'est que de ce piége où il devait à jamais rester, ce piége tendu par lui, le roi Louis XI est sorti. — Et même il en est sorti non pas sans avoir acheté, autour du duc de Bourgogne, quiconque avait voulu se vendre; il avait payé sans marchander; il avait prouvé

« qu'il en soit, *gardez qu'il ne s'en aille point*, en quelque façon qu'il le veuille prendre;
« mais si par douceur le povez avoir, je l'aimerais mieux qu'autrement. »

qu'il était habile, sage et prudent. — Ce roi-là était le roi du quinzième siècle, enfin.

Mais pour bien savoir ce qui se passe en Bretagne, il est utile que nous ne soyons pas ignorants de ce qui se fait en Angleterre à cette heure. C'est l'Angleterre mobile et changeante des *deux Roses*, la rose d'York, la rose de Lancastre; l'une et l'autre florissant, rouge ou blanche, à la volonté de Warwick. Pour York se tenait le duc de Bourgogne, le mari de Marguerite, et toute la Flandre. Pour Lancastre s'agitait Louis XI; mais Louis XI n'avait pour lui que Warwick; des sympathies de la nation anglaise, il n'avait rien; rien du côté de la Bretagne, rien du côté de la Bourgogne. Son seul espoir, c'était que son frère consentirait à accepter l'Aquitaine et la Guienne en échange de la Champagne, — et aussi que le duc de Bretagne consentirait à porter l'ordre de Saint-Michel. Le frère du roi accepta, empressé, l'échange que lui proposait son frère, sans plus s'inquiéter du duc de Bourgogne, son allié, qui voulait faire de la Champagne un grand chemin tout ouvert pour aller à Paris. Quant au duc de Bretagne, il comprit le danger que portait avec lui le cordon de Saint-Michel. Saint-Michel avait été créé par le roi de France, à l'imitation de la Jarretière et de la Toison-d'Or; le serment des nouveaux chevaliers

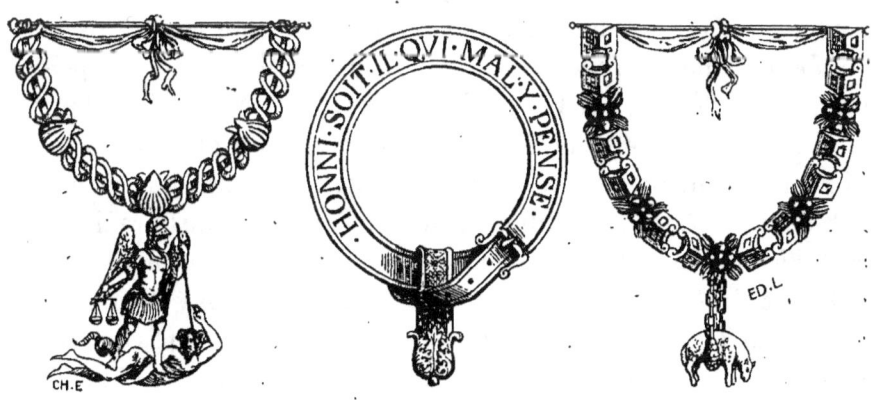

était solennel; ils juraient de rester les amis du roi de France envers et contre tous, et de n'avoir pas d'autre alliance, et d'avoir pour ennemis ses ennemis! Le duc de Bretagne refusa cet honneur, mis à si haut prix. Le roi dévora l'injure; il était patient, il attendit; il comptait sur son ami Warwick pour dissiper cette triple alliance : Angleterre, Bretagne, Bourgogne. — Justement, Warwick venait de mettre la main sur les deux rois de l'Angleterre; l'un est enfermé à la Tour de Londres; l'autre, dans un château fort loin de la ville; un troisième restait, Clarence, le frère du roi Édouard, qui venait d'épouser la fille aînée de lord Warwick. Une lettre du duc de Bourgogne, dans laquelle *le Téméraire* se plaignait à ses amis d'Angleterre, fit tomber cette haute fortune. *Le Téméraire* demandait compte aux Anglais du roi Édouard, le frère de sa femme Marguerite, et Warwick fut obligé de ramener lui-même le roi, qu'il avait enfermé dans la Tour. Ceci fait, Warwick n'eut plus qu'à s'enfuir; il arriva en Normandie, et là, par le bon vouloir de Louis XI, il put revenir bientôt, proclamant cette fois, non plus la rose blanche d'York, mais la rose rouge de Lancastre; non plus Édouard, mais Henri. Quelle pitié! Warwick adoptant la cause de ces Lancastre qu'il a traînés dans la fange et dans le sang!

Ceci servait à merveille la fortune de Louis XI; battu à Londres, le duc de Bourgogne fut dénoncé à Paris comme traître et félon; la France, disait Louis XI, déchirait d'une main indignée le traité de Péronne. La mort de Warwick dérangea encore une fois les plus savantes combinaisons du roi de France. Maintenant que l'Angleterre appartenait à Richard III, le roi Louis pouvait avoir sur les bras toutes les forces anglaises, et avec l'Angleterre, l'Espagne, l'Aragon, la Castille, la Bretagne. Heureusement, les Anglais hésitent; le duc de Guienne, ce frère mal conseillé, cet obstacle qui avait été, entre les mains des ennemis du roi de France, une arme terrible, meurt empoisonné si fort à temps, que Louis XI est accusé, non pas sans quelque justice, d'avoir hâté cette mort; la grande preuve, c'est que lui-même, le roi Louis, il était institué l'héritier de ces vastes domaines qui menaçaient d'envahir la France entière[1]. Grâce à la mort de son frère, le roi garda la Picardie et prit la Guienne.—Voilà la guerre qui recommence, voilà le duc de Bourgogne et le duc de Bretagne qui font alliance de nouveau contre le roi de France; mais le roi Louis ne veut pas que ces deux forces se réunissent; il tenait le Breton dans son duché et l'empêchait d'en sortir. En vain le duc de Bourgogne traîna l'incendie et le pillage dans toute la Normandie, le roi de France ne s'en inquiète

[1] On a fait de cette mort un bon conte. Un jour, le roi était en oraison à Notre-Dame de Cléry, sa bonne patronne, au grand autel, et il disait tout haut : « Ah! ma bonne dame, ma « petite maîtresse, ma grande amie, en qui j'ai eu toujours mon reconfort, je te prie de sup- « plier Dieu pour moy et estre mon advocate envers luy : qu'il me pardonne la mort de mon « frère, que j'ai fait empoisonner par ce *méchant* abbé de Saint-Jean. Mais qu'y pouvois-je? « il ne faisoit que troubler mon royaume. Fais-moi donc pardonner, ma bonne dame, et je « sçai ce que je te donneray! »

guère, il lui suffit de contenir la Bretagne; il prend Champtocé, Machecoul, Ancenis, et le duc de Bretagne, ne voyant venir à son aide ni les Anglais au Nord, ni les Aragonais au Midi, sollicite une trêve; le roi accorda la trêve, et même à la trêve il ajouta de l'argent. Seulement il gardait Ancenis, sans compter plus d'un bon ami que le roi sut attirer à sa cause, entre autres ce vicomte de Rohan, si célèbre sous le nom de *maréchal de Gizé*. Voilà donc la Bretagne réduite au silence, et la Guienne réunie à la couronne; le midi et le nord du royaume sont domptés, à l'heure même où les plus habiles disaient que tout était perdu. Six mois après, la guerre recommençait de nouveau, et aussi recommençaient les transes du roi. Comment tenir la mer contre les flottes réunies d'Angleterre, de Flandre et de Bretagne? Le roi se fie à son génie et aux discordes qui peuvent tourner, l'un contre l'autre, ces alliés d'un jour; il prend les Anglais par toutes sortes d'amitiés et de prévenances. Arriva enfin la mort de Charles *le Téméraire*, que le roi Louis XI battit par les longues épées de ses amis les Suisses. Voilà donc à quoi en était réduite cette grande fortune! Charles *le Téméraire* à demi dévoré par les loups! Alors reparaît, brillante et ferme, l'étoile du roi Louis XI; alors il se rappelle toutes les terres françaises possédées par cette ingrate maison de Bourgogne. Le roi entra en Picardie et en Bourgogne, car la Bourgogne revenait naturellement à la France par la mort de Charles *le Téméraire*, les apanages ne passant point aux filles. Il s'empara des villes sur la Somme, il prit une partie de l'Artois, et pour se dégager de la suzeraineté de la ville de Boulogne sur cette province, il donna cette suzeraineté à la sainte Vierge. En même temps il serrait les Anglais dans Calais; tout lui cédait alors, les grands fiefs devenaient la France; seule, la Bretagne se défendait encore; province obstinée entre toutes, elle ne voulait pas absolument devenir la France. Pressée de toutes parts, privée de son allié le duc de Bourgogne, la Bretagne appelait l'Anglais à son aide; l'Anglais ne venait pas, et cependant Louis XI est en Flandre, et bientôt il est en Bourgogne; et de là il pressait, il serrait la Bretagne à l'étouffer; il la voulait, il y employa dix ans de ruses, de prudence et d'activité. Au midi de Nantes, le roi occupait La Rochelle, il tenait Alençon du côté opposé, il avait l'Anjou tout en face; il tenait le Maine, et pour comble, il avait acheté de Jean de Brême et de Nicole de Bretagne, sa femme, au prix de 35,000 livres tournois (26 janvier 1479), les droits très-éventuels de la maison de Blois au duché de Bretagne; par les Rohan il avait les Laval; il maria Jeanne de Laval, belle et grande jeune fille de vingt ans, au roi Réné, qui en avait quarante; ce qui était une façon de faire du bon Réné un roi appartenant à la France. Peu de temps avant sa mort, il avait réuni à Pont-de-l'Arche une nouvelle armée, destinée à envahir les États du duc François II; pour commencer, il prenait Champtocé au Breton, et le Breton comprenait en frémissant qu'il allait être enclos dans cette France qui se réglait enfin, et qui s'étendait, triomphante, dans ses limites naturelles. La mort arrêta le roi de France dans cette ambition. — Dans son codicile, tout rempli d'une prévoyance vraiment royale, le roi Louis XI avait écrit de sa main : « Nous avions songé à chasser les Anglais « de Calais; mais ce seroient de trop grosses affaires pour qui se meurt. « — *Qu'on termine tous nos débats avec la Bretagne, et qu'on laisse en paix* « *le duc François, sans plus lui donner trouble ni crainte.* C'est ainsi qu'il « en faut user maintenant avec tous nos voisins : cinq ou six ans de « bonne paix sont bien nécessaires au royaume; le peuple a trop « souffert, il est en grande désolation. » La mort de ce roi si pesant à son peuple (24 août 1483) fut un grand sujet de joie pour quiconque avait été placé à la distance de son sceptre et de son glaive. La France, opprimée, se sentit revivre; les Flandres accablaient de leur exécration ce tyran qui les avait jetées dans ces immenses misères; la Bretagne, quand elle apprit la mort du roi de France, se dit à elle-même qu'elle échappait à un grand danger. Louis XI, en effet, eût donné tous les États du duc de Bourgogne pour être le maître de cette souveraineté importante qui gênait ses mouvements, pour fermer de sa main de fer cette porte incessamment ouverte aux Anglais sur le royaume de France. — La mort du roi, son seigneur suzerain, et la minorité de Charles VIII, promettaient enfin au duc François II quelques paisibles années avant sa mort; vain espoir! la fin de ce règne, rempli d'agitation et de tempêtes, fut troublée par des dissensions intestines. Le duc de Bretagne avait pour son favori le fils d'un tailleur de Vitré, nommé Pierre Landais; cet homme, habile par la volonté, était devenu grand trésorier de Bretagne; après le duc toujours, et plus d'une fois même avant le duc, cet homme était le maître dans la Bretagne; pas un ne résistait à Pierre Landais, sinon messire Chauvin, le chancelier, Chauvin, esprit ferme, âme intelligente, calme bon sens, probité sévère. Il accablait de son mépris inflexible le trésorier de Bretagne, réparant tant qu'il pouvait les injustices de Landais, s'opposant à ses cruautés, reproche vivant du délire de ce favori. La lutte entre ces deux hommes devait finir par une accusation de trahison et de péculat, et naturellement l'innocent fut l'accusé, le coupable se porta l'accusateur; l'homme austère qui, pendant vingt années de zèle et de probité avait été à la tête de la magistrature de son pays, fut traîné devant les juges menacés par Landais, et cependant pas un de ces juges tremblants n'osa condamner messire Chauvin! Le chancelier fut traîné de prisons en prisons, dans la forteresse de Nantes, dans les cachots d'Auray, dans les gênes du château de l'Hermine; en même temps, la confiscation avide et féroce faisait main basse sur les biens du magistrat injustement attaqué, à ce point que la femme et la fille du chancelier se virent dépouillées de leur dernier manteau et de leur lit! Des anciens amis du chancelier, pas un n'osa élever la voix pour réclamer un traitement moins sauvage envers un homme innocent; à peine si dans son cachot, cet homme vénérable obtenait le pain et l'eau des plus vils criminels. Seul entre tous, l'évêque de Nantes, Jacques l'Espinaz, osa faire entendre le langage d'un homme sincère et trop honnête pour supporter ces iniquités de la toute-puissance; — l'évêque de Nantes est chassé de son siège; lui-même, le cardinal de Saint-Georges, pour avoir voulu prendre en main la défense de l'évêque, il est chassé de son église de Tréguier. Nantes et Tréguier, deux siéges de cette Église au désespoir, sont donnés aux propres neveux de Landais, à des enfants! A la fin, le malheureux chancelier, qui ne put rencontrer dans toute la Bretagne ni un juge pour le condamner, ni un bourreau pour achever sa misère, succombe sous la faim, sous les coups, sous la vermine des cachots. Presque en même temps sa femme expirait de honte et de misère sur la place publique de Nantes, où cette malheureuse dame tendait sa noble main à l'aumône. Les biens de cette famille infortunée servirent à constituer un majorat pour le fils adultérin de la maîtresse du duc de Bretagne, la dame de Villequier! Tel était ce Pierre Landais, avare et traître, aveugle et féroce; il accabla sous la honte les gentilshommes du duché de Bretagne; mais enfin le vieux sang breton remonta au cœur de tous ces hommes, ils s'indignèrent de leurs propres lâchetés, ils se demandèrent par quels miracles ce vil ministre les dominait? Ils prennent alors la résolution d'en finir avec cet ambitieux.

Jean de Châlons, prince d'Orange, le neveu du duc de Bretagne et le maréchal de Rieux, Louis de Rohan-Guéménée, étaient les chefs des conjurés. — Une première fois Landais échappe à ses ennemis,

et alors commence entre le fils du tailleur et les Rohan une guerre
acharnée. Seul contre tous, Landais résista longtemps ; en désespoir
de cause, les seigneurs de Bretagne appelèrent à leur aide l'influence
et les armes de la France. Retranchés dans la ville d'Ancenis, qui
appartenait au maréchal de Rieux, les conjurés s'adressent à la régente de France, la dame Anne de Beaujeu, à qui le roi Louis XI,
son père, avait confié le royaume et la tutelle du roi Charles VIII,
promettant, si elle leur accorde aide et appui, de reconnaître, quand
le duc François sera mort, les droits de la maison de Blois, achetés
par feu le roi Louis XI ! Landais, de son côté, invoque la complicité
du duc d'Orléans. Ce prince avait accepté indocilement l'autorité
d'Anne de Beaujeu, il en avait appelé tour à tour au parlement de
Paris et aux états du royaume, réclamant la tutelle du jeune roi.
Quand il vit la dame de Beaujeu passer du côté des seigneurs de Bretagne, le duc d'Orléans vint à Nantes, promettant son secours à Landais. Anne de Beaujeu, de son côté, qui poursuivait,—les uns disent
de son amour, d'autres, de son inquiétude et de sa haine, M. le duc
d'Orléans, l'hôte des Bretons,— promet aux conjurés toute assistance.
Du côté de Landais se tenait le sire de Coëtquen ; les conjurés obéissaient au sire de Rieux. Voilà donc la guerre, la guerre civile bien
engagée de part et d'autre ; mais quand il fallut en venir aux mains,
il y eut comme une grande honte parmi ces seigneurs, de tout le noble
sang qui allait être versé pour chasser ou pour maintenir ce Pierre
Landais ! C'en fut assez ; les deux chefs se tendent la main ; les deux
armées n'en font plus qu'une ; les uns et les autres, désormais amis et
alliés, s'en vont jusqu'à Nantes, poussés par la même haine contre le
vil auteur des émotions de la Bretagne. A cette nouvelle, que l'armée du
prince s'est réunie aux conjurés, Pierre Landais fait tête à l'orage. A
quoi donc croyez-vous qu'il soit occupé à cette heure ? Il rédige un
acte par lequel sont déclarés traîtres et félons tous les gentilshommes
de l'armée ducale ; la noblesse entière était mise au ban du duché de
Bretagne. Rien ne manquait à cette violence que la signature du chancelier ; le chancelier n'hésite pas, il refuse ; il passe, lui aussi, à l'armée qui s'avance ; il fait mieux, lui, chancelier de Bretagne, il signe
un décret de prise de corps contre Pierre Landais ! A cette attaque
imprévue, Landais comprit enfin qu'il était perdu : ce que n'avaient
pu faire tant d'épées coalisées, un mot du magistrat en vint à bout
sans peine. Condamné par le chancelier, Pierre Landais est condamné
par le peuple ; le peuple se porte au château de Nantes, il demande

la tête du ministre ; les portes sont enfoncées, la foule hurlante remplit les cours et le palais ; on cherche Landais, on le trouve ; il était caché dans une armoire, l'armoire est brisée : « Landais ! Landais ! » criait le peuple. En vain le beau-frère du duc François II, le comte de Foix, harangue le peuple et demande au nom du prince : calme et silence ! le peuple répond : « Landais ! Landais ! » Le comte de Foix s'en revint tout attristé chez son beau-frère : « Par Dieu ! disait-il, mieux vaut
« gouverner un million de sangliers que tels Bretons ; et quant à votre
« trésorier, il faut le leur jeter en pâture, ou nous sommes perdus ! »
— Ainsi fut fait. Tout ce que le prince put obtenir, ce fut que Landais ne serait pas déchiré par le peuple furieux, et le ministre fut traîné jusqu'à la prison, au milieu des cris de rage de cette multitude ameutée. Son procès ne dura guère, tant les juges avaient hâte et joie de venger leur ancien chancelier Pierre Chauvin ! Le 19 juillet 1486, un homme pâle et les yeux hagards était conduit sur la place du Bouffay ; le

bourreau attendait cet homme à une potence, au milieu des imprécations publiques. Cet homme, c'était Pierre Landais ! François II apprit tout à la fois la condamnation et le supplice de ce ministre qu'il avait tant aimé. La mort de Landais mit fin à ces disputes : par une déclaration signée du prince, furent réhabilités les seigneurs rebelles ; les conjurés obtinrent non-seulement leur pardon, mais encore des faveurs et des grâces, comme s'ils avaient servi la chose publique. Le prince d'Orange fut nommé lieutenant général ; le sire de Rohan fut créé baron de Louviers. — Ainsi se terminait par ces dissensions intestines ce règne agité de tant de passions différentes : François II, accablé d'années et de maladies, et sentant sa fin prochaine, bien qu'il eût à peine cinquante ans, songeait avec effroi aux malheurs que l'ouverture de sa succession pourrait attirer sur la Bretagne ; à ces causes, il rassemble les états de Bretagne, déclarant que « attendu « que, de toute antiquité, lui et ses prédécesseurs, les rois, ducs et « princes de Bretagne, ils ont régné par la grâce de Dieu » lui, duc de Bretagne, il laisse son duché à la princesse Anne, sa fille aînée, et, à défaut de la princesse Anne, à la princesse Isabelle. Les états reconnaissent en effet Anne de Bretagne pour l'héritière de leur prince, ils lui prêtent serment de fidélité comme à leur future et légitime souveraine. De son côté, Anne jura devant tous, par le précieux corps de Jésus-Christ, qu'elle maintiendra l'indépendance de la Bretagne ! Désormais, en effet, à défaut de descendants de la couronne de Bretagne, par la ligne masculine, Anne et sa sœur Isabelle étaient les seules héritières de la couronne. Cette grande affaire sagement réglée, le duc François devait penser qu'à la fin il pouvait mourir en paix ; hélas ! les agitations de son règne le suivirent jusque dans la tombe. La Bretagne était loin d'être calme ; la France était là qui guettait cette proie opulente que lui avait indiquée Charles VII, que lui avait préparée Louis XI. Nous avons dit comment le duc d'Orléans, persécuté par la dame de Beaujeu, s'était réfugié en Bretagne ; en vain il avait été rappelé à la cour, le duc d'Orléans avait refusé d'obéir ; madame de Beaujeu l'avait fait déclarer coupable du crime de lèse-majesté, et en même temps une armée française envahissait la Bretagne sous le prétexte de s'emparer du coupable ; en réalité, c'était dans le but d'opérer la réunion du duché à la France.

Les intrigues de la cour de France jetaient incessamment de cruelles divisions parmi les seigneurs les plus puissants de la Bretagne ; les uns voulaient qu'on guerroyât contre la France, si la régente s'obstinait à exiger l'expulsion du duc d'Orléans ; les autres se demandaient de quel droit le duc de Bretagne pouvait et devait prendre le parti du duc d'Orléans, qui était la cause ou du moins le prétexte de cette guerre?

La régente de France eut l'habileté de faire accepter des secours à l'un de ces partis, à la tête duquel se trouvaient placés le maréchal de Rieux et le baron d'Arangois, fils naturel de François II. Par le traité de Châteaubriant, ce parti s'engageait à porter les armes jusqu'à l'expulsion du duc d'Orléans, du prince d'Orange et du comte de Dunois. En même temps, la France devait fournir quatre cents lances seulement, et, si ses alliés l'exigeaient, quatre mille hommes de pied. Ce sont là des traités qui se peuvent appeler des trahisons. Quand ils traitaient ainsi avec la France, les seigneurs de Bretagne savaient, à n'en pas douter, que l'armée du roi Charles VIII était à Vannes et à Ploërmel, et qu'en effet ils signaient l'invasion de leur patrie. — Et l'Angleterre ne voyait pas que la Bretagne devenait France! et le roi Henri VII, vainqueur de Richard III, et mari d'Elisabeth d'York, qui, par ce moyen réunissait sur sa tête les droits et les ambitions des deux maisons d'York et de Lancastre, laissa se consommer, sous ses yeux, la disgrâce d'un prince, son allié, son cousin, Anglais dans le cœur! — Cependant le duc François II avait été forcé de fuir; sans le dévouement des habitants de Guérande et du Croisic, le duc était pris. Nantes était assiégée par l'armée française, dans la ville assiégée s'était réfugié le duc de Bretagne; plus d'espoir; le duc François II avait compté sur l'Angleterre; les Anglais ne venaient pas sur le parti du duc d'Orléans en France; le duc d'Orléans n'avait pas de parti; au moins pensait-on que les généraux de Charles VIII n'étaient guère disposés à se battre contre l'héritier présomptif du royaume de France, au contraire, ils se battaient à merveille, non pas contre le duc d'Orléans, mais contre les Bretons. Depuis deux mois déjà, Nantes était assiégée par Louis de La Trémouille, elle était défendue par le duc d'Orléans et le prince d'Orange. Le secours vint du côté où on ne l'attendait pas : le comte de Dunois, laissé dans les environs de Saint-Malo, parvint à s'introduire dans les remparts de Nantes, avec dix mille soldats que Maximilien d'Autriche envoyait en aide au duc de Bretagne. — Le siége fut levé. Ce fut une joie d'une heure ; car tantôt les Français reviendront plus impétueux et plus ardents. Déjà le roi de France se regardait comme le maître de ce duché qui représente le tiers de la France, et que la France convoitait depuis tantôt neuf cents ans.

Donc, la patrie bretonne était en péril; le siége de Nantes était levé, il est vrai, mais Louis II, sire de La Trémouille, marchait sur le Nord par Auray, Vitré et Saint-Aubin-du-Cormier. La Bretagne comprenait confusément qu'elle était abandonnée et trahie; les populations criaient : *Mort aux Français!* Alors les conjurés eurent peur, ils reculèrent eux-mêmes devant le suicide de la patrie commune : le maréchal de Rieux et le baron d'Arangois passèrent du roi de France à leur prince naturel, heureux s'il n'eût pas été trop tard ! En même temps, le sire d'Albret amenait 14,000 hommes au service de la Bretagne, pendant que l'archiduc Maximilien, roi des Romains, venait en personne pour mériter, par quelque action décisive, la main et bientôt le domaine d'Anne de Bretagne. De son côté, le roi de France envoyait en Bretagne une nouvelle armée, qui s'emparait de Châteaubriant, d'Ancenis et de Fougères, jusqu'à ce qu'enfin l'armée du roi de France et l'armée de François II se fussent rencontrées à Saint-Aubin-du-Cormier. La bataille eut lieu le lendemain, 28 juillet 1488. La cavalerie française y fit merveilles ; elle coupa la ligne de l'armée bretonne avec une impétuosité sans égale. La déroute fut complète, six mille Bretons restèrent sur la place ; le duc d'Orléans, qui avait voulu se battre à pied et qui s'était battu comme un héros, fut fait prisonnier à côté du prince d'Orange ; le même soir, le duc d'Orléans et ses compagnons soupaient dans la tente de La Trémouille, leur vainqueur, lorsque l'on vit entrer deux moines, en robe noire, deux confesseurs *in extremis!* A la vue de ces moines, les prisonniers pâlirent, et la coupe, pleine encore, tomba de leurs lèvres tremblantes. « Messeigneurs, dit La Trémouille aux deux princes, le roi décidera de votre sort ; quant à vous, messieurs, en s'adressant aux autres conjurés, vous êtes soldats et gentilshommes, vous avez trahi votre roi et votre drapeau, marchez à la mort en braves gens ! » Ils se levèrent pour aller mourir, non pas sans avoir repris courage et porté la santé du prince ! — Le duc d'Orléans fut envoyé à la tour de Bourges, où il resta enfermé près de trois ans. Le sire de La Trémouille mit à profit sa victoire ; il envoya à l'instant même sommer la ville de Rennes de se rendre ; la ville était défendue par les bourgeois, qui se battirent mieux que des soldats. Leur réponse fut fière et digne : « Vous n'êtes pas encore seigneurs de Bretagne, disaient-ils, rappelez-vous Crécy et Poitiers ; vous prendrez Rennes comme vous avez pris Nantes ! » Devant ce fier langage, le sire de La Trémouille recula, et comme il n'avait pas de temps à perdre, il prit Dinan et Saint-Malo avant que les troupes anglaises ne fussent arrivées. C'en est fait, la Bretagne est perdue, et même si le chancelier Guy de Rochefort, dans le conseil du roi Charles VIII, n'avait pas pris la parole pour demander s'il était juste de ne pas accorder une heure de répit au duc François II, s'il était juste d'envahir l'héritage d'une enfant, et de forcer les peuples bretons à devenir Français, malgré eux, la France poussait sa victoire aux dernières conséquences. On convint cependant que les droits du roi Charles VIII sur le duché de Bretagne seraient jugés par des commissaires que nommeraient les deux parties. Si le roi a droit, les Bretons seront bien forcés d'obéir ; sinon, la France n'aura pas la Bretagne.—Voilà ce qu'on appelle le traité du Verger ; ce fut une paix d'une heure, une paix menteuse, ce fut tout au plus une trêve accordée au duc François II, pour lui donner le temps de mourir. Et, en effet, il mourut plein de chagrins et d'inquiétudes, tremblant sur l'avenir de son duché et de sa famille, le 9 septembre 1488, à l'âge de cinquante-trois ans, à Coiron, près de Nantes. Il fut inhumé dans l'église des Carmes, à Nantes, où plus tard, par les soins de sa fille, la reine de France Anne de Bretagne, lui fut élevé ce magnifique tombeau qui est resté le chef-d'œuvre de ce grand artiste breton, Michel Columb.

CHAPITRE XIV

La duchesse Anne de Bretagne. — Prétentions du sire d'Albret et du vicomte de Rohan. — Traité entre la France et la Bretagne. — Mariage de la duchesse avec le roi des Romains. — Le duc d'Orléans en Bretagne. — Le mariage de la duchesse avec le roi Charles VIII. — Conditions du contrat de mariage. — Charles VIII en Italie. — Mort du roi Charles VIII. — La reine Anne épouse le roi Louis XII. — Procès du maréchal de Gié. — Louis XII en Italie. — Voyage de la reine Anne en Bretagne. — Sa mort. — Ses obsèques. — Ses deux filles, madame Claude et madame Renée. — Mort du roi Louis XII. — Des lois et des institutions de la Bretagne. — 1488. — 1515.

Ainsi s'avançait le jour funeste à la nationalité de la Bretagne. Charles VIII l'avait déclaré aux ambassadeurs du duc François II. Comme prince, disait-il, je suis maître de faire grâce ou justice; je laisse la vengeance à Dieu, et je pardonne au duc de Bretagne, mon vassal! — La vengeance n'était donc que suspendue sur la tête du malheureux prince; il mourut, bien en peine de savoir s'il n'était pas le dernier des ducs souverains de cette illustre patrie de tant de héros! Sa fille aînée, la princesse Anne, fut proclamée duchesse de Bretagne dans la ville même de Guérande; mais pour que le roi de France reconnût la souveraineté de la jeune princesse, la fille aînée de François II fut obligée de se soumettre aux trois conditions que voici :

1° Le roi de France devient le tuteur des deux princesses de Bretagne;

2° Des commissaires, choisis par chaque partie, jugeront quelle est la validité des titres sur le duché de Bretagne, que la princesse Nicolle, arrière-petite-fille de Charles de Blois, a cédés au roi Louis XI;

3° Tout soldat ou capitaine étranger sortira à l'instant même du duché de Bretagne.

C'était tout simplement mettre en question l'autorité souveraine de la jeune duchesse. Mais la princesse Anne était une personne d'un grand cœur; elle était née tout exprès pour gouverner, comme elle l'a montré depuis, ce duché de Bretagne, un des plus grands de la chrétienté; d'ailleurs elle avait pour la conseiller et pour la défendre le comte d'Albret, le comte de Comminges et le comte de Dunois. Toute jeune qu'elle était, elle comprit les menaces que renfermaient les conditions imposées par le roi Charles VIII, et elle refusa net d'y souscrire. Certes, la Bretagne était en grand danger de périr, elle n'avait plus d'armée, le trésor public était épuisé; les Français s'étaient emparés, sans coup férir, des meilleures villes de Bretagne : Châteaubriant, Ponthieu, Guingamp, Concarneau, Brest enfin; un capitaine breton, le vicomte de Rohan, venait d'envahir le duché au nom du roi de France. Du côté de la jeune duchesse s'étaient élevées mille dissensions intestines; celui de tous les seigneurs qui auraient dû le mieux la protéger et la défendre, M. le maréchal de Rieux, son tuteur, voulait la marier malgré elle au seigneur d'Albret; la princesse avait refusé d'accepter cette union étrange, et peu s'en fallut que son tuteur ne la fit enlever de vive force. Que faire alors? que devenir? dans quelle place se réfugier? Ici, les Français qui envahissent la ville de Redon, laissant à peine à la jeune princesse le temps de se sauver; plus loin, le maréchal de Rieux, qui ferme à sa pupille les portes de Nantes. Traquée de toutes parts, la jeune princesse était perdue si elle n'eût pas rencontré en son chemin la ville de Rennes, dévouée et fidèle. Dans ces conjonctures, la fille de François II, loin de renvoyer les soldats auxiliaires, en appela d'autres à son aide. Elle promettait ou plutôt elle semblait promettre, à qui la voudrait délivrer, son duché d'abord, et surtout sa main, cette noble main enviée de tous les rois de l'Europe. Elle était belle et agréable, d'une taille élégante, légèrement boiteuse, « aussi peu, dit Brantôme, que la princesse de Condé de la maison de Longueville. » Elle avait l'esprit vif, le regard ardent, l'ambition très-haute, comme une digne élève de madame de Laval, sa gouvernante. Aussi, quiconque tenait une épée et pouvait prétendre par sa naissance et par son courage à cette fière couronne, accourut au secours de la fière duchesse. Le roi des Romains prit Saint-Omer, le roi de Castille fit marcher une armée sur les Pyrénées. Véritablement, la duchesse Anne se fût bien défendue si toute la noblesse bretonne fût restée fidèle à l'héritière légitime de ses anciens maîtres; mais déjà depuis longtemps, plus d'un gentilhomme breton était Français dans l'âme et dans le cœur. A force de se battre pour la France, sous les drapeaux du roi de France, les hommes de la meilleure race, avaient passé à la cause française; il faut bien le dire, le connétable Duguesclin lui-même leur avait donné l'exemple du dévouement, envers et contre tous, au roi de France, voire contre le duc de Bretagne en personne. Parmi les ennemis bretons de son duché et de sa personne, la duchesse de Bretagne comptait toujours le vicomte de Rohan. Il avait pris Brest par la force, Guingamp par trahison. A ces causes, le nom du sire de Rohan fut bientôt couvert d'un horrible vernis de haine et de mauvaise renommée. Aujourd'hui encore, dans certains cantons de la Bretagne, c'est un proverbe des toits à porcs : *Il mange à l'auge comme Rohan*, disent les montagnards du Ménez-Arrèz :

Dibri a ra d'ann ôo evel ma ra Rohan.

Rohan n'était pas le seul traître à son pays; depuis que François II, le dernier duc de la maison royale de Dreux, était mort, laissant après lui cette belle enfant de douze ans, il était peu de gentilshommes de quelque importance qui ne se fût trouvé quelque droit à la succession du duché de Bretagne. Les Rohan, les d'Orange, le sire d'Albret, supportent impatiemment l'idée d'obéir à cette jeune fille qui attend un mari. Ceux qui ne disputaient pas le trône à la princesse, et de ce côté-là le danger n'était pas moins grand, se disputaient sa main et sa personne. Ce roi des Romains qui accourt à la tête d'une armée, était le petit-fils de l'empereur Frédéric III; il avait nom Maximilien, il était pauvre, criblé de dettes, mais son père était avare et par conséquent très-riche, et lui-même, Maximilien, il sentait que son courage était égal, pour le moins, à ses espérances. Le roi des Romains avait d'assez belles chances pour devenir duc de Bretagne, s'il eût pu se faire agréer de la jeune princesse; mais ce que disaient les courtisans de l'horrible visage du prétendant, son air farouche, son attitude sans pitié, devaient naturellement épouvanter une belle jeune fille élevée avec toutes sortes de prévenances et de respects.

Les autres prétendants, le prince de Galles, fils d'Édouard IV, et le comte de Richemond, dernier rejeton de la famille de Lancastre, ne furent pas plus heureux dans leurs espérances que Maximilien lui-même. Au reste, à cette époque, les riches et belles héritières ne manquaient pas aux soldats de fortune : Marie de Bourgogne, Isabelle de Castille, Élisabeth d'York, Catherine de Foix, tout aussi bien que la jeune duchesse de Bretagne, devaient apporter à leurs maris la grâce, la beauté, la puissance et tous les genres de fortune; et pourtant pas une d'elles n'a été sollicitée avec l'ardeur de la duchesse Anne. D'où venait ce grand nombre de rivaux, et pourquoi tout cet acharnement pour s'emparer de la main d'une enfant dont les droits étaient contestés, dont le domaine était si pauvre, qu'on en fut réduit à faire de la monnaie de cuir? Pourquoi donc le sire d'Albret, par exemple, a-t-il poussé le mensonge jusqu'à supposer des lettres de la jeune duchesse qui compromettaient l'honneur et la bonne renommée de celle dont il voulait faire sa femme? Ceci soit raconté à la gloire de la princesse Anne, elle fut tout d'abord entourée d'un intérêt puissant; on l'aima pour son duché, sans doute, mais aussi pour son élégance et pour sa beauté; cette frêle jeunesse qui échappait à peine à l'enfance, sut trouver le cœur des plus farouches. « Elle pensait nuit et jour à ses affaires en vraie prin-
« cesse; chacun parlait de sa haute et de sa très-haute noblesse, et
« en parlait avec amour! » Cependant il fallait prendre un mari; c'était l'intérêt de la Bretagne et le devoir de la duchesse. En vain le vicomte de Rohan réclamait, pour son fils, la tutelle et les domaines de la princesse de Bretagne; entre tous ces concurrents elle finit par accepter Maximilien, le roi des Romains; l'Angleterre reconnaissait cette alliance; Maximilien l'accepta avec joie. Il envoie aussitôt, en Bretagne, le comte de Nassau, pour épouser en son nom la jeune duchesse. La cérémonie était solennelle et étrange. Le comte de Nassau, comme le représentant de son maître, est introduit auprès de la jeune duchesse, qui l'attend couchée dans son lit. Alors l'ambassadeur pose dans ce lit royal sa jambe nue, gardant à l'autre jambe sa botte et son éperon. Depuis ce jour, la fille de François II signa ainsi : *Anne, duchesse de Bretagne, reine des Romains*, pendant que de son côté Maximilien signait : *roi des Romains et duc de Bretagne*. Ce n'était guère

le moyen que ce mariage restât secret. Le sire d'Albret en fut informé le premier, et lui-même il fit part de la nouvelle au roi de France, promettant de s'opposer de toutes ses forces à l'accomplissement de ce mariage. En même temps, le sire d'Albret livrait au roi Charles VIII la ville de Nantes, dont il était le maître. Dans cette occurrence, la France en vint à penser que la conquête de la Bretagne était devenue impossible, par l'empressement même de tous les rois de l'Europe à se mêler aux affaires du duché de Bretagne. Désormais la guerre ne suffisait pas; il fallait avant tout que la jeune duchesse apportât librement ses droits et l'autorité de sa naissance. D'ailleurs ce mariage avec Maximilien, qui livrait la Bretagne aux ennemis de la France, était une violation manifeste au traité de Saint-Aubin-du-Cormier, où il avait été arrêté que l'héritière de Bretagne ne pouvait se marier qu'avec le consentement du roi de France.

En ce temps-là régnait, sur la France, la propre fille du roi Louis XI, la dame Anne de Beaujeu, volonté ferme et digne tout à fait d'appartenir à ce fin renard le roi Louis. « Fine femme et déliée s'il en fut. » Brantôme, qui est bien informé en toutes ces matières, prétend que madame de Beaujeu aimait le duc d'Orléans plus tendrement qu'il n'eût fallu, et véritablement, tant la haine ressemble à l'amour, la régente ne fut pas étrangère à la captivité du prince quand il eut été fait prisonnier à Saint-Aubin-du-Cormier. Jamais fille ne ressembla plus à son père que la dame de Beaujeu; elle était habile, patiente, intelligente, vindicative; aussi eut-elle compris bien vite qu'il fallait à tout prix donner la Bretagne à la France; elle accomplissait par cette réunion un des rêves du roi son père, elle faisait de son pupille, le roi Charles VIII, un roi plus puissant que Louis XI lui-même. C'est ce même roi Charles VIII que les Français et les Bretons appelaient avec complaisance *leur petit roi Charles*. De petite stature, il est vrai, mais très-grand de courage et d'âme, de vertu et de valeur, il avait été élevé par le roi Louis son père, dans toutes sortes d'angoisses et de tortures; à peine avait-il reçu, non pas l'éducation d'un roi, mais d'un simple gentilhomme, et pourtant il a pris sa place parmi les rois heureux de la France. Il a rêvé plus de puissance que son père lui-même n'en avait osé concevoir, puisqu'au royaume de France il a voulu ajouter le royaume des Deux-Siciles et tout l'empire d'Orient. Ce fut donc, à coup sûr, un grand coup d'œil de la régente Anne de Beaujeu, quand elle tenta de marier le roi Charles VIII, son pupille, à l'héritière du duché de Bretagne.

L'obstacle était grand, il était double; si la duchesse était mariée au roi des Romains, le roi Charles, de son côté, était fiancé à la fille de Maximilien lui-même, la princesse Marguerite, amenée toute jeune en France pour être la femme du fils de Louis XI. A proprement dire, c'étaient deux mariages à briser. Madame de Beaujeu fit déclarer par le souverain pontife : que le mariage de Maximilien était nul et de nul effet. Maximilien, de son côté, avait eu le très-grand tort auprès de sa jeune femme, qui ne l'avait jamais vu, qui ne le vit jamais, de rester en Italie et de ne pas accourir, avec le zèle empressé des amoureux, pour savoir au moins s'il était vrai que sa femme fût accorte et belle, autant que le disait la renommée. Aussi les beaux-esprits de l'Italie faisaient-ils des gorges chaudes de cet amant transi : *admodum tepidus* — qui s'était marié par ambassadeur. Les deux mariages furent donc cassés, cassés à deux fois, par le pape d'abord, et ensuite par madame de Bretagne elle-même. Le roi d'Angleterre s'inquiéta, comme il convenait, de ce mariage rompu; Charles VIII envoya à Londres des ambassadeurs, disant que le roi de France pouvait seul disposer du duché de Bretagne, dont il avait la tutelle et la garde noble. L'Angleterre répondit aux ambassadeurs du roi de France, que de son côté elle réclamait la Normandie, la Guienne et l'Anjou, et même tout le royaume de France. Quant à rompre le mariage d'Anne de Bretagne avec Maximilien, l'Angleterre n'y voyait pas d'obstacle, pourvu toutefois que le roi de France n'eût pas l'intention d'épouser l'héritière du duché de Bretagne. Donc la guerre était imminente entre la France et l'Angleterre. Mais la dame de Beaujeu savait tout prévoir; d'abord, elle eut grand soin de se faire bien venir par le peuple breton; elle lui donnait la paix, elle s'inquiétait de sa fortune, elle négociait, elle intriguait, elle avait des émissaires qui couraient le pays, disant et prouvant que la Bretagne c'était la France. Quand tout fut prêt pour une offre plus directe, madame de Beaujeu résolut d'envoyer auprès de la jeune duchesse un ambassadeur qui pût mener cette négociation à bonne fin ; et avec une habileté que Louis XI lui-même aurait avouée, la régente envoya le duc d'Orléans en Bretagne. Ce n'était pas la première fois, vous le savez, que le duc d'Orléans venait en Bretagne. Il y était venu, bien jeune, pour éviter les persécutions de la dame de Beaujeu; il avait vu la jeune duchesse toute enfant, et bien que le contraire fût facile à prouver, nous ne voulons pas déranger l'opinion des faiseurs de romans historiques, qui prétendent qu'à la première venue, et par un tendre pres—

sentiment, le duc d'Orléans était devenu amoureux de l'héritière présomptive du duché de Bretagne. Lors du premier séjour du prince français à la cour de François II, Anne était encore une enfant; il est vrai de dire aussi que ce terrible roi Louis XI n'avait pas moins pesé sur le duc d'Orléans que sur son propre fils, le roi Charles VIII. Fils d'un père renommé pour sa bonne grâce et sa galanterie, un père qui est resté un des grands poëtes de la France! très-disposé à être, comme lui, amoureux et jeune, le duc d'Orléans avait été obligé de fléchir sous la volonté du roi Louis XI, et d'épouser sa fille, la princesse Jeanne, humble femme, timide, dévouée, austère, et tremblante de se voir si peu belle et partant si peu aimée! En vain, quand Louis XI fut mort, le duc d'Orléans avait-il espéré quelque répit et quelques beaux jours de liberté; de la domination du père, il était tombé sous la domination de la fille, et vous avez vu comment Anne de Beaujeu, soit qu'elle aimât un peu trop son cousin, soit qu'elle redoutât l'ambition de monseigneur le duc d'Orléans, l'avait forcé de quitter la cour et de se réfugier en Bretagne. La bataille de Saint-Aubin-du-Cormier et sa cruelle captivité dans la tour de Bourges, où il était resté trois ans en continuelle crainte de mort, avait replacé le duc d'Orléans sous la domination de la dame de Beaujeu, et maintenant elle veut que ce jeune prince, beau et bien fait de sa personne, très-aimé en Bretagne, car il avait été le compagnon de quiconque tenait une épée, s'en aille demander, pour le roi de France, la main de la duchesse Anne de Bretagne! Voilà comment se vengeait la dame de Beaujeu; il fallait obéir; le duc d'Orléans partit donc; il arrive en effet à cette cour où il est le bienvenu; la duchesse le reçoit comme un ami de la maison, comme un allié de son père. Enfin, après les premières fêtes, il fallut bien que monseigneur le duc d'Orléans avouât qui l'envoyait et pour quel motif il était venu, et qu'en un mot la jeune duchesse de Bretagne devait épouser le roi Charles VIII. Alors ce fut dans le château de Nantes un cri de douleur et d'indignation.

— Qui, moi? la fille du duc François II, donner ma main à l'ennemi de notre maison! moi qui ai juré aux autels de maintenir l'indépendance de la Bretagne, j'irais donner mon cœur, j'irais donner ma terre au roi de France? — Ainsi elle parlait, ainsi elle s'indignait, très-irritée que le duc d'Orléans eût accepté une pareille mission. Le duc d'Orléans cependant, assez content au fond de l'âme, avait rapporté la nouvelle de ce refus à la régente de France. Aussitôt, car l'armée française en savait bien le chemin, le duché de Bretagne est envahi.

Les villes, tentées à l'avance, ouvrent leurs portes sans se défendre; les soldats bretons mettent bas les armes; le roi de France est déjà le maître à ce point dans la Bretagne entière, que les lettres pour la convocation des états s'expédiaient au nom du roi; même la ville de Rennes, la ville fidèle qui a si bien défendu et protégé une première fois sa souveraine, Rennes est serrée de très-près et si on ne la prend par la force ou par la ruse, on la prendra par la famine. Seule dans cette ville assiégée, la jeune duchesse se défendait encore; seule de tous les membres de son conseil; elle se rappelait le serment que les uns et les autres ils avaient prêté au duc François, son père; mais enfin il fallut se rendre, la famine était dans la ville, le conseil de Bretagne appartenait corps et âme à la régente de France. Il y eut même un jour où s'ouvrit en secret une des portes de la ville; par cette porte entr'ouverte, se glissa le roi Charles VIII en personne. Il venait lui-même plaider sa cause auprès de la princesse; il fut tendre et éloquent; il parla beaucoup, non pas du présent, mais de l'avenir! Il donnait la France, et il promettait l'Italie! La visite du roi en fit plus que n'auraient fait tous les ambassadeurs du monde; il fut agréé, et la jeune duchesse consentit enfin à monter sur ce trône de France, que le roi Louis XI avait posé sur une base qui semblait indestructible. Dans cette entrevue décisive, la jeune duchesse plaida surtout la cause de son peuple de Bretagne; elle ne demanda rien pour elle, elle demanda, pour ses sujets, toutes sortes de libertés et de garanties. Elle venait d'avoir quinze ans; elle était éloquente autant que belle; elle parlait comme une princesse très-versée dans la science des deux littératures antiques, qui lisait Démosthène et Cicéron dans leur langue; on se sépara, le traité fut conclu, il fut signé par toutes les parties contractantes, non pas sans avoir été débattu en plein conseil; et, chose incroyable! de ce grand *cas*, comme aurait dit le roi Louis XIV, telle fut l'habileté et la prudence, et si profond était le mystère sous cette race des Valois, disciplinée par le roi Louis XI, rien ne transpira au dehors. Si bien que le roi Maximilien apprit au même instant, et quand on n'eut plus d'intérêt à le cacher, que sa fille lui était rendue, et que le roi Charles VIII, qui devait devenir son gendre, épousait sa femme! Je vous laisse à penser l'étonnement stupide des ambassadeurs du roi des Romains!

De Rennes, le roi Charles VIII était arrivé, toujours incognito, dans le château de Langeais, petite ville située sur la Loire, à quatre lieues de Tours. Là, quinze jours après leur entrevue, le roi de France fut rejoint par sa fiancée, la duchesse Anne de Bretagne, accompagnée d'une brillante cour, et dans toute la pompe de la majesté royale. Le mariage fut célébré, le 6 décembre 1491, par l'évêque d'Alby, Louis d'Amboise, de cette famille illustre des d'Amboise qui a jeté tant de grâce et de poésie sur le règne de Louis XII. Le couronnement de la jeune

reine eut lieu à Saint-Denis, quelques jours plus tard, et nul ne saurait dire avec quelle magnificence, quel nombre incroyable des plus hardis et des plus célèbres chevaliers de l'Europe. Depuis bien longtemps la France n'avait retenti de ces cris de joie et d'orgueil; le peuple entier se porta au-devant de cette reine adorée qui complétait magnifiquement ce grand royaume et qui ajoutait cet admirable fleuron de Bretagne à la couronne de nos rois. D'ailleurs, la reine Anne était si jeune et si belle, tant de charme dans le maintien, tant de feu dans le regard, tant de fermeté dans le sourire! La magnificence extérieure, l'éclat resplendissant des diamants et des perles, ses beaux cheveux flottants, cette robe de brocart, cette hermine de Bretagne, ces pages, ces varlets, ces vieux gentilshommes bretons qui aimaient cette reine comme un enfant nourri chez eux et qu'ils avaient bercé dans leurs bras, ces acclamations qui montaient jusqu'au ciel, et aussi, disons-le, les colères de l'Angleterre, l'indignation de l'Italie, les craintes de l'Espagne, c'étaient là autant de sujets de joie pour cette fière nation française, disposée à toutes les grandeurs. Hélas! pendant ce temps, Marguerite d'Autriche, la jeune archiduchesse, trop jeune encore pour être mariée, naguère la promise du roi de France, à qui elle apportait en dot la Bourgogne, l'Artois et le Charolais, traversait dans l'abandon et dans le dédain universel ce royaume qui l'avait traitée en reine. Mais quoi! il y a une compensation aux plus terribles disgrâces : cette princesse dédaignée de Charles VIII, et mariée plus tard à l'infant d'Espagne, devait être la mère de l'empereur Charles-Quint!

Voilà ce que c'est que de réussir, tout vous réussit. L'émotion fut grande en Europe à la nouvelle du mariage de la reine de Bretagne. On criait au rapt, à la violence! Ni ces cris, ni ces menaces, ni ces colères des rois et des peuples, ne purent troubler le triomphe de la cour de France. En vain l'Angleterre envoie une flotte à l'extrémité de la péninsule armoricaine : la flotte anglaise est repoussée, et le roi Henri VII, ce Richemond, qui réunit par un rare bonheur les intérêts des *Deux Roses*[1], en est réduit à calomnier, comme une commère mal élevée, la dame de Beaujeu et le roi de France; à quoi la dame de Beaujeu répond, sinon par une guerre, du moins par une émeute au beau milieu de l'Angleterre. On se rappelle l'imposture de Lambert Symmel, qui avait soulevé toute l'Irlande, restée fidèle à la maison d'York. Symmel était, à cette époque, marmiton dans les cuisines du roi Henri VII. La destinée de ce Symmel, qui avait été proclamé roi d'Angleterre et de France, et qui était devenu un valet du château, n'avait pas empêché un nouveau prétendant à la couronne d'Angleterre de réclamer le nom et les droits de Richard duc d'York, second fils d'Edouard IV. Il était, disait-il, le propre frère de cet Édouard V assassiné dans la Tour de Londres, et tout de suite ce nouveau venu fut reconnu par la France, comme le vrai duc d'York et l'héritier légitime de la couronne d'Angleterre. Le roi Charles VIII fit à ce prétendant un accueil presque royal, et lui donna une garde d'honneur. Il appela autour de sa personne les exilés et les proscrits de l'Angleterre qui étaient venus demander un asile à la France. — Voilà par quel moyen la dame de Beaujeu força le roi Henri VII à demander la paix. Quand il se vit ce nouveau concurrent à repousser et cette révolte à contenir, Henri VII ne songea plus guère à réprimer les envahissements de la France, à empêcher la Bretagne de subir le sort des autres grands fiefs que la couronne de France

[1] Il avait la prétention de descendre du roi des Bretons, Arthur, et à ces causes il voulait que son premier fils qu'il eut d'Élisabeth d'York, s'appelât Arthur. *Histoire d'Angleterre* par le docteur Lingard, tom. III, chap. VIII.

venait d'absorber. Le roi Henri VII, en effet, a bien d'autres soucis que de venger la bataille de Saint-Aubin, et les Anglais de sir Édouard Widevile, et les dix-sept cents Bretons égorgés sous les habits blancs et sous la croix rouge des Anglais. En vain l'Angleterre s'indigne de voir la Bretagne passer à la France ; en vain l'Espagne, le Portugal, l'Allemagne, se veulent opposer à cet envahissement définitif d'une province si longtemps ouverte aux Anglais. Henri VII met à profit toutes ces colères pour demander au parlement d'Angleterre de nouveaux subsides. L'Angleterre, tant la Bretagne lui tenait à cœur, accorde cent mille livres pour l'entretien de dix mille archers pendant un an ; les lords et les communes promettent un dixième du produit annuel de leurs terres, salaires et pensions, et cet argent, Henri le dépose dans ses coffres, s'inquiétant beaucoup moins du sort de la Bretagne que de dompter les mutineries du peuple anglais et de se gagner les bonnes grâces du roi de France. A ces premiers sacrifices l'Angleterre en ajouta de nouveaux, à savoir, un subside de deux dixièmes, un autre subside de deux quinzièmes. Les Chambres poussaient à la guerre de toutes leurs forces ; quiconque suivra le roi dans son expédition contre la France peut aliéner ses biens sans payer de droits ; il peut inféoder ses terres, afin d'assurer l'exécution des legs de son testament ; tout capitaine paiera ses soldats six jours après qu'il aura reçu l'argent du trésor ; est déclaré félon tout soldat qui quittera l'armée sans la permission du chef. En même temps, on faisait de grandes levées de soldats : hommes d'armes, accompagnés chacun de son valet et de son page ; lanciers, archers à cheval, fantassins armés d'arcs, de piques, de hallebardes. — Le roi Édouard semblait partager un si beau zèle ; c'est pour le coup qu'il va châtier la France et le roi Charles ! — Enfin, quand il eut bien traîné cette guerre en mille longueurs, et après un simulacre de débarquement à Boulogne, Henri VII, qui devait nous arracher la Bretagne tout au moins, revient à Calais avec un traité de paix ; par ce traité inattendu la paix était conclue entre le roi d'Angleterre et le roi de France pour toute la vie des deux princes, Charles VIII s'engageant à payer au roi Henri VII, à des échéances convenues, la somme totale de cent quarante-neuf mille livres sterling, dont vingt-quatre mille livres « *en échange de toute répétition contre Anne de Bretagne,* » et vingt-cinq « mille comme arrérages de la pension faite au roi Édouard IV. » En même temps, le roi Charles renvoyait assez brutalement le prétendant

Perkins Warbeck, qui s'en alla solliciter *sa tante*, la duchesse douairière Marguerite de Bourgogne. Voilà à quel mince résultat aboutirent ces grands efforts de l'Angleterre contre la France ! — Un peu d'habile politique fit beaucoup plus pour la tranquillité de ce royaume que n'eût fait une puissante armée. C'est qu'aussi en ce moment solennel de l'histoire où commencent et se fondent tant de choses, nous sommes arrivés enfin à cette science devinée par Machiavel, la politique. L'heure est véritablement singulière dans les annales de l'esprit humain ! le moyen âge s'en va dans l'abîme qui l'emporte, par la raison que l'abîme emporte l'abîme ; l'Europe féodale est plus que croulante ; Constantinople, prise par les Turcs, nous renvoie les peintres, les poëtes, les artistes échappés aux ruines du monde athénien ; les belles-lettres font entendre, après ce long silence, leur voix puissante ; l'imprimerie jette au loin ses premières lueurs ; les beaux-arts se manifestent, divine aurore du grand jour de la renaissance ; demain, pas plus tard, Christophe Colomb va découvrir son nouveau monde ; la grandeur de la maison d'Autriche se fait pressentir ; Henri VIII et Léon X, François Iᵉʳ et Charles-Quint, Luther et la réformation, ne sont pas loin encore. O bonheur ! vous mettez à la fois le pied sur un nouvel univers et le pied sur l'ancien monde, car le genre humain chrétien comprend enfin qu'au-dessous des cendres et de la lave du moyen âge, volcan éteint à cette heure, quelque chose est resté qui s'appelait l'antiquité grecque et romaine, et que si le génie des peuples antiques a paru enseveli pendant tant de siècles, il n'a pas pu, il n'a pas dû mourir. Cette fois enfin, l'Europe se constitue ; les royaumes, à force de les chercher, vont retrouver enfin leurs limites naturelles. L'Espagne entière est chrétienne, l'Évangile a chassé le Koran, l'Abencerrage a quitté son paradis de Grenade et de l'Alhambra ; la France est bien véritablement la France ; l'Anglais a passé le détroit et pour toujours ; Louis XI a constitué la monarchie, le monde féodal est ruiné, la poudre à canon a égalisé toutes les forces, et enfin regardez que de conquêtes ! l'Anjou, la Guienne, la Provence, la Bourgogne, la Bretagne enfin, ce rendez-vous brûlant de tous les mécontents de la France, cette porte incessamment ouverte aux armées de l'Angleterre, cette formidable patrie des meilleurs soldats de la France et de ses grands capitaines : tout cela conquis par la paix, toute cette terre qui vous est donnée par une enfant de quinze ans à peine ! Ce fut alors aussi que, devenu véritablement roi par son mariage avec la duchesse Anne de Bretagne, le roi Charles VIII voulut s'affranchir, par la gloire et par la guerre, de la tutelle utile et pesante de sa tante la dame de Beaujeu.

Aussitôt donc que *le petit roi* Charles se fut résolu à partir, rien ne le put retenir dans ce royaume rempli de fêtes, de luxe et d'élégance, ni les prières de la jeune reine, ni les représentations de son conseil : le roi de France n'avait-il donc pas hérité des droits que la maison d'Anjou avait laissés à la maison de France sur le royaume de Naples ? pouvait-il donc et devait-il donc supporter, lui, Charles VIII, que le bâtard de la maison d'Aragon, le vieux Ferdinand, portât une de ses couronnes ? — Il part. — A peine a-t-il franchi la moitié du chemin que l'argent lui manque ; il emprunte, pour les mettre en gage, les joyaux de la duchesse de Savoie et de la marquise de Montferrat, toutes deux très-bonnes Françaises, royales et charitables. L'Italie entière se sent troublée à cette nouvelle qu'elle est envahie par la France. C'est qu'en effet, avant l'invasion de cette armée régulière, l'Italie n'a vu dans les Français que des aventuriers et des soldats de fortune, et maintenant la voilà qui rencontre un grand peuple ! — Ce fut d'abord moins une guerre qu'un pacifique voyage ; Rome même ouvrit ses portes à ce roi chevalier qui avait fait vœu, disait-il, d'aller s'agenouiller au tombeau de monseigneur saint Pierre. Ces nouvelles merveilleuses, qui franchissaient les Alpes, devaient plaire à la reine, amoureuse de nouveautés et de gloire ; son mari était entré dans Rome bravant et triomphant, la cuirasse sur la poitrine, le casque en tête, la lance sur sa cuisse, comme s'il eût voulu charger une armée ; c'était à la fois la pompe d'un triomphe et l'apprêt d'une guerre ; les trompettes sonnaient, les tambours battaient, les palais romains s'ouvraient à ces hôtes illustres ; le roi de France plantait ses justices et posait ses sentinelles dans tous les endroits de la ville ; Charlemagne n'avait pas mieux fait, ni davantage. — C'était le droit du roi Charles VIII : Charles d'Anjou, héritier de son oncle René, avait cédé au roi de France ses droits sur l'Italie ; comme aussi André Paléologue, héritier de l'empire de Constantinople, n'avait-il pas cédé à Charles VIII ses justes prétentions sur l'empire d'Orient ? — De Rome à Naples se rend le roi de France, et Naples ouvre ses portes à Charles VIII (21 février 1495). Le roi Charles était vêtu comme les empereurs d'Orient et d'Occident à la fois ; il règne dans Naples, pendant que le roi Ferdinand se départ et s'enfuit comme devant son maître ; et vous devez croire que les Italiens de Naples n'avaient rien vu de pareil depuis les temps du

Normand Robert Guiscard, quand vint en Italie la famille de Tancrède de Hauteville, pour rajeunir cette race énervée, moitié grecque et moitié latine. — A Milan, ce fut un vrai triomphe; notre petit roi Charles fit son entrée en manteau d'étoffe écarlate, au grand collet renversé fourré d'hermine mouchetée, le globe d'or en sa main droite, le sceptre en sa main gauche, et le peuple criait : *Vive l'empereur très-auguste!* Ici la joie ne fut pas complète pour cette belle jeune reine restée en son logis ; la Renommée, effrontée messagère qui apporte également les bonnes nouvelles et les pires, racontait confusément de galantes histoires de ces belles grandes dames d'Italie accourues au-devant des chevaliers de France, et si belles et si bien ornées de la tête et du corps « qu'il n'y « avoit rien de si beau à voir à nos François nouveaux, qui n'avoient « vu les leurs de France si gentilles ni en si belles parures; » et notez bien que ces belles dames d'Italie en voulaient surtout au roi, l'approchant de très-près et lui présentant leurs jeunes enfants, avec de vives prières de leur donner l'ordre de chevalerie de sa propre main royale, ce qui était réputé un grand honneur, ce que le roi ne refusait guère, ne fût-ce que pour avoir plus de loisir et amusement à contempler leurs beautés, leurs bonnes grâces « et la superbité et « gentillesse de leurs accoutrements. »

Cette fois, les nouvelles d'Italie étaient moins plaisantes pour une princesse de ce lignage récemment mariée, et dont la main avait été mise à si haut prix dès ses plus tendres années. En ceci, on peut bien voir l'habileté et prudence, d'autres disent—*et vengeance*, de la dame de Beaujeu, d'avoir fait partir monseigneur le duc d'Orléans avec le roi Charles : car, en fin de compte, le duc d'Orléans et la reine se connaissaient de longue date. Ajoutez qu'en l'absence du roi Charles VIII, la jeune reine se conduisit en toute prudhomie ; elle gouverna, autant qu'il était en elle, ce royaume de France qui était resté confié à la dame de Beaujeu, ou même, ce qui revient au même, à M. de Bourbon, son mari ; car de monsieur son mari elle était dame souveraine et maîtresse. Seule, la jeune reine résista à la volonté de cette femme impérieuse et fière. « Elle voulut garder son rang, sa grandeur, sa primauté, toute jeune « qu'elle étoit, car c'étoit une fière Bretonne, qui estoit fort superbe « et altière à l'endroit de ses égaux; de sorte qu'il fallut à madame « de Bourbon (madame de Beaujeu) caller et laisser à la reine, sa belle-« sœur, tenir son rang et maintenir sa grandeur et majesté; et ainsi la « dame de Beaujeu *trouva chaussure à son pied.* » Brantôme ajoute avec sa prudence et précaution ordinaires : « Madame de Beaujeu étoit

« une maîtresse-femme, un petit pourtant brouillonne, et encore que
« tout en plein elle ne se mêlât des affaires comme elle avoit fait,
« si vouloit-elle mettre le nez partout où elle pouvoit. »

C'en est assez pour expliquer les craintes et l'abandon de la jeune reine; elle était restée presque seule dans le royaume de France; son duché était désert, car les meilleurs compagnons de Bretagne avaient suivi la guerre en grande hâte. Le roi, cependant, s'arrêtait à toutes les bonnes villes, à toutes les belles dames qu'il rencontrait en son chemin.
—Cette conquête de Naples ressemble à un rêve, tant le sentier paraît facile qui conduit à ces grandeurs inespérées; sous le soleil éclatant du Midi.—Contre le roi de France, maître du cœur de l'Italie, une ligue est conclue à Venise entre le pape, l'empereur d'Aragon, Henri VII, roi d'Angleterre, Ludovic Sforce et les Vénitiens; les uns et les autres, sûrs de vaincre par le nombre, ils s'en vont attendre l'armée française à Fornoue, si bien qu'il faut se battre pour le retour en France plus qu'on ne s'est battu pour envahir le royaume de Naples. Cependant, grâce à son artillerie, Charles VIII passe et bat les confédérés à Fornoue. Rien qu'à voir l'allure de ce roi-là et de ces gentilshommes, on comprend qu'ils s'amusent à ces guerres; c'est la première, et ce ne sera pas la dernière fois que ces belles contrées seront envahies par une armée régulière venue de France; ce n'est plus comme du temps des Anglais, quand la France était le théâtre de toute bataille; les capitaines ont rencontré enfin un champ de bataille hors de France, des villes à prendre et non pas à reprendre; on ne se défend plus, on attaque; et puis ce n'est pas la haine qui pousse cette armée de Charles VIII; c'est la gloire. A défaut de meilleures nouvelles, la reine Anne pouvait apprendre comment son mari était armé à la bataille de Fornoue; il montait un cheval borgne, mais excellent, que lui avait donné le duc de Savoie, et qui s'appelait *Savoie;* il était armé de toutes pièces, et il avait jeté sur son harnais une cotte de mailles blanche et violette, à courtes manches. A côté du roi se tenaient, prêts à bien faire, et les rois de cette journée, les maréchaux de Gié, de Rieux, de La Trémouille, de Ligny, de Pienne, le bâtard de Bourbon. Le roi lui-même harangua son armée comme un capitaine qui revient de Rome et qui a appris les usages de l'antiquité, racontés par Tite-Live. — La bataille gagnée, l'armée repasse les montagnes, délivre Navarre, dégage le duc d'Orléans, et, quand enfin la paix est conclue, le roi arrive à Lyon, sain et gaillard, joyeux et triomphant, «rencontré
« et accueilli de la royne Anne sa femme, l'une des belles, honnêtes

« et vertueuses princesses du monde, avec un visage beau et riant,
« d'elle et de toutes les dames de la cour, qui en faisoient de même à

« leurs pères, maris, frères, parents, amis et serviteurs ; et Dieu sait
« les contes qu'ils leur faisoient de leur voyage. »

De retour de ses guerres d'Italie, le roi Charles VIII avait été demander quelques jours de repos au château d'Amboise, sur les rives de la Loire. La reine suivit son mari dans ce brillant séjour des galanteries et des fêtes, car ces princes de la maison de Valois ont brillé par l'esprit et par la grâce autant que par l'habileté et le courage.—La mort soudaine de ce roi de France, dont le roi François Ier faisait tant de bons éloges, vint suspendre un instant le cours de ces prospérités. Cette mort fut subite, incroyable. Un jour qu'il regardait jouer à la paume, le roi Charles tomba en défaillance, et ce fut à peine si la reine accourut assez à temps pour recevoir le dernier soupir de son mari. C'était perdre beaucoup en un jour, c'était quitter le trône bien avant l'heure. De cinq enfants qu'elle avait eus de son mari, la reine Anne n'en avait pas conservé un seul ; ses deux filles étaient mortes coup sur coup ; elle avait perdu l'un après l'autre ses trois fils, destinés à ces grands héritages ; le dauphin était mort le dernier, et tant la douleur de cette perte avait été profonde, que les médecins avaient ordonné qu'on eût à distraire la reine si on la voulait sauver. Ce qu'entendant, M. le duc d'Orléans imagina une mascarade plaisante avec une dame de la cour ; mais son zèle pour distraire sa souveraine fut mal reconnu ; bien plus, car la reine Anne se trouva fort irritée de voir le premier prince du sang s'abandonner à sa gaieté, là, sur la tombe du dauphin ! M. le duc d'Orléans fut obligé de s'exiler au château de Blois. Ce sont là de petites anecdotes, je le sais bien, mais ces simples historiettes témoignent, plus qu'on ne saurait dire, de la malignité des historiens, quand ils ont voulu nous montrer le mariage d'Anne de Bretagne et du roi Louis XII comme chose arrêtée à l'avance, depuis longtemps, de concert, le roi vivant !

La douleur de la reine fut très-grande et très-sincère à la mort du roi Charles VIII ; tout d'abord elle déclara qu'elle ne consentirait jamais à être moins qu'une reine ou une duchesse de Bretagne ; elle quitta donc cette cour de France sur laquelle elle avait régné par l'esprit, par l'intelligence, par la beauté ; la France pleurait en se séparant d'une reine qu'elle honorait ; la Bretagne cependant était dans la joie ; la noble province allait donc redevenir la province indépendante et libre, car la reine Anne redevenait la duchesse de Bretagne, car elle rentrait en possession pleine et entière de ce duché qui avait été sa dot. La duchesse fit son entrée dans la ville de Nantes, au milieu des acclamations unanimes ; elle portait le deuil de son mari, non pas en blanc, selon l'usage des reines de France, mais en noir. La belle duchesse portait ce jour-là *la coëffe* nationale, à laquelle elle avait ajouté, d'une main habile et savante dans l'art des chastes et sévères parures, un long voile noir orné de franges rouges en signe de deuil. Elle avait alors vingt-trois ans à peine. Cependant le duc d'Orléans montait sur le trône de France, sous le nom de Louis XII ; la France obéissait avec joie à ce prince qu'elle avait appris à estimer sur les champs de bataille ; l'armée pouvait témoigner de la valeur du nouveau monarque, les peuples savaient qu'il était affable et disposé à bien faire, et, en effet, il s'appela plus tard du plus beau surnom des rois : *le Père du peuple*, c'est-à-dire, le père de cette nation jeune, ardente, affranchie du joug féodal et très-disposée à suivre ses rois, ses derniers et ses vrais maîtres. Louis XII, ce roi tant aimé, dont les mots populaires sont restés dans l'âme de la nation, tout autant que les bonnes paroles de Henri IV, était l'arrière-petit-fils de ce Louis, duc d'Orléans, « par « qui le sang italien commença à couler dans les veines de nos mo-

« narques et à leur communiquer le goût des arts; race légère et
« romanesque, mais élégante, et qui mêla la civilisation à la chevale-
« rie. » C'est lui qui commença son règne heureux par ce beau cri
parti d'une âme bienveillante et généreuse : *que le roi de France ne
vengeait pas les injures du duc d'Orléans!* Il était très-beau et très-
agréable, de très-haute taille, d'une figure ouverte, tel, en un mot,
qu'il faut des rois pour plaire à la France. Une fois sur le trône, le
premier soin de Louis XII, ce fut d'épouser cette même duchesse de
Bretagne, la veuve du roi Charles VIII. Cette alliance était sage, elle
était utile, elle nous rendait la Bretagne, le dernier des grands fiefs
qui fût revenu à la couronne et sans lequel désormais le royaume de
France ne sera plus complet; mais à cette alliance se présentait un
grand obstacle. Le duc d'Orléans était marié à la fille du roi Louis XI,
Jeanne de France, bonne et intelligente princesse, mais timide
et tremblante, non pas qu'elle manquât d'esprit ou de courage,
mais elle manquait de grâces et de beauté. Elle aimait son mari de
l'amour résigné et craintif d'une esclave, et comme elle n'avait
trouvé dans M. le duc d'Orléans, non plus que dans le roi son père,
ni amitié ni sympathie, la duchesse d'Orléans s'était repliée sur elle-
même, cachant dans l'ombre la plus sainte résignation et la plus
austère vertu.

La princesse Jeanne de France avait été l'ange gardien du duc
d'Orléans; elle lui avait sauvé la vie, et quand elle avait vu son
mari enfermé dans les cachots de la tour de Bourges, elle n'avait pas
eu de cesse auprès de son frère le roi Charles VIII, auprès de sa
sœur la dame de Beaujeu, que le prisonnier n'eût été rendu à la liberté. Voilà pourtant de quelle pieuse femme il fallait se séparer!
Fille du roi Louis XI, sœur du roi Charles VIII, estimée et respectée
pour ses rares vertus, honorée de la France entière, belle âme au-
dessus de toutes les passions humaines, madame la duchesse d'Orléans n'avait pas d'enfants; — le roi Louis XII était prêt à jurer qu'il
avait été forcé à ce mariage, et qu'il avait laissé sa femme telle qu'il
l'avait reçue de son père! D'ailleurs, à quoi bon tant d'explications et
de commentaires? le pape, qui brisait ce mariage sans s'inquiéter de
savoir s'il ne brisait pas en même temps le cœur d'une infortunée,
s'appelait Alexandre VI.—Tout ce qu'on peut dire pour excuser cette
cruelle injustice du roi Louis XII, c'est que véritablement Louis XI avait
forcé le duc d'Orléans à épouser sa fille. « Je me suis délibéré, écrivait
« le roi Louis XI, de faire le mariage de ma fille Jeanne et du petit duc

« d'Orléans, parce qu'il me semble que les enfants qu'ils auront ne leur
« coûteront guère à nourrir. » Néanmoins, c'est grande pitié de voir
cette noble princesse, Jeanne de France, se défendre avec tant de modération et de modestie ; et quand elle est condamnée, quand le divorce
est prononcé, quelle résignation, quel pardon chrétien ! Elle se réfugie, ou plutôt elle disparaît dans un monastère de la ville de Bourges,
— une prison où son mari ne viendra pas la voir ! — Là, elle termina
sa vie en 1498, priant encore pour l'ingrat qui l'avait si vite oubliée,
et sacrifiée sans pitié !

Cette fois, plus que jamais, c'est le cas de s'écrier, comme fit Côme
de Médicis en apprenant le premier mariage de la duchesse de Bretagne avec le roi de France : *Que cette couronne de France est donc
puissante!* En tout ceci, la *duchesse de Bretagne* (elle avait repris son
titre) se montra sage, habile et bien avisée ; elle savait, à n'en pas
douter, les vœux de la France et la tendresse du roi Louis XII, et qu'elle
était la maîtresse de remonter sur ce trône, plus respectée et surtout
plus aimée du roi qu'elle ne l'avait été à son premier couronnement.
Elle commença par reprendre les places fortes de son duché : Brest,
Nantes, Fougères, le Conquet, Saint-Malo. — Quand son second mariage fut arrêté, la duchesse, sûre des bonnes dispositions du roi son
mari, dicta elle-même son contrat de mariage ; et, sans s'arrêter
aux *précautions* du contrat signé, un peu forcément, avec le roi
Charles VIII, elle agit comme une femme souveraine qui commande,
comme une femme jeune et belle qui se sent aimée. Cette fois, laissant de côté les droits prétendus de la couronne de France, la princesse Anne s'intitule *vraye duchesse de Bretagne;* puis elle déclare
« qu'afin que le nom de la principauté de Bretagne ne soit et demeure
aboli pour le temps à venir, le second enfant provenant dudit mariage, masle, ou fille à défaut de masle, et aussi ceux qui issiront, respectivement et par ordre, seront et demeureront princes dudit pays,
pour en jouir et user comme ont de coustumé faict les ducs ses prédécesseurs, en faisant par eux, au roi, les redevances accoutumées : et
s'il advenoit que d'eux, en ledit mariage, n'issît ou vînt qu'un seul
enfant masle, et que cy-après issirent ou vinssent deux ou plusieurs
enfants masles ou filles, audit cas ils succéderont pareillement audit
duché, comme dit est.

« Et si icelle dame alloit de vie à trespas avant le Roy Très-Chrestien, sans enfants d'eux, ou que la lignée d'eux procréée
audit mariage défaudroit, en ce cas, le Roy Très-Chrestien jouira,

sa vie durant seulement, desdits duchés de Bretagne et autres pays et seigneuries que ladite dame tenoit à présent : et après le décès d'iceluy Roy Très-Chrestien, les prochains vrais héritiers de ladite dame succéderont auxdits duchés et seigneuries, sans que les autres roys ses successeurs en puissent quereller, ne aucune chose demander. »

En même temps, elle veut qu'en vertu même de son mariage, le roi garantisse les priviléges du duché de Bretagne; qu'il s'engage à ne rien changer de ce qu'elle-même elle a établi depuis son veuvage; à maintenir les officiers qu'elle a nommés; pour l'avenir, la duchesse-reine se réserve, dans son duché, le droit de nommer aux emplois vacants, et le droit de grâce, et le droit d'impôt; bien plus, les gentilshommes de Bretagne appartiennent à la reine, non pas au roi; ils ne sont pas obligés de servir la France, sinon dans les circonstances difficiles. — Ainsi la condition d'Anne de Bretagne s'agrandissait de tout l'amour que lui portait le roi Louis XII, de toute l'expérience d'une femme qui avait appris la royauté à une belle et bonne école. Le contrat du premier mariage était tout au plus le pardon d'un maître irrité à un ennemi vaincu; le mariage avec le roi Louis XII, c'est une alliance glorieuse de souverain à souverain. Cette fois, plus de régente, plus de dame de Beaujeu, plus de roi Charles VIII maître en Bretagne, plus de mari infidèle qui délaisse la reine pour ses filles de chambre, mais un prince amoureux et jeune, constant et fidèle. Désormais, en effet, le roi Louis XII n'avait plus rien à demander à l'ambition et à l'amour. A vrai dire, vous voyez qu'il n'est pas besoin d'antidater le roman de ces royales tendresses; à quoi bon vouloir démontrer que le duc d'Orléans, à la cour du duc François II, se soit épris d'une enfant? Attendez donc qu'il ait vu Anne de Bretagne assise sur le trône de France, pour lui faire aimer tant de grâce, d'intelligence et de majesté. D'ailleurs, tout conviait notre prince à l'amour : la beauté, la grâce, l'esprit, la raison d'État; ajoutez qu'Anne de Bretagne était une reine féconde, en un mot, une illustre dame d'une si entière vertu, que, mariée au roi Charles, elle n'avait jamais accordé au duc d'Orléans un seul mot d'espoir. Cette femme était la vraie reine de France, et toute la vie du roi se passa à l'entourer d'honneurs et de respects. Elle, de son côté, elle témoigna par son humeur généreuse qu'elle était digne d'être la femme d'un si grand monarque. Reine de France, elle avait voulu garder le duché de Bretagne, et qu'elle seule elle eût le droit de lever l'impôt avec l'autorisation des états, et de disposer de cette

fortune et de cet argent. En effet, des revenus d'un si riche duché elle disposait comme une reine. Elle faisait des dons immenses au nom du roi ; pas un capitaine de l'armée, pour peu qu'il eût servi la France, qui ne reçût quelque pension de la reine Anne. Elle était libérale et magnifique en toutes choses, elle avait la majesté, le geste, la gravité, la douceur, tout cela entremêlé de la Bretonne et de la Française. Pas une dame de France n'entendait mieux que la reine l'art de l'accoutrement, de l'invention, de l'ornement et de la parure extérieure ; rappelant tant qu'elle pouvait, même dans l'apparat royal, les modes de sa province, qu'elle arrangeait à la française avec un art merveilleux. Aussi bien menait-elle une grosse cour qu'elle avait dressée à son usage, et c'était autour de sa personne bienveillante et royale, une grande quantité de dames et de filles des meilleures maisons, qu'elle élevait et qu'elle dressait comme à une école de vertu et d'honneur, dont elle-même elle était l'exemple ; comme aussi elle avait une bande de cent gentilshommes attachés à sa personne, payés par elle ; et vous pouvez juger que l'éducation de ces gentilshommes était bonne, par cette seule histoire de M. d'Estrée, qui fut grand maître de l'artillerie sous François Ier, tout comme l'a été, sous Henri IV, M. le duc de Sully. « M. de
« l'Estrée était un fort grand homme, et beau et vénérable vieillard,
« avec une longue barbe qui lui descendait très-bas, et sentait bien
« son vieux adventurier de guerre du temps passé, dont il avait fait
« profession, où il avait appris d'être un peu cruel. Feu mon père et
« lui (c'est Brantôme qui parle), avaient été nourris tous deux pages
« de la reine Anne, et tous deux allaient sur les mulets de sa litière,
« lesquels (à ce que j'ai ouy dire à mon père et audit M. d'Estrée)
« elle a bien fait fouetter quand ils faisaient aller les mulets d'autre
« façon qu'elle ne voulait, ou qu'ils eussent bronché le moins du
« monde. Mon père allait sur le premier, M. d'Estrée sur le second,
« et puis tous deux sortant hors de pages, elle les envoya, de là les
« monts, à la guerre. » Ce qui indique véritablement une maison royale ; royale était en effet Anne de Bretagne. Le roi l'honorait à ce point, qu'un jour, dans une comédie, les clercs de la basoche s'étant permis quelque allusion contre Louis XII et les gens de sa cour : « Pardieu, dit le roi, je le veux bien, mais sur leur vie qu'ils ne disent pas un mot de la reine, sinon je les fais pendre ! » et comme il le disait, il les eût fait pendre, tout bon qu'il était. Quiconque venait saluer le roi, prince étranger ou ambassadeur, le roi l'envoyait saluer la reine au préalable, et la reine avait pour chacun très-bonnes et belles grâces,

et majesté pour les recevoir, et belle éloquence pour les entretenir. Bien plus, elle poussait la coquetterie de l'éloquence jusqu'à prendre soin de préparer une petite phrase, toute faite à l'avance, dans la langue de l'homme à qui elle parlait, et cette phrase elle la demandait le plus souvent à M. de Grignols, son chevalier d'honneur. Un jour entre autres, et c'est encore une anecdote qui ne déparera pas cette biographie, la reine, qui devait recevoir l'ambassadeur d'Espagne, demande une petite phrase espagnole à M. de Grignols, et celui-ci dicte à la reine une gaillardise un peu forte, même en espagnol, puis il en va faire le conte au roi, qui rit à gorge déployée. Mais la reine fut très-indignée du tour de M. de Grignols, et elle ne s'apaisa que quand celui-ci lui eut juré, ses grands dieux! qu'il voulait seulement faire rire le roi, et qu'il eût averti la reine à temps. Anne pardonna, mais toujours en grognant, et depuis elle ne demanda plus de phrase espagnole à M. de Grignols.

Cependant elle n'était pas si bonne France qu'elle n'aimât la Bretagne et les Bretons; en véritable compatriote et cousine, et tant qu'elle l'a pu, elle a maintenu la Bretagne indépendante du royaume de France. Une fois que le roi était bien malade, la reine ne pensa plus qu'à revenir à son duché de Bretagne et même elle fit emballer ses effets les plus précieux; le bateau qui portait *les bagues* de la reine fut arrêté sur la Loire par le maréchal de Gié, Pierre de Rohan, le bon capitaine qui s'était battu si bien à Fornoue. Là-dessus grande colère de la reine Anne, se voyant donner, par un gentilhomme de son pays, et doublement son sujet, cette leçon peu ménagée! — M. le maréchal de Gié paya de sa ruine cette insulte faite à la reine bretonne. — Mauvaise page à inscrire dans la biographie de cette illustre reine, terrible vengeance d'une femme, plus indulgente d'habitude! Le vieux capitaine, poursuivi par la colère de la reine, livré à des juges complaisants, attaqué dans tout le passé de sa vie guerrière, se soumit à son sort sans daigner proférer une plainte, et il revint dans sa maison du Verger pour y mourir en paix, loin de ces funestes grandeurs. C'est un malheur dans la vie de cette reine qui partagea avec *le Père du peuple* les bénédictions de la France. Les Bretons l'aimaient et la recherchaient, comme le souvenir vivant de leurs anciens princes, aux temps de l'indépendance de la Bretagne. C'était l'usage parmi les gentilshommes de sa garde et les autres gentilshommes bretons qui passaient à Blois, de venir attendre la reine aux heures où elle sortait de sa chambre pour aller à la messe ou à la promenade, sur une petite terrasse qui longeait le château. — Ah! disait-elle en dessinant son plus beau salut, voilà mes Bretons qui m'attendent sur la Perche! — et depuis, cette terrasse fut appelée la *Perche aux Bretons*.

Des voyages de la reine, ou plutôt des voyages de leur duchesse, les Bretons se souviennent encore. En 1506, après la ruine complète de M. le maréchal de Gié, quand le roi Louis XII fut rétabli de sa maladie, et pour bien témoigner qu'elle était vraiment restée souveraine et maîtresse de ses actions, la reine traversa toute la contrée pour se rendre en pèlerinage à Notre-Dame-du-Folgoët. Le Folgoët était alors (il l'est encore) un des pèlerinages les plus fréquentés de la Bretagne. Au temps de la reine Anne, cette pieuse histoire était toute récente. En effet, sur l'emplacement même de la chapelle, sur la lisière du bois, vivait naguère un pauvre fou, assez éclairé pour croire en Dieu, et à qui nul ne pensait, sinon pour lui jeter de temps à autre le pain de l'aumône. Le fou mourut comme il avait vécu, ignoré; à peine si quelque bonne âme se rencontra pour rendre à cette humble dépouille les derniers, les seuls honneurs que pût espérer le pauvre idiot. — Pourtant, l'humble tertre sur lequel s'agenouillait cet humble chrétien devint bientôt célèbre dans toute l'Armorique par le nombre, par l'éclat, par le retentissement des miracles; le fou n'avait pas eu d'oraison funèbre, mais un beau lis grandit soudain comme pour honorer cette dépouille mortelle; louange à Dieu! le lis portait écrit sur ses feuilles brillantes le nom divin de la mère du Sauveur! Attirés par la suave odeur du lis merveilleux, les fidèles vinrent invoquer le nom de ce bienheureux qui faisait des miracles.— Le duc Jean IV, un des aïeux de la duchesse Anne, jeta lui-même les fondements de cette chapelle élevée au *fou des bois*, et bientôt la chapelle s'éleva, d'une grâce exquise et charmante, sous les efforts réunis d'une pieuse corporation d'artistes bretons, appelés *les Lamballays*. On dirait les francs-maçons de la Bretagne, et en effet, cette association obéissait aux lois qu'elle s'était faites. Ils étaient les ouvriers des cathédrales et des chapelles, demandant, pour leur peine, le pain et la prime de chaque jour. Le Folgoët est resté l'œuvre par excellence des Lamballays; ils ont gravé sur les autels sortis de leurs mains la truelle, l'équerre, le niveau, le plomb, ces insignes de leur antique profession. — Du Folgoët, la merveille la plus excellente c'est le jubé, d'un style merveilleux, tout en pierre de *Kersanton*, noire comme le jais. Ce jubé est en effet un chef-d'œuvre d'une grâce infinie; au ciseau de ces grands artisans, la pierre obéissait comme une cire molle chauffée au soleil. — Tel était le pèlerinage de la reine Anne, et vous jugez quel triomphe pour la

Bretagne, et quelle joie de revoir sa dame et souveraine ! Les peuples tombaient à genoux sur son passage, les cloches sonnaient, les prêtres et les nobles, les paysans et les bourgeois se confondaient dans cette ardente mêlée ; là où s'arrêtait la reine, s'élevait un monument ; si elle entrait dans un château, le château gardait le nom de cet hôte illustre ; les poëtes bretons composaient des chansons en son honneur, et ces *guerz* de la Bretagne se chantent encore dans les veillées de l'hiver. Entre toutes les villes de Bretagne, la ville de Morlaix se signala par sa magnificence et son enthousiasme. Un arc de triomphe fut dressé à l'entrée de la ville, lequel, au dire d'Albert (de Morlaix), « représentait sa généalogie depuis Conan Mériadec, lequel était représenté « suivi des autres rois et ducs de Bretagne ; et tout en haut était une « belle fille représentant Sa Majesté, qui, en passant, lui fit une belle « harangue. La ville lui fit présent d'un navire d'or enrichi de pierreries, et d'une hermine apprivoisée, blanche comme neige, ayant « au col un collier de grand prix. Ce petit animal, reçu de la reine, « sauta de dessus son bras sur son sein, ce dont elle s'épouvanta un

« peu ; mais le seigneur de Rohan, qui se trouva tout près, lui dit : « Madame, que craigniez-vous ? ce sont vos armes [1]. »

En sa qualité de dame souveraine, Anne de Bretagne avait fondé l'ordre de la Cordelière. Les dames seules pouvaient obtenir cet honneur, mais il fallait être reconnue pour une dame de vertus et de renommée irréprochables. Noble et touchante idée, d'avoir fondé un ordre de chevalerie sur la vertu des femmes, et non pas uniquement sur leur beauté ! Aussi cette reine passe à bon droit pour une très-honorable reine et très-vertueuse et très-sage, la mère des pauvres, le support des gentilshommes, le recueil des dames, damoiselles et honnêtes filles, et le refuge des plus savants hommes de France et de Bretagne.

Lorsque plus tard (1510) éclata la guerre entre le pape Jules II et le roi de France, et quand le roi Louis XII partit, à son tour, pour tenter la fortune en Italie, et pour reprendre le duché de Milan, la reine Anne, dont la piété répugnait à cette guerre entre le souverain pontife, — comme si ce n'était pas là la Rome des Borgia ; César Borgia et la fille du pape, Lucrèce ! — suivit, avec les craintes d'une femme dévouée et d'une reine intelligente, la fortune de ce mari qu'elle aimait. Elle assista, de loin, à cette conquête du duché de Milan, tour à tour gagné et perdu, et repris, et qui resta à la France pendant douze années ; elle assista à la prise de Gênes, à l'humiliation de Venise ; elle reçut à genoux, et comme la consolation des victoires que remportait la France contre un pape, le bois de la vraie croix et la couronne d'épines, dérobés à la Sainte-Chapelle, vendus aux Vénitiens, et repris dans le trésor de Venise par le roi Louis XII. Elle savait mieux que personne..... aussi bien que son mari, le nom et la valeur de tant de capitaines, qui se peuvent comparer, pour la vaillance et pour le nombre des exploits, aux douze pairs de Charlemagne ; braves gens, illustres courages qui nous expliquent la devise du roi Louis XII : un porc-épic aux dards acérés, avec ces mots : *Cominùs et eminùs*, de près et de loin. Et en effet, ces vaillants capitaines étaient comme autant de flèches que le roi lançait dans ses batailles et lointaines expéditions ; d'où l'on peut conclure que la reine Anne a régné sur de vail-

---

[1] « L'hermine (très-commune dans *le pays de Léon*, aux environs de Morlaix) est un petit « animal de la grandeur d'une belette, le nom propre duquel nous étant inconnu, on luy a « donné celuy de son origine, parce qu'il venoit principalement des montagnes d'Arménie, où « les voyages de terre sainte nous donnoient autrefois autant ou plus d'habitude que nous n'en « avons aujourd'hui avec les Polonais et les Moscovites. Tous nos anciens historiens appellent « cette contrée l'*Herminie*, et ceux qui l'habitent *Hermins*, et cette petite bête *hermine*, comme « qui diroit : *Arménienne.* » Le Laboureur, *de l'Origine des Armes*, page 141 ; Lyon, 1658.

lants hommes, et qu'elle avait à faire à les récompenser dignement.

Mais si la reine avait été attristée de cette guerre en Italie, la France et la Bretagne virent avec admiration sa conduite et son courage, quand, à la première nouvelle d'une descente des Anglais sur les côtes de Bretagne, elle fit armer dans le port de Brest une flotte, dont le principal vaisseau, *la Cordilière*, portait cent canons et douze cents hommes! La bataille s'engagea entre les Anglais et les Bretons avec la fureur des guerres de Duguesclin; enfin le capitaine breton, Porsmauguer, accroche le vaisseau amiral des Anglais, nommé *la Régente* au cri de : *Vive la duchesse!* et quand il le tient sous le feu de *la Cordilière*, il fait sauter les deux navires! La mer engloutit tout ce courage, et la Bretagne s'enorgueillit d'un héros de plus. Cependant, arrivée à ce comble de la gloire et de la fortune humaines, Anne de Bretagne, dont la vie appartenait également à un grand royaume et à une grande province, se sentit prise tout à coup d'un chagrin profond, avant-coureur d'une mort prochaine. Elle était alors au château de Blois, très-occupée de la gloire de sa maison et de l'avenir de sa famille, lorsqu'en moins de huit jours elle fut frappée d'une mort soudaine et presque aussi inexplicable que la mort du roi Charles VIII. Jamais douleur plus grande d'une perte plus inestimable n'était tombée sur le royaume de France; chacun pleurait, non-seulement les Français et les Bretons, mais l'Allemagne, l'Espagne, l'Angleterre et l'Écosse pleuraient la reine de France, tant la douleur était profonde de voir partir de ce monde, à l'âge de trente-huit ans non accomplis, cette reine illustre et excellente, l'honneur de toute royauté et de toute noblesse. La douleur du roi Louis XII resta inconsolable, en dépit même de son troisième mariage avec la belle Marie d'Angleterre, la propre sœur du roi Henri VIII. La dame était trop jeune et trop belle, ou bien le roi était trop vieux; toujours est-il que le mariage ne dura guère, et que Louis XII y trouva son tombeau. Anne de Bretagne était morte le 21 janvier 1513. Ses obsèques furent dignes de la douleur et des respects de cette grande nation. Pendant trois jours, la reine expirée resta exposée sur son lit de mort, le visage à découvert, et sur ce noble visage se voyaient encore le calme et la majesté royale. Le vendredi 27 du mois de janvier, une longue procession s'en vint chercher la feue reine au château de Blois, pour la conduire à son dernier asile, à Saint-Denis, dans le caveau des rois de France. A cette funèbre cérémonie étaient accourus les plus célèbres gentilshommes et les meilleurs capitaines de ce grand règne, qui vit combattre les La Trémouille, Louis d'Ars, Châtillon, Longueville, Gaston de Foix, et avec eux le chevalier Bayard. — Le cardinal de Luxembourg, les seigneurs et prélats, les évêques, les abbés et les religieux marchaient en tête du convoi funèbre; venaient ensuite le capitaine des gardes et les archers, les hérauts d'armes et le grand écuyer de la reine, car elle avait sa grande écurie; le corps d'Anne de Bretagne était porté par ses

gentilshommes; aux quatre coins du drap funèbre se tenaient le seigneur de Saint-Pol et le seigneur de Lautrec, le sire de Laval et M. de Nevers; le poêle était porté par M. Chateaubriand et M. de Candole. Menaient le deuil : les seigneurs d'Angoulême, d'Alençon, de Vendôme; madame de Bourbon, madame d'Angoulême, madame de Mailly, marchaient à la tête de toutes les dames, damoiselles et filles d'honneur de la reine, vêtues de robes noires et de deuil ; venaient ensuite, reconnaissables à leur douleur, les seigneurs et les barons de Bretagne, précédés du roi d'armes nommé *Montjoie et Bretagne*; et sur le chemin de ce vaste convoi c'étaient des larmes, c'étaient des prières. Les grands corps de magistrature, les présidents et conseillers des cours souveraines, venaient rendre les derniers devoirs à la bonne duchesse; Paris accourut au-devant du cercueil, que traînaient six chevaux harnachés et couverts de satin blanc et noir. L'effigie de la reine, vaine ressemblance de cette beauté royale, était portée par plusieurs gentilshommes dans une litière couverte de drap d'or et enrichie d'hermine. L'effigie avait la couronne en tête, l'habit royal, le sceptre et la main de justice, le tout surmonté d'un riche poêle bleu de ciel aux armes de France et de Bretagne. Un service solennel fut célébré à Notre-Dame de Paris le 15 février, et le lendemain le convoi se remit en route pour l'antique basilique de Saint-Denis, où le corps fut reçu par M. le cardinal du Mans, par les archevêques de Lyon et de Sens, et enfin quand madame Anne, de son vivant très-noble reine de France, duchesse de Bretagne et comtesse d'Étampes, fut honorablement inhumée et ensépulturée, le héraut d'armes *Bretagne* appela d'une voix lamentable les principaux officiers de la reine : le chevalier d'honneur, le grand maître d'hôtel, et tous les autres, afin qu'ils accomplissent une dernière fois le devoir de leurs charges ; et quand chacun eut rempli son office avec des pleurs et des sanglots, le héraut d'armes cria par trois fois : *La trèschrétienne reine de France, duchesse de Bretagne, notre souveraine dame, est morte!* Après quoi chacun s'en alla plein de tristesse et de deuil. Comparez, s'il est possible, les honneurs rendus à cette reine bien-aimée et bien pleurée, et les regrets de ce grand peuple, à la façon dont fut ensevelie la reine méprisée Isabeau de Bavière, l'indigne femme du roi Charles VI. A peine morte, on la jette dans une barque sur la Seine, et elle est portée à Saint-Denis comme une pestiférée; juste châtiment de cette femme criminelle qui avait ouvert les portes de la France aux Anglais. Quand il eut perdu *sa Bretonne*, peu s'en fallut que le roi Louis XII ne mourût de chagrin dans son vieux château du bois de Vincennes. Il prit le deuil pour ne plus le quitter; quiconque voulait lui parler, ambassadeur ou courtisan, devait être vêtu de noir, et même le jour où il maria sa fille à monseigneur le duc d'Angoulême, (le roi François I*er*) dans la chapelle de Saint-Germain-en-Laye, les deux époux allèrent à l'autel, vêtus de noir, en souvenir du trépas de feu la reine, la princesse Anne de Bretagne. — J'ai perdu *ma Bretonne!* disait le roi avec de gros soupirs, car il l'appelait ainsi dans ses beaux jours. Jamais, quoi qu'il fît, il ne s'en put consoler, et quand enfin il mourut, à l'âge de cinquante-six ans, dans son hôtel des Tournelles à Paris, pleuré, lui aussi de cette nation qui lui devait ses meilleures franchises, il voulut être enterré à Saint-Denis, à côté de sa Bretonne. Il ne laissait pas d'enfants de sa troisième femme, Marie; sa femme Anne de Bretagne ne lui avait donné que deux filles, madame Claude et madame Renée. La première avait été la joie du roi Louis XII et de la reine Anne, sa mère. Ils la nommaient leur bonne fille et leur bien-aimée, ils lui avaient donné, en présence même du parlement de Paris, le roi son duché de Milan, la reine son duché de Bretagne. La reine la voulait marier à Charles d'Autriche et en faire une impératrice d'Allemagne, et si Anne eût vécu, jamais elle n'eût consenti au mariage de sa fille avec M. le duc d'Angoulême, tant elle prévoyait les mauvais traitements qu'elle en devait recevoir. Madame Claude de France, par sa bonté, sa douceur, sa charité chrétienne, montra qu'en effet elle sortait de bonne souche; elle mourut jeune, en grande odeur de sainteté, laissant à son mari une belle et généreuse lignée, à savoir : trois fils, François, Henri, Charles, et quatre filles, Louise, Charlotte, Madeleine et Marguerite. Quant à madame Renée, *ma fille Renée*, comme disait la reine Anne, elle était née avec un esprit vif et un caractère droit. Elle fut pour les artistes et pour les poëtes une reine véritable. Calvin lui-même, Calvin proscrit et sans asile, fut protégé et sauvé par la duchesse de Ferrare, qui redoutait moins que sa mère Anne les foudres du Vatican. Madame Renée épousa, en effet, avec les duchés de Chartres et de Montargis pour sa dot, Hercule II, duc de Ferrare et de Modène, à qui elle donna deux fils et quatre filles : Alphonse II, qu'on pourrait appeler *le Magnifique*, duc de Ferrare, le cardinal Louis d'Este, digne d'être confondu avec son oncle le cardinal Hippolyte d'Este, madame Anne d'Este, qui épousa le duc de Guise, madame Lucrèce, duchesse d'Urbin, et madame Éléonore, célèbre entre toutes les femmes de l'Italie, pour avoir rempli de ce délire amoureux l'âme du poëte excellent entre tous les poëtes du monde moderne, qui a écrit *la Jérusalem délivrée*. Chose étrange et glorieuse, que cette illustre maison de Ferrare, qui a donné à la poésie moderne son plus brillant essor, ait été surtout agrandie et fécondée par une princesse de la maison de Bretagne!

Mais cependant nous avons beau faire et beau chercher, çà et là, à séparer la France de la Bretagne, arrivés à ce moment de nos annales, la Bretagne nous échappe; politiquement et en bonne histoire, la Bretagne, ou peu s'en faut, c'est la France. Donc il nous semble qu'il est temps de dire quelque chose des institutions et des lois de la noble province, avant sa réunion complète et définitive au royaume de France. — S'il vous plaît, nous parlerons très-simplement, en peu de mots, et sans affecter plus de science qu'il ne convient, des *nobles*, des *bourgeois* et des *paysans*.

« Il n'y a, disent les lois d'Hoël, que trois conditions dans la Cam-
« brie : la condition de comte ou brenin, celle de noble et celle de
« vassal non noble. »

Il en était de même dans l'Armorique. Depuis l'arrivée des Bretons insulaires, chaque petite principauté (comté) de l'Armorique était gouvernée par un chef qui tenait son autorité immédiate des seigneurs inférieurs (barons), qui de leur côté exerçaient un droit de suzeraineté sur des vassaux nobles ou non nobles. Tout vassal devait obéissance à son seigneur direct; les droits et les devoirs étaient réciproques; c'est là le système féodal. Le savant historien de l'Angleterre, le révérend John Lingard, qui a jeté tant de vives lueurs sur les origines de cette histoire, explique à merveille comment il se fait que le régime féodal se soit établi d'une façon uniforme en Angleterre, dans la Bretagne, en Normandie : « La raison en est très-simple,
« dit-il, toutes ces tribus du Nord sont sorties de la même souche;
« leurs institutions, quoique modifiées par le temps, le climat et les
« événements, avaient entre elles une grande ressemblance, et les
« coutumes du vainqueur s'amalgamaient aisément à celles des
« vaincus. »

Le régime féodal est expliqué d'une façon très-nette par le savant historien : « De tous les services féodaux, il n'en existe peut-être pas
« un seul dont on ne puisse découvrir quelque trace obscure chez
« les Anglo-Saxons. » Et ceci dit, il explique, dans les plus grands détails, la condition des différents modes suivant lesquels la terre est possédée. La plus honorable de toutes, c'est *la tenure par service militaire*, chaque tenancier en chef restant obligé envers le souverain d'avoir sous sa bannière un certain nombre de cavaliers ou de chevaliers toujours prêts à combattre. Ceci était d'ordre public, non-seulement pour les tenanciers laïques, mais encore pour les évêques, pour les corporations cléricales et monastiques. Ce que le prince exigeait de ses tenanciers, le tenancier en chef l'exigeait de ses tenanciers.
« Ainsi toute grande propriété, qu'elle fût tenue par un vassal de la
« couronne ou par un sous-vassal, se divisa en deux portions d'iné-
« gale étendue. Le seigneur se réserva l'une pour son propre usage,
« sous le domaine de son nom, en fit cultiver une partie par les vi-
« lains, en afferma une partie, et en donna une à différents tenan-
« ciers, à toute autre condition que celle du service militaire. Il di-

« visa la seconde portion en plusieurs lots, appelés fiefs de chevaliers,
« et donnés à des tenanciers militaires, avec l'obligation de servir à
« cheval, à sa réquisition, le temps accoutumé. » Et plus loin : « Le
« serment de féauté était attaché à toute espèce de tenures, même aux
« plus basses. Le tenancier militaire avait ce serment, qu'il disait dé-
« sarmé, tête nue, à genoux : *Ecoutez, monseigneur! Je deviens votre*
« *homme-lige, de vie, de mort et de révérence terrestre, et je vous garde-*
« *rai foi et fidélité à la vie, à la mort!* — D'abord, l'autorité du sou-
« verain ne pouvait atteindre les sous-vassaux qu'en passant par leur
« seigneur, qui seul avait juré obéissance au souverain, les vassaux ne
« croyant pas faillir en l'assistant en ses guerres et rébellions con-
« tre son suzerain. Mais plus tard, la loi féodale fut modifiée, et les
« francs-tenanciers des vassaux immédiats du prince furent obligés
« au serment de féauté. — Outre le service en temps de guerre, les
« tenanciers de la couronne devaient se rendre à la cour du prince
« aux trois grandes fêtes de l'année; dans ces assemblées, les sei-
« gneurs délibéraient ensemble sur toutes les questions qui intéres-
« saient le bien de l'État; ils concouraient, avec le souverain, à faire
« ou à modifier les lois, et formaient le plus haut tribunal de l'État. »

Voilà comment les barons, ou seigneurs de fiefs, devinrent par la force même du lien féodal, les conseillers-nés du souverain dans toutes les affaires d'intérêt général. Les rois ou ducs de Bretagne, aussi bien que les princes saxons eux-mêmes, ne pouvaient lever aucun impôt sur les hommes de leurs grands feudataires, sans le consentement formel des grands feudataires. Ces derniers, de leur côté, ne pouvaient imposer leurs vassaux qu'avec la permission du prince. Ces garanties accordées à tous expliquent suffisamment l'union qui, jusqu'à la révolution française, avait toujours régné entre toutes les classes du peuple breton.

« Les gens du peuple en Basse-Bretagne, dit M. Augustin Thierry,
« n'ont jamais cessé de reconnaître dans les nobles de leur pays les
« enfants de la terre natale; ils ne les ont jamais haïs de cette haine
« violente que l'on portait ailleurs à des seigneurs de race étrangère;
« sous ces titres féodaux de barons et de chevaliers, le paysan bre-
« ton retrouvait encore les tierns et les mactierns des premiers temps
« de son indépendance. »

En effet, jusqu'en 1790, les rapports les plus intimes ne cessèrent d'exister entre les gentilshommes bretons et les habitants des campagnes. « C'était une race à part, dit Cambry lui-même, que ces nobles

« campagnards, à qui toute ambition était presque inconnue. » La plupart cultivaient le champ paternel à la sueur de leur front, et ils ne quittaient leur pauvre manoir que pour aller combattre les Anglais ou discuter aux états les intérêts du pays.

Les beaux esprits se sont moqués, avec la grâce des beaux esprits oisifs, de ces humbles gentillâtres qui s'en allaient à Rennes, mal vêtus de l'habit à longues basques qu'avait porté leur grand-père, mal armés de la rapière rouillée qui avait servi à leur trisaïeul ; les beaux esprits ont eu tort de tant se moquer : ces vieux habits recouvraient d'honorables et fières poitrines, sous ces lambeaux battaient de nobles cœurs ; la vieille épée suspendue au foyer domestique pouvait attester le courage des ancêtres et la ferme volonté des enfants. *Noblesse oblige*, telle est la devise de cette noble race de gentilshommes laboureurs. Ils disaient encore : *Vis où tu peux, meurs où tu dois !* — Ils étaient pauvres, mais ils avaient précieusement maintenu les droits du sol et de la naissance. Ils n'avaient pas fait comme les gentilshommes d'Angleterre dont parle John Lingard : « Les plus petites baronnies s'étant « divisées et subdivisées par mariages et transmissions héréditaires, « ils s'exclurent eux-mêmes des assemblées de leurs collègues. » Au contraire, les nobles Bretons, en dépit même de leur pauvreté, se retrouvaient partout au besoin ; à l'armée et pleins de courage, dans le conseil de la province, pleins d'énergie et de sagesse ; même plus d'une fois on a vu ces gentilshommes sans habit tenir tête aux plus fiers barons de la Bretagne. Un jour entre autres que l'un d'entre eux assistait à une réunion présidée par le vicomte de Léon (Rohan), celui-ci ayant témoigné quelque étonnement de ce qu'un Kersauzon (c'était le nom du pauvre gentilhomme) se fût rendu à la *montre* en sabots, et quasi en costume de laboureur, « Vicomte de Léon, lui « répondit ce dernier, vous êtes plus riche et plus puissant que moi, « mais je suis d'aussi vieille roche que vous ! »

Les anciens bourgeois de Bretagne n'étaient pas moins dévoués à la sainte cause du pays ; au premier signe, le père de famille se faisait soldat, et ses colères étaient terribles.

De toutes les cités armoricaines, la moitié à peu près appartenait aux ducs de Bretagne, l'autre moitié à des seigneurs laïques ou ecclésiastiques. Ces villes étaient de véritables forteresses soumises à l'autorité militaire ; néanmoins, elles avaient toutes, et cela de temps immémorial, un conseil de bourgeois chargé de veiller aux intérêts communs des habitants. D'ordinaire, ce conseil se composait d'un syndic, d'un miseur, d'un contrôleur de deniers et de six conseillers. Toutes les charges municipales étaient remplies indistinctement par le clergé, par la noblesse, par les bourgeois.

Le mot *commune* n'a été connu en Bretagne que depuis la réunion de ce duché à la France ; en effet, depuis l'établissement des paroisses dans la péninsule, toute église paroissiale avait son conseil de fabrique, et ce conseil de fabrique formait une véritable administration municipale. Dès l'an 1000 (c'est-à-dire près de deux siècles avant l'époque où l'on place l'établissement des communes), nous voyons les bourgeois de Rennes se réunir dans l'église de Saint-Pierre, et décréter un impôt sur les vins, auquel impôt le comte lui-même restait soumis.

Bien que la qualification de roturier (*homo roturarius*) fût appliquée à toute la classe des non nobles, la loi même reconnaissait un moyen terme entre le noble et le roturier. C'est ainsi qu'il est fait mention, dans la très-ancienne *Coutume de Bretagne*, « *de bourgeois de noble anceterie qui ont accoustumé de vivre honnestement et de tenir table franche comme des gentilshommes.* »

Au seizième siècle, les riches bourgeois de Bretagne qui, pour la plupart, prenaient le titre de *nobles hommes*, vivaient, dit le chanoine Moreau, *en logis plus beaux que ceux de gens de qualité, ayant de beaux ménages et buvant dans de magnifiques hanaps d'argent doré.*

Au quinzième siècle (1425), ces bourgeois aux façons si relevées le disputèrent à la noblesse en ardeur militaire et en dévouement au pays. Les Malouins, pour faire lever aux Anglais le siége du Mont-Saint-Michel, équipèrent à leurs frais trente vaisseaux. L'ennemi fut battu ; et, pour reconnaître ce service, Charles VII exempta Saint-Malo *de tous impôts durant trois années.*

Ce fut surtout pendant la Ligue, comme vous le verrez tout à l'heure, que les municipalités de la Bretagne se signalèrent par leur énergie. Les registres des villes de Quimper, de Saint-Brieuc, de Saint-Malo, de Morlaix, nous offrent des peintures pleines de vie de cette grande époque de guerres religieuses. On sait que toute la Bretagne, nobles, bourgeois et paysans, se leva en masse pour combattre le calvinisme ; Saint-Malo se distingua, entre les cités bretonnes, dans cette lutte ardente contre l'hérésie. A la première nouvelle de l'assassinat de Henri III, les Malouins signifièrent à leur gouverneur, catholique peu zélé, qu'ils aviseraient eux-mêmes aux moyens de défendre leur ville contre les entreprises des huguenots. Un conseil extraordinaire fut en effet organisé, et son chef investi d'une sorte de dictature. Ce n'est pas tout : comme ils venaient d'apprendre que le comte de Fontaines entretenait des intelligences avec *les royaux*, les bourgeois, dans une assemblée générale, décidèrent qu'une attaque serait tentée contre le château. Cinquante-cinq matelots, les plus courageux et les plus braves, furent choisis pour accomplir cette entreprise difficile. En effet, quand la nuit fut venue, ces braves gens, au moyen d'une corde, se glissèrent sur la plate-forme du château, et le château fut enlevé en moins d'une heure par ces hardis marins [1].

Les bourgeois de Morlaix n'étaient pas moins dévoués aux intérêts de leur ville que ceux de Saint-Malo.

Un jour que le duc d'Étampes visitait les batteries de la côte de Morlaix, l'un des notables bourgeois de cette ville l'aborda et lui dit : « Monseigneur, vous pouvez voir le grand coustage qu'ont les habi-« tants de Mourlaix et ceux qui sont sur la coste de cette rivière, d'estre « ainsi contraints de feure le guet et mener de la ville artillerye et « munitions pour empescher la descente de l'ennemi. S'il vous plai-« soit moyenner du roy, en fabveur des habitants de ladite ville et « pays circonvoisins, congié de bâtir un fort sur ce rocher que voyez à « l'entrée du havre, ce seroit relever la ville d'un grand ennui et « coustage. »

La permission fut en effet accordée par le roi, et le château du Taureau fut bâti aux frais de la communauté de la ville de Morlaix (1542). C'étaient les habitants qui choisissaient, en assemblée générale, le gouverneur de la forteresse. Une somme de deux cents livres tournois fut assignée pour solde au sire de Kermelec, qui, le premier, fut chargé de garder ce poste important. C'est ce même château du

---

[1] On lit encore, à propos de cette action courageuse, et entre autres récompenses accordées à la ville de Saint-Malo, le document que voici, fidèlement transcrit dans les Archives de Saint-Malo :

PERMISSION ACCORDÉE PAR PHILIBERT DE LA GUICHE, GRAND-MAITRE DE L'ARTILLERIE DE FRANCE, AUX HABITANTS DE SAINT-MALO.

Nous, Philibert de la Guiche, chevalier des ordres du roi, conseiller d'État, capitaine de cent hommes d'armes, et grand-maître de l'artillerie de France, après avoir veu certain cahier et estat de remontrances, faites à Sa Majesté par les habitants de la ville de Saint-Malo en Bretagne, arresté au conseil de Sa Majesté et par lequel, entre autres choses, elle leur a permis et permet de faire fondre le nombre de cent pièces pour servir, tant pour la garde et conservation de ladite ville et chasteau de Saint-Malo et l'obéissance de Sa Majesté, que pour armer plusieurs navires et vaisseaux appartenants auxdits habitants, à cette cause, nous, etc., etc.

Signé LA GUICHE.

Taureau (*Castel-an-Taro*) repris en sous-œuvre par M. de Vauban, qui y fit ajouter une batterie basse à fleur d'eau. Le gouverneur choisi devait prêter serment au pied de l'autel dans l'église du Mur, en recevant l'épée des mains du premier magistrat municipal. Ce privilége, unique dans notre histoire, d'une communauté de ville exerçant un droit souverain dans une place frontière uniquement défendue par des bourgeois, n'a été aboli que sous Louis XIV.

Maintenant il nous reste à parler des paysans ; parlons-en avec respect. C'est la classe la plus nombreuse, c'est la partie de la Bretagne qui est restée entièrement bretonne. Ils ont leur place bien méritée dans l'histoire des hauts faits de notre province : nous les retrouverons bientôt; voici cependant ce qu'on en peut dire, politiquement parlant.

L'administration des communes, ou, pour mieux dire, des paroisses rurales, en Bretagne, était confiée aux notables, c'est-à-dire aux *fabriqueurs* chargés de gérer les intérêts de l'église. Ces notables formaient un corps délibérant, ou assemblée, auquel le seigneur du lieu pouvait envoyer des délégués, mais non pas assister en personne. Chaque paroisse avait ses règlements particuliers. — Les *fabriqueurs* administraient à la fois les intérêts de l'église et les intérêts bien distincts de la commune. « Dans ce dernier cas, les fonctions de tréso-
« rier consistaient à gérer, sous le contrôle d'une assemblée de douze
« notables, toutes les affaires relatives aux droits de la paroisse sur
« les bois communaux, sur les gouesmons et les pêcheries ; à dres-
« ser les rôles relatifs à la répartition de l'impôt (à *l'esgail*), aux le-
« vées de deniers nécessaires à la réparation de l'église, lorsque les
« fabriques manquaient d'argent; à régler la pourvoyance des enfants
« trouvés, du fruit des *filles engrossées* ; enfin à veiller au soulagement
« des pauvres de la commune et à l'entretien de l'école chrétienne.»

La très-ancienne Coutume de Bretagne, rédigée vers l'an 1330, renferme quelques lignes curieuses sur le soin apporté par les *fabriqueurs* de nos anciennes paroisses rurales à la *pourvoyance* des orphelins et des enfants trouvés.

Telle fut, aux époques les plus reculées, l'organisation de la commune rurale en Bretagne. Les habitants des campagnes comptaient, dès lors, pour quelque chose dans le gouvernement du pays. En l'an 1089, le cartulaire de Redon nous montre des paysans (*ruricolæ*) assistant avec des chevaliers et des bourgeois à un jugement important. En 1150, le baron de Fougère réunit autour de son lit de mort ses vassaux nobles, ses bourgeois et ses paysans.—Ces *rustiques* cultivaient leurs terres à l'ombre du château, féodal qui devait leur servir de refuge en temps de guerre. La plupart étaient en quelque sorte associés aux droits du propriétaire foncier, par *l'usement à domaine congéable*. On appelle en Bretagne domaine congéable, ou *cessement convenancier*, un contrat synallagmatique par lequel le propriétaire d'un héritage, tout en s'en réservant le fonds, transporte la propriété superficiaire au colon, moyennant une redevance qui est fixée, avec faculté perpétuelle au foncier de *congédier* le premier, en lui remboursant la valeur *des édifices, superficies et améliorations faites à la terre*.

D'où suivent :

1° La division de l'héritage en deux parties : le fonds d'une part, et d'autre part, les édifices et superficies et la propriété de chacune de ces parties, placés en des mains différentes ;

2° La réserve, au profit du propriétaire foncier, d'une rente ou redevance que doit lui servir le colon, appelé à jouir de tout l'héritage ;

3° La faculté, pour le propriétaire du fonds, d'évincer le propriétaire *édificier*, en lui remboursant la valeur de toutes les améliorations faites au domaine avec son consentement.

Ce singulier contrat régissait autrefois et régit encore par une exception assez étrange, et que l'on explique de bien des façons différentes [1], les comtés de Vannes, de Cornouailles et de Tréguier, c'est-à-dire la plus grande partie de la Bretagne armoricaine. Voici quels étaient les droits des colons ou *domaniers* et de leurs héritiers.

---

[1] Le système de propriété dont nous parlons ici a soulevé dans les derniers temps des opinions fort contradictoires. Dès le règne de Henri II, roi de France (1556), un décret fut lancé portant abolition de la *tenure convenancière*, comme empreinte de servitude. « Le roi, y était-il dit, avait grande hâte de faire disparaître une institution qui emportait si grande incommodité, subjection et servitude à ses sujets. Mais on trouva moyen d'éluder les prescriptions de ce décret. En 1790, ces institutions furent de nouveau attaquées, *comme une servitude plus dure que la féodalité même*, et le 27 août 1792, une loi fut rendue qui abolissait les droits fonciers. Cette loi laissait cependant au foncier une rente annuelle, elle ne lui enlevait que la faculté d'évincer le fermier. Mais dans l'intervalle de 92 à l'an VI, beaucoup de membres très-puissants du gouvernement avaient profité des circonstances pour entrer en possession des droits des seigneurs eux-mêmes. Aussi, le domaine congéable fut-il bientôt rétabli par une loi du 9 brumaire an VI, avec ses conditions onéreuses. Alors, ce droit exorbitant, au dire des orateurs de 90, fut trouvé très-juste, et regardé comme une source de prospérité pour le paysan breton. Le *domaine congéable* a été conservé depuis ; mais, loin d'être une source de prospérité, des personnes que leur position mettent en état de juger avec connaissance de cause le regardent comme une source de troubles et de misères : 1° il a l'inconvénient de soumettre quelques cantons du royaume à une législation spéciale, exceptionnelle, qui n'a été ni revue ni modifiée depuis les temps féodaux ; 2° c'est une source infinie de procès et de ruine pour les colons ; c'est, pour les hommes de loi seulement, une mine d'or qu'ils exploitent à leur profit ; 3° le plus grand mal dans tout cela, c'est que, dans la Bre-

Les colons avaient pour propriété les bâtiments, les clôtures, les arbres fruitiers, les bois blancs, les émondes des chênes plantés sur les fossés, l'herbe des pâturages, le travail présumé de l'aplanissement des prairies, les engrais actuellement enfouis dans les champs, les pousses d'herbes, les bruyères, ajoncs, en un mot toutes les productions quelconques attribuées, non pas à la nature du sol, mais à l'industrie des colons.

Les héritiers *du domanier* arrivaient à sa succession, suivant le mode des usements; ce mode d'usement donnait des droits égaux à tous les enfants, quel que fût leur sexe. Toutefois, il n'en était pas ainsi en Rohan, où l'usement attribuait la tenure au dernier des enfants, ni en Goëllo, où l'aîné, roturier, recevait comme avantage la treizième part de l'héritage paternel. Le propriétaire foncier avait la faculté de congédier le colon, mais non pas sans l'indemniser de sa propriété superficiaire; le colon pouvait vendre ou affermer sa tenure.

D'où il suit que, dans le domaine congéable, il y avait bien réellement deux propriétaires : celui du fonds, le propriétaire possesseur primitif; et celui des superficies (était *superficie* non-seulement le mur, la maison bâtie, l'herbe et les broussailles, et le fumier, mais le sillon même tracé par la charrue), le propriétaire qui pouvait être congédié après indemnité. Quelle avait été l'origine de cette institution? Beaudoin de la Maison-Blanche, qui a traité cette question difficile en jurisconsulte et en historien, pense, d'une façon très-probable,

tagne, en vertu de cette coutume, il est bien peu de propriétaires qui soient bien certains de n'être pas, un jour ou l'autre, forcés de vendre leur propriété. Dans les cantons soumis au domaine congéable, tout était régi autrefois par ce système. Or, les droits du foncier sont imprescriptibles. Une terre sur laquelle on n'a payé aucune redevance depuis plusieurs générations reste soumise au droit foncier, s'il vient à se rencontrer, par hasard, quelque titre qui la range dans la catégorie des *domaines congéables*. Aussi existe-t-il en Bretagne des gens qui font métier et profession de rechercher, dans les archives publiques ou particulières, ces titres de propriété, et l'on cite de grandes fortunes acquises par ce moyen ; 4° une dernière et grave considération, c'est que le *domaine congéable* est nuisible à l'agriculture, le colon redoutant comme une ruine la *plus-value* du champ qui le nourrit. La terre sur laquelle il ne paie qu'une faible redevance, il craindra de l'améliorer, dans la crainte d'en être évincé aussitôt que le produit se trouvera hors de proportion avec la *rente foncière*. Il ne peut aussi ni bâtir, ni faire des améliorations considérables, sans une permission expresse du foncier, et celui-ci la refuse presque toujours, afin de n'avoir pas à faire un grand déboursé, s'il veut, plus tard rentrer dans la complète possession d'une terre ainsi divisée. La plupart du temps on se contente pourtant d'un droit de commission exigible tous les neuf ans, et qui anéantit, ou à peu près, le revenu des *droits superficiels* du colon; et même l'amour du Breton pour son pays natal et le titre de propriété qu'il tient de ses pères, quelque chimérique qu'elle soit devenue, le portent souvent à accepter des conditions que tout fermier refuserait comme trop onéreuses.

que ce fut l'arrivée des insulaires, chassés par l'épée des Saxons au cinquième et au sixième siècle, qui donna naissance à ce genre d'usement. A en croire ce savant homme, et il a dépensé à ce travail bien de l'attention et de la science, les nouveaux venus auraient reçu de leurs frères, précédemment établis dans l'Armorique, une certaine quantité de terres incultes, en qualité d'*hospites* (*hospitalité* très-grande en effet), et la concession de cette obligation aurait été l'obligation imposée au colon de payer une redevance au propriétaire foncier; le propriétaire foncier, moyennant une indemnité suffisante, restant toujours le maître de rentrer dans sa terre.

Cette hypothèse nous paraît, en effet, d'autant plus fondée, que nous trouvons des exemples à peu près analogues chez les Francs établis dans les Gaules, tout comme nous en avons trouvé chez les Normands de l'Angleterre[1]; en effet, tel qui avait été favorisé dans le partage de la conquête, s'estimait heureux d'abandonner quelque bonne part de ces immenses et inutiles domaines à qui les voulait cultiver.

Quoi qu'il en soit, c'est à l'établissement du domaine congéable que la Bretagne doit en partie sa colonisation. C'est peut-être aussi à cet usement qu'il faut attribuer l'esprit de propriété qui distingue le Breton, et cette fixité de coutumes locales qu'on ne retrouve nulle part ailleurs.

A côté du domaine *congéable*, arrivait le système féodal et son triste cortége de corvées, tailles, *suite* de moulin, four banal, dot de la fille aînée, rachat du seigneur prisonnier de guerre, et les façons infinies d'imposer l'homme et la terre. Sous ce rapport, la Bretagne n'était pas mieux partagée que la France; distinguons cependant ces deux modes de la propriété féodale, particulières à cette province; à savoir, l'*usement de quévaise* et *l'usement de mothe*. La quévaise se rattachait principalement aux établissements religieux. Le quévaisier tenait sa terre en bon état, avec défense expresse de rien ajouter à sa propriété primitive, à moins qu'il ne consentît à perdre la première. Il était obligé à résidence; absent depuis un an et un jour, il perdait sa tenue. On peut donc appeler le *quévaisier*, sans lui faire injure, *attaché à la glèbe, adstrictus glebœ.* Il ne pouvait vendre, aliéner, échanger, louer sa terre, sans l'autorisation expresse du seigneur, et encore si le seigneur consentait, le seigneur rentrait de droit dans le tiers du prix de la vente. Entre autres conditions onéreuses, le *quévaisier* faisait les

---

[1] Voir notre chapitre VI, *de la Normandie*.

foins à l'abbaye, et transportait à ses frais et risques toutes les provisions. Il avait la charge de charrier les bois et les pierres nécessaires à la réparation ou aux constructions nouvelles de l'abbaye. On cite, par exemple, les moines de Bégard, qui, à l'aide de leurs *quévaisiers*, firent construire le mur d'enclos qui renfermait le parc et la forêt. A la mort du *quévaisier*, le plus jeune de ses enfants héritait de la *quévaise*, à l'exclusion des collatéraux. A défaut d'héritier direct, la terre faisait retour au seigneur féodal. — Quant à *l'usement de mothe*, le vassal *mothoyer*, tout aussi bien que le *quévaisier*, ne pouvait ni louer, ni délaisser, ni vendre, ni louer sa terre; s'il mourait sans enfant mâle, les filles n'héritaient pas de leur père, et la terre revenait au seigneur. L'homme *mothoyer* ne pouvait devenir clerc ou demander la tonsure sans la permission de son seigneur. On pourrait joindre à ces tenues, *les taillis*; le tenancier tailli était obligé de rester un an et un jour au château du seigneur, pour faire tous les services desquels il était requis. C'est là encore un genre de servitude que nous trouvons avoir existé en Angleterre, témoin cette histoire du temps du roi Henri VII: Un jour que le roi Henri prenait congé du comte de Lancastre, dans son château de Birmingham, le roi se vit entouré d'un grand nombre de serviteurs et de vassaux à la livrée du comte. « Milord, dit le « roi, votre hospitalité va plus loin encore que tout ce qu'on en ra-« conte. Ces bons gentilshommes et tenanciers que je vois à côté de « moi, sont à coup sûr vos domestiques? » Le comte répondit avec un sourire : « Sous le bon plaisir de Votre Grâce, ce sont, pour la « plupart, mes vassaux, venus à cette époque pour me servir. » A cette réponse le roi s'étonne : « Sur ma foi, milord, dit-il au comte, je « vous sais gré de votre bon accueil, mais je ne dois pas souffrir que « mes lois soient enfreintes sous mes yeux. Il faut que mon procureur « s'arrange avec vous. » Le roi faisait allusion au statut de son premier règlement qui relevait les vassaux du service domestique. En conséquence, le comte de Lancastre fut condamné à payer une amende énorme de dix mille livres. Ces vassaux porte-livrée, c'étaient les *taillis* du comté de Lancastre.

Au reste, les usements n'étaient pas les mêmes dans toutes les parties de la Bretagne. Il y avait l'usement du pays de Bro-Erech, l'usement de Cornouailles, de Goëllo, de Rohan, de l'ancien comté de Poher, autant d'institutions antérieures au seizième siècle, plus dures dans le fond que dans la forme, modifiées par l'usage, par la bienveillance du seigneur, par l'esprit chrétien de ces campagnes; —et d'ailleurs ces campagnes étaient si éloignées de tout débouché! Les habitations étaient séparées l'une de l'autre par de si grandes distances! Pas de routes, pas de fabriques, une mer sans navires, un peuple pauvre et simple attaché au sol et content, pourvu qu'il eût le pain de chaque jour; ce qui vous explique comment *le quévaisier, le mothoyer, le tailli, le tenancier* à domaine congéable, devaient rester si longtemps, sinon les propriétaires, du moins les paisibles usufruitiers d'un sol auquel le propriétaire demandait tout au plus une faible rente chaque année, le droit de chasse, le respect, la reconnaissance et l'honneur de cette famille qui naissait, qui vivait, qui mourait et se renouvelait sur son sol [1].

[1] Et encore cette raison poétique que dit Bussy, écrivant à M. le marquis et à madame la marquise de Sévigné, dans leur château des Rochers :

> Salut à vous, gens de campagne,
> A vous, *immeubles* de Bretagne,
> Attachés à votre maison
> Au delà de toute raison.

CHAPITRE XV.

François Ier. — Il gagne à la France les États de Bretagne. — Bataille de Pavie : le jeune dauphin François, duc de Bretagne, et son jeune frère, sont remis en otage à l'empereur Charles-Quint. — Histoire de la comtesse de Chateaubriand. — Couronnement du dauphin comme duc de Bretagne. — Sa mort. — Le roi François Ier cède au nouveau dauphin l'usufruit de la Bretagne. — Du parlement de Bretagne. — La réforme. — La Ligue. — Prétentions du duc de Mercœur sur le duché de Bretagne. — M. de La Noue. — Les Espagnols et les Anglais en Bretagne. — Les crimes et le supplice de Fontenelle. — Abjuration de Henri IV. — La Bretagne passe au roi de France. — Mercœur se rend au roi. — Gabrielle d'Estrées. — Henri IV en Bretagne. — Son entrée à Nantes. — Édit de Nantes. — Henri IV à Rennes. — M. de Sully. — Paix de Vervins. — 1515-1598.

Par le mariage de la fille de François II, Anne de Bretagne, d'abord avec le roi Charles VIII, et, au défaut du roi Charles, avec le roi Louis XII, la Bretagne se trouvait réunie à la France; mais la Bretagne, ce n'était pas encore la France. Par ses lois, par ses mœurs, par sa langue, par sa noblesse, par ses paysans, par son clergé, par la volonté même de la reine Anne et les dispositions qu'elle avait faites, la Bretagne était restée le duché dont nous avons raconté l'histoire, autant du moins qu'il était en nous de la dire. C'était un royaume dans un royaume, et ce royaume avait le grand désavantage d'appartenir au roi de France à un titre tout différent que la France même. La Bretagne fit partie du domaine de François Ier, non pas parce qu'il était l'héritier de Louis XII, d'après la loi salique, mais parce qu'il était le mari de la princesse Claude, fille aînée de la reine de France, *duchesse* de Bretagne. Situation mauvaise, remplie de périls, qui pouvait entraîner l'avenir en mille complications qu'il s'agissait d'éviter.—François Ier fit tous ses efforts pour régulariser cette conquête du temps, de la paix et de la guerre.

Pour bien commencer, et afin de rendre irrévocable désormais la réunion de la Bretagne à la France, le roi demande à Claude, sa femme, un acte authentique par lequel, « en considération de la grant amour et délection du roi son mari, et de la promesse par lui faite de se charger du mariage de Renée (seconde fille de Louis XII et d'Anne de Bretagne), elle cède et remet le duché audit roi, pour en jouir sa vie durant, et être réputé vrai duc de Bretagne. » Quelques mois après, la reine fit au roi son mari une donation plus explicite encore que la première : elle lui céda, à lui et à ses successeurs, l'entière souveraineté de la Bretagne (28 juin 1515); puis, comme il craignait toujours que la validité d'une semblable donation ne fût contestée par une nation superbe et peu disposée à reconnaître la domination étrangère, le roi voulut donner à cette réunion définitive un caractère libre et national. — A ces causes, il interrogea avec mille déférences les désirs, les volontés, les ambitions du parlement de Bretagne, et quand une fois il se fut assuré de la majorité des hommes parlementaires, il convoqua les états à Vannes (1532). Dans cette assemblée, les députés gagnés à la cause du roi proposèrent d'appliquer au duché de Bretagne les mêmes principes qui servaient de règle à la transmission de la souveraineté pour les autres provinces du royaume. Là-dessus, grands débats, longues contestations, répugnances violentes de la part d'une minorité indomptable. Mais, enfin, nous étions les maîtres; nous avions pour nous le plus grand nombre; nous avions l'amour et les volontés de la reine : il fallut se soumettre, il fallut obéir. Ce fut alors que le parlement même fit demander au roi « qu'il lui plût unir et joindre perpétuellement lesdits pays et duché de Bretagne avec le royaume de France. » L'habile requête fut accueillie comme elle devait l'être. Par un édit royal du mois d'août suivant, François Ier déclara que la Bretagne était et demeurerait irrévocablement incorporée au royaume, « de sorte qu'ils ne puissent être séparés ne tomber en divorce, pour quelque chose que ce puisse être. » Depuis ce jour, on n'entendit plus guère parler de madame Claude que pour apprendre qu'elle était morte (1524), laissant, entre autres enfants de son lit, un dauphin qu'elle-même, dans son testament, elle désignait comme l'héritier de son duché de Bretagne. Madame Claude se montre à peine dans cette histoire, toute préoccupée des élégances, des tumultes, des triomphes et des revers du seizième siècle. On ne peut comparer la noble et obéissante héritière du duché de Bretagne qu'à la première femme du roi Louis XII, la princesse Jeanne, modeste, résignée, chrétienne. Madame Claude fut pourtant une reine féconde; elle donna cinq enfants à la France : Louise (19 août 1515), Charlotte (23 octobre 1516), François, dauphin de Viennois (28 février 1518), nés au château d'Amboise; et à Saint-Germain en Laye, Henri (31 mars 1519), Madeleine (10 août 1520). Ainsi la lignée de Bretagne reste jusqu'à la fin entourée d'honneurs et de respects. — Il faut avouer que le bonheur de François Ier est étrange : sa femme lui donne la Bretagne et cinq enfants; sa mère l'entoure de tendresse et de respects : « Mon roi, mon seigneur, mon bien et mon fils, » disait Louise de Savoie, dans un légitime transport d'amour maternel. Son enfance s'était passée heureuse, honorée, superbe, dans le château d'Amboise; il avait eu pour son compagnon Robert de La Marck, le fils du *sanglier des Ardennes;* pour gouverneur, le maréchal de Gié, emporté, colère, ambitieux, ardent à combattre. La salamandre disait vrai : « *Je me nourris dans le feu, et j'y meurs!* » Beau jouteur, cavalier intrépide, habile à tous les exercices du corps, tel il était. Il grandit sous les yeux du roi Louis XII, sous le regard quelque peu sévère d'Anne de Bretagne. Pour décrire sa vie, il faudrait que « Dieu fît ressusciter Cicéron pour le latin, et maistre Jehan de « Meung pour le français. » Quand le roi Louis XII eut perdu ses deux fils, Louis XII les remplaça dans sa tendresse par le jeune duc d'Angoulême et par Gaston de Foix, duc de Nemours, mort si vite et si jeune (bataille de Ravenne, 18 mai 1514). Le mariage du duc François avec madame Claude de France, la fille adorée du roi et de la reine de France, semblait avoir mis le comble à cette rare fortune. François, en attendant le trône de France, qui ne devait pas lui manquer, possédait par lui-même le duché de Valois, le comté d'Angoulême; et du chef de sa femme, la Bretagne, les comtés d'Ast, de Blois, d'Etampes, de Vertus, Coucy et Montfort-l'Amaury. — Que de bonheurs sur une seule tête! La gloire vint plus vite encore que la toute-puissance. Ce jeune homme fit ses premières armes en compagnie des plus vaillants capitaines, contre le père de don Pèdre de Tolède, le père du duc d'Albe; — et à vingt ans il était roi de France (1ᵉʳ janvier 1515). Après quoi il avait gagné la bataille de Marignan, *ce combat de géants!* Ce jour-là, la chevalerie française prit sa revanche de la journée des Éperons, revanche complète, glorieuse, éclatante. L'armée battit des mains au courage de ce jeune monarque qui portait si dignement cette couronne, cette armure, cette vaillante épée, cette cotte d'armes semée d'azur et de fleurs de lis d'or. — Pour comble d'honneur, le roi François Iᵉʳ, sur le champ même de la bataille, fut fait chevalier par le chevalier *sans peur et sans reproche*. — « Certes, disait Bayard, ma bonne épée, vous êtes bien heureuse, vous serez moult comme relique gardée et serez toute autant honorée, » et puis après remit au fourreau son épée. — Et encore cette rare fortune que François Iᵉʳ a partagée avec le roi Louis XIV, — d'avoir été le roi d'un grand mouvement littéraire, le roi des peintres, des poëtes, des artistes, des élégantes amours, roi de *la Renaissance*, au même titre que Léon X et à la même heure! Léon X et François Iᵉʳ voulurent se connaître et se regarder face à face, et ce fut dans cette entrevue, à Bologne, que Florence fut donnée aux Médicis. A Bologne fut signé, entre le pape et le roi de France, le célèbre concordat auquel s'opposèrent vainement le clergé, le parlement et l'université de France; par ce concordat, le roi se réservait le droit de désigner au choix du pontife les prélats, les abbés, les évêques, tous les dignitaires de l'Église dans le royaume de France. Il était temps de chercher quelque réforme utile à l'Église, car dans le lointain grondait Luther, et déjà le roi d'Angleterre Henri VIII s'abandonnait à ces passions sanguinaires d'où devait sortir un si grand schisme. Heure solennelle et féconde entre tous les instants de l'histoire! L'empereur Charles-Quint venait de monter sur le trône, empereur et roi de tant de royaumes sur lesquels le soleil ne se couchait jamais; l'Amérique appelait toutes les âmes et tous les courages. C'est le règne des aventures, des tentatives, des hasards illustres, des grandes batailles; le Mexique et le Pérou remplissent d'or et d'argent l'Europe étonnée; les mers se couvrent de vaisseaux; le cap des Tempêtes a fait taire son géant Adamastor; les colonies recommencent comme au beau temps de la Grèce, mais bien plus loin et tout à l'extrémité d'un océan sans rivages. Que de mouvement! que de batailles! quelles révolutions sans nombre! Les Pays-Bas domptés, les Flandres écrasées sous les armes de France et d'Autriche, les temps féodaux ressuscités un instant dans leur magnificence, *au camp du Drap-d'Or*, quand se rencontrent François Ier et Henri VIII. Nous vous disons en courant tous ces miracles, afin que vous sachiez tout à fait où vous en êtes. — Bientôt cependant—c'est la vanité des choses humaines!—les beaux jours de François Ier se couvrent de nuages. Car à côté du roi se tenait Charles, sire et duc de Bourbon, connétable de France à vingt-six ans, le chef de cette illustre maison de Bourbon, qui, avant la trahison du connétable, n'avait rien à envier à la maison de Valois. Le connétable de Bourbon, le fils de la dame de Beaujeu, avait lutté de courage avec le roi François Ier, et plus d'une fois il avait primé la renommée de son royal cousin. — Comme il était jeune, et beau et brave, madame d'Angoulême, la mère du roi, avait aimé le connétable de Bourbon; dédaignée, la reine mère avait réclamé les terres et fiefs de Suzanne de Bourbon, duchesse de Beaujeu, et en même temps on avait préféré le comte d'Alençon au connétable pour commander l'armée d'Italie. — Ce fut alors que l'empereur Charles-Quint souffla dans cette âme ardente et vindicative ce violent désir de vengeance qui pensa tout perdre.—Cette fois encore on en revenait à démembrer la France, à détacher du royaume les anciens fiefs; l'Angleterre devait reprendre le Poitou et la Guyenne; Charles-Quint la Bourgogne; Charles de Bourbon aura le Bourbonnais et Moulins pour sa capitale en toute souveraineté, avec la main de la reine veuve de Portugal, la propre sœur de Charles-Quint; même Henri VIII ne renonçait pas à réclamer la tête du roi de France. A ces préparatifs immenses, le royaume de France trembla comme s'il allait crouler. — L'invasion suivit de près la menace; les Anglais, les Flamands, les Espagnols, c'était à qui tomberait sur ce royaume envié des rois. L'empereur Charles-Quint arrivait en personne, et avec lui le duc d'Albe; les Vénitiens eux-mêmes, les Vénitiens, qui avaient décidé de Marignan, abandonnèrent la cause de la France; le chevalier Bayard tombait sous l'arquebuse des soldats de Bourbon, et son dernier regard faisait pâlir le connétable! — Arriva enfin la journée de Pavie : le sang, les morts, le ravage, la noblesse de France qui rappelle les hauts faits d'armes des combats de chevalerie, et dans ces débris, dans ces fondrières, le pied dans le sang, le front dans la poudre, l'épée au poing, la cuirasse percée de coups, entouré de blessés, de mourants et de morts, François Ier, qui veut mourir comme un roi, comme un héros!—Il fallut tuer son cheval et jeter le cavalier par terre, — et le roi ne se rendait pas! — et toute une armée lui criait : *Rendez-vous!* il gardait son épée! Il fallut enfin envoyer querir le marquis de Lannoy, qui reçut à genoux cette épée dont la poignée vagabonde, gardée à Madrid dans le trésor des rois d'Espagne, reprise par Napoléon, a disparu dans l'immense naufrage de la famille de l'empereur (14 février 1525, un an après la mort de madame Claude, jour pour jour). Ainsi *tout est perdu, fors l'honneur!* Le roi chevalier est le prisonnier de la fédération italienne, ou plutôt de l'empereur Charles-Quint, car c'est à un Espagnol que le roi français a rendu son épée. — François Ier ne sentit sa prison que lorsqu'il fut arrivé à Madrid; alors enfin il comprit quelles portes de fer se refermaient sur lui. — Alors aussi, après cette rude captivité où il n'eut pas d'autres consolations que les lettres de sa mère et la visite de sa noble sœur Marguerite de Navarre, duchesse d'Alençon, le roi, sur le point de succomber à sa douleur, apprit enfin qu'à force de sacrifices de tous genres, les portes de sa prison allaient s'ouvrir. Charles-Quint fit bien d'en finir, car le roi de France avait abdiqué cette couronne royale en faveur du dauphin François duc de Bretagne, son fils, et le fils de madame Claude. « Nous avons voulu, ordonné et consenti que nostre très-cher et « bien-aimé fils François, dauphin, nostre vray et indusbitable « successeur par la grâce divine, né et appelé après nous à la « couronne de France, soit dès à présent déclaré, réclamé, tenu et « appelé roy très-chrétien de France. » OEuvre royale du roi François Ier, cette résolution nettement formulée donna à penser au roi d'Espagne. François Ier fut libre (traité de Madrid 1516), à des conditions impitoyables : Il épousera la sœur de Charles-Quint, Éléonore, veuve du roi de Portugal; — il donnera pour otages le dauphin et le duc d'Orléans, ses fils. — Restitution du duché de Bourgogne, — renonciation de tous ses droits sur Milan, Naples, Gênes, Tournay. — Le duc d'Albret renonce à ses droits sur le duché de Navarre. — Amnistie entière pour le duc de Bourbon et ses partisans. — Le dauphin de France épousera, quand il sera en âge d'être marié, la nièce de l'empereur Charles-Quint, la fille du roi de Portugal. — Le roi de France paiera au roi d'Angleterre les dettes de l'Espagne. — Et sur la rive de la Bidassoa, le roi de France n'eut pas la liberté d'embrasser ses deux enfants, qui s'en allaient, — otages désignés, — prendre les fers de leur père. Mauvaise paix, violente et meurtrière. La France et les provinces protestent, d'un commun accord, contre le rude traité de Madrid. Les états de Bourgogne sont les premiers à déclarer que le roi de France n'a pas pu céder la Bourgogne sans leur consentement formel, et que les Bourguignons ne veulent pas obéir au roi de Castille. C'est que les peuples donnent plus volontiers leur argent que leurs personnes. Dans son parlement, le roi François Ier réunit son clergé, sa noblesse, ses capitaines; les cours de Toulouse, de Bordeaux, de Rouen, d'Aix, de Dijon, sont représentées par leurs députés; les échevins et les prévôts de la ville de Paris ont leur place dans cette réunion politique. Là, le traité de Madrid est discuté comme en un lit de justice; le roi demande à chacun et à tous s'il faut exécuter ce fatal traité; que pour lui, il est décidé de se remettre aux mains de l'empereur, plutôt que de rien faire qui soit contraire à l'honneur de la France. A ce noble discours, le clergé répond par un don de quatorze cent mille livres; les gentilshommes mettent à la disposition du roi leur vie et leur fortune; le parlement, plus net et plus ferme dans son âpre volonté, casse de son plein droit (messire Jean de Selle, premier président de la cour) le serment du roi François au roi d'Espagne, déclarant que ledit serment *est nul, contraint et forcé;* — en même temps, le parlement propose, au nom du royaume de France, deux millions d'or pour payer la délivrance de messires le dauphin et le duc d'Orléans. — C'est l'indépendance parlementaire qui se manifeste dans sa résistance loyale et généreuse. A cette rançon du roi de France, la Bretagne répond qu'elle veut contribuer, mais de bonne volonté, et par pure courtoisie, et non pas au même titre que le reste de la France, et sans dire pour quelle somme elle s'oblige. Bien plus, quand la Bretagne eut complété ce sacrifice d'argent, l'argent resta enfermé et scellé dans un coffre, nul n'en sachant le compte, excepté ceux qui l'y avaient mis. Cet argent avait été mis là par le peuple et par la noblesse de Bretagne. Le clergé refusait de contribuer à la rançon du roi, sans la permission du pape, et cette permission est encore à venir.

Pendant ce temps, le connétable de Bourbon ravageait l'Italie à la tête des plus vils bandits que la guerre puisse ameuter contre les villes civilisées. Ces mécréants, la torche à la main et le blasphème à la bouche, marchaient, cherchant leur proie à dévorer. Songez à cette épouvante! Rome, la cité brillante, réparée par le génie de Léon X, Saint-Pierre de Rome, le Capitole chrétien, l'œuvre de Michel-Ange, tiède encore de ce souffle inspiré qui était l'esprit d'un Dieu, le duc de Bourbon y jette la torche et l'épée! — et puis ce Bourbon, qui porte le nom de traître, dont la flamme a dévoré tant de chefs-d'œuvre, il tombe mort sous l'arquebuse d'un artiste florentin, Cellini! Ainsi le veut la Providence. — Écrasée par la coalition, l'Italie appela à son aide François Ier, le seul roi qui la pût défendre.—On dit que, pour se venger du père, l'empereur Charles-Quint fit subir aux deux otages, aux deux enfants, une captivité plus dure. Ah! madame la reine Anne, que vous aviez bien raison quand vous ne vouliez pas donner votre fille Claude à ce grand *garçon qui devait tout gâter!* comme disait Louis XII, car voici que le petit-fils de madame Claude, un enfant, est traité comme traître et félon! — *Le roy faillit à ses enfants,* dit l'empereur. — Il y eut ici entre les deux rois un duel de comédie, comme si ces intérêts étaient les intérêts de deux hommes et de deux épées! — On se battit en Italie avec des milliers de lances, et des canons et des arquebuses, dans les vieilles plaines du Milanais; on reprit Pavie, comme si en brisant le théâtre on pouvait anéantir le drame; on délivra le pape Clément VII, captif de Charles-Quint, geôlier des rois et des pontifes. — Les Français libérateurs furent appelés des anges.... Tout manqua par le mauvais vouloir de Doria; et enfin cet empereur Charles-Quint et le roi de France, François Ier, se laissent accorder par deux femmes, gardiennes de l'intérêt des deux couronnes : Marguerite de France et Louise de Savoie firent le traité de Cambrai. — La France garde la Bourgogne; les deux enfants-otages sont rachetés au prix de deux milliers d'écus d'or; — Charles-Quint reste le maître de l'Italie; les héritiers du connétable de Bourbon et ses partisans rentrent dans tous leurs biens, droits et honneurs: nouvelle preuve que les crimes d'un grand nombre restent impunis : *Quidquid multis peccatur inultum est.*

Enfin donc l'argent fut envoyé à l'Espagne, car la France entière tenait à honneur de racheter au plus vite la délivrance de ces jeunes enfants. Paris à lui seul donna quatre cent mille écus d'or; qui n'avait pas d'argent fondait sa vaisselle ou la prêtait au roi, — et cet argent bel et bien empilé, compté, encaissé pour le compte du roi d'Espagne, fut pesé écu par écu; alors seulement l'Espagne rendit les deux enfants, qui pleuraient le beau séjour de Fontainebleau, de Saint-Germain, de Chambord. Le roi leur père s'en vint au-devant de ses fils jusqu'à Bordeaux pour revoir plus tôt ces deux princes, les enfants de la reine Claude. — Ce fut dans toute la France comme une délivrance inespérée quand on sut que le dauphin et son frère étaient libres : — le peuple se jetait au pied des autels, chantant le *Te Deum* de la délivrance. — Vint ensuite Éléonore de Castille, fille de l'empereur Charles-Quint, la veuve du roi de Portugal; François Ier

l'épousa à Bordeaux, et avec sa nouvelle épousée il revint à Paris. —
La France ne vit pas la reine, elle ne vit que le dauphin, beau jeune
homme de dix-huit ans, beau regard limpide, jeunesse pâlie par l'exil,
mais élégante, svelte, accorte. Son frère Henri, son joli petit compagnon, était surnommé *le petit Guichardet*, des quatre fils Aymon.
Le roi Henri VIII lui-même qui n'était pas tendre tous les jours, se
réjouissait dans ses lettres de la délivrance « de ses très-beaux et
« bons amés cousins et enfants du roy. » — Dès ce moment, le roi
de France renonça à conduire lui-même ses armées, et il se mit à
travailler de toutes ses forces à l'agrandissement de la monarchie
compromise.—Surtout il s'occupe de la Bretagne; il ne la trouve pas
assez française; il veut dominer en maître souverain cette formidable
ceinture de fières cités que baigne l'Océan, et que la Loire dessert en
esclave. Ce fut dans ce but utile d'une réunion plus entière avec la
France, que le roi François Ier, accompagné du chancelier Duprat,
entreprit un voyage en Bretagne, et c'est par ce voyage (**28 juin 1532**)
que commence le présent chapitre de cette histoire. Ce fut alors
aussi que le dauphin, à peine sorti des prisons du roi d'Espagne,
fut couronné duc de Bretagne :

> Couronné fut l'an mil cinq cent trente-deux
> Le duc François à Rennes, prince heureux,
> Dauphin de France, et troisième du nom,
> Duc de Bretaigne et son premier fleuron [1]

Vous avez vu, plus haut, que cette fois encore les états de Bretagne
faisaient leurs conditions et traitaient avec la couronne de France.
Le parlement de Paris s'opposa, mais en vain, à cette façon de se
rattacher au royaume; le parlement de Paris soutenait que la Bretagne était au roi, *ipso facto*, et par l'ordre légitime et légal des héritages. — François Ier y mit plus de bonne grâce; désormais la Bretagne était à la France, et c'était là la chose importante. Son fils était
duc de Bretagne, il avait le sceau ducal, il faisait acte de souveraineté;
il choisit lui-même son conseiller spécial en Bretagne. — Une fois
encore, une dernière fois la Bretagne espéra — poétique mensonge —
qu'elle était redevenue province indépendante et qu'elle obéissait
à un prince souverain, au petit-fils de leur bonne duchesse, au
descendant des princes de la maison de Montfort :

> Il est du sang des ducs, mais il en est le reste.

C'est durant ce voyage en Bretagne qu'il faut placer les dernières

[1] Manuscrit de la Bibliothèque du Roi ; coté 8375.

et funestes amours du roi François Ier avec la belle comtesse de Chateaubriand. A peine fut-il redevenu le roi de France, François Ier voulut ajouter à la couronne de France cette grâce nouvelle : il voulut qu'aux armures de fer se mêlassent les robes de satin et de brocart; il disait sagement : Une cour sans femmes est un printemps sans roses. Et, en effet, dans ce grand nombre de beaux-arts, de voluptés, de dépenses, d'édifices somptueux, d'orfévreries d'argent et d'or, de riches tapisseries, de lambris, de châteaux, de parcs giboyeux, de poëtes, de grands capitaines et de professeurs royaux, entre l'établissement du collége de France, la restauration du château de Saint-Germain et la création de Fontainebleau et de Chambord, le roi du seizième siècle avait compris que son œuvre de magnificence et de galanterie ne serait jamais complète tant qu'il n'appellerait pas à son aide les plus belles dames du royaume, qui portaient d'une façon si légère et si charmante, à l'aide de leur vingtième année, les plus vieux noms de la monarchie. Mais l'usage résistait ; les hommes, habitués à tenir leurs femmes renfermées dans le manoir féodal, ne voulaient exposer à ce déplacement ni eux-mêmes, ni leur honneur, ni leur fortune. Parmi les plus récalcitrants seigneurs de la cour de France, le comte de Chateaubriand était le plus inflexible. Il vivait retiré dans son vieux château de Bretagne, tout occupé des devoirs de la chasse et des amusements d'un bon gentilhomme très-indépendant du roi de France; seulement, de temps à autre il se rendait à la cour, où l'appelaient les intérêts de la Bretagne, dont il était gouverneur. Or, sa femme absente, et sans pouvoir expliquer d'où venait ce bruit de louange unanime, il arriva soudain que la comtesse de Chateaubriand fut l'idole de toute la cour. Personne ne l'avait vue, et chacun en parlait comme d'une beauté accomplie. On racontait sa beauté, son esprit, son origine. Ses ancêtres avaient dignement porté la couronne de Navarre; son père était ce Gaston Phébus, grand poëte et grand chasseur. A la fin, le roi François Ier demande à M. de Chateaubriand, comme une faveur, qu'il veuille présenter Françoise de Chateaubriand dans ce château d'Amboise où règne Louise de Savoie, sa noble mère. D'abord le comte de Chateaubriand résiste et refuse net et ferme; plus tard, il se retranche derrière les habitudes de sa maison : la longueur de la route, les difficultés du chemin, les répugnances de la comtesse; puis enfin, car les volontés du roi étaient souveraines, il consent à écrire une lettre qui appelle madame de Chateaubriand au château d'Amboise. La lettre est écrite sous les yeux du roi, qui la fait partir, et la réponse est impatiemment attendue; elle arrive enfin; la comtesse répond qu'elle n'est pas faite pour tant d'éclat et de bruit. Sa lettre est sérieuse et sans réplique. Voilà le roi François bien étonné que l'on résiste, du fond de la Bretagne, aux enchantements de sa cour. Mais enfin, le roi savait tout, il apprend d'un confident indiscret que madame Françoise de Chateaubriand ne viendra qu'en recevant un anneau dont son mari est porteur. Dans les joies du festin, Chateaubriand perd son anneau. Madame de Chateaubriand reçoit, non pas sans une secrète joie, cette permission d'accourir, et, à peine arrivée, chacun trouve, en effet, que la renommée est restée bien au-dessous de cette gracieuse et chaste beauté. Ainsi commencèrent ces amours; elles finirent comme toutes les amours finissent, chassées par une passion nouvelle. La duchesse d'Étampes, qui s'appelait alors mademoiselle d'Helly (elle épousa plus tard Jean de Brosses, duc d'Étampes et gouverneur de Bretagne), une enfant d'un charmant caractère, vint se mêler aux tendresses de François Ier et de Françoise de Foix. Le roi fut infidèle, la comtesse de Chateaubriand devint jalouse; — c'est l'histoire éternelle! Alors on se rendit, de part et d'autre, tous les gages d'amour; les portraits d'abord, puis les lettres, tout le menu fretin des cœurs amoureux, jusqu'à ce qu'on en fût venu aux parures, aux bijoux, aux magnificences royales. Françoise de Foix, fière et dédaigneuse, fit un lingot de ses bracelets, de ses colliers et de ses bagues, puis elle renvoya l'or, conservant sur son cœur les chiffres entrelacés, et les devises amoureuses, et les serments aussi vite effacés que s'ils avaient été écrits sur le sable. Jusque-là, notre histoire est vulgaire; elle ressemble à toutes les histoires d'amour. Mais voici que la tragédie commence et qu'il faut être attentif.

Le comte de Chateaubriand, gentilhomme de la meilleure race, hardi soldat et bon capitaine, avait pardonné une première fois les amours de François Ier et de sa femme, quand il eut vu le roi de France se perdre et s'abîmer à Pavie. Mais au retour du roi, et quand le roi n'eut rien de plus hâté que d'aller s'installer dans le château même de Chateaubriand, et quand il afficha devant tous cette passion ressuscitée, le comte de Chateaubriand résolut de venger l'outrage fait à son honneur. Porter la main sur le souverain, c'était impossible: toucher au roi de France, son hôte! la chevalerie entière eût été indignée. Le comte attendit que le roi fût parti; puis, resté le maître enfin, on ferme les portes de sa maison; les sentinelles veillent aux créneaux de ses tours; la herse est baissée, les fossés sont remplis. Que se passe-t-il? quel drame se prépare? Françoise est inquiète, elle pleure. — Son mari la vient prendre et l'entraîne dans une chambre haute, tapissée de noir. Des cierges brûlaient d'une façon funèbre; un cercueil s'élevait au milieu de la salle, et sur la tenture noire se lisait en lettres d'argent : Françoise de Foix, comtesse de Chateaubriand; priez pour elle!

Dans cette tombe, madame de Chateaubriand reste enfermée durant six mois, au bout desquels Chateaubriand eut pitié de sa femme et lui envoya le poison. — On la pleura; nul ne sut au juste comment elle était morte. Aujourd'hui encore, c'est la grande inquiétude des historiens, de savoir si cette histoire est vraie. Bayle, ce grand douteur, et Pierre Hévin, le savant jurisconsulte breton, prétendent que Jean de Chateaubriand est innocent de ce crime. Mais qu'importent les dissertations des historiens? A quoi bon chercher le vrai, chercher le faux dans ces aventures aimées du public, parce qu'elles enseignent à pécher?—*Historias peccare docentes*, dit Juvénal. Il y a des hommes plus puissants que la démonstration la mieux faite, et ces hommes-là, ce sont les romanciers, les poëtes, les inventeurs, ceux qui croient tout d'abord à tout ce qu'il y a de tendre dans l'amour des femmes et de terrible dans la vengeance des hommes. C'est ceux-là qu'il faut croire, sous peine de n'être pas écouté, si on se met à les démentir. J'ouvre, il est vrai, les lettres de la reine de Navarre, et je lis ce passage, adressé au roi : « M. de Chateaubriand a eu bien grand regret de sa femme ! » Mais les faiseurs de drames en pourraient tirer cette conséquence, que M. de Chateaubriand faisait semblant de pleurer. Le nom de Françoise de Foix revient souvent dans les œuvres de Clément, *du gentil Clément*, valet de chambre du roi ; et quand Françoise de Foix fut morte, il n'a pas manqué d'écrire l'épitaphe de son tombeau, qui se voyait en l'église des Mathurins, à Chateaubriand :

> Sous ce tumbeau gist Françoise de Foix,
> De qui tout bien tout chacun souloit dire :
> En le disant, onc une seule voix
> Ne s'avança d'y vouloir contredire.

Pour en revenir au traité de Vannes, voici la formule que le roi de France adopta après l'assemblée de Vannes du mois d'août 1532 : « François, par la grâce de Dieu, roi de France, père, légitime admi-« nistrateur et usufruitaire des biens de notre très-cher et très-amé « fils le dauphin, duc et propriétaire du duché de Bretagne. » Par ses lettres patentes, le roi François Ier octroyait à la province le privilége de ne pouvoir être imposée, *si préalablement n'a été demandé aux états d'iceluy pays*. — La justice était maintenue en la forme et manière accoutumées. — Les historiens ont gardé le compte de l'argent que produisait au prince le duché de Bretagne ; en tout comptant : la recette de Rennes, Nantes, Dinan, Ploermel, Quimper-Corentin, Morlaix et Lanion, Vannes, Guérande, Hennebon et Naustaing, Pont-Croix, Pont-l'Abbé, Capcaval, Le Conquet, Fouësnant et Rosporden, Huelgouët, Landernau et Chateauneuf-du-Faon, Carhaix, Duault, Goello, Quimperlé, Carnouët, Gourin, Cesson ; en ajoutant le revenu du sceau, les mines d'argent et de plomb, les revenus de Brest, Saint-Renan, Châteaulin, Edern, Brisiac, Musillac, Rhuis et Sucinio (mais pendant dix ans madame de Chateaubriand n'eut rien à payer au fisc); et sans compter d'autres revenus abandonnés à divers seigneurs; Fougères, Bazouges, Rinco et Antrain à M. de Montejean, Jugon à M. Duplessis-Bordage, Guingamp à M. d'Annebond, Saint-Aubin-du-Cormier à M. d'Allaigné, Legrave et Lesneven à MM. de Rohan ; Lamballe, Moncontour et la vicomté de Loyal à M. le duc de Guise, et tant d'autres belles terres : La Roche-Derrien, Clisson, Champtocé,

Château-Fromont, l'apanage presque royal du sire d'Avaugour, lesquels biens sont restés pour la plupart dans le comté de Penthièvre; — bref, quand tout était payé et en laissant aux tenanciers de la couronne les terres dont la couronne s'était dépouillée, et en comptant le fouage à raison de six livres par feu, pour trente-six mille cinq cent quatre-vingt-dix-sept feux, l'aide des villes, les ports et havres des évêchés de Vannes, Cornouailles, Léon, Tréguier et Saint-Brieuc, toutes dépenses, aumônes, charges ordinaires une fois prélevées, la Bretagne rapportait au roi François Ier 450,000 livres tournois, cinq fois cette somme, en calculant par la monnaie de nos jours. — Cependant le jeune dauphin François, duc de Bretagne, gouvernait la province en toute prévoyance, en toute bienveillance; on eût dit que son ambition se bornait à être duc des Bretons et à se montrer le digne petit-fils de la reine Anne. C'était bien le même jeune homme dont sa tante Marguerite disait avec une tendresse presque maternelle : « M. le dauphin fait merveilles d'étudier, meslant avec l'escole cent mille autres métiers, et n'est plus question de colère mais de toutes vertus! » Il paraît que le roi François Ier ne vit pas sans inquiétude la popularité du dauphin dans le duché de Bretagne, et l'innocent dévouement des Bretons, qui se débattaient, — vains efforts! — contre la domination de la France. — Tout à coup on apprend que l'empereur Charles-Quint vient d'envahir la Provence; Aix, Marseille, sont menacées; le roi accourt contre l'empereur à la tête de sa noblesse, et avec leur père accouraient les trois enfants du roi de France, le dauphin, le duc d'Orléans et leur plus jeune frère. Le duc de Bretagne accourait joyeux de la guerre qui s'apprêtait... Mais, hélas! chemin faisant, à Tournon, le 10 août 1536, ce noble jeune homme, qui donnait tant d'espérances, succomba empoisonné par Montecuculli, un gentilhomme de sa maison! Du moins, telle fut la rumeur. L'accusé avoua son crime dans les tortures. Mais pourquoi ce crime? à quoi bon ces fureurs? que gagnait l'empereur Charles-Quint à cette mort? — La haine de François Ier trouvait son compte à accuser l'empereur de l'empoisonnement du dauphin de France; Clément Marot en jugeait ainsi quand il fit l'épitaphe du jeune prince :

Cy gît François, dauphin de grand renom,
Fils de François le premier de ce nom,
Duquel il tint la prison en Espeigne.
Cy gît François; une fois en campaigne,

> Glaives tranchants et harnois bien fourbis
> Aimoit trop plus que somptueux habits.
> Très-beau de corps s'il est possible d'être
> Le fit nature encore plus adestre,
> Et en ce corps haut et droit composé
> Le ciel transmit un esprit bien posé,
> Puis le reprint quand par grave achoison
> Ung Ferrarois lui donna le poison
> Au vœu d'autry, qui par crainte régnoit
> Voyant François qui César devenoit.

Par la mort funeste de son frère, le duc d'Orléans, le mari de cette jeune et sérieuse enfant des Médicis, Catherine, née au vieux palais de Florence, devenait dauphin de France, duc de Bretagne, l'héritier direct de François I⁰ʳ. Ce nouvel Henri eut sur son frère cet avantage d'être duc de Bretagne, non pas seulement de nom, mais de fait; car le roi François, pour récompenser le passage des Alpes, forcées par son fils Henri en 1539, renonça en sa faveur à son usufruit sur la Bretagne. Ainsi, au lieu d'un seul maître, la province en avait deux : le roi de France et le duc de Bretagne. — La mort du roi François I⁰ʳ, expirant dans les ennuis et les maladies d'une vieillesse prématurée et licencieuse, fit monter sur le trône de France, plus tôt qu'on n'aurait pu s'y attendre, le prince Henri, duc de Bretagne, qui mourut après un règne bien court, sous le nom de Henri II (1547). De ce moment, on peut dire que véritablement la Bretagne c'est la France. Vous avez déjà vu que le parlement de Paris regardait la réunion comme indissoluble et complète, comme il le donna à entendre une dernière fois, lorsque le roi François I⁰ʳ exigea de son fils le duc d'Orléans, duc de Bretagne, le serment du vassal à son seigneur. Henri II prit quelques soins de diminuer toutes les secousses violentes, il donna au parlement de Bretagne son organisation définitive, non pas sans y introduire plus d'un magistrat français. Le parlement de Bretagne était composé de deux chambres : l'une siégeait à Nantes, l'autre à Rennes; il fut décidé que désormais les deux chambres siégeraient à Rennes seulement. Ces nouveautés furent suivies par d'autres ordonnances également favorables à la France. C'est ainsi que la langue française remplaça, dans l'administration de la justice et dans les actes publics, la langue latine; en même temps, et c'était là une précaution qui nous semble superflue, le roi voulait que les fonctions d'avocat et de magistrat ne fissent pas perdre le titre de noblesse; au reste, pour ceux qui ne tiennent pas compte de la nécessité dans les affaires humaines et qui cherchent avant tout le droit légitime, il serait difficile de rencontrer un droit plus complet sur la souveraineté de la Bretagne que celui du roi Henri II. La Bretagne était à lui, d'abord parce qu'il était l'héritier de la couronne de France, et ensuite parce qu'il était véritablement l'héritier le plus direct des anciens ducs de Bretagne, par sa mère, la reine Claude, par la reine Anne, sa grand'mère, par le duc François II, son bisaïeul; et comme pour ajouter à tant de titres, même les titres les plus éloignés, ce même roi Henri II se trouvait l'héritier des droits de la princesse Alix sur le trône de Bretagne. Alix, fille de la duchesse Constance, avait, en effet, transporté tous ses droits de souveraineté à la maison de France par son mariage avec Pierre de Dreux, l'arrière-petit-fils de Louis le Gros. Pendant trois siècles, cette famille, qui n'était rien moins qu'une branche cadette de la maison capétienne, avait régné sur la Bretagne ; Anne de Bretagne était la dernière héritière de la maison de Dreux, et par conséquent tous les droits de cette maison s'accumulaient sur son petit-fils Henri. Trois règnes consécutifs avaient d'ailleurs consacré cet état de choses qui mettait un terme aux incertitudes de l'avenir. — Ainsi, le fils de François Ier et de la reine Claude était aussi bien le légitime héritier de la Bretagne que du royaume de France. A plus forte raison devons-nous fort peu nous inquiéter des droits de Jean de Brosse et de Nicole de Bretagne, sa femme; quand le roi Louis XI, en 1419, avait acheté les droits de Nicole de Bretagne, il s'était engagé pour lui et pour les siens, dans le cas où le duché de Bretagne deviendrait la France, à restituer à Jean de Brosse et à ses descendants le comté de Penthièvre. Par l'édit de 1532, et maintenant que la Bretagne était réunie à la France, le descendant de Jean de Brosse, l'arrière-petit-fils de Nicole, réclama en effet, du roi François Ier, tout le comté de Penthièvre, confirmant, du reste, les cessions faites par son bisaïeul et par sa bisaïeule. Le comté de Penthièvre fut, sans conteste, remis par le roi au dernier héritier de cette maison, et celui-ci, à sa mort, ne laissa qu'une sœur, qui hérita du comté de Penthièvre; laquelle comtesse de Penthièvre ne laissa elle-même qu'une fille, Marie de Luxembourg, la femme du duc de Mercœur. — Quant à l'autre fille de la reine Anne, madame Renée, la femme du duc de Ferrare, par son contrat de mariage elle avait renoncé à tous ses droits sur le duché de Bretagne. Ainsi s'accomplit en son entier, et sans secousse, la tentative de Charles VIII, complétée par le roi Louis XII ; ainsi nous prenons congé de cette histoire de Bretagne que nous vous avons racontée de notre mieux, avec la prétention très-modeste d'être tout simplement un historien exact et clair, — la race royale des Valois a fini comme elle devait finir, dans un tournoi, un jour de fête, tranchée par une lance à fer émoulu, au milieu des femmes qui regardent et des jeunes gens qui applaudissent. Hélas! c'en était fait déjà de vos enfants, l'objet de votre tendre sollicitude, ô madame Anne de Bretagne, et ce jour-là, s'est cruellement confirmée votre répugnance pour le prince François de Valois ; c'était l'instinct de la mère qui parlait en vous, sinon la prévoyance de la reine. L'héritier véritable de la maison de Valois, — et son épée l'a bien prouvé, — Henri de Bourbon n'appartenait ni aux Valois ni aux princes de Bretagne; mais cependant ces trois maisons avaient une origine commune. D'ailleurs le Béarnais devait hériter de la Bretagne parce qu'il héritait de la France; il n'y avait plus de duché, il y avait un royaume.

Mais déjà la résistance n'était plus là; il s'agissait bien de droits légitimes, de branche mâle ou de branche cadette! il s'agissait de la croyance religieuse; car, en ce moment étrange où le monde antique va recommencer, où le monde moderne refuse d'aller en avant, le genre humain en est venu à tout vouloir refaire, même la religion des aïeux. Les idées religieuses s'agitent, dans l'Europe entière, d'une façon rapide, inspirée, violente. Léon X règne à Rome, il est vrai, dans la pompe éclatante des beaux-arts, dans la majesté presque divine d'un double empire sur les âmes et sur la fortune de l'univers chrétien, mais soudain (1517), au milieu des murmures, des doutes et des agitations des consciences chrétiennes, épouvantées de tant de désordres, s'élève la voix puissante de Luther. Du fond de ses vices sanglants, Henri VIII prête l'oreille à ce grand cri qui doit renverser tant de choses; l'heure était solennelle, inquiétante; elle deviendra terrible. — Plus le monde moderne s'amuse aux fêtes, aux magnificences, aux beaux-arts, plus il s'occupe de François Ier, de Charles-Quint, de Clément VII, d'un peintre nommé Raphaël, et d'un sculpteur qui a nom Michel-Ange, et d'un certain Torquato Tasso qui adresse des sonnets d'amour à la princesse de Ferrare, une fille de la Bretagne, plus les histoires sont étranges qui remplissent le monde attentif: Soliman II maître de l'île de Rhodes, le chevalier Bayard tué à Rebecq, le connétable de Bourbon qui pille Rome et la brûle, Henri VIII qui épouse des femmes et les égorge, François Sforce décapité; plus, les hommes qui sont à la tête des affaires s'abreuvent à la coupe enivrante de la gloire, des voluptés et des licences infinies, et plus les âmes chrétiennes et sincères se demandent enfin si, dans ce débordement des plus étranges et des plus diverses passions, l'Évangile même ne va pas disparaître dans un gouffre sans fond? :

Voilà la force de Luther; voilà la puissance de Calvin. L'Europe chrétienne s'inquiète, mais ses passions religieuses, les politiques les exploitent, les partagent et les font tourner au profit de leur ambition et de leur puissance. Henri VIII se sert du schisme grandissant pour affranchir définitivement sa couronne de la tutelle pontificale, Gustave Wasa convertit tout son royaume à la réforme. Le schisme grandit par la persécution religieuse qui prête son éclat et sa force, que disons-nous? son respect même aux erreurs condamnables. Nous assistons, en effet, à une lutte immense; les guerres s'apprêtent, inconnues et terribles; la réforme de Luther ferme définitivement le moyen âge, elle ouvre d'une façon sanglante les temps modernes. C'est qu'en effet cette nouvelle hérésie, si elle a été plus puissante que toutes les hérésies passées, portait en elle-même un certain sentiment de liberté, de doute et d'examen, qui devait flatter singulièrement l'orgueil des âmes les plus honnêtes. La réforme partit d'en haut et des têtes les plus fières, passant du prince au magistrat, du magistrat au capitaine, et de là se répandant enfin dans le peuple, qui l'accepta d'abord avec méfiance; car c'était là une parole austère, une charité correcte, mais sans sympathie, quelque chose de froid et de sec qui ne ressemble en rien à l'effusion fraternelle du bon Samaritain de l'Évangile. Mal étrange et sans remède, cette doctrine de l'affranchissement et de l'examen de l'Évangile; la cour de Rome le comprit bien, mais elle le comprit quand il n'était plus temps de s'opposer à ce torrent qui déborde. La lutte entre les deux croyances commença d'une façon désespérée; la Saint-Barthélemy, la Ligue, l'assassinat de Henri IV, les massacres de l'Irlande, la révocation de l'édit de Nantes et les dragonnades, ces misères et ces plaies saignantes, étaient pourtant contenues en germe dans les premières escarmouches des protestants et des catholiques. Le protestantisme a tout brisé en Europe; il a détruit, il a renversé, il a brûlé; non-seulement il s'est attaqué aux pierres muettes, mais aux sentiments, aux consolations, aux espérances, aux prestiges. Sa première œuvre a été de brûler Rome par les torches du connétable de Bourbon, de laisser incomplet Saint-Pierre de Rome, la magnificence excellente de la religion chrétienne. Il a déclaré la guerre à l'architecture, à la sculpture, à tous les beaux-arts; mais ceci dit, et pour être juste, il faut bien reconnaître que la réforme a développé dans l'âme humaine de grandes qualités qui semblaient enfouies. Elle a donné au courage des héros plus de sang-froid, à la parole plus d'énergie, au foyer domestique plus de gravité peut-être, à l'amitié entre les hommes quelque chose de moins affable sans doute, mais de plus sincère et de plus vrai. La reine Élisabeth, Henri IV, Gustave-Adolphe, Charles XII et Frédéric le Grand, autant d'enfants de Calvin et de Luther. Ajoutez ceci, que la réforme avait en elle-même un certain sentiment républicain qui ne déplaisait à personne, car au peuple elle promettait la liberté, et elle rappelait aux seigneurs, envahis par la royauté, le pouvoir féodal. Telle était la grande cause des discordes, tel était le grand doute à propos du roi Henri IV. Aujourd'hui que toutes les passions se sont calmées, que protestants et catholiques, à force d'indifférence, sont devenus des frères, nous ne comprenons plus ces rencontres meurtrières pour des communions différentes. Mais, au seizième siècle, l'Europe n'avait pas de préoccupation plus grande : — il y allait de la terre, il y allait du ciel ! En vain d'illustres événements se passent sous le règne de Henri II, de François II, de Charles IX et de Henri III : le duc de Guise à Metz, Guise, maître de Calais et de Thionville, qui deviennent enfin les frontières de la France; Marie Stuart, Élisabeth, l'abdication de Charles-Quint, l'amiral de Coligny, les trois factions des Montmorency, des Châtillon et des Guise; le règne des femmes, Catherine de Médicis, Marguerite de Valois, Jeanne d'Albret, la duchesse de Nemours; ici, les magistrats : L'Hôpital, Molé, Harlay, de Thou; plus loin, les écrivains et les savants : Jean de Belloy, Jodelle, Ramus, Ronsard, Amyot, Charron, Montaigne, Passerat, Scaliger; en Espagne Cervantes, en Italie l'Arioste, en Portugal Camoëns, en Angleterre Shakespeare; ces immortels chefs-d'œuvre nouvellement éclos du génie des hommes, ces grandeurs inespérées, l'éclat et la magnificence des noms propres, la beauté des femmes, le courage et le génie des hommes, rien ne doit distraire le seizième siècle de l'attention et de l'intérêt qui le poussent dans les passions, dans les disputes religieuses. On ne s'occupe que de la guerre religieuse, des opinions religieuses, des persécutions religieuses ; l'abominable règne de Charles IX en est plein, et il faut dire que jamais acteurs mieux remplis de leur rôle ne se sont rencontrés dans une plus sanglante tragédie. Catherine de Médicis, véritable Italienne de Florence, accoutumée dès le berceau au tumulte de la place publique ou de la *loge des lanciers*, qu'elle pouvait voir de sa fenêtre; le prince de Condé, ambitieux qui fait son chemin à travers les églises ruinées ; le connétable de Montmorency et le duc de Guise, deux grands caractères manqués; les huguenots, — et c'est une honte! appelant les Anglais et leur livrant le Havre-de-Grâce ; le connétable de Montmorency mourant dans la mêlée, à l'âge de soixante-quatorze ans ; Philippe II, qui de loin prend part aux passions de la France, et remplit sa cour de la mort de son fils don Carlos et d'Elisabeth de France,—tragédie dont se doit emparer Schiller ! Des batailles brusquées, des paix douteuses, et cependant Henri de Bourbon qui s'avance; la Saint-Barthélemy qui sonne à Saint-Germain-l'Auxerrois, Charles IX qui meurt dans le remords et dans le sang, le génie des Guises étouffé dans cette ligue même que les Guises avaient conçue, et enfin, Henri de Navarre à Courtras, puis Henri IV assassiné. En tout ceci, c'est la passion religieuse qui domine ; elle s'étend du roi au peuple, de Paris aux provinces ; elle parle, elle se bat, elle assassine, elle tue, elle suit le blanc panache d'Ivry, elle jette dans les bras de la princesse de Guise l'assassin du roi de France.

Cependant les protestants rivalisent de férocité avec les calvinistes, témoin le baron des Adrets dans le Midi, et la ville de Niort indignement ravagée. C'est horrible à voir, c'est horrible à entendre, et l'innocente et catholique Bretagne, quand elle se vit envahie par ces passions et par ces meurtres, dut regretter, plus d'une fois, de s'appeler la France. Elle aussi, la noble province, quoique de plus loin, elle partageait ces funérailles. Le propre frère de l'amiral de Coligny, le sire d'Andelot, neveu du connétable de Montmorency et gendre du dernier seigneur de Rieux, avait été des premiers à prêcher aux Bretons les doctrines de Calvin. Il avait, pour l'aider à cette réforme, qui fut d'abord mal écoutée, la propre sœur du roi de Navarre, la vicomtesse de Rohan, qui avait fait de son château de Blois comme le point de départ de la résistance religieuse en Bretagne. Quel changement dans ce pays catholique pendant tant de siècles, au point que le pape se croyait seul le droit de conférer les bénéfices ecclésiastiques! quel changement dans ce duché d'Anne de Bretagne, qui demandait au pape, pour son propre compte, l'absolution des victoires que remportait le roi Louis XII en Italie !—Ces doctrines dangereuses étaient ardemment prêchées à Vitré, à Nantes, à Blain, à la Roche-Bernard, au Croisic, à Rennes. Cependant, Vitré excepté, nulle part cette dangereuse nouveauté ne descendit dans les masses, restées catholiques par sympathie, par croyance et par respect. Les réformés de Bretagne étaient en général des personnes de distinction, étrangères à la province par leurs mœurs ou par leur éducation. Il y eut des troubles sans doute, et notamment à Rennes, dans le mois de juillet 1560; des processions solennelles, faites pour demander la cessation des pluies, firent gronder et blasphémer l'émeute; des maisons furent pillées, des violences furent commises, mais l'attachement des Bretons à la foi de leurs pères força les calvinistes à beaucoup de modération, à beaucoup de prudence, et la Bretagne, Dieu merci, échappa aux fureurs et aux meurtres des bandes calvinistes. De l'aveu de Crévain, historien calviniste, « on y méprisait plus les réformés qu'on ne les persécutait, et l'on avait plus de peine à les rencontrer qu'à les combattre. »

Toutefois, les églises réformées se multipliaient mystérieusement, à l'ombre, dans les châteaux surtout; dès l'année 1569, on en comptait déjà vingt-huit. Ces églises, il est vrai, contenaient à peine un petit nombre de religionnaires; le temple de Rennes, par exemple, n'en put jamais réunir plus de soixante, mais cela suffisait pour donner grande et vive inquiétude aux âmes ombrageuses et timorées, pour mettre en émoi le vieux clergé breton, fidèle à l'antique croyance, sorti du peuple, ami du peuple, et sincèrement attaché au culte traditionnel.

Aussi bien la ligue catholique trouva-t-elle en Bretagne de nombreux enthousiastes; tant que les ligueurs bretons restèrent persuadés qu'il ne s'agissait que de la religion catholique; mais la Saint-Barthélemy a fait horreur à la Bretagne. L'ordre vint en effet de cette cour impie, à tous les magistrats du royaume, de seconder par le poignard ce grand meurtre, qui devait envelopper toute la France; mais les magistrats de la ville de Nantes, le maire, du Plessis-Querré, et le chef du corps municipal, messire Michel Leloup du Bréat, reçurent avec horreur cet ordre de sang et de meurtre qui portait la date fatale et réprouvée du 26 août 1572. Il faut donc rapporter à qui de droit le triste honneur d'avoir rempli la Bretagne de ces fureurs religieuses, au duc de Mercœur. C'est lui, c'est l'ambition de cet homme médiocre et frivole, qu'il faut accuser de ces luttes cruelles autant qu'inutiles. — Par son mariage avec Marie de Luxembourg, héritière des prétentions de la maison de Blois à la souveraineté de la Bretagne, le duc de Mercœur, prince de la maison de Lorraine, avait épousé en même temps les réclamations que les descendants des comtes de Blois et de Penthièvre n'avaient cessé de mettre en avant, depuis tantôt deux siècles, sur le duché de Bretagne. — La sœur du duc de Mercœur, mariée au roi Henri III, était assise sur le trône de France, et le roi, son beau-frère, avait donné à Mercœur le seul gouvernement qui pût en faire un homme dangereux, le gouvernement de Bretagne. Même en laissant de côté ces prétentions quelque peu surannées au trône de Bretagne, le duc de Mercœur restait encore un prétendant formidable dans ces époques de désordre et d'anarchie. Il possédait, du chef de sa femme, Guingamp, Moncontour et Lamballe, trois places fortes et dévouées, situées au beau milieu de la province. Ces places, jointes à l'autorité que lui donnait son titre, permirent au duc de Mercœur de prêter à la sainte Ligue une force et une extension qui le mirent, lui-même, en état de braver l'autorité royale. Déjà même il agissait comme s'il eût été le maître et le prince reconnu de tout ce pays, se déclarant contre le roi, son beau-frère, et proclamant la Ligue pour son propre compte, dans toute la Bretagne. En vain le roi fait avertir le duc de Mercœur, Mercœur répond par un guet-apens digne du duc Jean V, en son château de l'Hermine; il fait jeter dans le château d'Ancenis l'envoyé de Henri III, le premier président de Bretagne, François de Ris, et avec M. de Ris, Mercœur fait emprisonner le fils et le gendre du président, et il ne relâche ses prisonniers qu'au moyen d'une rançon de dix mille écus. Au reste, c'était le temps des violences illégales : le duc de Guise venait d'être assassiné au château de Blois; à Paris, la faction des Seize venait d'enfermer le président du Harlay et dix autres parlementaires à la Bastille ; toutes les violences se tiennent et aussi toutes les trahisons. Non moins ardente que son mari, la duchesse de Mercœur soulevait autour de sa personne les ambitions et les délires qui germaient dans ces têtes ardentes. Elle ouvrit, par trahison, les portes de Nantes, ameutant le peuple au nom de la sainte Ligue, fouillant les maisons des protestants, au point que Nantes eut sa journée des barricades, et que le duc de Mercœur entra dans la ville ; mais il n'y resta pas longtemps.

En effet, le parlement de Bretagne, dont le siége était à Rennes, ne s'accommodait guère des prétentions du duc de Mercœur. C'était un corps prudent, ennemi des troubles et des excès, fidèle en tout au penchant du parlement de Paris vers les idées modérées, et d'ailleurs ce même parlement de Bretagne avait été le premier à reconnaître la réunion de la Bretagne avec la France; il ne pouvait donc guère admettre le duc de Mercœur comme vrai et légitime souverain de la province. Le peuple breton, de son côté, quelle que fût sa bonne envie de retrouver son indépendance ancienne, ne comptait guère sur le duc de Mercœur. Il ne croyait ni à l'habileté, ni au courage, ni aux droits de Mercœur ; il croyait à peine à l'existence de cette religion nouvelle contre laquelle M. de Mercœur l'appelait avec tant de bruit et de menaces. Aussi bien, en quelques heures, et quand le maréchal Guy-Lemeneust-de-Bréquigny, une pique à la main, parcourut les rues de Nantes en criant : Vive le roi! les troupes du duc de Mercœur furent chassées de la ville, sans autre forme de procès. — Plus tard, dès que le calme fut rétabli, les états de Bretagne décernèrent au sénéchal de Bréquigny une médaille d'or portant écrits ces mots en latin : *Au libérateur de la patrie!*

Mercœur chassé de Rennes, le parti royaliste du parlement, les *royaux*, comme on disait alors, excités par le président Harpin et le président Barrin, condamnent et déclarent criminels de lèse-majesté les fauteurs et amis du duc de Mercœur : Guébriant, d'Olivet, Saint-Laurent-d'Orvaux, Bonpas, Villeserin, Gassion, Kergouët, Vauvert, Kerdrel, La Vieux-Ville, Keralio, Malenoé, Higuenaie, La Chesnaye-Vaullouët, Miterie, Loysel, de France, les Beaucez. Leurs biens sont confisqués, comme aussi est confisqué le temporel des évêques de Rennes et de Dol, accusés d'avoir trempé dans cette révolte contre leur roi et légitime seigneur. Cependant, en dépit même de la condamnation partie de si haut, Mercœur restait encore le maître de la Bretagne. Le roi n'avait plus guère en son obéissance que les villes de Rennes, Brest, Vitré, Chateaubriand, Montfort, Josselin, Ploërmel, Malestroit, Quimper et Guérande. Le duc de Mercœur s'en va même au-devant du comte de Soissons, le nouveau gouverneur de la Bretagne, et, presque aux portes de Rennes, il le fait prisonnier. Le comte de Soissons est remplacé dans le commandement de l'armée royale par un enfant, le prince de Dombes, incapable de rétablir des affaires si délabrées. Henri III le savait bien lorsqu'il envoyait au duc de Mercœur, exilé, non pas les ordres d'un roi, non pas la prière d'un beau-frère, mais des pardons dont on n'avait que faire, mais de l'argent et les diamants de la reine sa sœur. Sur l'entrefaite, le roi Henri III tombe sous les coups de Jacques Clément (1589). A cette nouvelle, le duc de Mercœur se figure que maintenant rien ne s'oppose désormais à ce qu'il pose sur sa tête la couronne de Bretagne ; en conséquence, il envoie dire au parlement de Rennes, et comme si c'était là la plus simple des nouvelles, que le roi de France a succombé sous le couteau. A ce récit, fait avec le plus grand sang-froid et sans la moindre précaution oratoire, sans un mot de pitié ou de respect, le parlement de Rennes se sent blessé au cœur; il s'indigne, il reste assis sur son siége; et, séance tenante, il fait pendre, sous les fenêtres de sa justice, le messager du duc de Mercœur. Or, ce mes-

sager était lui-même un magistrat, le sénéchal de Fougères. Sa mort fut vengée d'une horrible façon par le duc de Mercœur, qui fit pendre un juge de Laval, un jeune homme qui jouait aux échecs avec les dames de la ville, attendant sa rançon, et qu'on vint prendre pour l'attacher à la potence! Vous voyez que nous retombons dans la férocité.

Le sénéchal de Fougères était encore à la potence, que le parlement de Rennes avait proclamé Henri IV pour son légitime souverain, ajoutant cependant que le roi Henri serait supplié d'embrasser la religion catholique, apostolique et romaine. A son insu, Henri de

Bourbon était déjà aimé et populaire dans toute la France. On racontait dans les villes, dans les campagnes, à l'armée, mille histoires de son courage et de sa bonne humeur, de sa gaieté et de son esprit, de la façon dont il aimait ses amis, de son insouciance à porter légèrement un pourpoint râpé. Déjà resplendissait, sur ce noble front, l'auréole du soldat heureux qu'inspire le champ de bataille, et qui trouve son génie dans son courage. On se redisait ses bons mots et ses grands coups d'épée : la bataille d'Arques, la prise de Cahors, l'affaire de Coutras, la journée d'Yvetot, et ce blanc panache qui flotte si haut, que son ombre recouvre les plus intrépides soldats de l'armée royale. Voilà ce qui poussait tous les bons esprits, et même les plus fervents catholiques, dans le parti d'un prince, le *conquérant du sien*, comme dirait Agrippa d'Aubigné, et qui était en effet le chef des huguenots.

Eh bien! même à ce vaillant capitaine, ce premier Bourbon couronné par le dernier Valois, le duc de Mercœur ne veut pas rendre la Bretagne; s'il n'avait pas le courage et le bon droit de Charles de Blois, Mercœur en avait l'obstination. A vrai dire, le moment devient critique; la guerre sérieuse remplace les intrigues dont la Bretagne a été le théâtre et le sujet; nous touchons cette fois à tout ce que la guerre civile a de hideux, de lamentable et de lâche. Vous verrez bientôt le crime appelé en aide à la force, et les bandits des grands chemins se mêler à l'ardeur des soldats. C'en est donc fait! la Bretagne est divisée comme au temps des guerres, — mais les belles guerres! — de Charles de Blois et de Montfort. Du côté de Mercœur se lèvent les laboureurs, les prêtres et les hommes de la haute noblesse, pendant que la bourgeoisie, le parlement et la petite noblesse restaient fidèles au roi, que le parlement de Rennes proclame, à l'exemple de la France entière. Restait, dans la Bretagne, un troisième parti, le vrai parti, qui n'était ni pour Mercœur ni pour le roi, le parti breton, les généreux obstinés, ceux qui rêvaient encore l'indépendance et la nationalité, les dévoués et les fidèles à la vieille histoire, les habitants de Saint-Malo, par exemple, qui dans l'espace d'une nuit prennent la citadelle défendue par les troupes françaises; puis quand Mercœur vient pour entrer dans la ville, les Malouins répondent qu'ils veulent rester neutres, qu'ils veulent voir et attendre. En même temps, Saint-Malo offrait aux villes que pouvait tenter l'indépendance, Morlaix, Tréguier, Lannion, Roscoff, Saint-Brieuc, une véritable alliance offensive et défensive, qui à la longue constituerait une Bretagne républicaine. Gens prudents et sages, ces Malouins; en effet, mieux valait attendre, en gagnant son pain de chaque jour, les résultats de la guerre, que de se mêler à ces inutiles fureurs.

Cependant, et pour faire acte d'autorité royale, le duc de Mercœur, désavoué par le parlement de Rennes, constitue de son plein droit un nouveau parlement de Bretagne, tout composé de gens dévoués à son service. Il établit ce parlement à Nantes, comme un sûr moyen de s'assurer le dévouement de cette grande ville, jalouse de Rennes, et qui lui enviait depuis longtemps le titre de ville capitale. Les deux parlements se déclarèrent bientôt une guerre acharnée. Des deux côtés, on se condamne à la roue, au gibet, à la confiscation, et, en attendant mieux, on s'exécute en effigie. Malheureusement, en ces tristes discords, ce qui est ridicule est bien près de devenir abominable. On ne s'en tint pas longtemps à ces innocentes représailles; Henri IV arrivait dans la Bretagne, car il voulait tout son royaume, et ce fut alors que le duc de Mercœur imagina d'appeler à son aide les Espagnols, oubliant, — l'insensé! — que le roi d'Espagne, Philippe II, avait, lui aussi, des prétentions sur le duché de Bretagne, par son mariage avec une petite-fille d'Anne de Bretagne!

Cette arrivée des Espagnols devait être signalée par des crimes indignes d'un peuple chrétien, et surtout de chrétiens qui viennent, disent-ils, en aide à l'Evangile attaqué. Déjà la flotte espagnole blanchissait au loin à l'entrée du Blavet, témoin de si nobles batailles. La côte était défendue par les habitants d'un petit village nommé Locpéran. — Plus tard, sur l'emplacement de ce village, M. le cardinal de Richelieu, en 1616, a fait bâtir la forteresse de Fort-Louis; du haut de ce promontoire, la citadelle de Richelieu domine encore une des plus belles rades de la Bretagne. — Ces braves gens de Locpéran, qui n'avaient pas d'autre retranchement que leur courage, enfants perdus et gardiens de la côte, la défendirent jusqu'à la mort. Mais comment résister à toute une armée qui s'avance? les uns et les autres, ils moururent à leur poste. Tout fut brûlé, tout fut massacré par les Espagnols : les femmes, les enfants, les vieillards; le prêtre à l'autel, l'enfant au berceau ; dans une barque fragile, quelques jeunes filles se sauvaient... mais à quoi bon une narration froide quand nous avons sous les yeux, conservée par la tradition, la sauvegardienne des héros, un *guerz*, un chant de douleur et de funérailles, qui n'a encore été imprimé dans aucun livre, mais qui est resté dans bien des mémoires?

« Un bâtiment est arrivé à Locpéran, et il est plein de soldats; les Espagnols sont venus sur leurs vaisseaux : hélas, mon Dieu ! où irons-nous ?

« L'armée est placée du côté du midi et au septentrion aussi. — O Mercœur (Melcunau), si vous êtes le maître, laissez-nous notre honneur !

« Sauvez l'honneur des jeunes filles, elles vous en prient bien humblement.

« Elles étaient vingt-cinq sur leurs deux genoux, pleins de larmes étaient leurs beaux yeux couleur de bluet : — Mercœur, disaient-elles, sauvez-nous la vie, sauvez notre corps aussi bien que notre âme !

« Non ! Mercœur n'a pas répondu, les vingt-cinq jeunes filles se sont levées, elles ont couru vers la mer, et elles ont sauté dans la barque.

« Elles se sont éloignées en chantant : La malédiction de Dieu soit sur Mercœur, qui n'a pas eu pitié des vierges de Locpéran !

« Vain espoir ! ô jeunes filles, l'Espagnol veut avoir sa proie ! — Venez, dit le vainqueur, vous êtes à nous, nous vous donnerons de l'or et de l'argent.

« — Gardez votre argent et votre or, mieux vaut l'honneur et rester pauvres ; nous aimons mieux perdre la vie que d'offenser Dieu !

« Que d'être déshonorées par ceux qui ont tué nos pères et nos mères ; qui ont brûlé nos maisons et nos biens.

« Pourtant, ô Notre-Dame de Pitié, ô madame Marie, ne viendrez-vous pas à notre secours, au secours des pauvres jeunes filles ?

« Elles étaient vingt-cinq dans le bateau, et toutes se sont jetées à la mer ; en se tenant par la main, elles se sont jetées à l'eau, en appelant Dieu à leur secours. »

Telle fut la première victoire des dignes alliés du duc de Mercœur. Certes, le moment était difficile, les Espagnols s'étaient fortifiés sur le promontoire de Locpéran, et de là ils dominaient l'entrée du Blavet ; le duc de Mercœur s'était emparé d'Hennebond. La Bretagne voulut savoir enfin quelles étaient les ressources du roi de France dans la province ; en conséquence une assemblée des états est convoquée à Rennes, cette même année (1590). Pas un évêque ne daigna y venir ; il y vint peu de gentilshommes dont le nom eût quelque importance. Seules entre toutes ces villes, Rennes, Vitré, Tréguier, Saint-Brieuc, Moncontour et Malestroit, des villes cependant dont la plupart appartenaient à Mercœur comme héritier des Penthièvre, se firent représenter à cette réunion de Rennes. Toutefois l'ardeur royaliste ne fut pas ralentie par le petit nombre ; le roi Henri IV obtint un secours de soixante-quatorze mille cinq cents écus, outre l'impôt qui devait être pris sur le peuple. En même temps le Béarnais est sollicité d'accepter les forces que la reine d'Angleterre, la reine huguenote, propose d'envoyer en Bretagne ; enfin, les états de Rennes font entendre quelques paroles de douleur pour leur province que désole la guerre civile, que ravage l'invasion étrangère ! — De son côté, le duc de Mercœur convoquait à Nantes les seigneurs de son parti, les députés de ses villes. L'évêque de Quimper et l'évêque de Léon répondirent à l'appel de Mercœur ; les gentilshommes et les députés furent plus nombreux à Nantes qu'à Rennes ; seuls, les habitants de Saint-Malo refusent de se faire représenter à cette réunion ; le temps, disent-ils, n'est pas sûr, les chemins sont mauvais, et autres raisons ; bref, ils s'abstiennent, attendant que le jeu soit plus beau pour jeter le dé ; les états de Nantes, tout comme ceux de Rennes, votent l'impôt ; puis on se sépare sans avoir touché la corde difficile, la souveraineté du duc de Mercœur en Bretagne ! — Vous le voyez, la malheureuse province est divisée en deux partis également acharnés à sa ruine : ici les Espagnols de Philippe II, là les Anglais d'Élisabeth : « Sachez, disait la reine, que la France « ne peut souffrir d'éclipse qui ne soit funeste à l'Angleterre, et que « son dernier jour serait un présage de notre prochaine mort ! » Et pourtant l'Anglais, tout comme l'Espagnol, se battait dans l'espoir de garder la Bretagne, car Élisabeth, de son côté, avait, elle aussi, ses droits à faire valoir sur la Bretagne : les droits des anciens Normands sur la suzeraineté de la Bretagne aliénée par Charles le Simple à Rollon le pirate ! Terre infortunée, chacun la réclamait, seule elle n'avait pas de droits à réclamer.

On hésite à raconter les brigandages de cette guerre durant laquelle les Espagnols et les Anglais se battaient sur le cadavre de la France ! Et quels abominables héros des deux parts ! Ce Mercœur, un ambitieux sans portée, un homme à qui la guerre civile donne toute son importance, et qui ne voit pas, l'insensé, que si l'Espagnol triomphe, il sera chassé, lui le premier, de cette Bretagne qu'il appelle sa province ! Pour opposer à Mercœur, le roi de France n'avait envoyé personne, sinon le petit prince de Dombes, un de ces soldats mignards et damerets mis à la mode par le roi Henri III, capitaines musqués qui craignent la poussière et le soleil. Jeté par un hasard malheureux en pleine guerre civile, le prince de Dombes jouait avec le feu qui allait éclater sous la cendre ; il menait au milieu des fêtes une vie folle et galante, sans beaucoup se préoccuper de la mission qu'il avait à remplir en Bretagne ; il avait transporté à Rennes les mœurs relâchées de la cour de ces Valois, que raconte Brantôme sans en rougir. Pourtant, à la nouvelle des progrès de Mercœur, le prince de Dombes se mit en campagne, et enfin, conduit plus qu'il ne les conduisait, par les Anglais auxiliaires envoyés au secours du parti royaliste, il rencontre les ligueurs bretons dans la plaine voisine de Guingamp, dans la commune de Saint-Adrien. Les ligueurs avaient dix mille hommes et du canon de gros calibre ; les royaux, y compris les Anglais auxiliaires, étaient à peine cinq mille. Mais, d'une et d'autre part, ces hommes n'étaient bons que pour les meurtres isolés et pour le pillage des vagabonds. Les deux armées restèrent six jours à se regarder, immobiles, sauf quelques coups de canon qui ne firent de mal à personne ; Mercœur le premier, tant il comprenait que son bon droit ne tiendrait pas contre les chances d'une seule bataille, donna le signal de la retraite, bien qu'il eût, à n'en pas douter, l'avantage du nombre et de la position ; ce que voyant, le prince de Dombes et l'armée royale s'en vinrent poser le siége sous les murs de Lamballe. C'est seulement alors, en attendant que vienne le Béarnais honorer de sa présence ces férocités et ces brigandages, que vous rencontrez dans cette guerre de la ligue en Bretagne un digne, un sincère, un noble capitaine, le capitaine breton, le brave La Noue, surnommé *Bras-de-Fer*.

M. de La Noue, « grand homme de guerre, et plus grand homme de bien, » disait Henri IV, est un digne enfant de la Bretagne. Il avait appris ses *rudiments de guerre* sous la conduite des meilleurs capitaines de l'Italie ; il s'était trouvé aux plus brûlantes journées des guerres étrangères et des guerres civiles gauloises ; il était des mieux faisant aux guerres d'Espagne ; il avait pris Orléans pour le compte du prince de Condé ; il avait conduit les huguenots dans toutes les rencontres difficiles : en Gascogne, en Languedoc, dans la Saintonge, dans le Poitou ; il avait pris Valenciennes dans les Pays-Bas ; il avait perdu la ville de Mons, mais il ne la rendit qu'à ce grand capitaine, le duc d'Albe. Michel de Montaigne, quand il vient à parler *des grandeurs peu communes* de son temps, loue avec grand enthousiasme « la « constante bonté, douceur de mœurs et facilité consciencieuse de « M. de La Noue en une telle injustice des partis armés... où toujours « il s'est montré grand homme de guerre et expérimenté ! » M. de La Noue était protestant, et d'abord il avait montré bien de la prudence et de la modération dans les opinions nouvelles, à ce point que le roi Henri III l'avait chargé de négocier avec ceux de La Rochelle, et qu'il y avait consenti sans répugnance. Mais quand la Saint-Barthélemi eut rempli de sang et de honte cette cour déshonorée, quand l'amiral de Coligny, pour qui M. de La Noue avait autant d'admiration que de respect, fut tombé sous les insultes et les poignards des assassins, M. de La Noue s'était donné corps et âme au roi de Navarre, qui l'avait fait *surintendant* de sa maison ! Certes la charge était mal choisie pour être donnée à un pareil homme, bien meilleur soldat que bon économe, qui entendait mieux la guerre que le ménage.

Aussi M. de La Noue ne fut-il pas longtemps surintendant, et quitta-t-il avec joie *le bureau et la marmite* (la maison du roi de Navarre) pour aller guerroyer dans les Flandres. Là il trouva, prête à le suivre, une armée de cinquante mille combattants, et don Juan d'Autriche à combattre. Cette campagne de Flandre mit le comble à la bonne renommée de M. de La Noue; il s'y montra vaillant soldat et habile général. — Il fut pris dans une rencontre sans importance; et, — contre toutes les lois de la chevalerie! ce vieux soldat fut enfermé étroitement dans une prison d'Espagne, où il resta cinq ans, privé de tout secours, et sans espoir de délivrance! Aussi n'aimait-il guère les Espagnols, comme il le fit voir dans tant de rencontres. Lorsque enfin, par les bons soins de MM. de Guise et de Lorraine, M. de La Noue se fut tiré *de l'empire de la mort et du sépulcre*, et quand il eut payé au roi d'Espagne les cent mille écus de sa rançon, la première vengeance du *Bras-de-Fer*, ce fut de gagner la bataille de Senlis, et de délivrer la ville que serrait de près le duc d'Aumale, chef des ligueurs. Ce fut à cette bataille de Senlis que le jeune duc de Longueville remit à M. de La Noue le commandement de l'armée, promettant *d'obéir comme un soldat* à son capitaine. A la bataille de Moncontour, la chance tourna encore une fois : les huguenots furent battus sans rémission, et M. de La Noue tomba entre les mains du marquis de Richebourg, « qui en fit peu de cas, et se mit à le rudoyer, et parler « fort bravachement, et s'en servir, au lieu où il le mena, en forme « de triomphe, non de magnificence, mais de risée et de dédain! » Voilà où la guerre en était venue, que même entre eux, les gentilshommes se couvraient d'insultes malséantes! Ce digne enfant de la Bretagne mérite toute louange; on l'appelait La Noue *Bras-de-Fer*, parce qu'il avait perdu le bras gauche à la bataille; il tenait la bride de son cheval avec cette main de fer, et nul n'aurait pu dire ou osé dire qu'il était manchot. Il excellait surtout dans les guerres de chicane, mettant à profit les plus faibles accidents de terrain : un bois, un marais, un sentier brisé, une ravine; capitaine habile, plein de génie entreprenant et de ressources patientes. Voilà pourquoi, quand il vit la Bretagne compromise par la révolte du duc de Mercœur et l'invasion des Espagnols, le roi de Navarre envoya La Noue en Bretagne, comme son lieutenant général, sous les ordres du prince de Dombes. La Noue obéit, mais à regret; il avait comme un pressentiment de la mort qui l'attendait : « *Je m'en vais*, disait-il, *mourir à mon gîte, comme le bon lièvre.* » Il y fut, et sa seule présence donna quelque dignité à cette guerre, dans laquelle les deux armées se regardaient de loin sans en venir aux mains. Ce n'était pas ainsi que M. de La Noue entendait la guerre. Que M. de Mercœur évite la bataille, qu'il se retire du côté de Pontivy, La Noue saura bien forcer cet étrange prétendant à en venir aux mains. Toutefois, puisqu'on assiége Lamballe, M. de La Noue veut être de la fête. La tranchée est ouverte par dix canons en batterie, et comme déjà, dans l'armée royale, les chefs se disposaient pour savoir si la brèche était praticable, M. de La Noue monte sur les débris de la muraille pour mieux se rendre compte de la tranchée ; une balle part des remparts, et frappe au front le brave capitaine. M. de La Noue, qui se tenait par son bras de fer accroché à la muraille, est renversé, et il se brise en tombant. Ainsi mourut, devant une bicoque, un des meilleurs capitaines du roi Henri IV. Chacun pleura M. de La Noue, les catholiques aussi bien que les protestants. Il était de ces hommes rares, également braves dans les batailles, laborieux dans la paix, bons aux coups de main, bons au conseil, tenant bien une épée et une plume, éloquents autant que hardis. Il a laissé des livres sur l'histoire et sur la guerre, où se fait remarquer l'écrivain et le penseur. Il mourut pauvre, ruiné par les diverses rançons qu'il avait payées, et surtout ruiné pour avoir engagé sa terre des Tournelles, une fois que le pain lui manquait pour nourrir ses soldats. C'est au fils de M. de La Noue que le roi Henri IV disait un jour : *Monsieur de La Noue, il faut payer ses dettes : je paye les miennes !* Ceci fut dit tout haut ; mais tout bas, Henri IV remettait au fils de La Noue, son bon et fidèle compagnon, des diamants de la couronne pour qu'il les mît en gage ! Tel était ce digne enfant de la Bretagne, l'honneur de l'armée protestante, afin qu'il fût dit sans doute que la gloire et la probité bretonnes se manifestaient également dans toutes les croyances et dans tous les camps.

Privée de La Noue, cette guerre entre les Espagnols de Mercœur et les Anglais du prince de Dombes resta longtemps à l'état d'une simple échauffourée. Chacun des deux généraux eût exposé volontiers ses auxiliaires, mais il aurait fallu en même temps risquer le noyau de son armée, et alors il était à craindre que Mercœur n'eût plus que des Espagnols avec lui, le prince de Dombes que des Anglais. Cependant les Anglais du prince de Dombes sont surpris un jour par les Espagnols de Mercœur, entre Craon et Château-Gontier. Grand découragement pour les Anglais, qui demandent à rentrer chez eux par la Normandie. Ainsi font-ils ; mais sur leur chemin ils rencontrent les ligueurs, et de huit cents Anglais qu'ils étaient, à peine si quelques-uns parviennent à se sauver. De ce côté-là donc tout allait bien ; mais du côté des Espagnols, l'intervention devenait dangereuse : chaque jour amenait au duc de Mercœur de nouveaux renforts d'Espagnols. Par exemple, le 17 décembre 1592, deux galères et dix-huit vaisseaux, venus d'Espagne, jetèrent une grosse armée non loin de Tréguier. La ville est prise, pillée, brûlée : c'est horrible à dire. — Et pendant ces deux années d'affreux souvenirs, la Bretagne entière se voit exposée à ces misères, à ces violences ! Le ravage était partout ; partout la faim et la maladie ; les chevaux des soldats mangeaient le blé à peine levé dans le sillon ; un morceau de pain amenait souvent une bataille. Le paysan de Bretagne, impatient de tant de maux, se révoltait également contre le Mercœur et contre le Navarrais. Sans doute, avec ces forces venues d'Espagne, M. de Mercœur, tout inhabile qu'il était, pouvait en finir avec l'armée royale, abandonnée aux mains de ce timide prince de Dombes ; mais ce n'était pas le compte des Espagnols de donner la Bretagne au duc de Mercœur. Quand donc ils se voient les plus forts, les Espagnols s'établissent au Blavet, comme gens qui n'en veulent plus sortir ; ils se retranchent dans la presqu'île de Crozon, sur la pointe de Quelern, qui forme la rade de Brest, et cette position formidable leur permet de recevoir les vivres, les secours et les hommes de l'Espagne ; en même temps Brest n'est pas loin, qui sait ce qu'il peut advenir ? Un coup de main c'est sitôt fait ! — Ah ! malheur à quiconque appelle l'étranger à son aide ! C'est le moyen de déshonorer même la guerre civile. A voir l'ennemi si près de soi, tout se perd, l'espérance, la confiance et même la vertu des peuples. C'est le temps des calamités sans fin, des crimes sans nombre ; les bons naturels se corrompent au spectacle de tant d'injustices ; les mauvaises natures, libres enfin d'éclater au grand jour, arrivent à des résultats fabuleux. N'accusons pas la Bretagne seule de ces grands crimes ; accusons le malheur des temps ; accusons l'exemple des licences et des meurtres partis de si haut. En effet, quels enseignements arrivaient aux Anglais, aux Espagnols, aux Bretons, aux soldats et aux capitaines ? quels exemples venaient de cette cour de France, naguère l'asile de tout honneur et de toute chevalerie ? La Saint-Barthélemi — une nuit de massacres horribles ! — suffirait à expliquer même les meurtres du bandit Guy Eder, sire de la Fontenelle. Encore si les égorgeurs avaient fait leur métier sans insulter les morts ! Mais comment ont-ils tué Coligny ? Et l'assassinat du duc de Guise, que le roi

Henri III frappe à la joue en reculant d'effroi ; car le sang était remonté, du cœur, à cette joue insultée ! Parlerons-nous des orgies sanglantes qui signalèrent la fin du règne des Valois? En ces temps maudits, chaque homme pouvait impunément avoir des assassins à ses gages; dans les salles basses du Louvre, les gentilshommes passaient leur vie à calculer l'effet d'un coup d'épée ou d'un coup de poignard; le couteau était devenu une arme de gentilhomme : témoin ce Coconnas, qui se vantait d'avoir égorgé à lui seul trente huguenots à coups de stylet. Il avait arraché ces malheureux des mains du peuple en furie; il les avait menés chez lui, il les avait baptisés, et tout lavés des eaux du baptême, il les avait égorgés lentement pour faire durer sa joie et leurs supplices ! — Les folies funèbres de cette cour de Henri III ressemblent aux rêves d'un fiévreux; ces hommes de la plus honteuse espèce, qui jouent avec des têtes de mort; ces grains de chapelet attachés avec des faveurs roses; Marguerite de Valois et la duchesse de Nevers, quand leurs amants sont décapités, se faisant apporter leurs têtes sanglantes, qu'elles arrosent de leurs larmes : — c'est horrible à dire et honteux ! Quoi encore? Villequier tue sa femme parce qu'elle résiste à Henri III; Simiers, dont la femme est aimée de son frère, tue son frère : c'est l'heure où cette belle Vanina d'Ornano tombe sous le poignard du Corse San-Pietro, son mari, le père de cet Alphonse Ornano qui, un jour, pour quelque faute légère, tue son neveu à sa propre table, se lave les mains, se remet à table et achève de dîner. C'est l'heure des duels terribles, dont le cruel souvenir fera bondir le cardinal de Richelieu, comme autant de crimes impunis : les Caylus, les Maugiron, les d'Entrague; Riberac, Schomberg, Rivarot, véritables coqs-plumets du Pré aux Clercs, *qui ne croyaient en Dieu que sous bénéfice d'inventaire*. Cette histoire est pleine de cruelles tragédies. Voilà pour le sang ; les licences ne sont pas moindres : Un roi habillé comme une femme ; les femmes les plus belles de la cour et *les plus honnêtes*, vêtues à la façon des courtisanes, la gorge nue et les cheveux flottants; des *mignons* frisés et refrisés, les cheveux remontant sur les bonnets de velours, la tête enfoncée dans les broderies de leur chemise; le fard sur toutes ces joues efféminées, l'ambre sur tous ces corps, des colliers à ces cols, des pendants à ces oreilles. Et des reines! Catherine de Médicis, maîtresse du cardinal de Guise, accusée d'avoir corrompu son propre fils, Charles IX! Des aventures! Madame la duchesse de Guise et Saint-Mégrin, Marguerite de Valois et M. de Canillac, et Martigues, et

d'Aubiac, sans compter Coconnas, qui marche au supplice en baisant un manchon de sa dame. Cette dame, c'était pourtant la femme du Béarnais ! Toute moralité était oubliée, toute pudeur évanouie ; à proprement dire, c'eût été la fin du monde, sans quelques âmes hautes, fières, chrétiennes, peu dociles à la contagion, dans le parti protestant aussi bien que dans le parti catholique : M. de La Noue, Duplessis-Mornay et M. de Sully ; M. de Thou, M. Chrestien de Lamoignon, M. Le Maître, le chancelier de L'Hospital, qui *était bien un autre censeur que Caton*, dit Brantôme, un de ces grands juges et rudes magistrats avec qui il ne fallait pas se jouer ; — M. Achille de Harlay, qui fit honte au duc de Guise de sa victoire des barricades, disant : « C'est grand pitié que le valet chasse le maître. » Mais l'autorité de ces hautes vertus était impuissante à réparer tant de misères. La seule biographie d'un seul bandit de la Bretagne peut vous donner une idée de ces fureurs, de ces désordres. C'est une histoire fabuleuse à ce point que les romanciers eux-mêmes ont été forcés d'adoucir quelque peu la vérité de ce caractère infernal. Cet homme, qui a laissé bien loin derrière lui le maréchal de Retz le bandit du sacre de Charles VII, avait deux noms : le gentilhomme s'appelait Guy-Beaumanoir-Eder ; il n'était pas, — la chose est prouvée, Dieu merci ! — de la famille de l'illustre Beaumanoir : *Bois ton sang*, et pourtant il n'aurait eu qu'un mot à changer à cette devise glorieuse, en s'appelant Guy-Eder : *Bois leur sang.* — Son nom de crime, de viol, d'émeute et de meurtre, était Fontenelle. Grâce à tant de forfaits, ce nom-là est resté dans les mémoires et dans les complaintes de la Bretagne : « Fontenelle est un rude chrétien, tête vive et pied so-
« lide ; il aime le vin, et les femmes l'aiment, car il est brave et
« prompt à l'épée ; un jour il disait à son épée : Ma bonne épée, es-tu
« assez brillante ? Je t'ai lavée dans le sang des prêtres et dans le sang
« de mes maîtresses, dans le sang des Anglais et dans le sang des
« huguenots et des maltotiers de la ville de Tréguier. — Es-tu con-
« tente, ma bonne épée ? » Voilà à peu près une de ces mille complaintes bretonnes, si nombreuses, qu'on en compte plus de dix mille, de quoi faire dix gros tomes. Le héros de plusieurs de ces complaintes, ce Guy-Eder, à une autre époque que cette époque de passion et de licence sans frein, se fût sans doute conduit comme un gentilhomme avide, farouche et cruel, mais enfin il eût évité le supplice réservé à des crimes qui ne se peuvent pardonner. Sans doute le sang versé autour de lui portait à la tête de ce

jeune homme. D'ailleurs, il avait fait quelques études à Paris, en
pleine Ligue, en plein désordre; il avait écouté les sermons, il
avait lu les pamphlets de deux partis; il avait cherché, vainement, une loi, un Dieu, un maître, dans cette France en désarroi,
et il avait trouvé que chacun obéissait à son caprice. Alors il était revenu, par les plus mauvais sentiers, au village natal, et il s'était établi
non loin du château de son frère Beaumanoir, au *Vieux-Bourg-Quintin*, et là, pour bien faire, il avait commencé par essayer du métier
de voleur à main armée. Le pays était favorable à cette industrie fort
usitée en ces heures infâmes de toutes les violences; pas de chemins,
des sentiers perdus, des étangs, des épines, des rivières, des ravins.
Notre jeune homme réunit autour de sa personne, bientôt maudite,
d'autres bandits de son espèce et de son âge, qui détroussaient les
voyageurs; faute de mieux, on arrêtait les jeunes filles qui revenaient
des fileries, et on leur demandait violemment tout ce qu'elles pouvaient perdre; du reste, le bandit était beau garçon, la taille haute et
bien prise, l'œil de l'aigle et la plume au vent; l'épée ne tenait pas
au fourreau. — Il est bien entendu que cette broussaillerie ne pouvait pas convenir à ce jeune sauvage, qui avait tous les instincts de la
guerre; aussi s'en va-t-il bientôt tenter la fortune dans les diocèses de
Tréguier, de Saint-Pol-de-Léon et de Cornouailles. Chemin faisant,
quand on lui demandait de quel droit il marchait ainsi armé, il répondait (s'il daignait répondre) qu'il était un des soldats de la sainte Ligue. Et, véritablement, il se conduisait comme un vrai ligueur: pillant, brûlant, ravageant... et le reste. Quand il eut fait un grand
butin, il voulut avoir une citadelle à sa dévotion, afin de savoir où reposer sa tête, où porter son butin, après les fatigues et le pillage de la
journée. D'abord, il s'empara de Coatfrec, où il s'arrangea de son
mieux. C'était, à coup sûr, un assez mauvais voisinage: demandez
plutôt à Paimpol, à Landerneau, à Lannion. Comme il n'était pas encore bien établi dans sa citadelle, on le délogea, non sans peine,
et lui alors, insolent comme s'il eût été le duc de Mayenne en personne,
il prend son plus riche manteau, ses plus belles armes, son meilleur
cheval, et, suivi d'un train de prince, car il avait déjà des gentilshommes et des pages, il arrive à Vannes pour demander justice au
duc de Mercœur. Justement M. de Mercœur venait de recevoir des états
de Vannes un million de livres pour la contribution de l'année, et dans
cette réunion politique de la province aux abois, il avait été question
surtout des déprédations de Fontenelle. En conséquence, Mercœur fit

arrêter le fringant gentilhomme, et telle était la moralité de cette époque, que chacun s'étonnait qu'on osât jeter en prison ce Beaumanoir, pour avoir dévalisé quelques paysans : le grand crime ! Au reste, ce fut tout ce que les états de Bretagne en eurent pour leur argent, car peu de jours après, M. de Mercœur, battu par le prince de Dombes, rendait à Fontenelle sa liberté, et même nous ne serions pas étonnés qu'il lui eût fait quelques excuses. Le vautour revint donc à son nid; mais il trouva que son château de Coatfrec avait été emporté par la garnison de Tréguier. A l'instant le bandit se met en quête d'une autre place forte; et, faute d'en trouver, il s'arrange dans l'église de Saint-Tremeur à Carhaix. La ville de Carhaix était faible, on était mal logé dans cette église, notre brigand était trop grand seigneur pour se contenter de ces murailles nues; il fallut donc chercher un gîte plus convenable, le château du Granec, par exemple, situé entre Collorec et Landelleau. La tentative était hasardeuse, et d'ailleurs le Granec appartenait à un ligueur qui était le cousin de Fontenelle; mais qu'importe? Nous avons la ruse, nous aurons la tour, et la tour prise, eh bien ! nous ferons quelque chose pour notre parent, nous le mettrons à la porte en lui laissant la vie sauve. Aussitôt dit, aussitôt fait. Ce damné Fontenelle avait l'instinct des ruses diaboliques : il prenait de toutes mains, il ne rendait d'aucune. C'était la guerre d'un cannibale.—Vous jugez des misères et de l'épouvante; Dieu seul pouvait venir en aide à ces campagnes désolées. Chaque nouvel effort tenté contre le bandit était le signal de nouveaux massacres. — D'un côté, les Espagnols maîtres de la pointe de Quélern qui commande le goulet de Brest, d'autre part Mercœur et l'armée royale, Fontenelle partout, comme la misère et la famine. Il venait justement d'agrandir son repaire en se fortifiant dans l'île Tristan, dont il avait fait un poste inabordable, et de ces repaires partaient, chaque matin, des bandits qui revenaient chaque soir chargés de butin de la journée, et ramenant avec eux le vin et les femmes sacrifiées à leurs orgies. Quand ils avaient tout pris et tout pillé, tout dévoré et tout souillé, ils mettaient le feu aux maisons et ils dormaient à la clarté de l'incendie. Un autre jour, le brigand se faisait pirate, car la terre ne lui suffisait pas pour ses pillages, il lui fallait encore l'Océan. A ces causes, il s'empare de Penmarch, qui était alors une ville puissante et riche, et montant avec ses gens et son butin sur les navires qui étaient dans le port, il rentra dans son île. Chacun le voyant passer se demandait : où donc s'arrêteront ces brigandages? — C'est que véritablement lui seul il agissait, lui seul il se battait, pendant que le prince de Dombes faisait la cour aux belles dames, pendant que M. de Mercœur évitait la bataille, pendant que les Espagnols restaient retranchés dans leurs forts et que les Anglais retournaient dans leur île. Peu s'en fallut que ce Fontenelle ne prît Quimper ! Mais savez-vous ce qu'on fit un jour ? — Il fut pris en bataille rangée... et cet égorgeur de tant de gens eut la liberté de se racheter moyennant une rançon ! De Lanoue *Bras-de-Fer*, l'honneur de la chevalerie expirante, avait été moins heureux, il était resté cinq ans dans les prisons de l'Espagne.

Les massacres de Fontenelle sont horribles ! la façon dont il a traité la petite ville de Pont-Croix ne peut s'expliquer que par le délire. Cette petite ville de Pont-Croix eut le malheur de vouloir résister à ce bandit. Lui, Fontenelle, il enfonce la porte. Alors M. de Laville-Rouault, le gouverneur, monte au sommet du clocher avec sa femme et quelques amis, résolus à vendre chèrement leur vie. Fontenelle arrive, il promet au sieur de Laville-Rouault et aux braves gens qui sont avec lui qu'ils auront la vie sauve, il le jure sur son épée et sur sa foi de gentilhomme; aussitôt Laville-Rouault et ses amis et sa femme descendent de la tour, et les malheureux! à peine ont-ils touché le pavé de l'église, les soldats de Fontenelle s'en em-

parent, l'infortuné Laville-Rouault est attaché à un pilier du chœur, sa femme, jeune et belle, et touchante, dont les larmes auraient touché les tigres, appelle en vain à son aide le secours de Dieu et des hommes, elle est violée, en présence de son mari et de tous les soudards, au pied même de l'autel. Le crime accompli, le mari est pendu, la femme est égorgée, tous les hommes sont mis à mort, et ces cadavres amoncelés restent dans l'église, sans sépulture.

Il y a une histoire de la reine Marguerite de Navarre, non pas la femme de Henri IV, l'autre reine de Navarre, la sœur de François Ier, la Marguerite des Marguerites : Un jour qu'elle se promenait dans l'église de Vannes, sur la tombe des morts, la reine s'arrête; elle demande à M. de Bourdeille (le frère de Brantôme) : *Mon cousin, ne sentez-vous rien mouvoir sous vos pieds?* — C'était la maîtresse du capitaine Bourdeille qui était couchée sur ces dalles, morte à vingt ans ! — Eh bien, rien qu'à raconter l'attentat de Fontenelle et de ses gens dans la petite église de Pont-Croix, on sent *mouvoir sous ses pieds* toute une génération des enfants de la Bretagne, qui voudraient sortir de ces tombeaux pour tirer vengeance de tant de forfaits.

Mais enfin, Dieu soit loué! Henri IV, vainqueur des obstacles, s'est écrié, qu'enfin du compte, Paris valait bien une messe : Paris a ouvert ses portes au Béarnais le 22 mars 1594; la France enfin comprend que maintenant elle a un maître qui peut la sauver, qui doit la sauver. — Elle attend, elle espère, elle se repose sur ses armes! Quand il eut pacifié la ville, apaisé de son mieux les passions environnantes, reçu l'absolution du pape, la soumission du duc de Mayenne, préparé dans sa sagesse l'édit de Nantes et le traité de Vervins; quand il fut roi, en un mot, roi de France et de Navarre, le roi Henri IV s'occupa de faire de la Bretagne la France. Cette fois enfin, le duc de Mercœur comprenait la vanité de ses prétentions. La Ligue était brisée, le duc de Mercœur, général de la Ligue, voyait chaque jour les hommes les plus considérables de son parti passer au roi de France. Pour ajouter à la confusion de Mercœur, le maréchal d'Aumont remplaçait Henri de Bourbon, prince de Dombes, dans le gouvernement de la Bretagne, et le premier soin du maréchal, ce fut de châtier les bandits qui désolaient la contrée. Il reprit la ville et le château de Morlaix, il reprit Quimper et le fort de Crozon bâti par les Espagnols, et le château de Corlay, près de Guingamp, naguère encore le repaire du bandit Fontenelle. Ce fut même un des bons indices que la paix était prochaine, quand on vit les sages habitants de Saint-Malo, fidèles à leurs habitudes prudentes, reconnaître enfin pour leur roi le roi Henri IV, qui les reçut dans ses bonnes grâces; leur accordant de nombreux priviléges, entre autres l'exemption de l'impôt pendant six ans et le droit de se garder eux-mêmes. Chaque jour amenait pour le duc de Mercœur une déception nouvelle. Lui cependant, il s'obstinait plus que jamais dans ses prétentions; il se défendait à la fois contre la Bretagne et contre la France. En vain la sœur du duc de Mercœur, la reine Louise, veuve de Henri III, s'en vient à Ancenis pour négocier de la paix avec son frère, Mercœur résiste, même à sa sœur. La guerre, qui touchait à sa fin, durait encore quand le maréchal d'Aumont pensa compromettre la cause du roi par une grande imprudence. Il était amoureux de madame de Laval (la nièce du comte de Chateaubriand, Charlotte de Montmorency-Laval), et pour lui complaire, il s'en va assiéger le château de Comper, occupé par les ligueurs. Il fut blessé à mort sous ces remparts bien défendus, et par cet accident, voilà la paix reculée. Mais enfin le duc de Mercœur, poussé dans ses derniers retranchements et voyant les Espagnols refoulés sur les frontières, demanda, non pas la paix, mais une trêve, autre façon de continuer la guerre. Il était temps d'en finir avec ce reste venimeux des guerres civiles; le roi de France était le seul qui pouvait mettre un terme à ces incertitudes cruelles, le roi seul pouvait venir en aide aux malheureux habitants de la Bretagne, incessamment traqués comme des bêtes fauves par les Espagnols, par les garnisons de tous les châteaux, par la bande de Fontenelle, car Fontenelle reparaissait toujours; tantôt on parlait d'une petite fille de treize ans, et de noble maison, enlevée sur les côtes de Léon, qu'il avait épousée publiquement et entraînée dans son repaire; tantôt d'une petite fille moins à plaindre, qu'il a fait dévorer par un chat, pendant que lui-même il s'enivre entre le père égorgé et la mère expirante. Qui ne payait pas rançon à Fontenelle était mort; qui lui payait la rançon était perdu, car cet infâme n'avait pas même la vulgaire probité des plus mauvais bandits de la Calabre. Que de fois il a renouvelé la scène de viol de l'église de Pont-Croix ! Voilà l'homme que le maréchal d'Aumont aurait dû châtier le premier! mais, voyez la misère! Fontenelle, retranché dans la citadelle de Douarnenez, défiait toutes les forces. Le maréchal de Brissac, que le roi Henri IV avait envoyé en Bretagne (1597) quand M. de Brissac aurait dû mettre son honneur et sa gloire à délivrer la contrée de ce brigand, traitait avec *le sire Guy-Eder-de-Beaumanoir*, d'égal à égal, et même, c'est une honte qu'il faut dire, l'histoire a conservé le traité consenti à cet abominable Fontenelle, tout comme elle a gardé le traité conclu avec le duc de Mercœur. Dans ce traité, signé par Henri IV, il est parlé « de *l'intime confiance* du roi en la *fidélité*, la *valeur* et la *prudence* de Guy-Éder, sieur de la Fontenelle ». En même temps, le roi établit Fontenelle capitaine et chef d'une compagnie de cinquante hommes d'armes, pour en jouir aux *honneurs, gages* et *profit accoutumés*. Ce n'est pas tout, le bandit, qui veut prendre toutes ses précautions, exige, et on le lui accorde, qu'ils soient à l'avenir, lui et les siens, « et tous ceux qui « l'ont suivi, *assisté* et *favorisé*, officiers de justice, financiers, capi- « taines, gendarmes, chevau-légers, et autres gens de guerre, leurs « veuves et héritiers, *quittés* et *déchargés de tous crimes, maléfices,* « *meurtres,* brûlement, etc., etc.; notamment de la prise de Pen- « march, dont à toujours *nous abolissons la mémoire, le tenant excusé* « *de l'enlèvement de sa femme, etc., etc.*, imposant sur eux, comme « sur toutes les choses susdites, *silence perpétuel* à nos procureurs « généraux, à leurs substituts, et à tous autres. » Et voyez combien peu s'en est fallu que le châtiment ait manqué à tous ces crimes, et que la vie de ce boucher ne se terminât comme une molle élégie; à l'abri de ses murailles, de son titre de gouverneur et du pardon du roi, le bandit était devenu un vrai berger, doux comme l'agneau; il semblait vivre en paix avec tous et même avec sa conscience; cette femme qu'il avait enlevée à quatorze ans, il s'en était fait aimer, il l'aimait, et même elle lui avait donné un bel enfant; il était presque honoré de ses voisins; pas un mot, pas un souvenir, pas l'ombre d'un remords! Et les victimes de cet homme, celles qui n'étaient pas mortes, — quand elles passaient devant cette opulente maison pleine de silence, d'ombrage, de fraîcheur au dehors, de luxe au dedans, quand ils voyaient aux pieds de cet homme heureux cette femme si jeune et ce bel enfant bouclé, se demandaient, à voir le bonheur de ce bandit, s'il y avait un roi sur la terre et un Dieu dans le ciel. — La vengeance vint enfin, mais tard, après que la Bretagne fut pacifiée, et dès que le roi Henri IV eut le temps et l'autorité de faire justice. — M. le duc Charles de Gontaut de Biron, gouverneur de Bourgogne, amiral de France et de Bretagne, conspire contre le roi, son ami! — Biron est décapité; — lui, mort, on enveloppe dans cette conspiration malheureuse le bandit Fontenelle. — Sur l'ordre du roi, M. de Brissac envoie à Fontenelle le sieur de Coëtnizan (1602). En vain sa femme pleure et le veut retenir, en vain l'enfant tend les deux bras à son père, il faut partir. — Il part. — Sans doute qu'en ce moment l'ombre de M. de Laville-Rouault, de cette femme déshonorée et perdue dans l'église de Pont-Croix, passa au moins devant l'esprit de Fontenelle. — On l'entraîne à Paris, et aussitôt son procès commence. — Le procès ne fut pas long! La torture s'acharna sur ce misérable

qui avait été sans pitié; et, tout brisé qu'il était, il fut traîné en place de Grève, attaché à la roue et rompu vif des quatre membres; il agonisa durant six quarts d'heure!

Cependant la Bretagne se remettait quelque peu de ces violentes secousses, l'instant de la paix générale était proche, Mercœur n'avait plus qu'à implorer son pardon, Henri IV n'avait plus qu'à régner, quand soudain une flotte immense est signalée en pleine mer; — ô malheur! la Bretagne va recommencer toutes ses misères! l'Espagne revient, à toutes voiles, à toute guerre, avide de vengeance, de sang et d'or... c'est la flotte des Espagnols que la vigie signale au loin. Cette flotte de cent vingt navires, lancée sur l'Angleterre menacée, doit vomir en passant une armée sur la pointe de Brest; déjà les voiles se montraient au loin; tous les hommes valides de la Bretagne, peuple et soldats, échevins et marchands, accoururent sur la plage du Conquet, à l'entrée du goulet de Brest. Le tocsin sonnait dans les villages; les feux s'allumaient sur les hauteurs, comme au temps du roi Morvan; l'anxiété remplissait les âmes; une ardeur virile éclairait les visages, la flotte d'Espagne avançait toujours; soudain, la mer, qui était calme, se gonfle avec une sourde rumeur, l'éclair déchire la nue, on dirait que tous les orages, que tous les vents des tempêtes, les colères les plus violentes de l'Océan et du ciel, ont résolu de venir en aide à la vieille Armorique, et de la sauver ; et, en effet, cette tempête providentielle disperse la flotte ennemie ; ces fiers vaisseaux, l'orgueil de Philippe II, qui portaient ses meilleurs marins et ses plus vaillants capitaines, disparaissent, emportés et brisés par l'orage. Ce fut comme un heurt immense des éléments, des hommes, des voiles, de la mer, des navires..... et le lendemain au matin, aux premières clartés consolatrices du soleil levant, la mer, grondante encore, mais déjà calmée, jetait d'un flot dédaigneux, sur les côtes de la Bretagne sauvée, les tristes débris de cette invincible *armada*, qui devait à la fois venger Marie-Stuart, et rendre l'Angleterre au pape Clément VIII (29 juillet 1588). Les Bretons, reconnaissants, se jettent à genoux pour remercier le ciel ; et comme un bonheur ne vient jamais seul, presque au même instant, le roi Henri IV entrait, vainqueur, dans la ville d'Amiens.

Désormais donc, nul secours à attendre de l'Espagne, et le duc de Mercœur ne pouvait plus, sous aucun prétexte, prolonger cette guerre désespérée. Henri IV accourait aux frontières de Bretagne avec une partie de son armée triomphante ; les Bretons l'appelaient de tous leurs vœux, offrant leurs vies, leurs biens, leur argent au roi qui va tout sauver, tant ils étaient las de ces troubles, de ces meurtres, de ces ambitions insatiables. Dinan même, que les ligueurs occupaient encore, leur dernière place de sûreté, se soulève aux cris sauveurs de *Vive le roi !* et la ville est rendue au roi par les citoyens eux-mêmes. Henri IV pouvait donc envoyer, à l'heure même, sa cuirasse de soldat à la république de Venise, qui l'a gardée avec respect ; il n'avait donc plus qu'à se montrer ! les villes, les maisons, les cœurs lui étaient ouverts ; les états de Bretagne lui proposaient des canons et des coulevrines, des boulets et de la poudre, et cent cinquante mille écus. On apprend bientôt l'arrivée du connétable de Montmorency, l'homme aux patenôtres (*méfiez-vous*, disait-on, *des patenôtres du connétable!*), qui venait, précédant le roi et plus redouté que Henri IV lui-même. Alors enfin, le duc de Mercœur comprend que le duché de Bretagne est un trop grand rêve pour lui, et il se décide à suivre l'exemple du duc de Mayenne, du duc de Joyeuse, des principaux chefs de la Ligue. Mercœur se rend donc, mais s'il ne combat plus, il intrigue encore ; il ne peut plus résister aux armes de ce roi victorieux, il attaquera le roi dans ses passions. Si le roi n'eût écouté que M. de Sully, grand ménager des deniers publics, certes, les conditions imposées au duc de Mercœur auraient été dures. Tel était le projet : on reprenait à Mercœur la Bretagne tout entière; à peine si on lui accordait une somme de cinquante mille livres, comme on jette une aumône. Le duc de Mercœur comprit qu'il était perdu s'il ne mettait dans son parti un conseiller plus clément, la maîtresse du roi elle-même, Gabrielle d'Estrées. Henri IV avait un fils de Gabrielle, César de Vendôme : eh bien! le duc de Mercœur offrait au roi et à sa maîtresse de leur remettre sa fille unique, l'héritière de la maison de Penthièvre, pour qu'au jour venu, la jeune princesse, qui avait six ans, pût épouser le jeune César, qui en avait quatre. La proposition était belle : marier le bâtard de Gabrielle à une princesse de Lorraine, la chose valait la peine qu'on la discutât, quelle que fût la jeunesse de ces deux enfants à marier; madame d'Estrées se laissa prendre à ce piége tendu à son orgueil maternel. Le roi Henri IV, qui était parti de Paris le 18 février (1598), dans l'idée de châtier Mercœur, rencontre sur sa route les commissaires qui lui apportent les clefs de Vannes, de Hennebond, d'Ancenis, de Belle-Isle; au Pont-de-Cé se présente la duchesse de Mercœur, demandant grâce pour son mari. D'abord le roi ne veut rien entendre; mais enfin, sur une bonne parole que lui dit Gabrielle, le roi se calme, il oublie de mettre à profit sa victoire; quand il devrait pousser jusqu'en Bretagne, il se rend à Angers, où Gabrielle et la duchesse de Mercœur font une entrée triomphale, portées, l'une et l'autre, dans la même litière. A Angers même furent jetées les bases du traité de paix entre le roi et le duc de Mercœur. Les commissaires du roi étaient MM. de Thou, Colignon de Gèvres, le président Jeannin et de Schomberg, négociateurs habiles qui traitaient sérieusement les affaires sérieuses. Mais cette fois, la bonne volonté des conseillers du roi fut paralysée par le roi lui-même. Henri IV fit plus pour le duc de Mercœur qu'il n'avait promis à la duchesse de Mercœur et à Gabrielle; il rendit au prétendant sa fortune, et il sauva son honneur. Le préambule du traité avec le duc de Mercœur reconnaît en effet, qu'à tout prendre, « M. de « Mercœur a cru servir l'intérêt du roi et de la France en occupant « la Bretagne menacée de l'invasion. » Le roi « se déclare content et « satisfait, » il rétablit le duc de Mercœur dans ses biens, honneurs et dignités, et il lui accorde le délai d'un an pour payer ses dettes. Cette belle et grande cité de Nantes est maintenue dans ses priviléges; désormais l'exercice de la religion réformée n'est plus permis qu'à trois lieues de la ville. Tel était le traité ostensible du 20 mars 1598, entre le roi et le duc de Mercœur; mais ce traité public fut suivi d'un traité secret dont voici les principales dispositions : — « Le roi entend que, dans le délai d'un mois, le duc de Mercœur se démettra du gouvernement de la Bretagne. — En dédommagement de cette charge, et en considération du mariage de César de Vendôme avec la fille du duc de Mercœur, le roi accorde au duc une somme de 235,000 écus. — De plus, pour le dédommager des dépenses faites pendant la guerre, une pension annuelle de 16,666 écus, prélevés sur les impositions du vin qui passait sur la Loire. — Le duc de Mercœur remet entre les mains du roi toutes les places qu'il occupait pour la Ligue; néanmoins, le duc et ses adhérents rentrent en possession des biens, villes, châteaux et places fortes leur appartenant. — Le duc de Mercœur conserve sa compagnie de cent hommes d'armes; il pourra lever en son nom, dans le ressort du duché de Penthièvre, une contribution de 5,000 écus sur les personnes; il sera indemnisé par le roi, de 500,000 livres, pour lesquelles son père avait autrefois servi de caution. — On lui paie les canons dont il a garni les places. — On lui laisse le blé des magasins. — On lui donne 50,000 écus pour être distribués à ses capitaines et partisans, — 15,000 écus pour ses serviteurs. » Ce second traité est onéreux, sans nul doute, et pourtant il ne dit pas tout encore. M. de Sully raconte dans ses Mémoires, avec une vive peine dont les traces sont restées, que cette soumission du duc de Mercœur a coûté au roi la somme énorme de 4,295,350 livres; il est vrai de dire qu'en effet les fiançailles de César de Vendôme et de l'héritière des Penthièvre furent célébrées à Angers par le cardinal de Joyeuse. « Mais, dit M. de Sully, ce mariage ne pouvait « pas manquer si le roi l'avait voulu. Il fallait aller droit sur Mercœur « et le traiter à coups de canon. » Vains regrets! le traité était conclu.

Quand madame d'Estrées eut marié son fils à la princesse de Lorraine, elle fit nommer cet enfant de quatre ans gouverneur de la Bretagne. Ainsi disparaît Philippe-Emmanuel de Lorraine, duc de Penthièvre et de Mercœur. En vain il a tenté de réclamer devant le parlement de Paris (1599) ses droits à la qualité de prince; ni son orgueil, ni ses violences contre M. l'avocat général Servan, à qui il voulait *couper le cou*, ou tout au moins *donner des étrivières*, ne purent lui donner cette principauté qu'il avait tant désirée. Il quitta la France et cette province de Bretagne sur laquelle il avait régné pour ainsi dire pendant dix ans; il alla faire la guerre contre les Turcs avec l'empereur Rodolphe de Hongrie, puis il s'en vint mourir à Nuremberg le 19 février 1602.

Mais revenons au roi Henri. Peu écouté dans la conduite des diverses négociations qui devaient pacifier la Bretagne, vaincu par les beaux yeux de Gabrielle, M. de Sully se vengea noblement; il voulait à tout prix que le roi son maître fût adopté franchement dans ce duché qu'il venait de conquérir. A ces causes, il imagina que le moyen le plus simple c'était de montrer son roi à cette province qu'il fallait sauver. Le roi obéit à Sully, il visita la Bretagne conquise. Hélas! le roi lui-même, tout habitué qu'il était aux dévastations de la guerre, ne pouvait pas imaginer que la triste Bretagne fût ravagée à ce point-là! La première ville bretonne qui se rencontra sur le chemin du roi, c'était Nantes, la capitale des ligueurs de Bretagne. La ville avait cruellement souffert; elle commençait à comprendre qu'il était temps enfin de laisser tomber cette fièvre religieuse et de revenir à des conditions plus calmes. L'entrée du roi Henri dans sa ville de Nantes fut

solennelle, sérieuse, sans l'effusion et sans la joie accoutumée des entrées triomphales. Certes, ce n'était pas un maître irrité qui entrait dans la ville, mais aussi ce n'était pas un ami de vieille date. Henri IV regardait avec un certain étonnement cette forte citadelle, ces formidables remparts, cette Loire qu'on prendrait de loin pour l'Océan. « Ventre-saint-gris! dit-il, ces ducs de Bretagne n'étaient pas de petits « compagnons! » — Évidemment, le roi avait hâte de compléter sa royauté. Maintenant qu'il était en Bretagne, Henri IV comprenait à merveille, par l'exemple même du duc de Mercœur, que s'il avait autour de lui bien des dévouements à récompenser, il avait aussi bien des ambitions à satisfaire. Qu'allaient devenir, maintenant que lui-même il était catholique apostolique et romain, ses camarades huguenots, ses compagnons d'Arques et d'Ivry, des amis, des soldats qui se battaient pour lui depuis vingt-cinq ans? quelle sera la récompense de ces capitaines qui l'ont fait roi? doit-il et peut-il donc oublier tant de services, négliger tant de bons et fidèles serviteurs? Et cependant, s'il s'appuie sur les Rohan, sur les Bouillon, que vont dire les Guise et les d'Épernon? Enfin, peut-il donc ne pas donner quelques gages de la sincérité de sa conversion à la foi catholique? Difficiles questions, longtemps débattues dans la politique et dans la conscience du Béarnais. Cependant, car il sentait qu'il y allait de la gloire et de la popularité de sa couronne, il avait résolu d'en finir, une fois pour toutes, avec les irrésolutions qui jetaient un nuage sanglant sur cette grande conquête du royaume de France; il avait consulté les huguenots, il avait consulté les catholiques, il les avait réunis, les uns et les autres, dans une sorte de conseil, et de ce conseil en partie double était sorti un édit public et avoué qui concernait également les protestants et les catholiques; plus un édit secret qui ne devait être connu que des chefs calvinistes. — C'est là ce qu'on appelle l'édit de Nantes (13 avril 1598); cet édit, destiné à régler le sort et les droits des protestants dans le royaume de France, n'était, à tout prendre, que la conséquence plus développée des transactions de Poitiers et de Bergerac pendant le règne de Catherine de Médicis, dictées sous l'inspiration bienveillante et loyale du chancelier de L'Hospital; en effet, l'illustre magistrat avait compris le premier qu'une fusion entre les huguenots et les catholiques n'était pas impossible. — Or, tel était cet édit de Nantes :

« Oubli et pardon pour le passé ; — libre et plein exercice de la religion catholique, apostolique et romaine ; — les hommes de la religion réformée peuvent habiter toutes les villes du royaume, sans que leur conscience soit en rien ni jamais inquiétée ; — auront seuls l'exercice de la religion réformée les gentilshommes à fiefs de haubert, à haute justice, etc. ; — nul ne pourra enlever aux hommes de la religion réformée leurs enfants, pour les faire baptiser par un prêtre catholique; — même défense aux huguenots d'enlever leurs enfants aux familles catholiques; — les huguenots observeront les fêtes de l'Église catholique; — ils ne pourront vendre ou travailler en boutique ouverte le dimanche et les jours de fête; — les livres de la religion réformée ne peuvent être imprimés et vendus que dans les villes de la religion; — les hôpitaux sont ouverts indistinctement aux pauvres et aux malades des deux religions; — les huguenots paient aux prêtres catholiques les dîmes et redevances accoutumées; — établissement, dans toutes les villes de parlement, d'une chambre, mi-partie de catholiques et de huguenots, pour juger en dernier ressort les uns et les autres. » — Voilà l'édit ostensible; quant à l'édit approuvé des chefs et connu d'eux seuls, il était déclaré dans cet édit secret : que les calvinistes ne devaient contribuer en rien aux frais du culte catholique; — ils n'étaient pas obligés de tendre leurs maisons les jours de fêtes, ni de recevoir chez eux un prêtre catholique; — enfin, ils restaient les maîtres absolus de l'éducation de leurs enfants. L'édit de Nantes sauvait tout; il protégeait les intérêts, il calmait les consciences. Hélas! sur ce traité loyalement accepté, loyalement consenti, qui calmait tant de blessures, le roi Louis XIV devait porter une main imprudente, brisant ainsi, mais pour un temps bien court, cette liberté de conscience achetée par tant de combats, tant de dévouement, tant de misères.

De Nantes, quand le traité eut été signé enfin, et quand il vit la Bretagne calmée, toute prête à panser ses plaies à l'abri d'un gouvernement régulier et paternel, le roi Henri n'eût pas mieux demandé que de revenir en toute hâte à Paris; mais M. de Sully représenta au roi qu'il était impossible de ne pas visiter Rennes, la ville dévouée et fidèle jusqu'à la fin à la cause royale. Aussitôt, le roi, docile à cette bonne inspiration, se met en route pour Rennes, la royale cité.

— Les temps étaient mauvais; les meilleures parmi les bonnes villes avaient grand besoin de consolations et d'espérances. Écoutez ce que dit un vieil historien :

« L'année de la paix en Bretagne, qui fut l'année 1597, la cherté des vivres fut grande; la pipe de froment fut vendue quarante-deux écus, c'est-à-dire plus de trois cents francs de maintenant; la pipe de seigle trente écus, et au prorata les autres graines : qui fut cause qu'un grand nombre de menu peuple, tant à la ville qu'aux champs, pâtirent beaucoup, et bonne partie moururent de nécessité sans qu'il y eût moyen de les soulager, à cause de la misère générale et de la dépopulation par les gens de guerre ; car personne n'avait la liberté d'aller à sa maison, où il n'eût trouvé que les murailles, le tout étant emporté par les gens de guerre. Quant aux femmes et aux enfants, il les fallait enfermer dedans les maisons; car si quelqu'un ouvrait les portes, il était plus souvent happé jusque dans la maison par les loups... Pendant cette cruelle famine, en quelques endroits aux champs, les uns faisaient bouillir avec de la vinette des orties, et allongeaient leur chétive vie de quelques jours; les autres mangeaient lesdites herbes toutes crues, et d'autres mangeaient de la graine de lin qui leur donnait une puanteur d'haleine qu'on sentait de nuit à dix pas; après quoi ils venaient enflés par tout le corps, et de cette enflure peu échappaient qui ne mourussent. On ne trouvait autre chose dans les fossés et par les chemins, que morts de faim, partie ayant encore la vinette ou graine de lin dans la bouche, partie déjà mangés des loups, et les autres

tout entiers jusqu'à la nuit, qu'ils servaient de pâture sans qu'ils eussent d'autre sépulture. D'autant qu'il n'y avait aucun bétail, soit de labour ou autre, et pour dire en un mot, bêtes ni oiseaux domestiques. Cette grande pauvreté aux champs était cause de celle des villes, qui fourmillaient de pauvres qui s'y jetaient de toutes parts, en si grand nombre qu'il était impossible d'y subvenir à tous; de manière qu'il était nécessaire tôt ou tard qu'ils mourussent pauvrement, et principalement en hiver, étant mal nourris, presque tous nus, fors quelques drapeaux pour couvrir leur honte; sans logement ni couverture que les étaux : et où ils trouvaient des fumiers ils s'enterraient dedans comme pourceaux, où toutefois ils n'étaient guère de temps qu'ils n'enflassent fort gros, avec une couleur jaune qui les faisait incontinent mourir. La paix faite, les portes de la ville (Quimper) demeuraient ouvertes, et les loups se promenaient par la ville jusqu'au matin; et aux jours de marchés, les venderesses de pain et autres regrattières, qui se levaient le matin, les ont souvent trouvés autour du chastel et ailleurs, et ils emportaient la plupart des chiens qu'ils trouvaient sur la rue. La nuit, ils blessaient plusieurs personnes sur la rue ; et sans le secours et cri que l'on faisait criant : Au loup! ils les eussent mangées.

Quoi de plus? quel tableau plus terrible? quel plus hideux résultat de la guerre? Comme la reine Anne aurait pleuré si elle avait pu voir ses Bretons en ces extrémités lamentables! Aussi le bon Henri, en présence de cette désolation infinie, s'écrie avec une émotion bien sentie : « Où donc ces pauvres Bretons prendront-ils tout l'argent « qu'ils m'ont promis? » Noble et sainte parole d'un cœur vraiment royal, et digne du grand prince qui, dans Paris assiégé, faisait passer des pains sur les piques de ses soldats. A l'instant même, le roi vient en aide à ces misères, qu'il déplore; il fait notifier aux états de Bretagne qu'ils aient à cesser la levée des quarante mille écus par mois destinés aux frais de la guerre; il réduit de moitié l'impôt sur les boissons; il défend qu'à l'avenir pas une contribution ne soit levée en Bretagne sans l'assentiment des états; enfin il remet aux contribuables tous les arrérages des impositions antérieures à 1597. Trop heureux le roi, s'il n'avait pas eu besoin d'argent; mais la guerre a ses nécessités, et il se vit forcé d'accepter, des états de Bretagne, huit cent mille écus. Les états offrirent à M. de Sully six mille écus, en le suppliant de faire démolir plusieurs forteresses qui servaient de retraite aux bandits; Sully fit raser en effet ces affreux repaires, mais, bien qu'il aimât l'argent, il refusa le présent de cette malheureuse province. — C'en était fait, la province était pacifiée, Sully l'emportait sur Gabrielle; la ville de Rennes attendait son roi et son maître, et, cette fois, nous allons rencontrer, même en Bretagne, ce bel et bon enthousiasme qu'inspire le roi Henri IV et qui le rend si heureux. Le vendredi 8 mai, le roi toucha à Fontenay, à quatre lieues de la ville; le samedi, veille de la Pentecôte, la municipalité de Rennes vint au-devant du roi jusqu'au faubourg de la Madeleine. En ce moment, le maréchal de Brissac, s'approchant de Sa Majesté, lui présenta sur un plat d'argent les trois clefs, qui étaient en vermeil. Le roi les prit, les baisa; et, les remettant à M. de Montbarrot, gouverneur de la ville : « Elles sont belles, dit-il, mais j'aime encore mieux « les clefs des cœurs bretons. »

Je vous annonce la paix générale dans tout mon royaume! Telle fut la première parole du roi Henri. Ainsi il paya sa bienvenue dans cette Bretagne avide de le voir. L'entrée du roi dans la ville de Rennes fut grande et magnifique. Les cloches, les canons, les guirlandes, l'arc de triomphe, le clergé, les parlements en robes rouges, le *Te Deum* chanté jusqu'au ciel par mille voix reconnaissantes! Le roi logea dans le château de la Prevalaye, et l'on vous montre encore aujourd'hui la chambre à coucher et le lit du roi Henri IV. — Grande messe à l'église! — Grande chasse dans la forêt! — Grande profusion de festins! — Bal à l'hôtel de ville, souper chez l'abbé de Saint-Mélaine, et faut-il tout dire? les très-beaux yeux d'une *demoiselle* de Bretagne, fille de maître Jean Yger, sieur de Launay, avocat à Rennes; et femme du capitaine des Fossez. Qui fut bien affligée? Gabrielle d'Estrées; mais elle devait être faite aux façons du capitaine de *Bon Vouloir*, comme disait madame de Verneuil.

Le séjour du roi en Bretagne, son noble cœur, ses bonnes paroles, lui auraient donné la province, quand bien même il ne l'eût pas conquise par ses armes. La paix de Vervins, qui fut conclue vers la même époque entre la France et l'Espagne, ajouta à la sécurité de la noble province qui avait si grand besoin d'un salutaire loisir pour panser et cicatriser ses plaies saignantes. A partir de ce moment, la Bretagne est réunie par le fait et définitivement au royaume de France. Un homme qui a été dans la très-grande confidence de Henri *le Grand*, le maréchal de Bassompierre, explique, d'une façon très-débattable, pour quels motifs cette réunion de la Bretagne et de la France s'accomplit sans plus d'hésitations et de violences :

« La Bretagne, dit-il, pour avoir été incorporée à la France, n'en a pas été de plus
« malheureuse condition; ses privilèges et immunités lui ont été conservés, et bien
« plus puissamment contre-gardés par un roi de France, qu'ils n'eussent été par un duc
« de Bretagne. — La condition de chaque corps de la Bretagne s'est accrue et améliorée
« par cette réunion; car l'ordre ecclésiastique a été capable de posséder les amples bénéfices
« consistoriaux de la France ; la noblesse s'y est enrichie et agrandie, parce qu'il se fait de
« bien plus hautes fortunes en de grands royaumes qu'en de petites provinces, et le tiers état
« est parvenu aux grandes et lucratives charges de judicature de France. »

On trouve encore dans les Mémoires de Bassompierre un touchant passage à propos des pressentiments de Henri IV. Quelques jours avant qu'il ne tombât sous le poignard de Ravaillac, le roi était obsédé du pressentiment de sa fin prochaine : « Vous vivrez, sire,
« lui disait Bassompierre, et s'il plaît à Dieu, vous vivrez de longues
« années. Il n'y a point de félicité au monde pareille à la vôtre. Vous
« n'êtes qu'en la fleur de votre âge, en une parfaite santé et force
« de corps, plein d'honneurs plus qu'aucun des mortels, jouissant en
« toute tranquillité du plus florissant royaume du monde, aimé et
« adoré de vos sujets, plein de biens, d'argent, de belles maisons,
« belles femmes, belles maîtresses, beaux enfants qui deviennent
« grands, que vous faut-il de plus? Le roi se mit alors à soupirer et
« me dit : — *Mon ami, il faut quitter tout cela!* »

Huit jours après, le roi Henri *le Grand* tombait sous le poignard !

Ici s'arrête la partie historique de ce long et difficile travail. Autant que nous l'avons pu, nous avons voulu que la partie historique fût complète, et à ces causes, nous avons rapproché de toutes nos forces la Bretagne de la France, ne tenant pas comme suffisante et agréable aux bons esprits une histoire isolée et comme perdue dans les limites rétrécies d'une seule province. Les destinées de la Bretagne sont accomplies, et désormais elle n'en a pas d'autres que les destinées de la France. Ici s'arrête le passé, et, comme dit le poëte allemand : *Laisse le passé être le passé*[1]. Du reste, telle a été notre tâche. — Mais s'il n'y a plus de révolution possible en Bretagne, le vieux sang breton ne peut mentir, et quand il trouve que le joug est trop dur, il le secoue à tout briser. Que de conspirations et d'émeutes dans cette province, qui n'a pas encore bien compris pourquoi elle est la France? Richelieu, pour en finir à tout prix avec la féodalité, a pesé sur la Bretagne féodale, comme il a pesé sur la Normandie féodale. Ce nom de province l'inquiétait ; il ne comprenait pas que chaque partie du royaume

[1] Lass das Vergang'ne vergangen seyn. (FAUST.)

de France, chaque partie de ce grand tout eût ses priviléges, ses droits, ses capitulations, et que nul ne pût y toucher, pas même le cardinal de Richelieu ! Par l'impôt, Richelieu brisait ces franchises ; mais aussi l'impôt devenait la cause et le prétexte de toutes les rébellions, tant cela paraissait de droit commun, dans l'âme des cités libres, de se révolter à chaque usurpation de l'autorité royale ! — De là des réactions impitoyables. — Pour le cardinal de Richelieu, briser une province, démolir une forteresse, c'était briser en même temps l'orgueil d'un ennemi, ou, ce qui revenait au même dans sa pensée, c'était abaisser un vassal de la couronne. Il savait tous les mauvais vouloirs des seigneurs, des villes, des royaumes, de l'Angleterre et de l'Espagne, par exemple. Il avait à donner des châtiments sévères, et à chaque instant il cherchait l'occasion de montrer d'une façon terrible, à la façon de Richelieu, comment il entendait l'obéissance. L'occasion ne tarda pas à se rencontrer parmi cette jeunesse imprudente et folle qui entourait le duc d'Orléans, frère du roi Louis XIII. — La cour se rendait en Bretagne : le cardinal menait avec lui le duc d'Orléans, qui devait épouser, à Nantes même, mademoiselle de Montpensier. Au nombre des plus jeunes et des plus brillants courtisans se faisait remarquer, par sa jeunesse, son esprit et ses belles grâces, Henri de Talleyrand, comte de Chalais, maître de la garde-robe du roi et le favori de M. le duc d'Orléans. Chacun aimait Chalais pour sa bonne mine, son élégance et son courage ; on admirait ses coups d'épée et ses bonnes fortunes ; il était l'amant et l'amant heureux de la duchesse de Chevreuse ; bref *ce malheureux gentilhomme*, (ainsi disait le cardinal !) quand il se vit dans cette haute fortune, n'eut rien de plus pressé que de conspirer contre les jours du premier ministre. Il jura qu'il le tuerait, et il fut dénoncé par un sien ami nommé Louvigny. Le cardinal était à Nantes avec le roi ; Chalais est arrêté dans son lit. Le même jour, le garde des sceaux, Michel de Marillac est commis avec un conseiller d'Etat, pour instruire le procès de l'accusé ; le lendemain Louis XIII ouvre en personne les états de Bretagne, et le garde des sceaux, d'une voix sinistre, annonce aux Bretons assemblés : « Que deux motifs amènent le roi dans sa chère province de Bretagne, l'un agréable, l'autre amer et plein de douleur. Le premier était le désir de visiter ses bons sujets et ses serviteurs, le second celui de prévenir des orages qui menacent la province d'une grande désolation. » En même temps il est dit que le duc César de Vendôme ne saurait conserver le gouvernement de Bretagne, le chancelier donnant à comprendre que le fils bâtard de Henri IV n'est pas éloigné de faire revivre, en la personne de sa femme, fille du duc de Mercœur, la vieille prétention de Charles de Blois sur le duché de Bretagne, une prétention périmée depuis trois siècles! — Après ce discours sévère, les états applaudissent à la prudence du roi, ils demandent que les forteresses et remparts de César de Vendôme soient rasés, et cette faveur leur est accordée sans conteste; en conséquence, Guingamp, Lamballe, Moncontour, voient tomber leurs remparts. — En même temps le cardinal s'occupait de marier le duc d'Anjou avec la fille de la duchesse de Guise, mademoiselle de Montpensier. — Le mariage se fit, le cardinal le voulait. — Dans sa prison le comte de Chalais, apprenant ce mariage, admira tout haut *le grand pouvoir du cardinal*. Au dehors du château de Nantes, tout était fête et plaisir; dans le château, la victime était abandonnée aux espions et déjà vouée au bourreau. Le parlement de Rennes venait d'envoyer à Nantes même une chambre criminelle, tant il y avait hâte. Au nombre des juges de ce tribunal extraordinaire, on remarque le père de René Descartes et le père du surintendant Fouquet; conseillers, l'un et l'autre, au parlement de Rennes. Après cinq jours de cette procédure, le jeune Chalais est condamné à la torture au préalable, puis à avoir la tête tranchée sur un échafaud; le corps coupé en quatre quartiers et attaché à un pareil nombre de potences! » — Telle fut la fin de cet infortuné jeune homme; le bourreau de Rennes en eut pitié et prit la fuite; à défaut du bourreau, Chalais fut livré à un assassin, qui l'égorgea dans un des cachots de la tour, et ce misérable s'y prit à trente-quatre fois pour couper cette tête charmante! La Bretagne entière resta plongée dans la stupeur; elle se demandait quel était donc ce cardinal lieutenant criminel, qui se vengeait ainsi.

Sous M. le cardinal de Mazarin le château de Nantes servit de prison à un homme plus dangereux sans nul doute, et qui fut beaucoup mieux traité que le prince de Chalais; nous voulons parler de ce vif esprit, le roi des intrigues nébuleuses et des conspirations inutiles, un grand seigneur qui fut l'idole de la multitude, un archevêque de Paris, vice-roi des halles, un cardinal qui fit parler de ses amours et de ses duels presque autant que M. de Lauzun lui-même. Après les batailles de la Fronde, le cardinal de Retz fut enfermé dans le château de Nantes au sortir de la Bastille et courtoisement gardé par M. le maréchal duc de la Meilleraye, qui entourait son captif de fêtes sans cesse renaissantes. Le cachot de Chalais était fermé, le sang du meurtre avait été lavé; la prison avait un air de fête incroyable. La causerie tout le jour et le bal chaque soir, les plus belles dames de la province venaient consoler par leur présence l'heureux captif. Parmi ces dames, il y en avait une jeune et belle qui attendait encore un mari, mademoiselle de Lavergne, la fille de madame de Lavergne, qui avait épousé en secondes noces le chevalier de Sévigné (le beau-frère de madame de Sévigné). M. le cardinal de Retz se mit à aimer mademoiselle de Lavergne « parce qu'elle était fort jolie et fort aimable et qu'elle avait beaucoup d'air de madame de Lesdiguières. » Mais mademoiselle de Lavergne se défendit bel et bien, tant elle trouvait peut-être que M. le cardinal ressemblait peu au prince de Marcillac, et la prison de Nantes perdit alors tout son charme pour le cardinal. Il résolut de s'évader ; il mit dans sa confidence et dans ses projets le chevalier de Sévigné et le duc de Brissac, puis en plein jour il s'évada ; il était déjà dans les fossés, du haut des remparts les sentinelles le voyaient fuir, mais on ne pouvait l'arrêter à moins de faire feu sur lui ; et avant qu'on eût baissé la herse par laquelle il était sorti, et qu'il avait refermée sur lui, il eut le temps de descendre et de remonter avec des cordes les murs d'un bastion de quarante pieds de haut et de s'enfuir de toute la vitesse de son cheval. La citadelle de Nantes fut quelque peu humiliée de cette fuite en plein jour; mais un prince de l'Église romaine, un si vif esprit, un si bon gentilhomme qui s'évade, cela vaut mieux cent fois qu'un malheureux qu'on égorge dans l'ombre; d'ailleurs la formidable prison d'Etat eut de quoi se consoler le jour où lui fut confié un homme que le roi lui-même avait conduit à Nantes pour la tenue des états de Bretagne; cet illustre prisonnier, qui fut un instant le maître de la France, c'était le surintendant Fouquet, le maître de Belle-Isle, qu'il avait fortifiée, résolu qu'il était, on l'a dit du moins, à s'y retrancher et à soulever de là tous les mécontents des deux provinces de Normandie et de Bretagne, deux provinces mal domptées qui pleuraient encore leurs anciennes libertés.

Terminons ici ce long chapitre, le dernier chapitre de cette histoire de Bretagne. Bientôt, en revenant sur nos pas dans ces villes, dans ces villages, dans ces landes, sur ces rivages où brille la mer, nous retrouverons épars çà et là les traditions, les combats, les mœurs, les poésies, les ruines, les légendes, l'illustration entière de la noble province. Toujours est-il que désormais la province de Bretagne c'est la France.
— Encore un mot, et ce sera le résumé de cette histoire :— autant que nous l'avons pu, nous vous avons expliqué par quelle suite d'événements, heureux ou malheureux, ce trône de Bretagne a appartenu tour

à tour à la dynastie des Plantagenets, à la branche cadette des Capétiens, à la race des Valois. Autant que nous avons pu, et sans nous perdre en mille nouveautés puériles, nous vous avons entretenu des vertus quelquefois, et trop souvent des crimes et des attentats des premiers maîtres de la Bretagne ; de ses rois, de ses comtes, de ses ducs, plaçant, comme il était juste, le brave Nominoé sur un piédestal à part. Tour à tour respectée, maltraitée par la France, offerte aux Normands de Rollon par Charles le Chauve, comme un appoint de la Normandie, placée pendant trois cents ans, du moins pour une partie de son territoire, sous la suzeraineté des ducs de Normandie, jamais, en dépit de tout son courage, obstinée et vaillante, féconde en soldats et en grands capitaines, cette province de Bretagne n'a pu jouer dans les affaires humaines le rôle politique de la Normandie, par exemple. Malheureuse, même du côté des Plantagenets, qui ont fourni de grands rois à l'Angleterre, la Bretagne, pour se sauver du joug anglais, se vit forcée d'accepter le joug de la France. Après avoir subi les plus tristes princes de la maison d'Anjeri, elle eut à supporter les restes usés de la famille capétienne, dont le plus brave, Pierre de Dreux, perdit la couronne à force de révoltes. Le fils de celui-là, Jean *le Roux*, quand il aurait dû se conduire comme un conquérant qui gagne la terre à la pointe de l'épée, spécule comme un marchand qui achète les seigneuries au plus bas prix possible. Nous vous avons dit les inconstances et les hésitations de Jean II, la guerre interminable et héroïque de Jean de Montfort avec Charles de Blois, et toutes les forces de la malheureuse Bretagne employées à s'entre-détruire ; et quand enfin il est assis sur ce trône qui a coûté tant de sang, Jean IV signale son long règne par un lâche guet-apens contre le connétable de Clisson. Son fils, Jean V, sauve sa couronne chancelante en tournant à tous les vents qui soufflent tour à tour du côté de Paris et du côté de Londres ; le duc François Ier inscrit son nom d'une façon lugubre sur la liste des fratricides ; on n'a rien à dire de Pierre II, sinon qu'il battait sa femme ; Arthur III, le comte de Richemond, n'a régné qu'un an : c'était moins un prince souverain qu'un soldat au service de la France. Naguère encore nous vous racontions les longues misères du règne de François II, mais en revanche nous vous avons dit avec joie, le beau, le grand, le caractère royal d'Anne de Bretagne. Voilà la véritable duchesse, voilà le véritable souverain de la province ! Mais Anne vint trop tard pour montrer à l'Europe étonnée, comment il fallait occuper ce trône glissant entouré de tant d'abîmes. Elle vint quand l'indépendance de la Bretagne était à son terme ; tout ce qu'elle put faire, ce fut d'obéir à la nécessité, en sauvant l'honneur de ce trône ducal sur lequel désormais nul ne pouvait plus monter. Voilà toute cette histoire; et ce résumé rapide que nous faisons là, servira plutôt de louange que de consolation. Rien n'a manqué aux enfants de la Bretagne, rien n'a manqué à la vieille Armorique pour être grande entre toutes les souverainetés de l'Europe, sinon de grands princes pour les conduire. Elle a eu le génie, la vaillance, la patience, la modération, le sang-froid, le courage; elle n'a pas eu véritablement un grand prince; elle a flotté, incertaine, de la France à l'Angleterre, de l'Angleterre à la France. Mêlée à des passions qu'elle ne partageait pas, à des intérêts dont elle était la victime, théâtre sanglant et ruiné d'horribles batailles dont elle sortait toute meurtrie, quel que fût le parti vainqueur, les grands capitaines qu'elle a produits se sont battus, moins pour elle que contre elle : Pierre Mauclerc en Orient, Charles de Blois contre Jean de Montfort, Duguesclin avec Charles V et pour Charles V; Clisson pour faire sacrer le roi de France, Richemond pour le maintenir. — Vous avez vu cependant qu'abandonnée à elle-même, la Bretagne a fait des prodiges; elle a gagné des batailles sur terre et des batailles sur mer; elle a donné Abeilard à la philosophie, tout à l'heure elle lui donnera Descartes; elle a été patiente, dévouée, fidèle, éloquente et passionnée; elle a été grande par ses prélats, grande par ses savants, par ses magistrats, par ses docteurs, par ses poëtes. Cette trace qu'elle a laissée dans l'histoire est véritablement la trace d'une grande nation.

CHAPITRE XVI.

La Bretagne divisée en cinq départements. — Département d'Ille-et-Vilaine. — *Rennes.* — Serment des ducs et des évêques. — Les gouverneurs de province. — Révolte des Bretons en 1675. — Révolte de 1719 : supplice de MM. Du Guet, de Pontcallet, de Mont-Louis, du Coëdic. — Le parlement de Rennes. — Magistrats et écrivains célèbres. — La Vilaine. — La Prévalaye. — Vitré. — Fougères. — *Les Rochers.* — Madame de Sévigné en Bretagne. — La vie de château. — Le duc de Chaulnes. — *Les états de Bretagne.* — Anecdotes. — Les gentilshommes bretons. — MM. de Lavardin, d'Harouis, MM. de Rohan et de Molac. — La Roche-aux-Fées. — *Dol.* — Le marais de Dol. — La forêt de Scissy. — *Saint-Malo.* — Duguay-Trouin. — Jacques Cartier. — Surcouf. — M. de Lamennais. Le *château de Combourg* et M. de Châteaubriand.

Pour compléter le drame tout-puissant de l'histoire, il est nécessaire d'en donner la décoration, le costume, le paysage, car le récit s'agrandit par la description fidèle de la ville, de la cité, du champ de bataille, du palais, de la forteresse, de l'église, du monastère, de la chapelle. Ce que nous avons fait pour la *Normandie*, nous le voulons tenter pour la *Bretagne*, tâche difficile; et pourtant, telle a été notre préoccupation pour tout ce qui touche aux événements de l'illustre province, qu'il nous semble que désormais les plus grandes difficultés sont enfin surmontées; commençons donc, et plus que jamais, appelons à notre aide les souvenirs et l'enthousiasme de l'artiste. Surtout ici la terre est digne du peuple qui l'habite; les monuments et le sol, le ciel et le rivage, rappellent, comme à l'envi, la race glorieuse qui labourait ces campagnes, qui domptait cette mer formidable, qui élevait ces fières cités, qui se contentait de ces humbles cabanes; race croyante et dévouée, plus fière qu'ambitieuse, attachée à l'Évangile, à la patrie, à la liberté. — Quels hommes plus persévérants et plus intrépides? rudes guerriers, mauvais courtisans, restés Bretons, même depuis qu'ils sont Français. Étudiez, par exemple, admirez le paysan breton; pour lui, le monde entier c'est la Bretagne : là il est né, là il a vécu, là il veut mourir. Que d'autres cieux soient plus cléments, que d'autres terres soient plus fertiles, d'autres rivages moins battus des tempêtes, le paysan breton n'en sait rien, il ne veut pas le savoir, ou plutôt, dans ces terres lointaines aimées du soleil, de la richesse et de la poésie, si vous le transportez par violence, il languit, il meurt, se rappelant sa sauvage patrie et les bruyères odorantes. Bénie soit la terre qui se fait aimer ainsi! — La province de Bretagne se divise en trois zones très-différentes l'une de l'autre, et d'un aspect très-varié; le sol n'est pas le même dans les trois contrées, non plus que l'homme qui les habite; une grande différence se fait sentir dans les usages, dans le langage, dans les mœurs. C'est qu'en effet une barrière, que disons-nous? une puissante chaîne de montagnes sépare, de toute sa hauteur, ces trois familles du peuple breton. Ces montagnes, qui traversent la province d'un bout à l'autre, commencent aux sources de la Vilaine, du Couësnon et de la Mayenne, entre Fougères et Vitré; elles s'avancent vers Bécherel, en passant par Montfort; puis, s'inclinant un peu vers le nord, elles forment, au sud de Moncontour, le Méné proprement dit. Non loin de Corlay, la barrière imposante se perd en une multitude d'embranchements dont il est impossible de décrire tous les caprices; à Callac, cette chaîne de collines, çà et là éparpillées, se réunissent d'une façon formidable, après quoi elles vont se divisant de nouveau et formant deux branches bien distinctes : l'une de ces branches, sous le nom de *montagnes d'Arré*, se dirige vers l'ouest en ligne droite jusqu'à Plougastel, et là, s'arrête et vient mourir au bord de la rade de Brest; la seconde branche de ce rempart naturel, qui prend le nom de *montagnes Noires*, monte vers le sud et pénètre dans le Morbihan. Dans les environs de Gourin, ce n'est plus une chaîne de montagnes; c'est un pêle-mêle de vallons et de collines comme les vagues d'un océan immobile. Bientôt cependant ces montagnes se réunissent de nouveau en tournant vers le sud, et, après avoir formé la haute cime du Méné-Hom, qui domine de sa crête chargée de nuages éternels la baie entière de Douarnénez, s'en vont en s'abaissant toujours, jusqu'à la presqu'île de Crozon ; là elles tombent et s'affaissent sur elles-mêmes, tout en face du premier embranchement, au sud de la rade de Brest. Ces diverses montagnes et le vaste plateau qu'elles renferment forment une région à part, qui ne ressemble en rien au pays des deux zones voisines.—Les anciennes divisions de la Bretagne avaient, jusqu'à un certain point, obéi aux divisions indiquées par l'aspect et par la nature même de ces diverses parties d'une seule et même contrée ; les divisions administratives modernes n'ont pas été tout à fait aussi heureuses. Cependant, pour mettre plus d'ordre et plus de clarté dans notre description, nous nous conformerons, autant qu'il nous sera possible, aux nécessités de la France *départementale;* cette division par départements a remplacé, au bénéfice de l'unité, l'antique division des provinces, qui donnait au royaume de France tant de physionomie, de variété et d'intérêt.

Plus que toute autre province, la Bretagne aurait dû peut-être échapper à cette force qu'on appelle d'un mot barbare : *la centralisation.* Certes, la Bretagne, pour produire, a besoin de la sueur de l'homme ; la terre est pauvre, mais elle suffit à élever ses enfants, à ensevelir ses vieillards ; le sol veut être remué d'une main robuste, mais il produit, en belle et bonne qualité, le froment et l'orge, l'avoine et le sarrasin, le lin et le chanvre, le trèfle et le colza ; les légumes y viennent à souhait, les abeilles se comptent par essaims ; dans les abondants pâturages paissent des bestiaux nombreux ; le cheval breton est plein de vigueur ; deux races de chevaux composent la fortune de ces campagnes. Que de riches troupeaux ! que de grands bœufs mugissants comme on en voit dans Virgile ! que de vergers couverts de belles fleurs au printemps, rameaux féconds qui courbent sous les fruits en automne ! Plus fertile que la terre et plus complaisante, la mer (*tellus inarata!*) offre aux habitants l'immense plaine féconde, éternellement féconde, où l'homme moissonne, depuis le commencement des siècles, sans jamais l'épuiser, la moisson vivante, éternelle que Dieu sème dans sa munificence infatigable. Que la mer se retire, et sur ce rivage qu'elle abandonne, elle laisse des salines abondantes. — Comptons aussi dans cette fortune le gibier des forêts et au-dessous du sol, le fer, et du haut des montagnes boisées, l'eau qui tombe, travailleur acharné que rien ne lasse, qui travaille la nuit et le jour sans jamais demander son salaire ; et dans le Finistère, à Poullaouën, au Huelgoat, les plus belles mines d'argent que possède la France. Terre des sculpteurs et des architectes, le granit de Bretagne possède la transparence et la riche couleur du plus beau marbre, unies à la durée du roc vif ; le paysage de Bretagne, calme et triste comme ce qui est grand et fort, se fait aimer même des âmes les plus futiles, par l'éclat et la vivacité de ses teintes infinies, par les ondulations merveilleuses du terrain, par l'ornement mouvant de l'Océan qui festonne ces fiers rivages, par les lignes capricieuses et charmantes dont une brume fréquente adoucit, dans les abîmes de l'horizon tranquille, les angles parfois trop heurtés. En aucun lieu de la terre vous ne passez, par une transition plus animée et plus brusque, d'une vallée fertile et riante, à une campage sauvage et dépouillée : — ici les Alpes, — et tout à côté, quelque montagne doucement inclinée sous le poids du feuillage et des fleurs. Telle elle était — et telle elle est encore, la Bretagne des poëtes, des artistes, des rêveurs, des chastes amoureux de l'inconnu ; mais attendez quelques années, laissez le chemin de fer, cette tempête qui marche en avant, faire de ces campagnes historiques comme un faubourg de la grande ville, et alors disparaîtra la physionomie originale : les vallées seront comblées, les montagnes seront abattues, le lac tranquille deviendra un pâturage, le pâtre qui dort à l'abri du vieil arbre, au bruit jaseur de la cascade, se réveillera soudain, à l'annonce de tout ce peuple que traîne après elle la machine triomphante de Fulton. — Telle sera la révolution, — révolution inévitable, et alors, non-seulement il ne sera plus question de distinguer entre elles, à leurs différents caractères, les diverses provinces de la France, mais c'est à grand'peine si l'on pourra distinguer l'un de l'autre, à quelques rares vestiges de leurs antiques origines, les différents royaumes de l'univers.

Les deux départements de l'*Ille-et-Vilaine* et de la *Loire-Inférieure* sont les seuls départements de la Bretagne qui touchent, par leurs confins, aux provinces voisines. Ils composent ce qu'on appelle la haute bretagne. — En effet, et de tout temps, l'espace occupé par les départements d'*Ille-et-Vilaine* et de la *Loire-Inférieure* composa la partie la plus française de la Bretagne. La haute Bretagne parle la langue du royaume de France, elle en a les mœurs, elle est dévouée à nos rois, elle suit volontiers l'exemple des trois connétables, trois Bretons au cœur français. Toutefois, à certains signes irrécusables, à sa tête carrée, à ses yeux d'une expression vive et nette, à ce silence éloquent, à l'inculte peau de chèvre jetée sur ses épaules, il est facile de reconnaître le paysan d'*Ille-et-Vilaine*, de façon à ne jamais le confondre avec le Normand et le Manceau, ses voisins. C'est bien là le rude mortel aux passions fortes, aux haines invincibles, l'homme de la résistance, enfin.

Le territoire d'*Ille-et-Vilaine* est formé par les anciens évêchés de Dol, de Saint-Malo et de Rennes. A peine avez-vous passé la frontière, que vous rencontrez deux villes importantes : Fougères et Vitré, deux sentinelles vigilantes placées à la porte de la province. Le sol de ce pays est généralement plat et marécageux ; il est couvert de belles forêts, de vastes étangs, les arbres parviennent à une puissante et magnifique végétation. C'est un des départements qui fournissent le plus de bois pour les constructions navales. La Vilaine, navigable jusqu'à Rhedon pour les navires de deux cents tonneaux, communique, à l'aide de canaux, avec la Loire, avec la Rance, l'Océan et la Manche. La ville de Rennes est le chef-lieu du département d'*Ille-et-Vilaine*. C'était, vous l'avez vu, la capitale de la Bretagne, le séjour le plus ordinaire de ces princes souverains, de cette cour brillante dont nous avons écrit l'histoire ; là siégeaient habituellement les états de la province. Dès que le prince régnant était mort, le nouveau duc de Bretagne se présentait aux portes de Rennes en grande pompe ; il venait pour demander à la ville la couronne ducale, et il devait jurer solennellement de maintenir les droits et franchises de la nation. Le prince faisait son entrée triomphale par la *porte mordelaise;* la porte existe encore ; elle est reconnaissable à sa couronne de pierres belliqueuses, à ces rainures profondes ménagées dans le granit pour laisser tomber la herse et faire jouer le pont-levis. — Gloire et triomphe au nouveau duc ! Le peuple battait des mains sur son passage, les grands barons de Bretagne, les chevaliers, les capitaines, les magistrats, se mêlaient au cortège. Entre les mains de l'évêque le duc de Bretagne prêtait le serment religieux de vivre et de mourir dans la foi catholique, de gouverner sagement son peuple, d'observer les anciennes coutumes, de rendre à chacun franche justice. La nuit suivante, le duc la passait, agenouillé au maître-autel de la cathédrale, et quand enfin le jour naissant coloraient les vitraux de l'église, le clergé arrivait en grande pompe au chant solennel du *Veni Creator!* L'évêque bénissait l'épée au nom de Dieu et de saint Pierre. Avec l'épée l'évêque imposait la couronne ducale; couronné, le prince se levait alors, il montait d'un pas solennel les degrés de l'autel, — et, la main droite sur l'Evangile, il prêtait à haute voix son serment de chrétien et de prince ; — au même instant le *Te Deum* de toutes ces voix reconnaissantes remplissait la vaste cathédrale, la messe du Saint-Esprit commençait, et après la messe chaque baron venait, à son tour, prêter serment entre les mains de son seigneur suzerain, qui lui donnait le baiser de paix en échange.

L'investiture était la même, à peu près, pour l'évêque de Rennes : l'évêque prêtait serment au capitaine, avant d'entrer dans l'église; aux chanoines, avant d'entrer dans la cathédrale. L'origine de la ville de Rennes est toute romaine. Elle était, de l'avis des antiquaires, la capitale des Redones au temps de César. Cette ancienne cité, située au confluent de l'Ille et de la Vilaine, n'occupait qu'une très-petite partie de l'emplacement renfermé dans la cité moderne; elle s'étendait sur les bords de l'Ille. Une inscription presque indéchiffrable qui se lit encore sur une pierre employée par hasard dans la construction de la *porte mordelaise*, et qui a fait partie, sans doute, d'un monument considérable, est un témoignage irrécusable de l'occupation romaine. Les archéologues ont déchiffré sur cette pierre, toute mutilée par le temps, de quoi s'assurer qu'il s'agit de l'empereur Gordien, *très-heureux, très-pieux et très-auguste*. La ville de Rennes fut longtemps la véritable cité du moyen âge; naguère encore on rencontrait dans les vieux quartiers de la cité plus d'un édifice bizarre, accrochés les uns aux autres par des balcons, des fenêtres, des galeries, des tourelles, des zigzags, des hasards, tous les caprices de la pierre taillée ou non taillée. Mais depuis tantôt cent ans, la vieille cité bretonne a fait place à une ville nouvelle; l'incendie a renversé ces murailles lézardées, non pas, hélas! sans une immense perte et désolation. C'était au commencement du siècle passé, en **1720**, la flamme se jeta dans un coin de la rue Tristin, et à l'instant même cette flamme se trouva un incendie; tout brûlait, la ville entière s'enveloppa dans cette fumée, dans ce feu impitoyable; l'incendie dura dix jours, ardent, féroce, implacable; à chaque instant tombait dans ce brasier épouvantable, quelque vieux débris des anciens âges que la flamme démolissait bruyamment; l'ancienne tour de l'horloge, bâtie sur les ruines vigoureuses

d'un temple païen, entraîna dans sa chûte l'immense beffroi, dont la cloche géante faisait bondir les vieux cœurs à l'annonce du danger, les jeunes cœurs à l'annonce de la fête. Quand elle eut dévoré huit cents maisons de cette ville désolée, la flamme s'arrêta enfin. — D'où venait l'incendie? Un homme ivre avait mis le feu à la ville; mais ce peuple était trop malheureux pour chercher à de si grandes misères une cause si simple. Quand il se vit ruiné par la flamme, sans toit, sans pain, sans espoir, le peuple de Rennes se rappela, avec plus d'énergie qu'il n'avait jamais fait, ses résistances aux impôts de 1675 et la cruelle façon dont il avait été traité par le duc de Chaulnes, gouverneur au nom du roi Louis XIV. Triste souvenir! résistance imprudente; histoire qu'il faut dire pour bien expliquer où en était l'administration de la province de Bretagne, quelle était la cause de l'irritation populaire, et enfin quelles étaient les attributions du gouverneur de province. Avant le roi Louis XIV, le gouvernement de chaque province du royaume de France était comme l'apanage inviolable des plus grandes seigneuries de la couronne. Le gouverneur de chaque province était inviolable. C'était une façon de vice-roi qui exerçait, librement et sans contrôle, plusieurs des droits de la royauté. Les gouverneurs de province avaient remplacé en France les *missi dominici* des rois de la première race; le gouverneur levait des soldats, il en disposait arbitrairement; il était à la fois gouverneur et lieutenant général, ce qui lui donnait une double autorité sur les citoyens et sur les soldats. — Plus tard, quand l'autorité royale fut arrivée à son extrême puissance, la couronne songea à modifier cette autorité presque souveraine. En effet, les gouverneurs de province nommés par le roi ne furent plus que des administrateurs de l'autorité royale. Dans cette nouvelle position qui leur était faite, le roi restait le maître absolu de les révoquer; le gouverneur prêtait serment de fidélité entre les mains du roi; ses provisions étaient vérifiées au parlement de la province qu'il administrait; le premier président avait le pas sur le gouverneur, excepté dans les provinces du Dauphiné et de la Franche-Comté. L'éclat, la fortune, l'entourage, tout ce qui pouvait augmenter la dignité extérieure, un état princier, telle était la position d'un gouverneur de province. Il avait une compagnie des gardes. « M. de Chaulnes, dit madame de Sévigné, me fit la plaisan-
« terie de m'envoyer quérir par ses gardes, m'écrivant que j'étais
« nécessaire pour le service du roi, et que madame de Chaulnes
« m'attendait à souper. » Et plus loin : « M. de Lavardin est demeuré

« à Vitré pour faire son entrée à Rennes. Il est présentement le gou-
« verneur depuis le départ de M. de Chaulnes, et il n'est plus suffo-
« qué par sa présence, de sorte que les trompettes, les gardes, tout
« est étalé. Il est venu me voir en cet équipage avec vingt gentils-
« hommes de cortége; le tout faisait un véritable escadron. Dans le
« nombre de ces gentilshommes étaient des Lomarias, des Coëtlo-
« gons, des abbés de Feuquières et plusieurs qui ne s'estiment pas moins
« que les autres. » De tous les gouverneurs de province en 1789, un
seul existe aujourd'hui; c'est l'ancien gouverneur du Poitou. Il l'é-
tait déjà en 1776; il avait trois ans alors : c'est Sa Majesté Louis-
Philippe Ier, roi des Français. Sous le règne de Louis XIV, la France
se divisait en trente-neuf gouvernements. Le gouvernement du duc de
Chaulnes est célèbre dans les fastes de la Bretagne. La vieille province
qui avait déjà osé résister à Richelieu, voulait défendre contre le roi
tout-puissant le peu des anciennes institutions et libertés qu'elle avait
sauvées de son indépendance. Elle était criblée d'impôts; elle avait
été forcée de racheter les derniers édits au prix de cinq millions deux
cent mille livres, et le clergé avait donné en outre cinq millions, sous
le nom quelque peu ironique de don gratuit. Là-dessus on s'était révolté; on avait jeté à M. de Chaulnes de la boue et des pierres. Cinq
ou six cents bonnets rouges bas-bretons avaient crié à la tyrannie;
ils avaient pillé Fougères, et le bailli de Forbin, capitaine-lieutenant
de la première compagnie des mousquetaires du roi, lieutenant général des armées de Sa Majesté, était venu en Bretagne avec six mille
hommes pour châtier la province, ou plutôt, comme dit un témoin
oculaire, pour la ruiner. De cette révolte des Bretons sous Louis XIV,
nous ne voulons pas d'autre témoignage que les récits épars dans les
lettres de madame de Sévigné. Elle a écrit, sur les lieux mêmes, le récit
de ces misères, et ces misères, elle les raconte sans trop de pitié il
est vrai, sans trop de sympathie, comme une très-grande dame qui
a dansé avec le roi et qui ne sait rien de mieux que l'obéissance passive.
Mais enfin, même dans ce récit peu charitable, nous retrouvons, et
c'est là l'important, les Bretons et la Bretagne, de 1675 : « Les troupes
sont à Nantes, commandées par Forbin, qui a l'ordre d'obéir à M. de
Chaulnes; mais comme ce dernier est dans son Fort-Louis, Forbin
avance et commande toujours. On dit que nos mutins demandent
pardon; je crois qu'on leur pardonnera moyennant *quelques pendus!* »
Cependant la révolte ne recule pas devant les dragons, et la colère
des troupes royales s'accroît de la résistance même. Alors la ven-

geance des soldats devient atroce, et madame de Sévigné elle-même prend en pitié ces pauvres Bretons égorgés sans miséricorde. « Nos pauvres Bas-Bretons s'attroupent quarante, cinquante par les champs, et dès qu'ils voient des soldats, ils se mettent à genoux et disent : *Meâ culpâ !* C'est le seul mot de français qu'ils disent. On ne laisse pas de pendre ces pauvres Bas-Bretons. Ils demandent à boire, du tabac, *et qu'on les dépêche !* Après les campagnes, les villes seront châtiées, les bourgeois aussi bien que les paysans, paieront la révolte de leur vie et de leur fortune. — On menace Rennes (6 septembre) de transférer le parlement à Dinan : ce serait la ruine entière de cette province. La punition qu'on veut faire à cette ville ne se fera pas sans beaucoup de bruit ! »

En effet, trois jours après, tant la vengeance marche vite : « M. de Chaulnes est à Rennes avec beaucoup de troupes ; il a mandé que *si l'on résistait ou si l'on faisait le moindre bruit*, il ôterait pour dix ans le parlement de cette ville. Cette crainte fait tout souffrir. Je ne sais pas encore comme ces gens de guerre *en usent à l'égard des pauvres bourgeois !* » Bientôt la menace de M. de Chaulnes s'accomplit ; ces mêmes états de Bretagne, que François Ier avait sollicités en personne, que Henri le Grand a reconnus, un simple gouverneur de province, au nom de Louis XIV, les exile et les disperse à son gré. « M. de Chaulnes a transporté le parlement à Vannes : c'est une désolation terrible ; la ruine de Rennes emporte celle de la province... On ne croit pas que nous ayons d'états, et si on les tient, ce sera encore pour acheter les édits que nous achetâmes deux millions cinq cent mille livres il y a deux ans, et qu'on nous a tous redonnés ; et on y ajoutera peut-être encore de mettre à prix le retour du parlement à Rennes. M. de Montmoron (il était Sévigné et doyen du parlement de Bretagne) s'est exilé ici (aux Rochers) pour ne point entendre les pleurs et les cris de Rennes, en voyant sortir son cher parlement. Me voilà bien Bretonne, comme vous voyez ; mais vous sentez que cela tient à l'air que l'on respire, et aussi à quelque chose de plus ; car de l'un à l'autre, toute la province est affligée ! »

Quelques jours plus tard, le 30 octobre de la même année, quand la province est punie *au point de ne s'en remettre jamais*, et pour achever *de tout ruiner*, on apprend que Nantes est occupée militairement. « On a fait une taxe de cent mille écus sur le bourgeois, et si l'on ne trouve point cette somme dans vingt-quatre heures, elle sera doublée et *exigible par les soldats*. On a chassé et banni *toute une grande rue*, et défendu de les recueillir sous peine de la vie; de sorte qu'on voyait tous ces misérables, femmes accouchées, vieillards, enfants, errer en pleurs au sortir de cette ville, sans savoir où aller, sans avoir de nourriture ni de quoi se coucher. Avant-hier, on roua un violon qui avait commencé la danse et la pillerie du papier timbré : il a été écartelé après sa mort, et ses quatre quartiers exposés aux quatre coins de la ville. On a pris soixante bourgeois : on commence demain à pendre. Cette province est un bel exemple pour les autres, et surtout de respecter les gouvernants et les gouvernantes; de ne point leur dire d'injures et de ne point *jeter de pierres dans leur jardin.* » A coup sûr il est impossible, pour quelques pierres jetées dans le jardin d'un homme, de se venger d'une façon plus féroce; à les voir torturer la Bretagne entière, on dirait en effet qu'ils veulent en finir avec elle. En vain madame de Sévigné s'écrie-t-elle *qu'à force d'avoir pendu l'on ne pendra plus*, les rigueurs continuent, mais la confiscation, l'exil, la mort, rien n'y fait; plus le Breton est accablé, et plus il fait entendre son cri de détresse et de haine. Il meurt, mais en maudissant la main qui le frappe; il meurt au cri de : « *Vive la Bretagne!* » Les bourreaux s'avouent vaincus; les supplices augmentent la résistance; la misère ajoute à l'horreur de ces réactions. M. de Louvois est impitoyable; il a traîné à Vannes les vieux juges du parlement, et ces vieillards y sont tombés malades ! « Quant au parlement, on voulait le faire consentir, pour se racheter de l'exil, qu'on bâtît une citadelle à Rennes; mais cette noble compagnie voulut obéir fièrement, et partit plus vite que l'on ne voulait. » Puis elle ajoute, vérité cruelle, et c'est là le grand malheur des gouvernements absolus : « On aime mieux les maux que les remèdes. »

Telle a été cette prise de possession violente; voilà par quelles dragonnades le roi Louis XIV vint à bout de la province de Bretagne. On la traite comme un pays conquis; on n'imagine rien de mieux que la hache du bourreau pour briser ces résistances! Mon Dieu! sans remonter jusqu'au roi Louis XIV; sans aller plus loin que M. le régent, ce galant prince d'une âme affable, d'un esprit bienveillant, peu vindicatif et peu sanguinaire d'habitude, nous retrouverons la même cruauté contre la Bretagne. A peine le roi Louis XIV fut-il mort, que M. le régent avait demandé à la province appauvrie une somme de trois millions, et à l'instant même, pour avoir hésité, les états sont dissous, trente mille hommes envahissent la Bretagne de Nantes à Dinan. Attaquée dans ses priviléges, dans sa fortune, dans le respect qui était dû à un pareil peuple, la province prend les armes, la révolte se dresse tout armée; elle a pour chefs : les Bon-Amour, les Talhouët, les Rohan; ah! même l'Espagne n'est pas si loin qu'on ne puisse l'appeler, comme on a fait au temps de la Ligue.— M. le régent se conduisit avec autant d'orgueil féroce que Louis XIV lui-même; il brisa la révolte; il fit du vieux maréchal de Montesquiou l'instrument énergique et passionné de ses vengeances. O misère! les révoltés furent livrés à une commission militaire, et, le 26 mars 1719, sur un échafaud tendu de noir, à la lueur des torches, furent exécutés sur la place Gaslin à Nantes, par le bourreau, les sires du Guet, de Pontcallet, de Mont-Louis, du Coëdic, — quatre des beaux noms de la Bretagne. Pour tout dire, ces cruelles représailles furent accomplies par les dragons des Cévennes, des bandits ivres de sang, et pourtant ces bandits acceptèrent, comme des gentilshommes, tous les duels qui leur furent proposés. Les égorgeurs se battaient en champ clos, contre quiconque venait leur dire : *Mort au meurtrier!* l'épée des Bretons en laissa plus d'un sur le carreau, et enfin les dragons furent retirés de la Bretagne. Ajoutez à ces désordres l'incendie de Rennes et la banqueroute de Law, qui enleva à la province de Bretagne une grande quantité de son argent comptant. — Mais, Dieu merci, ce n'est pas l'incendie qui vient à bout des villes et des empires; ce qui est brûlé se relève; au contraire, quand le temps renverse, il est difficile de réparer les brèches qu'il fait lentement. — Rennes se releva; elle fut rebâtie dans de grandes proportions, trop grandes peut-être, car, sortie de ses cendres, elle est restée triste et silencieuse : la vie, le mouvement, l'activité manquent à ces longues rues qui rappellent, d'une façon solennelle, le silence et l'écho des rues de Versailles; le magistrat et le professeur remplissent la ville de cette vie sérieuse et correcte qui ne ressemble en rien au mouvement du commerce, de l'industrie, à l'utile agitation d'un peuple qui gagne sa vie dans l'activité affairée et l'énergie puissante du carrefour; même l'étudiant de cette université savante, l'étudiant, la race éveillée et sans souci, joyeuse parce que c'est l'âge qui le veut, on dirait qu'il est saisi de la torpeur universelle; l'étudiant de Rennes a trop d'espace à remplir, pour tout remplir.

Sur la place principale de la ville s'élève un vaste palais d'une architecture massive mais imposante, c'était autrefois le palais du parlement, c'est encore aujourd'hui le lieu consacré à l'étude et à l'application des lois. A peine Henri II eut-il créé un parlement en

Bretagne, que ce fut un vif sujet d'ambition pour la ville de Nantes et pour la ville de Rennes. L'une et l'autre, depuis le commencement de l'histoire régulière, elles se disputaient, avec des droits égaux bien que différents, l'honneur insigne d'être la capitale de la province. Dans ce conflit, honorable pour les deux cités, Rennes l'emporta sur Nantes ; l'arrêt du conseil privé est daté du 21 janvier 1561 : Le 15 septembre 1618, sur l'emplacement de l'ancien cimetière de Saint-François, fut posée la première pierre du tribunal par M. le premier président de Bretagne, messire Jean de Bourgneuf de Cicé. Ce somptueux édifice, construit sur les plans de l'architecte Desbrosses, ne fut terminé qu'en 1654. Des peintres habiles ont prodigué, sur les voutes et sur les murailles, les merveilles de leur art : Noël Coypel, Gosse, Jouvenet surtout ; — et en effet trop d'honneurs ne pouvaient être accordés à ce sanctuaire des lois d'une province qui a compté tant d'illustres, excellents et éloquents légistes. Qui les voudrait nommer tous ici et compléter cette liste, glorieusement et saintement commencée par Saint-Yves, l'avocat qui est au ciel, entreprendrait un immense travail. François Douaren, l'ami et l'émule du célèbre Cujas ; Eginard Baron, l'ami de Douaren et comme lui professeur de droit à l'école de Bourges ; le savant, l'ingénieux, le respectable historien et magistrat Pierre d'Argentré, énergique vieillard qui fut, avec Dumoulin, le plus grand jurisconsulte de son siècle, mort dans l'exil le 13 janvier 1590 ; il faut le regarder et l'honorer comme le réformateur de la coutume de Bretagne. Qui encore ? Pierre Hévin, l'auteur des *Questions féodales*; les *Consultations* de Pierre Hévin ont acquis l'autorité de la chose jugée. Interrogez l'enceinte parlementaire, et vous verrez reparaître, comme par enchantement, les plus sincères défenseurs des anciennes libertés : M. de la Jaluère, le premier président, qui paie de toute sa fortune un arrêt qu'il a prononcé et qui se trouve un arrêt injuste ; Poulain du Parc, grand avocat, l'auteur des *Principes du droit français;* le premier il a soulevé bien des questions qui occupent encore les plus hardis légistes. Et les noms célèbres de ces hommes, l'honneur de la science, le mur d'airain de la justice, ils sont partout en Bretagne : Lachalottais, que nous allons retrouver tout à l'heure, Lanjuinais, honnête homme au plus fort des colères sanglantes de la Convention nationale, «*resté pur au milieu de tant d'orages*, » disait le roi Louis XVIII ; le savant criminaliste M. Legraverend : voilà des noms et des travaux dont une province doit être fière ! Mais que disons-nous ? Gerbier lui-même, ce Gerbier l'inspiré, l'éloquent et brillant génie dont le nom seul porte avec lui tant de souvenirs des luttes les plus acharnées et les plus brillantes, ce bâtonnier célèbre de l'ordre des avocats de Paris, dont on ne pourrait croire les triomphes aujourd'hui, si nous n'avions pas aujourd'hui même, sous nos yeux, pour rendre tout croyable et tout possible, cet orateur excellent, l'orgueil du barreau français, nommé quatre fois bâtonnier de son ordre, honneur qu'eût envié Gerbier lui-même[1].

La fondation de l'école de droit en Bretagne remonte aux derniers ducs de Bretagne. Jean V et François Ier sollicitèrent auprès du saint-siége la permission d'établir une université dans la ville de Nantes ; mais ce fut en 1460, sous le règne du dernier duc, que la bulle fut accordée pour l'établissement de l'université bretonne. Cette université se composait, dans le principe, d'un docteur, un théologien, quatre physiciens-médecins, quatre maîtres ès arts, vingt-sept légistes et quarante et un canonistes ; cette université fut transférée provisoirement à Rennes en 1590 et établie définitivement en cette ville en 1735, « afin, était-il déclaré dans l'édit, que les élèves pussent entendre les plaidoiries et connoître les décisions dont elles étoient suivies. »

Parmi les professeurs de l'école de Nantes, école savante qui brille encore d'un si vif éclat (nous ne pouvons parler que de ceux qui sont morts), il en est plus d'un qui mérite les souvenirs et les regrets de la science. On sait les travaux, on sait la mort de l'excellent M. Carré. Il est mort dans sa chaire, au milieu de ses élèves, à l'instant où sa dernière leçon allait finir (1832). M. Toullier, le célèbre professeur de l'école de Rennes, a écrit un livre immense qui passe à bon droit pour le chef-d'œuvre de la science et de l'enseignement ; — un homme d'un rare esprit, d'une inépuisable bienveillance, d'un grand courage, savant et ingénieux orateur, dont la vie se rattache au plus terrible événement de notre âge après la chute de l'empire, la chute des princes de la branche aînée de la maison de Bourbon, M. de Corbière, avait professé le droit dans les chaires de Rennes avant de venir se mêler à ces orages et à ces tempêtes, dans lesquels il est resté comme enseveli. Hélas ! même la faculté des lettres établie naguère à l'université de Rennes, comme un complément nécessaire à ces

---

[1] M. Chaix d'Est-Ange :

His genus, ætas, eloquentia æqualia fuere ; magnitudo animi par, item gloria.

SALLUSTE.

fortes et sévères études, à peine si elle existe depuis six ans, et déjà elle compte parmi ses morts son professeur le plus brillant et le plus aimé. Intelligence rapide, parole abondante et vive qui rappelle dans tout leur éclat les meilleures leçons données en Sorbonne; noble esprit, noble cœur, la science d'un gentilhomme qui abhorre le pédantisme, et qui regarde de très-haut toutes choses pour les expliquer de très-haut, tel était M. Lehuërou; une mort subite, incroyable, fatale, l'a enlevé naguère (1843) au plus bel avenir, à la science historique, dont il était le brillant adepte, et aux belles-lettres, qu'il aimait, et pour lesquelles il avait déjà tant fait, à l'âge de trente-sept ans [1].

Mais si la ville de Rennes est quelque peu solennelle et sérieuse, en revanche, le paysage éclate au loin, resplendissant d'une grâce et d'une fraîcheur qui échappent à la description. Les bords plantureux de la Vilaine se chargent à chaque instant de riantes maisons enveloppées dans leur frais rempart de feuillage; tour à tour se présentent, aux regards charmés du voyageur : la Prévalaye, le château de Blossac, Pont-Réan et Bourg-des-Comptes; hautes collines, splendides vallées, ombrages charmants, perspectives sauvages, riches aspects d'une nature grande et forte. Sous tous les rapports, la ville de Rennes est véritablement la grande ville de ce département de la Bretagne; Montfort est à peine un grand village, Rhédon est un port, les villes même de Vitré et de Fougères, créneaux jadis formidables, et leur château gothique, à demi enseveli dans les ruines, ne sont plus guère qu'un tableau des siècles devanciers que les peintres copient sans s'inquiéter de l'histoire. Voilà ce que devient l'histoire : « *une ruine qui trempe dans un marécage et qu'on appelle château!* » comme dit La Bruyère. Les seigneurs de Vitré, ces princes magnifiques et généreux que nous avons rencontrés dans tant de batailles, hélas! ils ont été remplacés par des malfaiteurs; cette maison presque royale est devenue une prison tout comme le château de Saint-Germain, qui se souvient de François Ier dans ses décombres, et le château de Gaillon, bâti par le cardinal d'Amboise. O douleur! ces riches demeures sont remplies de blasphèmes, de haillons, de misères! Ce séjour des élégances princières est devenu un lieu de malédictions et de grincements de dents. A ces conditions sans pitié et sans respect, il est impossible

---

[1] M. Lehuërou est l'auteur de deux bons livres remarquables, dans lesquels la critique historique a su prendre les formes d'un très-beau style : *Institutions mérovingiennes*. — *Histoire des institutions des Carlovingiens*.

de reconstruire l'histoire. Mieux vaut la ruine complète, mieux vaut le hibou dans les bois, le vent du soir dans les créneaux, la clématite qui grimpe aux murailles croulantes, le revenant, à l'heure de minuit, sur ces balcons que l'on dirait brodés par les fées ; mieux vaut le lierre, manteau de funérailles, et surtout et mille fois, adorons la charrue, qui remplace par l'épi de blé le donjon féodal ; tout vaut mieux que cette insulte impitoyable infligée aux monuments de l'histoire. Des bandits dans l'appartement d'Anne d'Autriche, des hommes de plaisir et des grisettes avinées dans la chambre où Louis XIV vint au monde, des forçats dans les jardins du château de Gaillon, des repris de justice dans la salle des gardes des seigneurs de Vitré !

Que parlons-nous de ruine et d'oubli? Il n'y a pas de ruine pour la grâce éternelle ; il n'y a pas d'oubli pour le génie, qui ne peut pas mourir ; les villes disparaissent sans laisser de trace, et le sable va garder l'empreinte d'un pas féminin, pourvu que la femme qui a passé par là ait été digne de notre admiration reconnaissante et de nos respects. Rien ne meurt, que ce que les hommes oublient ! Non loin de Vitré, quelle est cette grande maison de belle apparence que le voyageur cherche de loin, au milieu de ce parc verdoyant? C'est la maison de madame de Sévigné, c'est cette terre des *Rochers*, retraite charmante et sérieuse qui a conservé comme un parfum ineffable des grâces et de l'esprit du dix-septième siècle français. Là vivait, sous le règne du grand roi, attentive aux moindres détails de cette histoire si remplie de courage, de bonheur et de génie, cette grande dame née en Bourgogne, élevée à la cour, et qui *ne s'est pas si fort égarée en Bretagne*, disait Bussy, qu'elle ne soit restée un des souvenirs les plus aimés et les plus glorieux de la province qui a produit Le Sage et Descartes. Madame de Sévigné appartient en effet à la Bretagne par une longue habitude autant que par la famille de son mari le marquis de Sévigné, allié aux plus anciennes maisons de la Bretagne, aux Clisson, aux Duguesclin, aux Rohan. Ce nom seul des Rochers nous rappelle les instants heureux, l'éloquence enjouée, les plus beaux jours de la fille célèbre du baron de Rabutin-Chantal. Même, sans l'avoir parcourue cette terre des Rochers dont chaque allée nous est connue, il nous serait facile de retrouver les moindres traces de cet esprit ingénieux, de cette tendresse infinie, de cette philosophie pratique dont madame de Sévigné nous a laissé d'intarissables modèles. Certes, les paysages de la Bretagne sont pleins d'éclat, de variété, de charme, de puissance ; on s'y perd, on les aime, on les chante ; on vous salue tout au loin, montagnes d'Arré, remplies d'ombre et de soleil; et pourtant, ô puissance des souvenirs, même à cet horizon

Les montagnes d'Arré.

sans fin, nous préférons une pierre mémorable, un champ de bataille, une chaumière, une ruine! Madame de Sévigné, où est-elle? Et quand je l'ai rencontrée, enfin, je me prosterne avec respect. Oui, elle est là, je la retrouve, je la vois dans ces longues allées, veuve à vingt ans, remplissant avec la gaieté d'une belle âme les difficiles devoirs de la femme chrétienne et de la mère de famille, économe avec bon sens, libérale avec sagesse, honorable, honorée, l'œil vif et bleu, les longs cheveux blonds et bouclés, la main très-belle, pensive ou rieuse tour à tour :

Se lassant aussi peu d'être belle que sage.

Pour sa retraite de Bretagne, la jeune femme quittait avec joie les fêtes splendides de Versailles naissant, les causeries sans fin de la place Royale, les amis et les admirateurs enthousiastes de cette jeunesse florissante, enviée, déjà célèbre; les beaux esprits qui ont fondé l'hôtel Rambouillet : Voiture, Balzac, Ménage, Chapelain, l'abbé de Montreuil, Segrais et Conrart; les grands seigneurs qui voulaient prendre leur part de ces fêtes de l'esprit : le prince de Conti, le prince de

Condé, M. de Turenne, le duc d'Orléans, et les belles dames; madame de Longueville, madame de Rambouillet, madame de La Fayette; et les maîtres dans l'art d'écrire, illustres génies, génies de l'école de la marquise de Sévigné : Bossuet, Corneille, Racine, La Fontaine, Molière. Elle quittait non-seulement sans peine, mais avec joie, tout le grand siècle et ces gloires nombreuses dont elle était la sœur, pour aller se réfugier dans l'ombre modeste et dans la paix profonde de sa Bretagne bien-aimée. Elle aimait *les Rochers*

Les Rochers.

comme si elle eût été en effet une enfant de la Bretagne. Le marquis de Sévigné avait été lieutenant de Fougères, et dans ce vallon arrosé par un des affluents de la Vilaine, madame de Sévigné avait passé les seuls instants heureux de son mariage. C'est un pays varié et pittoresque; on dirait une forêt des plus beaux arbres : le hêtre, le châtaignier, le chêne, confondent leur feuillage; le château est posé sur un vaste plateau, à l'horizon peu étendu; ce ne sont, tout autour de la maison, que jardins, feuillages, clôtures et fossés; — les *Rochers*, si l'on veut, mais ces rochers se cachent sous la plus fraîche verdure. Le vieux manoir était déjà, il y a un siècle et demi, une des vieilles maisons de la province de Bretagne; l'escalier occupe une des tourelles; le château est flanqué de deux tours, quelque peu sombres et féodales ; on comprend que la force a passé par là : retraite austère à tout prendre pour cette jeune femme l'honneur éloquent des beaux salons du Luxembourg, du Palais-Royal et du Louvre. Oui, mais le bon sens et la probité de cette noble dame ne pouvaient pas rencontrer, plus loin des fêtes, des joies, des délires, des passions de Louis XIV à trente ans, une retraite plus fidèle, plus respectée et plus sûre. Bientôt madame de Sévigné fut populaire dans cette retraite qu'elle aimait. Absente, on l'attend ; présente, on la recherche ; elle quitte Paris avec joie et en bel équipage : deux calèches, sept chevaux de carrosse, un cheval de bât qui porte son lit, sept chevaux de main, trois ou quatre hommes à cheval ; elle emmène avec elle monsieur son fils, *dont les maîtresses ne seront pas inconsolables;* elle a pour l'accompagner et pour la servir son valet de chambre Beaulieu et sa femme de chambre Hélène, à qui maître Beaulieu fait un doigt de cour. — *Je voudrais me voir passer dans ma voiture,* s'écrie-t-elle. — La veille, elle a dîné chez M. de Coulanges ; le lendemain, elle part pour Vitré ; à Palaiseau, déjà, son meilleur cheval, le *plus beau de France,* boite tout bas ; on s'arrête où l'on peut, par exemple chez M. de Lavardin, au château de Malicorne ; on part à deux heures du matin pour éviter l'extrême chaleur ; on relit en chemin, en guise de bréviaire, les bonnes pièces de Corneille, le livre nouveau de Nicole, que l'on prend pour *de l'étoffe de Pascal;* enfin, après un voyage de douze jours, tout autant, on approche du but, on va revoir son parc, sa maison, ses belles allées, son petit cabinet. Quand les gens des Rochers apprennent l'arrivée de leur dame et maîtresse, ils accourent au-devant d'elle ; c'est fête tout le long de la route qui conduit de Vitré au château ; Vaillant, le concierge des Rochers, a mis plus de quinze cents hommes sous les armes, le ruban neuf à la cravate, pour mieux recevoir leur maîtresse. A la tête de ces honnêtes vassaux, s'avance maître Pilois le jardinier, Pilois *qui a élevé jusqu'aux nues,* avec une probité admirable, ces beaux arbres que la dame a plantés. A l'intérieur, tout est prêt pour recevoir la dame de céans. Lasmechin, le second valet de chambre, ouvre à grand bruit les portes de la chambre de sa maîtresse, et décore sa table de ses livres favoris : *les Provinciales de Pascal, les tragédies de Corneille, les premières comédies de Molière, l'histoire de Guichardin, les œuvres de Nicolle* et le dernier roman de mademoiselle de *Scudéri,* dont elle aimait les grands coups d'épée. Que madame de Sévigné va être heureuse pendant les beaux jours ! c'est aux

Rochers qu'elle aime à vivre; c'est là qu'elle fait l'économie de son temps, de son âme, de son esprit, de sa santé, de sa fortune; là, elle prépare l'avenir et la grandeur de sa maison; là, elle pare son esprit de toutes les belles choses dont elle est le juge le plus écouté et le plus difficile; là, elle oublie les fatigues, les joies et les ambitions de la cour; là, elle revient sur ses études favorites : le latin, l'italien, le grec, l'espagnol; elle laisse les contes de La Fontaine pour s'occuper des comptes de ses fermiers. Tout lui plaît, tout la charme. C'est aux Rochers surtout que le rossignol, le coucou, la fauvette, ces chanteurs des forêts de la Bretagne, célèbrent dans leurs chants *le triomphe du mois de mai;* c'est aux Rochers surtout que l'automne retrouve ses beaux jours de cristal *qui ne sont plus chauds, qui ne sont pas froids; jamais la belle maîtresse d'Endymion* ne jeta sur la fraîche campagne des rayons plus doux et plus calmes. Quelle joie d'oublier le fracas de Fontainebleau et de Versailles dans les fêtes naturelles de la fortune médiocre, dans l'obscurité éclairée de la campagne! — Le *Mail* existe encore, il s'arrête encore à cette longue avenue dans laquelle M. de Sévigné et sa mère se cherchaient toujours. «Madame, il fait chaud dans le Mail; il n'y a pas un brin de vent; la lune y fait les effets les plus plaisants du monde. » Il était minuit quand on vint annoncer la lune à la jeune dame, et aussitôt la voilà qui prend sa coiffe et qui s'en va, vêtue à la légère, *donner cette marque de respect à la lune;* la lune, en revanche, dessine sur le tronc des arbres, au milieu des allées, toutes sortes de douces et caressantes images. C'étaient là de grands plaisirs : être seule et causer, de si loin, avec sa fille adorée; créer, en se jouant dans cette solitude, la plus belle langue française; se promener dans ces bois, *la canne à la main,* en rêvant à la philosophie de Descartes, aux austérités chrétiennes de Port-Royal. Voilà la fête des Rochers. — Sans compter que dans l'occasion nous sommes une bonne et libérale maîtresse; nous tenons bien nos comptes, c'est vrai, mais que le métayer, ou le meunier, ou le fermier, soient en retard, celui-ci de huit cents francs, celui-là de mille francs, l'un de cinq, l'autre de trois cents écus, et qu'absolument ils ne puissent pas nous payer, nous leur faisons la remise de tout le passé, les engageant à mieux faire pour l'avenir. D'ailleurs nous en avons qui nous paient rubis sur l'ongle. Par exemple, cette belle petite fermière de Bodigat, qui nous est venue trouver l'autre jour, nous avons été un instant bien injuste envers elle. Il est vrai qu'elle avait de beaux yeux brillants, une belle taille, une robe de drap de Hollande, la jupe de tabis, les manches tailladées : elle était charmante ; elle nous devait huit mille francs. O Seigneur Dieu ! avons-nous crié tout bas, cette femme est trop belle pour payer ses dettes, et cependant elle les a payées ! Et ce matin encore, ce Bas-Breton qui est entré dans notre grande salle avec des sacs de tous côtés, il en avait sous ses bras, dans ses poches, sous ses chausses... c'était trente francs que nous devait le bonhomme, et il nous les apportait en gros sous. Nous avons aussi notre fermier de Buron (le douaire de madame de Sévigné), *qui est un gros monsieur ;* on l'appelle monsieur le fermier ; il est fort honnête homme, mais la ferme a dévoré en réparations plus de mille pistoles, et les revenus sont pris pour deux ans. Ce sont *d'étranges mécomptes,* et comme sa mère voudrait tenir le chevalier de Sévigné pour qu'il vît un peu, par lui-même, « ce que c'est que l'illusion de croire avoir « du bien quand on n'a que des terres !... » Si les bois des Rochers sont beaux, en revanche les chemins de Vitré étaient impraticables ; mais le roi et M. le duc de Chaulnes ont ordonné de les raccommoder *pour faire un chemin comme dans cette chambre,* et tous les paysans de la seigneurie de Sévigné, sous la conduite des cochers voisins, y seront envoyés lundi. Aux Rochers, tout est beau, même la pluie, car on saisit le moment d'entre deux nuages pour faire planter au bout de la grande allée, du côté du Mail, une espèce de *petit labyrinthe,* et un autre au bout de *l'allée infinie,* où l'on pourra se mettre à couvert de l'ondée, et causer, et lire, et jouer. Ces deux petits parasols ou parapluies seront un agrément et une commodité, et ne nous *coûteront presque rien.* Aux Rochers, Pilois est le favori : « Je préfère sa conversation à celle de plusieurs qui ont acquis le titre de chevalier au parlement de Rennes. » Puis elle ajoute : « Voilà les grandes nouvelles de nos bois, je serais tentée de les faire mettre dans le *Mercure galant.* » On a fait mieux que cela, madame, les grandes nouvelles des Rochers, on les a mises dans l'histoire. Si cependant l'hiver arrive enfin, s'il faut absolument convenir que le ciel est froid, eh bien ! on a la ressource du fagot, on a la pyramide de fougère odorante ; on reprend ses habits de décembre, les promenades sont plus sérieuses, on *relit les Conversations de Descartes, la Prédestination des saints de saint Augustin, les Lettres de saint Prosper et saint Hilaire,* et aussi, qui le croirait ! on relit les *Contes de Perrault.* « Ah ! s'écrie-t-elle de cet air enjoué qui ne la quitté jamais, même quand elle est triste, si j'avais dans ces bois la feuille qui chante ; oh ! la jolie chose qu'une feuille qui chante ! » Puis, venant à penser qu'elle était peut-être ingrate envers la Providence, elle se rétracte à l'instant même : « Je suis une ingrate, mes feuilles chantent : j'y entends mille oiseaux tous les matins. » La feuille qui chante, madame, la feuille qui chantera éternellement sa douce causerie d'esprit, de grâce et de tendresse maternelle, c'est la page que vous écrivez. Telle est la vie cachée, câline, correcte, silencieuse, murmurante de tous les jours. On se cache aux Rochers; on y vit au soleil, à la pluie, loin des regards. Donc, qui que vous soyez, à moins d'être de ses bons amis, car cette femme rebelle aux passions dangereuses, est restée fidèle à l'amitié et à l'amour maternel jusqu'à la fin de sa vie ; n'allez pas troubler madame de Sévigné dans sa solitude des Rochers, ou bien, tant pis pour vous ! si vous êtes ennuyeux et importun, vous serez traité de main de maître.

La dame de ces lieux veut être seule, elle s'est arrangée de façon à passer sa journée à sa guise. Elle a bien préparé, ce matin même, sur deux tables différentes, quantité de livres choisis, toute une tablette de dévotion et de morale, toute une tablette d'histoires admirables, de poésies, de nouvelles et de mémoires ; quant aux romans, les romans sont méprisés et renfermés dans de petites armoires, voilà toute la compagnie que la châtelaine veut recevoir pour huit jours. Les beaux livres ! *on ne met pas la main sur un, tel qu'il soit, qu'on n'ait envie de le lire tout entier.* — Donc, nous voilà heureuse, pourvu que nul importun ne vienne troubler cette heureuse solitude ! Voilà l'inquiétude ! Et pourtant, à quoi bon venir ? nous n'attendons personne, et *notre pot est étrange à écumer.* — Au moins, ce qu'il y a de bon, c'est que lorsqu'il y a du monde au château, et quand on n'a pas pu éviter les importuns, on leur fait comprendre *que le bel air de la cour c'est la liberté*; et du même pas madame de Sévigné va se promener, *pour se consoler* de n'être pas seule. Certes la dame de ces beaux lieux ne serait pas contente si l'on se montrait d'une grande insensibilité à la vue de son château ; mais cependant n'y allez pas sans être invité, et même si vous êtes invité froidement, n'y allez pas, croyez-moi. Rappelez-vous madame et mademoiselle Du Plessis, comme madame de Sévigné les traite : « Mademoiselle Du Plessis parle toujours, et Dieu me fait la « grâce de ne l'écouter pas ; elle joue la dévote, la capable, la pen- « seuse, la petite poitrine. » Et madame de La Hamélinière, *cette madame qui n'aime point à marcher et qui va se pâmer de rire avec les femmes de chambre, une de ces femmes qu'il faudrait assommer à frais communs.* « C'est une sotte belle femme qui ne sait pas deux choses. » Et les

jeunes demoiselles de Vitré, mademoiselle de Kerborgnes, mademoiselle de Kerlouches, mademoiselle Bonnefoi de Croque-Oison ; — et de rire aux éclats ! — Vous avez aussi madame de Launay : *bariolée comme la chandelle des Rois*, elle ressemble « au second tome d'un mé-« chant roman, ou *au roman de la Rose* tout d'un coup. » Et la *Bigarre*, qui joue *Tartuffe* au naturel. — Aussi, comme on est heureux quand on voit partir cette *chienne de carrossée* qui emporte cette *Duplesserie* par une pluie horrible. *Le flux les amena, le reflux les emmène.* Au contraire, la lune, la cloche, les beaux froids, quand les feuilles tombent, ah ! ce sont là des fêtes toujours nouvelles. Ne croyez pas cependant que nous ne fassions pas de temps à autre les honneurs de notre maison, comme il convient à une grande dame que nous sommes. Par exemple, le mercredi 31 juillet 1680, nous avons donné à la princesse de Tarente une belle collation ; nous avons eu un peu recours à nos voisins, car les perdreaux étaient encore bien rares à cette époque, et nos voisins, grands chasseurs, nous en ont *prêté* quatorze. Oui, mais le lendemain le duc et la duchesse de Chaulnes, le gouverneur de la province et sa femme, ont envoyé savoir si madame de Sévigné *voulait de leurs respects*. Madame de Sévigné a répondu qu'elle irait elle-même, n'ayant nul dessein d'attirer chez elle l'éclat qui les environne. « C'est une belle chose, s'écrie-t-elle, que d'aller dépenser quatre ou cinq cents pistoles en fricassées et en dîners pour l'honneur d'être la maison de plaisance de M. et de madame de Chaulnes, de madame de Rohan, de M. de Lavardin et de toute la Bretagne[1]. — C'était sa maxime : « Ceux qui se ruinent me font
« pitié ; c'est la seule affliction dans la vie qui se fasse toujours sentir
« également, et que le temps augmente au lieu de la diminuer. » —
A coup sûr elle était dans un de ces accès d'économie, lorsqu'elle vit tomber aux Rochers le fils d'un gentilhomme de ses amis. Comme le jeune homme était beau garçon, qu'il avait un beau justaucorps boutonné jusqu'en bas, la dame fut d'abord ravie de cette figure ; « mais
« hélas ! dès qu'il ouvrit la bouche, il se mit à rire de tout ce qu'il

---

[1] Pour compléter l'histoire de la toute-puissance et du despotisme des gouverneurs de province, lisez, dans les historiettes de Tallemand des Réaux, l'historiette de madame *la gouvernante*, duchesse de la Meilleraie : « A Nantes, car c'est son empire, elle faisait asseoir
« toutes les principales de la ville autour d'elle, *sur de petits tabourets hauts de demi-pied*.
« — On n'osait danser sans le lui avoir fait savoir, et quand elle avait promis de s'y trou-
« ver, elle attendait que tout le monde fût assemblé, et puis elle mandait qu'elle n'y pouvait
« aller, et alors il *fallait renvoyer les violons*, et c'eût été un crime capital *que d'avoir fait*
« *une assemblée quand madame avait témoigné qu'elle n'en pouvait être !* »

« disait, et moi, quasi à pleurer. Il a une teinture de Paris et de
« l'Opéra ; il chante, il est familier, il vous dit bravement :

> Quand on obtient ce qu'on aime,
> Qu'importe, qu'importe à quel prix !

Puis elle ajoute: « L'amour est quelquefois bien inutile de s'amuser à ces sottes gens. » — Quand se réunissent à Rennes les états de Bretagne, toute la province est en fête; ce ne sont que bals, festins, réceptions magnifiques ; l'impôt devait être doublé par ces fêtes sans fin.
— « Je ne suis guère contente de passer ma vie dans un pareil tracas ;
« quand je dois être hors de Paris, je ne veux que la campagne.
« — Je crains le bruit qu'on va faire en ce pays ; je crains le bruit
« et le tracas de Vitré ; si je quitte Paris et mes amis, ce n'est pas
« pour paraître aux états ; mon pauvre mérite, tout médiocre qu'il
« est, n'est pas réduit à se sauver en province comme les mauvais
« comédiens.... — Le beau mérite, de l'emporter sur mesdemoiselles
« de Kerborné et de Kerquoison ! — Je ne vous dis pas les honneurs
« que l'on me fait dans ces états, cela serait ridicule ! Dimanche der-
« nier, je vis entrer quatre carrosses à six chevaux dans ma cour, avec
« cinquante gardes à cheval, plusieurs chevaux de main et plusieurs
« pages à cheval : c'étaient M. de Chaulnes, M. de Rohan, M. de La-
« vardin, MM. de Coëtlogon, de Lomaria, les barons de Guais, les
« évêques de Rennes, de Saint-Malo, MM. d'Axonges et huit ou dix que
« je ne connais pas. Je reçois tout cela ; et après une promenade dont
« ils furent fort contents, une collation très-bonne et très-galante,
« sortit du Mail, et surtout du vin de Bourgogne qui passa comme
« l'eau de Forges. »

Ce qui la contrarie encore plus que de donner à dîner chez elle, c'est d'aller dîner chez les autres. La ville de Rennes passe sa vie à donner à dîner ; il faut dîner chez le premier président, chez le gouverneur, qui habite le vieux château ; il faut dîner chez l'évêque de Rennes (Jean-Baptiste de Beaumanoir) : « *Ce sont des festins continuels ; on dépense son pauvre esprit en petites pièces de quatre sous ; il n'y a pas un grain d'or à tout ce qu'on dit.* » Puis, elle ajoute, avec un regret bien exprimé et bien senti : « *Ah ! mon Dieu ! quand pourrai-je mourir de faim et me taire !* » Au reste, les fêtes que donnait M. le duc de Chaulnes à Vitré étaient véritablement des fêtes royales. Il dépensait bien au delà des 30,000 écus de supplément que lui donnaient les états de Bretagne. On mangeait à deux tables dans le même lieu ; madame la duchesse tenait une des tables, son mari tenait l'autre. « La bonne chère est excessive; après avoir fait murmurer les Bas-Bretons, M. de Chaulnes *sait les radoucir à table; on* remporte les plats de rôti tout entiers; *et pour les pyramides de fruits, il faut hausser les portes.* » Vous croyez que ceci est une plaisanterie de madame de Sévigné, rien n'est plus sérieux, et même elle ajoute : « Nos pères ne comprenaient pas qu'il fallait qu'une porte fût plus haute qu'eux. »

Ces Bretons étaient dans le fait de grands buveurs, de grands mangeurs; il en venait *des quantités inimaginables*, attirés par cette grande chère : *toute la Bretagne était ivre*. « Un jour, chez M. de Chaulnes, on s'est mis à boire, *mais boire, Dieu sait!* on a porté plus de quarante santés; celle du roi avait été portée la première, et tous les verres cassés après l'avoir bue; » c'est que le roi avait écrit de sa propre main des bontés infinies pour sa bonne province de Bretagne, et lui avait fait remise de cent mille écus pour reconnaître la bonne grâce qu'on a eue à lui obéir.

On avait pendant le dîner un régal de violons, de hautbois et de trompettes. Après le dîner s'ouvrait le bal. On s'est fort amusé à voir danser M. de *Bruquenvert* et mademoiselle *Kerikiniki*. « MM. de Lomaria et Coëtlogon dansaient, avec deux Bretonnes, des passe-pied merveilleux et des menuets, d'un air que les courtisans n'ont pas, à beaucoup près. Ils y font des pas de Bohémiens et de Bas-Bretons avec une justesse et une délicatesse qui charment. » Après ce petit bal, on vit entrer en foule tous ceux qui arrivaient pour tenir les états. En effet, le lendemain se sont ouverts les états de la province : M. le premier président, MM. les procureurs et avocats généraux du parlement, huit évêques, MM. de Morlac, Lacoste et Coëtlogon le père, M. de Boucherat et cinquante Bas-Bretons, *dorés jusqu'aux yeux;... cent communautés*. La fête durait tant que les états restaient ouverts. Toutes les maisons de la ville luttaient de fêtes et de magnificence; c'était un jeu, une chère, une liberté, qui attiraient tout le monde. « Quinze ou vingt grandes tables, un jeu continuel, des « bals éternels, une grande *braverie;* voilà les états! » La maison de M. d'Harouïs *était le Louvre des états*. « Je ne crois pas, dit madame de Sévigné, *qu'il y ait une province assemblée qui ait un aussi grand air que celle-ci*. Puis, elle ajoute (et cela se comprend, car nous sommes en plein Louis XIV) : Les états ne doivent pas être longs; il n'y a qu'à demander ce que veut le roi; *on ne dit pas un mot, et voilà qui est fait*. « On a demandé trois millions, nous avons offert, sans chicaner,

« deux millions trois cent mille livres; du reste, M. le gouverneur « recevra cinquante mille écus, M. de Lavardin quatre-vingt mille « francs, deux mille pistoles à M. de Molac, à M. Boucherat, au pre- « mier président, au lieutenant de roi, etc.; deux mille écus au comte « des Chapelles, autant au petit Coëtlogon, le reste des officiers en « proportion; voilà cette province! » Aussi un Bas-Breton, témoin de ces magnificences, disait avec esprit qu'il pensait *que les états allaient mourir, de les voir ainsi donner leur bien à tout le monde.* « Il faut « croire qu'il passe autant de vin dans le gosier de nos Bretons que « de l'eau sous les ponts, puisque c'est là-dessus que se prend l'ar- « gent qui se donne à tous les états. » J'oublie trois ou quatre cents pipes de vin qu'on y boit, et si je ne comptais pas ce petit article, les autres ne l'oublieraient pas, car c'est le premier.—Cependant au plus fort de ces prodigalités, madame de Sévigné ne demande rien pour elle-même : « J'ai fait plaisir à plusieurs personnes, j'ai fait un dé- « puté, un pensionnaire; j'ai parlé pour des misérables, et *de Caron* « *pas un mot*, c'est-à-dire rien pour moi, car je ne sais point deman- « der sans raison. »

On retrouve madame de Sévigné partout dans cette contrée de Bretagne; elle avait aux portes de Rennes une terre qui s'appelait Buron; elle avait, à Vitré même, un bel hôtel qui s'appelait *la Tour de Sévigné,* car cette maison, bâtie sur le fossé, faisait partie des fortifications de la ville; elle l'appelait sa tour, et elle y logeait toutes les fois qu'elle allait souper chez madame de Chaulnes, qu'elle allait au bal ou à la comédie voir jouer le *Tartuffe* ou *Andromaque,* ou, mieux encore, quand M. de Lomaria devait danser. « Hier, dit-elle, j'ai reçu toute la Bretagne à ma tour de Sévigné (12 août 1671). »

C'est dans ces fêtes que se montraient les plus beaux jeunes gens de la province : Tonquédec, le comte des Chapelles, l'abbé de Montigni, évêque de Saint-Pol-de-Léon, et M. de Rohan, *qui n'est pas si pâle que M. de Lomaria.* Mais enfin, quand les fêtes sont passées, la dame des Rochers revient avec une grande joie dans sa douce retraite. Elle n'aime que les Rochers; c'est là qu'elle dépense son esprit en louis d'or : « Je me promène toute seule jusqu'à la nuit, et Dieu « sait à quoi je ne pense point! Ne craignez point pour moi l'ennui « que me peut donner la solitude; hors les maux qui viennent de « mon cœur, je ne suis à plaindre en rien; mon humeur est heureuse, « elle s'accommode et s'amuse de tout... Si vous me demandez com- « ment je me trouve des Rochers, après tout ce bruit, je vous dirai

« que j'y suis transportée de joie; j'ai un besoin de repos qui ne se
« peut dire; j'ai besoin de dormir, j'ai besoin de manger, car je
« meurs de faim à ces festins; j'ai besoin de me rafraîchir, j'ai be-
« soin de me taire; tout le monde m'attaquait et mon poumon était
« usé; enfin, ma chère enfant, j'ai retrouvé mon abbé, ma Mousse,
« ma chienne, mon Mail, Philis, mes maçons. » Puis elle ajoute, car
elle veut être juste pour tout le monde : « Il y a des gens qui ont bien
« de l'esprit dans cette immensité de Bretons; il y en a qui sont di-
« gnes de me parler de vous. » Il est vrai de dire aussi que plus d'un
Breton s'est trouvé assez d'esprit pour remettre à sa place cette charmante femme qui raille avec tant de grâces et si peu de malice. « Je
« vis, avant dîner, chez M. de Chaulnes, un homme au bout de la
« chambre, que je crus être le maître d'hôtel; j'allai à lui et lui dis :
« — Mon pauvre monsieur, faites-nous dîner, je meurs de faim. Cet
« homme me regarde et me dit : — Madame, je voudrais être assez
« heureux pour vous donner à dîner chez moi; je me nomme Pé-
« caudière, ma maison n'est qu'à deux lieues de Landernau. C'était
« un gentilhomme de Basse-Bretagne! » Tels sont les vrais plaisirs de
madame de Sévigné, voilà ce qui lui est uniquement bon : recevoir
des lettres de sa fille par les bons soins de Dubois, le commis de la
poste, cultiver sa terre, réparer sa maison. Justement les maçons sont
en train d'élever la chapelle des Rochers; c'est l'abbé de Coulanges
qui en a donné les plans; les ouvriers travaillent avec ardeur, la chapelle sera finie avant la Toussaint, et la chapelle achevée, on inscrira,
en lettres d'or, cette parole de saint Paul : *Soli Deo honor et gloria!*—
A Dieu seul, gloire et louange! ce qui sent un peu l'hérésie; mais on la
dédiera à la Vierge. La chapelle sera belle et simple; elle aura pour tout
ornement un tableau sur l'autel, un crucifix vis-à-vis du tableau; rien
de plus : « car je crois fermement que l'ordre est la volonté de Dieu. »
Savez-vous un plus joli tableau de genre que celui-là : « J'ai fait planter
la plus jolie place du monde; je me plante moi-même au-dessus de la
place, où personne ne me tient compagnie, parce qu'on meurt de froid:
la Mousse fait vingt tours pour s'échauffer; l'abbé va et vient pour
nos affaires, et moi je suis fichée là, avec ma casaque, à penser
à vous, ma fille, car cette pensée ne me quitte jamais. » Dans les
beaux jours, on ne plante pas, on fauche, et l'on fane. « Savez-vous
« ce que c'est que faner? faner est la plus jolie chose du monde,
« c'est retourner du foin en bâtifolant dans une prairie; dès qu'on
« en sait tant, on sait faner. » — Et, voyez la honte! seul de toute sa

maison, M. Picard le valet de pied, Picard, frère du laquais de madame de Coulanges, il a répondu, quand tout le monde fanait, que ce n'était pas son métier. « Ma foi, la colère m'a monté à la tête ! » Bref, on a mis M. Picard à la porte : quoi de plus juste? « C'est le garçon du monde qui aime le moins à faner. » — Douces histoires que vous raconte l'écho sonore qui répétait si bien : *le nom de la belle Madelonne*. A cette heure encore, la place de *ce petit rediseur* est indiquée par un carreau de marbre. Quelle joie d'évoquer tant de souvenirs! joie un peu triste, un peu sérieuse, comme le parc des Rochers. Jamais écrivain, jamais poëte n'a été populaire à l'égal de cette femme; bien mieux que tous les historiens par métier, madame de Sévigné reconstruit l'histoire de notre province sous le règne du grand roi. La France sortait alors de la guerre religieuse, elle avait épuisé ses discordes civiles; elle avait subi Richelieu, toléré Mazarin, payé les dettes du surintendant Fouquet; il ne s'agissait plus que de dompter les provinces qui résistaient encore à la toute-puissance royale. Cette fois enfin, la société française est constituée; la France de Louis XIV, de madame de Sévigné et de Racine, va savoir enfin ce que c'est que l'élégance, l'urbanité, l'atticisme. Cette histoire de l'esprit et des grâces de Versailles, transportés dans la Bretagne, madame de Sévigné l'a écrite sans le savoir. Dans cette maison des Rochers vous retrouverez, en effet, les grands noms et les beaux esprits de la place Royale : M. de Pomenars, qui va lui-même se voir pendre en effigie; M. d'Harouïs, le trésorier des états de Bretagne; M. l'évêque de Saint-Malo, M. de Chésières; M. le président de Mesmes; M. de Mont-Moron; madame de La Fayette et M. de La Rochefoucauld, et madame de Marbœuf. C'est une véritable *camaraderie*, un mot de sa création. On parlait aux Rochers la belle langue du palais de Versailles, on y vivait à la bretonne. Laissez-nous vous montrer, en passant, une des plus jolies créatures qui aient foulé d'un pas léger le gazon de cette prairie. Cette enfant est une jeune Bohémienne. « Elle me fit extrêmement souvenir de votre
« danse, je la pris en amitié; elle me pria d'écrire en Provence
« pour son grand-père, *qui est à Marseille*. — Et elle disait : *il*
« *est à Marseille*, d'un ton doux comme si elle disait : *il est à Vin-*
« *cennes!* C'était un capitaine bohême d'un mérite singulier, de
« sorte que je lui promis d'écrire à Vivonne (M. de Vivonne, général
« des galères). Je n'ai pu refuser cette grâce au ton de la petite fille,
« et au menuet le mieux dansé que j'aie vu depuis ceux de made-

« moiselle de Sévigné; c'est votre même air, elle est de votre taille,
« elle a de belles dents et de beaux yeux. »

Mais la grande fête, ce n'est pas de régner sur l'esprit, et sur les belles grâces du beau monde; notre fête attendue, la gloire de notre maison, c'est demain qu'elle arrive. Tout est prêt : les allées sont bien sablées, la maison est nette et brillante, Pilois a fait de son mieux; les Rochers sont sous les armes et mettent au défi les plus difficiles connaisseurs. Oh! pour cette fois, la fête sera complète, la dame de Paris sera bien heureuse, elle attend son guidon, son bel esprit, l'amoureux de Ninon de Lenclos et de la Champmeslé, cet homme qui cause si bien, qui lit à merveille, qui est l'ami de Despréaux, qui dîne au cabaret avec La Fontaine; hardi, plein de sang-froid, très-calme, même dans ses passions, adorant sa mère dont il a fait sa grande confidente, adorant sa sœur, qu'il entoure de ses bons soins et de ses tendresses. C'est lui, c'est lui-même! il arrive enfin cet homme tant désiré. — Le voilà, l'enfant prodigue! Sa mère est allée l'attendre au bout du parc. Il arrive en toute hâte, mais sans trop se presser; c'est un homme qui aime ses aises, qui commande à son enthousiasme, qui connaît sa mère, et qui sait très-bien que pourvu qu'il arrive, elle sera trop heureuse pour songer à trop le gronder. C'étaient là les grandes heures des Rochers, les grandes joies. En pensant à ses enfants, madame de Sévigné chantait tout bas cette chanson : *Hélas! quand viendra-t-il ce temps, bergère?* Et en effet, jamais joie ne peut se comparer à la joie de cette mère quand son fils est là. Elle le tient, elle peut lui parler tout le jour, elle peut se promener avec lui dans sa maison, dans ses jardins, causant de tout et causant à cœur ouvert. Son fils lui lit des bagatelles, il est le roi des bagatelles; il débite des chapitres de Rabelais à mourir de rire; il lit des comédies qu'il *joue comme Molière* — des vers, des romans, des histoires; il fait des chansons avec sa mère; il est fort amusant, il a de l'esprit; il entend bien, il entraîne; on lit le Tasse, on lit même *Cléopâtre*; on attend que le guidon soit parti pour reprendre quelque belle morale de Nicolle; mais ne faut-il pas bien passer sa vie avec un peu de joie et de repos? Ne croyez pas cependant que toutes les lectures soient frivoles; on lit Montaigne, Pascal, Quintilien, saint Jean-Chrysostome, Tacite *dans toute la majesté du latin*; les jours de grande pluie on épuise un in-folio en douze jours — *l'histoire des Variations*, par exemple; « ah! le beau livre à mon gré! le temps passe comme un éclair. » Parfois la mère et le fils vont se promener jusqu'à la ville voisine, jusqu'à Fouësnel, dans une calèche à six chevaux. *Il n'y a rien de plus joli, il semble qu'on vole.* Bonne mère, fière et forte, voici la justice qu'elle se rend à elle-même, en parlant de ce fils tant aimé : « Il n'y a rien « de bon, rien de droit, rien de louable que je ne tâche de lui in-« spirer ou de lui confirmer. » Et elle ajoute : *Il a grand plaisir à causer avec moi.* Et puis la vie des Rochers est si réglée ; on se lève à huit heures ; jusqu'à neuf heures que la messe sonne, on va prendre la fraîcheur des bois. Après la messe on s'habille, on se dit bonjour, on s'en va cueillir des fleurs d'oranger, on dîne, on lit, ou l'on travaille jusqu'à cinq heures. A cette heure on se promène dans ces aimables allées. « J'ai un laquais qui me suit, j'ai des livres, je change de place, et je varie le tour de mes promenades : un livre de dévotion et un livre d'histoire ; on va de l'un à l'autre, cela fait du divertissement : un peu rêver à Dieu, à sa providence, posséder son âme, songer à l'avenir. Enfin, sur les huit heures, la cloche sonne, on soupe pendant l'entre chien et loup, puis on retourne *à la place Coulanges,* au milieu de ses orangers, en franchissant cette belle porte de fer, et ces cinq belles grilles en face du château, qui séparent le parterre du parc des Rochers. Voilà cette heureuse vie : mais enfin, le monde nous rappelle, Paris veut nous revoir, nous avons notre gendre à protéger ; nous devons faire notre cour au roi de France ; adieu mes pauvres Rochers, adieu mes livres, mon prie-Dieu, mes rêves, mes châteaux en Espagne et surtout en Provence, tantôt gais, tantôt tristes ; mes belles allées sablées et parées, nos après-souper si gais! Heureuses demeures du *far niente!* il est écrit sur la porte : *Sainte liberté,* et à la ligne suivante : *Fais tout ce que tu voudras!*

Qui le croirait? dans ce même arrondissement de Vitré il y a encore un rocher, et ce rocher s'appelle *la Roche aux Fées.* On vous montre cette merveille dans un champ voisin de la forêt du Theil. Figurez-vous une galerie formée d'énormes pierres de teinte rougeâtre, et recouverte de véritables dalles qui n'ont pu être apportées là que par des géants. — C'est étrange! mais la vraie fée, nous l'avons laissée aux vrais Rochers. — Et d'ailleurs, pourquoi s'arrêter si longtemps à ces pierres qui n'ont plus de sens? Mieux vaut contempler, sur le rivage, la mer qui jette au loin ses gronderies et ses étincelles. — La route est remplie des souvenirs de nos premiers chapitres : Voici les pittoresques débris de *Saint-Aubin-du-Cormier* ; voici *Bécherel,* posé sur son roc comme un grand nid de vautour ; plus nous avançons, et plus l'Océan se fait entendre. Le Mont-Saint-Michel n'est pas loin, et, tout au delà, la Normandie étend ses plaines verdoyantes. A partir de cette plage solennelle commence véritablement la Bretagne; saluez la limite murmurante, le Coësnon, dont l'eau se perd dans les sables mouvants. A l'horizon, cette ligne sombre et noire qui s'étend sur l'Océan à fleur d'eau, c'est *l'archipel Chausey*. A l'ouest sont les marais de Dol. — *Dol* est plus loin, dans les terres. La ville ambitieuse espéra longtemps qu'elle deviendrait la métropole de la Bretagne; et de quel droit? Dol comptait à peine quatre mille âmes dans ses jours d'ambition, et aujourd'hui même elle n'en contient pas davantage. L'évêché de Dol est une surprise; il se compose principalement d'enclaves si peu régulières, que plusieurs paroisses de la Normandie appartenaient à l'évêché de Dol, ou relevaient de l'évêque de Dol. Tout au bord de cette plaine fertile qui va jusqu'à la mer, à partir de cette colline escarpée, s'élève, si l'on peut dire *s'élève*, la ville de Dol. Les grands bois qui l'entouraient encore au seizième siècle appartenaient à la forêt de Scicy, mystérieuse forêt, la patrie des druides, habitée longtemps par les premiers confesseurs de la foi chrétienne; désert qui se souvient des premiers évangélistes en Bretagne : saint Paër, saint Malo, saint Colomban, saint Magloire, saint Brieuc, ardents prédicateurs, dévoués jusqu'au martyre à l'Évangile, qu'ils enseignaient par leur exemple, encore plus que par leur parole. — Où s'arrêtait la forêt de Scicy, où elle commençait, c'est un mystère! Les flots envahisseurs se sont emparés de ces limites au delà de l'île de Césambre et du Mont-Saint-Michel *au péril de la mer*. Scicy allait plus loin dans l'Océan; elle tenait aux deux îles, jadis armoricaines, Gersey et Guernesey. — L'Océan est venu à son tour, qui a tout couvert de son onde impitoyable : la ville même fut menacée; sans la prière de saint Samson, la ville était perdue. Mais le saint s'adressa à celui seul qui peut dire au flot de la mer : *Tu n'iras pas plus loin!* Cette fois, le grain de sable qui devait arrêter l'Océan, ce fut une église. — L'Océan, vaincu, a reculé dans son lit, laissant, en témoignage de son passage et de sa défaite, le vaste espace qu'on nomme le *Marais-de-Dol*. Les hommes sont venus à leur tour, tenant en main cette force qui accomplit tant de miracles, la bêche et la charrue, et ils ont repris sur l'Océan même cette terre dévastée. — L'Océan, docile à la prière de saint Samson, a reculé devant le soc de la charrue. Hélas! il n'y a pas déjà si longtemps, — longtemps pour les hommes, mais pour l'Océan, c'est un jour, — en 1770, vers le solstice d'été, la terre trembla dans le Marais-de-Dol, avec grand bruit et grande agitation de la mer; tout à coup des masses d'eau souterraines se frayèrent un passage à travers le sol, et jaillirent à plusieurs pieds de hauteur. La plaine entière fut inondée, la moisson perdue, le bétail noyé; les hommes, épouvantés de ce terrible prodige, se sauvèrent en toute hâte, laissant à l'inondation leurs maisons et leur pauvre fortune. Où fuir? comment éviter ce désastre? que devenir dans ce flot qui écume? La cathédrale de Dol ouvrit ses portes et servit de refuge à ces malheureux.

Philosophes sceptiques, ne dites pas que la forêt de Scicy est une fable : on vous fera toucher du doigt ces vieux chênes sur lesquels Velléda, la prêtresse des Gaules, cueillait le gui sacré. En effet, dans le Marais-de-Dol, dans les grèves du Mont-Saint-Michel, se retrouvent des arbres entiers que la vague engloutit depuis le règne des druides. — L'été, quand la nuit est tombée sur cette terre des marécages, soudain la flamme bleuâtre s'élève de cet abîme à peine fermé; flottant météore que le paysan de Bretagne regarde, non pas sans prier pour les âmes errantes des trépassés qui attendent que la prière des vivants les délivre du purgatoire! Ne touchez pas à ces croyances; elles sont autant de motifs de prières, de consolation et d'espérance! — Saint Samson (cinquième siècle) a été le premier évêque de Dol. La cathédrale, d'une rare magnificence et dont la description appartient au crayon de l'artiste, plus encore qu'à la parole écrite, a été élevée sous l'invocation de ce pieux bienfaiteur de la Bretagne. A une petite distance de la ville se trouve une grosse pierre, et cette pierre a fait le tourment des savants, qui, comme on sait, sont de grands assembleurs de nuages : on l'appelle *Pierre du Champ-Dolent*. Cette pierre isolée, énorme, est-elle placée là par un caprice de la nature dans un de ses grands bouleversements, est-ce un monument druidique, une pierre commémorative apportée par les Romains dans un instant de caprice et d'orgueil, et pour prouver qu'ils ont passé par ces domaines? — Voilà la question! comme dirait Hamlet le prince de Danemark qui, lui aussi, a dû rencontrer de pareils phénomènes dans son royaume du Nord...

Oh! oh! voici un monument moins solennel et moins débattable, un monument de joie et de gourmandise, l'enseigne des gourmands et des buveurs, la moisson éternelle de la mer, la fête de Paris, l'ornement et l'introduction des festins, le promontoire des douces folies et des orgies innocentes, le roc savoureux chanté par les gais enfants d'Épicure, adoré par Désaugiers, reconnu par Béranger lui-même, — *le rocher de Cancale*, pour tout dire, — là, tout en face de la baie surmontée de ces maisons blanches qui ont un si bel air de propreté, d'abondance et de contentement.

Saint-Malo n'est qu'à trois lieues du *groin* de Cancale; la ville est bâtie sur une île à l'embouchure de la Raine; elle ne tient au continent que par une simple chaussée. On dirait un grand vaisseau de granit prêt à s'élancer vers l'inconnu, l'idéal des marins. En effet, cet îlot de Saint-Malo, fils de l'Océan, est un véritable navire à l'ancre, bercé par les tempêtes; les arbres ressemblent à des mâts qui attendent la voile lointaine. L'air, le ciel, le nuage, le bruit, la nuit, le jour, tout rappelle, à Saint-Malo, la vie du matelot des lointains rivages. — Vie de matelots, passion de la mer, amour de l'orage, orgueil de l'écume salée, pêche et bataille, canon et abordage! tel est Saint-Malo. Ce vaisseau est ancré par une ancre éternelle qui touche au fond de la mer. — Dans ce vertige et dans cet amour de tout ce qui sent le goudron et la poudre, sont venus au monde, balancés par tous les vents de malédiction et de triomphe, de victoire et de tempête, d'intrépides marins dont le nom ressemble à des fables : Duguay-Trouin, par exemple, et Jacques Cartier et Surcouf, loups de mer, héros, soldats, capitaines; un grand homme, un grand navigateur, un forban; le boucanier à côté de l'amiral; Christophe Colomb, voisin de l'écumeur de mer. Surcouf, c'est l'héroïsme poussé jusqu'à la folie : il a quelque chose de la renommée des grands pirates; c'est un nom que les Anglais n'auront garde d'oublier, tant cet homme leur a causé d'insomnies! — Pour tenir une belle et digne place dans une histoire régulière, parlez-nous de Duguay-Trouin et de Jacques Cartier. René Duguay-Trouin est né en effet à Saint-Malo, le 10 juin 1673; il fut élevé aux écoles de Rennes, et jamais la ville des étudiants n'avait rencontré un plus vif, plus impétueux et plus amoureux compatriote que celui-là. On ne parlait que des enlèvements, des échelles de soie et des coups d'épée du jeune bachelier, aussi fut-il bien vite rappelé à Saint-Malo : d'abord on en voulait faire un évêque, mais quand on vit comment tournait le prélat futur, on en fit un mousse. Sa première campagne est de 1680; il partit, joyeux et bien réprimandé, sur un navire qui appartenait à sa famille. Rien ne manqua à ce premier voyage : la tempête, l'incendie, le naufrage, l'abordage, la bataille contre les navires d'Angleterre et de Hollande, si bien que l'éducation de notre marin fut tout

de suite des plus complètes. Aussi, dès son second voyage, il abordait avec une seule frégate quinze vaisseaux marchands. — Il en fit tant, que bien vite on parla de lui comme d'un porte-épée qui valait la peine qu'on s'en inquiétât, et pourtant c'était le règne des grands courages et des grands esprits de la mer : d'Estrées, Duquesne, Tourville, Jean Bart, Château-Renaud, Forbin, les conquérants de la mer au nom de Louis XIV ! A dix-huit ans, Duguay-Trouin commandait un navire que lui avait confié son père, et comme la tempête l'avait jeté sur l'Irlande, il ne voulut pas donner un démenti à la tempête, et il s'empara d'un château fort. Nous ne comptons pas les vaisseaux anglais pris par ce jeune homme, qui pour commencer, se conduisit quelque peu à la Surcouf : tantôt il brûlait les navires dans le port, tantôt il les prenait, tout armés, dans le port. La Manche lui fut longtemps favorable et propice; mais enfin il y trouva plus fort que lui, puis un coup de canon le jeta sur le pont sans le tuer, et on vous le conduisit à Plymouth. Là il se souvint de son ancien métier d'amoureux à l'école de Rennes, et une belle jeune fille d'Angleterre se donna à lui une heure, après quoi elle le fit libre. Le voilà parti, et sauve qui peut ! huit jours après il attaquait une flotte de trois cents voiles, escortée par deux vaisseaux de guerre ; même l'un de ces navires anglais avait retenu, prisonniers à son bord, Jean Bart et M. de Forbin... Duguay-Trouin reprend au capitaine anglais les brevets de Forbin et de Jean Bart, que l'Anglais avait conservés en témoignage de sa victoire. Il en fit tant que Louis XIV lui envoya une épée d'honneur (notre marin avait vingt et un ans), et même le roi voulut le voir à Versailles. Il fut reçu, comme avait été reçu Jean Bart, avec cette belle grâce royale qui était l'extrême récompense. Son vaisseau s'appelait *la Gloire*, et comme il racontait au roi un de ses combats : « *J'ordonnai*, disait-il, *à la Gloire de me suivre...* — *Et*, reprit le roi, *elle vous fut fidèle.* »

Duguay-Trouin est partout, à ce moment de l'histoire; il prend des navires, même sur les côtes du Spitzberg; il se fait sentir aux Anglais, aux Hollandais, surtout aux Espagnols. — On l'a vu à l'œuvre durant la guerre de la succession ; — il a fait lever le siége de Cadix, puis quand il eut raffermi le trône de Philippe V, il marche contre les Anglais et il leur brûle, en pleine mer, *le Devonshire*, qui s'abîme dans les flots. Le comble de cette gloire, ce fut la prise de Rio-Janeiro, et l'Europe entière resta comme éperdue de tant d'audace et de courage. Le **12 septembre 1681**, Duguay-

Trouin était devant la baie de Rio : la ville semblait imprenable ; onze jours suffirent pour nous rendre maîtres des remparts, du port, de la ville, des vaisseaux, des immenses richesses de cet entrepôt du Brésil. Il en revint plus de vingt-cinq millions à la France, et au chef de l'expédition une gloire immortelle. La France et le roi avaient besoin d'entendre ce cri de victoire, les temps étaient mauvais, la guerre avait tout ruiné, Louis XIV, lui-même, ne croyait plus à son étoile ; il salua avec transport la brillante étoile de Rio-Janeiro. Le roi voulut que Duguay-Trouin fût gentilhomme, il lui donna des armoiries, et pour devise : *Dedit hæc insignia virtus;* il le fit chef d'escadre, commandeur de Saint-Louis, lieutenant général ; il agit en vrai roi qui sait récompenser les hommes. En 1731, sous le règne de Louis XV, Duguay-Trouin portait à Alger, à Tunis, à Tripoli, à Smyrne, la terreur de nos armes. Ainsi avait fait Duquesne, le premier vainqueur d'Alger, cet antre des pirates. Duguay-Trouin mourant écrivait au roi Louis XV pour lui recommander sa famille, et le roi répondait comme eût répondu Louis XIV son aïeul. Cet enfant de Saint-Malo, cet homme illustre, l'honneur de la marine française, fut pleuré de la France entière. L'Académie française a mis au concours l'éloge de Duguay-Trouin, et le prix a été remporté par Thomas, le même homme qui a remporté l'éloge de Marc Aurèle. En fait de louanges, je préfère à toutes les recherches académiques la louange que voici : Un jour que Duguay-Trouin passait dans les rues de Saint-Malo, entouré de ses officiers et suivi d'un grand concours de peuple, une belle dame fendit la foule et s'arrêta en face de l'intrépide marin. « Monsieur, lui dit-elle en dessinant avec grâce sa plus belle révérence, pardonnez-moi, mais j'ai voulu voir un héros vivant ! »

Un autre enfant de Saint-Malo, Jacques Cartier, mérite les respects de l'histoire ; François Ier lui confia un de ses navires, et, le premier des navigateurs de l'Europe, il eut l'honneur d'entrer dans le golfe Saint-Laurent. Content de cette découverte, il revint à Saint-Malo le 5 septembre 1533. Bientôt il fallut repartir ; les meilleures gens de la Bretagne sollicitèrent l'honneur d'accompagner le hardi capitaine. Le jour de la Pentecôte, dans la cathédrale, nos marins s'approchent de la sainte table, et, bénis de l'évêque, ils s'en vont avec joie affronter les nouveaux hasards. Cartier, c'est la gloire pacifique, c'est le chercheur de nouveaux mondes qui se fie à la patience, à la sagesse, à la prudence, pour conserver, pour agrandir, pour embellir ce qu'il a conquis à force de zèle et de génie. — Avec ces deux-là, Duguay-Trouin et Jacques Cartier, une cité de marins n'a rien à envier à pas une ville maritime, non pas même à la ville qui est fière de Jean Bart, pas même à Gênes, qui a produit Christophe Colomb.

Parmi les gloires pacifiques, nous avons un très-grand médecin, un très-grand professeur dans l'art de guérir, un de ces révolutionnaires éloquents qui laissent éternellement dans la science les traces vivantes de leur génie, M. Broussais, pour tout dire. — Ne parlons pas de Maupertuis. — Enfin, car nous allons ainsi, dans un si petit coin de terre, de gloire en gloire, en voici deux éloquents, illustres, hardis, inspirés entre tous — M. de Lamennais, M. de Chateaubriand. Ce tribun de l'Évangile, ce Bossuet des libertés populaires, dont la parole ardente a jeté autour d'elle tant de flamme et de fumée, M. l'abbé de Lamennais, l'illustre enfant de la Bretagne, est né à Saint-Malo au mois de juin 1782. Justement le roi Louis XVI, qui aimait à récompenser les belles et bonnes actions, venait d'anoblir cette famille, dont le chef, un des armateurs de la ville, avait nourri les pauvres gens pendant un hiver, comme le pain manquait. Notre jeune homme s'appelait Félicité-Robert de Lamennais, et à le voir, jeune enfant d'une malice pétulante, esprit actif et passionné, on pouvait reconnaître à l'avance le rude athlète de l'avenir. Hélas! la jeunesse de ces derniers-nés du siècle de Voltaire et de Diderot devait être remplie d'affreux spectacles. Du sang partout, partout des discordes, les vieilles maisons démolies de fond en comble, les grandes renommées cruellement attaquées, les violences, le chrétien qui s'enfuit et se cache pour prier Dieu au risque de sa vie dans ces temps d'horrible liberté! — voilà dans quelles misères grandit ce jeune homme. — Mais, à douze ans, la campagne est si belle, l'enthousiasme est si grand à tout écouter, à tout saisir; la passion grandit avec le besoin de savoir. Comme les maîtres et les guides lui manquaient, notre jeune homme s'élève tout seul; il apprend, il devine les histoires de Tite-Live et l'*Iliade* d'Homère. — En même temps, car il faut bien obéir à la jeunesse, notre jeune homme s'abandonne aux violents exercices. — L'épée à la main, il est terrible, il brise d'un bras vigoureux les vagues de l'Océan; pas de cheval qu'il ne dompte, pas de fossés qu'il ne franchisse; puis, de temps à autre, cette âme jeune et bien disposée est frappée d'une illumination soudaine; dans ces agitations violentes de l'esprit et du corps, l'Évangile se fait jour, la croyance se manifeste, le doute n'est pas entré dans ce jeune esprit qui lit Jean-Jacques Rousseau avec une sincère ardeur. — Puis enfin l'orage se calme, comme fait l'Océan ; la France se retrouve dans ces tristes débris ; le Dieu remonte sur l'autel, un soldat est monté sur le trône. — M. de Lamennais se fait prêtre. — C'était en 1817, et déjà se manifestaient les premiers éclairs du grand livre qui devait paraître plus tard. — « Les vérités les plus impor« tantes, s'écriait-il, on les traite comme des bruits de ville. » Aussitôt qu'il est prêtre, l'abbé de Lamennais entre d'un pas solennel dans la carrière chrétienne ; il vit uniquement de la pensée chrétienne ; il marche dans cette voie sérieuse, sans se préoccuper de toutes les idées dangereuses qui semblent se rattacher, de près ou de loin, à l'œuvre de l'Évangile reconquis. — Et enfin, tout d'un coup, comme un coup de tonnerre dans un ciel serein, en pleine paix de la Restauration, ce livre, ce grand livre, ou plutôt cet immense ébranlement des esprits, des consciences, des âmes, intitulé : *Essai sur l'indifférence en matière de Religion*, vint révéler au monde épouvanté cet admirable génie qui touchait à saint Augustin par la pensée, à Jean-Jacques Rousseau par l'éloquence. C'était étrange et beau, ce jeune homme qui proclamait, en présence même du vieux trône rétabli sur sa base, en présence de la vieille religion triomphante avec les vieux rois de France, que rien n'était fait encore, mais au contraire que tout était perdu si on ne trouvait pas un moyen de sortir enfin de cette torpeur léthargique. Oui, la société est perdue dans l'Europe chrétienne, si quelque souffle puissant ne suffit pas à ranimer de son inspiration jeune et forte ces ossements arides. Voyez où nous en sommes venus ! « Le bien, le mal, l'arbre qui donne la vie et celui qui pro« duit la mort, nourris par le même sol, croissent au milieu des « peuples qui, sans lever la tête, passent, étendent la main et saisis« sent leurs fruits au hasard. »

Aussi bien, jamais plus beau livre ne porta un plus grand coup dans les âmes ; les bons esprits de la Restauration, les âmes sincères restèrent épouvantés, entendant parler cette terreur si vraie. L'heure était donc arrivée, prédite par Bossuet lui-même : « Je prévois, disait-il, « que les libertins et les esprits forts pourront être discrédités ; non par « aucune horreur de leurs sentiments, mais parce qu'on tiendra tout « dans l'indifférence, excepté les plaisirs et les affaires. » En effet, tant que l'esprit doute, l'esprit vit encore ; le doute, c'est la lutte ; la fièvre est encore un indice de la vie, après quoi il n'y a plus que le calme et le silence de la mort. — Mais que faisons-nous là, nous autres profanes, et quelle est notre envie de vouloir soumettre à l'analyse un livre dont on peut dire qu'il a été écrit pour rétablir toute chose dans le Christ : *Instaurare omnia in Christo?*

M. de Lamennais tiendra une page immense dans l'histoire des opinions et des croyances du dix-neuvième siècle. Il aura sa grande part dans l'admiration et dans la censure, dans la louange et dans le blâme de l'avenir.—Mais hommage ou blâme, il restera grand et fier, comme une de ces statues oubliées dans les ruines, que les ruines grandissent encore. Quand la révolution de 1830 fut venue ajouter une indifférence de plus à toutes les indifférences de l'Europe moderne, M. de Lamennais sortit de la lutte du livre pour entrer dans la lutte ardente du journal. Sans le savoir, sans le vouloir, le prêtre se faisait tribun.—Rome seule s'inquiéta de ces nouveaux efforts pour la protection et la défense des idées évangéliques. Elle trouvait que son défenseur allait trop loin, quand elle le vit se placer sur la limite extrême de toutes les libertés de la conscience.—Cité à comparaître devant le tribunal du pontife, M. de Lamennais se met en route; la route fut longue, difficile, remplie de douloureux spectacles qui devaient se refléter plus tard dans les *Paroles d'un Croyant.* Lyon était tombé au pouvoir des ouvriers révoltés, Valence était comme le dépôt de la préfecture de police transportée sur ces beaux rivages pour arrêter les Polonais fugitifs; plus M. de Lamennais approche de Rome et plus il sent fermenter dans son âme indignée le vieux levain des Gracques. Qu'a-t-on fait d'Avignon, ce rempart de la papauté? Il traverse, toujours poursuivi de lamentables souvenirs, Toulon, Cannes, Antibes. — Qui le croirait? le vent tiède de l'Italie, cette mer aux charmants rivages, ces inépuisables richesses de la grande nature, fertiles vallées, ravines profondes, ravissantes beautés de la terre et du ciel, ce chef-d'œuvre de l'amour du ciel pour les hommes, — à peine si le cœur du voyageur s'abandonne un instant à des émotions plus douces... « Telle est, dit-il, la puissance des premières impres-
« sions, que dans ces riantes et magnifiques scènes, rien pour moi
« n'égalait celles qui frappèrent mes jeunes regards ; les côtes âpres et
« nues de ma vieille Armorique, ses tempêtes, ses rocs de granit bat-
« tus par des flots verdâtres, ses écueils blanchis de leur écume, ses
« longues grèves désertes, où l'oreille n'entend que le mugissement
« sourd de la vague, le cri aigu de la mouette tournoyant sous la nuée,
« et la voix triste et douce de l'hirondelle de mer. » Quel tableau! et

comme ils savent parler, les uns et les autres, ces nobles enfants de la Bretagne, des beautés sévères de l'admirable Bretagne. — Écoutez encore ce souvenir éloquent de la patrie absente : — « L'ombre des bois, « le bruit de la source qui tombe goutte à goutte, le chant de l'oiseau « dans le buisson, les bourdonnements de l'insecte, l'éclat, le parfum « des fleurs, l'ondoiement de l'herbe que la brise agite ; toutes ces « choses, et surtout l'intarissable exhalaison de vie, de cette vie que « Dieu verse à torrents au sein de son œuvre perpétuellement jeune, « perpétuellement ordonnée pour l'ensemble des êtres et pour chaque « particulier, à une visible fin de félicité mystérieuse, raniment l'âme « flétrie, l'abreuvent d'une sève nouvelle, lui rendent sa vigueur qui « s'éteignait. » — Cependant, quand le souverain pontife eut appris que l'auteur du livre de l'*Indifférence* était si proche, le pontife ne voulut pas traiter, pour ainsi dire, de couronne à couronne. M. de Lamennais quitte Rome sans avoir fait juger sa cause. — Le retour n'est pas sans tristesse.—Toujours des choses brisées, des grandeurs anéanties. — Où est la Toscane des Médicis? Le peuple toscan dort, abruti par l'ivresse ; Ferrare n'est plus qu'une grande place dévastée où poussent la ronce et le lichen ; Venise est plongée dans la fange et dans la mort, et toujours ainsi il va de désolations en abîmes, de hontes en tristesses, — et voilà par quelles routes il a passé. — Il partait pour défendre son journal, *l'Avenir*, — il revint apportant, dans son âme pleine de fiel, *les Paroles d'un Croyant*! — Ah ! le pontife n'a pas voulu le comprendre, Rome n'a pas voulu le juger, l'Église lui refuse toute assistance, eh bien ! cette fois le prêtre s'adresse au peuple ; si le saint-siége, qui devait le protéger de son ombre, le laisse à découvert, M. de Lamennais fera un appel à ceux qui souffrent ! à moi les âmes en peine, les esprits troublés ! « Peuple ! Ce livre a été fait pour vous, c'est à vous que je l'of- « fre ! puisse-t-il, au milieu de tant de douleurs qui vous affaissent, « vous ranimer et vous consoler un peu ! — Vous vivez en des temps « mauvais, mais ces temps passeront. — La terre est triste et dessé- « chée, mais elle reverdira ; l'haleine du méchant ne pèsera pas « éternellement sur elle comme un souffle qui brûle. — Au nom du Père, du Fils et du Saint-Esprit, amen ! » — Ainsi il parle à la façon des prophètes, et cette forme biblique, ajoutée à la solennité de sa parole, donne à ces paroles brûlantes quelque chose de la popularité rhythmée et chantée du poëte Béranger. Quel livre ! les temps passés s'y déploient dans leur magnificence, dans leur tristesse : — le meurtre du premier homme crie vengeance ! — Et pourtant, « quand vous voyez

« un homme conduit en prison et au supplice, ne vous pressez pas de
« dire : Celui-là est un homme méchant, car avec le premier crime est
« venue l'injustice, et avec l'injustice la misère. Or, la justice, c'est la
« vie, tout comme la charité c'est la vie ! — et la charité c'est l'égalité !
« Mais contre la tyrannie, il y a la fraternité des hommes entre eux.
« Lorsque l'homme est seul, le vent de la puissance se courbe sur la
« terre. — Réunissez-vous pour être forts. — Dieu n'a fait ni petits ni
« grands, ni maîtres, ni esclaves, ni rois, ni sujets, *il a fait tous les hom-*
« *mes égaux !* — La grande question, c'est le travail ; ceux qui disent : Je
« ne travaillerai point, sont les plus misérables ! — Mais le travail est
« devenu un sujet de tyrannie. On a fait autant de pauvres des travail-
« leurs. — Affranchissez le travail ! *affranchissez vos bras !* » Ce livre est
le livre du pauvre : « Jamais Dieu n'abandonne les siens ! — Votre patrie,
« c'est le ciel ! — Vous n'avez qu'un père, qui est Dieu ! — Avant tout,
« il faut être libre ; et pour être libre, il faut être juste ! — Le peuple est
« tout. — Qui apparaît autour du Christ ? — Le peuple ! — Qui le voulait
« pour roi ? — le peuple ! — Et qui donc a crucifié le Christ entre deux
« voleurs ? — Les scribes, les pharisiens, les docteurs de la loi, le roi
« Hérode et ses courtisans, le gouverneur romain et le prince des prê-
« tres ! » — Et toujours il revient à ces conseils : — « Soyez justes, soyez
« charitables, méprisez les richesses — espérez et priez ! — Vous ne réus-
« sirez à rien, sans Dieu ! — La liberté est le pain que les peuples doivent
« gagner à la sueur de leur front ! — Gloire au soldat ! pitié à l'exilé ! —
« et paix aux hommes de bonne volonté ! » A chaque page, à chaque
mot de ce livre, on respire comme un âcre parfum de liberté, et à la
liberté se mêle l'Évangile : rude combat, noble bataille, victoire poétique, nobles aspirations au meilleur avenir !

Plus heureuse et plus complète, moins militante et plus humaine,
comme l'étoile du berger lorsqu'elle se lève sur l'Océan calmé, resplen-
dit pure et brillante l'étoile souveraine de M. de Chateaubriand dans
le ciel poétique et chrétien. — François-Auguste de Chateaubriand est
né en 1770 à Saint-Malo, rue des Juifs, dans une maison voisine de la
maison où M. de Lamennais devait naître quelques années plus tard.
Sa famille appartenait aux anciens Chateaubriand de Beaufort, qui
descendent des princes de Bretagne ; il touche ainsi à cette belle
comtesse de Foix dont nous vous avons raconté l'histoire. Illustre origine sans nul doute, et presque nécessaire dans un homme qui devait
représenter, avec quelle grâce et quel éclat, vous le savez ! le dévouement chevaleresque aux vieux rois, aux vieilles croyances. A dix

lieues de la ville, dans l'intérieur des terres, au delà de Dol, s'élève le château de Combourg : *situé au milieu des forêts dans une contrée re-*

Château de Combourg.

culée. — Ce château de Combourg avait appartenu au duc de Duras, et maintenant il appartenait aux Chateaubriand ; demeure austère, silencieuse, la maison de nos rêves. Là vivait l'antique famille, là grandissaient, sous le regard paternel et sévère du comte de Chateaubriand leur père, six enfants, dont le petit François-Auguste était le dernier-né. L'enfant fut mis en nourrice au village de Plancoët, chez sa bonne nourrice Villeneuve, qui l'éleva avec une sollicitude maternelle. Dans un hameau voisin de Plancoët, à l'abbaye, vivait la grand'-mère maternelle du *chevalier,* c'est ainsi qu'on appelait l'enfant, même chez sa nourrice. Autant la maison de l'aïeule était calme et silencieuse, autant le manoir de l'oncle, à *Montchoix,* était rempli des bruits, des joies et des turbulences de la chasse. —Telles sont les premières années. — Puis l'enfant grandit. — Il grandit à Combourg, — sous le regard sévère de son père, l'austère gentilhomme, très-inquiet de l'avenir de sa maison ; à l'ombre bienveillante de la mère de famille, bonne et tendre femme qui avait conservé dans le vieux manoir les élégantes traditions du grand siècle, car elle avait été élevée elle-même par une élève de madame de Maintenon. L'enfance du grand poëte se passa à admirer son père, à aimer sa mère, à voir sourire ses jeunes sœurs. Dans les bois, il écoutait le rossignol; sur le bord de la mer, il jouait avec les enfants et la vague bondissante.

« Élevé comme le compagnon des vents et des flots, peut-être dois-je « à cette éducation sauvage quelque vertu que j'aurais ignorée. »

Quant au château de Combourg, vous l'avez vu bien désolé et déjà abandonné pour jamais, dans l'histoire de *René* : « J'arrivai au château par la longue avenue de sapins, je traversai à pied les cours désertes, je m'arrêtai à regarder les fenêtres fermées ou à demi brisées, le chardon qui croissait au pied des murs, les feuilles qui jonchaient le seuil des portes, et le perron solitaire où j'avais vu si souvent mon père et ses fidèles serviteurs. Les marbres étaient déjà couverts de mousse; le voilier jaune croissait entre leurs pierres disjointes et tremblantes; un gardien inconnu m'ouvrit brusquement les portes... Couvrant un moment mes yeux de mon mouchoir, j'entrai sous le toit de mes ancêtres; je parcourus les appartements sonores, où l'on n'entendait que le bruit de mes pas. Les chambres étaient à peine éclairées par une faible lumière qui pénétrait entre les volets fermés. Je visitai celle où ma mère avait quitté la vie, celle où se retirait mon père, celle où j'avais dormi dans mon berceau, celle enfin où l'amitié avait reçu mes premiers vœux dans le sein d'une sœur. Partout les salles étaient détendues, et l'araignée filait ses toiles dans les corniches abandonnées. Je sortis précipitamment de ces lieux, je m'en éloignai à grands pas, sans oser tourner la tête. Qu'ils sont doux, mais qu'ils sont rapides, les moments que les frères et les sœurs passent dans la société de leurs vieux parents ! »

M. de Chateaubriand n'aurait pas écrit les Mémoires de sa jeunesse, qu'on les aurait retrouvés dans *René* : « Mon humeur était impétueuse, mon caractère inégal; tour à tour bruyant et joyeux, silencieux et triste, je rassemblais autour de moi mes jeunes compagnons, puis je les abandonnais tout à coup pour contempler la nue fugitive ou entendre la pluie tomber sur le feuillage. »

Quand vint l'âge des études régulières, l'enfant fut arraché à ses chères bruyères et au grand mail, où il s'était promené si souvent avec sa sœur Lucile. On le mit d'abord au collège de Dol; là, comme un écolier destiné à la marine en sa qualité de cadet de Bretagne, il apprit par cœur toutes les tables de logarithmes; en même temps il lisait Horace, et il se consolait des mathématiques dans ces

beaux vers. Il lisait aussi le quatrième livre de l'*Enéide* et les Sermons de Massillon. De Dol, il passe au collége de Rennes ; il devient le condisciple de Moreau, et on lui donne la chambre du chevalier de Parny. O contraste! Le *Génie du Christianisme* et la *Guerre des Dieux*, vomie à l'autel des furies! Mais cependant quelle tristesse pour cet enfant habitué à parler, de sa voix naïve et pure, au nuage qui passe, à la mer qui gronde, au zéphyr qui murmure, au printemps qui chante, à toute cette belle, puissante, grondeuse et musicale nature qui l'entourait, avec amour, de ses bruits et de ses silences les plus solennels. La poésie n'était pas là, elle était au dehors du collége. « Les oiseaux, les fleurs, une belle soirée de la fin d'avril, une belle nuit lunaire commencée le soir avec le premier rossignol, achevée le matin avec la première hirondelle, ces choses me donnaient le besoin et le désir du bonheur. » Au sortir du collége de Rennes, le chevalier de Chateaubriand fut envoyé à Brest pour y étudier l'art des constructions navales. Mais à Brest, au milieu des navires sur le chantier, il ne vit encore que la mer. Toute science acquise lui faisait peur. Il évitait les leçons; il voulait être, à lui seul, son maître et son disciple. Que lui importent la quille ou le gréement de ce vaisseau en construction? Ce qu'il voulait connaître, c'étaient les terres, c'étaient les cieux, c'étaient les hommes qui se cachaient là-bas dans ce lointain mystérieux. Sa pensée et son espérance l'emportaient au delà des mers; il se trompait lui-même chaque jour ; chaque jour il remontait sur un frêle esquif, jusqu'à un certain coude, le torrent qui se jette dans le port, et là, seul dans une étroite vallée entre la mer et le ciel, il s'imaginait qu'il venait de découvrir un monde. Il saluait avec des larmes le navire qui s'éloignait du port, et son cœur tressaillait du coup de canon des adieux. Ainsi le voyageur se révélait; mais il y avait trop d'impatience et d'exaltation dans cette âme, pour que le jeune chevalier devînt jamais un marin. Il le comprit. On lui proposa de se faire prêtre, et il revint au château de Combourg. O le printemps! O la maison paternelle! O la jeune sœur Lucile! Il me semble que j'assiste à cette vie sereine ; je vois les quatre tourelles, j'entends la cloche du château; la brise d'hiver gronde en sifflant dans les bois; l'hiver, on se raconte les grandes aventures de revenants et de fantômes. « Le couvent au bord du che-
« min s'envieillissait d'une quinzaine d'ormes du temps de Jean V
« de Bretagne. » Mais à quoi bon ces détails que l'avenir saura par cœur? D'ailleurs, n'avez-vous pas chanté la douce complainte : *Com-*

bien j'ai douce souvenance! La France entière a répété, comme un chant national, cette plaintive romance composée sur l'air d'une ronde bretonne; on la prendrait pour une page détachée, par le vent d'automne, des Mémoires de M. de Châteaubriand.

Que de fois l'illustre poëte a regretté sa Bretagne bien-aimée! que de fois, dans cette vie agitée, turbulente, laborieuse, pleine de disgrâces et de périls, sa pensée consolée s'est reportée sous ces doux ombrages! Songez donc qu'il a quitté toute cette paix profonde pour venir assister, chaste et naïf jeune homme, aux dernières licences du dix-huitième siècle français, qui s'éteignait dans le doute et dans la peur. Songez donc qu'il a été représenté, sur l'échafaud des révolutions, par son frère aîné[1], et que lui-même il a dû la vie à quelques-uns de ces hasards providentiels qui se rencontrent toujours pour sauver les hommes de génie; car la Providence, quand elle a créé un pareil homme, le protége et l'entoure de sa bienveillance divine. On touchait à l'aurore turbulente de 1789; le monde était dans l'attente de ce qui allait venir; les poëtes se hâtaient de chanter leurs derniers vers, les femmes se hâtaient d'être belles et parées, les politiques et les sages comprenaient quelle pluie de sang et quelles foudres irrésistibles allaient tomber sur l'Europe menacée.... M. de Malesherbes, dont la petite-fille avait épousé le frère aîné de M. de Chateaubriand, eut pitié de ce jeune homme. Il lui donna le grand conseil d'aller au loin, non pas pour y chercher la sécurité et le repos (notre chevalier ne serait pas parti), mais bien la poésie et l'émotion du voyage. Il partit donc muni des conseils de M. de Malesherbes, et en son chemin, dans les frais paysages, sur le bord des lacs, il rencontra les formes vivantes de ses rêves. — Pendant ce temps, la vieille France était aux abois: le vieux trône s'écroulait; l'abîme appelait l'abîme, le peuple qui avait semé la grêle et l'orage, recueillait des orages et des tempêtes. Quand cette nouvelle, dure et terrible, lui est venue que le roi de France était prisonnier des cannibales, que le maître de la société

---

[1] Une de ses sœurs, qui devait sa liberté à la mort de son mari, se trouvait à Fougères, petite ville de Bretagne. L'armée royaliste arrive: huit cents hommes de l'armée républicaine sont pris et condamnés à être fusillés. La sœur de M. de Châteaubriand se jette aux pieds de M. de La Rochejaquelein et obtient la grâce des prisonniers. Aussitôt elle vole à Rennes, se présente au tribunal révolutionnaire avec les certificats qui prouvent qu'elle a sauvé la vie à huit cents hommes, et demande, pour seule récompense, qu'on mette ses sœurs en liberté. Le président du tribunal lui répond: « Il faut que tu sois une coquine de royaliste que je ferai « guillotiner, puisque les brigands ont tant de déférence pour toi. D'ailleurs la république « ne te sait aucun gré de ce que tu as fait: elle n'a que trop de défenseurs et elle manque « de pain. »

française s'appelait Robespierre, M. de Chateaubriand vivait comme un poëte vagabond dans les déserts du nouveau monde ; aussitôt plus de voyages, plus de rêverie, plus d'obéissance à la muse ; notre poëte revint en toute hâte en plein Paris pour prendre sa part glorieuse de ces dangers et de ces malheurs. « Sans doute, dit-il, les « Bourbons n'avaient pas besoin qu'un cadet de Bretagne revînt « d'outre-mer pour leur offrir son obscur dévouement ; » mais lui, il avait besoin de montrer son dévouement et son courage. Il revint donc, et alors il assista sans peur, et au travers de mille épées, à cette histoire dont il sera à la fois l'historien, le poëte, le philosophe, l'orateur inspiré et l'accusateur sans pitié !

Vous savez ses travaux, son exil, sa pauvreté, ses livres, sa patience, son courage, ses victoires, ses triomphes, et le profond coup d'œil qu'il a jeté sur les affaires et dans les consciences humaines. Il a été, tout à la fois, l'homme de la religion, de la monarchie, de la liberté. Il a refait, en la rajeunissant, en la respectant, la langue du grand siècle des chefs-d'œuvre. Soixante ans de travaux, de génie, d'abnégation profonde, de dévouement et de vertu, ont à peine suffi à élever le pieux monument de ces œuvres resplendissantes d'une grave, jeune et poétique jeunesse. Vous savez dans quelles luttes ardentes, généreuses, inspirées, s'est élevé ce monument plus indestructible que l'airain, aussi vivant que l'Évangile, la base éternelle de toutes choses : le *Génie du Christianisme*, — les *Martyrs*; c'est le poëme de la vieille Armorique; *Atala*, c'est le génie du monde primitif; *René*, c'est le point de départ de la poésie moderne; la *Monarchie selon la Charte ;* *Moïse*, les *Études historiques*, et, enfin, les *Mémoires d'Outre-Tombe*, dont les vives lueurs percent déjà l'obscurité où le poëte les veut retenir; quelle plus immense et plus merveilleuse réunion des plus grandes pensées, des plus illustres services, des plus excellents devoirs, courageusement acceptés et glorieusement accomplis ! Ceci est encore à remarquer, qu'il a fallu à M. de Chateaubriand un double génie pour gagner tant de gloire, — une gloire parallèle, — en concurrence avec le géant des armées et des batailles, si grand dans son triomphe, plus grand encore dans ses revers. Car, à mesure que le poëte grandit, grandit en même temps cet enfant du même siècle et de la même année : l'empereur Napoléon. Lutte étrange, admirable, providentielle, calme duel de deux volontés toute-puissantes; celle-ci puissante par la parole et par la croyance, celle-là puissante par la force et par l'épée. C'est, en effet, un des plus grands instants de l'histoire contemporaine, quand ces deux grands génies inconnus, Bonaparte et M. de Chateaubriand, accoururent enfin au secours de la France éperdue, éplorée, sans croyance et sans lois, lui apportant : le soldat, l'ordre et la règle; le poëte, la foi et la croyance; l'un qui ouvre les temples fermés, l'autre qui remplit les temples vides; celui-ci qui vient de l'Orient pour être roi absolu; celui-là qui revient de l'exil pour être un prophète écouté; Bonaparte, maître par la force; M. de Chateaubriand, maître par la conviction; l'un qui devait disparaître plus tard dans un nuage mêlé de foudre et d'éclairs, emportant toute son œuvre avec lui et ne nous laissant guère que sa gloire; l'autre qui ne peut pas mourir, et qui nous laissera à coup sûr sa gloire, sa croyance, son génie et cette révolution religieuse dont il est le chef, et ce triomphe inestimable qu'il a remporté sur Voltaire, ce dieu épuisé, plus heureux en ceci, et plus triomphant que l'empereur Napoléon; car celui-là il n'a pu vaincre la révolution, dont il était le fils, que pour un jour!

Donc ils arrivèrent, l'un et l'autre en même temps, l'empereur de la France et le roi du monde poétique, pour prendre possession de leur royaume, mais par deux points bien opposés : l'un, qui voulait la royauté, mais pour lui seul; la croyance, mais au profit de sa royauté d'un jour; l'autre, qui voulait déjà la vieille royauté pour les vieux rois, la vieille croyance pour les vieilles cathédrales. Ainsi ils se mirent à leur œuvre l'un et l'autre en même temps et le même jour; ainsi ils travaillèrent, chacun de son côté, avec la même persévérance, accomplissant à la face de la France et du monde le grand travail d'un empire qui devait crouler si vite, d'une religion divine qui ne pouvait pas mourir.

Immense destinée, sans contredit; auréole brillante du siècle de ces grandes choses, gloire bien gagnée, il est vrai, mais qui n'est pas payée à trop haut prix. Ni ces rudes travaux, ces traverses de tout genre, ni la perte de ses illusions les plus chères et la ruine déplorable de cette maison de Bourbon qu'il aimait, ni l'exil de ce jeune prince qu'il a voulu bénir avant que l'heure de la mort eût sonné, rien ne peut empêcher M. de Chateaubriand d'être un immense sujet d'envie pour tous les hommes quels qu'ils soient, rois ou bergers, jeunes gens ou vieillards. Quelle plus grande existence en effet que celle de cet enfant de la Bretagne? quelle vie plus utile, plus complète, mieux remplie? Il a été un poëte et le plus grand des poëtes tant qu'il a été un jeune homme. A vingt ans il a vu les affaires humaines sous leur côté poétique, à vingt ans il a parlé au monde étonné et charmé, de religion, de poésie, de liberté, d'amour. — Sublime effet de la poésie! c'est la poésie qui a donné à M. de Chateaubriand tous les genres de courage, le courage du soldat, le courage du martyr et le courage civil, le plus difficile de tous. Voilà comment il est beau d'être un poëte; on vole sur les ailes de la foi, escorté par la charité et par l'espérance, ces deux blanches colombes filles du ciel. On remet dans son chemin l'humanité, qui a perdu sa route; on rend sa lumière au soleil, sa transparence au nuage qui passe, son espoir au cœur de l'homme. Le poëte isolé, sans appui, sans fortune, n'ayant pas d'autre compagnie que *le peuple* (le peuple de Lamennais), marche entouré de gloire, de force, d'indépendance, de liberté; et quand sur son chemin il rencontre quelque grand crime de la politique horrible, par exemple, le roi Louis XVI sur l'échafaud, le duc d'Enghien dans le fort de Vincennes, Louvel au flanc du duc de Berri, soudain c'est le poëte qui fait justice de ces attentats féroces, car il est toute la justice, et Dieu veuille qu'il ne soit pas tout le remords! Par un privilége presque divin, seul le poëte avance pendant que tout recule devant lui; lui seul il parle tout haut, pendant que tout se tait autour de lui; lui seul il sait être libre pendant que les nations restent enchaînées; seul il se souvient de ses prières pendant que les peuples ont oublié même le blasphème, cette prière des peuples qui sont sur le point de tomber dans cette indifférence de mort dont M. de Lamennais a fait l'histoire. Enfin, voyez la puissance du poëte! Un grand bruit se fait entendre du Midi au Nord, des Pyramides au Kremlin, du levant au couchant; ce bruit s'avance comme un lion entouré de poussière, précédé par la terreur et suivi par la rage; à mesure que le bruit s'approche, les armées expirent le front dans la poudre; les villes sont renversées, déracinées de fond en comble; les montagnes se fendent comme le voile du temple à Jérusalem. Prenez garde! prenez garde! Et en effet voilà que tous les peuples se couchent dans la poudre pour le laisser passer, ce vainqueur, jusqu'à ce qu'il aille se perdre et se briser là-bas, contre ce méchant rocher qui est au milieu de la mer! Or, dans cette foule éperdue, un seul homme reste debout sans trembler, un seul homme attend de pied ferme le hardi conquérant, un seul homme porte sans peur son paisible regard sur ce regard qui brûle; c'est le jeune poëte de tout à l'heure, le poëte du dix-neuvième siècle, c'est M. de Chateaubriand! Bien plus, en 1830, quand la maison de Bourbon fut encore exilée pour la troisième fois, le peuple vainqueur, qui revenait du Louvre profané, rencontrait M. de Chateaubriand dans la rue; aussitôt le peuple de Paris mettait bas les armes, il prenait M. de Chateaubriand sur ses épaules, il portait son noble fardeau jusqu'à la chambre des pairs. — O contraste! ce même peuple qui venait de briser la monarchie, il portait en triomphe le plus ferme et le plus fidèle soutien de la monarchie, en s'écriant : « *Honneur aux vaincus!* »

« Je n'ai revu Combourg que trois fois : à la mort de mon père,
« toute la famille se trouva réunie pour se dire adieu. Deux ans
« plus tard, j'accompagnai ma mère à Combourg; elle voulait meu-
« bler le vieux manoir; mon frère y devait amener ma belle-sœur :
« mon frère ne vint point en Bretagne, et bientôt il monta sur l'é-
« chafaud avec la jeune femme pour qui ma mère avait préparé le
« lit nuptial; enfin je pris le chemin de Combourg lorsque je me
« décidai à passer en Amérique. C'est dans les bruyères de Com-
« bourg que je suis devenu le peu que je suis ; c'est là que j'ai
« vu se réunir et se disperser ma famille. De dix enfants que
« nous avons été, nous ne restons plus que quatre. Ma mère est
« morte de douleur, les cendres de mon père ont été jetées au vent.
« Si mes ouvrages me survivent, si je devais laisser un nom, peut-
« être un jour, guidé par ces Mémoires, le voyageur s'arrêtera un
« moment aux lieux que j'ai décrits. Il pourrait reconnaître le châ-
« teau, mais il chercherait en vain le grand *mail* ou le grand bois ; il
« a été abattu : le berceau de mes songes a disparu comme les songes.
« Demeuré seul debout sur son rocher, l'antique donjon semble re-
« gretter les chênes qui l'environnaient et le protégeaient contre les
« tempêtes. Isolé comme lui, j'ai vu, comme lui, tomber autour de
« moi la famille qui embellissait mes jours et me prêtait son abri ;
« grâce au ciel, ma vie n'est pas bâtie sur la terre aussi solidement
« que les tours où j'ai passé ma jeunesse. »

Quel admirable coin de terre cependant! Ici les *Rochers* et madame de Sévigné, plus loin l'Océan et Duguay-Trouin, et M. de Lamennais, superbe dans sa révolte; enfin pour compléter cet ensemble magnifique, *le château de Combourg* et M. de Chateaubriand! Donc n'allons pas plus loin dans cette biographie intarissable; ne tentons pas plus longtemps une œuvre impossible, ne perdons pas de vue les ruines du château de Combourg. Nobles ruines, elles seront désormais pour le voyageur attentif, et qui sait se souvenir, le but d'un pieux pèlerinage en reconnaissance de tant de poésies et de bienfaits. Combourg est resté pour M. de Chateaubriand le frais berceau, la belle terre, le ciel bienveillant sous lequel il est né, la terre sacrée où il veut revenir après la mort. Lui-même il a choisi le lieu de sa sépulture,—sur ce rocher battu par les vagues.—Sur un rocher s'est endormi l'Empereur, mais l'Empereur est revenu se coucher dans le bruit et dans l'irritation de la ville immense. M. de Chateaubriand, plus prudent et plus heureux, sortira des bruits de la vie pour aller prendre son repos sur ce roc battu des tempêtes. Ainsi rien ne se perd, pas même les vers des poëtes. On dira, à l'avenir, pour M. de Chateaubriand, ce qu'on a dit longtemps pour l'Empereur :

La vaste mer murmure autour de son cercueil.

Nantes.

CHAPITRE XVII.

Département de la Loire-Inférieure. — Le comté de Retz. — La Loire. — Chateaubriand. — La Meilleraie — Les Trappistes. — Ancenis. — Nantes. — L'Erdre. — La Sèvre. — M. de La Chalotais. — La Bretagne en 1793. — Mirabeau contre le parlement de Bretagne. — Carrier à Nantes. — Le château de Clisson. — Grandlieu. — Le Bocage. — Paimbœuf. — Mauves. — La Sailleraie. — Savenay. — Le château de Blain. — La tourbière de Montour. — Batz et les Marais Salants. — Les Paludiers. — Les Saulniers. — Guérande. — Le Croisic. — Le Phare. — La baie de Pen-Bron. — La baie de Pen-Sten. — Escoublac. — La baie de Pouliguen. — *Des usages et des mœurs.*

Le département de *la Loire-Inférieure* se compose de l'ancien comté de Nantes et du pays de Retz, au sud de la Loire. Le comté de Retz, bien qu'il ait souvent appartenu aux souverains de la Bretagne, ne faisait point cependant partie intégrante de notre duché. Vastes plaines, profonds marécages, rivières impatientes et débordées. Presque toutes ces rivières s'en vont, par mille détours, se perdre dans la Loire, ce fleuve magnifique, l'honneur, le mouvement, la fortune et la poésie de ces campagnes. La vaste contrée montre avec orgueil ses villes florissantes, ses heureux villages, ses vaisseaux sans nombre; le paysage d'alentour est vaste, peuplé, aérien, champêtre, charmant. — Puis tout d'un coup, à *Chateaubriand*, commence la lande stérile; la douce et calme verdure disparaît et s'efface. — Chateaubriand est une des villes les plus anciennes et les moins historiques de la province; la ville se glorifie d'avoir été fondée par les Romains, ces grands fondateurs; mais en revanche elle s'est reposée, tout ce temps-là, sur la gloire de son origine, et elle s'en contente. A peine comptez-vous, dans cette antique cité, quelques centaines de maisons qu'abrite encore de son ombre pacifique et démantelée la haute citadelle, bâtie au dixième siècle par Briant, comte de Penthièvre.

De la tour de Chateaubriand, le voyageur, attentif à interroger le passé, n'oubliera pas de visiter les ruines, encore éloquentes, d'un riche monastère du douzième siècle, *La Meilleraie*. Sur le bord de ces étangs silencieux, dans ces prairies stériles, à travers les mornes décombres de l'abbaye renversée, rien ne poussait que le chardon et la ronce; le vent du soir s'y faisait entendre en longs gémissements; tout était ruine, désolation, misère, abandon, isolement.—Dieu merci! l'idée religieuse qui avait bâti le premier monastère, il y a six cents années, devait le relever de nouveau. Animés au travail comme à la prière, maçons et laboureurs tour à tour, les pieux enfants de la Trappe sont venus, qui ont relevé ces murailles et fertilisé ces landes incultes; ces beaux arbres, ils les ont plantés; ce riche édifice, ils l'ont bâti; ces plantations immenses sont sorties de la bêche infatigable et silencieuse tenue par ces mains innocentes; la prière et la sueur de ces saints travailleurs ont complété en moins de trente années cette entreprise impossible. — C'est ainsi que l'on crée, c'est ainsi que l'on sauve! — L'importance de la petite ville d'*Ancenis* (à moitié chemin de Nantes et d'Angers) ne peut être comparée qu'à l'importance de Chateaubriand, sa voisine. Ancenis est la ville aimée des mariniers de la Loire; la ville et le fleuve se traitent, l'une et l'autre, avec des respects mutuels; parfois pourtant de graves colères s'élèvent entre ces deux associés de l'agriculture et du commerce; alors le fleuve se soulève, il gronde, il écume, il remplit de son onde irritée les rues étroites, jusqu'à ce qu'enfin la ville rentre dans l'ordre et le fleuve dans son lit.— *Nantes*, la ville célèbre, la riche cité, opulente par le commerce et par l'intelligence, longtemps la capitale, sinon de droit, du moins de fait, de ce duché de Bretagne, Nantes est aujourd'hui le chef-lieu de la Loire-Inférieure. C'est véritablement une grande cité, riche, commerçante, pleine d'industrie; c'est la ville la plus populeuse de toute la

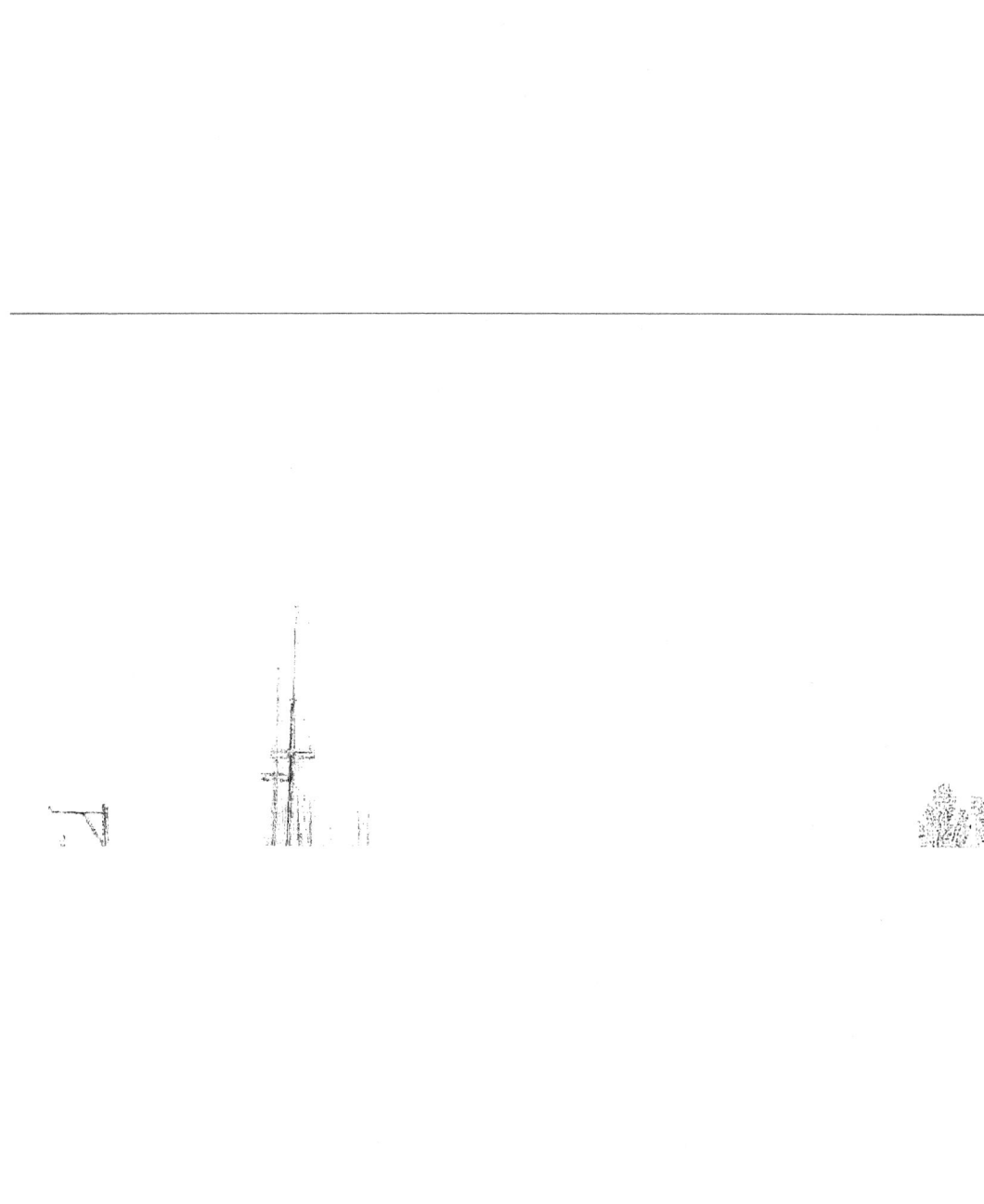

Bretagne, *la Marseille de l'Occident*, pour tout dire. Quelle position fut jamais plus favorable à l'emplacement d'une grande ville? un fleuve large d'une lieue, deux rivières importantes qui portent leur flot docile dans cette Loire, si vaste en ce lieu, l'Erdre au nord, la Sèvre au sud, et ces îles qui semblent placées dans la Loire, fortifiée comme d'infranchissables remparts. S'il nous fallait raconter l'histoire de cette ville fameuse, il faudrait recommencer notre livre. Non-seulement l'histoire de la cité de Nantes se mêle et se confond avec l'histoire de la province entière, mais elle remonte plus haut dans les premiers âges de l'Armorique; elle était une ville importante au temps de César; déjà, au troisième siècle de l'Évangile, Nantes, la ville chrétienne, était attentive à la parole évangélique de ses deux martyrs, Donatien et Rogatien, jeunes gens de race patricienne; encore aujourd'hui, la ville reconnaissante les appelle *ses enfants*. Les plus précieux souvenirs de la Bretagne, les hommes qui l'ont gouvernée, illustrée, défendue, se retrouveraient, au besoin, dans cette ville superbe. C'est là surtout que vous retrouveriez les traces romaines, les inscriptions, les vases, les monnaies, les mosaïques, les voûtes, les débris que laissait Rome sur son passage. Songez donc que cet espace français a appartenu, presque en même temps, aux Visigoths établis sur la rive gauche de la Loire, aux Saxons campés à l'embouchure du fleuve, aux Bretons armoricains accourant sur la rive droite, pendant que les légions romaines restaient établies dans la ville, jusqu'au jour enfin où Saxons, Bretons, Romains, il fallut céder à Clovis. Ce fut alors qu'apparut aux Barbares, par une belle nuit d'été, l'image des saints martyrs Donatien et Rogatien. Ils sortirent de l'église, précédés d'une lente procession muette et vêtue de blanc, et les Barbares, frappés d'une religieuse terreur, reconnaissent le vrai Dieu! — Nantes, c'est toute une histoire: Conan, Mériadec, l'évêque Félix, Hoël, mort à Ronceveaux, Nominoé, Erispoé son fils, païens, chrétiens, Normands, Bretons, pirates, il faudrait tout raconter, pour bien faire; et même en laissant l'histoire, et rien que pour décrire cet ensemble magnifique des forces et des richesses d'une pareille cité, l'entreprise serait pleine de périls. Riche au dehors, belle au dedans, faite à la mer, commerçante et voyageuse, maîtresse chez elle, maîtresse souvent chez les autres, la grande cité bretonne mériterait les honneurs d'un livre à part.

Dans la cathédrale de Nantes, vous pouvez admirer le tombeau du dernier duc de Bretagne, François II, cette œuvre superbe de Michel

Columb, un de ces heureux artistes qui n'ont laissé que des chefs-d'œuvre en témoignage de leur passage. La cathédrale de Nantes est un riche monument du quinzième siècle; sur ces fières murailles se re-

Cathédrale de Nantes.

trouvent encore les dernières splendeurs de cet art brillant du moyen âge, qui va bientôt s'effacer devant les grâces moins naïves de la renaissance. Le vieux château de Nantes, bâti par Allain *Barbe-Torte* (938), s'appelait la *Tour-Neuve*. Réparé à chaque règne nouveau, agrandi par Guy de Thouars, par Pierre de Dreux, par son fils Jean *le Roux*, le duc François II compléta, à la façon d'un prince qui comprend que son trône chancelle, cet immense appareil de fortifications auxquelles le duc de Mercœur trouva encore le moyen d'ajouter quelques défenses : c'est qu'en effet la force brutale était une des conditions de ces royautés sans cesse mises en question. Le château de Nantes composerait à lui seul un terrible, un cruel, un curieux chapitre de notre histoire. Sous ces voûtes désolées ont habité de grands princes; une cour brillante a rempli ces murailles ; mais plus bas, dans les abîmes de ces tours, quels drames lamentables! Ah! si ces pierres muettes pouvaient parler! si ces tours épaisses qui dominent encore de leur imposante hauteur ce sombre entassement d'édifices irréguliers — le Fontainebleau des prisons — pouvaient, chose terrible à entendre! nous faire part des accusations qu'elles ont entendues, des supplices dont elles ont été les témoins, des trahisons et des dévouements sans nombre, quelle histoire éloquente! que de larmes! que de passions! que de cruautés! que de misères! Il me semble que nous assistons à l'agonie d'un peuple, et que cette agonie dure depuis des siècles. — Dans sa ruine providentielle, la féodalité devait entraîner cet amas de pierres qui lui servait de retranchement impitoyable. — Les murailles restées debout, les tours que nulle force humaine n'a pu briser, les bastilles qui n'ont pas rencontré leur 14 juillet justicier, eh bien! les peuples libres en tirent le meilleur parti possible; on en fait un ornement, un hôpital, une prison; du château de ses princes souverains, la ville de Nantes a fait une poudrière. — Restent les rues et les quais, tout chargés de ces hôtels magnifiques; la magnifique parure de la cité de Nantes, et ces belles places, la place Graslin, la place royale. Reste le port; dans ce port se fait un commerce immense. La Loire, le plus obéissant et le moins coûteux des chemins qui marchent, suffit à peine à servir ce va-et-vient infini qui ne se repose ni la nuit ni le jour. Les Indes, l'Amérique, la pêche de la morue et la pêche de la baleine, la traite des noirs (de 1750 à 1790), la fabrication des voiles, les toiles peintes, toutes les agitations d'un commerce que rien n'arrête; voilà ce qui donne au port de Nantes le mouvement, la vie, la richesse. — Ville bien peuplée: la bourgeoisie nantaise était une noblesse; le marchand de Nantes traitait de pair avec le magistrat de Rennes; l'un et l'autre réunis, ils pouvaient défier les plus hardis gentilshommes et les plus fiers de la province. — Les habitants sont entreprenants et braves. Pendant que Saint-Malo célèbre ses intrépides corsaires, Nantes se vante de ses hardis flibustiers; et, même dans ces temps de philanthropie indiscrète, il ne faudrait pas trop déclamer contre la traite des noirs; plus d'un vieux marin vous répondrait que la traite des noirs compte ses héros.

Hélas! parmi les souvenirs des travaux et des grandeurs d'autrefois, pourquoi faut-il donc que les meurtres de cet abominable Carrier aient leur place exécrable et méritée? Qui était ce Carrier, d'où venait-il, par quel bourreau avait été dressé ce misérable? C'est toute l'histoire de la révolution française qu'il faudrait vous dire. Quand s'éleva sur la France l'aurore formidable de 1789, chaque partie du royaume, chaque province conquise, pour la plupart mal domptées, accepta, avec des espérances bien diverses, ces promesses inattendues d'une liberté dont les prémices étaient vertueuses et pacifiques. La Bretagne, à ces premiers cris d'un peuple qui proclame sa délivrance, prêta une oreille impatiente, attentive. Elle se rappelait les exactions récentes, les vengeances du pouvoir, le despotisme de ces rois de France à qui la Bretagne s'était donnée, et qui l'avaient traitée, trop souvent, en province conquise; la veille encore, le parlement de Rennes n'avait-il pas vu son procureur général, Karadeuc de La Chalotais, et son fils, et trois membres du parlement, arrêtés comme des malfaiteurs, sous prétexte de lettres anonymes écrites au duc de La Vrillière, neveu de M. le duc d'Aiguillon? M. de La Chalotais était un vieillard parlementaire, digne d'être comparé, pour le courage et pour l'éloquence, aux plus intrépides magistrats; il avait soixante-quatorze ans, *pissant le sang et écorché de la gravelle*, comme dit Voltaire, lorsqu'il fut traîné dans les prisons de Loches par la maréchaussée. Prisonnier et séparé de ceux qui l'aimaient par un abîme, le malheureux vieillard avait écrit, avec un cure-dents trempé dans son sang, son mémoire justificatif. Le traitement fait à cet homme de bien, au nom d'une compagnie puissante (la Compagnie de Jésus), avait indigné la France entière, et surtout la Bretagne. Chacun s'était ému selon ses passions autour de ce grand procès, et si enfin justice, avait été faite, cette justice avait été tardive : il avait fallu dix ans (11 novembre 1775), pour que le procureur général de La Chalotais fût rendu à sa famille éplorée. A ces causes, la province entière était agitée par mille passions, par mille rancunes, lorsque s'ouvrirent les états généraux. C'était l'heure où Mirabeau, d'un geste hardi, indiquait à la France à venir les sentiers qu'elle devait suivre; lorsqu'il entendit M. de La Houssaie rappeler à haute voix, dans cette assemblée suprême, les antiques priviléges de la Bretagne, Mirabeau s'élança d'un bond à la tribune, et de cette voix irrésistible : « D'où vient donc, s'écria-« t-il, l'audace de ces magistrats? quelle puissance auxiliaire leur « inspire tant de confiance? Ils viennent demander que des priviléges « oppressifs soient établis; la Bretagne a soixante-six représentants « dans cette assemblée, et l'on vient dire qu'elle n'est pas repré-« sentée! Onze magistrats bretons viennent vous dire qu'ils ne peu-« vent pas consentir que vous soyez les régénérateurs de cet empire!

« Ce n'est pas dans les vieilles chartes, où la ruse combinée avec la
« force a trouvé les moyens d'opprimer le peuple, qu'il faut chercher
« les droits de la nation; c'est dans la raison : les droits sont immo-
« biles comme le temps et sacrés comme la nature... C'est une poi-
« gnée de magistrats sans titre et sans caractère, qui viennent dire
« au souverain : Nous avons désobéi, et la postérité nous admirera. Il
« n'y aura que leur démence qui passera à la postérité, si toutefois
« elle peut y être transmise; mais ils n'empêcheront pas cette grande
« révolution qui va changer la face du globe et le sort de l'espèce hu-
« maine. »

Ainsi parlait Mirabeau. Certes, jamais le cardinal de Richelieu, jamais le roi Louis XIV, n'avaient fait entendre un plus despotique langage. Il fallut obéir, il fallut se soumettre à cette force nouvelle. La Bretagne se soumit donc, mais contrainte et forcée, et plus que jamais regrettant l'indépendance nationale. Mais, juste ciel! à quel abîme ne va-t-on pas courir? Et si la France se perd, pourquoi donc la suivre à l'aveugle? — Vains efforts! prudence inutile! il faut obéir à cette voix qui dit : *Marche! marche!* Bientôt ces bons commencements d'une liberté mal définie se remplissent de doutes cruels; ces premières clartés d'une révolution se voilent d'un nuage sanglant; bientôt il ne s'agit plus ni de la France, ni des provinces : il s'agit des crimes et des violences de Paris; jusqu'à ce qu'enfin, par cette loi vengeresse qui veut que l'abîme appelle l'abîme, que le meurtre appelle le meurtre, l'antique nation française porta sur l'échafaud sa tête vaillante et dédaigneuse. Louis XVI, le roi martyr, meurt à son tour, la plus grande et la plus innocente de tant de victimes. L'horreur est partout au dehors, partout la terreur au dedans; cette nation n'est plus qu'un assemblage de bourreaux et de victimes; qui ne tue pas est tué. Les rois de ces désordres sanglants s'appellent Danton, Marat, Robespierre. Longtemps Paris fut le grand théâtre des crimes de la terreur, et, certes, rien n'était plus juste : Paris avait encouragé les bourreaux; il avait insulté les victimes; il avait semé ces désordres pour recueillir ces tempêtes. Mais enfin, quand cette contagion eut gagné les provinces, les provinces, la voyant de plus près, trouvèrent que *la terreur* était horrible. Elles avaient à demander compte, à Paris même, de la tête de leurs députés, du commerce détruit, de la famine organisée, de ces municipalités armées d'une police terrible, de ces clubs de blasphèmes et de haine, de ces visites domiciliaires et de ces délations, et de ces échafauds ambulants qui n'épargnaient personne. Le long des côtes de l'Océan, en tirant de la Gironde à la Loire, et de la Loire aux bouches de la Seine, les terroristes rencontraient pour obstacle les vieux amis de la royauté égorgée, les souvenirs vivants encore des temps féodaux, le dévouement du vassal à son seigneur, du seigneur à l'évêque. Telle était la Normandie, telle était surtout la Bretagne. Ces rives de la Loire étaient restées croyantes et fidèles, en dépit des prédicateurs d'anathèmes et d'anarchie. Population loyale, obstinée, héroïque. Attaché à cette terre, qu'il possédait, à tout prendre, par l'antique nécessité des lois de la province de Bretagne, le laboureur breton, sur ce domaine dont il avait la superficie tout au moins, fut disposé à se battre pour défendre ce sol qu'il possédait en commun avec son seigneur, et le chouan breton a suffi pour épouvanter les dictateurs tout-puissants de 1793. Plus que jamais, en effet, à l'aspect de ces crimes de la toute-puissance populaire, la Bretagne redevenait la vieille Bretagne : elle se serrait toute armée autour de ses seigneurs, de ses évêques, de ses magistrats ; elle appelait son roi, même égorgé ! Même chassé de son temple, elle invoquait son Dieu ! Sur la rive gauche de la Loire, dans l'Anjou, dans le Poitou, avait éclaté la guerre de la Vendée ; le Bocage et le Marais étaient autant de champs de bataille presque inaccessibles. Le paysan et le seigneur, enfants de la même famille, avaient compris, à la date régicide du 21 janvier 1793, qu'il était impossible de ne pas prendre leur part dans ces mêlées; Cathelineau, Stofflet, Henri de La Rochejaquelein, ce héros, l'orgueil impérissable des guerres vendéennes, avaient levé d'une main ferme l'étendard de la révolte. La Bretagne fut la première à savoir que ses voisins les Vendéens se battaient pour une cause qu'elle regardait comme une cause sacrée ; et, à l'exemple de la Vendée, la Bretagne s'était révoltée. A cette nouvelle, l'inquiétude et la peur furent grandes parmi les égorgeurs de Paris. Dumas était troublé ; l'accusateur public, Fouquier-Tinville, voyait dans ses songes sanglants cette longue suite de tombereaux qu'il envoyait chaque jour à la Grève. Infortunés, on leur laissait à peine le temps de donner un dernier baiser à leur père, à leur enfant. Ce fut alors que Carrier arriva à Nantes décidé à accomplir sa mission, c'est-à-dire à tout égorger. Ce Carrier était un de ces hommes d'une grande médiocrité d'esprit, d'une violence sans bornes, qui sont impitoyables; non pas qu'ils soient sans peur, mais parce qu'ils ne connaissent pas le remords; bandits dont les révolutions se servent une heure, pour les couvrir l'instant d'après d'exécrations et d'infamies éternelles. Cet homme arriva donc dans cette grande cité de Nantes, si puissante et tout à l'heure encore si heureuse, si libre, précédé de cette indicible terreur que nulle parole humaine ne saurait retracer : la *terreur* de 93! On avait peur malgré soi; la peur était partout, dans les champs, à la maison, sur la place publique, la nuit, le jour, dans l'âme affaissée du vieillard, dans le cœur généreux du jeune homme. Sur le sein même de sa mère, l'enfant avait peur; même dans les bras de son fils, la mère avait peur. Nul n'osait montrer de la pitié dans son regard, on ne se parlait pas, on ne se regardait pas. Parce que, un instant, la ville de Nantes avait voulu venir en aide aux citoyens de Bordeaux, qui voulaient venger leurs députés massacrés, la ville de Nantes était suspecte, et, dans cette ville condamnée à l'avance, dans ce château de Nantes de-

Tour du château de Nantes.

venu la plus horrible et la plus injuste des prisons, arrivaient à toute heure de la nuit et du jour les prisonniers de la Vendée, les malheureux échappés aux massacres du Mans et de Savenay. Incessamment traqués par les armées républicaines, ils venaient se précipiter d'eux-mêmes dans la gueule béante de la bête féroce. Carrier les entassait dans ses prisons, et là on égorgeait ces infortunés, sans choix, sans mesure, sans ordre, dans l'horrible pêle-mêle inventé par les septembriseurs. Bien plus, les égorgeurs à sa suite, les hommes de Carrier s'en allaient, dans la campagne nantaise, égorgeant des familles entières agenouillées au foyer domestique; et, quand tout était mort, les sans-culottes volaient l'argent de leurs victimes. Bientôt même l'échafaud et le poignard ne suffirent plus à l'impatience du proconsul de la Montagne, et ce fut alors que Carrier imagina de faire, de la Loire même, la complice de ses parricides. Pour commencer, il entassa quatre-vingt-dix prêtres dans un bateau qui faisait eau de toutes parts, et le bateau, et les victimes, tout s'abîma dans la Loire indignée. Ce succès dépassait toutes les espérances de ce bourreau d'une ville entière; la nuit venue, et sans jugement préalable, et même sans qu'on demandât le nom des victimes, on les entassait, par centaines, à fond de cale, on clouait les sabords, on fermait l'entrée des ponts, puis, à coups de hache, le flanc du bâtiment s'entr'ouvrait..... Tout était dit; la nuit suivante amenait d'autres victimes. Les enfants eux-mêmes, innocents et frêles débris des plus grandes familles expirées dans cette misère, furent noyés dans la Loire. L'eau charriait les cadavres; les navires qui venaient des pays lointains jetaient l'ancre dans ces bateaux chargés de cadavres; les oiseaux de proie poussaient leurs cris aigus sur ces rivages habités par le meurtre; les poissons du fleuve, gorgés de cette nourriture humaine, jetaient l'infection et la peste. Ajoutez, partout, la famine, la délation, le vol, la débauche, et vous ne comprendrez pas encore quelles étaient ces heures fatales des *mariages républicains*.

Mais patience! Carrier à Nantes, ce n'est que le premier acte de cette lamentable tragédie; le dernier acte, c'est Quiberon. —De Nantes, l'extrême limite de la Bretagne n'est pas loin: Sur la rive gauche de la Loire, en suivant le cours de la Sèvre, au confluent de la Sèvre et de la Moine, en plein *Bocage*, pour tout dire, dans ce pêle-mêle de vallons, de collines, de pâturages, de jardins, vous rencontrez la ville riante et le sévère château de *Clisson*. Ce château servait de limite guerrière aux trois provinces : l'Anjou, le Poitou, la Bretagne. Clisson vous rappelle cette suite presque fabuleuse de grands capitaines qui ont illustré la maison d'où est sorti le terrible connétable qui a porté, d'une si rude façon, l'épée du connétable Duguesclin. La ville de Clisson s'élève sur les bords de la Sèvre nantaise, dans une vallée charmante et presque italienne. Le château domine la ville entière de la hauteur de ses tours, qu'enveloppent de leurs longs festons le lierre, ami des ruines, et la giroflée sauvage. — Non loin de Clisson, vous rencontrez *la Grotte d'Héloïse;* ces hauts peupliers, au feuillage mobile, rajeunissent de leur ombre amie les débris du vieux château qui vit naître Abeilard. — Plus loin encore brille, comme un miroir, le lac de *Grandlieu!* Ces eaux sont belles, ce rivage est un heureux rivage; l'oiseau du ciel passe sur le lac en chantant. On dit pourtant que ce lac de Grandlieu recouvre, sous ses eaux vengeresses, une de ces villes maudites sur lesquelles s'abat la colère de Dieu. — Cette ville, à l'embouchure de la Loire, cette longue suite de maisons, de chantiers, ce peuple de matelots, de voyageurs, ce port creusé sur la Loire, au-dessous de la rade périlleuse de Saint-Nazaire, c'est la ville de *Paimbœuf.*

Paimbœuf est un des faubourgs de Nantes, et ce faubourg est situé à sept lieues de Nantes; mais la Loire réunit les deux cités par le plus facile des sentiers. — Quittons cependant le pays de Retz, car sur cette rive gauche de la Loire nous avons complétement perdu la douce senteur des bruyères, l'odeur suave des plaines fleuries de Bretagne; repassons le fleuve, et jetons, en passant, un coup d'œil sur le bourg de *Mauves*, qui se cache au milieu d'un océan de verdure; çà et là, quelques rochers à tête chenue semblent, en dépit du ciel plus clément, annoncer la vieille Bretagne. Dans cette commune est situé le beau château moderne de *la Sailleraie* : l'entrée est vraiment royale; les galeries s'élancent au loin, soutenues par de magnifiques arcades. Madame de Sévigné, le charmant esprit! s'est promenée sous les arbres de ce vieux parc. — Penché sur sa colline (au sud la Loire, au nord la Vilaine, la mer à l'ouest, un arrondissement peut avoir de pires limites), voici *Savenay*. Savenay a gardé l'église et le couvent des Cordeliers, qui fut fondé en 1419 par le duc Jean V; des guerres de la Révolution, Savenay a gardé un glorieux souvenir. Ici nous quittons l'Italie bretonne. Nous ne sommes pas encore en basse Bretagne, mais on la pressent déjà à l'aspect de ces paysages austères, de ces marais profonds, de ces grèves. Les mœurs sont déjà tranchées; les costumes redeviennent pittoresques. Le costume de *Saint-André-des-Eaux* se fait remarquer entre tous par son élégance. A l'entrée du pays, et sur la lisière protectrice d'une vaste forêt, s'élèvent la ville et le château de *Blain;* ce château est armé de neuf tours de granit, que leur disposition symétrique avait fait comparer à un jeu de quilles. Dans son château de Blain, aux jours du danger, se réfugiait, menaçant encore, le terrible capitaine Olivier de Clisson. Voilà *la Tour du connétable*, croulante ; le nom de celui qui l'a bâtie la relève ! A partir de Blain, le pays n'offre plus qu'une vaste plaine déserte et désolée, landes stériles dans lesquelles paissent de maigres brebis ; marais immenses, tourbières inondées d'une eau noirâtre et stagnante ; au milieu de ces fanges s'élèvent çà et là quelques îles fertiles et couronnées de hêtres ; voilà pour le paysage. A l'approche de la côte se rencontre la grande tourbière de *Montour*, qui n'a pas moins de cinquante lieues de superficie. La tourbe est le bois du pauvre, et comme toute région a ses pauvres ; la Bretagne envoie à toutes les indigences voisines les produits de son immense tourbière. C'est l'avis de savants naturalistes, que cette tourbière fut jadis une forêt qui aurait été renversée par les furieux ouragans du huitième siècle. D'autres croient retrouver dans ces tourbières les traces d'un bouleversement souterrain. Cette contrée n'a pas d'autre moisson, pas d'autre fortune que sa tourbe ; ni fruits, ni fleurs, ni blé, ni pâturages ; ni le repos, ni le bien-être : la contrée est sauvage, le ciel est de fer. Des eaux croupissantes, des exhalaisons empestées, des hommes étiolés, des animaux affamés ! — Tout au rebours cette autre fortune, le grain de sel, *mica salis*, le sel apporte avec lui le bien-être, la fortune et la gaieté de toute une contrée. Les marais salants qui s'étendent le long de la côte, voilà la moisson inépuisable ! Vous n'êtes pas encore à Guérande, que soudain la nature change d'aspect, le ciel s'embellit d'une pureté inattendue, un doux parfum de violette monte à votre âme charmée ; où êtes-vous ? quel est ce palais de feux resplendissants comme l'or et le cristal ? quel bon génie a entassé, dans cet espace, cet amas de rubis et de perles ? — Ainsi brille cette moisson de la mer, durcie au soleil.

Entre *Batz* et *Guérande* sont situées les salines les plus abondantes de la Bretagne. Ce marais était, il y a des siècles, recouvert par les flots de la mer ; mais aujourd'hui la marée ne monte pas si haut à toutes ses heures. Le sel restait naturellement déposé sur les grèves ; l'eau des grandes marées, retenue par les inégalités du terrain, s'évaporait à l'action du soleil, et l'on n'avait qu'à recueillir. Depuis, l'art est venu en aide à la nature ; on a creusé, dans le marais même, une grande quantité de bassins divisés en compartiments ou *œillets*, dans lesquels sont introduites les eaux de la mer. Pendant l'hiver, on submerge les bassins pour prévenir les dégradations que la gelée causerait sur ces talus en argile, et vers la fin d'avril, aux premiers beaux jours, commence la récolte du précieux minéral. Sept à huit mille travailleurs s'emploient à cette récolte, qui fournit chaque année cinquante millions de kilogrammes de sel. Les premiers exploitateurs de ces marais salants étaient des moines d'une abbaye voisine. — Après eux vinrent les Saxons, qui s'établirent en conquérants sur cette côte; cette race septentrionale, conservée presque sans mélange, forme encore aujourd'hui la population des salines. Ce n'est plus là, en effet, le rude peuple de la Bretagne ; l'enfant des salines révèle tout de suite son origine saxonne. Vous reconnaîtrez le Saxon à sa haute taille, à ses cheveux blonds, à son grand œil bleu et fier, à ce besoin du bien-être, inconnu ou dédaigné des vrais Bretons. L'homme des salines ne se contente guère d'une simple cabane; il lui faut une maison, et dans cette maison il veut des meubles bien luisants, et à ses fenêtres il remplace la toile huilée par des vitres nettes et brillantes aimées du soleil; à voir cette richesse inattendue dans ce rude pays, on dirait d'une fraîche bourgade de la Flandre. Le costume même de ces heureux Saxons oubliés en Bretagne, a son caractère bien distinct et sa grâce personnelle. Les femmes des salines, le front couvert d'une ample étoffe attachée sous le menton, aux barbes flottantes sur l'épaule, ne dédaignent ni le collet à dentelles, ni le fichu artistement plissé; elles portent, non pas sans une coquetterie ingénue, la robe blanche à la manche rouge ou bleue; le jupon noir ou violet, bordé de velours, le fin bas rouge et bien tiré, à fourchettes de couleur, complètent ce frais costume, que relève souvent la bonne mine de celle qui le porte. Le costume des hommes n'est pas moins pittoresque : un haut-de-chausses large et plissé, trois ou quatre gilets de toutes les couleurs, superposés étage par étage et de la façon la mieux tranchée, et sur la tête haute, un chapeau à bords larges et fièrement relevés, moins le deuil, car alors les bords du chapeau retombent tout largement sur les yeux; tel est le costume viril de l'habitant des salines.

La population du Marais se divise en deux classes: les *paludiers* et les *sauniers;* les uns récoltent et confectionnent le sel, les autres vont le porter au loin, à dos de mulets; ceux-ci sont riches, ils sont les gentilshommes des salines; ceux-là sont pauvres et, comme des serfs, ils ont grand'peine à vivre de leur faible salaire. De tous les marais, la ville la plus considérable, disons mieux, la capitale des marais salants est Guérande, fondée par Guérech ou Varoch (ce vaillant ennemi des Romains), vers l'an 561. La ville a gardé ses admirables murailles de quinze cents mètres de circonférence; de sa base de granit, elle domine la mer et le fleuve ; le moyen âge s'y fait sentir encore : vous le reconnaissez à cette vie simple et bourgeoise, à cette vieille langue naïvement parlée : ville de prières, de batailles, de commerce, Guérande a été, en effet, une ville épiscopale, elle a été une place importante pendant tout le moyen âge ; l'on voit encore aujourd'hui les restes imposants de ses remparts. Dans l'église de Saint-Aubin, à Guérande (vous retrouverez sur les murailles quelques traces commémoratives de Gisland son premier évêque), fut arrêté, le 12 avril 1565, le traité célèbre entre le duc Jean IV et la veuve de Charles de Blois ; ainsi se terminait cette guerre de vingt-trois ans, dans laquelle Guérande avait joué, à ses risques et périls, un si grand rôle. — Dans son calme pacifique, la ville est grande encore ; vous pouvez entrer par quatre portes qu'on prendrait pour des arcs de triomphe ; des onze tours, dix tours sont restées debout. — La ville de ces parages, qui touche à la mer, située au milieu des marais, c'est le *Croisic*. Le Croisic occupe la presqu'île qui sépare le Marais de la grande mer. Cette petite ville, active, laborieuse et pleine de cette vie que donne le travail heureux, est le chef-lieu d'un quartier maritime. Placée sur une hauteur en vue de l'Océan, elle entend incessamment se briser à ses pieds les grandes vagues, calmes aujourd'hui, le lendemain furieuses. Tout en face du Croisic, à quelques lieues en pleine mer, s'élève, portant son phare flamboyant, le rocher formidable qui est l'écueil de ce port. Sur cet écueil, point de répit ; sans cesse le vent, la tempête, les fureurs de la grande mer, irritée de cet obstacle. Sa colère est éternelle, rien ne l'apaise, rien ne la calme ; elle s'indigne de ce rocher et de ces quelques hommes qui l'habitent. Ah ! certes, s'il y eût jamais une existence d'isolement, de privations, d'abnégation sévère, c'est la vie des gardiens du phare qui signale au loin l'horrible écueil. Quoi ! vivre ainsi, loin des hommes, au sommet de cette tour, en pleine mer, l'abîme à ses pieds, sur sa tête l'orage, la tempête partout ! — Il le faut, on y vit — on y meurt. — Au nord du Croisic s'étend la baie de Pen-Bron (*bout de mamelle*). A l'extrémité de cette baie, on distingue la pointe de Pen-Sten (*pointe d'étain*). — Plus bas, si vous suivez le chemin qui ramène à la Loire, vous rencontrez les dunes et le bourg d'*Escoublac*. Près d'Escoublac existait, il y a à peine un siècle, un autre bourg assez considérable ; — la mer et les sables amoncelés par masses énormes sur ces bords, et que le vent d'ouest jette ensuite sur la terre comme une immense pluie, ont envahi la malheureuse bourgade. Il y a quelques années sortait encore

BOURG DE SAINT-ANDRÉ.
Loire-Inférieure.

de cette désolation, et comme pour attester que des chrétiens avaient vécu et prié Dieu à cette place, la flèche du clocher enseveli dans un linceul de sable mouvant; mais le clocher même a fini par disparaître avec l'*Herculanum* armoricain, dont il indiquait la place. — La baie de Pouliguen (*baie de l'Hameçon*) vous ramène à la Loire. Ainsi à chaque pas augmente l'intérêt de ce beau voyage ; mais comment espérer jamais de vous donner quelque idée complète de ce royaume breton!—Quinze cent quarante-neuf lieues de superficie occupées par deux millions six cent vingt mille habitants! Le moyen de parcourir, d'un pas égal, ce double et pittoresque plateau qui s'appuie : l'un sur les montagnes d'Arré, l'autre sur les *montagnes Noires?* — Les plus beaux ports et les côtes les plus dangereuses de la France; — le plus beau des fleuves, la Loire, et des rivières indomptables que la mer rend navigables une fois par jour ; ces terres presque désertes et ces rivages chargés de grandes cités : Vannes, Hennebon, Quimper, Quimperlé, au midi; au nord et à l'ouest, Brest, Morlaix, Lannion, Tréguier, Saint-Brieuc, Dinan ; et après les villes, les moissons, puis les landes stériles, l'abandon, la partie sombre et sérieuse de l'Armorique... C'est à désespérer celui qui décrit, tant il est vrai que toute description est incomplète. En effet, allez donc raconter ce ciel, cette terre, ces peuples, cet océan, ce vaste ensemble des grandes choses éternellement changeantes dont le peintre, l'historien, le poëte, le philosophe, peuvent à peine tracer une image lorsqu'ils passent sur cette terre, poussés par le souffle de Dieu !

Et l'histoire des mœurs de cette rude et naïve nation, qui l'oserait tenter? Où trouver le Walter Scott de la vieille province? Cette histoire à part commence au berceau de l'enfant. — La naissance est une fête, c'est l'heure de se réjouir et de faire l'aumône. Le baptême est une fête : celui qui tient ce vase rempli d'eau pour laver les mains du recteur, c'est le père de l'enfant. Le baptême est suivi d'un long repas arrosé d'un vin généreux. — Quelques jours après, la mère bretonne va rendre grâce à Dieu de ce nouveau-né et de ses heureuses relevailles. — La chaumière est remplie d'austérité et de calme; le vieux père occupe la bonne place au foyer, il tient à la main sa pipe fidèle, il se repose un instant avant la mort. Le lit est fermé comme une tombe. — La table est près de la fenêtre, le banc est à la fois un banc et un coffre. — Le coq qui chante, le soleil qui se lève, l'étoile du berger dans le ciel, disent au laboureur l'instant du réveil, les heures du travail, l'heure du sommeil. — Au lavoir, les femmes sont toute-puissantes; que de longues causeries, que de friandes médisances! — Dans les campagnes, au bord des sources limpides, sur le gazon, sous les arbres épais, les enfants jouent en liberté. — La Bretagne se sent encore de l'état pastoral dans lequel les Romains l'ont trouvée. Strabon jugeait les Bretons plus sauvages que les Gaulois. Ils étaient moins blonds et moins robustes, et de plus haute taille que les habitants de la Gaule. « J'ai vu à Rome des sol-« dats de Bretagne, à peine pubères, qui passaient d'un demi-pied les « têtes les plus hautes. » — Race croyante, fidèle, chrétienne. — Au carrefour de toute forêt, à l'angle de tout chemin, à l'entrée de tout village, s'élève la croix sainte; et autour du signe de la rédemption, qu'il ne passe jamais sans le saluer avec respect, le Breton s'agenouille et prie, son rosaire à la main.

CHAPITRE XVIII

Département des Côtes-du-Nord. — Dinan. — Église de Saint-Sauveur. — Duclos. — Dom Janin. — Bertrand de Saint-Porn. — Corseul. — Bataille de Saint-Cast. — Saint-Brieuc. — Lamballe. — Plouha. — La Roche-Jagu. — L'île de Bréhat. — Le Paön. — Tréguier. — Lannion. — Le cap Fréhel. — Guingamp. — Notre-Dame-de-Grâce. — Loudéac. — Les fileuses. — Notre-Dame-de-Bon-Repos. — La Hunaudaie. — Le Guildo. — Château de Tonquédec. — La forêt de Brocéliande. — La coupe des cheveux.

La Rance aux eaux fortunées sépare le département d'*Ille-et-Vilaine* du département des *Côtes-du-Nord*, la haute Bretagne de la moyenne Bretagne. Rien de plus frais et de plus pittoresque, pas de variété plus charmante que les limpides rivages de la Rance. A chaque marée, la mer se fait sentir dans ce canal, que protége la colline puissante de Livet. En aval de l'écluse, la Rance est large comme une mer; figurez-vous une suite murmurante et pittoresque de baies ombragées de grands arbres et dominées par des roches gigantesques. De chaque côté de ce beau sentier, moitié monuments, moitié verdure, le printemps d'hier protégeant les vieux siècles épars, s'élèvent, charmants villages aux aspects variés, *Ta-*

den, *Saint-Julien, Saint-Samson*. A chaque pas qui vous rapproche de Dinan, le lit du canal se resserre; alors vous apparaissent menaçantes, comme l'ombre repoussée de ces frais paysages, les carrières taillées perpendiculairement dans ces collines resserrées. Bientôt *Dinan*, la ville des ducs, se présente, fièrement posée sur sa rude colline de granit. Au temps de César, Dinan, capitale des Curiosolites, donnait le mot d'ordre aux villes armées de la confédération gauloise; quand les Romains furent les maîtres, les Romains placèrent la ville conquise entre quatre longs sentiers qui portaient l'ordre des vainqueurs à la Bretagne septentrionale. — La ville antique a disparu sous le ravage des Normands. — Depuis longtemps déjà, quand vinrent les compagnons d'Harold le Saxon, les Romains s'étaient enfuis, chassés par les barbares qui redevenaient les maîtres de leur terre. Nominoé passe pour le fondateur de cette cité du moyen âge; plus tard, Dinan fut reconnue une des positions importantes de la duché de Bretagne. Elle eut pour ses maîtres les vicomtes de Dinan: Roland, Riwallon, Alain, Olivier, tous ces hommes que nous avons rencontrés au conseil, à la bataille, à la suite de Guillaume *le Conquérant*, en Palestine, et, plus tard, à la suite des rois de France. La méchante femme qu'avait épousée le prince Gilles de Bretagne, le frère du duc François Ier, elle était l'héritière de ces puissants comtes de Dinan. — Tous les grands capitaines de Bretagne ont passé dans ces murs. — Duguesclin, vous l'avez vu, Duguesclin, protecteur de ces remparts, a bien mérité qu'une statue de bronze lui fût dressée dans cette ville qui fut témoin de sa vaillance, dans les murs, hors des murs, dans la bataille et en champ clos. — Dinan s'élève entourée de sa ceinture de murailles que surmontent les hauts clochers de ses vieilles églises, dominés à leur tour par les créneaux de l'antique citadelle. Mais aujourd'hui, les vestiges guerriers ne sont plus que l'ornement des villes heureuses et libres; les remparts formidables, les vieilles tours crénelées, les fossés infranchissables, parure pacifique des vieilles cités: elles sont fières de leurs créneaux comme une jeune femme est heureuse de porter les vieux bijoux de son aïeule. Là où s'élevait la ville féodale, la ville imprenable, l'œil charmé ne voit plus que la cité riante, libre, heureuse, peuplée par des étrangers qu'attirent un air pur et salubre, et la vertu des eaux minérales; Dinan est restée une ville de plaisirs et de fêtes et d'oisiveté printanière, après avoir été la clef de la Bretagne. Placée sur une roche escarpée, à quelque cent quatre-vingts pieds au-dessus de la rive gauche de la Rance, la

formidable cité était à peu près imprenable de ce côté de la rivière; du côté de la terre, elle était défendue par un appareil imposant de murailles, de tourelles, de créneaux; de ces hauteurs, l'armée des assiégés pouvait défier toutes les menaces. Que de sièges ce vieux Dinan a supportés! que d'efforts il a repoussés! que de sang répandu au pied de ces remparts! que de batailles furieuses dont la noble ville était l'enjeu! que d'hommes tués dans ces vastes plaines, aujourd'hui chargées de l'or mouvant des moissons! Regardez! sous cette verdure s'avance l'ombre glorieuse et triomphante du grand capitaine Duguesclin. Du haut de ces remparts que la paix a ruinés, Dieu merci! les belles dames, les frais jeunes pages et les plus vaillants chevaliers du moyen âge ont assisté au duel terrible de Duguesclin et de l'Anglais Cantorbery. Nous vous avons dit le calme du chevalier allant au combat, les fêtes, les joies et les fanfares du retour. Dans l'église même de Saint-Sauveur, ce grand cœur de Duguesclin est enseveli; rare honneur que le bon connétable a voulu faire à cette ville, qui était l'un des souvenirs les plus charmants de sa jeunesse héroïque, la ville aimée de sa bonne tante, sa seconde mère, la dame Tiphaine Raguenel! Cette église de Saint-Sauveur mérite l'attention du voyageur de bon sens qui sait rendre aux temps passés leur tribut mérité d'étude et de respect. A la force, à l'énergie, à la grâce abrupte de l'édifice religieux, vous reconnaîtrez un monument du onzième siècle, quand le style roman accepte, docile, les premiers ornements de cet art nouveau qui sera, dans deux siècles, l'art ogival. Le portail de Saint-Sauveur est une belle œuvre de l'architecture romane; il est divisé en trois arcades à plein cintre; chaque arcade est trilobée et repose sur des colonnes dont les chapiteaux sont ornés de figures bizarres. Les colonnes même sont ornées de moulures et de rinceaux qui vont s'enroulant en spirale autour des fûts, ornements d'une grâce contestable, mais énergique et d'une grande variété. — Le château de Dinan passait pour imprenable, entouré de ce fossé profond et défendu par ces deux tours. — Pour compléter la cité féodale, quand l'église était bâtie, s'élevait la citadelle; ici la prière d'où vient la force d'en haut, plus loin la forteresse, et, avec le château, l'abbaye. Dans le faubourg de Dinan s'élèvent encore le château et l'abbaye de *Lehon*, vieux débris des splendeurs du passé. Sur l'emplacement de ces demeures princières, témoignages authentiques des grandeurs d'autrefois, a passé la charrue qui nourrit et qui console, la charrue qui apaise les passions, portant avec elle la calme et facile justice des laboureurs. Le château est un champ, le monastère est un village; où vivaient les moines oisifs, des hommes travaillent; où se débattaient les questions ardues de la théologie, des enfants jouent au sein de leurs nourrices. — La chapelle est restée debout, honorée et sainte; elle a été sauvée par la prière, qui sauve toutes choses. Un simple monument — une pierre, — atteste encore la piété des héros, l'honneur des diverses époques; là, sous cette pierre, a reposé longtemps le vainqueur de la bataille des Trente! — Tombe illustre! Elle a gardé le souvenir du hardi soldat couché là. Mais les dernières dépouilles, les ornements sacrés, ces corps généreux qui avaient été le rempart de l'honneur national, demandez aux vils scélérats de 1793, à l'ignoble tourbe des terroristes, à ces fous ivres du sang léché sur les échafauds, ce qu'ils ont fait de ces saintes reliques de la guerre? — Ils ont fouillé dans ces cendres augustes pour en tirer quelques grains de salpêtre, et de ce salpêtre impie ils ont fabriqué la poudre avec laquelle ils ont fusillé les enfants de la Bretagne. O les malheureux! ni pitié, ni reconnaissance, ni respect! Rien d'humain dans l'esprit, dans l'âme, dans le cœur!

Parmi les enfants célèbres de cette partie de la Bretagne, il faut placer avec honneur Charles Pineau-Duclos, né à Dinan en 1704. Duclos est un des plus beaux esprits du siècle passé, le siècle ardent des beaux esprits. Poëte ingénieux, moraliste facile, écrivain charmant, resté honnête homme, même dans les folies d'une jeunesse avide de licence, de doute et de plaisirs, cet homme était vraiment l'homme *droit et adroit*, comme disait Jean-Jacques Rousseau. — Duclos eut de l'esprit tout de suite; il en eut de plus d'un genre, et cela dans le temps où il était si difficile d'en avoir, sous le règne de Voltaire, de madame de Pompadour et de Montesquieu! D'abord Duclos prit sa part dans l'ironie ingénieuse et facile de chaque jour; il écrivait avec joie, avec talent, avec bonheur; il était le plus actif de tous les pamphlétaires sans cruauté, mais non pas sans malice; les *Etrennes de la Saint-Jean*, les *OEufs de Pâques*, ces folies de l'esprit de tous les jours, empruntaient une grande partie de leur popularité passagère, mais réelle, à l'imagination primesautière de cet enfant de la Bretagne. Un jour il rencontre chez un libraire de très-belles images toutes faites pour un roman qui n'était pas écrit, et aussitôt il compose tout un roman: *Acajou et Zyrphile*, pour ces mêmes images, étonnées qu'on leur obéisse avec tant de bonne humeur galante, tant de verve badine et cet entrain d'un jeune homme amoureux que rien n'arrête et qui veut plaire à toutes les ruelles. — Puis ce même homme, quand il eut chiffonné sa bonne part des rubans, des velours, des grâces éparses du dix-huitième siècle, se mit à écrire d'une plume intelligente et sérieuse la terrible histoire du roi Louis XI, les *Mémoires secrets des règnes de Louis XIV et de Louis XV*. Véritablement, dans ce dernier livre, Duclos fit œuvre d'historien : il vivait au milieu de son histoire ; Louis XIV était très-proche, Louis XV vivait encore ; il fallait deviner, il fallait comprendre, il fallait apporter à cette œuvre difficile ce tact exquis, ce tact breton dont l'habile écrivain a donné tant de preuves. —En même temps, et comme le complément de cette histoire, comme le plus éloquent commentaire des choses qu'il avait vues, qu'il avait entendues, qu'il avait expliquées, ce rare esprit écrivait un des plus beaux livres de cette époque, féconde en contrastes : *Considérations sur les mœurs*, « L'ouvrage d'un honnête homme, » disait le roi Louis XV. Dans ce beau livre, en effet, l'esprit qui juge, le coup d'œil qui voit, le cœur qui s'émeut, la belle langue correcte et calme, la parole sévère, tout se retrouve ; le bon sens y est exquis, la sentence est nettement et vivement formulée : « Je ne regarde « pas loin, c'est Duclos qui parle, mais ce que je regarde je le vois « bien ; je n'ai point de coloris, mais je serai lu. » Ce livre est resté en effet au nombre des bons livres de morale qui se font lire, pour le conseil d'abord, et ensuite par la forme irrésistible donnée à ces sages et prudentes leçons. — L'Académie française s'honore du nom de Duclos, aussi bien que l'*Académie des inscriptions et belles-lettres*. Secrétaire perpétuel de l'Académie française, Duclos s'appliqua à agrandir et à régler les attributs de cette illustre compagnie. On lui doit plusieurs réformes importantes ; dans l'une et l'autre compagnie, il fut un membre actif et dévoué ; il a eu l'honneur, en sa qualité de Breton, de défendre en ami généreux les priviléges de l'Académie, résistant aux grands seigneurs qui la voulaient envahir, et soumettant ses plus nobles collègues à l'égalité des sciences et des lettres, qui ne reconnaissent d'autres supériorités que celles du talent et du génie.—L'Académie doit beaucoup au talent, au zèle, au courage de Duclos ; et cependant, telle était la popularité de cet habile esprit, même en Bretagne, que ses compatriotes de Dinan lui écrivirent à Paris même, qu'ils venaient de le nommer maire de sa ville natale (1744), insigne honneur qui en annonçait un plus grand encore : en effet, il fut nommé, l'année suivante, député aux états de Bretagne. Duclos réunit aux grâces de l'esprit la sincérité des âmes honnêtes ; il était vrai jusqu'à la rudesse, et le roi Louis XV, quand on lui rapportait quelques-unes de ces loyales et sévères paroles que répétaient la ville et la cour :

« Oh! disait-il, pour Duclos, il a son franc parler. » Duclos est le vrai philosophe du siècle turbulent de la philosophie. Il avait horreur de ces blasphémateurs sans portée, de ces grands détracteurs des vieilles croyances, de ces fous furieux dont tout est faux, même l'enthousiasme. « Ils sont là, disait-il, une bande d'apôtres impies qui finiront par m'envoyer à confesse. » Il avait commencé à écrire l'histoire de sa vie, la mort l'a interrompu dans ce travail, et c'est dommage, nous aurions eu là une admirable étude du cœur humain. Il est mort au bon moment, le 26 mars 1772, dans sa soixante-neuvième année; tout était ruiné dans la France de nos rois, mais tout était debout encore.

A côté de Duclos, et son compatriote par l'esprit, par la bonne humeur et l'abondance des premières années, il faut nommer dom Janin, le bénédictin-poëte de l'ordre de Citeaux; poëte facile et bonhomme, ami de Dorat, — de Dorat lui-même! — ami et correspondant de Collé; ce bénédictin frivole faisait admirablement le petit vers, il tournait d'une main élégante le bouquet à Chloris, il entendait de loin, et du fond de son cloître, le bruit des baisers et du vin d'Aï, et, comme Abeilard, *il rêvait le reste!* Singulier religieux! Voilà donc à quoi en était arrivée cette congrégation savante à qui nous devons tant de travaux et de science! Dom Janin est mort en même temps que Dorat, il aurait dû être enterré dans le même linceul brodé d'or, arrosé et tout humide des larmes de Flore et de l'Amour. Ce sont là des souvenirs quelque peu profanes; mais n'avons-nous pas, dans ce même arrondissement de Dinan, au milieu des landes stériles, des bruyères désolées, dans un amas de ronces et d'épines, les ruines du château de Broons, le berceau et la maison de Duguesclin? Bertrand de Saint-Pern lui-même n'est-il pas un enfant de ces campagnes, bien digne, ce Bertrand, d'être le parrain du grand connétable. Heureuse terre, où les poëtes, les philosophes, les soldats illustres, se mêlent sans se confondre; on les passe en revue, on redit leurs travaux et leur gloire, à chaque instant se retrouvent les traces éloquentes de leur passage, l'écho de leur bruit; on consigne tout cela dans sa mémoire et dans son livre, c'est un repos excellent, c'est une grande joie. Voilà surtout ce qui nous plaît à rencontrer dans le paysage de notre province, des hommes et des ruines, les œuvres éternelles et les grandeurs passagères. Le critique trouve son compte à ceux-ci, le dessinateur trouve son compte à celles-là, le voyageur accepte l'une et l'autre part de ce vaste labeur. — Le pays compris dans l'arrondissement de Dinan formait, au temps solennel de Jules

César, le territoire des Curiosolites. A chaque pas vous rencontrez quelque trace mal effacée de la grande voie romaine qui partageait le monde; ces grands restes de débris romains arrêtent votre attention et retardent votre passage. Courage, amis! je retrouve le pas du grand peuple qui a passé sur cette terre! courage! je retrouve la grande nation envahissante et les débris épars du Capitole, images, inscriptions, sculptures, poussière des villes antiques, derniers lambeaux de la force romaine, fragments des faisceaux du licteur.—Le village de *Corseul* tout entier repose sur les ruines d'une ville romaine; il est bâti avec les pierres et les colonnes des temples et des sépulcres de ce peuple des Curiosolites, qui a tenu tête à César. Au milieu de ces riches campagnes que la mer attire, s'élève triomphalement encore, après un siècle de gloire, l'humble clocher du petit village de *Saint-Cast*. Il y a de la gloire au pied de ce monument antique, il y a de la gloire semée dans ces campagnes fertiles. Beaux lieux témoins d'un illustre fait d'armes contre l'Angleterre. C'était en pleine monarchie française, en 1758, les Anglais venaient de manquer Saint-Malo, qui les avait nasardés du haut de ses remparts. Comme consolation à ces mépris, les Anglais s'étaient jetés sur la ville de Dol, et, après l'avoir ravagée à l'anglaise, ils étaient repartis pour chercher du renfort. — Partis en juillet, ils étaient de retour au mois de septembre.—Flotte nombreuse, huit mille hommes de troupes, un amiral intrépide et l'ardeur de tout piller. La position était difficile, mais la Bretagne avait grand courage, mais son gouverneur s'appelait Armand Vignerod-Duplessis-Richelieu, duc d'Aiguillon, très-odieux à la province; mais quand elle apprend que l'Anglais menace sa terre et que l'amiral Howe s'avance en bon ordre, la Bretagne donne trêve à ses colères contre la cour de France, et le duc d'Aiguillon s'en va attendre les Anglais dans ses grèves de Saint-Cast[1]. Il eût fallu les voir, bourgeois, soldats, paysans, courant à la hâte, qui s'en viennent, comme au temps du duc François II, repousser l'invasion anglaise. Même un d'entre eux, Rioust de La Villaudrain, avec quatre-vingts paysans, tint en échec toute l'armée anglaise pendant vingt-quatre heures. Bientôt les Anglais, si fiers, hésitent et se troublent; ils regrettent de s'être avancés

---

[1] L'âge d'un vieil homme nous sépare seulement de ces récits, qui nous paraissent si loin de nous. Une bonne femme plus que centenaire, Jeanne Cornillet, née en 1738, entrée hier à l'hospice de Saint-Brieuc, se rappelle très-bien la bataille de Saint-Cast; la bonne et vénérable aïeule d'aujourd'hui (1ᵉʳ novembre 1844) était alors une belle jeune Basse-Brette de vingt ans!

si près sur cette terre ennemie, ils veulent revenir à leurs vaisseaux, les Bretons s'y opposent. — Arrivent alors les troupes du duc d'Aiguillon, auxquelles se sont réunis les paysans armés que conduisaient les sieurs de Cucé, de Montaigu, de Quélen, de Kerguésec, de Launay-Corne, de Caslan, Grout de Saint-Paër, Grout du Meurtel, et autres gentilshommes du voisinage; les uns et les autres, dans une commune ardeur, ils se dirigent vers Saint-Cast; les retranchements des Anglais furent attaqués au pas de course, et emportés après un combat acharné, malgré le feu de la flotte.

A l'occasion de cette descente des Anglais à Saint-Cast, on raconte une histoire qui nous semble digne de tenir sa place tout au moins dans la tradition. Quand elle apprit que les Anglais envahissaient la province, la basse Bretagne s'était vivement soulevée; elle était accourue, prête à bien faire, elle retrouvait ses vieilles rancunes antianglaises; ces vieux Bretons de l'Armorique, fiers de leur langage comme de leur costume, arrivaient donc dans cette plaine héroïque, enflammés de l'ardeur martiale; justement nos bas Bretons firent la rencontre d'un gros de soldats anglais; ceux-ci étaient des Gallois, et, au moment d'attaquer les Bretons, ils entonnent leur chant de guerre dans l'idiome de leur pays. Les Bretons, de leur côté, répondent par leur hymne de combat. Mais, ô surprise! ô quel écho de la patrie commune! Qu'est devenue cette grande fureur? on allait s'égorger de part et d'autre, de part et d'autre on s'arrête, on écoute, on se regarde, on se reconnaît pour s'être rencontrés sous le même ciel et dans la même communauté de patrie, de croyances et de langage, il y a bien des siècles! Aussitôt tous s'arrêtent; ce ne sont plus des ennemis qui vont pour s'égorger les uns les autres, ce sont des frères qui s'embrassent, qui se reconnaissent, qui se retrouvent! — Comment se battre, en effet, quand on chante le même chant de guerre, quand on se reconnaît pour les enfants de la même famille?

Voilà pour l'intérieur de cette partie de la Bretagne. Les Côtes-du-Nord ne renferment pas une seule ville de quelque importance. *Saint-Brieuc* est le chef-lieu de ce département; la mer est au nord, la forêt de Brocéliande est au sud. Saint-Brieuc compte à peine dix mille âmes. La ville est mal bâtie, mais en bel air, agricole et fertile. Rien ne manque à ce beau lieu, la terre est féconde, le ciel est clair, l'Océan limpide, le port bien abrité contre l'orage; qui ramènerait dans la cité silencieuse le mouvement de la vie des hommes, des affaires, des intérêts, des passions, ferait de Saint-Brieuc une grande

cité. La pêche de la morue, la pêche de la baleine, suffisent à peine à utiliser la baie de Saint-Brieuc. — Au demeurant, ce sont les terres fertiles qui donnent à ce département des Côtes-du-Nord toute son importance. Cette terre est le pays de l'abondance ; on dirait une récolte sans fin et sans cesse ; la culture est partout, partout la moisson ; le champ de blé touche à la prairie, le jardin à la ferme, la ferme au château, le château à la ville ; et parmi ces villes nombreuses, il serait difficile de faire un choix. — *Lamballe* était la princi-

Lamballe.

pale parmi les places fortes de ces princes de la maison de Penthièvre, qui tiennent de si près à la maison de Bretagne. La vieille église est encore immobile sur son rocher ; le château de ces princes fastueux n'est plus qu'un haras célèbre. Près de Lamballe, deux grands étangs que séparent un rocher, le Joug (*Jugum* des Romains) ; sur ce roc bien défendu, les sires de Penthièvre s'étaient construit une seconde citadelle. Plus loin encore, en longeant la côte, vous rencontrez *Pordic, Étables, Plouha,* landes stériles que le varech, riche et fertile engrais que la mer apporte et qu'elle donne à qui le récolte, a changées en terres fertiles. Sur le territoire de Plouha s'élève le beau château de *Lisandré.* Il y a quelques années à peine, Lisandré n'était qu'une terre inculte, et maintenant ce sol, fécondé par d'habiles et persévérantes sueurs, s'est chargé d'arbres admirables, de frais gazons; cultures fertiles, jardins fleuris, pépinières verdoyantes. Ce miracle est l'œuvre d'un seul homme d'une grande volonté : agriculteur habile, il s'est fait le créateur de cette abondance :

> Nos arrière-neveux lui devront ces ombrages.

Plus loin se présentent, encadrées dans la verdure, *Paimpol* et *Pontrieux*, deux petites villes qui réclament leur part dans les bénéfices de l'Océan.—Bricks élancés, matelots intrépides. — Et à côté de cette dernière ville, sur ce mamelon couvert de sapins, s'élevait jadis *Châteaulin* (sur Trieu), qui a joué son rôle de forteresse. Mais quittez ces hauteurs, et descendez le cours sinueux du Trieu ; là s'élève *la Roche-Jagu*. La Roche-Jagu, c'est cette maison forte et crénelée dont les hautes cheminées, chargées de sculptures, se dressent au milieu des arbres qui pendent au-dessus d'un abîme. A partir de la Roche-Jagu, le Trieu est large comme un fleuve, et ce fleuve s'appela d'un nom sonore et presque italien, le Lédano. Notre fleuve va se perdre dans la mer, entre le phare des Héaux et l'île de *Bréhat*. Bréhat, c'est encore une de ces îles bretonnes folles de la mer, qui donnent tous leurs enfants à la mer; l'enfant, pour peu que ce soit un garçon, est matelot en venant au monde : plus d'une fois le matelot est mort amiral ; la vague sert de berceau à l'enfant de Bréhat, elle est sa poésie, elle est sa leçon sérieuse. Trois amiraux de la marine française sont nés dans ce nid d'oiseaux de mer. La mer est le domaine, la mer est la moisson. On dirait un navire à l'ancre, toujours prêt à faire voile pour les pays lointains. Et pourtant, sur ce sol des tempêtes, un pouce de terre végétale suffit à nourrir un arbre. Climat tempéré, ciel voilé, doux soleil ! sentez-vous donc l'odeur des myrtes? En effet, le myrte est la décoration de la cabane du pêcheur. Ne gâtons pas cette suave odeur du myrte, en parlant de ce qu'on appelle *le bois d'herbe*. De l'herbe, à la bonne heure ; mais cette herbe ne ressemble au bois que par l'usage qu'on en fait ; — on la brûle. — C'est le feu de ces foyers peu difficiles. — Dans une ferme bien réglée, le bois d'herbe, c'est tout simplement le fumier que jette la vache dans les champs.

Gaie et riante dans sa partie méridionale, couverte de maisons mal chauffées, il est vrai, mais d'un piquant aspect, l'île de Bréhat prend un aspect plus sombre à mesure que l'on s'avance dans le Nord. Peu à peu disparaît le myrte, le doux arbuste cher à Vénus, fille de la mer du Midi ; bientôt le soleil même pâlit et s'enveloppe dans son nuage grelottant. Le sol est à peine couvert d'un gazon ras et piquant, et ce lichen disparaît à son tour, tout à l'extrémité de l'île, pour faire place à des entassements de rochers. Deux bancs parallèles de granit, taillés à pic, s'avancent vers l'Océan comme deux murailles. Dans l'intervalle de ces deux roches, — Carybde et Scylla qui se donnent la main, — s'ouvre, béant et formidable, un abîme sans fond! dans l'abîme hurlant l'eau tourbillonne, écumante et féroce! — Sur les deux rives du gouffre repose une masse énorme appelée *le Paôn*, et sur le Paôn se franchit l'abîme, immense arcade jetée là par le grand architecte qui a bâti l'univers!

A l'heure où monte la mer, battant, furieuse, ces obstacles de rochers, il arrive, chose étrange, que le Paôn, ce grain de sable qui indigne l'Océan, est soulevé, comme s'il ne s'agissait que de la frêle nacelle d'un pêcheur. Le roc bondit sous cette écume haletante; à chaque assaut la mer ballotte son hochet à le briser, mais à chaque assaut le granit retombe, avec un bruit épouvantable, sur cette base qu'on dirait éternelle: spectacle plein d'effroi et d'horreur! — Et d'où vient ce roc mobile? quelle main l'a jeté sur ces écueils? Cette main, c'est la main divine! — On tremble, rien qu'à sonder ces miracles visibles! Mais laissez faire la tradition populaire, elle explique poétiquement tout ce qui est inexplicable; — l'imagination des peuples sait employer, à son usage, ce que les esprits ne sauraient concevoir. C'est encore l'usage des jeunes filles de la Bretagne qui veulent savoir ce que le destin leur réserve (comme si le destin avait rien à voir avec ces existences innocentes!) d'interroger l'abîme du Paôn. Quand elle est décidée à interroger l'oracle qui se cache sous cette onde terrible, la jeune fille de Bretagne, tremblante et curieuse, ramasse en frémissant les trois galets fatidiques. — Cette pierre est blanche, la seconde bleue, la troisième est rouge. — D'un pas timide et ferme, la jeune Bretonne monte au-dessus du gouffre, et de ses doigts tremblants tombent les trois pierres aux trois couleurs. — La pierre qui tombe dans l'abîme tout d'un coup, et sans rider l'onde, indiquera l'avenir. Malheureuse enfant! Si la pierre blanche s'engloutit la première, tu mourras vierge! la pierre bleue t'annonce le veuvage; — seule, la pierre rouge, en se précipitant dans le gouffre, annonce la prospérité sans mélange : — un bel hymen, un mari qui vivra longtemps, des enfants forts et nombreux!

Tréguier, ancienne ville épiscopale qui s'élève au confluent du Jaudi et du Guindi, deux petites rivières aux bords pittoresques et fertiles, est une de ces vieilles cités de Bretagne qui étaient déjà de vieilles cités pour les habitants de la vieille Armorique. Hasting le pirate fut le ravageur de cette contrée florissante que délivra Nominoé. L'évêque de Tréguier ne relevait que du duc de Bretagne ; sa terre était un lieu d'asile. Enclavé dans la principauté de Penthièvre, le diocèse de Tréguier eut sa part dans toutes les batailles de la Bretagne. La cathédrale

Tréguier.

de Tréguier se peut célébrer à l'égale des plus belles églises de la province ; la flèche du clocher appartient au siècle passé : elle est découpée avec une grâce et une légèreté infinies. Le port est creusé au point de jonction du Jaudi et du Guindi, et malgré les rochers qui obstruent ces deux rivières, c'est un des bons ports des Côtes-du-Nord. Toute cette contrée, au cinquième siècle de l'Evangile et de la civilisation moderne, était couverte d'une immense forêt sans issue. Saint Tugdual, le futur patron de la cathédrale, comme il fuyait de l'île de la Grande-Bretagne, bâtit en ce lieu sauvage un ermitage qui servit d'asile aux compagnons de son exil. L'ermitage devint bientôt un couvent, puis une ville. Nominoé fit de cet asile chrétien un siège épiscopal. Aujourd'hui, l'antique évêché de Tréguier est réuni à l'évêché de Saint-

Brieuc. En perdant l'autorité ecclésiastique, Tréguier a perdu la force qui faisait vivre le vieil évêché. — Toute la grâce du paysage disparaît sous une tristesse indicible. — Ce n'est pas une ville, c'est un hôpital, c'est un séminaire, c'est un lieu où l'on prie, où l'on souffre, où l'on espère, où l'humble chrétien attend un monde meilleur.

Lannion est plus loin; ville élégante qui mire dans le Léguer son joli

Lannion.

quai et ses maisons blanches. Hors de la ville, dont elle est séparée par une riante vallée, l'église de *Brélevénez*, d'architecture byzantine, rappelle la richesse et la puissance des chevaliers du Temple; le pieux monument s'élève sur une colline escarpée. Vous montez jusque-là par un escalier de mille degrés, ombragé de grands ormes et bordé par des abîmes. Cette église domine toute la ville, le port, le cours sinueux du Léguer et les campagnes environnantes, chargées des châteaux de Kerivon et de Coatillo, aux longues avenues de chênes séculaires et de sapins. Lannion est un des souvenirs de 1792. — Quand on songe que cette horrible révolution se met tout d'un coup à vouloir chasser Jésus-Christ de ses temples; quand on voit le prêtre menacé sur les degrés de l'autel; quand on se dit que ces violences funestes s'exerçaient, non pas seulement dans le Paris incrédule qui avait adoré, vivants, Voltaire et Diderot, qui avait remplacé l'*Evangile* par l'*Encyclopédie* et le *Dictionnaire philosophique*, mais encore que la propagande antireligieuse voulait envahir les pauvres campagnes croyantes et fidèles, les vieux martyrs des vieilles croyances, on ne peut s'empêcher d'être épouvanté de tant d'absurdités sanglantes, cruelles, impitoyables. L'ordre était donc venu, tout d'un coup, dans les provinces de la Bretagne, de ne plus entendre la prière des légitimes pasteurs, et, à cet ordre insensé, la Bretagne chrétienne était restée frappée de stupeur. On attendait, on faisait silence, on évitait les temples, profanés désormais par les prêtres de la Terreur; les Bretons les plus courageux se pressaient autour de leurs pasteurs décrétés de mort, et plus le danger était grand de payer de sa vie la prière catholique, plus la prière était fervente. — Ceci se passait au mois de septembre 1792, un dimanche où la messe avait manqué. Tout d'un coup les campagnes crient *Aux armes!* l'émeute grandit : elle entraîne tout ce qu'elle rencontre en son chemin, ceux de Prat, de Trézélan, de Coatoscorn, Berhet; l'émeute remplit la route de Caouënnec; Goëllo se soulève, Pontrieux comme Goëllo; Lannion est menacée! — comment la défendre? comment la sauver? Le bourgeois tremblait dans sa maison; le marchand se barricadait dans sa boutique : trois petits canons défendaient à peine la cité tremblante; ces trois canons suffirent à arrêter cette foule de paysans furieux ; — leur fuite fut terrible : — ils se précipitèrent comme s'ils eussent été poursuivis par une armée, entraînant avec eux tous ceux qui les suivaient. — Ceci s'appelle le *Combat ar vas (la bataille des bâtons.)* — Et ce sont pourtant ces mêmes Bretons qui vont bientôt soutenir, à main armée, toutes les fureurs de la Convention nationale ! — Que dirons-nous de cette longue plage qui s'étend de l'embouchure de la Rance à l'embouchure du Douron? véritable dentelle de brisants qui s'avancent en pleine mer, et garnissant une côte plate, taillée en dents de scie. Il faut s'être arrêté au cap Fréhel, à la pointe de Talberg, sur les plages de Saint-Michel-en-Grève (*in periculo maris*), pour compendre les tristesses infinies de l'océan Britannique; orages sans fin sous un ciel brumeux, tempête éternellement grondante, oiseaux de mer aux larges envergures, ils passent, l'aile immobile — en poussant leurs cris plaintifs. Il est impossible de rendre la mélancolie qui vous saisit au cœur à l'aspect de cette immensité désolée d'une nature en deuil !

Dans le département des *Côtes-du-Nord*, plus vous approchez de la mer, et plus vous rencontrez un pays florissant, une population nombreuse et riche; au contraire, avancez dans les terres, la désolation commence; la pauvreté, la misère, l'isolement. La vie est auprès du rivage; le flot voyageur et fécondant jette le mouvement et la fortune sur ces bords; plus loin, c'est le désert, c'est l'abandon. A peine avez-vous passé Perdernec (le village des *quatre douleurs*) et la montagne de Bré, autrefois le séjour du barde Guiclan, qui domine tout le pays de Tréguier de son dôme nuageux, que déjà la stérilité commence. A cette misère environnante, échappe seule et par grand miracle la très-jolie ville de Guingamp; ce fut longtemps une forteresse des Penthièvre;

Guingamp.

Guingamp, la ville aux riches clochers, est très-agréablement posée sur la double rive du Trieu. La campagne environnante est plus pittoresque que fertile, elle donne plus de fleurs que de fruits : c'est moins une ferme qu'un jardin. Guingamp peut savoir le compte de ses batailles, elles sont inscrites au livre de l'histoire et chantées par les ballades nationales. Au moyen âge, Guingamp était une place importante, c'était la porte crénelée par laquelle il fallait passer pour aller de la haute Bretagne dans la basse Bretagne. A très-petite distance de cette ville est située Notre-Dame-de-Grâce; ce fut autrefois un couvent de Cordeliers. Là repose dans sa tombe guerrière le bienheureux Charles de Blois, tué comme un soldat à la bataille d'Auray, le 29 septembre 1364.

A cette ville bien posée, s'arrête le doux aspect, la riche verdure, la terre qui produit; encore un pas, ce ne sont plus que landes, montagnes, épaisses forêts. Quelques rares cultures apparaissent à peine çà et là, comme à regret. Rostrenen, Corlay, Uzel, Quintin et Moncontour semblent se perdre dans les landes. *Loudéac* apparaît comme un point dans ces espaces. Cette dernière ville est un cheflieu de préfecture; elle renferme 1,500 habitants, presque tous logés sous des toits de chaume : et pourtant non loin de cette ville de chaume, à Bréhaud-Loudéac, fut établie une des premières imprimeries de Bretagne. De ces presses bretonnes, qui ont illustré également Rennes et Vannes, sont sortis (1585) la *Coutume de Bretagne*, les *Colloques d'Erasme* et le *Nouveau Testament* en langue grecque, imprimé par le célèbre maître Jacques Colinée, le disciple d'Henri Étienne : beaux livres que vous reconnaissez au cachet de l'habile imprimeur : le Temps armé de sa faux, avec cette devise : *Virtus hanc aciem retundit, et même la faux du temps s'émousse contre le génie.* Loudéac a été le berceau d'une industrie importante. En 1567, les artisans de la Flandre, chassés de leur patrie par la flamme et le meurtre, vinrent s'établir dans ces parages, emportant avec eux, digne récompense de l'hospitalité qui leur fut accordée ! l'industrie des arts utiles, et surtout l'art du tisserand. Cette industrie, fille des Flandres heureuses, prospéra, et bientôt s'étendit dans la Bretagne, étonnée d'une vie plus facilement gagnée. Les toiles de Loudéac furent recherchées dans la province entière. Quintin, Uzel, se hâtèrent d'imiter Loudéac, et bientôt les tisserands bretons rivalisèrent avec les meilleurs ouvriers de la Flandre, sur tous les marchés de l'Europe. On exportait des toiles bretonnes dans les Indes, en Portugal, dans l'Espagne surtout. Aujourd'hui l'Espagne est ruinée, l'Angleterre, par ses machines qui font en un jour le travail d'une année, a envahi les marchés des deux mondes; la mécanique, force aveugle et sans cœur, qui tue le travail des hommes, vapeur brûlante qui brise, a brisé dans la main désarmée des jeunes filles la quenouille, l'honneur et la fortune sainte du foyer domestique. — Ainsi la force brutale a remplacé l'intelligent travail qui remplissait la chaumière de bien-être, d'innocence et de chansons. — Pourtant les tisserands et les fileurs de Bretagne ne s'avouent pas encore vaincus. Ils restent fidèles à leurs vieux métiers, ils s'obstinent à filer cette ingrate quenouille; ce métier, qui était jadis une fortune, à peine s'il donne aujourd'hui le pain noir de chaque jour! — Qu'est-elle devenue cette forte et belle race, tout à la fois flamande et bretonne, qui respirait l'aisance, le bien-être, la fortune? Adieu donc les belles fileuses de Tréguier, et les *filottiers* du Bas-Léon, ces courtiers à la longue chevelure, qui échangeaient le lin filé contre les lingots d'or du Brésil!

Ces belles et sévères Côtes-du-Nord renferment d'opulentes et vastes forêts, des mines abondantes (celles de Chatelaudren ont été abandonnées à cause de la trop grande quantité d'arsenic), et un grand nombre de belles et anciennes abbayes. L'abbaye de *Notre-Dame de Bon-Repos*, située sur les bords du Blavet, dans une position magnifique, était une des plus riches de la province : c'est une ruine aujourd'hui. Cette abbaye fut fondée en 1184, par Alain III, vicomte de Rohan; elle était de l'ordre de Cîteaux, comme *Coatmaloën*, *Bégard* et *Beau-Port*. Coatmaloën est situé au milieu d'une forêt, dans une vaste solitude; Bégard a vu tomber sa forêt sous le soc loyal de la charrue. Le parc est devenu un village, l'abbaye est une ville. Beau-Port s'écroule, entraînant dans sa ruine la vieille église gothique et son magnifique réfectoire, chef-d'œuvre de la sculpture gothique; figurez-vous une salle immense aux vastes arcades, d'où l'on découvre au loin la mer et ses grandes vagues brisées par les vents.

Les châteaux du *Guildo* et de *la Hunaudaye*, — le Guildo, placé sur un écueil, la Hunaudaye au milieu d'une forêt [1], — se recommandent également par l'élégance des ruines et par la majesté des souvenirs. Mais, de tous les châteaux, de toutes les ruines de la Bretagne, la grande et la riche merveille, c'est le château de *Tonquédec*. Sur un mamelon solide, au bord du Léguer, s'élèvent ces tourelles de granit, masse lourde et sombre, caveaux sans fond — des abîmes! Tonquédec avec ses préaux, ses onze tourelles, ses deux portes aux rainures profondes, peut donner une idée complète d'un château fort au moyen âge. Le site est d'une fraîcheur ravissante. Des collines boisées, couvertes de hêtres, un étang limpide, un oratoire en granit, un calvaire brisé, et d'autre part le Léguer, couvert de ponts, de moulins, bordé de prairies, belles cascades qui s'enfuient en serpentant au milieu des collines, dont les mille échos répètent le chant joyeux des pâtres, mêlé au tic tac des moulins, voilà l'ensemble : ensemble vivant et magnifique! verdure, clarté, horizon, — le ciel gris de la Suisse, les nuages de l'Écosse! Les forêts sont nom-

---

[1] « On dit en Bretagne que M. de la Hunaudaye est un peu moins grand seigneur que le roi. » (*Tallemant des Réaux.*)

breuses dans les Côtes-du-Nord. La célèbre forêt de Brocéliande s'étendait jusqu'à Quintin; il est probable qu'elle comprenait les forêts de Fougères, de Rennes, de Paimpont, de La Nouée, de Quintin, de Duault.

Dans ces vertes campagnes, chaque coin de terre a son nom, son troupeau, son berger : le bœuf, le mouton, le pourceau, le cheval bondissant. — Les jours de fête patronale, *les pardons* sont célébrés d'une façon complète; la cloche réveille le hameau, la paroisse entière accourt par les sentiers connus, on s'attend dans le cimetière, où chacun à genoux, prie pour ses morts; au dernier coup de la messe l'église est remplie, on écoute la messe dévotement, puis après la messe, on s'attable au cabaret, à l'heure où les cuisines en plein vent jettent au loin leur odorante fumée; le vin et l'eau-de-vie font oublier les dures privations de toute l'année, les rudes labeurs; on s'amuse de rien, on s'enivre de peu; le vin amène souvent plus d'une bataille bravement entreprise, noblement achevée. — Eh! ne faut-il pas fêter le saint du village? n'avons-nous pas porté sa bannière d'une main haute et ferme? Fête complète! — on prie le matin, on danse dans le jour, on s'enivre le soir. Et fasse le ciel qu'au retour du *pardon*, la tête quelque peu échauffée, nous évitions les périls de la grève du Mont-Saint-Michel!

Saint-Michel-en-Grève.

Intérieur d'une Ferme bretonne.

CHAPITRE XIX.

Département du Finistère. — Brest. — Combat naval du 16 juin 1794. — Le Vengeur. — Le Matelot breton. — Landerneau. — Morlaix, invasion de 1522. — De la Tragédie bretonne. — *La Mort de la Vierge*. — Quimper. — Saint-Pôl-de-Léon. — Roscoff. — Lambader. — Tollente. — Trémazan. — La Roche-Maurice. — Landerneau et le château de la Joyeuse-Garde. — Le roi Artus et les chevaliers de la *Table ronde*. — Le *Saint-Graal*. — Romans du cycle breton. — La forêt de Brocéliande. — L'île d'Ouessant. — Le Conquet. — Carhaix. — *La Tour d'Auvergne* — Les mines du Huelgoët. — Châteaulin. — Le Faou. — Courses de Saint-Brieuc. — La baie de Crozon. — *Légendes et Mœurs nationales*. — Le Pardon.

Clocher de Kreisker.

Nous voici, cette fois, au milieu de la basse Bretagne; nous allons enfin retrouver, dans toute sa pureté, le vieux costume, le vieux langage, la vieille nation. Il ne s'agit plus du pays de Tréguier (*Côtes-du-Nord*), qui a accepté, sans trop de violence, les mœurs, les coutumes, les usages même de la civilisation française. — Qui dit le Finistère (*Finis terræ*), dit le vrai pays de Bretagne, la terre celtique du roi Morvan. C'est la terre des belles églises, des traditions poétiques, des montagnes hautes et solennelles. Ceci ne ressemble en rien à ces parties françaises : la *Loire-Inférieure*, l'*Ille-et-Vilaine*. En vain, du pays de *Léon* et de *Cornouailles* a-t-on composé un département français, cette terre obstinée et fidèle n'a pas cessé d'être le sanctuaire des antiques traditions, le berceau des druides, *la vieille Armorique*.

Le département du Finistère comprend les anciens évêchés de Léon et de Cornouailles; l'un sur le versant septentrional, l'autre sur le versant méridional des montagnes d'Arré. Brest, Morlaix et Quimper sont les villes principales du Finistère et composent la partie la plus peuplée et la plus riche de ce département. Belles régions, riches campagnes, riantes collines, fertiles vallées; regardez, que de fleurs! regardez, que de beaux paysages! Les croix te saluent, les cloches te sonnent l'*angelus*, les frais sentiers te couvrent de leur ombrage, le soleil t'envoie son bonjour amical, l'oiseau chante, l'abeille bourdonne, la mer gronde en jouant; c'est la grande fête de la campagne, de la jeunesse et du soleil! — Mais quoi? avant d'aller plus loin, visitons *Brest*. Brest ce n'est pas la Bretagne, mais c'est la France; c'est le port ouvert aux nations pacifiques, fermé aux nations conquérantes. Brest est plutôt un port qu'une ville, plutôt un arsenal qu'un port. A peine êtes-vous entré dans ces rues turbulentes où se heurtent les soldats, les marins, les étrangers, les marchands, les voyageurs de tous les pays du monde, vous ne songez plus que vous êtes en Bretagne. Vous voilà, certes, bien loin du premier fondateur de Brest, Conan Mériadec. Pour vous, hommes du dix-neuvième siècle, le vrai fondateur de Brest c'est Richelieu, c'est Louis XIV; vous ne songez qu'à pénétrer dans les mystères de cette force placée au bord de l'Océan : — l'arsenal, le bagne, les canons, les vaisseaux, « armées et millions, la force de la France en- « tassée au bout de la France, tout cela dans un port où l'on étouffe « entre ces deux montagnes chargées d'immenses constructions. » C'est un historien, ou, si vous aimez mieux, c'est un poëte qui parle ainsi, c'est M. Michelet. — Brest est le point de départ et le point d'arrivée; qui arrive là vient d'une tempête, il y va, ou il y retourne; on n'entend dans ces rues stridentes que le cri des travailleurs, le bruit des marteaux, la chaîne des forçats; on n'y sent que l'odeur du goudron, de la poudre et de la mer. Brest, comme ville maritime, date de l'an 1630. Il y avait bien le proverbe : *Qui n'est pas maître de Brest n'est pas duc de Bretagne;* mais avant Brest on comptait le port de Vannes, de Nantes d'Aleth (Saint-Malo), et d'ailleurs le port

militaire était encore à créer. — La ville est posée sur le bord d'une
rade immense; cette rade est d'un mouillage solide, fortement
abritée, fermée de toutes parts. La nature avait préparé le travail
de M. de Vauban d'une façon formidable. Sa position à l'extrémité
de la France, tout en face de l'Angleterre et de cette Amérique
dont le rôle s'agrandit de jour en jour, ajoutait à l'importance de
ce rempart. On songea donc à fortifier la passe étroite, le goulet qui
forme l'unique issue de cette rade; on creusa le Penfeld pour en faire
un port; on construisit, sur les deux rives, des arsenaux, des magasins;
enfin, quand tout fut prêt (1683), M. de Vauban lui-même vint à Brest
pour diriger les fortifications du port et de la ville.

A la seule annonce de ces grands travaux, la Bretagne s'agite et
s'inquiète. Quoi donc! on creuse le port, on enlève les terres, on apporte des canons, donc la liberté de la Bretagne est menacée! En conséquence, le parlement de Bretagne fait défense aux maîtres de forges
de fondre des canons; il fait défense aux propriétaires des forêts du
Faou et de Cranou, de livrer leurs bois à la marine royale. — Le roi de
France fut plus fort que le parlement de Bretagne; on fit venir des canons du Nivernais; on prit, de force, tout le bois nécessaire; pour élargir
le Penfeld (*tête du camp*), il fallait briser des masses de granit, elles
furent brisées; en même temps, dix vaisseaux de ligne et six frégates
se construisaient sur ce formidable chantier, sous l'inspection de
maître Laurent Plubac, charpentier du roi. On ne résistait pas à
Richelieu, de même qu'on ne résistait pas à Louis XIV. *Recouvrance*,
qui était jadis une ville à part, fut réunie avec Brest dans l'enceinte
fortifiée des mêmes murailles; rien ne fut négligé de ce qui pouvait
ajouter à l'ensemble de ces remparts. On menait de front le port à
creuser, les forteresses à bâtir, la formation des équipages; la côte
fut étudiée et sondée de Belle-Isle à Saint-Malo; on dressait en même
temps la carte de Brest; on bâtissait l'hôpital, on forgeait des ancres,
on armait de canons le Goulet et les côtes du Conquet. Des ingénieurs
français furent envoyés dans toutes les places fortes de l'Angleterre et de la Hollande pour étudier l'art difficile de la construction
navale. — Les murailles bâties, le port creusé, les canons armés sur
les hauteurs, les navires achevés, la Bretagne, un peu par force, beaucoup par instinct et pour la gloire, fournit les équipages de ces vaisseaux, de ces frégates. — A Brest même, dans cette ville naissante et
bien établie, se prépara la campagne de 1690, quand le roi de
France eut résolu de replacer le roi Jacques, son hôte, sur le trône de

ses pères. — L'infortune du roi Jacques fut plus forte que la puissance même de Louis le *Grand* et le courage de Tourville; — et cependant quelle campagne mieux combinée? quelle flotte plus nombreuse? c'était le vrai témoignage de notre puissance maritime. Nous marchions sur l'Angleterre à la tête de cent vaisseaux de ligne et de six cent quatre-vingt-dix autres bâtiments de guerre; nos généraux s'appelaient Duquesne, Tourville, Forbin, Jean Bart, Duguay-Trouin, Cassart !

Plus que jamais la ville de Brest, ce port immense admirablement défendu, soulevait les violentes jalousies de l'Angleterre. Ils avaient occupé Brest si longtemps, malgré les rois de France, malgré les ducs de Bretagne! Aussi bien, les voilà qui veulent en finir avec cette forte citadelle de l'Océan. A ces causes, les Anglais se préparent à tout entreprendre. L'amiral Barclay arrive avec quarante-neuf vaisseaux de guerre, quatorze brûlots et dix mille hommes de troupes, menaçant la ville de la flamme et du fer, menaçant l'arsenal, les remparts, le port. L'affaire commença le 16 juin 1614; l'attaque fut rude, la défense courageuse; les femmes même voulurent partager ce danger et cette gloire. L'amiral ennemi y laissa la vie, l'Anglais y laissa son drapeau, et les deux flottes s'enfuirent à toutes voiles, aux acclamations de la Bretagne et de la France.

Brest occupe une place immense dans nos annales maritimes : du port de Brest est partie la frégate qui portait la reconnaissance des États-Unis par le roi de France; *la Belle-Poule*, qui commença le feu contre l'Angleterre, sortait du port de Brest, — la flotte du combat d'Ouessant (27 juillet 1778) sortait du port de Brest; blessé à mort, du Couëdic revint à Brest pour y mourir; *la Boussole* et *l'Astrolabe*, commandées par La Peyrouse, sont parties du port de Brest. En pleine révolution française, durant cette grande famine qui s'ajoutait à toutes les terreurs, la France, affamée, avait envoyé chercher du blé, même aux États-Unis. Notre flotte revenait chargée de l'abondante moisson, lorsque entre Brest et les navires chargés de blé vint se poser la flotte de l'amiral Howe. Au-devant des Anglais se porta, de notre côté, M. Villaret de Joyeuse. — On se rencontra à quelque distance de Brest, et comme il s'agissait, pour la France, de gloire et de pain, M. de Joyeuse se battit avec le sang-froid d'un homme qui veut réussir. Longtemps le combat fut égal de part et d'autre, longtemps la victoire fut incertaine : — puis les Anglais reçurent un renfort de six vaisseaux, puis la mer se couvrit d'un nuage épais. — Séparées par un brouillard, les deux flottes de France et d'Angleterre mirent quatre

PLOUGASTEL (près brest)
(Finistère).

PUBLIÉ PAR ERNEST BOURDIN, ÉDITEUR.

jours à se chercher, à se rejoindre, — et enfin elles se heurtèrent tout à l'aise; vingt-six vaisseaux de la France contre trente-cinq vaisseaux de l'Angleterre, trois mille canons anglais contre deux mille! — On se battait, à bout portant, navire contre navire, à coups de boulets et de mitraille. — Les ponts se couvrent de cadavres, les mâts sont brisés, les manœuvres sont rompues. Ce n'était pas un combat, c'étaient vingt combats meurtriers, sanglants, acharnés. Les navires restaient accrochés, feu contre feu, fer contre fer, les matelots se battaient corps à corps. M. de Joyeuse, debout sur son banc de quart, suivait d'un regard attentif cette bataille furieuse. Rude combat dans lequel la victoire même demeura hésitante et incertaine, à ce point que des deux parts on se demandait, A qui la victoire? — A nous! dit la France, car nous avons été les héros du sublime épisode du combat de Brest; à nous la victoire! car l'amiral anglais a reculé devant nos soldats triomphants dans l'abîme! — Prêtez l'oreille! l'Océan nous apporte encore leur cri de gloire et de menace; à nous la victoire! car c'est nous qui montions *le Vengeur!*

Les enfants de la Bretagne sont naturellement portés à aimer la mer; ils aiment à se laisser bercer par cette rude nourrice. Le Breton, c'est l'homme du vaisseau; rien qu'à le voir on reconnaît l'enfant de la mer: Brest, Lorient, Concarneau, Locmariaker, Bréhat, Saint-Brieuc, Saint-Malo, toutes les villes, tous les villages de la côte donnent à la marine française ce rude et énergique matelot, violent, passionné, intrépide, dévoué, furieux dans ses joies et poussant l'ivresse jusqu'au délire. Dans l'inscription maritime de la France, le tiers et plus des matelots est représenté par les habitants de ces rivages. Moins vigoureux que les Normands, mais résistant mieux et plus longtemps, les Bretons passent pour les premiers matelots du monde. Le matelot breton, rien ne l'étonne, rien ne l'effraie, rien ne le fatigue, le soleil brûlant et les glaces du Nord, la tempête et la bataille; blessé à mort, il se résigne, il fait un vœu à quelques-uns des saints de la patrie, il meurt en recommandant à Dieu son âme chrétienne. M. de Chateaubriand rend toute justice au matelot breton:
« Vous avez vu que je me suis embarqué à Saint-Malo. Nous sortîmes
« de la Manche, et l'immense houle venant de l'Ouest nous annonça
« notre entrée dans l'Atlantique. — Il y a dans la vie périlleuse d'un
« marin une indépendance qui tient de l'absence de la terre: on laisse
« sur le rivage les passions des hommes. Les matelots de Bretagne
« ont la rudesse du loup marin et la légèreté de l'oiseau. On ne

« voit point, sur leur front, les soucis de la société; les rides qui le
« traversent ressemblent aux plissures de la voile diminuée, et sont
« moins creusées par l'âge que par la bise. Ainsi que dans les flots,
« la peau imprégnée de sel de ces créatures est rouge et rigide comme
« la surface de l'écueil battu de la lame. »

Du *Cours d'Ajot*, admirable promenade qui domine la ville de Brest et que domine le château, on découvre toute la rade, et c'est là un grand spectacle. A l'ouest s'étend, menaçante, imprenable, la presqu'île de Quélern, au sud Lanveau, à l'est la presqu'île de Plougastel et l'embouchure de l'Aulne et de l'Elorn ! — Au milieu de tant de révolutions et d'intérêts si divers, même quand la Méditerranée semble vouloir jouer de nouveau le rôle qu'elle a joué dans l'antiquité romaine, Brest, reine de l'Océan, est restée notre plus formidable rempart contre les forces de l'Angleterre et de l'Amérique. — Sur les bords de l'Elorn se rencontre une cité toute bretonne, *Landerneau*, la ville des tanneries, jolie petite ville assise dans une vallée fraîche et riante, bornée de tous côtés par ces charmantes hauteurs d'où tombent mille ruisseaux limpides, infatigables travailleurs. De ces hauteurs, le regard enchanté domine les campagnes de Léon, et la rade de Brest, et les ruines de Landévénec, et les pierres de l'abbaye Saint-Matthieu, et tout au loin les flots azurés de l'Océan. Dans le château de Landerneau vivaient les princes de Léon : leur regard s'étendait aussi loin que leur empire; Morvan, s'il vous en souvient, était roi de Léon. — *Morlaix*, situé au confluent du Jarleau et du Kerlent, par son importance commerciale est la seconde ville du Finistère. Morlaix occupe de son activité une vallée profonde; son port, que remplit la marée, est vaste et sûr. Ce fut une des villes importantes de la Bretagne durant tout le moyen âge, et elle s'enrichit avec l'Espagne. Tant que l'Espagne resta la maîtresse souveraine de l'industrie, de la fortune et des villes de la Flandre, les vaisseaux de l'Espagne faisaient leur relâche à Morlaix. C'est à Morlaix que se rendait tout gentilhomme breton qui voulait tenter la fortune du commerce. Le gentilhomme venait à l'hôtel de ville, et là il déposait, confiée à la bienveillance des magistrats, son épée et ses titres de noblesse. — Il partait, puis quand sa fortune était faite, ou bien si le commerce avait trompé son espoir, il revenait reprendre son épée, sa noblesse, son orgueil, le nom de ses enfants, le passé et l'avenir de sa maison. Ceci est raconté à merveille dans le *Voyage sentimental* : « Il tira son
« épée du fourreau, — il y vit une tache de rouille, — une grosse

LANDERNEAU

« larme tomba sur cette tache ! » Morlaix a eu l'honneur d'exciter, tout comme Brest, les inquiétudes de l'Angleterre. L'an 1187, le roi Henri II, au nom d'Arthur son pupille, s'empara de Morlaix après un siége de trois semaines. Sous le règne de Henri VIII, en 1522, une flotte débarqua au *Dourdu*. Un traître, nommé Latricle, ouvrit la porte à quelques Anglais déguisés en paysans. Les Anglais mettent le feu à la ville, et l'incendie appelle le reste de la flotte. Le ravage fut grand, les meurtres furent nombreux ; la ville se défendit mal : les bourgeois étaient à la foire de Pontivy, les nobles s'étaient rendus aux montres de la noblesse, que le seigneur de Laval avait assignées à Guingamp. Au premier bruit de la ville envahie, ces braves gens, tout armés, accourent : ils cherchent l'Anglais ; l'Anglais, avant de remonter sur ses vaisseaux, s'était enivré ; il dormait de son dernier sommeil. Toute la contrée était en tumulte, le tocsin appelait aux armes, les villages accouraient, ardents à la vengeance. On s'arme, on trouve le vainqueur prêt à être égorgé, on l'égorge. Pas un de ces hommes ne fut épargné : leur sang rougit une fontaine voisine, c'est *Feunteun Ar-Saôzon*, — *la fontaine du sang anglais*. Ce n'est donc pas sans motif que Morlaix a pris pour devise : « S'ils te mordent, *mords-les.* »

Morlaix, en sa qualité de riche et opulente cité, fut longtemps la ville des élégances, des fêtes et des plaisirs. Marie Stuart, dans tout l'éclat de la beauté et de la jeunesse, traversa cette ville charmante et florissante, quand elle vint pour s'asseoir un instant sur le trône de France. Elle passa la nuit dans la chambre même de la duchesse Anne. Les dames de Morlaix sont belles ; les bourgeois se rappellent les grandeurs du passé, quand ils traitaient de puissance à puissance avec le roi Henri IV lui-même ; la population est active et riche ; plus d'un poëte est né sur les bords du Jarleau ; à toutes ces causes réunies, la ville est restée la ville des poésies, des fêtes, des élégances, l'asile du drame breton. A vrai dire, le théâtre est une grange, mais partout ailleurs la pauvre muse bretonne, sans manteau et sans cothurne, est forcée de dresser en plein air ses échafauds rustiques. C'est tout à fait le tombereau de Thespis, avec les mêmes éclairs soudains de pitié et de terreur. C'est toute une littérature, cette tragédie bretonne ; c'est tout un théâtre. Shakespeare lui-même, ce grand inventeur, n'entasse pas, dans ses drames, plus d'inventions enchevêtrées celle-ci dans celle-là ; de façon qu'il devient presque impossible de suivre l'action dramatique. Figurez-vous une œuvre de patience et de croyance en même temps. Tout s'y rencontre; les éléments les plus divers se heurtant et se croisant dans tous les sens. L'Évangile, la légende, la chevalerie, les grâces naïves du moyen âge, le blâme et le conseil, l'histoire quelquefois, la fable souvent, la croyance toujours, se sont donné un rendez-vous solennel dans ces vastes compositions qui embrassent la terre, le ciel, l'enfer. Tous les hommes, toutes les histoires, toutes les parties du monde connu et inconnu, sont appelés en témoignage. Pareil à l'enchanteur Merlin, le poëte dramatique de la Bretagne évoque, à son gré, les passions, les paysages, les vices, les crimes, les vertus, la pitié, la terreur; quoi encore? le récit, le conte, la vérité, la chose impossible, le miracle, tout lui est bon, tout lui convient. Le caractère religieux du drame antique s'est conservé dans ces grands rêves tragiques pour lesquels se passionne, encore aujourd'hui, le fils naïf des vieux peuples de l'Armorique. La muse celtique, ainsi étudiée avec le respect qu'on ne peut refuser aux vieilles productions du génie d'un peuple, nous apparaît grande, calme, imposante, sérieuse. Cela tient du rêve et de la fantaisie; l'idéal déborde à pleins bords. Oui, certes, l'inspiration est venue, notre poëte est le maître du monde; il se perd dans les régions au delà des sens; il entend résonner, à son oreille charmée, la harpe d'or des séraphins et les mille voix qui chantent l'hymne divin au plus haut des cieux. Il est le roi, il est le dieu de cet univers de sa création. Il fait comparaître au tribunal de sa justice les rois, les princes, les seigneurs, les belles dames, les jeunes princesses qu'il anime d'un battement de son cœur. — A cette heure solennelle et poétique, le drame breton invoque à la fois les saints du paradis et les dieux de la Fable : Vénus et la sainte Vierge, le Christ et Jupiter, le blasphème et la prière, Luther et le pape. — Cependant, tout en bas et tout au sommet du drame tour à tour, s'agite le peuple, le serf, le vassal, le soldat, le laboureur à sa charrue, le moine qui passe, disant son rosaire, le pêcheur sur le bord de l'Océan, la jeune fille des campagnes, le *cloarec* insouciant, le caqueux, la honte de sa nation, malheureux paria qui n'a pas trouvé encore son Bernardin de Saint-Pierre qui le protége et qui le sauve; les uns et les autres ils ont tous leur place marquée dans ce vaste tableau des passions, des grandeurs, des misères, des espérances de tout un peuple. — Et ces tragédies sont nombreuses, et si l'on voulait compter les drames qui se transmettent par la tradition, on arriverait sans doute à un total fabuleux. *Saint Guillaume, comte de Poitou, Charlemagne, Pharaon, sainte Barbe,* —

autant de tragédies rarement représentées, mais célèbres; en revanche, les *Quatre fils d'Aymon* sont restés au théâtre, applaudis, admirés comme *le Cid!* — Cette composition, qui a toute l'étendue d'un poëme, est divisée en sept journées, à la façon d'une tragédie espagnole. — Le drame des *Quatre fils d'Aymon* se retrouve dans toutes les mémoires; mais nous choisirons, pour donner quelque idée fidèle du drame breton, une composition presque inconnue, une œuvre religieuse : *le Trépassement de la sainte Vierge.* — Dans son prologue, le poëte supplie messieurs du clergé et messieurs de la noblesse de lui être favorables; que si le reste de l'auditoire n'est pas disposé à entendre le récit édifiant qu'on va lui faire, eh bien! on se passera volontiers de ses louanges. — Alors paraît la Vierge et paraît l'ange Gabriel, disant l'*Ave Maria!* à celle qui est pleine de grâces et lui proposant de la conduire dans le ciel; mais avant de monter au ciel, la Vierge veut mourir : — « Non, non, dit-« elle à l'ange, je veux, à l'exemple de mon divin fils, souffrir les « dures étreintes de la mort. » — Quand la Vierge et l'ange sont partis, vous voyez entrer deux personnages, *la Terre et le Ciel.* On dirait que le poëte breton a entendu parler de cette belle scène des *Nuées* d'Aristophane entre *le Juste* et *l'Injuste.* La Terre se plaint, *en son patois*, que le Ciel lui veuille ravir la mère du Sauveur. O Ciel! il faut être juste! Le Christ est là-haut, laissez, sur la Terre, la sainte Vierge, son Étoile, son Arche d'alliance, sa Tour d'ivoire. — Plus la Vierge veut mourir, et plus la Terre fait entendre sa voix éloquente; elle invoque à la fois l'Océan, les montagnes, les forêts, les anges et le Christ sauveur. —Ici finit le premier acte. — Le second acte commence naturellement par une prière, car cette réunion ingénue d'auditeurs chrétiens ne sait pas de meilleure façon d'entrer dans l'illusion poétique, et celle-là vaut bien le bruit tentateur des mélodies efféminées de l'orchestre moderne. Quand elle a prié, la Vierge appelle la mort, lui ordonnant de la toucher de sa faux. C'est la mort, telle que la représente Holbein; c'est la mort des fresques du *Campo-Santo* de Pise. — A l'ordre de la Vierge, la mort hésite; elle a peur de porter ses mains violentes sur le beau corps de l'*Immaculée;* mais enfin il faut obéir; c'en est fait, la Vierge va mourir. Elle appelle ses suivantes, qui préparent toutes choses pour la sainte agonie. Ceci est tout rempli d'une tristesse ineffable. Cependant les amis de la Vierge Marie s'occupent de ses funérailles; la Terre et le Ciel, une fois encore, se disputent ses saintes et chères dépouilles. — Alors le Christ descend du ciel, il frappe à la porte du tombeau qui renferme le corps de la Vierge : — O ma mère! levez-vous et me suivez! Votre sommeil de mort est achevé sur la terre. La Vierge obéit à la voix divine; elle sort de sa tombe, brillante et parée, la tête entourée de l'auréole du ciel. — Telle est cette joie poétique de la Bretagne[1]; par un seul de ces drames on peut les juger tous. — Cependant, par ces frais degrés de collines verdoyantes, beaux sentiers tapissés de la bruyère odorante, au sommet de cette montagne dont la vue superbe domine même les nuages qui couvrent la ville de Brest, dans cet ensemble, varié à l'infini, de baies, de promontoires, de rivières, de vallons, de collines, s'élève, calme et fière, l'antique cité qui fut si longtemps la capitale de la Cornouailles armoricaine, *Quimper*, aujourd'hui le chef-lieu du Finistère. La voici la cité des comtes et des évêques; elle a conservé ses clochers et ses remparts; ses vieilles maisons recouvertes en ardoises sont restées fidèles à l'ombre de ces vieux arbres. On assure que c'est Pierre de Dreux le premier qui a fortifié Quimper. — La cathédrale de Quimper est digne

Cathédrale de Quimper.

qu'on l'étudie, c'est une des belles œuvres du quinzième siècle en Bretagne. Saint Corentin, premier évêque de l'antique cité, lui a laissé son

[1] Dans le manuscrit que nous avons sous les yeux, le poëte a grand soin de se nommer : *Louis le Mesnager de la commune de Botlézan.*

BRIEC (PRÈS QUIMPER
Finistère.)

nom : Quimper-Corentin, et avec son nom le souvenir de ses miracles, de sa charité, de ses hospitalières vertus. Il avait construit son ermitage à quelques pas de la mer, sur le bord d'une fontaine; dans le bassin de cette fontaine, un petit poisson fournissait chaque matin au bon ermite sa pitance de chaque jour; à peine mangé en partie, le poisson frétillait de plus belle dans ce bassin, où il était heureux comme le poisson dans l'eau. Même un jour ce poisson suffit à nourrir le roi Grallon, roi de Cornouailles, et toute sa suite, qui revenaient, affamés, de chasser dans la forêt de Nevet. — *Saint-Pôl-de-Léon* n'a pas l'im-

Saint-Pôl-de-Léon.

portance de Quimper; c'est la ville cléricale, ville de prière et d'étude, de méditation et de silence. L'église de Saint-Pôl est une belle chose. Parmi les nombreux clochers, M. de Vauban admirait fort le clocher de la collégiale de Kreisker; il trouvait que cela était grand et hardi. — Si vous voulez retrouver le pittoresque, avancez du côté de la mer; — — la mer attire toute poésie, elle est tout l'intérêt, toute la passion de cet admirable paysage; seule elle s'agite dans cette solitude, seule elle parle dans ce silence. — Ce fort, là-bas, c'est le fort du Taureau, qui veille sur Morlaix. — Dans cette tour furent enfermés La Chalotais et son fils. — Au delà de la baie s'étend la pointe de Primel, hérissée de rochers, et tout au loin, au fond d'une anse, le clocher de

Saint-Jean du Doigt. En effet, dans une urne d'argent, on montre le doigt de saint Jean-Baptiste, comme on fait pour le doigt de Galilée, à la bibliothèque Laurentienne. Le digne historien Albert de Morlaix raconte aussi l'histoire de Grallon et de sa fille Dahut, qui avait pris les sept péchés capitaux pour ses pages. Les crimes de Dahut attirèrent les vengeances du ciel, et durant une nuit terrible, la ville d'Is, la ville sans égale, fut engloutie par les flots de la mer. Voilà ce que raconte la tradition ; c'est si facile, de croire, et les légendes chrétiennes ont un si grand charme ! — Plus loin, au nord, s'étend la mer; l'île *de Bas*, surmontée de son clocher et de son phare ; *Roscoff*, aux maisons blanchies par l'air salin de la mer, aux fertiles plaines bien cultivées. C'est le jardin de la basse Bretagne, de la Bretagne bretonnante ; et ce jardin, moitié légumes et moitié fleurs, envoie au loin ses fruits, ses légumes et ses fleurs. — Roscoff, c'est l'abondance champêtre. Chaque parcelle de cette terre fertile, fécondée par l'algue marine, suffit pour nourrir toute une famille. Le Roscovite est un heureux agriculteur; son champ est une fortune; peu de travail, et dans l'année plusieurs récoltes assurées des meilleurs légumes de la Bretagne ; une vente facile dans les marchés de Brest, de Morlaix, de Rennes et de Nantes ; la longue charrette des Roscovites, touche même aux marchés d'Angers. Le Roscovite est sobre, discret, le bienvenu partout, il est entreprenant et hardi ; l'un d'eux est venu vendre ses légumes à Paris même, en pleine halle. Depuis qu'un bateau à vapeur mène de Morlaix au Havre, les légumes de Roscoff ont accepté ce nouveau marché. — Toutes ces campagnes sont d'une fertilité admirable; toutes ces côtes sont terribles et redoutables. Vous êtes sur les plages où le *Droit de Bris* s'exerçait avec fureur. Là se tenaient, attentifs à la tempête et à la proie, ces hôtes terribles de Kerlouan ou de Guisseny, qui ne boivent du vin que quand la mer leur en jette. — Mais les mœurs se sont adoucies, le pillage est devenu moins fréquent, l'épave a été mieux respectée, on a même vu les habitants de cette côte sauvage venir en aide à plus d'un équipage sans s'inquiéter du pavillon.

L'habitant du pays de Léon est le plus religieux de la Bretagne entière ; rien n'égale son respect pour les morts : il s'agenouille à la croix de bois qui lui désigne un cercueil, sans même lire le nom du chrétien enterré à cette place. Dans sa prière, il se rappelle même les générations depuis longtemps ensevelies. Quand il n'y a plus de place dans le champ des morts, le Léonais, fidèle au culte des ancêtres, recueille cette sainte poussière dans les plus beaux reliquaires de granit, chefs-d'œuvre d'un art naïf et patient. — C'est lui qui élève, aux plus belles places de ses campagnes, ces riches calvaires, en témoignage de la passion de Notre-Seigneur, — drame sincère taillé en *kersanton*; rien n'y manque, depuis le clou de la croix jusqu'à l'éponge imprégnée de vinaigre et de fiel. Les calvaires de saint-Thigonec, de Plougastel, de Clyden, de Guimillau, sont les plus admirables de tous.

Entre autres merveilles de la patience et du génie de ces intrépides sculpteurs chrétiens, on remarque le bénitier qui est à Lambol, auprès de Landivisiau. Deux beaux anges, assis sur les bords de l'urne sainte, tiennent à deux mains, au fond même du bénitier, Satan en personne, qui se débat comme un beau diable. — Mais qui voudrait compter toutes les belles choses des églises de la terre de Léon? les ornements, les rosaces, les croix, les calvaires, les autels, les bancs, les chaires sculptées, les riches baptistères, et, dans les plus humbles chapelles, l'orgue qui mêle sa voix formidable aux louanges du Seigneur. — Autant le paysan du pays de Tréguier est vif, emporté, joyeux, autant le Léonais est grave, imposant, recueilli; il marche à pas comptés, gravement, posément; son habit est sévère comme son visage; il a conservé les vêtements noirs, amples et flottants, le manteau clérical, le chapeau aux longs rebords et la longue chevelure des anciens Kimris. Tout est sérieux en lui, même sa joie, même sa danse. Belle race d'hommes, aux traits réguliers, aux yeux fiers et pleins de feu. — Tel est cet immense tableau, et le cadre est digne du chef-d'œuvre : le cadre, c'est l'Océan, la merveilleuse et resplendissante bordure de ces golfes, de ces caps, de ces écueils, de ces sables aux vifs reflets orageux, de ce double et palpitant azur de la mer et du ciel. En même temps, à ces beautés naturelles se réunissent les souvenirs et les enchantements du passé. Voici les ruines *de Lambader*, la plus belle commanderie des soldats du Temple, en Bretagne. Au bord de la baie formée à l'embouchure de l'Aberwrae'h, reconnaissez la place où fut jadis l'opulente cité de Tollente. Avant l'an 875, année oubliée et perdue dans les nuages d'autrefois, Tollente était une des places les plus importantes de l'Armorique. Les Normands vinrent, qui firent de cette activité une ruine; après les Normands est venue la mer, qui a tout recouvert de ses sables et de ses vagues. Saluez le château de Trémazan, jadis l'habitation des seigneurs suzerains du bas Léon, le formidable berceau de l'illustre famille de Tanguy ou Tanneguy-Duchâtel. Ce château de Trémazan, au quinzième siècle, appartenait à cet ami du roi Charles VII, Tanneguy Duchâtel, qui sauva la vie au roi de France ; c'est le même qui, dans un moment d'indignation imprudente, frappa de sa hache d'armes le duc de Bourgogne à Montereau. Au milieu de ces campagnes, au bord de l'Élorn, sur la crête d'une colline escarpée, se montrent, dans leur manteau de lierre, les ruines féodales du château de la Roche-Maurice. C'est l'antique palais de ce grand roi Morvan qui régnait sur la Domnonée en 819.—Triste et sauvage majesté des souvenirs ! Ces vieux débris des siècles passés ont conservé, même dans leur linceul, quelque chose d'âpre et de sauvage.—Le château de *la Joyeuse Garde,* sur la lisière de la forêt de Landerneau, rappelle des souvenirs plus anciens encore ; mais la *Joyeuse Garde* est moins austère et moins brutale que le palais du roi Morvan. C'était le séjour de Lancelot du Lac et de la belle Yseult. Le roi des poëtes et des enchanteurs, le roi Artus, y a tenu sa cour, et les preux et les bardes des deux Bretagnes s'y sont disputé le prix du chant et du courage ! O les poëtes ! ô les belles et blanches amoureuses aux flottantes écharpes ! ô les chevaliers du tournoi ! ô les fêtes brillantes, et les chasses qui passent, et les poëtes qui chantent ! Harpes inspirées, écharpes amoureuses, heureuses histoires de ce doux pays de Léon, poëmes chantés d'âge en âge, inspirations dont Arioste lui-même a fait le profit de sa poésie de fête et de joie italienne, vous êtes restés le souvenir heureux de ces campagnes guerrières ; vous êtes le ruban de soie attaché à ces rudes armures, le blanc panache qui flotte au-dessus de ces casques de fer, la parure et l'ornement, la joie et le charme de ces ruines féodales. — Nous avons beau nous hâter, ne quittons pas ces sentiers poétiques sans avoir, tout au moins, cherché à retrouver quelques-unes de ces traces perdues. C'est un grand mot de Roger Bacon, lorsqu'il a dit *que l'histoire de l'humanité, séparée de l'histoire littéraire, c'était le géant Polyphème privé de son œil unique.* Et d'ailleurs le moyen de ne pas reconnaître la toute-puissance et la valeur historique de ces longs poëmes naïfs qui se retrouvent à l'origine de tous les peuples ! Le moyen âge se présente à nous comme une longue épopée chevaleresque, qui ne s'est arrêtée qu'à l'instant même où l'esprit français a dominé l'imagination et la poésie ; c'est le doute qui est venu à bout de ces longues histoires, c'est la raillerie qui a brisé de sa plume animée et puissante ces interminables épopées. L'Allemagne répète encore ses *Niebelungen,* l'Espagne chante ses *romanceros,* et la France, après de longs dédains, revient aussi aux poëmes de la *Table ronde*, comme fait le vieillard qui se laisse bercer des chants de son enfance. Non, nous ne disons plus que le treizième siècle est un siècle barbare! Nous ne nous plaignons plus de cette nuit profonde de moyen âge qui s'achève; au contraire, nous y retrouvons, pleins de reconnaissance et de respect, l'aurore lumineuse de tous les grands arts. A ce moment nous redevenons chevaliers et voyageurs; le génie poétique éclate et se révèle; les portes des châteaux forts sont ouvertes aux troubadours qui célèbrent la gloire et les aventures amoureuses; l'histoire même, pour se grandir et pour atteindre à la populaire auréole, s'abrite sous le manteau de la poésie; l'une et l'autre elles s'en vont du même pas, moitié vérité et moitié mensonge, semant en leur chemin les consolations et les espérances. De cette curiosité, toute nouvelle dans l'âme des peuples modernes, Charlemagne est naturellement le héros. Il résume, en sa personne, mille grandeurs inespérées; il est, pour le moins, à la taille des épopées fabuleuses. — Ainsi la poésie se divise, chaque race en a sa part; chacun célèbre le héros de son choix, de son sang, de ses entrailles : l'Espagne le Cid, la France Charlemagne, la Bretagne célèbre ses comtes et ses ducs. C'est trop juste, les nations tiennent à leur propre gloire; les peuples s'honorent eux-mêmes lorsqu'ils célèbrent leurs grands hommes. Mais comment se reconnaître dans les romans sans nombre du cycle breton? Les premières épopées embrassent les deux Bretagnes; elles adoptent, à la fois, les héros de l'île de Bretagne et les héros de la Péninsule; ce long récit commence à la ruine de Troie, et s'en va, se perpétuant d'âge en âge, comme une longue complainte à laquelle chaque génie a voulu ajouter son couplet de blâme ou de louange. De la *Table ronde*, Artus est le héros, Merlin est l'enchanteur; et pour commencer, le poëte les fait éternels : ni l'un ni l'autre ne peut mourir, car celui-ci c'est le courage qui tient l'épée, celui-là c'est le poëte qui conseille. — Quel est cet Artus? on n'en sait rien; il est l'image errante, l'idée vagabonde qui reparaît toujours. C'est l'Achille immortel des peuples du Nord, nul n'oserait dire comment il a commencé, nul n'oserait dire comment il doit finir. — Il domine, de toute sa hauteur, les rudes chevaliers qui s'agitent autour de sa gloire; il indique le chemin qu'il faut suivre, il nous sert à nous retrouver dans les complications infinies de la *Table ronde*. — Combien compte-t-on de chevaliers illustres dans les deux Bretagnes? cent cinquante! Seuls ils ont le droit de se réunir à certains jours et de s'asseoir autour de l'immense table de la fête d'Artus. Mais que de travaux, que de batailles, que de victoires, avant d'être un de ces chevaliers sans rivaux dans les batailles ! — De tous ces exploits, des combats, des amours, des revers, des aventures étranges de ces cent cinquante chevaliers ou conviés d'Artus, se composent les *Romans de la Table ronde*. Parmi ces heureux et vaillants chevaliers, la poésie fait encore son triage. Le poëte ne peut pas savoir le nom de tant de héros, il en choisit quelques-uns, sauf à les parer de quelques-unes des gloires environnantes : Ogier le Danois, Lancelot du Lac, et le beau Tristan le Léonais qui représente cette invention moderne que nous avons célébrée nous autres comme une admirable découverte, l'élégie, Tristan, l'amant de la blonde Yseult, c'est le chevalier de Bretagne par excellence. Je vous laisse à penser quel grand nombre d'exploits ont signalé cette première association des plus grands courages !

Les deux Bretagnes sont fières d'avoir servi de théâtre aux exploits des chevaliers de la Table ronde; souvent notre forêt de Brocéliande fut le séjour des chevaliers, des belles dames, des enchanteurs. — La vaste forêt occupait tout le centre de la Bretagne armoricaine.

Il n'y avait ni forêt de Rennes, ni forêt de Paimpont, ni la forêt de Lorges ou de Duault; il y avait comme une immensité de vieux arbres, remplie d'antres, de mystères, de terreurs. C'était comme un entassement effrayant de bruits, de murmures, de ténèbres. Dans cette ombre, agitée par les vents du nord pleins de tempêtes, se perdaient, en murmurant, le Frion, l'Elorn, le Blavet, autant de rivières connues seulement des fées et des druides. Dans cette forêt de Brocéliande s'élevait un palais de marbre et d'or, où la fée Vivianne enferma Lancelot du Lac. — Non loin de cette maison des fêtes sans fin, s'élevait l'austère prison du vice-roi de Gaël. — Fantastique forêt ! On dit que l'enchanteur Merlin, cet enfant de la Grande-Bretagne adopté par l'Armorique, est encore enchaîné dans la forêt de Brocéliande. — Là s'élevait *le château ténébreux*, là se trouvait *le val sans retour*, où venaient s'égarer les amants infidèles. — Belles histoires, rêves merveilleux! Ils ont été l'enchantement et la passion des vieux âges; l'Italie elle-même, la florissante et chantante Italie, a disposé à sa façon ces poésies généreuses toutes remplies de l'amour des dames et du courage des héros. — Bien plus, dans ce grand livre, l'honneur et le commencement de l'épopée chrétienne, qui s'appelle *la Divine comédie*, lorsque Dante nous raconte la mort de Paulo et de Francesca, le livre que Dante met entre les mains de Françoise de Rimini, c'est un poëme du cycle breton, *Lancelot*. « Nous lisions *Lancelot* (*Lancilotto*) pour nous distraire. Nous étions « seuls, — la page était brûlante, — nos fronts baissés. — A un pas-« sage de ce récit d'amour nos deux lèvres amoureuses se rencon-« trèrent... et nous n'avons pas lu plus avant. »

A l'extrémité du pays de Léon, dans la haute mer, se trouve un archipel qui dentelle au loin l'horizon. Ce sont les îles Molènes, l'île de Béniguet, et l'île d'Ouessant. L'île d'Ouessant, à elle seule, renferme une population de près de trois mille âmes. Rien n'égale la tristesse de ce séjour sans cesse battu par les vents; pas un arbre, pas un abri, sur cette terre de granit. Les hommes seuls grandissent et se dévelop-pent au milieu des orages; les femmes surtout sont de haute taille et d'une beauté antique; la robe est flottante, les cheveux d'une rare beauté; la coiffure rappelle la belle grâce des Napolitaines. — Empri-sonné par l'Océan et par l'hiver dans son île, le Breton d'Ouessant doit renoncer, pendant les mauvais jours de l'année, à toute communication avec la terre ferme. Un prêtre, un maître d'école, un médecin payé par l'État, un syndic des gens de mer, voilà leurs autorités et leurs magistrats; quant aux impôts, l'impôt est inconnu : l'île d'Ouessant donne à l'État, non pas de l'argent, mais des hommes. L'île fournit à notre marine des matelots intrépides, élevés de bonne heure à la vie austère; sur ce roc perdu, on n'a jamais entendu parler d'un mendiant, d'un larron ou d'un homme riche, et on n'y trouve pas même un cabaret.

Ces îles sont séparées des côtes du Conquet par une mer terrible et semée d'écueils. Ce passage du Conquet est un des plus redoutables de ces parages. Le phare de l'île d'Ouessant, dont les feux se croisent avec ceux du phare du cap Saint-Matthieu, sert à guider pendant la nuit les navires qui tentent l'entrée du goulet de Brest et le passage de l'Iroise. Sur le cap même de Saint-Matthieu, à côté de ce phare élevé, aux feux mobiles et à ellipses, se trouvent les débris d'un an-tique monastère. L'église appartient à la fois à l'art roman et à l'art ogival; la voûte est crevassée de toutes parts, mais elle a résisté, triomphante, à cette lutte acharnée, furieuse, de huit cents ans de tempêtes et d'orages.

Si vous suivez l'étroit sentier tracé le long des falaises entre le cap Saint-Matthieu et le Conquet, vous marchez au milieu des surprises et des émotions. Ces grèves déchirées, ces rescifs à fleur d'eau où la mer jaillit en écume aussitôt brisée; ce bondissement et ce chaos qui se livrent en ce lieu un duel éternel, voilà une de ces émotions poétiques auxquelles on ne résiste guère. Le Conquet était, au temps de jadis, une place importante. Après toutes les dévastations du temps et de la guerre, le Conquet est encore aujourd'hui une très-jolie bourgade. Dans l'église de Lochrist, l'église paroissiale du Conquet, se trouve le tombeau de Michel de Nobletz, le dernier apôtre de la Bretagne. Éloquent par le courage, par la charité, il eut l'honneur de porter, au nom de l'Évangile, le dernier coup à la religion des druides; il fut l'apôtre de la basse Bretagne. De l'île de Saint, qui était un repaire des plus affreux pirates, il fit une terre chrétienne et pacifique. La basse Bretagne a conservé le nom de son bienfaiteur, et ce nom-là reparaît souvent dans les exhortations du prêtre, que sa paroisse écoute avec respect. — Ici s'ar-

Le Sermon.

rête le pays de Léon; il nous faut maintenant pénétrer dans une région nouvelle. Nous entrons dans la Cornouailles, et nous y entrons non pas par le midi, par le côté fleuri et charmant, mais par le côté sévère, par *les montagnes d'Arré* : landes, bruyères, so-

litude, abandon, misère, voilà le funeste sentier qu'il faut suivre.
— Au milieu de ces montagnes, sur les confins des *Côtes-du-Nord*, se rencontre la ville de Carhaix. — Carhaix, c'est le centre des régions d'alentour. Ici venaient aboutir les voies militaires, les voies romaines, pour aller de ce point de départ à Vannes, à Saint-Malo, à Brest, à Poitiers.

Carhaix, ville triste, mal pavée, placée entre les montagnes Noires et les montagnes d'Arré ; à peine si l'on y sent quelque peu de mouvement et de vie. La gloire de cette ville vouée à l'ennui, c'est d'avoir donné le jour à ce héros, l'honneur des armées françaises, Théophile Malo Corret de Kerbeauffret, ou, pour mieux dire, La Tour d'Auvergne, né dans ces murs le **23 décembre 1743**. Ce fut d'abord un jeune et beau et studieux gentilhomme qui prit en grand amour l'histoire de sa province natale. Sa première belle action la voici : il va chercher au milieu du feu et de la mitraille un soldat blessé et il le ramène sur ses épaules. Puis il revint à Carhaix, il se remit à l'étude, il écrivit ce très-curieux livre, *Recherches sur la ville de Carhaix*. Cependant la révolution grondait au loin, la France était menacée, elle criait, Aux armes ! La Tour d'Auvergne reprit l'épée, et, avec son grade de capitaine (il n'en voulut jamais d'autre), il se mit à commander *la colonne infernale*, une compagnie de grenadiers. — Ainsi il allait, et, chemin faisant, il achevait son livre *Des Origines gauloises* ; et en effet il a indiqué, le premier, le chemin qu'il fallait suivre pour arriver à quelque certitude sur les origines de ce grand peuple, père de tant de nations. — Parti capitaine, La Tour d'Auvergne revint soldat. Ce lâche gouvernement de la France avait rayé de l'armée ce vaillant gentilhomme ; mais qu'importe ? ce digne enfant de la Bretagne n'a pas besoin d'épaulettes pour bien servir. Il avait cinquante-cinq ans lorsqu'il partit, pour la troisième fois, le fusil au bras et le sac sur le dos, pour l'armée de Rhin et Moselle. — Enfin, la première année de ce siècle, quand le premier consul eut remis un peu d'ordre et de reconnaissance dans l'âme de cette France bouleversée, La Tour d'Auvergne était nommé *premier grenadier de la république*. Il a payé de tout son sang ce grand titre, le 27 juin de la même année : il mourut enveloppé dans un drapeau ennemi qu'il venait de conquérir ! Mais, tout mort qu'il était, son nom resta gravé sur la liste de cette compagnie, dont il était l'honneur et l'orgueil. Chaque jour, à l'appel des grenadiers, l'officier disait : *La Tour d'Auvergne ?* et les grenadiers de répondre : *Mort au champ d'honneur !*

Au sortir de Carhaix, vous traversez la petite rivière d'Hière, et bientôt se rencontre *Poulaouën* (le village de la peur), situé sur un vaste plateau. Au milieu d'une lande retentissent les fonderies et les machines énormes qui servent à l'exploitation des mines de plomb argentifère; des roues à l'immense circonférence, à moitié enfouies dans la terre, servent à épuiser l'eau qui suinte dans les profondeurs de la mine. L'aspect de cette plaine est triste, silencieux, monotone; toute l'activité est dans les entrailles de la terre. — Les mines d'Huëlgoat sont voisines de Poulaouën, elles sont plus riches. Cette dernière mine produit annuellement 4,600,000 kilog. de minerai brut, que l'on réduit à 370,000 kilog. de minerai pour la fonte. Huëlgoat occupe une gorge profonde, au milieu d'un site véritablement alpestre. Les montagnes boisées sont couvertes d'édifices perdus dans la verdure; le paysage s'anime du bruit des cascades et de la voix des femmes qui, les bras nus, lavent le minerai en chantant les chansons du pays.

Rien de charmant et de pittoresque comme le sentier qui mène de la mine au bourg de Huëlgoat. Figurez-vous, serpentant le long de la montagne, une chaussée large et bien sablée qui sert à conduire les eaux; ces eaux donnent le mouvement aux machines obéissantes. Au-dessus de votre tête s'élèvent des chênes gigantesques; l'acacia sauvage, les mélèzes, les frênes, les sorbiers chargés de leurs baies éclatantes forment, de leurs feuillages entrelacés, une voûte impénétrable aux rayons du soleil. Sous vos pieds le sol abrupte se précipite brusquement dans une vallée sonore, profonde, pleine de grands arbres; à travers le feuillage complaisant, l'œil charmé peut entrevoir mille échappées du ciel, de la lumière et de la terre, des montagnes arides ou boisées, des vallées plantureuses, des rochers énormes, debout comme des fantômes, riche ensemble entremêlé du murmure argentin des fontaines, que les oiseaux accompagnent de leurs mille chansons. Et pourtant ce n'est pas encore toute la joie qui vous attend, il est encore d'autres enchantements qui se préparent, des surprises nouvelles, des magnificences inattendues, car à la limite du sentier s'ouvre, béant et furieux, le gouffre du Huëlgoat, dont la cascade écume, éclate, jure et se précipite brisée par les rochers, qui étincellent sous l'effort; étourdissant pêle-mêle du bruit qui tombe, de l'écume qui blanchit, du rocher qui tremble, — chaos, confusion, merveille, épouvante, attrait tout-puissant de l'inconnu! Cependant que devient cette onde violente? où est-il ce torrent qui

PLOUNÉOUR-TREZ (PRÈS LESNEVEN)
(Finistère.)

PUBLIÉ PAR ERNEST BOURDIN, ÉDITEUR.

jetait sa poussière et son bruit jusqu'au ciel? — Soudain tout s'engloutit, tout disparaît, plus rien ne reste de ce bruit, de cette tempête; seulement, à cent pas de là, une source infinie de mille petits ruisseaux limpides, s'en vont chacun de son côté, où le pousse le caprice, où l'appellent la verdure, l'ombre, le repos, la rêverie et le soleil!

Tout au-dessous de cet abîme, au bord de son bel étang, est situé le bourg de Huëlgoat. A quelques lieues plus loin, entre la Feuillée et Gourin, non loin de *Saint-Derbot*, admirable chapelle perdue au milieu du désert, on rencontre une cascade plus remarquable peut-être que la cascade du Huëlgoat. Les eaux de l'Elez se précipitent de ces hauteurs dans une étroite vallée; pendant un quart de lieue vous suivez l'eau bondissante sur son lit de rochers. A chaque pas, dans ces montagnes, la nature change d'aspect : précipices, rochers, sentiers glissants, vallées charmantes pleines de repos et d'ombrage, prairies, métairies, moulins; au fond de la vallée les gras pâturages et les grands bœufs dont il est parlé dans Virgile.—Puis, peu à peu, à mesure que s'élève la montagne, paraissent les bruyères, se montrent des ajoncs stériles; la terre est nue, le quartz étincelant a remplacé les herbes verdoyantes; parfois, et surtout vers le printemps, sur la pente inclinée de ces montagnes, s'élève une épaisse fumée: c'est le paysan de Bretagne qui brûle les ajoncs dont la cendre servira à féconder la moisson prochaine. — Sur les bords de la Douphine au lit de rochers, la poudrière de Pont-de-Bois se cache sous d'épais ombrages. Cette poudrière fournit les arsenaux de Brest. Un peu plus loin la petite ville de Châteaulin, fraîche bourgade; Châteaulin occupe le penchant de la colline; l'autre moitié de la vallée, coupée en deux par un canal, montre dans son cercle énergique des montagnes pelées et des rochers stériles. *Châteaulin* est posé sur un banc de schiste. Le sol, c'est de l'ardoise, la muraille des maisons est en ardoise, les toits des maisons sont des toits d'ardoise, la borne des champs est un morceau d'ardoise. — Où s'élève l'église aujourd'hui fut jadis la citadelle d'*Alain le Grand* (*Allan Rebras*, 907).

Faut-il vous dire encore *le Faou*, ce joli bourg, ce joli port? A l'odeur du goudron, on pressent déjà le voisinage de Brest. Plus loin, tout là-bas, à cette place où les montagnes s'abritent comme affaissées sur leur propre poids, fleurissent les jardins de Plougastel. C'est ici la véritable patrie des chevaux bretons. — « Ils ont la tête angu-
« leuse, les membres sont secs et nerveux, le sabot bien conformé, la

« corne est dure. Ces chevaux sont en général sobres, peu maladifs,
« légers à la course et infatigables... Par leur conformation et leurs

Le Faou.

« qualités, ils rappellent plus que toute autre la race orientale, type
« primitif de l'espèce. » C'est la race du pays de Léon et du pays de
Tréguier. Cette race de chevaux est très-ancienne ; dans le moyen âge,
au temps des tournois, des batailles et des chevaliers, quand les
dames même n'avaient pas d'autre monture que le palefroi (*palestræ
fractus*), le cheval breton était recherché pour son bon service. La
Bretagne fournissait également le *destrier* du chevalier et le *roussin*
pour porter son bagage : au cheval, aussi bien qu'au chevalier, on
pouvait appliquer cette louange de Guillaume le Breton dans sa Philippide, quand il parle des travaux de la paix et des prouesses de la
guerre. *Tot bene gesta domi, tot militiæ probitates.* Aujourd'hui encore,
le montagnard breton aime le cheval et les courses de chevaux. Il y a
peu de fêtes, dans le pays compris entre Corlay, Châteauneuf et Gourin, sans une course de chevaux. Ces courses sont vives, animées, pittoresques ; elles sont, pour ainsi dire, une préparation aux grandes
courses de *Saint-Brieuc*, où le cheval breton, malgré sa petite taille,
entre fièrement et légèrement en lice avec le cheval anglais de pur sang.
Par un décret impérial du 4 juillet 1806, furent installées les courses
de Saint-Brieuc ; l'année suivante les courses commencèrent. L'arène
s'ouvrit dans les grèves superbes de Lannion ; les collines, les dunes du

FOUESNANT ET LE GRAND-ERGUÉ.
(Finistère.)

rivage forment un immense amphithéâtre autour de cet hippodrome, dont la mer lave, deux fois par jour, l'arène blanche et sablée. Ces courses de Saint-Brieuc composent un curieux spectacle et des plus pittoresques; c'est fête dans la province entière; là se rencontrent, dans leur variété piquante, les différents costumes de la vieille province : les larges basques du Léon et les coiffures élancées de Tréguier, les belles filles de Lamballe aux cheveux noirs, fièrement drapées dans la cape italienne, les fins corsages de Lannion, les beaux hommes et les belles femmes de Fouësnant, au costume pittoresque (la fille de Fouësnant, corset brun aux manches rouges, la coiffe relevée qui laisse voir d'épais cheveux bruns, un air de nymphe qui marche sur les nuées!), les matelots, les laboureurs, les meuniers, les tailleurs; mille cantons différents dans leurs divers costumes, ceintures rouges, culottes bleues ou rouges, bas gris ou violets, *le peuple bariolé*, viennent prendre leur part de cette fête nationale. L'Océan remplit le fond du tableau de sa majesté turbulente, la tour de Cesson domine de sa hauteur sévère tout cet ensemble d'une grâce imposante. L'habitant des montagnes est petit, trapu; il a la peau brune et les cheveux noirs. Offensez-le, si vous l'osez, vous aurez affaire à une forte vengeance, il vous frappera *sur votre baptême;* le baptême, c'est la tête. Plus la race bretonne se rapproche du soleil, et plus les hommes sont grands et beaux, plus les costumes sont riches et variés. La Cornouailles est le pays de la Bretagne joyeuse; là on aime les fêtes, les danses, les longs festins, les chansons à boire; ce sont des poëtes qui obéissent à l'appel du plaisir. Tout est fête en Cornouailles. Ils ont des poëtes, ils ont des musiciens : Mathelinn, par exemple, le Rossini aveugle de ces campagnes. Les côtes de la Cornouailles sont plus désolées, plus déchirées même que les côtes du Léon; les campagnes d'alentour sont aussi plus stériles et plus abandonnées. Ses baies et ses golfes fournissent, chaque printemps, des myriades de sardines : c'est la moisson abondante et facile de ces parages; les baies de Camaret, de Dinant, de Douarnénez, de Concarneau, emploient au delà de quatre mille barques de pêcheurs.

La baie de Crozon, fermée par la pointe de la Chèvre, est la plus remarquable de toutes les baies que l'Océan a creusées sur les plages occidentales de la Bretagne. Cette baie est entourée de hautes falaises, d'un schiste veiné de quartz, percées de grottes profondes, arcades hardies, à travers lesquelles vous pourrez embrasser, dans son ensemble, cette baie immense, encore agrandie par l'éclat des stalactites, et le jour douteux qui vous environne de clartés tremblotantes. A cette baie de Douarnénez se rattachent d'ailleurs de grands souvenirs ; car sous cette immense nappe d'argent existait, aux temps jadis, cette ville dont nous avons déjà parlé, cette riche et puissante cité d'Is, engloutie par les vagues vengeresses. — Par un temps calme, les croyants ont vu, disent-ils, au fond de la mer limpide les vestiges de la ville disparue. Sur ces côtes déchirées, l'on voit aussi *le Passage du Raz, l'Enfer de Plogoff,* et cette *Torche de Penmarc'h,* où le flot se brise avec un bruit qui s'entend à plusieurs lieues. *La Torche* est un amas de roches énormes, séparées de la terre par un étroit espace appelé *le Saut du Moine.* « Tout ce « que j'ai vu dans mes longs voyages, dit Cambry (*Voyage « dans le Finistère*) la mer se brisant sur les rochers d'Aitarelle, les « côtes de fer à Saint-Domingue, les longues lames du détroit de Gi- « braltar, la Méditerranée près d'Amalfi, rien ne m'a donné l'idée de « l'Océan frappant les rochers de Penmarc'h pendant la tempête. Ces « rochers noirs et séparés se prolongent jusqu'aux bornes de l'hori- « zon ; d'épais nuages de vapeurs roulent en tourbillons ; bruit et la- « mes se confondent, vous n'apercevez dans tout ce sombre brouil- « lard que d'énormes globes qui s'élèvent, se brisent et bondissent « dans les airs avec un bruit épouvantable ; on croit sentir trembler « la terre, et l'on est tenté de fuir ; un étourdissement, une frayeur, « un saisissement inexplicables, s'emparent de toutes les facultés de « l'âme ; les flots amoncelés menacent de tout engloutir, et l'on n'est « rassuré qu'en les voyant glisser sur le rivage et mourir à vos pieds, « soumis aux lois immuables de la nature. » Voilà pour la terreur ; mais le calme, le repos, le charme des heureuses campagnes, la paix du voyageur, les richesses modestes, le labeur récompensé par la terre féconde, les doux aspects que l'on emporte dans son souvenir pour y placer les scènes diverses des honnêtes passions et des beaux rêves que tout homme de bon lieu apporte avec lui en venant au monde, vous retrouverez toutes ces émotions charmantes dans l'Arcadie de Quimperlé, parmi les hommes de Fouësnant, de Pontaven, la patrie des belles personnes, dans les frais paysages du Scaër, de Lothéa, d'Arzano, de l'Ellé, du Laïta, de l'Isole, de l'Aven, doux pays, noms sonores, mélodies presque italiennes, qui vous font rêver à cette patrie que chante Goëthe : *Connais-tu la terre où croissent les orangers et les myrtes en fleur?*

La joie du Breton, bien qu'un peu grave et solennelle, admet ce-

PONT-L'ABBE
Finistère.

pendant plus d'un jeu ami du bruit et du rire. Chaque dimanche, après la messe, à la porte même de ces belles églises ogivales, se forment des groupes de jeunes gens, de jeunes filles; on joue aux noix, on joue à la galope; la galope, c'est le jeu des garçons; le plus heureux c'est le plus adroit; qui jette son palet le plus près de l'enjeu a gagné; tel qui est vainqueur à la galope, s'en va perdre gaiement aux noix ce qu'il a gagné au palet;—perdre aux noix, quand on a une belle fille pour partenaire, c'est jouer au grand jeu de *qui perd gagne*. —*Le jeu de crosse*, c'est une autre bataille, c'est bel et bien de la bonne bataille. — Il s'agit de conduire à coups de bâton une bille de bois ou de pierre que se disputent les deux camps opposés. Les coups tombent, drus comme grêle, sur la bille convoitée; ainsi frappée, elle franchit d'immenses espaces, on la pousse de ci, on la pousse de là, et plus d'une crosse retombe sur le pied des joueurs. On dirait les deux côtés de la chambre des députés se disputant, à grand renfort de violences oratoires, un malheureux projet de lois. — Le curé du village est le personnage le plus important de la paroisse; il est le conseiller, l'instituteur de ces campagnes; — il enseigne le catéchisme à ces rudes têtes, et comme il parle de Dieu et de la Providence, il est éloquent et écouté. Il parle comme un père à ses enfants; son langage est simple et vrai; il corrige les défauts et les vices par des raisonnements tirés de la vie de chaque jour; il sait à qui il parle; il connaît par leurs noms ceux qui l'écoutent, il passe avec eux son humble vie; plus d'une fois il se permet le petit trait de satire et de moquerie, ce qui ne l'empêche pas de parler terriblement des peines de l'enfer.

Le gentilhomme de Bretagne est resté l'honneur de ces campagnes. Les vieux manoirs sont restés debout, respectés par les démolisseurs et protégés par la présence du maître fidèle, au souvenir des ancêtres. Le gentilhomme breton a porté les armes, sa jeunesse guerrière s'est passée à l'armée ou sur un navire; puis sa tâche accomplie, il est rentré dans sa maison pour n'en plus sortir. Le manoir est flanqué d'une tourelle dont le toit bleu se détache du milieu des châtaigniers et des chênes; un petit bois de haute futaie abrite la noble maison et la protége contre les vents de la mer; une avenue de grands arbres annonce le château; le jardin est vaste, austère, bien cultivé. Les deux pièces habitées de cette maison, c'est la cuisine d'abord, et ensuite la salle où sont restés accrochés les portraits de famille. — Le châtelain passe sa vie à la chasse; la dame châtelaine veille sur le ménage, élève les enfants, reçoit les hôtes nombreux; bienveillante et calme compagne d'un galant homme, elle ne sait rien des bruits du dehors, elle est heureuse de cette existence champêtre; elle est abordable à tous; les paysans l'appellent *leur maitresse;* souvent ils prennent place à sa table; elle est la marraine des enfants, elle est la garde-malade des vieillards. La famille du manoir est nombreuse, car les enfants sont acceptés comme une bénédiction du ciel. Plus d'une maison, parmi les nobles maisons, renferme telle jeune fille qui, par sa beauté et son blason, eût été, aux temps jadis, l'honneur et l'orgueil de la cour du grand roi; rare esprit, ferme courage, pieuse résignation aux décrets de la Providence, la noble jeune fille se console de cette humble vie entourée de louanges, par la charité, par la bienfaisance, par toutes les grâces de la piété chrétienne; dans les instants d'orgueil, quand elle retrouve dans l'histoire les souvenirs des grandeurs de sa maison, la jeune Bretonne sent en elle-même une voix qui lui crie: *Honneur et respect aux vaincus!*

Fontaine de Saint-Jean-du-Doigt.

Le Repas des Noces.

CHAPITRE XX ET DERNIER.

Le département du Morbihan. — Carnac. — Belle-Isle. — Le cardinal de Retz. — Vannes. — La tour de l'Hermine. — René Lesage. — L'abbaye de Saint-Gildas. — Lorient. — La Compagnie des Indes. — Hennebond. — *De la critique bretonne;* Fréron. — Geoffroy. — Alexandre Duval. — Ginguené. — Descartes. — La chaumière bretonne. — La veillée. — Le mariage breton. — Ploërmel. — Josselin. — Pontivy. — Auray. — Notre-Dame d'Auray. — Quiberon. — Conclusion. — Description de la Bretagne par M. de Chateaubriand (*Mémoires d'outre-tombe.*)

Nous voilà enfin dans le département du Morbihan. C'est un coin de terre à part. A coup sûr vous ne rencontrerez dans le Morbihan ni l'industrie puissante d'*Ille-et-Vilaine*, ni la richesse pittoresque des *Côtes-du-Nord*, ni le paysage plein d'accidents, de variété et de puissance du *Finistère;* mais, en revanche, dans ce coin de la Bretagne, vous rencontrerez, plus que dans toute autre partie de la province ainsi divisée, l'esprit, le caractère, la volonté, l'énergie calme, la croyance sincère de notre vieille province; le paysan du Morbihan est resté un vieux Breton; il en a gardé les allures, le costume, la langue, les passions. Vous le reconnaissez à son pas assuré et fort, au *pen-bas* qu'il tient à la main, au terrible *terr i ben* dont parle Suidas : « Ili sunt illi qui *terr i ben* vocem vobis in prelio emittunt et comas jactant. »

Allons, courage! nous entrons dans le pays des fables, des mystères, des tristesses indicibles, des usages consacrés. Nous marchons à travers des monuments sans nom : cercles druidiques, grottes hantées par les esprits, tables de pierre, tombeaux, vestiges sans explication et sans forme. — La forêt druidique est tombée, les pierres sont restées comme pour attester d'une façon confuse quelle religion dominait ce pays de Vannes. — Cette terre désolée va s'abaissant toujours. — Le rivage assombri se découpe en mille parcelles bruyantes. Dans ce pays de Vannes, vous avez à vous étonner des peulvens de Bieuzy, de Quiberon et de Gourin, des *menhirs* fabuleux de Locmariaker, des dolmens de Sulniac, d'Elven, des signes hiéroglyphiques du *Gal-gal* de Gavr'innis. — Ce monticule d'Arzon, qui domine l'Océan, c'est une tombe! — Perdu dans les bruyères, quel est ce coin de l'ancienne Gaule qu'on dirait déposé là par les soldats d'Arminius? Que de tombeaux! quelle suite incroyable de pierres funèbres! c'est Carnac! — Carnac, le grand mystère inexplicable, inexpliqué.

Pour obtenir quelque peu le secret de ces onze lignes de pierres qui remplissent deux lieues d'étendue, posées sur une base qu'on dirait chancelante et qui se maintiendra jusqu'à la fin des siècles, les savants se sont adressés à l'Egypte, aux Romains, aux Barbares; ils ont invoqué, tour à tour, Jules César et les divinités infernales... Carnac a gardé le secret de sa sauvage et dédaigneuse grandeur. Cette antique patrie des Vénètes est restée pauvre, stérile et brave; le pain est remplacé par la bouillie de mil ou d'avoine; les hommes sont de fer; ils se rappellent l'antique origine, les vieilles batailles, César étonné de leur courage, ce Clisson impitoyable, le chêne de mi-voie arrosé du sang de Beaumanoir, — et les combats de Charles de Blois et de Montfort, et les premiers pas de Duguesclin, et enfin tout à l'heure, bientôt, la guerre des chouans, la résistance indomptée, qui reparait comme le génie de la Bretagne! — Plus que toute autre partie de l'Armorique, les côtes de cette terre assombrie sont plates et dentelées par l'Océan. La baie du *Morbihan* (*petite mer*) s'enfonce dans les terres aux environs de Vannes, c'est le *mare conclusum* de César; et cette baie renferme, dit-on, autant d'îles que contient de jours l'année bissextile. A peine si chacun de ces îlots nombreux a son nom; plus d'un îlot renferme sa pierre druidique, son autel de sacrificateur, son vestige des temps passés. Des barques de pêcheurs parcourent incessamment cet archipel désolé. — De toutes ces îles, l'île d'Artes est la plus terrible ; — elle est peuplée des fantômes, des femmes mariées tout au loin, et dont l'âme errante vient, en pleurant, contempler la terre natale. *Illic stetimus et flevimus quum recordaremur Sion !*

Belle-Isle, après avoir appartenu aux souverains de la Bretagne, fut donnée par Alain Cagnard aux bénédictins de Quimperlé. L'abbaye de Rhedon, qui avait des prétentions sur cette île, en disputa la propriété aux disciples de saint Benoît ; de cette prétention surgit un long procès qui dura un siècle et demi ; même le débat durait encore, lorsque le roi Charles IX mit fin au litige en s'emparant de Belle-Isle, comme c'était le droit de la couronne de France. Le moyen, en effet, de laisser à des moines cette position avancée des frontières ? — Il fallait des soldats pour garder Belle-Isle : le roi la donna aux hommes de la maison de Retz. Ceux-ci font de Belle-Isle une forteresse ; pendant près d'un siècle ils se maintiennent dans ce poste confié à leur courage. — Ce siècle-là avait porté bien haut la fortune de cette maison ; elle régnait, à cette heure, sur les passions du peuple de Paris par l'autorité toute-puissante du cardinal de Retz ; chaque jour, au fond même de la Bretagne, il était question du courage, de l'esprit, du sang-froid, des élégances et des amours de cet amant de la duchesse de Longueville, reine de la Fronde. Puis tout d'un coup, par un jour d'été, le 16 août 1653, — une frêle barque jeta sur la plage de Bangor le cardinal de Retz, qui venait (nous l'avons vu) de s'échapper du château de Nantes. — Belle-Isle reçut avec joie cet enfant de la famille de ses maîtres ; mais cependant arrivait en toute hâte M. le maréchal de la Meilleraye, qui voulait, à tout prix, reprendre son captif évadé. — Il fallut fuir de nouveau. — M. le cardinal de Retz remonta dans sa barque, qu'il fit charger de sardines. — Il aborde en Espagne, il vend ses sardines quatre cents écus, — et ces quatre cents écus lui permettent de refuser les bienfaits du roi d'Espagne, ennemi de la France. Sous les habits du matelot, le gentilhomme et le prince de l'Église perçait toujours. — Plus tard, quand il eut été à Rome pour faire un pape, quand il fut revenu en France pour écrire ses mémoires et pour payer ses dettes, M. le cardinal de Retz vendit Belle-Isle, son patrimoine, au surintendant Fouquet. — Fouquet paya Belle-Isle un million. Dans ses heures d'angoisses et de trouble, quand il sentait chanceler sous ses pieds son incroyable fortune, Fouquet rêvait qu'il serait plus hardi que le cardinal de Retz, qu'il se retrancherait dans Belle-Isle, et que derrière ces remparts, qu'il faisait réparer, il résisterait à la volonté de Louis XIV. — Il y a de ces rêves qui tuent. Fouquet se réveilla à la Bastille, et Belle-Isle, la *souveraineté de Fouquet*, fut remplacée par le donjon des îles Sainte-Marguerite.— En 1719, Louis XV acheta des héritiers du surintendant cette île, que Charles IX avait prise. — La population de Belle-Isle est de huit mille âmes. — Sol fertile, — laboureurs actifs. — Non loin de Belle-Isle s'élèvent à fleur d'eau deux îlots inoffensifs, l'îlot de Houat (*le Canard*) et Houédic (*le Petit-Canard*), qui servent d'asile à quelques pêcheurs.

A Belle-Isle-*en-mer*, comme on dit, est né l'amiral Jean-Baptiste Willaumez, le digne compatriote de l'amiral Linois, né à Brest, et du brave Emeriau, né à Carhaix, trois Bas-Bretons dont les services sont illustres. A quinze ans, le futur amiral débutait comme Jean Bart, en qualité de mousse sur les vaisseaux du roi. — C'est là encore une vie glorieusement, utilement remplie. Officier de la république, un des hardis soldats de l'empire, mêlé à toutes les batailles de la mer, l'amiral Willaumez, pour mettre le comble à tant d'illustres services, peut réclamer l'honneur d'être le maître du prince de Joinville, le jeune vainqueur de Mogador.

Si nous voulions raconter les récits, les aventures, les trésors, les paysages, les croix, les chapelles, les ruines, les légendes, les fées debout sur le seuil de leurs demeures souterraines, les eaux battues par les génies, les *poulpicans*, ces petits hommes noirs à la danse infatigable, nous composerions tout un volume. Ces rêves, ces souvenirs, ces fantaisies, ont pourtant un intérêt tout-puissant sur l'imagination des hommes. — Vains fantômes! dites-vous? Mais ces fantômes apportent un frisson réel. Entendez-vous ces rires éclatants dans les bruyères qu'agite le vent du soir? Ne vous a-t-on pas raconté les vieilles ruines hantées par les esprits, les gémissements plaintifs dans les bois? Si nous voulions, à notre tour, répéter toutes ces histoires du coin du feu, pareilles aux histoires des chaumières de l'Ecosse, et les âmes maudites incessamment errantes sur une mauvaise barque qui fait eau de toutes parts; — si nous voulions recueillir les chansons, les cantiques, les souvenirs épars, les saints, les vierges, les chevaliers, les belles dames, les tempêtes, les animaux qui parlent la nuit de Noël, les longs discours dans les cimetières quand les morts se réveillent à la pâle clarté de la lune, — ce serait l'histoire

GUÉMÉNÉ
Morbihan.

sans fin. Même sans remonter si loin dans les traditions, il n'est pas bien difficile de comprendre que cette terre est disposée à merveille pour le drame. En effet, ces longs chemins creux que recouvre un épais feuillage, ces champs de genêts immenses où pourrait se cacher une armée, ont fait du Morbihan la retraite impénétrable, soit que le chouan demande à ces retraites l'asile et la protection de leurs sentiers perdus dans les champs, dans les bois, dans les ruisseaux que l'eau recouvre, soit que le réfractaire breton vienne se cacher dans ces genêts favorables. L'habitant du Morbihan aime la guerre, mais il aime la guerre chez lui ; il veut se battre sur son sol, à sa guise, avec les siens ; mais exiger un service régulier, le soumettre à la discipline militaire, l'envoyer se battre loin, bien loin de la Bretagne, pour des intérêts qu'il ne sait pas et qu'il ne veut pas comprendre, voilà l'œuvre impossible ; plutôt mener dans les bois, dans les champs, à la belle étoile, cette vie agitée et vagabonde ; plutôt résister aux gendarmes que de se laisser entraîner à ce travail du soldat qui apprend l'exercice. — La vie du réfractaire est une fuite toujours, c'est une lutte souvent. — Il a tant de moyens de fuite ! — Il est si fort assuré de rencontrer aide et protection dans les fermes de ces campagnes ! — L'hospitalité est grande sur cette terre de proscrits et de fugitifs. On s'aime et l'on s'aide ; le gendarme est l'ennemi commun ; l'indépendance est le bien de tous ; on est hospitalier par penchant et par nécessité. Entre et sois le bienvenu, il y a place à la table, il y a place à la croix et place à la charrue ; ne crains rien, notre gars a l'œil perçant, notre chien sentira venir le gendarme, notre femme te cachera, et si nous sommes surpris, eh bien ! nous avons encore du plomb et de la poudre, et nous te défendrons. En effet, le paysan du Morbihan est vêtu comme un homme prêt à toutes les luttes ; il est plein d'énergie, trapu, vigoureux ; bien pris dans sa taille, il a toutes les grâces vigoureuses d'un rude jouteur.

Vannes, le chef-lieu du département, et Lorient, sont les deux villes principales de ces contrées. La première de ces deux villes ne saurait dire à quelles années remontent ses origines. Son nom se rattache aux premiers établissements de la province, il se rattache à la dernière page de l'histoire de Bretagne, quand les états séant à Vannes se donnent à la France. Dans les halles de cette ville, Pierre II fut couronné duc de Bretagne. Dans cette tour qui s'appelle encore *la tour du Connétable*, fut enfermé le connétable de Clisson ; c'est la tour du château de l'Hermine.

Sur l'amphithéâtre (*la butte de Kérino*) qui domine le versant méridional de la colline, Vannes la ducale étale avec grâce ses blanches maisons encadrées dans la douce verdure. Les paysans l'appellent Gwénet, *la ville blanche*. Vu de loin, l'aspect de Vannes ne dément pas l'épithète bretonne ; mais si vous pénétrez dans ces rues étroites, dans ces sombres carrefours, dans cet amas de maisons mal bâties, vous vous demandez à vous-même : Est-ce bien là la capitale de ces Vénètes dont parle César, hardis navigateurs, maîtres des ports d'alentour, si fiers qu'ils osèrent porter les mains sur les envoyés de Rome ? Vous savez les exploits des comtes de Vannes, la puissance des évêques, les pirates du Nord, les batailles de Blois et de Montfort, quand la comtesse de Montfort menaça la ville à la tête d'un parti anglais. — En ce temps-là, on croyait que la cité de Vannes était la meilleure cité de Bretagne après Nantes. — L'église de Vannes remonte à saint Judicaël ; au scizième siècle, les Normands la brûlèrent. — En perdant les ducs de Bretagne, Vannes a perdu sa fortune ; rien n'a remplacé cette cour brillante, cette activité des princes, des évêques, des ambassadeurs, de la double rivalité d'Angleterre et de France ; tout lui a manqué, même son port encombré par les sables et les vases. — Le collège de Vannes est célèbre, et si nous avions le temps, comme cela nous causerait une grande joie de suivre cet aimable récit de la *petite chouannerie* par M. Rio ! — L'église du collège, le château de La Motte, la demeure des anciens ducs, la tour du Connétable, dernier débris du château de l'*Hermine*, voilà tout ce qui reste à Vannes même des magnificences du passé. Non loin de Vannes, dans la presqu'île de Rhuys, est venu au monde un des plus charmants écrivains du dix-huitième siècle français, l'honneur du roman et de la comédie, Alain-René Le Sage, une des gloires de la Bretagne, une de ces gloires impérissables dont nous devons parler.

Il faut placer Le Sage tout simplement à côté de Molière ; il est un vrai poëte comique; il a les nobles instincts de la comédie, il en a l'ironie bienveillante, le dialogue animé, le style net et limpide; il a étudié à fond les différents états de la vie; il sait très-bien les mœurs des comédiens et des grands seigneurs, des hommes d'épée et des gens d'église, des étudiants et des belles dames. Il naquit dans la petite ville de Sarzeau le 8 mai 1668; cette année-là, Racine faisait jouer *les Plaideurs*, Molière faisait jouer *l'Avare*. Le père de Le Sage était un homme quelque peu lettré, comme pouvait l'être un honorable avocat de Bretagne, qui vivait au jour le jour, en grand seigneur, et sans trop s'inquiéter de l'avenir de son fils unique. Le père mourut comme l'enfant n'avait que quatorze ans; bientôt après le jeune René perdit sa mère; il resta seul, et sa première éducation accomplie, il rencontra ces terribles obstacles qui attendent inévitablement, au sortir de ses études, tout jeune homme sans famille et sans fortune. *Car ceux-là surnagent difficilement, à qui la pauvreté fait obstacle*, comme l'a dit Juvénal.

Donc, sans autre appui que son talent, sans autre fortune que son esprit, René Le Sage se mit à l'œuvre; il suivit, tout d'abord, le grand Corneille dans son admiration pour la langue et pour les chefs-d'œuvre de l'Espagne. Il étudia avec amour cette galanterie souriante, cette jalousie loyale, ces duègnes farouches en apparence, mais au fond si faciles; ces belles dames élégantes, le pied dans le satin, la tête dans la mantille; ces charmantes maisons brodées au dehors, silencieuses au dedans; la fenêtre agaçante, la porte discrète; sourire par le haut, et murmurant concert à ses pieds!... Aussi, quand il eut découvert ce nouveau monde poétique dont il allait être le Pizarre et le Fernand Cortès, et dont le grand Corneille était le Christophe Colomb, René Le Sage battit des mains de joie; dans son noble orgueil, il frappa du pied cette terre des enchantements; il se mit à lire, avec le ravissement d'un homme qui découvre un nouveau monde, cette admirable épopée du *Don Quichotte*; il l'étudia sous son côté gracieux, charmant, poétique, amoureux, faisant un lot à part de la satire et du sarcasme cachés dans ce beau drame, pour s'en servir plus tard, quand il écrirait ses comédies.

Après les premiers essais inévitables, le jeune Breton rencontra enfin la comédie, et avec la comédie, ce merveilleux et impérissable dialogue que l'on peut comparer au dialogue de Molière, non pas pour le naturel peut-être, mais, sans contredit, pour la grâce et l'élégance. Quel bonheur! il respirait librement dans cet espace qu'il s'était ouvert! L'heureuse comédie qui est, sans nul doute, la première œuvre originale de Le Sage, a pour titre *Crispin rival de son maître*. Cette fois, Paris applaudit avec joie ; il venait de reconnaître dans cette comédie nouvelle toutes les qualités de la comédie véritable : l'esprit, la grâce, l'ironie facile, la plaisanterie inépuisable, beaucoup de franchise, beaucoup de malice, et aussi un peu d'amour. Cependant faites silence ! Turcaret va paraître, Turcaret, que n'eût pas oublié Molière, si Turcaret eût été le contemporain de *Tartuffe*. Comme un digne enfant de la Bretagne qui se rappelle les exactions et les cruautés exercées dans sa province par les partisans : « vrays « hommes de contrebande qui, par leurs inventions, espreignent et « tirent la dernière goutte de la substance du peuple de laquelle « ils s'engraissent, » pour parler comme Nicolas Pasquier, il a su trouver le côté ridicule et en même temps odieux de ces exacteurs de province, qui ont fait tant de mal à la Bretagne. Ainsi est fait *Turcaret*. Le poëte l'a affublé des vices les plus honteux, des ridicules les plus déshonorants, du sarcasme le plus ridicule et le plus amer. Pour éviter ce pilori vengeur, Turcaret offrit de l'argent à Le Sage, toute une fortune ; le poëte rejeta cet argent malheureux qui eût tué un chef-d'œuvre. Monseigneur le grand dauphin, ce prince illustre par sa piété et par sa vertu, protégea la comédie de Le Sage, comme son aïeul Louis XIV avait protégé la comédie de Molière ; il fallut courber la tête et recevoir cette impitoyable leçon. Après *Turcaret, Gil Blas*. Toutes les comédies qui l'obsédaient au dedans de lui-même, Le Sage les entassa dans ce grand livre, qui résume à lui seul la vie humaine. Que dire de *Gil Blas* qui n'ait pas été déjà dit? Comment louer dignement le seul livre véritablement gai de la langue française ? L'homme qui a écrit *Gil Blas* s'est placé au premier rang parmi tous les écrivains de ce monde ; il est entré, de plein droit, dans la famille des poëtes comiques, qui ont été eux-mêmes des philosophes. Dans cette même veine a été encore écrit *le Bachelier de Salamanque*, qui serait un charmant livre si le *Gil Blas* n'existait pas, si surtout, avant que de nous donner son *Gil Blas*, Le Sage n'avait pas écrit ce charmant livre intitulé *le Diable boiteux*.

Telle fut cette vie toute remplie des plus charmants travaux et aussi des plus sérieux ; cet homme qui était né un grand écrivain, et qui a porté jusqu'à la perfection le talent d'écrire, a marché ainsi de chef-d'œuvre en chef-d'œuvre, jusqu'à ce qu'enfin l'heure du repos fût venue. Alors il se retira chez un de ses fils, un bon chanoine de Boulogne-sur-Mer. Là s'est éteint ce rare génie, peu à peu, sans violence

et sans secousse; sur ce beau visage ombragé d'épais cheveux blancs, on pouvait deviner encore que l'amour et le génie avaient passé par là. L'illustre vieillard se levait de très-bonne heure, et tout d'abord il se mettait à chercher le soleil; peu à peu les rayons lumineux tombaient sur cette tête qui avait contenu et dépensé tant d'idées; alors la pensée revenait à son front, le mouvement à son cœur, le geste à sa main, le regard perçant à ses deux yeux; à mesure que le soleil montait dans le ciel, cette pensée ressuscitée apparaissait plus brillante et plus nette, si bien que vous aviez tout à fait devant vous l'auteur du *Gil Blas*. Mais, hélas! toute cette verve tombait à mesure que s'éloignait le soleil, et quand la nuit était venue, vous n'aviez plus, sous vos yeux attristés, qu'un bon vieillard qu'il fallait ramener à sa maison.

Non loin de la patrie de Le Sage, sur le bord de cet Océan agité, ces quelques pierres restées là vous représentent les débris de cette abbaye de Saint-Gildas, qui eut pour son abbé l'amant d'Héloïse, Abeilard! — Que de contrastes! que de souvenirs! — Des ruines, — des rêves, — le rire de Le Sage et l'infinie lamentation d'Abeilard, qui ne veut pas être consolé! — Et plus loin encore, — quel est donc ce château fort qu'on dirait bâti d'hier? Rien n'y manque : les tourelles élancées, les ornements sans nombre; c'est pourtant le vieux château, respecté par la guerre, respecté par le temps, le château de *Succinio*, qui fut le berceau du connétable de Richemond!

Lorient est une des jeunes cités de la Bretagne. — Même dans les premiers jours du grand siècle, Lorient comptait à peine comme une ville : *Un lieu qu'on appelle Lorient*, dit madame de Sévigné. « Nous « revînmes le soir, avec le flux de la mer, coucher à Hennebon. » Sur cette côte occidentale de la Bretagne, au fond de la baie de Port-Louis, à une lieue du Blavet, sur la rivière de Scorff, vint s'établir la compagnie des Indes en 1666, et aussitôt le commerce, ce grand assembleur d'hommes et de maisons, apporta la vie, le mouvement, la richesse, sur ces rivages si longtemps endormis. — Des quais, des magasins, des entrepôts, un observatoire sur la *Roche-Jean*, une église, un chantier pour les constructions navales, un barrage qui permit aux plus gros vaisseaux d'aborder l'embouchure du Scorff; en un mot, tout l'ensemble d'une ville opulente et forte, régulière et riche, bien défendue par des remparts, remplaça la misérable bourgade. Quand elle fut bien parée, bâtie avec les granits du Scorff et du Blavet, quand elle eut creusé et disposé son bassin et ses passes, ses quais, ses aqueducs, son hôpital, ses casernes, son moulin à poudre, ses rues bien pavées, ses barrières, ses remparts; quand elle eut conquis ses privilèges, quand elle eut sa maison commune, son maire, ses échevins, son lieutenant, ses députés aux états de la province, sa douane, ses fermiers généraux, ses navires tout chargés qui viennent de l'Inde ou de la Chine, la ville nouvelle voulut avoir ses armoiries, et elle s'adressa à M. d'Hozier, qui lui donna en effet ces armes parlantes : *De gueules à un vaisseau d'argent, voguant sur une mer de sinople, et un soleil levant derrière des montagnes d'argent.*

En moins d'un quart de siècle, la ville compta quatorze mille habitants; sur ses quais superbes furent construits des hôtels magnifiques, de gracieuses maisons s'élevèrent dans les campagnes. La compagnie fondée par Louis XIV apportait chaque jour de nouvelles richesses dans la cité florissante. Des navires chargés des produits des deux mondes sortaient chaque jour du port de Lorient; chaque jour, dans le Port-Louis (*l'anse du Blavet*) entraient de nouveaux navires. De cette ville si jeune, partaient des flottes et des armées, la terreur des Indes orientales, soumises à notre commerce autant qu'à nos armes. De Lorient est parti M. de La Bourdonnaye, pour conquérir la côte de Coromandel. Quiconque voulait faire sa fortune, matelot, soldat, marchand, voyageur, chercheur de nouvelles idées ou de nouveaux mondes, accourait à Lorient, offrant à la compagnie puissante le concours de son bras ou de son génie. Un de ces aventuriers s'appelait Anquetil-Duperron; il rapporta à son retour, noble récompense de ses dangers, les livres de Zoroastre. —L'Europe entière s'inquiéta de ce nouvel effort tenté si heureusement sur le rivage de la Bretagne; l'Angleterre surtout en prit un grand ombrage; à tout prix elle voulait ruiner cette ville de Lorient, qui menaçait de devenir l'entrepôt des richesses de l'Inde. — Une descente est résolue; les Anglais arrivent au nombre de sept mille hommes, commandés par le général Sainclair. Comme ils trouvent que la ville est imprenable, ils débarquent à la baie du Pouldu, à trois lieues de Lorient, et après une première attaque, le fort du Pouldu promet de se rendre demain, au point du jour. Au point du jour, les tambours de la garnison, au lieu de battre la chamade, battent la générale; le général anglais s'étonne, il s'inquiète; au même instant le vent change; bref, les Anglais se retirent en toute hâte, au grand étonnement des assiégés, tout prêts à se rendre. On avait été aussi brave et aussi avisé des deux parts.

Battus de ce côté, les Anglais vont attaquer Lorient dans les

Indes ; c'est là surtout que la cité bretonne était vulnérable. Ils prennent le Bengale, ils ruinent notre commerce sur les côtes de Coromandel. Attaquée avec tant de persévérance et d'habileté, la compagnie française devait succomber tôt ou tard ; elle succomba enfin, et le 13 août 1769, la couronne de France se mettant au lieu et place de la compagnie des Indes, s'empara des ports, des navires, des constructions, des magasins, des esclaves, des priviléges de la compagnie, sur les côtes de Bretagne aussi bien que dans les places de l'Inde et du golfe Persique ; désormais la route était libre pour tous au delà du cap de Bonne-Espérance. — Lorient, privée de cette compagnie puissante qui l'avait élevé si haut en peu d'années, n'a jamais pû revenir à ces beaux jours de prospérité, de fortune, de travail, d'heureux hasards. Le passé a été, pour cette ville découragée, plutôt un reproche qu'un souvenir d'émulation et un sujet d'espérance. On y a fait un peu de tout et même la traite des noirs. A cette heure on y construit des bâtiments de guerre. La ville est devenue un vaste arsenal : la Loire apporte les bois de construction, le port est un des meilleurs ports de ce royaume, la rade est immense. La tour de la

Place Bisson.

Découverte domine cette jolie ville régulière, bien bâtie, ombragée de beaux arbres. Sur la place *Bisson* s'élève, triomphante, la statue du hardi marin qui, récemment encore, a renouvelé, en pleine mer, l'héroïsme et la gloire des navires de *la Cordelière* et du *Vengeur*.

Ce que nous disions de Brest, à plus forte raison le peut-on dire de Lorient. A la gaieté, à la bonne grâce des habitants, vous reconnaissez l'influence heureuse et saisissante de la mer. L'aspect et l'habit du marin, la franchise et la bonne humeur des rivages, vous annoncent tout de suite quelque chose de moins austère et de moins sauvage que dans les campagnes reculées. Les femmes, les premières, se ressentent de cette élégance du port de mer. Elles portent des coiffes tombantes, des capes en gros drap; tantôt la cape tombe jusqu'à la ceinture, tantôt la cape est un capuchon sous lequel brillent ces beaux regards éveillés par la jeunesse et par les bruits harmonieux de la mer. Les bords du Blavet, qui vient se perdre dans la rade de Port-Louis, forment une nappe d'eau profonde, — et cependant, quand arrive l'heure, la mer remonte bien au delà de *Hennebon*. — Hennebon, c'est cette jolie ville à deux lieues de Lorient, aux blanches maisons pittoresquement renfermées dans ces vieilles murailles qui dominent tout le canal du Blavet. Hennebon a gardé les souvenirs, l'aspect, les fortes apparences d'une cité du moyen âge; les vieux temps, c'était le beau temps de sa grandeur et de sa force. A ce moment de l'histoire, toute forteresse a son importance; pas de rempart, pas un fossé qui ne compte dans les batailles féodales; ce grand nombre de retranchements, de châteaux forts, d'obstacles, de seigneuries, faisait la gloire et l'importance de l'ancienne Bretagne. — La force est autre part aujourd'hui; elle n'est plus sur tel point, à telle place, — elle est partout dans le royaume de France.

Nous vous avons raconté les siéges d'Hennebon au quatorzième et au seizième siècle, et l'héroïsme de Jeanne de Montfort. — Du vieux château restent deux tours; le clocher est une belle œuvre du quatorzième siècle. — Entre Hennebon et la mer, vous rencontrez un petit village qui porte un nom souvent cité dans les histoires, Locpéran ou le Blavet, — place forte sous Louis XIII, très-honorée aujourd'hui d'être le chef-lieu d'un canton, et de s'appeler *Port-Louis*.

Dans ce département du Finistère sont nés deux hommes qui, sans pouvoir être comparés à leur admirable compatriote l'auteur de *Turcaret* et de *Gil Blas*, ont tenu cependant une place éminente, une place méritée, dans la partie militante, la plus périlleuse et la plus ingrate

de la vie littéraire, — ce rude, ce difficile, cet utile et lamentable labeur de la critique de chaque jour. L'un de ces hommes, c'est le grand critique Fréron, l'autre, c'est son digne disciple, son successeur légitime, Geoffroy, deux beaux esprits, deux sages esprits morts sur la brèche qu'ils avaient défendue toute leur vie, deux gloires jumelles, un instant obscurcies par les lâches clameurs des médiocrités vaincues, deux gloires reconnues, proclamées et respectées aujourd'hui!

Elie-Catherine Fréron, un des maîtres du dix-huitième siècle, le chef de l'opposition monarchique et religieuse, appartenait (la belle alliance!) à la famille de ce grand poëte normand, l'un des créateurs de la langue française, qui s'appelait Malherbe.

Pendant quarante ans, de 1754 à 1776, dans l'époque la plus turbulente de notre histoire littéraire, cet homme d'un esprit profond, d'un jugement solide et inflexible, a gouverné d'une façon souveraine les lettres et les arts. Sa lutte éternelle, énergique, infatigable contre Voltaire, le démolisseur, contre Voltaire qui s'est défendu jusqu'aux morsures de la rage, restera comme un modèle de persévérance, de courage et de loyauté. Fréron a combattu jusqu'à son dernier jour pour la cause du goût, de la croyance et de l'ordre; lui seul il a deviné et prédit l'abîme où devait s'engloutir, perdue par l'esprit, cette monarchie de tant de siècles. — Il était, du reste, du naturel le plus facile: esprit enjoué, caractère bienveillant, d'une générosité inépuisable, d'une grandeur d'âme peu commune, et ne haïssant personne, pas même Voltaire, qui grinçait des dents au seul nom de Fréron.

Le successeur immédiat de ce grand critique, Geoffroy, est, lui aussi, un enfant de la Bretagne. Il est né à Rennes en 1743, et il se prépara de bonne heure, par des études sévères, à accomplir les difficiles et périlleux devoirs qui l'attendaient. A la mort de Fréron, Geoffroy publia l'*Année littéraire*, et, pendant quinze ans, il tint d'une main ferme et savante cette férule redoutée.—Dans les mauvais jours de la révolution française, il fallut fuir et se cacher pour sauver sa tête, trop heureux d'exercer l'emploi de pédagogue dans un village des environs de Paris. A la fin, quand cette malheureuse nation se fut décimée tout à l'aise, quand le génie et la volonté d'un homme eurent sauvé cette France qui mourait épuisée sous l'effort, de nobles voix se firent entendre pour proclamer de nouveau quelques-uns des principes éternels. Un éclair se montra dans ce nuage, un peu de liberté reparut dans cet abîme, un peu d'ordre dans ce chaos. Ce fut alors que cet homme excellent, qui eût été, s'il eût voulu, un des grands hommes d'État de ce siècle, bienveillant et ferme esprit qui a su comprendre tant de nobles esprits et les récompenser tous, M. Bertin[1] l'aîné, quand il institua cette tribune célèbre, le *Journal des Débats*, s'en vint chercher, dans un pensionnat de Picpus, Geoffroy le critique. Aussitôt, sous la conduite de son digne chef, Geoffroy se mit à l'œuvre; il revint avec énergie, avec passion et courage, aux nobles inspirations de sa jeunesse; il rappela à la mémoire des hommes ingrats les génies oubliés, les chefs-d'œuvre méconnus, réveillant en sursaut les nobles instincts de cette nation. Écrivain charmant, railleur, ingénieux, il prenait tous les tons; il cherchait, avec le plus rare courage, toutes les occasions de livrer à la raillerie et à la haine publiques cette révolution qui avait tout détruit, tout effacé. — Ce rude travail a duré quatorze ans. Pendant quatorze ans, Geoffroy a commandé l'attention de l'Europe par son esprit, presque autant que l'Empereur lui-même par ses victoires. — Il est mort le 26 février 1814, et même, au milieu de tant d'émotions cruelles, sa mort fut un événement.

Voilà ce que la Bretagne a fait pour la critique : elle lui a donné Fréron et Geoffroy. C'est à un Breton, à Guinguené, que nous devons l'*Histoire littéraire de l'Italie*; l'auteur des *Héritiers*, d'*Édouard en Écosse*, de la *Fille d'Honneur*, Alexandre Duval était, lui aussi, un enfant de la ville de Rennes. — Mais qui donc voudrait les compter tous?

Un nom reste seul, grand entre tous, un de ces *génies effrayants* qui échappent à l'analyse — l'homme qui s'est dit à lui-même : *Je pense, donc je suis!* René Descartes, pour tout dire. — O idée! disait Gassendi après avoir lu le *Discours sur la Méthode*, et La Fontaine :

> Descartes, ce mortel dont on eût fait un dieu
> Chez les païens, et qui tient le milieu
> Entre l'homme et l'esprit...

Nous arrivons ainsi à notre dernière contrée, à l'arrondissement de Ploërmel (*Plou-Armel, le territoire d'Armel*), qui prend son nom d'un grand personnage, Armel, à qui le roi Chilpéric avait cédé ce désert dans le territoire de Rennes. — C'est le lieu du combat des Trente, si célèbre durant tout le temps du moyen âge. Cette partie de la Bretagne est couverte de landes sans fin, de bruyères stériles. Il faut chercher autre part les riches moissons, les bandes de faucheurs,

---

[1] A Dieu ne plaise que nous osions transcrire ici toute la lettre que M. de Chateaubriand nous a fait l'honneur de nous écrire. Sa bonté est grande comme son génie! — Mais voici une louange que nous acceptons et dont nous sommes fiers, parce qu'elle est méritée : — » Ainsi que moi, vous êtes resté fidèle au souvenir de mon vieil ami Bertin! »

les joies opulentes du fanage. En revanche, vous rencontrez à chaque pas les antiques usages, les vieilles mœurs, la chaumière bretonne.

« Dans la Bretagne, dit Cambri qui écrivait en 1794, l'habitation
« des laboureurs est à peu près partout la même, presque toujours
« elle est située dans un fond, près d'un courtil. Un appentis couvert
« de chaume conserve les charrues et les instruments du labourage ;
« une aire découverte sert à battre les grains. Autour des bâtiments
« règnent des vergers enchanteurs, des champs et des prairies tou-
« jours entourés de fossés couverts de chênes ou de frênes, d'épines
« blanches, de ronces ou de genêts ; on ne voit point, dans le reste du
« monde, de paysages plus riants et plus pittoresques. Tous ces
« fossés sont tapissés de violettes, de perce-neige, de roses, de ja-
« cinthes sauvages, de mille fleurs des couleurs les plus vives,
« d'une incroyable variété ; l'air en est parfumé, l'œil en est en-
« chanté. »

Dans ces humbles maisons percées comme autant de nids dans les fleurs, le paysan breton abrite d'un côté sa femme, ses enfants, sa famille entière, et l'autre côté est réservé à son cheval, à sa vache, aux animaux domestiques. « Ces maisons n'ont pas trente pieds de
« long sur quinze de profondeur ; une seule fenêtre de dix-huit pouces
« leur donne un rayon de lumière, et éclaire un bahut, sur lequel
« une énorme masse de pain de seigle est ordinairement posée sur
« une nappe grossière. Deux bancs ou plutôt deux coffrets sont éta-
« blis le long du bahut, qui sert de table à manger. Des deux côtés
« d'une vaste cheminée sont placées de grandes armoires sans bat-
« tants, à deux étages, dont la séparation n'est formée que de quel-
« ques planches, où sont les lits dans lesquels les pères, les mères,
« les femmes et enfants entrent couchés ; car la hauteur de ces étages
« n'est quelquefois que de deux pieds. Le reste de leurs meubles est
« composé d'écuelles de bois, de quelques assiettes d'étain, d'une
« platine à faire les crêpes, de chaudrons, d'une poêle et de quelques
« pots à lait. Je n'ai point parlé du parquet, jamais il n'est carrelé,
« ni boisé, ni pavé. C'est simplement de la terre battue. »

Pauvres et calmes chaumières ! Et pourtant la joie et l'amour peuvent habiter même sous le chaume breton ; cette pauvre maison a sa part dans la poésie des hommes ; la veillée ne manque pas de médisances, de bonnes paroles, d'effrayants récits, de poésies chantées. — Les jeunes fileuses se réunissent le soir, et charment la veillée en causant. — Le jour où l'on tue le cochon est un jour de fête pour la ferme et pour les voisins; on invite ses parents, ses amis, son curé. — Pour battre l'aire nouvelle, chacun prête son concours; les hommes égalisent le terrain, la bêche à la main, les jeunes filles l'égalisent en dansant; chacun apporte, à cette fête, son lait, son pain, son beurre, pour augmenter la joie de cette réunion, où celui qui danse le plus est justement celui qui accomplit le mieux

La danse.

sa tâche. — Plus d'un mariage s'est conclu dans ces fêtes utiles; la jeune fille bretonne n'a que peu d'instants à être libre, à être gaie et folâtre; une fois mariée, son mari est son maître. Aussi les amours de ces campagnes sont souvent de charmantes amours. La danse est une grande fête qui fait oublier toutes les fatigues; les musiciens ambulants, grands joueurs de *biniou* et de *bombarde*, sont toujours prêts à faire sauter cette jeunesse. Les jeunes gens se rencontrent à l'église, dans les champs, dans les veillées, aux *pardons*; voilà pour ce qui regarde l'amour; le mariage, c'est une autre affaire, ceci regarde non pas les jeunes gens, mais le père de la fille et le père du jeune homme. Quand toute difficulté est levée entre les deux familles, les parents du jeune homme font demander la jeune fille. Le *bazvalen*, c'est-à-dire l'ambassadeur d'amour, qui est ordinairement le tailleur du village, fait la demande; il est tout à la fois le maître des cérémonies

PLUVIGNER (ARROND! DE LORIENT)

Morbihan

et le poëte de la journée; vous le reconnaissez facilement à ses bas jaunes, insignes de ses galantes fonctions, à son air superbe, à la baguette de genêt qu'il porte à la main. Il arrive à la porte de la fiancée, et sur le seuil même il est reçu par un autre *basvalen*, un

Le basvalen.

poëte de sa force; et alors, entre ces deux représentants des deux puissances, commence un dialogue rimé dont il serait bien difficile de donner une idée. De ces inspirations de la gaieté, de la bonne humeur qui précède et du repas qui va suivre, le tout entremêlé d'un peu de pudique amour, on a fini par composer un recueil qui n'est pas sans naïveté et sans charmes.

Tels sont quelques-uns des usages de ces campagnes, restées fidèles, plus que les villes, aux habitudes de la société féodale. A tout prendre, c'est une vie sérieuse : le fermier partage tous les labeurs de ses serviteurs; il est nourri comme eux, vêtu comme eux. Ce qu'on estime, dans ces campagnes, ce n'est pas l'habileté, ce n'est pas l'homme qui exerce un métier difficile, c'est la force. — Population croyante, la foi les encourage et les console. Dans toutes les actions de leur vie, vous trouvez quelque chose de droit et de simple qui annonce son peuple de vieille origine; aussi le paysan de Bretagne, s'il n'a pas les élégances et s'il ne connaît pas le bien-être de plusieurs parties de la France, il a le grand mérite d'aimer sa terre, de ne la point quitter, d'y vivre de son travail et d'y mourir en paix.

Mais continuons notre voyage à travers cette Domnonée, l'ancien domaine de ces comtes de Rennes qui ont donné des rois à la Bretagne. *Josselin*, n'est plus qu'un gros bourg; — *Pontivy* vient ensuite. — Non loin de Vannes, n'est-ce pas *Auray* qui se montre à nous sous son aspect tout breton? — Auray, c'est la forte citadelle qui a joué ce grand rôle dans notre histoire. Ce nom-là vous rappelle la terrible bataille où mourut Charles de Blois, où Duguesclin fut prisonnier, où Clisson perdit un œil. Son port est sûr, ses fabriques sont nombreuses; elle vit de sa pêche, de son industrie, et enfin elle est célèbre dans toute la Bretagne par le fameux pèlerinage de *Sainte-Anne*. — *Notre-Dame-d'Auray*, c'est la chapelle élevée à une lieue de la ville, dans les landes de Plunéret, sur l'emplacement même où fut trouvée une image de la sainte. C'est le lieu sacré de la Bretagne, c'est la chapelle des grands miracles, c'est le saint lieu de charité et d'espérance. — *Notre-Dame-d'Auray, priez pour nous!* Chaque année, plus de cent mille chrétiens accourent, de toutes les parties de la province, pour se prosterner à Notre-Dame-d'Auray. — Il en vient du pays de Léon, douces vallées, frais sentiers de verdure, éblouissantes campagnes, la terre bénie des églises, des chapelles, des calvaires placés sur le bord des sentiers. — Vous reconnaissez le paysan de Léon à sa piété profonde, à son regard sérieux, à son pas solennel. Le pèlerinage l'appelle, il part, le chapelet à la main, et déjà son voyage est une prière. Beau voyage d'un chrétien! Les cloches sonnent sur son passage, les oiseaux chantent leurs cantiques, le prêtre le bénit quand il passe, l'église a pour lui un asile et des prières! L'habit du Léonais est austère : l'homme et la femme sont vêtus de noir. — Le pèlerinage d'Auray est la grande fête des croyants de toute la Bretagne. Les pèlerins y viennent du riche pays de Léon, des fraîches vallées de Goëro, ainsi que des plaines arides de la Cornouailles. L'homme de la Cornouailles est poëte, improvisateur; il marche où l'imagination l'appelle; il s'en va à Notre-Dame-d'Auray, tout paré de sa veste brodée, menant sur son cheval sa jeune femme, la tête ornée de dentelles et de ses longs cheveux, sa plus belle parure. — Il en vient du pays de Tréguier, et ceux-là foulent aux pieds la violette et *la fleur de lait*. Ils marchent, les heureux, entre deux haies d'aubé-

LA Ste ECHELLE À STe ANNE D'AURAY

pine et de chèvrefeuille. — Laissez passer le paysan de Tréguier, qu'il apporte ses vœux et ses prières à Notre-Dame-d'Auray. Notre-Dame-d'Auray n'a pas d'oreille pour la colère, pour la haine, pour les mauvaises passions du cœur. — Laissez passer le paysan de Tréguier, car il a, dit-on, conservé une antique chapelle dédiée, qui le croirait? à Notre-Dame-*de-la-Haine!* — Laissez passer le paysan de Tréguier. Il a pourtant le pèlerinage de Saint-Mathurin, à Moncontour; le pèlerinage de Notre-Dame-de-Bon-Secours, à Guingamp; mais ni monsieur saint Mathurin, dont les bœufs même vont baiser la châsse d'argent, ni Madame de Bon-Secours, que l'on invoque pendant la nuit, nuit dangereuse aux plus jeunes pèlerins des deux sexes, ne font oublier Notre-Dame-d'Auray. — Saint pèlerinage! il

La neuvaine.

attire toutes les âmes. C'est surtout vers la fin de juillet, à la fête de sainte Anne, que les chemins d'Auray et de Plunéret se couvrent de ces pieux voyageurs; alors le village n'a plus assez de maisons, la ville plus assez d'hôtelleries. Mais qu'importe? Celui qui ne rencontre pas le toit hospitalier, couche à la belle étoile; — Madame Anne lui sourit du haut du ciel, les étoiles le couvrent de leurs clartés divines; il a prié ce soir, et demain, à son réveil, il ira se plonger dans la fontaine salutaire, demain il ira s'agenouiller à l'autel de la sainte, il chantera dans la longue procession la longue litanie. O bonheur! il pourra contempler, face à face, la statue de sainte Anne, sauvée par un miracle. Oui, certes, le miracle éternel et divin de la croyance, de la reconnaissance et de la charité! Mais, au milieu de ces cantiques, de ces prières ferventes, de ce concours des multitudes, de ce pieux pêle-mêle de tous les âges, de tous les sexes, de toutes les fortunes, la paysanne prosternée à côté de la grande dame, et confondant leurs prières, quel triste souvenir de sang, d'épouvante, de misère, ô Seigneur! vient troubler cette fête chrétienne? Humble rivière d'Auray, aux flots limpides, elle a roulé des flots de sang. Vous voyez cette baie formée d'un côté par le rivage de Bretagne, de l'autre côté, par une presqu'île large d'une lieue et double en longueur, c'est la fameuse presqu'île de Quiberon. Elle tient à la terre par une langue de sable nommée la Falaise. Après bien des efforts inutiles, les débris de l'armée royale s'étaient enfermés dans cette presqu'île de Quiberon. — Plus d'espoir, — plus de salut possible; — il faut périr : — seul, Sombreuil se défendait encore. — Mais que faire? que devenir? Ici l'armée républicaine, et là l'Océan furieux; dans le lointain, les navires anglais qui s'enfuient. — Il fallut se rendre; — il fallut périr. — Une commission militaire, réunie à Vannes, jugea sommairement M. de Sombreuil et ses compagnons d'armes. — On les fusilla sur les bords de la rivière d'Auray. — Noble sujet de honte et de douleur. — *Pudor inde et miseratio.*

Un monument funèbre a été élevé à cette place criminelle, et voyez l'épouvantable épitaphe! — *Neuf cent cinquante-deux* noms sont inscrits sur cette pierre funèbre! — L'épitaphe dit vrai : *Ceci est le monument de la France en deuil—Gallia mœrens posuit.* — L'épitaphe dit vrai, *l'homme juste aura une mémoire éternelle — in memoria œterna erit justus.* — Mémoire éternelle devant dieu, car les hommes oublient si vite! Et puis le moyen de rester attentifs même à ces souvenirs de honte et de douleur, en présence de ce frais spectacle des eaux et des campagnes. La Vilaine porte au loin son doux murmure, le pont de la Roche-Bernard domine ce panorama de rochers et de feuillage. Admirons encore une fois ces frais aspects; asseyons-nous sur ces roches luisantes, prêtons l'oreille à ces mille bruits qui s'élèvent de la terre et du ciel dans une confusion charmante; et sur cette noble terre et sur cette belle histoire, qui nous ont occupés si longtemps, jetons, avant de les quitter, un dernier regard d'adieu et de respect.

Pénible et ingrat travail, rude tâche et difficile labeur, accepté avec tremblement, accompli avec zèle, et qui s'achève à l'instant même où les difficultés d'une pareille histoire étant bien connues, il n'y avait que M. de Chateaubriand qui fût digne d'écrire l'histoire de sa fière patrie! — Écoutez plutôt, et, par cet admirable exemple, apprenons tous, les uns et les autres, comment il faut parler de la Bretagne !

« Le printemps, en Bretagne, est plus doux qu'aux environs de Paris et fleurit trois semaines plus tôt. Les cinq oiseaux qui l'annoncent : l'hirondelle, le loriot, le coucou, la caille et le rossignol, arrivent avec de tièdes brises qui hébergent dans les golfes de la péninsule armoricaine. La terre se couvre de marguerites, de pensées, de jonquilles, de narcisses, de hyacinthes, de renoncules, d'anémones, comme les espaces abandonnés qui environnent Saint-Jean-de-Latran et Sainte-Croix-de-Jérusalem à Rome. Des clairières se panachent d'élégantes et hautes fougères; des champs de genêts et d'ajoncs resplendissent de fleurs qu'on prendrait pour des papillons d'or posés sur des arbustes verts et bleuâtres. Les haies, au long desquelles abondent la fraise, la framboise et la violette, sont décorées d'églantiers, d'aubépine blanche et rose, de boules de neige, de chèvrefeuille, de convolvulus, de buis, de lierre à baies écarlates, de ronces dont les rejets brunis et courbés portent des feuilles et des fruits magnifiques. Tout fourmille d'abeilles et d'oiseaux : les essaims et les nids arrêtent les enfants à chaque pas. Le myrte et le laurier croissent en pleine terre; la figue mûrit comme en Provence. Chaque pommier, avec ses roses carminées, ressemble à un gros bouquet de fiancée de village.

« L'aspect du pays, entrecoupé de fossés boisés, est celui d'une continuelle forêt, et rappelle l'Angleterre. Des vallons étroits et profonds où coulent, parmi des saulaies et des chenevières, de petites rivières non navigables, présentent des perspectives riantes et solitaires. Les futaies à fond de bruyères et à cépées de houx, habitées par des sabotiers, des charbonniers et des verriers tenant du gentilhomme, du commerçant et du sauvage; les landes nues, les plateaux pelés, les champs rougeâtres de sarrasin qui séparent ces vallons entre eux, en font mieux sentir la fraîcheur et l'agrément. Sur les côtes se succèdent des tours à fanaux, des clochers de la renaissance, des vigies, des ouvrages romains, des monuments druidiques, des ruines de châteaux : la mer borde le tout.

« Entre la mer et la terre s'étendent des campagnes pélagiennes; frontière indécise des deux éléments, l'alouette des champs y vole avec l'alouette marine; la charrue et la barque, à un jet de pierre l'une de l'autre, sillonnent la terre et les eaux. Des sables de diverses couleurs, des bancs variés de coquillages, des fucus, des varechs, des goëmons, des franges d'une écume argentée, dessinent la lisière blonde ou verte des blés. J'ai vu dans l'île de Céos un bas-relief antique qui représentait les Néréides attachant des festons au bas de la robe de Cérès.

« Dans les paysages intérieurs du continent, le plan terrestre et le plan céleste se regardent immobiles ; dans les vues maritimes, le roulant azur des flots est renfermé sous l'azur fixe du firmament. De là un contraste frappant ; l'hiver, du haut des falaises, le tableau est de deux couleurs tranchées : la neige, qui blanchit la terre, noircit la mer.

« Pour jouir d'un rare spectacle, il faut voir en Bretagne le soleil, et surtout la lune, se lever sur les forêts et se coucher sur l'Océan.

« Établie, par Dieu, gouvernante de l'abîme, la lune a ses nuages, ses vapeurs, ses longs rayons, ses ombres portées comme le soleil, mais comme lui elle ne se retire pas solitaire ; un cortège d'étoiles l'accompagne. A mesure qu'elle descend au bout du ciel, elle accroît son silence, qu'elle communique à la mer. Bientôt elle touche à l'horizon, l'intersecte, ne montre plus que la moitié de son front, qui s'assoupit, s'incline et disparaît dans la molle intumescence d'un lit de vagues. Les astres voisins de leur reine, avant de plonger à sa suite au sein de l'onde, s'arrêtent, un moment suspendus sur la cime des flots et des écueils, phares éternels d'une terre inconnue ! La lune n'est pas plutôt couchée, qu'un souffle venant du large, brise l'image des constellations, comme on éteint des flambeaux après une solennité. »

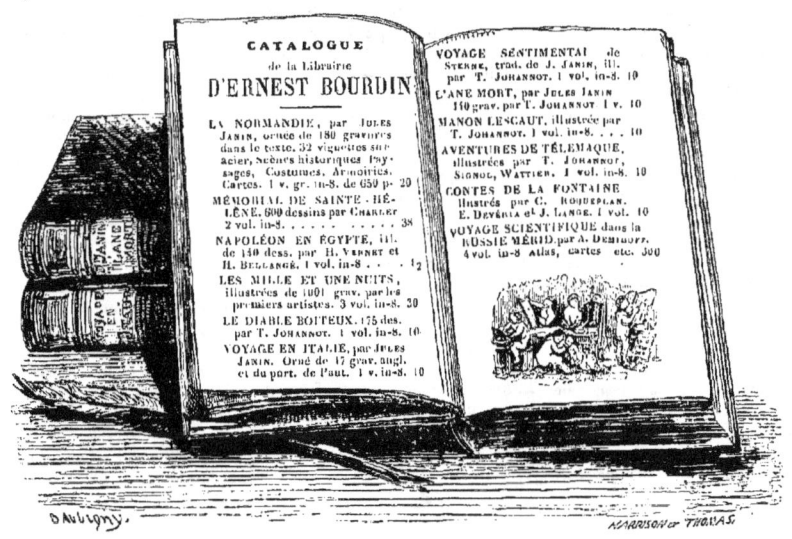

TABLE DES MATIÈRES.

Pages

CHAP. PREMIER. — Origines. — Limites de la Bretagne. — Les Celtes. — Les Druides. — Veilèda. — Tacite. — Jules César. — Pline le naturaliste. — Division des Gaules par les Romains............................... 1

CHAP. II. — Ce que les anciens entendaient par le mot armorique. — Divisions territoriales. — Confédération armoricaine. — Son histoire. — Lutte contre les Romains et contre les tribus germaniques............... 41

CHAP. III. — Etat des personnes dans les Gaules — Mœurs et coutumes des Gaulois et des Bretons. — Gouvernement.—Établissement des Bretons dans l'Armorique (cinquième siècle).— Le récit d'Ermold le Noir (Nigellus). — Haine implacable des Bretons contre les Saxons et les Francs. — Règne d'Eusèbe et de Budic. — Hoël, roi de Bretagne.—Victoires sur les Frisons. — Partage de la Bretagne. — Cruautés de Canao.— Chramne en Bretagne. — Les Francs s'emparent des comtés de Rennes et de Nantes — Héroïsme de Warroch. — Avénement des Carlovingiens... 57

CHAP. IV. — Fin de la race des Mérovingiens. — Charlemagne. — Révolte des Bretons. — Le poëme d'Ermold le Noir. — Morvan. — Ses exploits. — Sa mort. — Nominoé. — Jarnhitin. — Dol, église métropolitaine. — Hérispoé. — Charles le Chauve. — Salomon, roi de Bretagne. — Gurwand et Pascwiten. — Alain et Judicaël. — Les Normands en Bretagne. — Exil dans la Bretagne insulaire. — Erwen, comte de Léon. — Le jeune Alain revient en Bretagne... 77

CHAP. V. — L'Église de Bretagne. — L'Hérésie de Pélage. — Saint-Augustin. — Bossuet. — L'Évêque de Tours. — Évêchés de Saint-Brieuc et de Tréguier. Saint-Colomban. — L'Évêché de Dol.................... 101

CHAP. VI. — Les Normands de la Seine. — Charles le Simple. — Réfutation des historiens de Normandie. — Alain Barbe-Torte, duc de Bretagne. — Hoël et Guérech. — Conan Ier. — Alain, duc de Bretagne. — Conan II. — Les Bretons en Angleterre. — Alain Fergent. — Il fait lever le siège de Dol. — Henri Ier, roi d'Angleterre, et les Plantagenets. — Conan IV. — Henri II. — Il envahit la Bretagne. — Ligue des Bretons. — Geoffroy, duc de Bretagne. — Il se révolte contre son père, le roi d'Angleterre. — Il meurt à la cour du roi de France Philippe Auguste. — Les obsèques du comte Geoffroy. — Mort de Henri II................ 121

CHAP. VII. — Les Croisades. — Les noms et armoiries des gentilshommes bretons qui se sont battus en Palestine. — Législation de la Bretagne. — Le Serf. — Le Colon. — Le Bourgeois. — Le Seigneur. — Constance, duchesse de Bretagne. — Son second mariage. — Arthur, duc de Bretagne. — Traité entre le roi de France et le roi d'Angleterre.—Captivité d'Arthur. — Il est assassiné par Jean Sans-Terre. — Gui de Thouars, duc de Bretagne. — Jean Sans-Terre condamné par la Cour des Pairs....................................... 145

CHAP. VIII. — Pierre de Dreux (Mauclerc), duc de Bretagne. — Ses démêlés avec les évêques. — Il fait alliance avec le roi de France contre les Anglais.— Coalition contre la reine Blanche.— Il fait hommage au roi d'Angleterre. — Il obtient son pardon du roi Louis IX. — Son départ pour la croisade. — Sa mort. — Jean Ier. — Il est à la croisade sous saint Louis. — Lois et règlements du duc Jean Ier. — Jean II. — La Bretagne, duché-pairie. — Arthur II. — Jean III (le Bon). — Canonisation de Saint-Yves. — Mort de Jean le Bon. — 1212-1341.. 169

CHAP. IX. — Abeilard, ou la dialectique. — Des études au douzième siècle. — Les réalistes et les nominaux. — École du cloître Notre-Dame. — Guillaume de Champeaux. — Les amours d'Héloïse et d'Abeilard.—Héloïse en Bretagne. — Le Paraclet. — L'abbaye de Saint-Gildas. — Saint Bernard. — Pierre le Vénérable. — Mort d'Abeilard. — Le tombeau d'Héloïse et d'Abeilard.. 189

CHAP. X. — Rivalités de Jean de Montfort et de Charles de Blois. — Ils font valoir leurs droits au tribunal des pairs de France. — Charles de Blois soutenu par la France. — Jean de Montfort appuyé par l'Angleterre. — Jean de Montfort fait prisonnier à Nantes. — L'héroïsme et le courage de la comtesse de Montfort. — Défense d'Hennebon. — Second siège d'Hennebon. — Olivier de Clisson décapité à Paris. — Indignation de sa veuve, Jeanne de Belleville. — Prise de Quimper par Charles de Blois. — Il est fait prisonnier au combat de la Roche-Derriens. — Jeanne de Penthièvre. — Combat des Trente. — Charles de Blois sort de sa prison. — Bataille d'Auray. — Mort de Charles de Blois. — Traité de Guérande. — 1341-1365................................ 211

CHAP. XI. — La vie et les travaux du connétable Duguesclin. — La chronique de Cuvelier, trouvère du XIVe siècle. — Duguesclin au siège de Rennes. — Bataille de Cocherel. — Duguesclin, prisonnier de Jean Chandos. — Histoire des grandes compagnies. — Duguesclin en Espagne. — Bataille de Navarette. — Duguesclin, prisonnier du prince Noir. — Charles V donne à Bertrand Duguesclin l'épée du connétable de France. — Droits et prérogatives du connétable. — Duguesclin entre en Bretagne à la tête de l'armée du roi de France. — Jean IV, duc de Bretagne s'enfuit en Angleterre. — Il est rappelé par le vœu unanime de son peuple. — Mort du connétable Duguesclin. — Mort de Charles V. — 1320-1380.. 249

TABLE DES MATIÈRES.

Chap. XII. — Les Anglais en Bretagne. — Alliance de la Bretagne avec la France. — L'ordre de *l'Hermine*. — Tentative de Clisson contre l'Angleterre. — Clisson rachète l'héritier de la maison de Blois, prisonnier à la tour de Londres. — Le duc Jean IV s'empare, par trahison, du connétable de Clisson. — Guerre de Clisson contre le duc. — Guet-apens du château de l'Hermine. — Assassinat de Clisson par Pierre de Craon. — Brest évacué par les Anglais. — Mort du connétable de Clisson. — Jean V, duc de Bretagne. — Le duc de Bourgogne administrateur du duché. — Majorité du duc Jean V. — Jean V tour à tour ami d'Armagnac, partisan du duc d'Orléans, allié du roi. — Bataille d'Azincourt. — Le prince Richard de Bretagne. — Attentat des Penthièvre contre le duc de Bretagne. — Jean V délivré par les Bretons. — Arthur de Richemont, connétable de France. — 1378-1421 305

Chap. XIII. — Lettre de Guy de Laval. — Jeanne d'Arc. — Le connétable de Richemont gagne la bataille de Patay. — Richemont reprend Paris aux Anglais. — François Ier, duc de Bretagne. — Procès et supplice de Gilles de Laval, maréchal de Retz. — Gilles de Bretagne. — Bataille de Formigny gagnée par le connétable. — Horrible mort de Gilles de Bretagne. — Mort du duc François Ier. — Son testament. — Pierre II, duc de Bretagne. — Le connétable de Richemont, duc de Bretagne, sous le nom d'Arthur III. — Sa mort. — Règne du duc François II. — Louis XI. — Le duc de Bretagne entre dans la ligue du Bien-Public. — Le duc de Bourgogne et le duc de Bretagne. — François II fait alliance tour à tour avec le roi de France et le roi d'Angleterre. — Prétentions du roi Louis XI sur le duché de Bretagne. — Ligue contre le roi. — Les troupes françaises en Bretagne. — Landais, favori du duc François II. — Guerre des seigneurs bretons contre le ministre Landais. — Maladie du duc François II. — Siège de Nantes par les Français. — Bataille de Saint-Aubin-du-Cormier. — Traité *du Verger*. — Mort du duc François II. — Le sculpteur Michel Columb. — 1422.-1488 355

Chap. XIV. — La duchesse Anne de Bretagne. — Prétentions du sire d'Albret et du vicomte de Rohan. — Traité entre la France et la Bretagne. — Mariage de la duchesse avec le roi des Romains. — Le duc d'Orléans en Bretagne. — Le mariage de la duchesse avec le roi Charles VIII. — Conditions du contrat de mariage. — Charles VIII en Italie. — Mort du roi Charles VIII. — La reine Anne épouse le roi Louis XII. — Procès du maréchal de Gié. — Louis XII en Italie. — Voyage de la reine Anne en Bretagne. — Sa mort. — Ses obsèques. — Ses deux filles, madame Claude et madame Renée. — Mort du roi Louis XII. — Des lois et des institutions de la Bretagne. — 1488-1515 401

Chap. XV. — François Ier. — Il gagne à la France les états de Bretagne. — Bataille de Pavie : le jeune dauphin François, duc de Bretagne, et son jeune frère, sont remis en otage à l'empereur Charles-Quint. — Histoire de la comtesse de Chateaubriand. — Couronnement du dauphin comme duc de Bretagne. — Sa mort. — Le roi François Ier cède au nouveau dauphin l'usufruit de la Bretagne. — Du parlement de Bretagne. — La réforme. — La Ligue. — Prétentions du duc de Mercœur sur le duché de Bretagne. — M. de La Noue. — Les Espagnols et les Anglais en Bretagne. — Les crimes et le supplice de Fontenelle. — Abjuration de Henri IV. — La Bretagne passe au roi de France. — Mercœur se rend au roi. — Gabrielle d'Estrées. — Henri IV en Bretagne. — Son entrée à Nantes. — Édit de Nantes. — Henri IV à Rennes. — M. de Sully. — Paix de Vervins. — 1515-1598 441

Chap. XVI. — La Bretagne divisée en cinq départements. — Département d'Ille-et-Vilaine. — Rennes. — Serment des ducs et des évêques. — Les gouverneurs de province. — Révolte des Bretons en 1675. — Révolte de 1719 : supplice de MM. Du Guet, de Pontcallet, de Mont-Louis, du Coëdic. — Le parlement de Rennes. — Magistrats et écrivains célèbres. — La Vilaine. — La Prévalaye. — Vitré. — Fougères. — *Les Rochers*. — Madame de Sévigné en Bretagne. — La vie de château. — Le duc de Chaulnes. — *Les états de Bretagne*. — Anecdotes. — Les gentilshommes bretons. — MM. de Lavardin, d'Harouïs, MM. de Rohan et de Molac — La Roche-aux-Fées. — Dol. — Le marais de Dol. — La forêt de Scissy. — *Saint-Malo*. — Duguay-Trouin. — Jacques Cartier. — Surcouf. — M. de Lamennais. *Le château de Combourg* et M. de Chateaubriand. 497

Chap. XVII. — Département de la Loire-Inférieure. — Le comté de Retz. — La Loire. — Chateaubriand. — La Meilleraie. — Les Trappistes. — Nantes. — L'Erdre. — La Sèvre. — M. de La Chalotais. — La Bretagne en 1793. — Paroles de Mirabeau. — Carrier à Nantes. — Le château de Clisson. — Grandlieu. — Le Bocage. — Paimbœuf. — Mauves. — La Sailleraie. — Savenay. — Le château de Blain. — La tourbière de Montoir. — Retz et les Marais Salants. — Les Paludiers. — Les Sauniers. — Guérande. — Le Croisic. — Le Phare. — La baie de Pen-Bron. — La baie de Pen-Sten. — Escoublac. — La baie de Poulin-guen. — *Des usages et des mœurs*. 545

Chap. XVIII. — Département des Côtes-du-Nord. — Dinan. — Église de Saint-Sauveur. — *Duclos*. — Dom Janin. — Bertrand de Saint-Pern. — Corseul. — Bataille de Saint-Cast. — Saint-Brieuc. — Lamballe. — Plouha. — La Roche-Jagu. — L'île de Bréhat. — Le Paön. — Tréguier. — Lannion. — Le cap Fréhel. — Guingamp. — Notre-Dame-de-Grâce. — Loudéac. — Les fileuses. — Les Mages. — La Hunaudaye. — Le Guildo. — Le château de Tonquédec. — La forêt de Brocéliande. — La coupe des cheveux 561

Chap. XIX. — Département du Finistère. — Brest. — Combat naval du 16 juin 1794. — *Le Vengeur*. — Le Matelot breton. — Landerneau. — Morlaix, invasion de 1522. — De la Tragédie bretonne. — *La Mort de la Vierge*. — Quimper. — Saint-Pol-de-Léon. — Roscoff. — Lambader. — Tollente. — Trémazan. — La Roche-Maurice. — Landernau et le château de la Joyeuse-Garde. — Le roi Artus et les chevaliers de la *Table ronde*. — Le *Saint Graal*. — Romans du cycle breton. — L'île d'Ouessant. — L'île de Brocéliande. — L'île d'Ouessant. — Le Conquet. — Carhaix. — *La Tour d'Auvergne*. — Les mines de Huelgoat. — Châteaulin. — Le Faou. — Courses de Saint-Brieuc. — La baie de Crozon. — *Légendes et Mœurs nationales*. — Le Pardon 579

Chap. XX et dernier. — Le département du Morbihan. — Carnac. — Belle-Isle. — Le cardinal de Retz. — Vannes. — La tour de l'Hermine. — René Lesage. — L'abbaye de Saint-Gildas. — Lorient. — La Compagnie des Indes. — Hennebon. — *De la critique bretonne*. — Fréron. — Geoffroy. — Alexandre Duval. — Ginguené. — Descartes. — La chaumière bretonne. — La veillée. — Le mariage breton. — Ploërmel. — Josselin. — Pontivy. — Auray — Notre-Dame-d'Auray. — Quiberon. — Conclusion. — Description de la Bretagne par M. de Chateaubriand (*Mémoires d'outre-tombe*) 605

FIN DE LA TABLE.

STRASBOURG, IMPRIMERIE DE G. SILBERMANN.

www.ingramcontent.com/pod-product-compliance
Lightning Source LLC
Chambersburg PA
CBHW050316240426
43673CB00042B/1425